suhrkamp taschenbuch
wissenschaft 1987

Lassen sich Lebensformen kritisieren? Lässt sich über Lebensformen sagen, sie seien gut, geglückt oder gar rational? Die politische Ordnung des liberalen Rechtsstaats versteht sich als Versuch, das gesellschaftliche Zusammenleben auf eine Weise zu gestalten, die sich zu den unterschiedlichen Lebensformen neutral bzw. »ethisch enthaltsam« verhält. Dadurch werden Fragen nach der Art und Weise, in der wir individuell oder kollektiv unser Leben führen, in den Bereich nicht weiter hinterfragbarer Präferenzen oder als unhintergehbar gedachter Identitätsfragen ausgelagert. Wie über Geschmack lässt sich über Lebensformen dann nicht mehr streiten. Rahel Jaeggi hingegen behauptet: Über Lebensformen lässt sich *mit Gründen* streiten. Lebensformen sind als Ensembles sozialer Praktiken auf die Lösung von Problemen gerichtet. Sie finden ihren Maßstab »in der Sache« des Problems.

Rahel Jaeggi ist Professorin für Praktische Philosophie an der Humboldt-Universität zu Berlin. Im Suhrkamp Verlag erschienen: *Was ist Kritik?* (stw 1885, hg. zusammen mit Tilo Wesche), *Sozialphilosophie und Kritik* (stw 1960, hg. zusammen mit Rainer Forst, Martin Hartmann und Martin Saar) und *Nach Marx. Philosophie, Kritik, Praxis* (stw 2066, hg. zusammen mit Daniel Loick).

Rahel Jaeggi
Kritik von Lebensformen

Suhrkamp

4. Auflage 2025

Erste Auflage 2014
suhrkamp taschenbuch wissenschaft 1987

Umschlag nach Entwürfen
von Willy Fleckhaus und Rolf Staudt
Druck und Bindung: C. H. Beck, Nördlingen
Printed in Germany
ISBN 978-3-518-29587-8

Suhrkamp Verlag GmbH
Torstraße 44, 10119 Berlin
info@suhrkamp.de
www.suhrkamp.de

Inhalt

Für Andreas und Jakob

Vorwort

> Die Kritische Theorie der Gesellschaft hat […] dagegen die Menschen als die Produzenten ihrer gesamten historischen Lebensformen zum Gegenstand. […] Was jeweils gegeben ist, hängt nicht allein von der Natur ab, sondern auch davon, was der Mensch über sie vermag.
>
> *Max Horkheimer*

> Bundestagswahlen, Feierstunden der Olympiade, Aktionen eines Scharfschützenkommandos, eine Uraufführung im Großen Schauspielhaus gelten als öffentlich. Ereignisse von überragender öffentlicher Bedeutung wie Kindererziehung, Arbeit im Betrieb, Fernsehen in den eigenen vier Wänden gelten als privat. Die im Lebens- und Produktionszusammenhang wirklich produzierten kollektiven gesellschaftlichen Erfahrungen der Menschen liegen quer zu diesen Einteilungen.
>
> *Oskar Negt und Alexander Kluge*

Lassen sich Lebensformen kritisieren? Lässt sich von Lebensformen sagen, ob sie als Lebensformen gut, geglückt oder gar rational sind? Seit Kant gilt als ausgemacht, dass sich Glück oder das gute Leben im Gegensatz zum moralisch Richtigen philosophisch nicht bestimmen lassen. Und mit John Rawls und Jürgen Habermas schlagen die zurzeit wohl einflussreichsten Positionen der politischen Philosophie unter Verweis auf den irreduziblen ethischen Pluralismus moderner Gesellschaften vor, sich der philosophischen Diskussion des ethischen Gehalts von Lebensformen zu enthalten. Die Philosophie zieht sich damit von der sokratischen Frage, »wie zu leben sei«, zurück und beschränkt sich auf das Problem, wie angesichts der Vielzahl miteinander inkommensurabler Vorstellungen des guten Lebens ein gerechtes Zusammenleben als Nebeneinander verschiedener Lebensformen gesichert werden kann. Die politische Ordnung des liberalen Rechtsstaats stellt sich entsprechend als der Versuch einer lebensformneutralen Organisation dieses Zusammenlebens dar. Sofern es dann aber nicht mehr um die richtige gemeinsame Lebensform geht, sondern um das möglichst konfliktfreie Miteinander verschiedener Lebensformen, werden damit

Fragen nach der Art und Weise, in der wir unser Leben führen, in den Bereich privater Präferenzen verschoben. Wie über Geschmack lässt sich über Lebensformen dann nicht mehr streiten. Sie werden zu einer unzugänglichen *black box*; mit Gründen kritisieren lassen sich allenfalls ihre Effekte.

Nun gibt es für eine solche Position naheliegende Gründe. Nicht nur ist der Zweifel berechtigt, ob sich angesichts der fundamentalen Unterschiede in Bezug auf Weltauffassungen und ethische Überzeugungen so leicht eine Übereinstimmung zwischen den Beteiligten herstellen ließe. Auch gehört der Wunsch, sich hinsichtlich der Gestaltung des eigenen Lebens nicht von (philosophischen) Sittenrichtern »hereinreden lassen« zu wollen, zu den unhintergehbaren Komponenten unseres modernen Selbstverständnisses. Deshalb mag es so aussehen, als ob die liberale *black box* zu den Bedingungen der Möglichkeit moderner Selbstbestimmung gehört und erst den Freiraum schafft, in dem sich eine Vielfalt von Lebensweisen ungestört entwickeln (oder erhalten) kann.

Die vorliegende Untersuchung ist von der Vermutung geleitet, dass an dieser These etwas nicht stimmt, ja, dass es sich in mancher Hinsicht geradezu umgekehrt verhält. Wenn wir die innere Verfasstheit unserer sozialen Praktiken und Lebensformen der »außerphilosophischen Dunkelheit« überlassen, wie der kanadische Philosoph Charles Taylor es ausgedrückt hat, geraten wir in Gefahr, sie auf unangemessene Weise als *gegeben* hinzunehmen. Wir erklären damit etwas, das »öffentliche Bedeutung« hat, vorschnell zur unhintergehbaren Identitätsfrage und entziehen damit Themenbereiche der rationalen Argumentation, die man aus dem Einzugsbereich demokratisch-kollektiver Selbstbestimmung nicht herauslösen sollte. Vielleicht sollte man die Beweislast umkehren: Die ethische Frage, »wie zu leben sei«, lässt sich aus den Prozessen individueller, aber auch kollektiver Willensbildung gar nicht so leicht ausklammern. Sie ist in jeder gesellschaftlichen Formation implizit oder explizit immer schon beantwortet. Das gilt auch noch für diejenige gesellschaftliche Organisationsform, die sich dem Pluralismus von Lebensformen verschrieben hat. Dann aber ist die Frage nach der Möglichkeit einer Kritik von Lebensformen in gewisser Weise gar nicht richtig gestellt. Nicht trotz, sondern gerade angesichts der Situation moderner Gesellschaften – als der »ungeheuren Macht, die alles an sich reißt« (Hegel) – lässt sich die

Bewertung von Lebensformen nicht ins Reservat partikularer Vorlieben und unhintergehbarer Bindungen abdrängen.

Das wird insbesondere in gesellschaftlichen Konflikt- und Umbruchsituationen deutlich. So gibt es Situationen, in denen durch neue Technologien – man denke an die Gentechnologie – bislang unhinterfragte ethische Grundsätze plötzlich zur Debatte stehen. Aber auch die Konfrontation mit anderen Lebensformen kann zu Konflikten, Krisen und Selbstverständigungskrisen führen, in denen der Gehalt und die Grundorientierungen der eigenen wie der fremden Lebensform selbst ins Blickfeld geraten und eingelebte soziale Praktiken fraglich werden. Man muss hier nicht gleich an die vielerorts fälschlicherweise zum »Kampf der Kulturen« hypostasierten Konflikte oder an Grundlagenkrisen unserer moralischen Bezugssysteme denken. Auch ganz alltägliche Kontroversen um die Gestaltung des städtischen Raums[1] oder der öffentlichen Kinderbetreuung,[2] um die Vermarktlichung von Gütern wie Gesundheit, Bildung oder Wohnraum oder um das Selbstverständnis unserer Gesellschaft als Arbeitsgesellschaft lassen sich als Auseinandersetzung um die Integrität und den Zuschnitt von Lebensformen verstehen.

Einer Kritik von Lebensformen geht es also nicht etwa (im Sinne einer luxurierten Philosophie der Lebenskunst) um »Sahnehäubchenfragen« des guten Lebens, die zu stellen sich erst lohnte, wenn die Basisfragen gesellschaftlicher Organisation gelöst wären. Es geht um die innere Gestalt jener Institutionen und überindividuellen Zusammenhänge, die unser Leben formen und innerhalb

1 Hans Bahrdts Soziologie der Stadt liefert ein sehr genaues Bild davon, in welchem Ausmaß das Leben in der (Groß-)Stadt immer schon als Lebensform verstanden worden ist und als solche im Mittelpunkt heftiger Debatten stand. Vgl. Hans Paul Bahrdt, *Die moderne Großstadt. Soziologische Überlegungen zum Städtebau*, Hamburg 1969, insbes. Kap. 1, »Kritik der Großstadtkritik«.

2 Die jüngsten bundesrepublikanischen Debatten um Kinderbetreuung oder den ehelichen Versorgungsausgleich werden unter anderem deshalb so hitzig geführt, weil sich althergebrachte Lebensformen – wie sie sich in Hausfrauenehe und Vollzeitmutterschaft manifestieren – gegenüber anderen ins Hintertreffen geraten sehen. Tatsächlich wird damit ja die Veränderung einer Lebensform rechtlich kodifiziert und das Aufkommen eines neuen Familienmodells (die doppelte Berufstätigkeit mit dem entsprechend höheren Bedarf an außerfamiliären Kinderbetreuungsinstitutionen) finanziell, aber auch hinsichtlich der öffentlichen Anerkennung unterstützt, auch wenn man mit guten Gründen argumentieren kann, dass es zunächst nur um die Gleichstellung mit den traditionellen Lebensmodellen geht.

derer sich unsere Handlungs- und Gestaltungsmöglichkeiten erst ergeben. Wenn nun aber das Projekt der Moderne, der Anspruch der Individuen darauf, »ihr eigenes Leben zu leben«, sich nicht nur in der einfachen Freiheit gegenüber der Einmischung anderer realisiert, dann ist – so die hier verfolgte These – die öffentliche und auch philosophische Reflexion über Lebensformen weniger eine problematische Intervention in nicht zu hinterfragende Residuen individueller oder kollektiver Identität als vielmehr die Bedingung der Möglichkeit einer Transformation und Aneignung der eigenen Lebensbedingungen. Die Kritik an Lebensformen, oder besser: eine *kritische Theorie der Kritik von Lebensformen*, so wie ich sie hier konzipieren will, soll dann nicht etwa einem Rückfall in vormodernen Paternalismus das Wort reden, sondern die Bedingungen dessen untersuchen, was sich in der Traditionslinie der Kritischen Theorie als Ferment individueller wie kollektiver *Emanzipationsprozesse* auffassen lässt.

Von der gefürchteten »Sittendiktatur« unterscheidet sich eine solche Perspektive auch dadurch, dass sie Teil einer Suchbewegung ist, deren Ausgangspunkt nicht das Beharren auf der einen, richtigen Lebensform, sondern die Einsicht in die vielfältigen Defizite der eigenen wie der fremden Lebensformen ist. Wie Hilary Putnam es formuliert: »Unser Problem besteht nicht darin, dass wir zwischen einer gegebenen Anzahl von ›besten Lebensweisen‹ wählen müssten; unser Problem besteht darin, dass *wir nicht einmal eine einzige solcher ›besten Lebensweisen‹ kennen.*«[3] Wenn wir aber keine einzige »gute Lebensform« kennen, so hätten wir diese erst in Prozessen zu entwickeln, in denen schon die Vorstellung von unhintergehbaren »Identitäten« und der damit verbundenen »Konzeptionen des Guten« sich auflöst. Die Grenze zwischen dem »Innerhalb« und dem »Außerhalb« einer Lebensform, auf der die Vorstellungen von deren Unhintergehbarkeit in einiger Hinsicht beruhen, wird damit, ebenso wie das hier in Anspruch genommene kollektive »Wir«, durchlässig. Auch der Unterschied zwischen inter- und intrakulturellen Konflikten fällt dann nicht mehr groß ins Gewicht. Ob wir uns – interkulturell – über arrangierte Ehen oder – intrakulturell – über *gay marriage* streiten, ist, wenn

3 Hilary Putnam, *Words and Life*, Cambridge/Mass. 1995, S. 194 (im Folgenden stammen, soweit nicht auf eine Übersetzung verwiesen wird, alle Übersetzungen fremdsprachiger Originalzitate von R. J.).

man die Trennung zwischen Innen und Außen in der hier eingeschlagenen Perspektive zu obstruieren versucht, keine kategoriale Differenz, sondern allenfalls eine Frage der kontextspezifischen Sensibilität. Lebensformen sind, diesem Verständnis nach, nicht nur *Gegenstand*, sondern immer auch auch *Resultat* von Auseinandersetzungen.

Der Ausgangspunkt meiner Untersuchung ist die Annahme, dass wir Lebensformen nicht nur kritisieren *können*, sondern dass wir sie (und damit uns in unseren Lebensvollzügen) auch kritisieren *sollten* und dies, implizit oder explizit, auch *immer schon tun*. Zu bewerten und zu kritisieren – und das gilt besonders für die sogenannten »posttraditionalen Gesellschaften« – ist Teil dessen, was es bedeutet, eine Lebensform zu teilen und (dabei) mit anderen Lebensformen konfrontiert zu sein. Die Behauptung, der ich in der folgenden Untersuchung nachgehen werde, lautet also: Über Lebensformen lässt sich streiten, und zwar *mit Gründen* streiten. Mit Lebensformen sind Geltungsansprüche impliziert, die sich nicht folgenlos »einklammern« lassen, selbst wenn es sich hier nicht um letztbegründbare (und in diesem Sinne zwingende) Gründe handelt. Vermittelt über die Frage ihrer Kritisierbarkeit geht es somit auch um die spezifische *Rationalität von Lebensformen*.

Gegenstand meines Buches ist damit die Frage nach der *Möglichkeit* einer Kritik von Lebensformen, sein Ziel die Ausarbeitung und argumentative Verteidigung einer bestimmten Konzeption von Kritik – geleistet wird hier nicht die sozialkritische Diagnose einer spezifischen Lebensform selbst.

Dass ich die Frage nach dem Gelingen von Lebensformen dabei aus der Perspektive der *Kritik* stelle, ist kein Zufall. Es soll nämlich nicht darum gehen, die Generalkonzeption einer richtigen Lebensform am grünen Tisch zu entwerfen – solche ethischen Gesamtentwürfe scheinen mir weder wünschenswert noch aussichtsreich. Vielmehr richtet sich mein Blick negativistisch auf das spezifische *Nichtgelingen* von Lebensformen, auf die Krisen, in die sie geraten, und die Probleme, die an ihnen auftreten können – die Hinsichten also, in denen mit Lebensformen »etwas nicht stimmt« und in denen sie sich deshalb der Kritik aussetzen.

Auch der Umstand, dass ich mich hier mit der Struktur und der Dynamik von *Lebensformen* beschäftige (und entsprechend den in der Debatte verwendeten Begriff der Lebensform selbst ernst nehme), statt das Problem von der Seite der Begründbarkeit ethischer Werte her anzugehen, hat seinen Grund nicht lediglich im Sprachgebrauch einer speziellen philosophischen Diskussion.[4] Die Perspektive des Gelingens von Lebensformen – wenn man diese, wie ich vorschlagen werde, als Zusammenhang von sozialen Praktiken auffasst – ermöglicht es nämlich, Bewertungskriterien zu entwickeln, die sich an den normativen Bedingungen des Gelingens dieser Praktiken ausrichten.

Das Moment der Funktionsstörung oder *Krise* wird sich dabei als ein wichtiges Movens dessen erweisen, was in meinem Entwurf »Kritik« heißen soll. Setzt die Kritik von Lebensformen, wie ich sie hier konzipieren möchte, dort ein, wo es Probleme, Krisen oder Konflikte gibt, so wird sie nicht aus einer extern-autoritären Perspektive betrieben, sondern ist, wie man sagen könnte, das Ferment eines Prozesses, in dem Kritik und Selbstkritik miteinander verschränkt sind. Die angestrebte Kritik soll also, um die jeweils gegenläufigen Momente zu skizzieren, nicht »ethisch enthaltsam«, aber auch nicht paternalistisch sein; sie verhält sich nicht relativistisch zu den Geltungsansprüchen von Lebensformen, soll aber trotzdem keine antipluralistischen Konsequenzen haben. Und am Ende wird sich zeigen, dass es gerade der Umstand ist, dass sich Lebensformen als historisch sich entwickelnde und mit normativem Anspruchsniveau versehene Lernprozesse verstehen lassen, der uns den Schlüssel zu ihrer Beurteilung in die Hand gibt.

Der Aufbau meiner Untersuchung ist einfach: In der *Einleitung* werden die Fragestellung und mein Ansatz anhand der Auseinandersetzung mit der Gegenposition – das heißt mit den verschiedenen Varianten einer »ethischen Enthaltsamkeit« – entwickelt. Der *erste Teil* stellt dann die Frage, was eine Lebensform – verstanden als Zusammenhang sozialer Praktiken – ausmacht. Der *zweite Teil* arbeitet die spezifische Normativität von Lebensformen aus und stellt ein Konzept von Lebensformen als Problemlösungsstrategien vor. Der *dritte Teil* beschäftigt sich mit Formen der Kritik und ent-

4 So redet Habermas in Bezug auf die hier angeschnittenen Fragen wiederholt (wenn auch terminologisch eher unspezifisch) von Lebensformen; auch ist im Zusammenhang der Relativismusdiskussion von Lebensformen die Rede, aber schon Wittgenstein übernimmt folgenreich diesen von Eduard Sprangers Bestseller *Lebensformen* (1921) in Umlauf gebrachten Begriff; vgl. ders., *Lebensformen. Geisteswissenschaftliche Psychologie und Ethik der Persönlichkeit*, Halle/Saale 1921.

wickelt das Konzept einer ideologiekritisch inspirierten »starken« Version immanenter Kritik. Im *vierten Teil* schließlich wird die Idee eines normativ gerichteten sozialen Lernprozesses ausgearbeitet. Damit transformiert sich die Frage danach, wann eine Lebensform defizitär ist oder gelingt, in die Frage nach den Kriterien für das Gelingen oder Nichtgelingen eines solchen Prozesses als rationalen Lernprozesses.

Danksagungen

Dieses Buch ist die substantiell überarbeitete Fassung meiner Habilitationsschrift, mit der ich im Frühjahr 2009 am Philosophischen Institut der Johann Wolfgang Goethe-Universität in Frankfurt am Main habilitiert worden bin.

Auch diese Arbeit wäre ohne die Unterstützung durch Axel Honneth nicht denkbar gewesen. Der nunmehr fast fünfzehnjährigen Zusammenarbeit verdanke ich philosophische Inspiration, Ermutigung, aber auch das Vorbild einer Haltung zum Philosophieren, die sich »große Fragen« zutraut, dabei aber bei aller Ernsthaftigkeit den Pathologien der Selbstüberschätzung zu entkommen vermag. Kaum überbewerten lässt sich auch die Rolle, die die philosophische Auseinandersetzung und die Freundschaft mit Fred Neuhouser für mein Arbeiten bedeutet hat. Dieses Buch verdankt ihm an Anregung mehr, als vielleicht auf den ersten Blick kenntlich wird.

Dem Druck in den zeitlich sehr gedrängten Monaten vor der Fertigstellung der Habilitation hätte ich nicht standhalten können, wenn nicht ein ganzes Team von Freunden und Kollegen das Projekt fortlaufend mit mir diskutiert und den im Entstehen begriffenen Text engmaschig kommentiert hätte. Für diese Kooperation im allerbesten Sinne möchte ich Robin Celikates, Gustav Falke, Martin Saar und Titus Stahl herzlich danken. Sie alle wissen, wie folgenreich und wichtig die Unterstützung in dieser für mich entscheidenden Phase war und wie sehr mich die langjährige Zusammenarbeit und Freundschaft, die vielfältigen Interessen, Erfahrungen und Projekte, die wir teilen, gelehrt haben, die Philosophie auch als gemeinsame Lebensform begreifen zu können. Rainer Forst und Stefan Gosepath möchte ich für die langjährige Kollegialität, Freundschaft und philosophische Inspiration – »bei aller vernünftigen Nichtübereinstimmung« – danken; Martin Seel und Karl-Heinz Kohl für die Bereitschaft, als Gutachter am Habilitationsverfahren teilzunehmen. Regina Kreide danke ich für die stetige Ermutigung und die wöchentlichen spätnächtlichen Diskussionen in Frankfurt. Daniel Loick, der wie kein anderer den politischen und lebensweltlichen Subtext der hier verhandelten Themen versteht, hat die Arbeit auf hilfreiche Weise kommentiert und mich auf jede erdenkliche Weise angespornt, das Projekt voranzutreiben.

Wie so häufig liegt zwischen der Abgabefassung der akademischen Qualifikationsarbeit und dem fertigen Buchmanuskript auch in diesem Fall ein weiter Weg. Den wichtigsten Einfluss auf das Endprodukt hat sicherlich Lukas Kübler genommen. Mit großem hermeneutischem Gespür hat er mein Projekt manchmal besser verstanden als ich selbst, den Text mit erstaunlichem Problembewusstsein und großer Unbestechlichkeit redigiert und ihn mit unzähligen Anregungen bereichert. In entscheidenden Momenten hat Eva von Redecker nicht nur einen letzten »sanity check«, sondern auch die nötige Bekräftigung beigesteuert. Am Endlektorat waren zudem zu verschiedenen Zeiten Georg Brunner, Margarete Stokowski und Dana Sindermann – und, ganz zum Schluss und sehr entscheidend, Frank Lachmann, Lea Prix und Selana Tzschiesche beteiligt. Ihnen allen schulde ich großen Dank. Eva Gilmer hat mir mit ihren engagierten und umsichtigen Bemerkungen erst klargemacht, was wissenschaftliches Lektorat eigentlich sein kann. Dafür und für die nicht enden wollende Nachsicht mit einer säumigen Autorin sei ihr herzlich gedankt.

Danken möchte ich auch den Mitarbeiterinnen und Mitarbeitern der Staatsbibliothek am Potsdamer Platz. Wie bereits bei (eigentlich allen) vorangegangenen Publikationen war dies der Ort, der mir ungestörtes Arbeiten in einem anregenden öffentlichen Raum ermöglicht hat.

Die gesamte Zeit der Arbeit an diesem Projekt fällt zusammen mit den ersten Lebensjahren meines Sohnes Jakob, meines kleinen größten Glücks. Dass der erste Satz dieser Untersuchung am ersten Tag des Erziehungsurlaubes meines Mannes, Andreas Fischer, geschrieben wurde, ist kein Zufall. Ohne seine unendliche Geduld, sein Vertrauen und seine Unterstützung wäre die Realisierung dieses nicht enden wollenden Projekts nicht möglich gewesen. Ihnen beiden möchte ich das Buch widmen – auch wenn es »gar kein richtiges Buch« ist!

Einleitung: Wider die »ethische Enthaltsamkeit«

> We cannot escape value judgements [...]
> nor do we treat them as a matter of taste.
> *Hilary Putnam*

Was ist und wozu betreiben wir die Kritik von Lebensformen? Ich möchte die Fragestellung dieses Buches in der folgenden Einleitung in drei Hinsichten ausformulieren: Was bedeutet es, Lebensformen *als* Lebensformen zu kritisieren? Was steht mit der Möglichkeit einer Kritik von Lebensformen auf dem Spiel und warum sollte sich die Philosophie in einem solchen Projekt engagieren?

Um mich diesen Fragen zu nähern, soll zunächst der spezifische Charakter einer kritischen Thematisierung von Lebensformen herausgearbeitet werden (1). Anschließend verteidige ich meine Fragestellung gegen Positionen, die aus verschiedenen Gründen eine »Enthaltsamkeit« in Bezug auf die Bewertung von Lebensformen empfehlen (2). Schließlich werde ich meinen Ansatz in Grundzügen skizzieren (3) und einen Überblick über den weiteren Verlauf der Argumentation geben (4).

1. Was bedeutet es, Lebensformen *als* Lebensformen zu kritisieren?

Über jemanden, der sich ernsthaft darüber empört, dass sein Gegenüber Bananen isst oder rote Cowboystiefel trägt, wird man lachen. Selbst wenn man bei der Vorstellung von Bananen Abscheu empfindet oder angesichts roter Cowboystiefel von spöttischer Belustigung gepackt wird: Man kann sich schwerlich eine sinnvolle Debatte darüber vorstellen, ob es richtig oder falsch ist, Bananen zu essen oder rote Cowboystiefel zu tragen. Das ist, so sagt man, jedermanns eigene Angelegenheit und, ganz buchstäblich, eine Geschmacksfrage. Anders steht die Sache, wenn wir jemanden dabei beobachten, wie er sein Kind schlägt. Hier empören wir uns, wie wir glauben, mit guten Gründen. Das ist, davon sind wir überzeugt, weder eine Geschmacksfrage noch eine »persönliche Angelegenheit«, hier einzugreifen ist unsere moralische Pflicht.

Wie aber liegen die Dinge, wenn es darum geht, ob jemand in einer Mehrfachbeziehung oder in einer Kleinfamilie lebt, ob Intimbeziehungen im *chatroom* stattfinden oder in Tantraworkshops gepflegt werden? Wie beurteilen wir die Sitte, mit der neugegründeten Familie bei den Eltern eines der beiden Ehepartner zu leben – oder umgekehrt den (schon in Hegels Darstellung der bürgerlichen Familie hervorgehobenen) Umstand, dass die für die moderne bürgerliche Gesellschaft entscheidende Kernfamilie sich typischerweise in räumlicher und ökonomischer Ablösung von der Herkunftsfamilie konstituiert? Und wie verhalten wir uns, wenn es nicht um das Verprügeln von Kindern geht, sondern um die verbreitete Praxis, den Fernseher als Babysitter einzusetzen? Auf welcher Grundlage nehmen wir zur Ausbreitung von *shopping malls* im öffentlichen Raum, zur Verkehrsplanung oder zur Förderung des Eigenheimbaus Stellung? Warum verbringen wir unsere Freizeit lieber im Theater, im Kino oder in der Kneipe statt vor dem Fernseher, und warum bevorzugen wir das Leben in der Stadt gegenüber dem auf dem Land (oder umgekehrt)? Wie schließlich unterscheiden wir zwischen guter oder sinnvoller und stumpfsinnig-entfremdeter Arbeit – und nach welchen Kriterien bewerten wir das in unseren Gesellschaften verbreitete Arbeitsethos?

Auch zu solchen Fragen beziehen wir häufig – manchmal sogar ganz entschieden – Position. Wir kritisieren die Passivität und Zurückgezogenheit des Fernsehkonsumenten. Wir fühlen uns von der Biederkeit der ehelichen Lebensgemeinschaft abgestoßen oder halten Mehrfachbeziehungen für illusorisch. Wir finden das Leben in einer Kleinfamilie zu isoliert oder betrachten umgekehrt ein Leben im größeren Familienverband als unzumutbare Einschränkung. Wir schwärmen für das pulsierende städtische Leben oder für die Behaglichkeit der Provinz. Wir treten für das »Recht auf Faulheit« ein oder sehen in der Arbeit den primären Lebenssinn. Und wo der Kapitalismus allzu aufdringlich wird, etwa wenn »kulturelle Werte« dem Kommerz untergeordnet werden, mögen wir die Verflachung, Verarmung oder sogar Entwirklichung unseres Lebens befürchten.

Die hier angedeuteten Positionen betreffen das, was ich in meiner Untersuchung mit dem Stichwort »Lebensformen« thematisieren werde. Unterschiede in Bezug auf Lebensformen können sowohl in Konflikten zwischen verschiedenen Kulturen oder Gesellschaften virulent werden als auch innerhalb einer Gesellschaft.

So ist die Debatte um die juristische Anerkennung von gleichgeschlechtlichen Ehen in den USA und in Westeuropa mit einem intrakulturellen Wertekonflikt unterfüttert; im Umgang mit arrangierten Ehen dagegen kommen interkulturelle Differenzen ins Spiel – auch wenn diese Grenze nicht immer so leicht zu ziehen ist, wie es auf den ersten Blick scheint.

So entschieden allerdings in manchen Fällen unsere Ansichten sind und so erbittert der öffentliche Streit,[1] so unklar bleibt, welchen argumentativen Status diese Positionen eigentlich haben. Machen wir uns, ähnlich wie bei der Frage der roten Cowboystiefel, lächerlich, wenn wir hier Gründe suchen, jemanden von unserer Meinung überzeugen zu wollen, oder uns dabei gar ereifern? Muss hier nicht jede und jeder für sich entscheiden, wie sie oder er sich verhält? Gibt es in solchen Fällen überhaupt bessere oder schlechtere Optionen und Positionen, die sich intersubjektiv vermitteln und begründen lassen, also Anspruch auf übergreifende Gültigkeit erheben können? Lassen sich also unsere Lebensformen (rational) begründen – jenseits davon, dass es eben *faktisch* unsere Lebensformen sind? Und lässt sich über das Gelingen oder Scheitern von Lebensformen mehr sagen, als dass dies eben manchmal passiert (das Gelingen und das Scheitern)? Um diese Fragen soll es in meinem Buch gehen.

Lebensformen als kulturelle Gebilde

Die Rede von Lebensformen bezieht sich, so wie ich sie verstehe, auf kulturell geprägte Formen menschlichen Zusammenlebens, »Ordnungen menschlicher Koexistenz«,[2] die ein »Ensemble von

1 Es wäre eine eigene Untersuchung wert, die Dynamik der Foren, in denen so etwas wie die Thematisierung von Lebensformen stattfindet (Talkshows, Feuilletons etc.), darzustellen und dabei zu analysieren, welchen Effekt es eigentlich hat, dass gerade solche massenmedialen Foren der bevorzugte Ort für die Debatte über Lebensformen geworden sind. Eva Illouz hat in Bezug auf ein für die USA prominentes Beispiel, die *Oprah Winfrey Show*, die überraschende These vertreten, dass bei allem Spektakel dies der Ort sei, an dem sich bestimmte emanzipatorische Ideale der Achtundsechziger-Bewegung – wenn auch nicht unbedingt in der von den damaligen Akteuren intendierten Form – halten. Vgl. Eva Illouz, *Oprah Winfrey and the Glamour of Misery. An Essay on Popular Culture*, New York 2003.

2 Burkhard Liebsch, »Lebensformen zwischen Widerstreit und Gewalt. Zur Topographie eines Forschungsfeldes im Jahr 2000«, in: ders., Jürgen Straub (Hg.),

Praktiken und Orientierungen«,[3] aber auch deren institutionelle Manifestationen und Materialisierungen umfassen. Unterschiede in Lebensformen drücken sich also nicht nur in unterschiedlichen Überzeugungen, Wertorientierungen und Einstellungen aus; sie manifestieren und materialisieren sich in Mode, Architektur, Rechtssystemen und Weisen der Familienorganisation, in jenem von Musil so genannten »dauerhaften Stoff von Häusern, Gesetzen, Verordnungen und geschichtlichen Überlieferungen«,[4] der unser Leben ausmacht.

Als *Formen*, in denen gelebt wird, gehören sie (hegelsch verstanden) zur Sphäre des »objektiven Geistes« oder auch, mit Hannah Arendt gesagt, zu der spezifisch menschlichen Welt, in der sich das menschliche im Gegensatz zu anderem biologischen Leben abspielt.[5] Lebensformen, so wie hier von ihnen die Rede sein wird, betreffen also die *kulturelle und soziale Reproduktion menschlichen Lebens* – eine definitorische Entscheidung, die darin begründet ist, dass es mir naheliegend scheint, von Lebens*form* nur da zu sprechen, wo etwas *gestaltet* (oder geformt) ist und demnach auch *umgestaltet* werden könnte, also nicht schon da, wo etwas sich auf typische Weise immer wiederholt oder einen durch Instinkte geleiteten notwendigen Verlauf hat. Anders gesagt: Ich frage nach *Lebensformen im Plural*, also den verschiedenen kulturellen Formen, die das menschliche Leben annehmen kann, nicht (in ethisch naturalistischer Perspektive) nach *der* Lebensform des Menschen – im Gegensatz etwa zu der des Löwen.[6]

Dabei darf man sich von der scheinbaren Privatheit der oben

Lebensformen im Widerstreit. Integrations- und Identitätskonflikte in pluralen Gesellschaften, Frankfurt/M. 2003, S. 13-44, hier S. 17.

3 Lutz Wingert, *Gemeinsinn und Moral. Elemente einer intersubjektivistischen Moralkonzeption*, Frankfurt/M. 1993, S. 174.

4 Robert Musil, *Der Mann ohne Eigenschaften I* (Erstes und zweites Buch), Reinbek bei Hamburg 1987, S. 10.

5 Diesem Sprachgebrauch zufolge hätten also nur Menschen, nicht aber Tiere eine Lebensform; so auch Giorgio Agamben, *Mittel ohne Zweck*, Berlin, Zürich ²2006, S. 13 f. Die Bezugnahme auf Lebensformen als auf kulturell überformte Gebilde prägt aber auch den Sprachgebrauch von Jürgen Habermas, Friedrich Kambartel, Rüdiger Bubner, Martin Seel und Lutz Wingert, um nur einige zu nennen.

6 So Philippa Foot, *Die Natur des Guten*, Frankfurt/M. 2004, und im Anschluss an diese: Michael Thompson, *Leben und Handeln*, Berlin 2011 (engl.: *Life and Action*, Cambridge/Mass. 2008).

angeführten Beispiele für die Diskussion um Lebensformen nicht täuschen lassen. Die Durchsetzung oder Ablehnung der genannten Positionen beruht auf kulturellen Leitbildern und geteilten Werten. Sie betreffen überindividuelle Fragen der Lebensführung, die sich in eingespielten sozialen Praktiken und Institutionen artikulieren. Lebensformen sind also keine individuellen Optionen, sondern überpersönlich geprägte Ausdrucksformen mit öffentlicher Relevanz. Einer geschlechtsspezifischen Verhaltensordnung beispielsweise zu folgen oder sie zu verweigern ist eine Disposition, die individuell gar nicht verfügbar ist, sofern diese auf sozial verfassten Verhaltensmustern und Bedeutungen beruht. Und zwangsläufig betrifft das eigene Verhalten in solchen Fällen nicht nur diejenigen, die einem solchen Muster folgen (oder eben nicht), es prägt auch den Möglichkeitsraum des Verhaltens aller anderen.[7] Zudem haben Lebensformen politisch-ökonomische Rahmenbedingungen. Schon die Existenz von Einfamilienhäusern hängt ab von institutionellen (und politisch verfassten) Bestimmungen, wie Bebauungsplänen oder der staatlichen Eigenheimförderung;[8] das familiäre Leben mit Kindern ist geprägt von der Existenz oder Nichtexistenz öffentlicher Betreuungseinrichtungen, und die Verfügbarkeit von Theateraufführungen einer bestimmten Qualität ist nicht zuletzt abhängig von öffentlicher Kulturförderung.

Dort nun, wo die in Frage stehenden Optionen zu trivial erscheinen mögen, um überhaupt Gegenstand von Debatten zu sein, sei darauf hingewiesen, dass sich unter der Perspektive einer Lebensformanalyse auch die alltäglichsten Verrichtungen des Alltagslebens im Zweifelsfall als (besondere) Manifestationen des Allgemeinen einer Lebensform lesen lassen.[9] Diese alltäglichen Haltungen und

7 Selbst noch die Verweigerung solcher Muster, darum geht es mir hier, findet in einem sozial bestimmten Raum statt. Ein kleiner Junge, der eine Vorliebe für rosa Kleidung und rosa Fahrräder entwickelt, wird diese nur sehr kurz »unschuldig« verfolgen können. Über kurz oder lang wird er mit dem Umstand konfrontiert, dass sein Geschmack als »mädchenhaft« kodiert ist, und damit mit der Forderung, sich entsprechend entweder selbstbewusst dazu zu verhalten oder seine Präferenzen aufzugeben.

8 Vgl. dazu die Ausführungen in Pierre Bourdieus Studie *Der Einzige und sein Eigenheim,* Hamburg 1998.

9 Ein eindringliches Beispiel für eine solche Perspektive ist Theodor W. Adornos *Minima Moralia*, Frankfurt/M. 1973, deren Argumentationslinien ich in meinem Aufsatz »›Kein Einzelner vermag etwas dagegen‹: Adornos *Minima Moralia*

Lebensweisen sind also – und das beträfe noch die roten Cowboystiefel, die ja klischeehaft für eine bestimmte Vorstellung von Männlichkeit und Unabhängigkeit stehen – bedeutungstragend.

Lebensformen als Lebensformen kritisieren

Was soll es nun bedeuten, dass in den oben angeführten Fällen Lebensformen *als* Lebensformen thematisiert werden? Was genau ist der Gegenstandsbereich und der Modus einer Kritik von Lebensformen, sofern sie Lebensformen als solche bewertet?

Einer solchen Kritik geht es um die spezifische Beschaffenheit, das heißt um eine *qualitative* Dimension der Einstellungen und Praktiken einer Lebensform – im Gegensatz beispielsweise zu ihren Folgen, etwa ihrer moralischen Qualität im Sinne der Schädigung oder der ungerechtfertigten Behandlung anderer. Es geht also, an eine Unterscheidung von Charles Larmore angelehnt, um den *intrinsischen Gehalt* der Lebensformen, nicht um ihre externe Wirkung.[10] In die Gegenüberstellung von »gutem Leben« und »Gerechtigkeit« eingetragen: Etwas in diesem Sinne *als* Lebensform zu kritisieren bedeutet zu fragen, ob eine Lebensform *als solche* gelungen, geglückt – oder auch rational – ist, und nicht nur zu fragen, ob sich in ihr eine im engeren Sinne[11] gerechte gesellschaftliche Ordnung manifestiert. Nun ist die Unterscheidung zwischen »gutem« und »richtigem« Leben selbst umkämpft und ihr Nutzen umstritten. Deutlich werden sollte durch diese erste Abgrenzung aber, dass sich bei der Bewertung von Lebensformen ein breites und inklusives Feld praktischer Fragen eröffnet, das im engeren Bereich moral- oder gerechtigkeitsrelevanter Fragen nicht aufgeht.

als Kritik von Lebensformen«, in: Axel Honneth (Hg.), *Dialektik der Freiheit*, Frankfurt/M. 2005, S. 115-141, nachzuzeichnen versuche.

10 Vgl. Charles Larmore, *Strukturen moralischer Komplexität*, Stuttgart 1995, S. 46.

11 Einen weiteren Gerechtigkeitsbegriff vertritt allerdings Axel Honneth, vgl. ders., *Leiden an Unbestimmtheit. Eine Reaktualisierung der Hegelschen »Rechtsphilosophie«*, Stuttgart 2001; ders., »Das Gewebe der Gerechtigkeit. Über die Grenzen des zeitgenössischen Prozeduralismus«, in: ders., *Das Ich im Wir. Studien zur Anerkennungstheorie*, Frankfurt/M. 2010, S. 51-77. Vgl. außerdem: Iris Marion Young, *Justice and the Politics of Difference*, Princeton 1990.

Das Spezifische einer Kritik, die in diesem Sinne auf den intrinsischen Gehalt einer Lebensform zielt, lässt sich vielleicht am besten anhand einer der im Vorwort bereits erwähnten aktuellen Diskussionen erläutern. Die Vermarktlichung von immer mehr Lebensbereichen, wie sie für kapitalistisch organisierte Gesellschaften mitunter diagnostiziert wird, ist ein Fall, bei dem sich mehrere Dimensionen vermischen: Das Problem der Ausdehnung der Sphäre des Marktes auf vorher nicht marktförmige Lebensbereiche – wie zum Beispiel auf die Sphäre der menschlichen Reproduktion, aber auch auf die von Bildung und Gesundheit – ist nämlich *einerseits* ein Gerechtigkeitsproblem. Typischerweise sind es ärmere Frauen, die sich als Leihmutter verdingen, eine vermarktlichte Medizin ist in den meisten Fällen eine Zwei- oder Mehr-Klassen-Medizin, und das nach marktwirtschaftlichen Gesichtspunkten organisierte Bildungssystem steht im Verdacht, vor allem die Selbstreproduktion der Eliten zu fördern.

Die Kommodifizierungsproblematik wirft *andererseits* aber auch die Frage nach dem »Gelingen« oder »Glücken« einer sozialen Ordnung in einem umfassenderen Sinn auf. Ließe sich das Gerechtigkeitsdefizit vermarktlichter Institutionen rein hypothetisch durch eine gerechte Verteilung auf basaler Ebene lösen, so wäre damit die Frage, ob es Güter gibt, die – egal unter welchen Verteilungsbedingungen – nicht vermarktlicht werden sollten, noch gar nicht berührt, geschweige denn beantwortet. Hier geht es darum, welche Auswirkungen es auf unser Selbstverständnis als Individuen und als Gesellschaft, auf die Gestalt und Funktionsweise unserer sozialen Praktiken hat, wenn wir bestimmte Güter als Waren verstehen und sie nach Maßgabe ökonomischer Effizienz behandeln. Von denjenigen, die das Problem so auffassen, wird auf die eine oder andere Weise auf die *Unangemessenheit* ökonomischer Kriterien für manche Bereiche hingewiesen und die Verkennung des spezifischen Charakters bestimmter Güter behauptet, sobald diese »Gegenstand des Schachers« (Karl Marx) werden. Angesprochen ist also der intrinsische Sinn derjenigen Praktiken, in denen unser (gemeinsames) Leben Gestalt annimmt; zur Debatte stehen die qualitativ unterschiedlichen Weisen des Umgangs mit uns und den Dingen, die wir schätzen. Das Problem betrifft damit die Beschaffenheit unserer Lebensform als solcher, die Güter selbst und nicht ihre Verteilung innerhalb der gesetzten Grenzen einer derartigen »Wertschätzungsordnung«.[12]

Man kann jetzt sehen: Wo Lebensformen als Lebensformen in Frage stehen, debattiert und kritisiert werden, geht es nicht nur darum, wie man innerhalb eines gegebenen Rahmens von Zwecksetzungen am besten im Sinne des Erreichens dieser Zwecke agiert oder wie innerhalb eines gegebenen Rahmens von Wertorientierungen die angemessenste Einlösung dieser Orientierungen vorzustellen ist.[13] Es geht vielmehr um die Thematisierung solcher Zwecke selbst, also nicht nur um die Verteilung von Gütern oder Einflusschancen, sondern um die Gestalt der Güter und der mit diesen verbundenen sozialen Praktiken selbst. Wenn also nicht nur die ungerechten Effekte der Vermarktlichung thematisiert wurden, sondern die Frage, was es bedeutet, Güter als käuflich oder nichtkäuflich zu behandeln, nicht nur die Verteilung oder die angemessene Bezahlung von Arbeit, sondern deren *Sinn*, dann werden hier – mit einer hilfreichen Formulierung von Georg Lohmann – die »Proto-Werte« einer Lebensform selbst strittig.[14] Eine solche De-

12 Vgl. zum Problem der Vermarktlichung das Gespräch zwischen Axel Honneth, Rainer Forst und mir, »Kolonien der Ökonomie«, in: *POLAR – Zeitschrift für Politik, Theorie und Alltag* 2 (2007), S. 151-160; vgl. auch meinen Beitrag »Die Zeit der universellen Käuflichkeit«, ebd., S. 145-150. Zur neueren philosophischen Diskussion über die Grenzen des Marktes vgl. Elisabeth Anderson, *Value in Ethics and Economics*, Cambridge/Mass. 1993; Margaret J. Radin, *Contested Commodities*, Cambridge/Mass. 1996, und meinen Überblicksartikel »Der Markt und sein Preis«, in: *Deutsche Zeitschrift für Philosophie* 47/6 (1999), S. 987-1004. Vgl. zu dieser Debatte jetzt auch: Debra Satz, *Why Some Things Should Not Be For Sale*, Oxford 2010.

13 Das ist in gewisser Weise der Modus, den Michael Walzer in seiner Sphärentheorie der Gerechtigkeit und der darauf beruhenden Kritik der Vermarktlichung im Sinn hat: Es passt nicht zu unserem Selbstverständnis als Gemeinschaft, bestimmte Güter als käuflich zu behandeln. Vgl. Michael Walzer, *Sphären der Gerechtigkeit. Ein Plädoyer für Pluralität und Gleichheit*, Frankfurt/M. 1992. Die entsprechende Auffassung von Sozialkritik vertritt Walzer in: ders., *Kritik und Gemeinsinn. Drei Wege der Gesellschaftskritik*, Frankfurt/M. 1993.

14 Vgl. Georg Lohmann, »Zwei Konzeptionen von Gerechtigkeit in Marx' Kapitalismuskritik«, in: ders., Emil Angehrn (Hg.), *Ethik und Marx. Moralkritik und normative Grundlagen der Marxschen Theorie*, Königstein/Ts. 1986, S. 174-194. Lohmann bezieht sich hier auf Cornelius Castoriadis, »Wert, Gleichheit, Gerechtigkeit, Politik. Von Marx zu Aristoteles und von Aristoteles zu uns«, in: ders., *Durchs Labyrinth. Seele, Vernunft, Gesellschaft*, Frankfurt/M. 1981, S. 221-276.

batte eröffnet aber überhaupt erst die Sichtweise darauf, wie wenig selbstverständlich manche selbstverständlich scheinenden Weisen der Etablierung solcher »Proto-Werte« eigentlich sind und in welchem Ausmaß sie ein Produkt bestimmter historischer und sozialer Konstellationen (und Interessen) darstellen. Lebensformen werden dann in ihrer inneren Beschaffenheit zum Gegenstand der Diskussion gemacht, die *black box* geöffnet.

Lebensformkritik als Reflexion auf Rahmenbedingungen des Handelns

Die Kritik von Lebensformen zielt damit nicht etwa nur auf einen anderen Gegenstandsbereich als beispielsweise die Gerechtigkeitstheorie, sondern nimmt zugleich eine bestimmte Perspektive ein; sie nimmt nicht nur *andere Dinge*, sondern die *Dinge anders* in den Blick. Die produktivste Weise, zu erläutern, was es bedeutet, Lebensformen als Lebensformen zu kritisieren, ist dann vielleicht die Folgende: Die Kritik von Lebensformen thematisiert nicht nur unser Handeln, also das, was wir tun (sollen), sondern den *Bezugsrahmen*, in dem wir handeln und uns orientieren. Damit werden unsere normativen Orientierungen, die Begriffe, in denen wir uns verstehen, und das gesamte Arsenal sozialer Praktiken, aus denen sich unsere Handlungsoptionen ergeben, in ihrer inneren Gestalt und Qualität zum Thema gemacht.

An Hilary Putnams Beispiel des Begriffs »Unkeuschheit« (als Exempel für einen jener »dichten« ethischen Begriffe, um die es in Bezug auf normative Fragen gehen kann) lässt sich das hier Gemeinte gut erläutern.[15] Wenn uns ein Satz wie »Wir sollten Unkeuschheit vermeiden«, aber auch Sätze wie »Die Ehre ist das wichtigste Gut der Frau« oder »Das ist aber ein braves Kind« (und die damit einhergehende Betonung von Disziplin in der Erziehung) merkwürdig und unangemessen anmuten, so bedeutet das weniger, dass wir für das unkeusche statt für das keusche, das unehrenhafte im Gegensatz zum ehrenhaften Leben oder für undiszipliniertes im Gegensatz zu diszipliniertem Verhalten eintreten. Es ist der mit

15 Vgl. Hilary Putnam, »Werte und Normen«, in: Klaus Günther, Lutz Wingert (Hg.), *Die Öffentlichkeit der Vernunft und die Vernunft der Öffentlichkeit. Festschrift für Jürgen Habermas*, Frankfurt/M. 2001, S. 280-313.

diesen Begriffen gesetzte Rahmen, mit dem wir nichts anfangen können. Wir haben dann bereits abweichende Positionen darüber, ob »Keuschheit«, »Ehre« oder »Disziplin« überhaupt einen Platz in unserem ethischen Vokabular haben sollte. Es ist das Bezugssystem sozialer Praktiken und Interpretationen selbst, das Weltverständnis, in dem diese Begriffe wichtig sind, das wir falsch oder seltsam finden. Lebensformen *als Lebensformen* zu kritisieren bedeutet also nicht zuletzt, den Sinn und den Zuschnitt, aber auch die Interpretation der Begriffe zu thematisieren, in denen wir uns über das, was wir tun und tun sollen, verständigen. Nicht nur praktisch-evaluative Fragen – also Fragen des *richtigen Handelns* –, sondern bereits Unterschiede in Bezug auf die Angemessenheit von kollektiven Deutungsmustern und damit die *richtige Auffassung von der Welt* stehen hier zur Debatte.[16]

Natürlich sind die so beschriebenen Rahmenbedingungen nicht immer vollständig verfügbar, und nicht immer lassen sie sich problemlos auffinden. Kein geringes praktisches Problem einer Kritik von Lebensformen besteht deshalb darin, diese Rahmenbedingungen überhaupt als solche zu thematisieren und damit auffällig oder sichtbar werden zu lassen. Ein Beispiel dafür, wie produktiv solch eine Offenlegung sein kann, sind klassische soziale Emanzipationsbewegungen wie die Frauenbewegung.[17] Diese lassen sich geradezu

16 Zur Rolle von kollektiven Deutungsmustern und deren Veränderung als Voraussetzung für die Veränderung moralischer Prinzipien und deren Zusammenspiel in Bezug auf moralische Lernprozesse siehe die Überlegungen von Albrecht Wellmer in: ders., *Ethik und Dialog*, Frankfurt/M. 1986, S. 125 f.

17 Der Hinweis auf die der herrschenden Geschlechterordnung, ihren Rollenverständnissen und den damit einhergehenden Praktiken zugrunde liegenden Bilder und Zuschreibungen von Weiblichkeit/Männlichkeit ist eine Thematisierung von Rahmenbedingungen, die vorher kaum auffällig waren. Sie war nötig, um die darauf aufbauenden Dominanzverhältnisse überhaupt nur als solche identifizieren zu können. Das sogenannte *consciousness raising* bezog sich insofern auch nicht nur darauf, Ungerechtigkeiten in einem bestehenden Rahmen von Gerechtigkeitsauffassungen zu thematisieren, sondern auch darauf, durch eine Neujustierung des Rahmens bestimmte Dinge überhaupt erst als Ungerechtigkeit wahrnehmbar zu machen. Am Beispiel der Interpretation von Bedürfnissen hat dies Nancy Fraser herausgearbeitet; vgl. dies., »Der Kampf um die Bedürfnisse: Entwurf für eine sozialistisch-feministische kritische Theorie der politischen Kultur im Spätkapitalismus?«, in: dies., *Widerspenstige Praktiken. Macht, Diskurs, Geschlecht*, Frankfurt/M. 1994, S. 249-291.

darüber definieren, dass sie die Nichtselbstverständlichkeit solcher Rahmenbedingungen in entnaturalisierender Manier nachweisen und den Einspruch gegen sie auf vielfältige Weise in Szene setzen. Wir müssen nämlich, um eine Lebensform kritisieren zu können, überhaupt erst *sehen*, dass Begriffe wie Keuschheit, Ehre und Disziplin (und das mit ihnen einhergehende Repertoire an Praktiken und Vorstellungen) keineswegs selbstverständlich oder gar naturwüchsig gegeben sind, sondern Teil einer bestimmten althergebrachten Lebensform. Der Streit um Lebensformen hat also einen denaturalisierenden Effekt: Er entzieht dem scheinbar Selbstverständlichen die Legitimation.

Eine mittlere Ebene

Wenn ich nun eingangs unterschieden habe zwischen Geschmacksfragen (die roten Cowboystiefel) und Problemen, die auf moralisch begründete Gebote und Verbote zielen (das Verprügeln von Kindern), so bewegen sich die Fragen, um die es der Kritik von Lebensformen geht, offenbar in einem unklar definierten Zwischenbereich. Die hier gestellten Probleme scheinen eine »mittlere Ebene« zwischen moralischen Geboten und Verboten einerseits und Geschmacksfragen (beziehungsweise der Überantwortung an rein individuelle und beliebige Entscheidungsfindung) andererseits zu betreffen. Eine Lebensform, in deren Zentrum das Fernsehen oder *shopping malls* stehen, mag öde sein, die bürgerliche Ehe bieder, die Provinz langweilig, das Interesse an Esoterik regressiv, die mit Porzellankatzen dekorierten Fenster des Reihenhauses kitschig und das mit Mitteln der Schönheitschirurgie angestrebte Schönheitsideal steril. Aber weder richten diese Dinge direkten Schaden an, noch verletzen sie das Prinzip der universellen Achtung vor der Autonomie des Anderen.[18] Allerdings weist der Umstand, dass sich

18 Dass sich diese Probleme mit dem Millschen Schadensprinzip, dem Prinzip also, dass wir alles tun dürfen sollen, womit wir anderen nicht schaden, nicht einfangen lassen, liegt schon darin begründet, dass mit der Lebensformperspektive offenbar die ohnehin notorisch schwer zu ziehende Grenze zwischen der Schädigung anderer und der Schädigung seiner selbst unterlaufen wird. Außerdem bedeutet die Rede von »Schädigung« in Bezug auf viele der hier in Frage stehenden Probleme eine falsche Vereindeutigung sowie eine irreführend vereindeutigte Verantwortungszuschreibung innerhalb einer komplexen Situation. Vgl. John Stuart Mill, *Über die Freiheit*, Stuttgart 1974.

eine solche Fragen adressierende Kritik eines Vokabulars bedient, das »reicher« ist als das von »richtig oder falsch« und »gut oder schlecht«, auf etwas Wichtiges hin. Das Vokabular, mit dem wir Lebensformen qualifizieren und kritisieren, besteht, um es mit einem Ausdruck von Bernard Williams zu sagen, aus »dichten ethischen Begriffen« (*thick ethical concepts*).[19] Lebensformen können erfolgreich sein oder scheitern, florieren oder »verarmen«; sie sind steril, unlebendig, kitschig, öde, regressiv – oder umgekehrt: cool, originell, mitreißend, faszinierend, progressiv. Das muss aber gerade nicht bedeuten, dass es sich hier um »weiche« Kriterien handelt oder dass sich mit einer Kritik, die sich solcher Kriterien bedient, nur reduzierte Geltungsansprüche verbinden. Aber wie genau sind solche Geltungsansprüche dann beschaffen?

Man könnte das Ziel der Konzeptualisierung einer Kritik von Lebensformen folgendermaßen beschreiben: Es geht um das systematische Ausbuchstabieren jener »mittleren Ebene« zwischen Verbot und individueller Beliebigkeit, die angesichts der dominanten Strömungen in politischem Liberalismus und kantianischer Moralphilosophie gewissermaßen argumentativ »ausgetrocknet« zu sein scheint. Oder anders: Mein Ziel ist es, Licht in die »außerphilosophische Dunkelheit«[20] zu bringen, in die die ethischen Fragen in der beschriebenen philosophischen Konstellation abgeschoben worden sind. Dabei mag sich zeigen, dass die Dunkelheit, die in diesem Bereich herrscht, oder gar das »Schweigegebot«,[21] mit dem er belegt ist, der möglicherweise nur vermeintlichen Helligkeit einer Lichtquelle geschuldet ist, die den Raum praktischer Gründe stets vom Vorrang des Rechten gegenüber dem Guten her ausleuchtet.

19 Vgl. Bernard Williams, *Ethics and the Limits of Philosophy*, Cambridge/Mass. 1985, S. 140-143.

20 Vgl. Charles Taylor, »Leading a Life«, in: Ruth Chang (Hg.), *Incommensurability, Incomparability, and Practical Reason*, Cambridge/Mass. 1998, S. 170-183, hier S. 174. Taylor zufolge überlässt die zeitgenössische praktische Philosophie häufig weiter gefasste Fragen des guten Lebens und der für ein menschliches Leben konstitutiven Güter der »außerphilosophischen Dunkelheit«, um sich dadurch philosophische Klarheit in einem beschränkten Bereich zu erkaufen (sei es dem der Gerechtigkeitsmoral oder dem des Nutzenprinzips – beides Kandidaten moderner moralischer Theoriebildung).

21 Martin Seel, zitiert nach: Hans Joas, *Die Entstehung der Werte*, Frankfurt/M. 1999, S. 293.

2. *Soll* man Lebensformen kritisieren? Für und wider die »ethische Enthaltsamkeit«

Soll man aber Lebensformen kritisieren? Führt eine solche Kritik, wo sie auf Verbindlichkeit zielt, nicht unausweichlich zu Paternalismus und Sittendiktatur? Ernst Tugendhat sieht in seinem Aufsatz »Antike und moderne Ethik« die »emanzipatorische politische Stoßrichtung« der modernen Moralkonzeption gerade in der »für die liberale Rechtskonzeption grundlegende[n] Überzeugung, daß es jedem selbst überlassen bleiben soll, wie er sein eigenes Leben gestaltet«. Und obwohl er einräumt, dass dieses »Verbot, in die Autonomie des einzelnen einzugreifen«, nicht direkt voraussetze, dass es »keine objektiv begründbaren Prinzipien der Lebensgestaltung« geben kann, merkt er an, dass dort, »wo man an solche Prinzipien glaubt, [...] der Schritt zu einer Sittendiktatur doch sehr naheliegend«[22] sei.

Aber nicht nur die Möglichkeiten der individuellen Selbstverwirklichung jenseits kollektiver Rechtfertigungszwänge und Beschränkungen durch Sittlichkeit und Tradition stehen auf dem Spiel. Das gelingende Zusammenleben in einer multikulturellen Gesellschaft scheint auf die Anerkennung von Differenz und Pluralität und damit auf eine Haltung der »liberalen Selbstbeschränkung« und der »Einklammerung« der eigenen Tradition und Lebensweise gegenüber der Vielfalt miteinander konkurrierender Lebensformen angewiesen zu sein. In diesem Zusammenhang ist Kontextsensitivität eine wichtige Tugend und die Einsicht in die Schwierigkeiten der Interpretation angesichts der Konfrontation mit »fremden« Gesellschaften eine wichtige Erkenntnis. Die faktische Entwicklung der Moderne – Individualisierung, Pluralisierung, Reflexivität –, aber auch ihr normativer Gehalt, die Ideen von Autonomie, Selbstbestimmung und Selbstverwirklichung, scheint untrennbar mit der Vorstellung verbunden zu sein, dass es keine allgemeinverbindliche »Sittlichkeit« mehr geben kann – und entsprechend auch keinen Standpunkt, von dem aus sich Lebensformen kritisieren ließen.

In unterschiedlichen Strömungen formuliert die gegenwärtige politische Philosophie deshalb Konzeptionen, die gegen die Ein-

22 Ernst Tugendhat, »Antike und moderne Ethik«, in: ders., *Probleme der Ethik*, Stuttgart 1986, S. 33-56, hier S. 46 f.

mischung in Fragen der Gestaltung von Lebensformen eine Position ethisch-epistemischer Abstinenz proklamieren und damit (auch) die Thematisierung von Lebensformen umgehen, »einhegen« oder unnötig machen sollen. (Es ist diese Haltung, die ich im Vorwort eine »*black box*-Mentalität« genannt habe.) Die beiden einflussreichsten Ausprägungen dieser Position sind dabei wohl der politische Liberalismus und seine pragmatische Begründung einer notwendigen Neutralität gegenüber Lebensformen auf der einen Seite und die unter anderem von Jürgen Habermas vertretene Behauptung einer kategorialen Differenz zwischen Moral und Ethik auf der anderen Seite. Beide Positionen möchte ich im Folgenden kurz untersuchen, um vor dem Hintergrund ihrer Defizite die Notwendigkeit einer Wiederaufnahme der Frage nach der rationalen Bewertung und Kritik von Lebensformen zu motivieren.

Rawls: Liberale Neutralität und vernünftige Meinungsverschiedenheiten

Die Idee liberaler Neutralität gegenüber Lebensformen hat ihre Wurzeln in einer praktischen Problemlösungsstrategie. Sind die europäischen Religionskriege die historische Geburtsstunde des Liberalismus, so lässt sich die einschlägige Reaktion auf jene Kriege, nämlich das Konzept einer Einhegung der blutigen Konflikthaftigkeit weltanschaulich-religiöser Differenzen qua Privatisierung und Individualisierung ihres Gehalts, bis in den heutigen politischen Liberalismus hinein verfolgen.[23] So argumentiert der politische Liberalismus (in seinen verschiedenen Facetten[24]), dass angesichts des »Faktums des Pluralismus« (John Rawls) die entscheidenden Ins-

23 Zu diesem historischen Hintergrund vgl. John Rawls, »Gerechtigkeit als Fairneß: politisch und nicht metaphysisch«, in: Axel Honneth (Hg.), *Kommunitarismus. Eine Debatte über die moralischen Grundlagen moderner Gesellschaften*, Frankfurt/M. 1993, S. 37-67, hier S. 64.

24 In der politischen Diskussion werden häufig sehr unterschiedliche Dinge unter das Stichwort »liberal« gefasst. Ich beziehe mich hier nur auf die in der politischen Philosophie als »Liberalismus« bekannte Theorietradition, die, von John Locke, Adam Smith oder John Stuart Mill ausgehend, heute u. a. mit John Rawls und Ronald Dworkin in Verbindung gebracht wird. Einen guten kurzen Überblick zum politischen Liberalismus liefert Alan Ryan, »Liberalism«, in: Robert Goodin u. a. (Hg.), *A Companion to Contemporary Political Philosophy*, Malden/Mass. [2]2007, Bd. 1, S. 360-382.

titutionen des staatlich geregelten Zusammenlebens »ethisch neutral« sein müssen, um der unhintergehbaren Vielfalt von Lebensformen gerecht werden zu können: »Politische Entscheidungen müssen, soweit dies möglich ist, unabhängig von jeder partikularen Vorstellung des guten Lebens oder davon, was das Leben wertvoll macht, sein.«[25] Entsprechend formuliert Charles Larmore: »Der politische Liberalismus ist die Lehre vom neutralen Staat. Der Staat sollte keine partikulare Vorstellung des guten Lebens aufgrund der Annahme fördern, es handle sich dabei um eine überlegene, das heißt ›wahrere‹ Vorstellung.«[26] Liberale Gerechtigkeitskonzeptionen auf Grundlage des Neutralitätsideals enthalten sich also der inhaltlichen Bewertung der jeweiligen (von Personen oder Gruppen getragenen) Konzeptionen des Guten. Als explizit politische Konzeption von »Gerechtigkeit als Fairneß«,[27] wie John Rawls sie konzipiert hat, wird dadurch die größtmögliche Offenheit gegenüber miteinander inhaltlich inkompatiblen Vorstellungen des Guten erreicht, so dass die Individuen in einer solchermaßen wohlgeordneten gerechten Gesellschaft dazu in die Lage versetzt werden, ihre je individuellen Lebenspläne zu verfolgen, solange diese die Bedingungen des Zusammenlebens in einer gerechten Gesellschaft nicht untergraben. Der dafür notwendige »übergreifende Konsens« (*overlapping consensus*) wird also dadurch ermöglicht, dass die inhaltliche Bewertung von Lebensplänen, Vorstellungen des Guten und letztlich Lebensformen »draußen« bleibt.

Zwar fassen die verschiedenen liberalen Konzeptionen Neutralität sehr unterschiedlich (und unterschiedlich stark) auf, und gerade der späte John Rawls leugnet die ihrerseits ethische Basis der so erreichten relativ dünnen Kernmoral und deren Prägung durch die Werteordnung freiheitlicher moderner demokratischer Gesellschaften nicht. Trotzdem bleibt die Grundidee eines nichtethischen und nichtperfektionistischen Liberalismus die, dass die starken Anforderungen umfassender ethischer Orientierungen in ihrem Geltungsanspruch neutralisiert werden müssen, um jenen Konsens zu ermöglichen.

25 Ronald Dworkin, »Liberalism«, in: ders., *A Matter of Principle*, Cambridge/Mass. 1985, S. 127.

26 Larmore, *Strukturen moralischer Komplexität*, a. a. O., S. 46.

27 Vgl. Rawls, »Gerechtigkeit als Fairneß: politisch und nicht metaphysisch«, a. a. O.

Hinter einer solchen, zunächst primär pragmatisch inspirierten Position[28] können verschiedene Motive stehen. Theoretisch schwerwiegend und besonders konsequent ausformuliert ist die Rawlssche These von den »vernünftigen Meinungsverschiedenheiten« (*reasonable disagreements*) in Bezug auf Konzeptionen des Guten. Dieser These zufolge ist es möglich, dass zwei Positionen in Bezug auf dieselbe ethische Frage zwar gleichermaßen rational sind, aber dennoch zu konträren Ergebnissen kommen. Die hier bestehenden Differenzen sind dann aber durch einen rationalen Klärungsprozess nicht zu beheben, selbst wenn man einen Willen zur Einigung voraussetzt. Politisch empfiehlt sich also eine »Methode der Vermeidung«, die solche Unterschiede ausklammert und die Differenzen auf der Basis einer grundlegenden Übereinstimmung über die politischen Prinzipien des Zusammenlebens »einhegt«. Eine solche Konzeption ist, wie Rawls selber betont, philosophisch dezidiert »flach«, sofern jede »tiefere« Thematisierung sich in den umstrittenen Gefilden spezifischer Konzeptionen des Guten verfangen würde.

Habermas: Ethische Enthaltsamkeit

Ausgangspunkt der Habermasschen Konzeption (und seiner Zurückhaltung in Bezug auf Lebensformen) ist nicht nur die auch von ihm geteilte Pluralismusdiagnose und die Einsicht in die faktische Konflikthaftigkeit moderner Gesellschaften in Bezug auf Fragen des richtigen Lebens. Obwohl sie sich mit der liberalen Neutralitätsidee praktisch in vielen Konsequenzen trifft, hat die Habermassche Position (und die mit ihm diesbezüglich übereinstimmenden Ansätze), die ich im Folgenden unter dem Titel »ethische Enthaltsamkeit« diskutiere, eine besondere Pointe. Dass sich eine gerechte Gesellschaftsordnung gegenüber den von ihren

28 Der Einsicht in den Pluralismus ethischer Orientierungen lässt sich auch eine affirmative Wendung geben: Diese Position, die man als einen normativen Pluralismus vom bloß pragmatischen abgrenzen kann, sieht in der Vielfalt eine Quelle des Reichtums und in jedem Versuch einer Homogenisierung einen Verlust der spezifischen Schönheit der Idiosynkrasie und von Individualität. Vgl. dazu John Gray, *Two Faces of Liberalism*, Cambridge 2000. Sie legt allerdings die Vermutung nahe, dass es sich hier selbst um eine ethische Position und eine bestimmte – romantisch getränkte – Konzeption des guten Lebens und der Selbstverwirklichung handelt.

Mitgliedern vertretenen Konzeptionen des guten Lebens neutral verhalten sollte, übersetzt sich hier in die kategoriale Unterscheidung zwischen *Moral* und *Ethik*.[29] Moral betrifft, dieser Konstruktion nach, die unbedingt und universell geltenden Normen des Zusammenlebens und damit die grundlegende Achtung und die grundlegenden Formen des Respekts, die Menschen einander auf Basis einer kantischen Achtungs- und Pflichtenmoral unbedingt schulden. Die moralischen Gesichtspunkte sind demnach der Maßstab, vor dem sich jede partikulare Lebensform zu rechtfertigen hätte. Davon unterschieden wird der Bereich (oder besser: der Gesichtspunkt) der *Ethik*, in dem es um das Gelingen oder Misslingen von Lebensformen geht, um Fragen der existenziellen Selbstverständigung also, die unsere individuelle und kollektive Identität betreffen und als solche gerade nicht verallgemeinerbar sind, weil sie sich an Werten orientieren, die nur partikulare Gültigkeit beanspruchen können.[30]

Diese Unterteilung des Raums praktischer Gründe in eine Sphäre der universellen moralischen Vernunft, die sich auf eine »enge Kernbedeutung von Moral« beschränkt, und den weiteren Raum ethischer Fragen hat im Kontext von Habermas' Theorie der Moderne eine nicht mehr nur pragmatische Bedeutung. Die Moderne lässt sich, Habermas zufolge, nämlich auffassen als die Bewegung einer Ausdifferenzierung von Geltungsansprüchen, in der sich Fragen des »richtigen« von denen des »guten Lebens« mit dem Effekt getrennt haben, dass die Verantwortung für das

29 Man muss die Unterscheidung nicht so benennen, der Sache nach aber findet sie sich bei verschiedensten Autorinnen und Autoren und in den verschiedensten Traditionen. Vgl. dazu Jürgen Habermas, »Vom pragmatischen, ethischen und moralischen Gebrauch der praktischen Vernunft«, in: ders., *Erläuterungen zur Diskursethik*, Frankfurt/M. 1991, S. 100-118; Rainer Forst, »Ethik und Moral«, in: Wingert, Günther (Hg.), *Die Öffentlichkeit der Vernunft und die Vernunft der Öffentlichkeit*, a. a. O., S. 344-371. Zu einer äußerst hilfreichen Auffächerung der verschiedenen und in sich nicht ganz einheitlichen Formulierungen der Moral/Ethik-Unterscheidung bei Habermas und zu einer Kritik an derselben vgl. Hans Joas, *Die Entstehung der Werte*, Frankfurt/M. 1999, und ders.: »Werte versus Normen. Das Problem der moralischen Objektivität bei Putnam, Habermas und den klassischen Pragmatisten«, in: Marcus Willaschek, Marie-Luise Raters (Hg.), *Hilary Putnam und die Tradition des Pragmatismus*, Frankfurt/M. 2002, S. 263-279.

30 Vgl. u. a. Habermas, »Vom pragmatischen, ethischen und moralischen Gebrauch der praktischen Vernunft«, a. a. O.

eigene »gute Leben« nun bei den Individuen selbst liege.[31] Diese »Spaltung und Ausdifferenzierung des Raums praktischer Gründe« in moralisch-universalistische und ethisch-partikularistische Gesichtspunkte etabliert eine Differenz, die den »traditionellen Ethiken« und tugendethischen Ansätzen, in denen sittliche und moralische Regeln nicht klar voneinander abgegrenzt werden, noch ganz unbekannt ist. Lässt sich in der Moderne eine einheitliche und substanzielle Vorstellung des guten Lebens nicht mehr verbindlich machen, so wird mit dieser Unterscheidung eine Sphäre wechselseitiger Forderungen etabliert, die dennoch Geltung beanspruchen kann, unabhängig von dem, was die Betroffenen »konkret verbindet oder trennt und welche Vorstellungen des Guten, Erstrebenswerten und des Glücks sie auch haben mögen«.[32] Ethisch dichtere Positionen, die einem solchen Geltungsanspruch nicht standhalten, werden genau deshalb von diesem ausgenommen. Jürgen Habermas hat hierfür die charakteristische Formel von der »ethischen Enthaltsamkeit« geprägt. Als Philosophen sollten wir uns dementsprechend der Bewertung solcher Fragen enthalten und uns auf Eingriffe in den Bereich moralischer Streitfälle – das, was er andernorts auch als »Kernbereich der Moral« bezeichnet – konzentrieren. Davon ungeachtet müssen wir uns als Staatsbürger ethischen Konflikten aller Art – und auch den Konflikten gerade um diese Grenzziehung – stellen.[33]

Auch die Moral/Ethik-Unterscheidung ist motiviert durch die Diagnose eines ethischen Pluralismus der modernen Welt.[34] Aller-

31 Vgl. Jürgen Habermas, »Diskursethik und Gesellschaftstheorie. Ein Interview mit T. Hviid Nielsen«, in: ders., *Studienausgabe*, Frankfurt/M. 2009, Bd. 3 (*Diskursethik*), S. 141-178, hier S. 145.

32 Forst, »Ethik und Moral«, a. a. O., S. 345. Für Forst ist die Bedeutung der Unterscheidung zurückzuführen auf die »Notwendigkeit einer übergeordneten Moral, die Grundsätze für das Verhalten gegenüber Personen enthält, welche ein anderes ›ethos‹, andere Auffassungen des Guten und andere Lebensformen haben als man selbst, und mehr ist als ein strategisch oder pragmatisch motivierter Modus vivendi«. (Ebd., S. 346.)

33 Vgl. dazu Jürgen Habermas, *Faktizität und Geltung*, Frankfurt/M. 1992, S. 188 f.

34 Die Sprachregelungen sind hier, wie schon oben erwähnt, unterschiedlich, und so wird die Unterscheidung manchmal auch mit den Begriffen »Normen« versus »Werte« oder »das Richtige« versus »das Gute« benannt. Es ist interessant, dass Ernst Tugendhat vorzugsweise von »moderner versus antiker Ethik« spricht (und seinerseits auf die begriffliche Unterscheidung von Ethik und Moral verzichtet), womit er den historischen Charakter der Trennung verdeutlicht.

dings wird sie von ihren entschiedensten Vertreterinnen und Vertretern nicht nur als eine Unterscheidung verstanden, die helfen kann, einen pragmatischen Modus Vivendi herbeizuführen, sondern enthusiastischer als Fortschritt der modernen Moralphilosophie oder sogar als Indiz für die »Reife« einer Moralphilosophie (so Charles Larmore) gewertet. Und während sich im breiten Feld des politischen Liberalismus Positionen finden, die sich auch in Bezug auf die Universalisierbarkeit *moralischer* Geltungsansprüche bedeckt halten, so ist die ethische Enthaltsamkeit moderner »kantianischer« Positionen wie der von Jürgen Habermas gewissermaßen die Rückseite (vielleicht sogar der Preis?) eines moralischen Universalismus, selbst wenn auch dieser nicht (mehr) mit unhintergehbarem Letztbegründungsanspruch auftreten mag.[35] Gerechtigkeit ist, wie Habermas es prägnant fasst, »kein Wert unter anderen Werten«,[36] sondern der im ethischen Bereich herrschenden Konkurrenz der Werte entzogen. Es geht also nicht mehr nur um die Suche nach »überlappenden Positionen«, sondern um eine kategoriale Unterscheidung, die den Bereich des universalistisch Bestimmbaren aus den dissensträchtigen anderen Bereichen herauslösen und von diesen fernhalten soll. Der Kantianismus in seinen verschiedenen Facetten rettet somit die Möglichkeit einer kontextübergreifenden universalistischen Moral, indem er diese als Moral universalisierbarer Pflichten von den Fragen nach dem Guten, dem Glück[37] oder der gelingenden Lebensform isoliert. »[Der] ›moralische Gesichtspunkt‹ bildet einen scharfen, aber engen Lichtkegel, der aus der Masse aller evaluativer Fragen diejenigen Handlungskonflikte heraushebt, die mit Bezugnahme auf ein verallgemeinerbares Interesse *gelöst* werden können; das sind Fragen der Gerechtigkeit.«[38] Dem entspricht auf der anderen Seite dann häufig ein Agnostizismus in Bezug auf die sich entsprechend in viel diffuserem Licht präsentierenden ethischen Fragen. Zumindest Jürgen Habermas benennt

35 An der Stärke des Begründungsanspruchs unterscheiden sich ja bekanntlich gerade die Konzeptionen von Karl-Otto Apel und Jürgen Habermas, bei allem, was beide miteinander teilen.

36 Habermas, *Faktizität und Geltung*, a. a. O., S. 190.

37 Die Vorstellungen des Guten seien vielfältig und Glückseligkeit deshalb »nicht ein Ideal der Vernunft«, wie es bei Kant heißt. Vgl. Immanuel Kant, *Grundlegung zur Metaphysik der Sitten*, AA IV 418.

38 Habermas, »Diskursethik und Gesellschaftstheorie«, a. a. O., S. 146.

die Folgen der »gut begründeten Enthaltsamkeit« in ethischen Fragen für die Reichweite möglicher Einflussnahme sehr klar:

»Grausam« nennen wir das Quälen von Menschen nicht nur bei uns, sondern überall. Aber wir fühlen uns keineswegs berechtigt, gegen befremdliche Erziehungspraktiken und Heiratszeremonien, also gegen Kernbestandteile des Ethos einer fremden Kultur, Einspruch zu erheben, solange diese nicht unseren *moralischen* Maßstäben widersprechen – nämlich zentralen Werten, die sich durch ihren universalistischen Geltungsanspruch von anderen Werten unterscheiden.[39]

Damit gilt auch für Habermas' Position (und die in dieser Hinsicht an ihn anschließenden Autoren) das, was Joseph Raz in Bezug auf John Rawls und Thomas Nagel so ausdrückt: »Sie treten für einen epistemischen Rückzug aus der Auseinandersetzung ein.«[40] Und selbst wenn das eine aus dem anderen nicht zwingend folgt, so ist die Trennung von Moral und Ethik faktisch häufig der erste Schritt nicht nur zu einer pragmatisch-agnostischen Haltung, sondern auch zu einem faktischen Nonkognitivismus in Bezug auf ethische Fragen, der ganz im Gegensatz zum erklärten Kognitivismus in Bezug auf moralische Fragen steht.[41]

Ist aber die hier skizzierte Position »ethischer Enthaltsamkeit« – von Habermas andernorts als möglicherweise »unbefriedigend, aber unumgänglich« bezeichnet – wirklich so unumgänglich? Ist sie plausibel – und vor allem: Ist sie als praktische Strategie so tragfähig wie vermutet? Wenn ich mich im Folgenden kritisch mit den liberalen »Vermeidungsstrategien« auseinandersetze, so will ich damit die hier skizzierten Positionen weniger »widerlegen«, als dass ich ihre *Kosten* thematisieren möchte, um damit die Motivation für eine Art »Wiederaufnahme des Verfahrens« herzustellen.

Es sind ja vor allem zwei Gesichtspunkte, von denen die libe-

39 So Jürgen Habermas in seiner Antwort auf Hilary Putnams Kritik an der Unterscheidung von Normen und Werten, vgl. Jürgen Habermas, »Werte und Normen. Ein Kommentar zu Hilary Putnams Kantischem Pragmatismus«, in: Willaschek, Raters (Hg.), *Hilary Putnam und die Tradition des Pragmatismus*, a. a. O., S. 280-305, hier S. 296.

40 Joseph Raz, »Facing Diversity: The Case of Epistemic Abstinence«, in: *Philosophy and Public Affairs* 19/1 (1990), S. 3-46, hier S. 4.

41 Vgl. u. a. Jürgen Habermas, »Diskursethik – Notizen zu einem Begründungsprogramm«, in: ders., *Moralbewußtsein und kommunikatives Handeln*, Frankfurt/M. 1983, S. 53-125.

rale »Vermeidungsstrategie« praktisch geleitet ist: *Erstens* die Vorstellung, dass sich Konflikte in modernen, pluralen Gesellschaften auf diese Weise gerecht lösen oder wenigstens »(ein-)hegen« lassen. *Zweitens* (positiv gewendet) die antipaternalistische Idee, dass diese Strategie der Idee der Selbstverantwortung und Autonomie moderner Subjekte am besten entspricht. Die Zweifel nun, die ich an der Tragfähigkeit der »ethischen Enthaltsamkeit« und der liberalen Neutralität anmelden möchte, sind zum einen in der faktischen Unausweichlichkeit ethischer Entscheidungen sowie in der »Vorentschiedenheit« vieler ethischer Fragen auch im sich neutral verstehenden Staat begründet; zum anderen betreffen sie konzeptuell den seinerseits ethischen Charakter der Moral/Ethik-Unterscheidung und die Konfliktträchtigkeit, die aus diesem herrührt.

Die Unabweisbarkeit ethischer Fragen

Meine These ist: Das Prinzip der Enthaltsamkeit sowie die Idee der Neutralität stoßen an eine Grenze – und zwar nicht *trotz*, sondern gerade *angesichts* der Situation moderner Gesellschaften. Scheint nämlich die Enthaltsamkeit in ethischen Belangen zum Signum moderner Gesellschaften geworden zu sein und wird die Neutralität gegenüber Lebensformen als eine wichtige Anforderung in Bezug auf speziell den modernen Staat dargestellt, so lässt sich gleichzeitig behaupten, dass das Leben gerade unter den Bedingungen der Moderne und der wissenschaftlich-technischen Zivilisation die Akteurinnen und Akteure zunehmend mit Problemen konfrontiert, die eine Bewertung von Lebensformen unumgänglich machen. Die Frage der Beurteilbarkeit von Lebensformen wäre mit demselben Befund konfrontiert, der sich aus Hegels *Grundlinien der Philosophie des Rechts* als eine Art von Dialektik der Individualisierung herauslesen lässt: Ermöglicht die Moderne den Individuen einerseits die Unabhängigkeit von kollektiven und traditionalen Bindungen (das »Recht der *Besonderheit* des Subjekts, sich befriedigt zu finden«[42]), so verstärkt sich andererseits in der modernen bürgerlichen Gesellschaft die Abhängigkeit der Individuen vom gesellschaftlichen Austausch und Verkehr und damit die Interdepen-

42 G. W. F. Hegel, *Grundlinien der Philosophie des Rechts*, in: ders., *Werke in zwanzig Bänden*, Frankfurt/M. 1986, Bd. 7, S. 233.

denzen zwischen ihnen. »Dichte ethische Positionen« wären dann in dem Maße schwerer zu begründen, in dem sich die Frage nach ihrer Begründung überhaupt stellt. In diesem Sinne ist Ludwig Siep zuzustimmen, wenn er bemerkt:

> Moderne Lebensformen haben [...] so massive technische und infrastrukturelle Voraussetzungen, daß sie ohne erhebliche öffentliche Leistungen nicht möglich sind. Diese Leistungen schaffen aber ihrerseits irreversible Bedingungen für die Wahl- und Realisierbarkeitschancen von Lebensformen. [...] Wenn solche Entscheidungen durch die Freiheit der technischen Entwicklung, des Marktes und der staatlichen Infrastrukturleistungen gefällt werden, dann wird die private nur durch allgemeine Regeln wechselseitiger Achtung beschränkte Bildung von Präferenzen und Glücksvorstellungen zur Illusion. Wenn über das private Glück öffentlich und mit Gesetzen – Steuergesetze, staatliche Technologiepolitik et cetera – entschieden wird, müßte über Lebensweisen, die dem Menschen gerecht werden, auch eine allgemeine Diskussion stattfinden.[43]

Während also die Vertreter liberaler und kantianischer Positionen die Zurückhaltung in Bezug auf ethische Fragen für die einzig angemessene Lösung angesichts der Pluralität moderner Gesellschaften halten, lässt sich umgekehrt behaupten, dass gerade diese Gesellschaften in besonderer Weise auf eine Regelung »gemeinsamer Angelegenheiten« angewiesen sind, und zwar (zunehmend) auf die Regelung auch solcher Angelegenheiten, die sich gegenüber solchen »Einklammerungsversuchen« als sperrig erweisen.

Eine Situation nämlich, in der »über das private Glück öffentlich [...] entschieden wird«, verlangt danach, die Debatte über Lebensformen aus der Dunkelheit des Privaten herauszuholen und öffentlich zu führen – und dies gerade im Interesse der »emanzipatorischen Stoßrichtung der modernen Moral«. Die Kritik an der »Privatisierung des Guten« (wie Alasdair MacIntyre die entsprechende Situation beschreibt[44]) beruht, so gesehen, gerade nicht auf unerfüllbar-rückwärtsgewandten oder gar »unreifen« Wünschen nach einer neuen, verbindlichen Sittlichkeit. Sie fußt auf der Anerkennung der Tatsache, dass sich sittliche Belange auch hinter dem Rücken der Individuen herstellen und es auch dort eine »gemeinsame Lage« und ethisch konnotierte gemeinsame Bedingungen der

43 Ludwig Siep, *Zwei Formen der Ethik*, Opladen 1997, S. 20.

44 Vgl. Alasdair MacIntyre, »Die Privatisierung des Guten«, in: Axel Honneth (Hg.), *Pathologien des Sozialen*, Frankfurt/M. 1996, S. 163-183.

individuellen Existenz gibt, wo diese nicht offenkundig und nicht frei gewählt sind.

Dieser Befund tangiert die Möglichkeit »politischer Neutralität« im Umgang mit divergierenden Lebensformen. Lebensformen sind immer schon *politisch instituiert* und abhängig von – öffentlichen – Institutionen. Und auch da, wo in einer Gesellschaft mehrere konkurrierende Lebensformen nebeneinander bestehen, geschieht das wiederum unter dem Dach einer übergeordneten Lebensform.[45] Damit erweist sich die Enthaltsamkeitsdoktrin als ideologieträchtiges[46] Selbstmissverständnis der liberalen Neutralitätsthese, das den Umstand verdeckt, dass die Auswahl möglicher Wertentscheidungen im institutionellen Rahmen auch liberaler Gesellschaften in bestimmter Hinsicht immer schon vorentschieden ist. Die Institution des Marktes in den politisch liberal und wirtschaftlich kapitalistisch verfassten Kulturen der Gegenwart ist vielleicht das beste Beispiel für eine solche Institution, die sich als neutrales Medium geriert, dabei aber signifikante Auswirkungen auf Lebensformen hat. Oder, wie Hartmut Rosa die Dynamik beschreibt: Hier gibt sich eine Lebensform als eine Art »Metaparadigma« aus und macht den Umstand, dass sie selber an einen bestimmten Verstehens- und Wertehorizont gebunden ist, auf geschickte Weise unkenntlich.[47] Stellen sich die so verfassten gesellschaftlichen Ordnungen aber *selber als eine Lebensform dar*, so trägt die öffentliche Debatte um Lebensformen dazu bei, »unsere« Lebensform *als* Lebensform zuallererst wieder in den Blick nehmen zu können.

45 Möglicherweise ist es eine Frage der Perspektive, ob man unter solchen Bedingungen eher die immer noch ermöglichte Vielfalt liberal-pluraler Lebensformen oder deren zugrunde liegende Homogenität betonen möchte. Fredric Jameson hat aus zeitdiagnostischer Perspektive auf die tief liegenden Prozesse der Uniformierung hingewiesen, die im Zeitalter der Globalisierung die zutage tretenden »Oberflächenantagonismen« konterkarieren. Vgl. Fredric Jameson, *Postmodernism, or, The Cultural Logic of Late Capitalism*, London 1991, S. 97 f., S. 48-50.

46 Von »Ideologie« lässt sich an dieser Stelle im noch wenig voraussetzungsreichen Sinn sprechen, sofern meine Beschreibung hier auf ein klassisches Muster der Ideologiebildung anspielt, auf das der unzulässigen Verallgemeinerung von etwas Partikularem. Zu einer differenzierten Darlegung verschiedener Momente von Ideologie und Ideologiekritik vgl. Raymond Geuss, *Die Idee einer kritischen Theorie*, Königstein/Ts. 1983.

47 Vgl. Hartmut Rosa, »Lebensformen vergleichen und verstehen. Eine Theorie der dimensionalen Kommensurabilität von Kontexten und Kulturen«, in: Liebsch, Straub (Hg.), *Lebensformen im Widerstreit*, a. a. O., S. 47-81, hier S. 76.

Der ethische Charakter der Moral/Ethik-Unterscheidung

So stellt sich auch die Moral/Ethik-Unterscheidung selbst als lebensformabhängig dar und greift als Strategie der »Aussparung« von Konflikten somit in mancher Hinsicht zu kurz.

Kehren wir noch einmal zurück zur oben zitierten Bemerkung von Jürgen Habermas und dem dort aufgeworfenen Unterschied zwischen dem *Grausamen* und dem lediglich *Befremdlichen* einer differierenden Lebensform. Betrachtet man diese Unterscheidung genauer, so sieht man, dass eine solche Grenzziehung nicht so selbstverständlich möglich ist, wie es auf den ersten Blick aussehen mag. Wann ist beispielsweise eine Erziehungspraxis lediglich befremdlich, wann ist sie moralisch verwerflich? Noch vor fünfzig Jahren galt (auch innerhalb »unserer Kultur«) vielen Menschen die körperliche Züchtigung von Kindern nicht nur als moralisch unbedenklich, ja, sogar geboten, sondern darüber hinaus als eine Privatangelegenheit.[48] Heute halten die meisten von uns sie für grausam und ein Einschreiten für berechtigt. Auch wird die Frage, was als moralrelevante Grausamkeit gilt, kulturspezifisch sehr verschieden interpretiert. So gilt in Vietnam (um kein allzu martialisches Beispiel zu wählen) das Schreienlassen von Säuglingen als grausam, während sich in Deutschland die These, das Schreien kräftige die Lungen und stärke den Charakter, als bemerkenswert hartnäckig erweist. Wo also hört der Bereich moralisch allgemeinverbindlicher Angelegenheiten auf, und wo beginnt der Bereich unhintergehbarer (und im Zweifelsfall sogar idiosynkratischer) ethischer

48 Ich will damit nicht bestreiten, dass es auch heute noch Eltern gibt, die ihre Kinder prügeln. Man kann ja immer noch Situationen beobachten, in denen sich Eltern selbst bei der öffentlichen Zurschaustellung einer solchen Praxis nichts zu denken scheinen. Ich gehe dennoch davon aus, dass sich die pädagogischen Grundprinzipien, die die körperliche Züchtigung mindestens prinzipiell ausschließen, in den westlichen Ländern der Nach-Achtundsechziger-Zeit mehr oder weniger flächendeckend durchgesetzt haben. Verblüffend ist allerdings, dass erst seit November 2000 das Gesetz zur Ächtung der Gewalt in der Erziehung (§ 1631 Abs. 2 BGB) in Kraft ist, mit dem das Recht des Kindes auf »gewaltfreie Erziehung« festgeschrieben und »körperliche Bestrafungen, seelische Verletzungen und andere entwürdigende Maßnahmen« für unzulässig erklärt wurden.

Wertentscheidungen?[49] Und was rechtfertigt entsprechend einen öffentlichen Einspruch?

Will man das Habermassche Diktum der »Enthaltsamkeit« in diese Beispiele übersetzen, so folgt daraus so etwas wie: Wir verurteilen die körperliche Züchtigung von Kindern (als Grausamkeit), wir fühlen uns aber nicht per se berechtigt, gegen das gegebenenfalls zugrunde liegende und möglicherweise »befremdliche« Verständnis von Disziplin, Anstand und elterlicher Autorität Einspruch zu erheben. Sollen wir also das weiße Band, das der Pastor in Michael Hanekes gleichnamigem Film seinen Kindern in die Haare flechten lässt, um sie, wie er sagt, an »Reinheit und Unschuld« zu erinnern – Werte, gegen die die Kinder sich schon durch einfaches Zuspätkommen zum Abendbrot sträflich vergangen haben sollen –, als lediglich »befremdliche Erziehungspraxis« tolerieren, während wir die Züchtigungsszenen offen kritisieren und sogar rechtlich ahnden dürfen?

Im interkulturellen Bereich liest sich das entsprechend so: Wir verurteilen Ehrenmorde und gegebenenfalls auch die Praxis der Zwangsheirat, aber wir fühlen uns nicht berechtigt, uns gegen das dahinter stehende patriarchale Familienverständnis oder den entsprechenden Ehrbegriff auszusprechen. Praktisch führt diese Haltung allerdings zu vertrackten Situationen. Bis wann ist das »eingelebte Ethos« der arrangierten Ehe ebendas: ein eingelebtes Ethos, und ab wann wird es zur moralisch fragwürdigen Zwangsheirat? Die Grenzen sind hier fließend, zumal die Mittel des Zwangs in den entsprechenden sozialen Strukturen vielfältig sind. Und überdies erschließt sich die Bedeutung mancher sozialer Praktiken – beispielsweise des »Arrangierens« von Ehen – nur im Kontext des dichtgewebten Bedeutungsgefüges anderer Praktiken. Nicht nur die eigentliche Stiftung der Verbindung, auch die Bedeutung der ehelichen Beziehung als solcher im Gefüge familiärer Bindungen wird sich hier von den »modernen« Gegenmodellen unterscheiden – und steht damit ebenfalls zur Debatte. Gerade dort also, wo das eingelebte Ethos nicht nur folkloristischen Charakter haben soll, wird die Grenze zwischen dem Guten und dem Richtigen bezie-

49 Schon die Frage, wo »meine Belange« anfangen und wo die des anderen, ist nicht unumstritten, weil in die Antwort darauf meine Vorannahmen über die Grenze des Eigenen und der eigenen Person – und damit nicht selbstverständliche Konzepte von Individualität – eingehen.

hungsweise zwischen dem moralisch Falschen und dem ethisch Schlechten nicht immer leicht zu ziehen sein, zumal wenn das eine (das Ethos) sich als Grundlage oder Bezugsrahmen des anderen (des moralisch Problematischen) herausstellt.[50] Nicht nur also lässt sich behaupten, dass gegen die hier vorgeführte Disziplinvorstellung (und gegen den gesamten pädagogischen Vorstellungskomplex, in dem Kinder als wildwüchsig-ungeregelte Bedrohung der Erwachsenenordnung erscheinen) angehen muss, wer das Schlagen verhindern will, und gegen den Ehrbegriff, wer den »Ehrenmord« verhindern will; was sich an diesen Beispielen auch zeigt, ist der Umstand, dass es dabei immer auch um Wahrnehmungsweisen und Wahrnehmungsfähigkeiten geht, die ihrerseits von eingelebten Lebensformen nicht unabhängig sind.[51] Es ist ja, um auf das Beispiel des *Weißen Bandes* zurückzukommen, offenkundig, dass der uns vorgeführte Vater nicht einfach nur ein besonders grausamer Mensch ist, sondern jemand, der die beschriebenen Maßnahmen – vom Einflechten des Bandes über das Schweigegebot beim Abendessen bis zum mit Handfesseln durchgesetzten Onanieverbot – für unabdingbare Praktiken väterlicher Fürsorge hält.[52] Es sind die Einstellungen und Praktiken seiner Lebensform, die seine Gefühlswelt und Wahrnehmungsfähigkeit geprägt haben und die ihn für die Grausamkeit seiner Handlungen und die für den Zuschauer beklemmende Kälte der von ihm kreierten Familiensituation unempfänglich sein lassen. Ist das den Kindern eingeflochtene weiße Band aber nicht fast schlimmer als die Prügelszenen? Und ist an diesen nicht jenseits der Brutalität die Selbstgerechtigkeit, mit der die Züchtigungen vollzogen werden, der eigentliche Skandal, das

50 Vgl. dazu auch Slavoj Žižeks wiederholt vorgetragene Polemik gegen den »Multikulturalismus light«.

51 Für einen Versuch, diesem Umstand innerhalb der Moralphilosophie Rechnung zu tragen, vgl. Albrecht Wellmer, *Ethik und Dialog. Elemente des moralischen Urteils bei Kant und in der Diskursethik*, Frankfurt/M. 1986, insbes. Kap. XI u. S. 159-172.

52 Man kann die Szene, in der der Pfarrer den Kindern vorwirft, dass er im Wissen um die Züchtigung, die er für den nächsten Tag anberaumt hat, die ganze Nacht nicht schlafen werde, für schlichtweg zynisch halten. Suggeriert wird hier aber, dass es sich um ein geschlossenes Bezugssystem handelt, in dem der Vater die Grausamkeit seines Tuns tatsächlich nicht erkennen kann. Vgl. dazu auch Michael Haneke im Gespräch mit Thomas Assheuer, in: *Nahaufnahme Michael Haneke. Gespräche mit Thomas Assheuer*, Berlin ²2010, S. 163-165.

besonders Widerwärtige? Wenn es aber der angemessenen Evaluation einer Situation bedarf (zum Beispiel der Sensibilität dafür, dass bestimmte Dinge grausam sind), um auf diese angemessen reagieren zu können, dann ist umgekehrt das moralisch bedenkliche Handeln fundiert in Sichtweisen und eingelebten Praktiken, die man nicht mit im engeren Sinn moralischen Kriterien fassen oder entlang dieser ahnden kann. Moral zeigt sich in dieser Hinsicht als eingebettet in umfassendere Lebensformen. Und es ist – bezogen auf das Beispiel der prügelnden Eltern – sehr wahrscheinlich, dass der Umstand, dass Kinder heute vermutlich weniger (systematisch) geschlagen werden als früher, weniger auf die Durchsetzung von moralischen Prinzipien als auf eine verbreitete Veränderung von Lebensformen (eine Veränderung im Umgang mit Kindern und der Auffassung von Familie und Erziehung) zurückzuführen ist, die mehr umfasst als die Bereitschaft, moralischen Gesichtspunkten Geltung zu verschaffen.

Ein weiterer Punkt kommt hinzu: Dass der Umfang der in der skizzierten Terminologie als »moralisch« oder »ethisch« markierten Bereiche umstritten und jedenfalls historisch wie kulturell außerordentlich veränderlich ist, gehört zu den offensichtlichsten Befunden der Debatte um die Moral/Ethik-Unterscheidung. Diese historische und kulturelle Variationsbreite legt nahe, dass die Kriterien für die Grenzziehung zwischen Ethik und Moral selbst eine Frage »eingespielter Sittlichkeit« sind, der Enthaltsamkeit also ein spezifisches Ethos – das Ethos der Moderne – entspricht, in das sie ihrerseits eingebettet ist. So wird die Frage, wo diese Grenzen verlaufen und ob zwischen dem Ethischen und dem Moralischen überhaupt eine definitive Grenze gesehen wird, zum charakteristischen Merkmal jeder spezifischen sittlichen Formation – und in mancher Hinsicht zum entscheidenden Unterschied zwischen traditionalen und nichttraditionalen Lebensformen. Umstritten ist also beides: *dass* es überhaupt eine Grenze zwischen dem Ethischen und dem Moralischen geben kann und *wo* diese verläuft. Wenn jedoch die Grenzziehung selber *ethisch konnotiert* ist, so setzt das die Unterscheidung in ein anderes Licht. Selbst wenn man sie in universalistischer Perspektive für eine notwendige Unterscheidung hält, auf die die Moralentwicklung gewissermaßen zuläuft (das suggeriert ja Charles Larmores Rede von »Reife«), bleibt es dabei, dass – rein praktisch-politisch betrachtet – dieses spezifische Ethos der

Moderne nicht unumstritten ist.[53] Das hat Konsequenzen für die Überzeugungskraft dieser Unterscheidung in Dissensen zwischen »modernen« und anderen Kulturen. Stellt sich für eine traditionale »sittliche« Ordnung die Grenzziehung zwischen Ethik und Moral als widersinnig dar, so wird diese Unterscheidung – von ihren praktischen Konsequenzen her betrachtet – selbst zum Kampfinstrument innerhalb der Auseinandersetzung; und sie wird als solches auch verstanden. (Das lässt sich anhand der wütenden Debatten nachvollziehen, die das oben erwähnte Gesetz zur Ächtung der Gewalt in der Erziehung in Deutschland nach sich gezogen hat, aber auch aktuell an der Debatte um die religiöse Praxis der Beschneidung.) Zur Entschärfung der Konflikte trägt das nicht eben bei. Deshalb sollte uns, wie Seyla Benhabib es diesbezüglich auf den Punkt gebracht hat, das »›definitorische Behagen‹, mit dem die Trennung zwischen Fragen der Gerechtigkeit und solchen des guten Lebens wie ein Zauberstab geschwungen wird, mit dessen Hilfe schwierigste ethische, kulturelle, moralische und politische Dilemmata unserer Zeit gelöst werden können«, eher skeptisch stimmen.[54]

Nun geben manche Vertreterinnen und Vertreter liberaler Positionen bereitwillig zu, dass nicht nur unsere Moralvorstellungen selbst, sondern auch die genannten Unterscheidungen und damit der Zuschnitt des »Raums der Gründe« in unserer Lebensweise (»*way of living*«) fundiert und darüber hinaus nicht weiter begründbar sind. Aber: Biegt sich der Spaten hier nicht zu früh?[55] Gerade wenn wir auf traditionelle Begründungsmuster nicht zurückgreifen wollen und das Recht aller Menschen, ihr Leben selbst zu gestalten, ernst nehmen, lässt es sich schwer vermeiden, bereits den »Zuschnitt« des Raums der Gründe (in Bezug auf Lebensformen) zu thematisieren und zu rechtfertigen. Es stellt sich also die Frage, ob

53 Das ist einer der Punkte, an dem die Diskussion üblicherweise beginnt, sich im Kreis zu drehen, weil diese Position zu negieren scheint, dass die Moderne selbst eine spezifische Sittlichkeit verkörpert. Am deutlichsten herausgearbeitet hat dies wohl Charles Taylor, *Quellen des Selbst. Die Entstehung der neuzeitlichen Identität*, Frankfurt/M. [3]1999.

54 Seyla Benhabib, »Über Achtung und Versöhnung«, in: *Deutsche Zeitschrift für Philosophie* 45/6 (1997), S 975-990, hier S. 986.

55 Das ist die im Anschluss an Ludwig Wittgenstein oft verwendete Metapher für den argumentativen Punkt, an dem weiteres Hinterfragen einer bestimmten Praxis sinnlos ist.

man das »Ethos der Moderne« selbst nicht ausdrücklich verteidigen muss und ob sich diese Verteidigung anders denn als eine Verteidigung dieser bestimmten Lebensform formulieren lässt.

Interessant ist in diesem Zusammenhang die Position des sogenannten »ethischen« oder auch »perfektionistischen« Liberalismus (beispielgebend dafür: Joseph Raz), ist dieser doch ein Liberalismus, der die liberalen Werte der Autonomie, der Freiheit und des Pluralismus offensiv selbst als ethische Werte versteht und verteidigt, in dieser Hinsicht also keine Neutralität in Anspruch nimmt. Auch hier biegt sich allerdings der Spaten oft sehr früh. Joseph Raz formuliert es so: »Der Wert persönlicher Autonomie ist eine Gegebenheit des Lebens [*fact of life*]. Da wir in einer Gesellschaft leben, deren soziale Formen in einem erheblichen Umfang auf individueller Wahl beruhen, und da unsere Möglichkeiten dadurch begrenzt sind, was in unserer Gesellschaft verfügbar ist, können wir in ihr nur gut leben, wenn wir erfolgreich autonom sein können.«[56] Der offenbar auf Faktizität gegründete Gehalt des liberalen Ethos selbst – das autonome Leben – wird dann aber nicht eigens gegenüber anderen Lebensformen begründet.

Nun könnte es aber sein, dass sich angesichts der skizzierten Konflikte und gerade wenn wir nicht die Dominanz einer Mehrheitskultur (oder einer bestimmten Tradition) ausspielen wollen, die Verteidigung des Ethos der Autonomie im Modus eines offen ausgetragenen Konflikts um Lebensformen als weniger paternalistisch erweist, als der Neutralismus es in seinen Auswirkungen manchmal sein kann. Im Zweifelsfall ist nämlich das Thematisieren von Lebensformen, sofern es die Möglichkeit zu Widerrede und Infragestellung auch der Position der Kritisierenden gibt, die gleichberechtigtere und symmetrischere Variante gegenüber dem Versuch, den seinerseits ethischen Charakter der eigenen Lebensform »herunterzuspielen« und damit faktisch der Diskussion zu entziehen.[57]

Die Probleme, die ich hier in Bezug auf die liberalen Enthalt-

56 Vgl. Joseph Raz, *The Morality of Freedom*, Oxford 1988, S. 394.

57 Verbindet sich mit dem Schreckensbild der »arrangierten Ehe« der beliebteste Einspruch gegen einige traditionalistische Lebensformen, so erfreut sich auf der anderen Seite das Klischee der drei Wochen unentdeckt in ihrer Wohnung liegenden toten deutschen Großmutter großer Beliebtheit. Das sind wechselseitige Zuschreibungen, denen ein öffentlicher Austausch sicher guttun würde.

samkeitsstrategien angeführt habe, laufen auf einen ähnlichen Befund hinaus: Was als Konfliktneutralisierungsstrategie gedacht ist, stellt sich aus dieser Perspektive als eine Verschleierung oder Verschiebung von Konflikten dar und birgt auch in praktischer Hinsicht neues Konfliktpotential, statt dass es zur Rationalität der entsprechenden Debatten führte. Damit aber steht das von mir oben genannte erste Ziel dieser Strategien – die Hegung des Konflikts – zumindest in Frage.

Aber auch in Bezug auf das zweite Ziel – den Selbstbestimmungsansprüchen moderner Individuen zu entsprechen – stellen sich Fragen. Das wichtigste Argument dafür, die Debatte um die Kritik von Lebensformen wieder aufzunehmen, stellt sich nämlich nach dem oben Gesagten folgendermaßen dar: Wo Lebensformen nicht thematisiert werden können, setzen sie sich unthematisiert durch. Die ethische Enthaltsamkeit gegenüber Lebensformen führt dazu, dass diese *als Lebensformen* – und damit auch: als etwas, zu dem es Alternativen gibt – *unsichtbar* gemacht werden. Und das bedeutet in vielerlei Hinsicht: Sie werden renaturalisiert zu einer Schicksalsmacht.[58] Eine solche Renaturalisierung aber untergräbt das Projekt, das man mit dem liberalen Antipaternalismus in Bezug auf die eigene Lebensgestaltung verbindet. Statt den Menschen zu ermöglichen, ihr Leben selbst zu gestalten, verdeckt die Strategie neutraler Enthaltsamkeit die Mächte, die es bestimmen. Die »emanzipatorische Stoßrichtung der modernen Moral« (Ernst Tugendhat) könnte sich so in ihr Gegenteil verkehren.

Kritik des Modells der existenziellen Selbstverständigung

Wenn aber »ethische Abstinenz« nicht hilft und die illiberale Sittendiktatur nicht erstrebenswert ist: Wie lässt sich dieser offenbar unbefriedigenden Alternative gegenüber eine neue Perspektive einnehmen?

Dazu muss man sich in einem ersten Schritt aus den Verstrickungen dieser Diskussion lösen und nach dem Charakter des »im Dunkeln« gelassenen ethischen Bereichs fragen. Meine These ist: Die Auffassung, dass Lebensform-Fragen einen gegenüber

58 Vgl. Hartmut Rosa, »Wider die Unsichtbarmachung einer Schicksalsmacht«, in: *Berliner Debatte Initial* 15/1 (2004), S. 81-90.

moralischen oder Gerechtigkeitsfragen partikularen Status haben und nicht auf dieselbe Weise philosophisch-öffentlich begründet werden können, hat ihren Ursprung bereits in einer Beschreibung des Gegenstands, der diesen auf verkürzte Weise konzeptualisiert. Zu hinterfragen ist also bereits das Modell der ethischen Identität selbst, das der referierten Diskussion – wenn auch nicht zwingend, so doch faktisch – zugrunde liegt.

Was nämlich, fragt man hinter die unermüdlich vorgebrachte Position zurück, wonach solche Positionen im Zeitalter der Pluralität von Weltanschauungen und Lebensformen keine einheitliche und allgemeinverbindliche Klärung erlauben, unterscheidet »ethische« Fragen eigentlich von all den anderen Dingen, über die ebenfalls Uneinigkeit herrscht, ohne dass man allerdings auf die Idee kommen würde, sich bezogen auf sie »Enthaltsamkeit« aufzuerlegen?

Rawls und Habermas haben hier ganz ähnliche Intuitionen: Ethische Fragen, Fragen, die den intrinsischen Gehalt von Lebensformen betreffen, sind eng mit Fragen der individuellen oder kollektiven Identität und damit mit individuellen oder kollektiven (Lebens-)Geschichten verknüpft. Sie sind demnach partikular, gewinnen ihre Motive aus der besonderen und historisch kontingent »gewachsenen« Situation jedes Einzelnen (oder einzelnen Kollektivs). Genau deshalb sind sie zwar auf spezifische Weise unhintergehbar und bedeutsam – aber eben nicht verallgemeinerbar. Im Zusammenhang mit den »Bürden der Urteilskraft«[59], die erläutern, warum und inwiefern es »vernünftige Meinungsverschiedenheiten« gibt, schreibt Rawls, dass »die Art und Weise, in der wir empirische Befunde einschätzen und moralische und politische Werte gewichten, von unserer gesamten bisherigen Erfahrung, unserem gesamten Lebensweg bis heute geprägt [ist]. Und gewiß unterscheiden sich diese Gesamterfahrungen.«[60] Die unüberwindbaren ethischen Differenzen, die moderne Gesellschaften durchdringen, sind so im Wesentlichen ein Effekt dieser unterschiedlichen Hintergründe.

Nun helfen solche Überlegungen sicherlich zu erklären, warum ethisch-politische Debatten so schwierig sind. Und sie motivie-

59 Vgl. dazu John Rawls, »Der Bereich des Politischen und der Gedanke eines übergreifenden Konsenses«, in: ders.: *Die Idee des politischen Liberalismus. Aufsätze 1978-1989*, Frankfurt/M. 1992, S. 333-363, hier S. 337.

60 Ebd., S. 338.

ren ohne Zweifel eine differenzierte Weise des Umgangs mit den entsprechenden Problemen. Warum aber sollten diese »Gesamterfahrungen« und die Weise, in der Erfahrungen sich zu prägenden lebensgeschichtlichen Konstellationen zusammenschließen, nicht ihrerseits hinsichtlich sowohl ihrer Formationsbedingungen als auch ihrer Ergebnisse hinterfragbar sein? Ist es richtig, Identitäten (seien es individuelle, seien es kollektive) als derart unhintergehbar zu konzipieren? Wenn Habermas betont, dass die Unterscheidung zwischen dem Guten und dem Richtigen nicht zur Konsequenz haben müsse, »die von der klassischen Ethik ausgezeichneten Fragen des guten Lebens aus dem Bereich diskursiver Erörterung auszuschließen – und irrationalen Gefühlseinstellungen oder Dezisionen zu überlassen«,[61] so bleibt der »ethisch-existentielle Klärungsprozeß«, auf den er bezüglich des »ethischen Gebrauchs der Vernunft« verweist, dennoch eine rein interne Klärung, ein Selbstverständigungsprozess, der kontextübergreifende Kritik nicht erlaubt.[62] Während nämlich moralische Diskurse nach Habermas den »Bruch mit allen Selbstverständlichkeiten« und die Distanzierung von der eingelebten Sittlichkeit erfordern, dürfe man sich in ethisch-existenziellen Selbstverständigungsprozessen »nicht aus der Lebensgeschichte oder der Lebensform herausdrehen«, in der man sich faktisch vorfindet.

Dahinter scheint die Idee eines internen Passungsverhältnisses zu stehen. Was ich – ethisch – zu *tun* habe, ist orientiert an dem, was ich *bin*. Was in der Welt gut und angemessen ist, ist im Fall ethischer Orientierung das, was *für mich* und vor dem Hintergrund meiner partikularen Identität gut ist, also das, was mir ermöglicht, mit mir übereinzustimmen. Entsprechendes gilt für kollektive Identitäten. Wie aber könnte die Beantwortung der Frage »Wer bin ich?« zur Lösung der Frage »Was soll ich tun?« überhaupt etwas beitragen? Warum soll aus meiner (oder unserer) internen Selbstverständigung eine Antwort auf die Frage resultieren, welche Einstellungen und Praktiken eine richtige Lebensform ausmachen? Und wann überhaupt wäre man – ob individuell oder

61 Habermas, »Vom pragmatischen, ethischen und moralischen Gebrauch der praktischen Vernunft«, a. a. O., S. 101.

62 Jürgen Habermas bezeichnet die hier auftretenden Fragen manchmal auch als »klinische Fragen«; vgl. ders., »Was macht eine Lebensform ›rational‹?«, in: ders., *Erläuterungen zur Diskursethik*, a. a. O., S. 31-48, hier S. 47.

kollektiv – »mit sich in Übereinstimmung«? Hilary Putnam hat die hier wirkenden Annahmen im Zusammenhang mit seiner Kritik an der Habermasschen Unterscheidung von Normen und Werten als »Naturalisierung von Werten«[63] bezeichnet, die diese als etwas Vorfindbares behandelt, das sich als Unhintergehbares der rationalen Hinterfragung entzieht.

Mit dem Hinweis auf die konstitutive Partikularität von Lebensformen geht dann aber eine folgenreiche *Irrationalisierung* dessen einher, was im Bereich des »Ethischen« gesagt werden kann. Der liberale Diskurs über Lebensformen neigt so dazu, diese zu *essenzialisieren* und zu petrifizieren. Die Betonung des Umstands, dass Lebensformen sich »um partikulare Identitäten kristallisieren« (Habermas), aber auch die liberal-pluralistische Feier der ethischen Vielfalt kulminierten in einem »zoologischen Blick«, der eher auf die Unterschiede und das »Sosein« als auf das Hybride und die Dynamik jeder Lebensform reagiere. Dabei geht die Grundintuition des faktischen »Geworfenseins« (in eine Lebensform oder eine partikulare Identität) und der Nichtverfügbarkeit von individuellen wie kollektiven Identitäten vielerorts mit einer fragwürdigen Tendenz zur *Romantisierung* von Identitäten und Wertentscheidungen sowie in letzter Instanz sogar mit einem *Traditionalismus* in Bezug auf Lebensformen einher, der möglicherweise noch nicht einmal für vormoderne Zeiten gerechtfertigt ist. Habermas' Position, wonach das »Geglücktsein von Lebensformen« weder eine moralische Frage noch eine der Rationalität sei und die »Substanz einer Lebensweise [...] niemals unter universalistischen Gesichtspunkten gerechtfertigt werden kann«,[64] befördert, wie Rüdiger Bubner ihm vorwirft, den »Rückzug der Vernunft aus der Lebenswelt«.[65] Und wo er seine »Enthaltsamkeitsdoktrin« anlässlich seiner jüngsten Überlegungen zu den »semantischen Potentialen« und moralischen Ressourcen der Religion erneuert, wird dieser Rückzug sogar noch forciert.

Unter dem moralischen Gesichtspunkt sind wir gehalten, von jenen exemplarischen Bildern eines gelingenden oder nicht verfehlten Lebens zu

63 Vgl. Hilary Putnam, »Antwort auf Jürgen Habermas«, in: Willaschek, Raters (Hg.), *Hilary Putnam und die Tradition des Pragmatismus*, a. a. O., S. 306-321.

64 Vgl. Habermas, »Was macht eine Lebensform ›rational‹?«, a. a. O., S. 31-48.

65 Vgl. Rüdiger Bubner, »Rationalität, Lebensform und Geschichte«, in: Herbert Schnädelbach (Hg.), *Rationalität*, Frankfurt/M. 1984, S. 198-217.

abstrahieren, die in den großen metaphysischen und religiösen Erzählungen überliefert sind. Von der Substanz dieser Überlieferung mag unser existenzielles Selbstverständnis nach wie vor zehren, aber in den Streit dieser Glaubensmächte selber kann die Philosophie nicht mehr aus eigenem Recht eingreifen.[66]

So verstetigt sich ein Prozess, der sich als *Entzweiung von Sinn und Rationalität* bezeichnen lässt und der nicht zuletzt deshalb problematisch ist, weil er Kompensationsmechanismen auf den Plan ruft.

Aber entspricht das hier skizzierte Bild von Lebensformen dem tatsächlichen Charakter der Auseinandersetzungen, die um Lebensformen geführt werden, Auseinandersetzungen, die in vielen Fällen dadurch gekennzeichnet sind, dass die Lebensformen, in die die Individuen eingelassen sind, ins Wanken geraten, sich verändern oder aus sich heraus aufbrechen? Schon die Auffassung davon, was Lebensformen sind und welchen Charakter die mit ihnen implizierten Geltungsansprüche haben, ist meines Erachtens nach in den oben skizzierten Positionen unterbestimmt. Nicht nur verfehlt diese Auffassung den normativen Anspruch, den die in Lebensformen Involvierten in Bezug auf diese erheben; sie bekommt auch in sozialtheoretischer Hinsicht nicht zu fassen, was Lebensformen als Zusammenhänge von Praktiken eigentlich *tun* und was sie für die Individuen leisten. Die Möglichkeit einer Kritik von Lebensformen philosophisch zu begründen ist daher nicht (allein) ein ethisches, sondern auch ein sozialphilosophisches und sozialtheoretisches Projekt.

66 Jürgen Habermas, Joseph Ratzinger, *Über Vernunft und Religion*, Freiburg 2005, S. 14f. »Gerade in den Fragen, die für uns die größte Relevanz haben, begibt sie [die Philosophie] sich auf die Metaebene und untersucht nur mehr die Formeigenschaften von Selbstverständigungsprozessen, ohne zu den Inhalten selbst Stellung zu nehmen. Das mag unbefriedigend sein, aber was lässt sich gegen eine gut begründete Enthaltsamkeit ins Feld führen?« (Ebd.) Und schon für die Theorie des kommunikativen Handelns wird, wenn auch aus anderen Gründen, vertreten, dass »[e]ine solche Theorie [...] auf die kritische Beurteilung und normative Einordnung von Totalitäten, Lebensformen und Kulturen, von Lebenszusammenhängen und Epochen *im ganzen* verzichten« muss (Jürgen Habermas, *Theorie des kommunikativen Handelns*, Frankfurt/M. 1981, Bd. 2, S. 562).

3. Was tun?

Wo ist aber nun die Debatte über Lebensformen zu lokalisieren, und welchen Platz sollte die Philosophie innerhalb einer solchen Auseinandersetzung um und Kritik von Lebensformen einnehmen? Wie und von welchem gesellschaftlichen Ort aus also soll eine solche Kritik betrieben werden? Selbst wenn man (mit Ludwig Siep) zugesteht, dass Lebensformen öffentlich relevant sind und Fragen des geglückten Lebens, da sie öffentlich beantwortet werden, auch öffentlich gestellt und diskutiert werden sollten, ist noch keineswegs klar, welches das richtige Diskussionsforum dafür ist, also wer hier wie und mit welcher Entscheidungsbefugnis diskutieren sollte. Was also gibt es hier *philosophisch* zu klären? Bevor ich am Ende dieser Einleitung mein weiteres Vorgehen skizzieren werde, will ich einigen möglichen Missverständnissen in Bezug auf das Ansinnen und die institutionelle Einordnung einer Kritik von Lebensformen vorbeugen.

Keine Polizeifragen: Transformationen statt Verbote

Das erste mögliche Missverständnis betrifft das Vorgehen der Kritik und die Instanz, von der diese ausgeübt oder durchgesetzt werden sollte. Wenn hier für die Möglichkeit, Lebensformen mit Gründen zu kritisieren, plädiert wird, so bedeutet das nicht, dass aus der Kritik von Lebensformen unmittelbar ein rechtlich-politisches Eingreifen in Gestalt von Verboten und Sanktionen zu folgen habe. Die öffentlich-kritische Thematisierung von Lebensformen ist von deren politisch-rechtlicher Sanktionierung zu trennen. Lebensformkritik ist keine Angelegenheit der Polizei.

Niemand wird also die bürgerliche Ehe, das Fernsehen, das priesterliche Segnen von Feuerwehrfahrzeugen beim dörflichen Feuerwehrfest oder das Umsichgreifen kosmetischer Chirurgie schlicht verbieten wollen. Und dem traditionellen Ehrbegriff oder dem überkommenen Keuschheitsbegriff wird man mit Polizeigewalt nicht nur nicht begegnen wollen, man wird diesen Phänomenen damit auch nicht beikommen können. Auch die Sinnentleerung von Arbeitsprozessen ist eine Angelegenheit, die in ein so breites Feld von sozialen und ökonomischen Bedingungen eingelassen ist, dass Verbote oder Gebote nur von begrenzter Wirkung wären. Man kann mit bestimmten Lebensformen einhergehende Praktiken und Überzeugungen für begründbar falsch halten und entsprechend scharf kritisieren, ohne dass man deshalb das Eingreifen öffentlicher Gewalt für sinnvoll oder auch nur für denkbar hält.

Dieser Umstand (und nicht ein kategorial zu treffender Unterschied zwischen den Gegenstandsbereichen) unterscheidet die kritische Thematisierung autoritärer Erziehungspraktiken, traditionalistischer Ehrbegriffe oder des Keuschheitsbegriffs der katholischen Kirche von denjenigen Maßnahmen, die man möglicherweise im liberalen, demokratischen Staat ergreifen muss, sobald es um Zwang geht, der gegenüber Einzelnen ausgeübt, oder Leid, das diesen zugefügt wird. In diesem Sinne hat Jürgen Habermas Recht, wenn er auf unterschiedlichen Reaktionen gegenüber verschieden gearteten Problemen beharrt.

Aber nicht nur sind Verbote hier im Zweifelsfall sinnlos. Mit der Orientierung am »Polizeiaspekt« der genannten Probleme gerät auch der Umstand ins Hintertreffen, dass es hier weniger um Beschränkungen als vielmehr um die *Transformation* oder sogar um emanzipative Transformationen von Lebensformen gehen soll. Diese Transformationen sind in den wenigsten Fällen Prozesse, die sich oktroyieren lassen. Hier bedeutet die öffentliche Thematisierung zuvorderst den Beginn einer Diskussion, die überhaupt erst das Ausleben differierender Praktiken ermöglicht und gewohnte Perspektiven außer Kraft zu setzen erlaubt.

Sosehr man aber zwischen der öffentlichen Thematisierung und der politisch-rechtlichen Sanktionierung von Lebensformen unterscheiden muss, so sehr gilt andererseits vor dem Hintergrund der Feststellung, dass Lebensformen politische und rechtliche Rahmenbedingungen haben, dass diese öffentliche Thematisierung manchmal zu politischen und rechtlichen Konsequenzen, also zu verbindlichen Bestimmungen führen und in die demokratische Entscheidungsfindung Eingang finden kann und muss. Je nach Gegenstandsbereich wird es hier allerdings in demokratischen Gesellschaften weniger um Verbote als um den Bereich »positiver Anreize« – wie im Bereich der Familienpolitik oder der Kulturförderung – gehen.

Aber: Warum überantwortet man dann die Diskussion um Lebensformen nicht geradewegs der Demokratie oder, anders gefragt: Welche Rolle kann und soll sich die Philosophie und die philosophische Verständigung in dem von mir in den Blick genommenen Prozess eigentlich zutrauen? Folgt aus der philosophischen Unentscheidbarkeit solcher Fragen nicht schlicht deren Überantwortung an die demokratische Willensbildung und Entscheidungsfindung? Niemand hat schließlich behauptet, dass man über differierende Lebensformen nicht reden kann; strittig ist vielmehr, wie und mit welchem Verbindlichkeitsanspruch hier geurteilt werden kann, wer das Subjekt dieses Urteils sein soll oder die Deutungshoheit beanspruchen kann. Es ginge dann den Vertretern der »Neutralität« oder »Enthaltsamkeit« gegenüber Lebensformen weniger darum, die mit diesen verbundenen Fragen »ins Dunkel« abzuschieben, sondern um eine Art von Aufgabenteilung zwischen Demokratie und Philosophie.

Mit dem Verhältnis von beiden steht allerdings offenbar sowohl das Verständnis von Philosophie als auch das von Demokratie zur Debatte. Besteht die Rolle der (politischen) Philosophie einem verbreiteten Verständnis zufolge darin, in der Rolle einer Art »Richterin« verbindliche und objektivierbare Maßstäbe zu generieren, mit denen sich soziale Verhältnisse und Institutionen beurteilen lassen, so wird genau dieser Anspruch mit dem Postulat eines »Vorrangs der Demokratie vor der Philosophie«[67] bestritten. Die Philosophie sollte, dieser Auffassung zufolge, der Sichtweise der betroffenen Subjekte nicht »vorgeordnet« werden, die philosophische Analyse im nicht weiter fundierbaren Meinungsstreit der Positionen keine bevorzugte Rolle einnehmen. Ich halte nun bereits die Gegenüberstellung »Philosophie *oder* Demokratie« für irreführend. Philosophie ist, richtig verstanden, *Teil* des demokratischen Prozesses, nicht sein Gegenpart.

Stellt man sich nämlich den Prozess der demokratischen Urteilsfindung so vor, dass es in ihm nicht nur um den Abgleich von Interessen, sondern – im Sinne eines deliberativen Verständnisses

67 Vgl. dazu Richard Rorty, »Vorrang der Demokratie vor der Philosophie«, in: ders., *Solidarität oder Objektivität? Drei philosophische Essays*, Stuttgart 1988, S. 82-125.

von Demokratie – auch um die begründete Transformation von Ausgangspositionen geht, so vermag die Philosophie hier nicht nur ihre Kompetenz des Klärens und Aufweisens von Gründen und Gegengründen beizusteuern. Vielmehr trägt sie – und gerade dieser Aspekt tritt angesichts der »normativistischen« Ausrichtung der zeitgenössischen politischen Philosophie manchmal in den Hintergrund[68] – allererst zur Deutung und analytischen Erschließung einer Situation bei. (Man muss beispielsweise den regressiven oder entfremdeten Charakter einer Lebensform überhaupt erst sehen und verstehen, um diese bewerten zu können, und dazu braucht es mehr als »Intuitionen«.)

Schon zum Verstehen dessen, was die Problematik einer Lebensform ausmacht, gehören demnach (auch) philosophische Begriffe. Und dieses Verstehen und Analysieren ist außerdem selbst bereits ein normatives Geschehen. Wenn aber *Analyse und Kritik*, einer solchen Konzeption zufolge, nicht voneinander zu trennen sind, dann greift die Philosophie in die demokratische Debatte anders denn als normgebende Letztinstanz ein. Sie ist eine jener Ressourcen, mittels deren die Akteure sich über ihre Lage verständigen und diese bewerten. Philosophie soll die Demokratie also nicht *ersetzen*, die philosophische Klärung soll nicht an die Stelle der demokratischen Diskussion treten, sondern ist in den Prozess des demokratischen Gebens und Nehmens von Gründen gewissermaßen eingelagert, ohne in diesem das »letzte Wort« zu haben. Die Philosophie ist also selbst Teil eines gesellschaftlichen Selbstverständigungsprozesses und hat damit eine Aufgabe auch dort, wo sie sich nicht in die Position der Richterin aufschwingen will. (Auf das mit dem engen Zusammenhang von Analyse und Kritik behauptete spezifische Verständnis von Kritik komme ich im dritten Teil dieses Buches zurück.)

Dynamische Konflikte

Anhand der Frage »Demokratie oder Philosophie?« wird aber noch eine weitere Problemstellung deutlich. Die These, dass der Liberalismus selbst eine die Lebensform bestimmende Theorieposition

68 Zu einer Kritik dieser normativistischen Ausrichtung vgl. Raymond Geuss, *Kritik der politischen Philosophie*, Hamburg 2010, und Axel Honneth, *Das Recht der Freiheit*, Berlin 2011.

mit hegemonialem Anspruch ist, wird von manchen Positionen »dekonstruktivistischer«, radikaldemokratischer, neomarxistischer und hegemonietheoretischer Herkunft geteilt, die sich unter dem Stichwort der »politischen Agonalität« versammeln lassen. Diese Positionen (prominent vertreten von Chantal Mouffe und Ernesto Laclau[69]) teilen mit meiner Auffassung die ideologiekritisch inspirierte Ablehnung der Neutralitätsthese. Größtenteils an Gramscis Hegemonietheorie anschließend, halten sie den irreduziblen Konflikt um kulturelle Deutungshoheit für den Kern der Vergesellschaftung, so dass sich die aus dieser Sicht »liberalen« Neutralitätsvorstellungen als bestenfalls naiv und schlimmstenfalls ideologisch, immer aber als ein Zug im Kampf um gesellschaftliche Hegemonie darstellen. Auch aus Sicht dieser Theorien ist die Auseinandersetzung um Lebensformen nicht stillzustellen oder einzuklammern. Allerdings bezweifeln sie ihrerseits die Möglichkeit einer argumentativen Fundierung der hier geführten Auseinandersetzung.

In gewisser Weise erstreckt sich damit der Ideologieverdacht, den die agonistische Demokratietheorie formuliert, auf den Versuch normativer Fundierung überhaupt; damit aber letztlich auch auf die Möglichkeit einer Kritik von Lebensformen, jedenfalls dann, wenn diese Kritik im Unterschied zum agonalen Konflikt mit Begründungen operiert, die (umfassende) Gültigkeit für sich in Anspruch nehmen. Hier enthüllt sich ein Zug, der das Unternehmen einer Kritik auszeichnet: Diese ist, wie ich sie verstehe, immer gleichzeitig dissoziierend wie assoziierend, sie stellt zum Kritisierten eine – und sei es auch negative – Beziehung her. Gerade diese Herstellung einer Beziehung und damit der Versuch der Herstellung einer durch Begründung vermittelten gemeinsamen Grundlage aber ist es, die von den agonalen Theorien verdächtigt wird, die Irreduzibilität des Konflikts »auszuhebeln«.[70] Hinter dieser (linksschmittianischen) Betonung des Kampfes oder des Konflikts steht also nicht nur eine Einschätzung der gesellschaftlichen Kräfteverhältnisse, sondern eine Infragestellung der Rolle von Normativität

69 Dazu klassisch: Ernesto Laclau, Chantal Mouffe, *Hegemonie und radikale Demokratie. Zur Dekonstruktion des Marxismus*, Wien [2]2000. Vgl. jetzt, auch im Lichte einer veränderten Weltlage: Chantal Mouffe, *Über das Politische*, Frankfurt/M. 2007.

70 Vgl. dazu die sehr polemischen Formulierungen in Mouffe, *Über das Politische*, a. a. O., S. 8-14, S. 18-22.

überhaupt. Ich halte diese Positionen aus verschiedenen Gründen für unplausibel. Wie eigentlich soll die auch von den Vertretern der Agonalitätsthese geforderte »Politisierung« stattfinden, wenn nicht in Debatten über kulturelle Hegemonien, die Debatten über Lebensformen sind? Wenn diese aber so grundlegend »agonistisch« strukturiert wären, dass sie noch nicht einmal von der Unterstellung der Begründbarkeit und dem damit einhergehenden Erheben von Geltungsansprüchen lebten – wie käme es dann überhaupt noch zur Auseinandersetzung? Die Agonalitätstheorie verfehlt also, so meine These, ganz grundlegend das, was ich den Beziehungscharakter von Konflikten nennen möchte, und sie schätzt deren innere Dynamik falsch ein, wenn sie versucht, die mit ihnen verbundenen Geltungsansprüche einzuklammern.[71]

An diesem Befund ist Folgendes interessant: Die oben skizzierten Positionen teilen mit den von ihnen teilweise scharf kritisierten »liberalen« Positionen einen Ausgangspunkt, der die innere Gestalt, Struktur und Dynamik von Lebensformen betrifft. Sie halten diese nämlich *erstens* (willkürlich oder unwillkürlich) für in sich geschlossene und unhintergehbare Einheiten und »sperren« diese, ebenso wie oben für die liberale Gegenposition behauptet, in ihre kollektiven Identitäten ein. Und sie nehmen *zweitens* die mit diesen erhobenen normativen Geltungsansprüche nicht ernst, weil sie sie auf Macht- und Dominanzansprüche reduzieren.

Einer der Ausgangspunkte meiner Untersuchung ist nun die Vermutung, dass man, will man Lebensformen kritisieren, gegen die »agonistische« wie gegen die »liberale« Position zu einem anderen Verständnis der mit ihnen und durch sie gesetzten Geltungsansprüche und der in ihnen wirkenden Selbstverständnisse kommen muss.

71 Eine weitere, von Michel Foucault inspirierte Position behauptet etwa das Folgende: Es gehe nicht darum, Lebensformen zu kritisieren, sondern darum, »einfach anders zu leben«. Das sei weniger eine Frage der Kritik als eine der »Ästhetik der Existenz«. Und das Problem an bestimmten (dominanten) Lebensformen seien nicht diese selbst, sondern der Umstand, dass sie andere ausschließen. Die Schwierigkeit dabei ist, dass es dann den Anschein hat, als käme dieses »andere Leben« aus dem Nichts, wohingegen ich der Überzeugung bin, dass sich das Konzept eines anderen Lebens immer auch aus der Auseinandersetzung mit den für falsch und unzureichend gehaltenen Entwürfen ergibt.

4. Die Rationalität von Lebensformen – eine Neusituierung des Problems

Im Folgenden werde ich kurz skizzieren, wie sich mein Ansatz angesichts der jetzt umrissenen Problematik darstellt. Der Unterschied zu den Positionen der Enthaltsamkeit, so hatte ich behauptet, liegt hier weniger in einer völlig anderen Auffassung hinsichtlich der Möglichkeit der Bestimmung des »Guten« und der Aussichten, sich über diese zu einigen, sondern vielmehr bereits auf sozialtheoretischer und sozialontologischer Ebene. Die *black box* zu öffnen bedeutet also, ein anderes Verständnis der Praktiken und Institutionen zu gewinnen, die die innere Gestalt von Lebensformen ausmachen.

Auf eine sehr kurze Formel gebracht lautet die von mir vorgeschlagene »Lösung« folgendermaßen: Lebensformen sind komplex strukturierte Bündel (oder Ensembles) sozialer Praktiken, die darauf gerichtet sind, Probleme zu lösen, die ihrerseits historisch kontextualisiert und normativ verfasst sind. Die Frage nach der Rationalität von Lebensformen lässt sich dann in einer kontexttranszendierenden Perspektive als Frage nach der Rationalität der Entwicklungsdynamik der jeweiligen Lebensform stellen. Zum Kriterium des Gelingens macht eine solche Perspektive weniger inhaltlich-substanzielle Gesichtspunkte als vielmehr formale Kriterien, die sich auf die Rationalität und das Gelingen des so beschriebenen Prozesses als ethisch-sozialem Lernprozess richten.

Damit sollen, so das Ziel meiner Untersuchung, die mit der Debatte um Lebensformen verbundenen Konflikte als etwas sichtbar gemacht werden, das sich nicht auf das Muster von Konflikten zwischen unhintergehbaren Wertüberzeugungen – oder »Glaubensmächten« – reduzieren lässt, und die mit Lebensformen verbundenen sozialen Praktiken als etwas, das sich nicht als unhinterfragbar »Letztes« darstellt, sondern als von Menschen gestaltete und transformierbare Lebensbedingungen.

Die Kritik von Lebensformen, deren Vorbedingungen hier konzipiert werden sollen, ist damit keine Anleitung zu einer neuen »Wertedebatte«, sondern beruht auf einer sozialphilosophisch geleiteten »Neuvermessung« unseres Verständnisses von Lebensformen.

Aus dem bisher entwickelten Problemaufriss erklärt sich mein weiteres Vorgehen:

Im *ersten Schritt* werde ich ein Konzept von Lebensformen entwickeln müssen, das diese überhaupt als eine kritisierbare Größe ausweist. Da es sich bei dem Begriff der Lebensform um ein Konzept handelt, dem zwar eine gewisse Alltagsintuition entgegenkommt, dessen Gehalt aber weder in der soziologischen noch der philosophischen Verwendung wirklich geklärt ist, kommt es dabei zunächst darauf an, den Umfang und die Tiefe dessen, was eine Lebensform ausmacht, genauer zu bestimmen. Lebensformen müssen in Bezug auf wichtige sachliche Alternativen »einen Unterschied machen«, damit sie überhaupt der Kritik wert sind. Dass es in Bezug auf Lebensformen (anders als für »schwächere« oder »flüchtigere« Erscheinungen wie zum Beispiel Lebensstile oder Moden) so etwas wie Problemstellungen und damit Sachangemessenheit überhaupt geben kann, ist die Grundlage dafür, dass sich nach ihrem Gelingen und ihrer Rationalität fragen lässt – und damit für den Umstand, dass sie überhaupt Geltungsansprüche erheben können. Nicht ganz falsch wäre es, das Resultat der damit angestellten Überlegungen so auf den Punkt zu bringen, dass sich Lebensformen als Instanzen dessen erweisen, was man mit Hegel »Sittlichkeit« nennt, eine Sittlichkeit allerdings, die im Kontext dieser Arbeit gewissermaßen praxistheoretisch rekonstruiert werden soll.

In einem *zweiten Schritt* kann ich dann die spezifische Art von Geltungsansprüchen analysieren, die, meiner Behauptung nach, mit Lebensformen verbunden sind und die spezifische Art von Normativität, die in diesen impliziert ist, ausmachen. Die zentrale These meiner Untersuchung ist nun, dass sich Lebensformen genau deshalb bewerten lassen (und auch in bestimmten Hinsichten untereinander vergleichbar sind), weil sie *Problemlösungsstrategien* verkörpern. Für ihren Erfolg oder ihr Scheitern lassen sich so Kriterien anhand ihrer Fähigkeit ausmachen, die Probleme, die sie lösen sollen, auch tatsächlich zu lösen. Die Kritik von Lebensformen lotet, so verstanden, mit der Rationalität gewissermaßen den »Erfolg« oder das (im buchstäblichen Sinne) »Gelingen« der betreffenden Lebensform aus. Da allerdings die Definition der Probleme nicht unabhängig von den mit einer Lebensform »vorgeschlagenen« Problemverständnissen gegeben ist und damit selbst immer schon normative Vorentscheidungen impliziert, lässt sich ein solches Gelingen von Lebensformen nur unter der Perspektive einer gegenseitigen Durchdringung ihrer normativen und funktionalen Aspekte verstehen.

Diesem letzten Gedanken entspricht schließlich auch das im *dritten Schritt* zu etablierende Modell der *Kritik*. Hier geht es mir darum, ein Verfahren zu bestimmen, mit dem die Kritik von Lebensformen weder auf *externe Maßstäbe* angewiesen ist, die sich durch eine Distanz zu jeder eingespielten Lebensform auszeichnen, noch *intern* in dem Sinne bleibt, dass sie im Rahmen der oben erwähnten »ethisch-existenziellen Klärungsprozesse« angesiedelt wäre, die den Rahmen der Lebensform selbst gerade nicht thematisieren kann. Das zugrunde liegende *Modell der Kritik* lässt sich somit als eine (durch Hegelsche und Marxsche Bezüge geleitete) starke Version *immanenter* Kritik bezeichnen, wie sie in Abgrenzung zu den im internen Bezugsrahmen verbleibenden Modellen von Kritik entwickelt werden soll.[72] »Ideologiekritisch« inspiriert ist diese Variante von Kritik, sofern diese zwar intern – nämlich an Problemen und Krisenmomenten innerhalb einer Lebensform – ansetzt, diesen Ausgangspunkt aber transzendiert. Damit setzt sie weniger auf »normative Rekonstruktion«[73] im Sinne der »Bergung« von sozial bereits vorhandenen normativen Momenten als auf die Transformation von Lebensformen. Den hiermit angesprochenen Transformationsprozess kann man als *ethischen Lernprozess* oder auch, altmodischer, als Emanzipationsprozess bezeichnen, der dieser Annahme zufolge durch die kritische Thematisierung eigener und fremder Lebensformen angestoßen wird.[74]

Ein solches Verständnis ermöglicht es, in einem *vierten Schritt* die Gestalt solcher Lernprozesse zu erkunden. Die Kritik von Lebensformen verweist dann auf die Irrationalität, Überlebtheit, Widersprüchlichkeit oder Dysfunktionalität von Lebensformen und zielt auf deren normativ gerichtete und motivierte Transformation zu einem Besseren. Lebensformen sind »durchlässig« und beeinflussbar, und wenn sie nicht zwanghaft sein wollen, müssen sie ein Moment von Erfahrungsoffenheit enthalten. Die Bewertung

72 Damit steht die Kritik von Lebensformen in der Tradition der (marxistischen) Ideologiekritik. Vgl. zur Unterscheidung von interner, externer und immanenter Kritik und einem entsprechenden Verständnis von Ideologiekritik: Rahel Jaeggi, »Was ist Ideologiekritik?«, in: dies., Tilo Wesche (Hg.), *Was ist Kritik?*, Frankfurt/M. 2009, S. 266-295, und unten, Teil 3.

73 Vgl. zu einem solchen Verfahren Honneth, *Das Recht der Freiheit*, a. a. O.

74 Vgl. dazu auch Maeve Cooke, *Re-Presenting the Good Society*, Cambridge/Mass. 2006.

von Lebensformen soll ihren Maßstab so »in der Sache« des Problems beziehungsweise im Gelingen von Problemlösungsprozessen finden. Weil umgekehrt – gegen eine platt funktionalistische Perspektive – ihre Problemstellungen interpretationsabhängig, veränderlich und unabschließbar sind, können sich Lebensformen nicht nur wechselseitig »überlappen«, sie sind auch inhärent dynamisch. Das Projekt einer Kritik von Lebensformen wurzelt damit in einer gewissermaßen »pragmatistischen« Rekonstruktion (und Reduktion) geschichtsphilosophischer Motive und der Annahme, dass sich in diesem Sinne die Entwicklung von Lebensformen als ein zwar offener, aber dennoch gerichteter Lernprozess verstehen lässt.

Erster Teil
Ein Ensemble von Praktiken: Lebensformen als soziale Gebilde

> Die Menschen sind nicht nur in der Kleidung und im Auftreten, in ihrer Gestalt und Gefühlsweise ein Resultat der Geschichte, sondern auch die Art, wie sie sehen und hören, ist von dem gesellschaftlichen Lebensprozeß […] nicht abzulösen. *Max Horkheimer*

Was ist eigentlich eine Lebensform? Bin ich in meinem einleitenden Plädoyer für eine Kritik von Lebensformen von einem mehr oder weniger alltäglich gegebenen Vorverständnis des Begriffs der Lebensform ausgegangen,[1] so wird es an dieser Stelle nötig, das Konzept selbst genauer zu untersuchen. Ob nämlich Lebensformen kritisierbar sind oder nicht, hängt nicht zuletzt davon ab, wie man ihre Gestalt und innere Struktur versteht. Nun sind weder die Alltagsbedeutung noch die theoretische Verwendung des Begriffs eindeutig oder einheitlich, weshalb ich in den Eingangsüberlegungen dieses Teils die Herstellung eines Überlegungsgleichgewichts zwischen dem vorphilosophischen Gebrauch und einem systematisierenden Definitionsversuch in Angriff nehme. Am Ende steht ein konzeptueller Vorschlag zum Verständnis von Lebensformen, an den das Projekt ihrer Kritik anknüpfen kann. Generell gesprochen wird hier auf dem Weg einer praxistheoretischen Rekonstruktion ein Verständnis von Lebensformen dargelegt, das diese als normativ verfasste Formationen des »Sittlichen« (im Hegelschen Sinn, ohne dass diesem philosophiegeschichtlichen Bezug hier auf direktem Wege nachgegangen würde) verstehbar werden lässt. Wenn dabei Lebensformen als »Ensembles« sozialer Praktiken beschrieben werden, so soll das dem Umstand Rechnung tragen, dass sich diese Praktiken vielfältig aufeinander beziehen, ohne dabei den streng geschlossenen Charakter eines »organischen Ganzen« zu haben.

Das *erste Kapitel* dieses Teils erarbeitet ausgehend vom Alltagsgebrauch und auf dem Weg einer Abgrenzung zu Gegenphänomenen ein Verständnis von Lebensformen, das diese gegenüber flüchtigeren Erscheinungen als Phänomene einer bestimmten Bedeutsam-

1 Ein Vorgehen, dem ein großer Teil der philosophischen Literatur bisher gefolgt ist, so unterschiedlich die resultierenden Konzepte auch sein mögen.

keit und »Schwere« verstehbar werden lässt. Das *zweite Kapitel* analysiert die innere Physiognomie von Lebensformen mit Bezug auf das hier entwickelte Verständnis sozialer Praktiken und beschreibt diese entsprechend als einen durch spezifische Trägheits- und Beharrungsmomente ausgezeichneten Zusammenhang sozialer Praktiken.

1. Kapitel
Was ist eine Lebensform?

Das folgende Kapitel dient der ersten Eingrenzung und Bestimmung dessen, womit wir es bei der Rede von »Lebensformen« überhaupt zu tun haben. Der *erste Abschnitt* dieses Teils geht dabei von einer Analyse unserer alltäglichen Verwendung des Begriffs aus und nähert sich dem Gehalt des Begriffs über eine Abgrenzung zu verwandten Begriffen. Der *zweite Abschnitt* unterscheidet die Phänomene, die wir im Blick haben, wenn wir von Lebensformen sprechen, anhand der Kategorien Dauerhaftigkeit, Selbständigkeit und Sachhaltigkeit von sozialen Erscheinungen flüchtigerer Art.

1.1 Lebensform: Begriff und Phänomen

Wovon sprechen wir, wenn wir von Lebensformen sprechen? Der Begriff der Lebensform bezieht sich im alltäglichen Sprachgebrauch auf eine ganze Reihe von sehr unterschiedlichen und mehr oder weniger umfassenden Phänomenen. Die Kleinfamilie zum Beispiel ist eine Lebensform, der man mit Hilfe von »alternativen« Lebensformen zu entkommen versuchen mag; der Lebensform des Städtischen steht die der Provinz entgegen; die Lebensformen im Unterfränkischen lassen sich mit denen Ostfrieslands vergleichen. Abhandlungen widmen sich dem Schicksal nomadischer oder dem Niedergang bürgerlicher Lebensformen. Man analysiert den Wandel der Lebensformen in der frühen Neuzeit, die Lebensformen des Mittelalters oder die Pluralisierung von Lebensformen in der Moderne; manchmal wird aber auch im Singular von *der* Lebensform der Moderne oder des Mittelalters gesprochen. Untersucht werden die Lebensform der Kleingartenkolonie oder sogar das Phänomen der »*Tupperware* als Lebensform«.[2] Auch Wissenschaft lässt sich »als Lebensform« auffassen, mit der Idee von »Europa als geistiger Lebensform« verbinden sich Hoffnungen, und Kritikerinnen nehmen den »Kapitalismus als Lebensform« ins Visier.

2 Das ist eine kleine Auswahl dessen, was sich im Katalog der Berliner Staatsbibliothek unter dem Sachschlagwort »Lebensform« findet.

Zum Modewort geworden ist (jedenfalls in der deutschen Geistesgeschichte[3]) der Lebensformbegriff in den zwanziger Jahren des letzten Jahrhunderts durch Eduard Sprangers Buch *Lebensformen.*[4] Wenn hier zwischen Lebensformen des »ökonomischen«, »ästhetischen«, »theoretischen« oder »religiösen« Typs unterschieden wird, so kennzeichnet der Begriff in charakterologischer Perspektive »Idealtypen der Individualität«, denen Weisen des Selbstverhältnisses wie des Weltzugangs entsprechen.

Als Lebensformen werden somit Zusammenhänge ganz unterschiedlichen Umfangs und ganz unterschiedlicher Art bezeichnet, deren Gemeinsamkeiten sich auf den ersten Blick kaum erschließen. Ist die relevante Bezugsgröße im einen Fall – beim Mittelalter oder der Moderne – eine ganze Epoche, so handelt es sich im Fall der Familie um eine soziologisch kleinräumige Organisationsform

3 Auch Ludwig Wittgenstein hat den Begriff zunächst von Spranger übernommen und damit die Transformation des bei Spranger soziokulturell-sozialpsychologisch angelegten Konzepts in einen Begriff der Sprachphilosophie eingeleitet. Vielfach – auch in der sozialwissenschaftlichen Übernahme Wittgensteinscher Motive zum Beispiel bei Peter Winch – ist daraufhin der Wittgensteinsche Lebensformbegriff in die Nähe der Rede von kulturellen Lebensformen gerückt worden. In der Wittgenstein-Forschung ist der Status seines Lebensformbegriffs allerdings umstritten. So hat Newton Garvers These, dass es bei Wittgenstein die menschliche Lebensform »nur im Singular«, als »gemeinsame menschliche Handlungsweise« (Wittgenstein) gebe, die sich von tierischen Lebensformen abgrenze und keinesfalls mit kulturellen Lebensformen im Plural gleichgesetzt werden könne, eine ausgedehnte Debatte entfacht. Zu dieser Kontroverse vgl. Newton Garver, »Die Lebensform in Wittgensteins philosophischen Untersuchungen«, in: *Grazer Philosophische Studien* 21 (1984), S. 33-54; die entgegengesetzte Position vertritt Rudolf Haller, »Lebensform oder Lebensformen? Eine Bemerkung zu N. Garvers Interpretation von ›Lebensform‹«, in: ebd., S. 55-63. Dazu auch: Rafael Ferber, »›Lebensform‹ oder ›Lebensformen‹? Zwei Addenda zur Kontroverse zwischen N. Garver und R. Haller«, in: Klaus Puhl (Hg.), *Akten des 15. internationalen Wittgenstein-Symposions* (Band 2), 1993, S. 270-276; Rudolf Haller, »Variationen und Bruchlinien einer Lebensform«, in: *Wittgenstein Studien* 2 (1995). Zur Erneuerung der Philosophie der Sozialwissenschaften im Geiste Wittgensteins vgl. Peter Winch, *Die Idee der Sozialwissenschaft und ihr Verhältnis zur Philosophie*, Frankfurt/M. 1966; sowie die Beiträge in Rolf Wiggershaus (Hg.), *Sprachanalyse und Soziologie*, Frankfurt/M. 1975.

4 Vgl. ders., *Lebensformen. Geisteswissenschaftliche Psychologie und Ethik der Persönlichkeit*, Halle/Saale 1921. Dieses Werk des Pädagogen und Philosophen Spranger hat rasch Furore gemacht. Bis 1930 in sieben Auflagen erschienen und damit nahezu ein Beststeller in diesem Bereich, hat es den Begriff »Lebensform« als Schlagwort ins Spiel gebracht, ohne dass man sich heute tatsächlich in der Auslegung des Lebensformbegriffs noch direkt auf den Verfasser beziehen würde.

des Zusammenlebens. Aber nicht nur hinsichtlich des Umfangs unterscheiden sich die hier versammelten Erscheinungen. Auch die Art und die Bedingungen der Zugehörigkeit zu dem, was hier jeweils als »Lebensform« fungiert, könnten kaum unterschiedlicher sein. Mag das Eintreten in die Lebensform einer Kleingartenkolonie ein eigener und bewusster Entschluss vor dem Hintergrund von Alternativen sein, so scheint man zu einer Lebensform wie der des Mittelalters qua Zeitgenossenschaft zu gehören. Und wenn man eine umfassende sozioökonomische Formation wie den Kapitalismus als Lebensform bezeichnet, dann meint man damit, dass dieser, das ganze Leben betreffend, neben den ökonomischen Strukturen auch Weisen der Weltauffassung, das Verhältnis zu Raum und Zeit und das Naturverhältnis prägt,[5] ohne dass das den Individuen als spezifische Prägung auch nur bewusst wäre.

Thematisierung des Alltags

Was immer aber diese als Lebensformen bezeichneten Gebilde umfassen mögen: Alltagssprachlich drückt sich in der Thematisierung von Lebensformen ein Interesse an den alltäglichen, lebensbestimmenden Orientierungen und den informellen Weisen der Lebensgestaltung aus, die eine Gesellschaft prägen, ein Interesse daran also, wie Menschen leben, was sie tun und wie sie es tun.[6] Wenn zum Beispiel der Schriftsteller Peter Schneider in einem rückbli-

5 So hat Max Weber gesehen, dass der Kapitalismus nicht nur Weisen der Lebensführung beeinflusst, sondern auch auf solchen beruht und auf diese angewiesen ist. Einschlägig sind in diesem Zusammenhang natürlich vor allem die Untersuchungen zur religiösen Prägung wirtschaftlicher Verhaltensweisen. Vgl. bes. ders., *Die Protestantische Ethik*, Hamburg 1974.

6 So kann man aber auch in der Sozialtheorie seit den 1970er Jahren geradezu von einer Konjunktur des Alltagsbegriffs und der Alltagsforschung sprechen, die sich aus ganz unterschiedlichen Motiven und Quellen speist. Vgl. etwa Henri Lefebvre, *Kritik des Alltagslebens*, Frankfurt/M. 1987. In der Geschichtswissenschaft manifestiert sich die Hinwendung zur Erforschung des Alltagslebens in der *Annales*-Schule. Auch das Spezifische der Kritischen Theorie, ihr »kulturmarxistischer« Zug, lässt sich als eine Hinwendung zu den alltäglichen Lebensformen verstehen. Zu einer solchen Deutung der *Minima Moralia* Theodor W. Adornos vgl. Rahel Jaeggi, »›Kein Einzelner vermag etwas dagegen‹. Adornos *Minima Moralia* als Kritik von Lebensformen«, in: Axel Honneth (Hg.), *Dialektik der Freiheit*, Frankfurt/M. 2005, S. 115-141.

ckenden Resümee[7] die Achtundsechzigerbewegung als Kampf gegen überkommene und für »neue Lebensformen« bezeichnet, dann will er auf den Umstand hinaus, dass es dieser Bewegung nicht nur um institutionelle Veränderungen des politischen Systems, sondern auch um die politische Dimension alltäglicher Lebensvollzüge ging. Die »antiautoritäre Bewegung« der späten 1960er Jahre hat, dieser Perspektive zufolge, über eher dürftige institutionelle Veränderungen hinaus ihre eigentliche Wirkung darin entfaltet, das Alltagsleben zu verändern. Die Gründung von antiautoritären Kinderläden, das Experimentieren mit neuen Beziehungsformen und mit neuen Weisen der Zusammenarbeit, eine sich bis in die Kleiderordnung hinein auswirkende Entkonventionalisierung der Umgangsformen, aber auch die von Herbert Marcuse gleichzeitig diagnostizierte wie propagierte »neue Sensibilität«[8] sind Instanzen einer solchen Veränderung.

Dabei geht es um Einstellungen und Praktiken, um »Kulturen gemeinsamen Handelns« (Martin Seel) und die Prinzipien, die diese leiten. Und sofern Lebensformen offener und variabler sind als verfestigtere soziale Gebilde, aber dennoch stabile und vorgängige Strukturen bezeichnen, die das Handeln der Einzelnen einfassen, wird unter der Perspektive der Lebensformen etwas thematisiert, das »uns handeln lässt«, also die uns überhaupt verfügbaren Handlungsoptionen maßgeblich prägt und begrenzt.

Verwandte Begriffe und semantische Überschneidungen

Ergibt der erste Blick auf die Vorverständnisse und Verwendungsweisen eine gewisse »Unschärfe« des Lebensformbegriffs,[9] so lohnt sich ein Versuch der Präzisierung des Begriffs mittels einer Abgrenzung zu verwandten Begriffen und Phänomenen.

7 Vgl. *Frankfurter Rundschau* vom 11.4.2008, S. 1.

8 Vgl. Herbert Marcuse, *Versuch über die Befreiung*, Frankfurt/M. 1969, S. 43-45.

9 So behauptet Joachim Renn, dass der Begriff der Lebensform im Zusammenhang mit der Analyse und normativen Durchdringung kultureller Konflikte »nur so lange seine Funktion erfüllt, wie er unscharf bleibt«. Vgl. Joachim Renn, »Explizite und implizite Vergesellschaftung. Konturen einer Soziologie der kulturellen Lebensformen in der Moderne«, in: Burkhard Liebsch, Jürgen Straub (Hg.), *Lebensformen im Widerstreit. Integrations- und Identitätskonflikte in pluralen Gesellschaften*, Frankfurt/M. 2003, S. 82-105, hier S. 86.

Klare Überschneidungen finden sich zwischen dem Begriff der Lebensform und dem der *Lebensführung*, also der systematischen Ausrichtung des Lebens auf etwas hin oder dem systematischen Vollzug des Lebens, sofern er von bestimmten, negativ oder positiv bewerteten Prinzipien geleitet ist. Man spricht von der (bewundernswerten) Lebensführung Mutter Teresas oder der (beklagenswerten) Lebensführung des Alkoholikers. Die Prinzipien dieser Lebensführung wären im einen Fall selbstlose Hingabe, Askese und bedingungslose Empathie, im anderen Fall Genusssucht und Mangel an Selbstkontrolle.

Allerdings bezieht sich der Begriff der Lebensführung eher auf individuelle als auf kollektive Phänomene, während für die Rede von Lebensformen der Bezug auf sozial geteilte Praktiken systematisch wichtig ist. Ein weiterer Unterschied betrifft den Umstand, dass Lebensführung etwas ist, das man mehr oder weniger aktiv betreibt, während Lebensformen neben dem aktiven auch ein passiv-vorgängiges Element haben. Vielleicht geht es hier nur um Nuancen. Aber, und mit aller Vorsicht gesagt: In eine Lebensform wird man hineinsozialisiert, sie ist – in gewissem Umfang – *vor* den Individuen da und als »Form« bereits gebahnt, auch wenn es, wie wir noch sehen werden, zu den Bestandsvoraussetzungen von Lebensformen gehört, dass sie aktiv angeeignet werden. Anders gesagt: »Sein Leben zu führen« ist etwas, das man tut, während Lebensformen einen Zusammenhang bezeichnen, *in dem* man lebt und aus dem heraus man handelt.

Sehr nahe kommt dem Begriff der Lebensform auch die Rede von *Lebensgewohnheiten.* Hier klingen Elemente wie Regelmäßigkeit, Beständigkeit und Selbstverständlichkeit mit an, die auch zum Charakter von Lebensformen gehören. Dennoch assoziieren wir mit »Gewohnheiten« wohl eher vereinzelte Praktiken, während der Begriff der Lebensform Bündel oder sogar ein zusammenhängendes Ensemble von Praktiken bezeichnet. Gehört es zu meinen Lebensgewohnheiten, auf Platz 48 im Lesesaal der Berliner Staatsbibliothek zu arbeiten, so macht das alleine noch keine Lebensform aus. Dazu kommt, dass Lebensgewohnheiten im Unterschied zu Lebensformen individuell sein können. Wichtiger für die Gegenüberstellung von Lebensgewohnheiten und Lebensformen ist aber ein weiterer Umstand: Man kann in Bezug auf Gewohnheiten nichts falsch machen. Wenn ich mich morgen auf einen anderen als meinen angestammten Platz setze, habe ich mit einer lieb gewordenen Gewohnheit gebrochen, aber ich habe nichts getan, wofür mich irgendjemand berechtigterweise tadeln könnte. Das ist bei Lebensformen anders: Das Verhalten in Bezug auf Lebensformen – als Teilen oder Abweichen von relevanten kollektiven Praktiken – wird positiv oder negativ sanktioniert. Lebensformen haben also im Gegensatz zu Lebensgewohnheiten einen normativen Zug, der uns noch beschäftigen wird.

Obwohl die Verbindung zwischen den Ausdrücken »*Lebensweise*« und »Lebensform« allein schon deshalb naheliegt, weil beides unterschiedslos in das englische »*way of living*« übersetzt (und »*way of living*« einmal als »Lebensweise«, einmal als »Lebensform« rückübersetzt) wird, gibt es auch hier Differenzen: Einerseits ist bei der Lebensweise der Charakter des Durchgestalteten, der zur Lebensform zu gehören scheint, weniger ausgeprägt. Auch ist die Lebensweise (ähnlich der Lebensgewohnheit) weniger umfassend: So kann man mit gutem Recht sagen, dass man seine Lebensweise geändert habe, sofern man jetzt immer um sechs Uhr morgens aufsteht, statt wie vorher erst um drei Uhr schlafen zu gehen. Dies aber bereits als Eintritt in eine neue Lebensform zu bezeichnen, dürfte übertrieben sein.[10]

Der *Lebensstil* andererseits – im umgangssprachlichen, dem englischen *lifestyle* entsprechenden Sinn – betrifft zwar typischerweise ein Konglomerat verschiedener, zueinander passender Praktiken und Gewohnheiten. Er unterscheidet sich aber durch seine Vergänglichkeit und eine gewisse Kontingenz von dem, was man eine Lebensform nennt, gerät also in den Einzugsbereich von Phänomenen wie dem der Mode und des Modischen. Da, wo der Begriff »Lebensstil« in der Lebensstilsoziologie als »der regelmäßig wiederkehrende Gesamtzusammenhang der Verhaltensweisen, Interaktionen, Meinungen, Wissensbestände und bewertenden Einstellungen eines Menschen«[11] einen terminologisch exakten Sinn hat,

10 Das ist der Grund, warum Jutta Hartmann in ihrem Buch *Vielfältige Lebensweisen. Dynamisierung in der Triade Geschlecht – Sexualität – Lebensform*, Opladen 2002, im Kontext ihrer pädagogischen Überlegungen den Begriff der Lebensweise explizit dem der Lebensform vorzieht. Ihrer Auffassung nach lässt sich damit der dynamische und sich eindeutigen Zuordnungen entziehende Charakter einer sich verändernden und vielfältigen sozialen Welt besser einfangen.

11 Stefan Hradil, *Soziale Ungleichheit in Deutschland*, Wiesbaden ^{8}2005, S. 46.

besteht natürlich eine Nähe zum Lebensformbegriff. Die Differenzen zeigen sich aber daran, dass es dem Sprachgefühl widerstrebt, die bürgerliche Kleinfamilie oder das Mittelalter als Lebensstil zu bezeichnen. Vater zu sein ist kein Lebensstil, wohl aber die Teilhabe an einer Lebensform, und anders als bei Lebensstilphänomenen sind bei der Ausführung der zur Lebensform der Familie gehörenden Rolle des Vaters oder der Mutter hier wiederum wechselseitige (normative) Erwartungen im Spiel.

Trotz ihrer Altertümlichkeit treffen die Ausdrücke *Sitte* und *Brauch* das hier als »Lebensform« bezeichnete Phänomen ziemlich gut. Nicht nur trifft die Sitte sich mit der Lebensform im Organisationsmodus und in der Art ihrer Verbindlichkeit, wenn man Max Weber folgt, der die Sitte als eingelebte Regel, an der sich der Teilnehmer freiwillig orientiert und die auf »langer Eingelebtheit« beruhe, bestimmt.[12] Erhellend ist vor allem der mit der Sitte angesprochene normative Zug: »Sitte« umfasst verschiedene Lebensgewohnheiten, sofern sich diese »so gehören«; der Verweis auf Üblichkeiten, auf ein »So tut man das« ist hier nicht wegzudenken. Auch die Rede vom Brauch, selbst wenn sie gegenüber der umfassenderen Rede von Lebensformen zu sehr auf einzelne Handlungen bezogen sein mag, trifft in der mit ihr gesetzten Betonung des »Rituellen« wie auch dem Aspekt des »Herkommens« ein entscheidendes Element dessen, was Lebensformen ausmacht.

Damit ist ein weiterer »Verwandter« des Lebensformbegriffs schon angezeigt: der Begriff der *Tradition*. Dieser umfasst Gebräuche und Lebensgewohnheiten mehr oder weniger institutionalisierter Art. Allerdings liegt der Akzent des Traditionsbegriffs mehr

12 Vgl. Max Weber, *Wirtschaft und Gesellschaft. Grundriß der verstehenden Soziologie*, Tübingen [5]1972, S. 15: »›Sitte‹ soll uns eine im Gegensatz zu ›Konvention‹ und ›Recht‹ *nicht* äußerlich garantierte Regel heißen, an welche sich der Handelnde freiwillig, sei es einfach ›gedankenlos‹ oder aus ›Bequemlichkeit‹ oder aus welchen Gründen immer, tatsächlich hält und deren wahrscheinliche Innehaltung er von anderen diesem Menschenkreis Angehörigen aus diesen Gründen gewärtigen kann.« Dass Weber dann im nächsten Satz formuliert: »Sitte in diesem Sinne wäre also nichts ›Geltendes‹: es wird von niemandem ›verlangt‹, daß er sie mitmache«, liegt daran, dass es Weber an dieser Stelle darum geht, die Distanz zu rechtlich kodifizierten sozialen Formen kenntlich zu machen. Zum Begriff der Sitte in ihrem Verhältnis zum Recht vgl. Wilhelm Wundt, *Völkerpsychologie*, Leipzig 1918, Bd. 9: *Das Recht*, Kap. 4.1: »Sitte und Recht«. Vgl. auch Ferdinand Tönnies, *Die Sitte*, Frankfurt/M. 1909.

auf der Herkunft, der Gewohnheit, dem (Vor-)Gegebenen und der Geschichte, als das bei der Lebensform der Fall ist[13] – auch wenn zum Zusammenhang einer Lebensform eine geschichtliche Dimension durchaus dazugehören mag. Eine Tradition ist, so betrachtet, eine Lebensform, die es schon lange gibt und die ihre Gültigkeit wie ihre Dignität gerade aus diesem Umstand des Hergebrachtseins bezieht.[14]

Eine interessante Verwandtschaft, aber auch ein informativer Gegensatz besteht zum Begriff der *Institution.* Lebensform wie Institution sind Instanzen von zur Gewohnheit gewordenen und normativ aufgeladenen sozialen Praktiken. Sie unterscheiden sich aber gewissermaßen im »Aggregatzustand«: Sind die entsprechenden Praktiken im Fall der Institution festgefügt und tendenziell kodifiziert, so erscheinen sie im Zusammenhang mit Lebensformen »weicher« und informeller, selbst wenn eine Lebensform als Form und Geformtes dem unbeständigen »Fluß des Lebens« (Georg Simmel) entgegensteht. Man sieht diesen Unterschied unter anderem an den jeweiligen Entstehungsbedingungen und Zugehörigkeitskriterien. Man tritt in eine Lebensform nicht – wie in eine Gewerkschaft oder eine Ehe – qua Antragsformular oder Jawort ein, sondern man gehört dazu, manchmal ohne es zu wollen.[15] Auch werden Lebensformen nicht – wie jedenfalls in manchen Fällen Institutionen – gegründet, und sie sind, anders als manche Institutionen, nicht kodifiziert und rechtlich verfasst.

13 Hier kommt es dann natürlich darauf an, wie man das Konzept der Tradition versteht. Wie ich später ausführen werde, hat der Traditionsbegriff, wie ihn beispielsweise Alasdair MacIntyre explizit gegen den statischen Traditionsbegriff Edmund Burkes gerichtet verwendet, viele Parallelen zu dem, was ich als Lebensform betrachte. Ich setze mich mit MacIntyres Traditionsbegriff ausführlich in Teil 4 auseinander.

14 Jedenfalls gehört es zum Selbstverständnis, aber manchmal auch zur Strategie derer, die sich auf Traditionen als autoritätsstiftend beziehen, anzunehmen oder vorzugeben, dass es sie schon lange gibt, auch wenn sie häufig über eine vergleichsweise kurze Vorgeschichte verfügen und weniger überliefert als vielmehr zu einem bestimmten Zweck und in einer bestimmten Situation *erfunden* worden sind. Vgl. die Diskussion um die Erfindung von Traditionen in: Eric Hobsbawm, Terence Ranger, *The Invention of Tradition*, Cambridge 1992.

15 Der Deutsche Gewerkschaftsbund ist unter anderem genau aus diesem Grund keine Lebensform, sondern eine Institution mit organisationshaftem Charakter, selbst wenn sich um diese herum so etwas wie ein Milieu samt kultureller Vorlieben entwickelt haben mag.

Lebensformen stellen vielmehr den Hintergrund und die Möglichkeitsbedingung bestimmter Institutionen dar oder müssen ihnen »entgegenkommen«, ein Umstand, der überall dort offensichtlich wird, wo es nicht gelingt, Institutionen einem Gemeinwesen »von außen« und ohne Bezugspunkt in den lokalen Lebensformen zu implementieren, oder wo sich Institutionen – wie die klassische Ehe – »überlebt« haben mögen. Umgekehrt gehen Institutionen in Lebensformen ein, ermöglichen oder stabilisieren sie sogar. Institutionen wie Kindertagesstätten oder Pflegeheime zum Beispiel ermöglichen die Lebensform der modernen Kleinfamilie. In mancher Hinsicht geht es hierbei um graduelle Differenzen, vor allem, wenn man auch in Bezug auf die Institution einräumt, dass es nicht nur gegründete und gesetzte, sondern auch recht ungeregelte und selbsttätig sich entwickelnde Institutionen gibt.[16] Und anders lässt sich Lebensform auch als übergreifendes Moment eines Zusammenhangs von Praktiken unterschiedlicher Aggregatszustände auffassen, von denen einer der der Institution wäre.

Auffallend sind schließlich die weitgehenden Überschneidungen des Begriffs der Lebensform mit dem der *Kultur*,[17] wenn man Kultur nicht im Sinne der Hochkultur oder der Beschäftigung mit dem Schönen versteht, sondern weitgefasst wie T. S. Eliot als »gesamte Lebensweise eines Volkes, von Geburt an bis zum Grab, von morgens bis abends und auch noch im Schlaf«.[18] Diese Bedeutung präzisiert der ethnologische Kulturbegriff, wenn durch ihn, wie klassisch bei Edward Tylor, Kultur bestimmt wird als »jener Inbegriff von Wissen, Glauben, Kunst, Moral, Gesetz, Sitte, und alle[n] übrigen Fähigkeiten und Gewohnheiten, welche der Mensch als Glied der Gesellschaft sich angeeignet hat«.[19] »Kultur«

16 Auch innerhalb der Institutionentheorie wird diskutiert, ob Institutionen gegründet sind oder evolutionär entstehen. Vgl. Maurice Hauriou, *Die Theorie der Institution und zwei weitere Aufsätze*, Berlin 1965; zum Verständnis von Institutionen vgl. auch meinen Aufsatz »Was ist eine (gute) Institution?«, in: Rainer Forst u. a. (Hg.), *Sozialphilosophie und Kritik*, Frankfurt/M. 2009, S. 528-544.

17 Bezeichnenderweise werden beide Begriffe zur wechselseitigen Erläuterung verwendet: So definiert das *Historische Wörterbuch der Philosophie*, hg. v. Joachim Ritter, Basel 1976, s. v. Kultur, Bd. 4, Sp. 1310, Kultur als »Lebensgestalt und -form von Nationen, Völkern, Gemeinschaften«.

18 T. S. Eliot, *Notes Towards the Definition of Culture*, London 1948, S. 31 (dt.: *Beiträge zum Begriff der Kultur*, Frankfurt/M. 1949).

19 Edward B. Tylor, *Die Anfänge der Kultur*, Leipzig 1873, S. 1.

ist in diesem Sinne ein Gegenbegriff zu »Natur«,[20] das Resultat von Kultivierung, also des verfeinernden Umgangs mit der inneren und äußeren Natur und die dieser Kultivierung entsprechende Weise der Organisation sozialer Beziehungen. Zur Kultur gehören dann auch die materiellen Reproduktionsbedingungen und Techniken oder die »Summe der materiellen und ideellen Errungenschaften einzelner menschlicher Gruppierungen, ihrer Techniken, ihrer Werkzeuge und ihrer sonstigen Artefakte, auch ihres Wissens um Naturzusammenhänge, ihrer internalisierten Werte und auch ihrer Sinndeutungen«.[21] Doch selbst wenn der Begriff der Kultur der Sache nach der vielleicht nächste und wichtigste Verwandte des Lebensformbegriffs ist, ist mit dem Verweis auf ihn insofern nicht viel gewonnen, als er selbst »für seine Unklarheit berüchtigt«[22] ist und immer unschärfer zu werden droht. Den erläuterungsbedürftigen Begriff der Lebensform durch den ebenso erläuterungsbedürftigen Begriff der Kultur erklären zu wollen, erscheint also nicht besonders vielversprechend.

Ein Hinweis auf eine sich aufdrängende Differenz mag dennoch zur weiteren Einkreisung des Lebensformbegriffs hilfreich sein: Die Bezugnahme auf den Begriff der Kultur (typischerweise modelliert an der Idee einer Volkskultur) evoziert häufig ein umfassendes und abgeschlossenes Ganzes und führt damit zu der Suggestion, dass eine Gesellschaft nur eine und eine einheitliche Kultur habe.[23] Der Begriff der Lebensform dagegen eignet sich dazu, diese Einheitlichkeitsunterstellung aufzulösen und Gebilde quer zu solchen Zuordnungen und unterhalb solcher Großformationen zu fassen. Der Le-

20 Auch Arnold Gehlen, »Ein Bild vom Menschen«, in: ders., *Anthropologische Forschung*, Reinbek bei Hamburg 1961, S. 44-54, hier S. 47, versteht die »Kultursphäre« des Menschen als den »Inbegriff tätig veränderter urwüchsiger Bedingungen [...], innerhalb deren der Mensch allein lebt und leben kann«.

21 Karl-Heinz Kohl, *Ethnologie – Die Wissenschaft vom kulturell Fremden*, München 2000, S. 132.

22 Vgl. Hubertus Busche »Was ist Kultur? Erster Teil: Die vier historischen Grundbedeutungen«, in: *Dialektik. Zeitschrift für Kulturphilosophie* 1 (2000), S. 69-90.

23 Zur Überwindung eines auf Ganzheit und Homogenität gerichteten Kulturbegriffs vgl. Andreas Wimmer, »Kultur. Zur Reformulierung eines sozialanthropologischen Grundbegriffs«, in: *Kölner Zeitschrift für Soziologie und Sozialpsychologie* 48 (1996), S. 401-425. Wimmer bemüht sich entsprechend um eine Reformulierung des Verständnisses von Kultur als einem »offenen und instabilen Prozess des Aushandelns von Bedeutungen.« (Ebd., S. 402.)

bensformbegriff, sofern er (wie Wolfgang Welsch behauptet) »nicht an den Grenzen der alten Kulturen halt[macht], sondern [...] quer durch diese hindurch[geht]«,[24] empfiehlt sich also gegenüber dem der Kultur als Alternative mit de-essenzialisiertem und entsubstanzialisiertem Charakter, so dass er dem hybriden Wesen der hier in Frage stehenden Gebilde gerecht zu werden vermag.

Kernelemente des Lebensformbegriffs

Aus dieser ersten, noch etwas losen Vorverständigung haben sich nun einige Eigenschaften herauskristallisiert, mit denen sich Lebensformen beschreiben lassen:

Lebensformen stellen sich dar als Bündel von sozialen Praktiken, oder, wie Lutz Wingert formuliert, als »Ensemble von Praktiken und Orientierungen«[25] und Ordnungen sozialen Verhaltens. Sie umfassen Einstellungen und habitualisierte Verhaltensweisen mit *normativem Charakter*, die die *kollektive Lebensführung* betreffen, obwohl sie weder *streng kodifiziert* noch *institutionell verbindlich* verfasst sind. Das bedeutet also,

(1) dass wir nur dort von Lebensformen sprechen (sollten), wo es nicht um einzelne oder vereinzelte Praktiken geht, sondern um *Bündel von Praktiken*, die auf die eine oder andere Weise miteinander *zusammenhängen* und aufeinander bezogen sind. Es bedeutet weiterhin,

(2) dass Lebensformen *kollektive Gebilde* sind, »Ordnungen menschlicher Koexistenz«.[26] Eine Lebensform hat man nicht als Einzelner oder Einzelne. Sie beruht auf sozial geteilten Praktiken, selbst da, wo man als Einzelner an diesen teilhat und sich zu diesen verhält.[27] Die Lebensform eines Individuums bezeichnet die Hin-

24 Wolfgang Welsch, »Transkulturalität. Lebensformen nach der Auflösung der Kulturen«, in: *Information Philosophie* 20/2 (1992), S. 5-20.

25 Vgl. Lutz Wingert, *Gemeinsinn und Moral. Grundzüge einer intersubjektivistischen Moralkonzeption*, Frankfurt/M. 1993, S. 174.

26 Burkhard Liebsch, »Lebensformen zwischen Widerstreit und Gewalt. Zur Topographie eines Forschungsfeldes im Jahr 2000«, in: ders., Jürgen Straub (Hg.), *Lebensformen im Widerstreit*, a. a. O., S. 13-44, hier S. 17.

27 Noch die Lebensform des meditativen Einsiedlers ist in diesem Sinne eine Lebensform, sofern sie nicht nur sozial geprägt ist, sondern auch einen Ort und eine Funktion im sozialen Zusammenleben hat.

sicht, in der es als einzelnes und in seinem individuellen Handeln Anteil an einer kollektiven Praxis hat.

(3) Als »eingelebte« Gebilde mit *gewohnheitsmäßigem Charakter* kommt ihnen dabei neben dem aktiven auch ein passives Element zu; man lebt in einer Lebensform als einer vorgängigen und gebahnten Struktur, auch wenn man diese durch die eigene Praxis zugleich schafft.

(4) Als Ordnungen sozialer Kooperation, die auf regelmäßigen Praktiken beruhen, sind Lebensformen daher auch immer gegenüber der Möglichkeit von Unordnung abgegrenzt und zeichnen sich zumindest aus der Binnenperspektive der an ihnen Teilnehmenden durch eine gewisse Kooperationserwartung aus. Ähnlich wie bei den Phänomenen von Sitte und Tradition ist mit Lebensformen also ein gewisser *normativer Erwartungsdruck* verbunden.[28]

Um noch weiter zu typisieren, was Lebensformen ausmacht, muss im nächsten Abschnitt ein ganzer Komplex von Fragen geklärt werden, wie etwa die, welche Größenordnung und welches Gewicht, aber auch welche Tiefe diejenigen sozialen Gebilde besitzen, die ich als Lebensformen bezeichne.

1.2 Dauer, Tiefe, Umfang

Wie stabil, wie bedeutend, wie selbständig und wie umfassend muss ein Zusammenhang von Praktiken und Überzeugungen sein, um als »Lebensform« gelten zu können? Sollte man tatsächlich von *Tupperware* als Lebensform sprechen, und meint »Lebensform« dann wirklich dasselbe, wie wenn man den Kapitalismus oder die Moderne als solche bezeichnet? Schon die vorläufige Begriffsklärung legt nahe, dass man ein soziales Gebilde nur dann sinnvollerweise als Lebensform bezeichnen kann, wenn es in verschiedenen Hinsichten als *stabile* und *selbständige* Größe identifizierbar ist und eine *gewisse Relevanz* für die Gestaltung des menschlichen Lebens besitzt. Vorübergehende und »oberflächliche« Erscheinungen sowie vereinzelt auftretende Praktiken sind keine Lebensformen – selbst wenn die trennscharfe Abgrenzung zwischen den Phänomenen in

28 Ein angemessenes Verständnis der Normativität von Lebensformen, das über ihre bloße Konventionalität hinausgeht, werde ich im dritten Kapitel dieses Teils entwickeln.

vielen Fällen schwierig sein mag. Damit werden Dauerhaftigkeit, »Tiefe« und Selbständigkeit eines sozialen Gebildes zu Kriterien dafür, ob es sich als Lebensform begreifen lässt. Aber wie lassen sich diese zunächst nur intuitiv plausiblen Kriterien verstehen und ausweisen?

(1) Das Kriterium der *Dauerhaftigkeit* oder *Beständigkeit* lässt sich verhältnismäßig leicht erläutern: Muss eine Lebensform einerseits eine gewisse Beständigkeit haben, um sich als Lebensform zu qualifizieren, so macht andererseits etwas, das sich nie ändert und sich auch nicht ändern lässt, auch keine Lebensform aus. Es ist also nicht zuletzt eine Frage der Dauer, ob etwas eine Lebensform oder (wie oben mit dem Lebensstilbegriff assoziiert) eine vergängliche Zeiterscheinung ist. Die Frage ist aber, *wie dauerhaft* so ein Gebilde sein muss, um als Lebensform gelten zu können.

(2) Wenn wir mit dem Phänomen der Lebensformen eine gewisse *Tiefe* assoziieren, so schreiben wir ihnen metaphorisch einen schwerer wiegenden Bedeutungsgehalt zu als den, den man mit flüchtigeren oder eben oberflächlichen Erscheinungen des individuellen wie gemeinsamen Lebens assoziiert. Sollte man von Lebensformen also nur da sprechen, wo bestimmte zentrale oder wichtige Bereiche des sozialen Lebens berührt sind? Selbst wenn aber Beispiele für solche Praktiken und Bereiche auf der Hand zu liegen scheinen, ist es doch nicht einfach (und vielleicht auch nicht wünschenswert), diese material auszuzeichnen.

(3) Das Kriterium des *Umfangs* und der *Selbständigkeit* bezieht sich darauf, dass wir nur dort von Lebensformen sprechen, wo es nicht um vereinzelte Praktiken geht, sondern um Bündel von Praktiken, die miteinander zusammenhängen und aufeinander bezogen sind. Aber wie umfangreich muss ein solcher Zusammenhang von Praktiken sein, um selbständig zu sein, und welche Ansprüche mit Blick auf interne Konsistenz hängen damit zusammen?

Wenn alle drei Punkte bisher in entscheidender Hinsicht noch nicht befriedigend geklärt sind, so nicht nur deshalb, weil es sich um »weiche Kriterien« handelt, die graduell, fließend und wenig exakt sind. Systematisch unbefriedigend ist vor allem, dass sie jeweils auf *quantitative* Bestimmungen angewiesen zu sein scheinen, statt sich in *qualitativer* Hinsicht fassen zu lassen.

Ich werde im Folgenden die Bemerkungen des Soziologen Georg Simmel zu einer »Philosophie der Mode« heranziehen, um in

Abgrenzung zu Erscheinungen des Modischen die Kriterien zur Charakterisierung von Lebensformen in qualitativer Hinsicht zu präzisieren. Das gesellschaftliche Phänomen der Mode versammelt nämlich Kriterien, die in entscheidenden Hinsichten das Gegenteil dessen sind, worauf es in Bezug auf den Lebensformbegriff ankommt.

Drei Merkmale sind es, die sich aus Simmels Analyse der Mode für meine Zwecke extrapolieren lassen: Die Dynamik der Mode ist konstitutiv unbeständig, konstitutiv sachfremd und konstitutiv nicht verallgemeinerbar.

Veränderungsdynamik

Das erste mich hier interessierende Charakteristikum der Mode ist ihre Veränderungsdynamik, das »schnelle Verschwinden« und die permanente Ablösung der sie ausmachenden Erscheinungen.

> Irgend etwas sonst in gleicher Weise Neues und plötzlich Verbreitetes in der Praxis des Lebens wird man nicht als Mode bezeichnen, wenn man an seinen Weiterbestand und an seine *sachliche* Begründetheit glaubt; nur der wird es so nennen, der von einem ebenso *schnellen Verschwinden* jener Erscheinung, wie ihr Kommen war, überzeugt ist.[29]

Die Mode, so lässt sich folgern, ist ein Phänomen, das sich nicht nur faktisch, sondern konstitutiv durch ständigen Wandel auszeichnet. Wer mit der Mode geht, folgt nicht dem, was sich bewährt hat, sondern sucht die Abwechslung, also das immer wieder Neue. Der Charakter der Mode ist, so hat auch Max Weber es formuliert, derart, dass »die Tatsache der *Neuheit* des betreffenden Verhaltens Quelle der Orientierung des Handelns daran wird«.[30] Dass Modeerscheinungen auf den »ständigen Wechsel der Inhalte«, ihre »fortwährende Umbildung« angewiesen sind, liegt aber nicht nur an einem zufälligen Variationsbedarf; der systematische Grund dafür ist (mit Simmel verstanden), dass Mode immer gleichzeitig auf Konformisierung wie auf Differenzierung zielt. Konformisierend ist der Sog, der von der Mode ausgeht: Hat sich etwas als Mode einmal durchgesetzt, so gibt es eine Art Imperativ, ihr zu

29 Georg Simmel, »Philosophie der Mode«, in: ders., *Gesamtausgabe*, Frankfurt/M. 1995, Bd. 10, S. 8-38, hier S. 17.

30 Weber, *Wirtschaft und Gesellschaft*, a. a. O., S. 15.

folgen.[31] Ohne diesen konformisierenden Zug ist eine Zeiterscheinung gleich welcher Art keine Mode – nur wenn andere mitmachen, wird etwas zur Mode. Gleichzeitig – und darin liegt gewissermaßen die Paradoxie der Mode[32] – verliert ein Phänomen in dem Moment, in dem es sich umfassend durchgesetzt hat, seinen modischen Charakter gerade wieder. Die betreffende Veränderung gilt also nur so lange wirklich als modisch, wie sie als Differenzierungsmerkmal gelten kann.

Ganz anders die Lebensformen. Lässt es sich quantitativ schwer entscheiden, wie lange etwas bestehen müsste, um als Lebensform gelten zu können, so gibt es doch gute Gründe für die Behauptung, dass etwas, das (analog zur Mode) konstitutiv unbeständig ist, keine Lebensform sein kann. Selbst wenn also Inlineskater oder Raver als Gruppen über die bloße Vorliebe für eine Sportart oder musikalische Richtung hinaus verschiedene Praktiken und Einstellungen teilen und selbst wenn sich hier ganz verschiedene Aspekte (Kleidung, Musik, Lebenswandel) für den Einzelnen jedenfalls phasenweise zu einer lebensbestimmenden Identität zusammensetzen mögen, so entsteht daraus allenfalls das, was wir einen (gegebenenfalls subkulturellen) Lebens*stil* nennen können, nicht aber eine Lebensform. Und das liegt, wie man mit Simmel klarer sieht, genau daran, dass solche Lebensstile die beschriebene Veränderungsdynamik der Mode teilen, also nicht nur faktisch vergänglich sind, sondern konstitutiv nicht auf Dauerhaftigkeit angelegt sein können.

31 Moden ändern nicht nur Geschmacksurteile, sie verändern die Wahrnehmungsraster. Auf einmal kommen einem Schlaghosen nicht mehr seltsam vor. Plötzlich wirken in den Kniekehlen hängende Hosen nicht mehr verwahrlost, sondern cool – und dazu muss man sie noch nicht einmal mögen. Solche Veränderungen affizieren in vielerlei Hinsicht noch diejenigen, die ihrem Selbstverständnis nach den aktuellen Moden gerade nicht folgen.

32 Zu einer zeitgenössischen (systemtheoretischen) Deutung der Paradoxien der Mode vgl. Elena Esposito, *Die Verbindlichkeit des Vorübergehenden: Paradoxien der Mode,* Frankfurt/M. 2004: »In der Mode realisiert sich eine Form von Nachahmung in dem Versuch, die eigene Individualität durchzusetzen; man strebt Originalität an, indem man tut, was die anderen tun; man nimmt die reine Vorläufigkeit zum dauerhaften Anhaltspunkt; man nimmt eine Verbindlichkeit hin, nur weil sie sich ändert.« (Ebd., S. 10.)

Mangelnde Sachgemäßheit

Das zweite von Simmel beobachtete Merkmal ist das der Unzweckmäßigkeit und mangelnden Sachgemäßheit der Mode.

> Während im allgemeinen z. B. unsere Kleidung unsern Bedürfnissen sachlich angepaßt ist, waltet keine Spur von Zweckmäßigkeit in den Entscheidungen, durch die die Mode sie formt: ob weite oder enge Röcke, spitze oder breite Hüte, bunte oder schwarze Krawatten getragen werden. So häßliche und widrige Dinge sind manchmal modern, als wollte die Mode ihre Macht gerade dadurch zeigen, daß wir ihretwegen das Abscheulichste auf uns nehmen; gerade die Zufälligkeit, mit der sie einmal das Zweckmäßige, ein andermal das Abstruse, ein drittes Mal das sachlich und ästhetisch ganz Indifferente anbefiehlt, zeigt ihre völlige Gleichgültigkeit gegen die sachlichen Normen des Lebens, womit sie eben auf andere Motivierungen, nämlich die formal-sozialen, als die einzig übrig bleibenden hinweist.[33]

Der hier prägnant gefasste Gegensatz von Sachhaltigkeit oder Zweckmäßigkeit gegenüber der Unzweckmäßigkeit der Mode ist der für unseren Zusammenhang vielleicht entscheidende Aspekt, ein Aspekt, der uns hilft, das Kriterium der Tiefe zu verstehen. Mode wird von Simmel als reine Distinktionserscheinung aufgefasst, die in ihren Gehalten (nicht in ihrer Wirkung) an die Anforderungen einer angemessenen Erfüllung von Zwecken in Übereinstimmung mit den »sachlichen Normen des Lebens« nicht gebunden ist. Modische Kleidung ist weder wärmender noch praktischer oder auch nur schöner als unmodische; Modegetränke sind nicht besser oder bekömmlicher als die gerade aus der Mode gekommenen. Das Modische steht unseren Bedürfnissen im besten Fall indifferent gegenüber. Mode hat, anders gesagt, keinen intrinsischen Gehalt und keine sachliche Qualität, sondern gewinnt ihre Bedeutung (und ihren Zweck) aus einem, wie Simmel sagt, »formal-sozialen« Effekt: dem der Distinktion. Und so ist das Nicht-an-Zwecken-ausgerichtet-Sein ein qualitativ entscheidendes Merkmal der Mode.

Wiederum verhält es sich mit Lebensformen ganz anders. Lebensformen haben einen sachlichen Bezug und sie reagieren auf sachliche Gegebenheiten. Sie müssen in nachvollziehbarer Weise im Hinblick auf die sie bedingenden Umstände beschaffen sein. So wie Kleidung, die dem Schutz vor Kälte oder Hitze oder ei-

33 Simmel, »Philosophie der Mode«, a. a. O., S. 13.

ner repräsentativen Funktion dient, im Gegensatz zu modischer Kleidung nicht beliebig beschaffen sein kann – sie muss, wie auch immer sie sonst aussieht, wärmen, schützen oder repräsentativ sein[34] –, können auch Lebensformen nicht beliebig beschaffen sein. Auch wenn es komplizierter ist, ihren Zweck und ihre Sachgemäßheit, die Problemlage und die angemessene Reaktion auf diese zu erkennen, gibt es hier sachliche Kriterien oder Kriterien der Zweckmäßigkeit, die sich aus den inferentiellen Beziehungen zu anderen sozialen Tatsachen ergeben.

Man sieht das unter anderem an der Änderungsdynamik von Lebensformen im Gegensatz zu der der Mode. Modeanaloge Erscheinungen verändern sich ohne inhaltlichen Grund, nämlich nur aufgrund der ihnen inhärenten Dynamik der Mode selbst. Man trägt nicht »heute spitze, morgen breite Hüte«, weil sich das Tragen spitzer Hüte als unpraktikabel oder falsch herausgestellt hat. Dagegen geschieht (für diese Behauptung jedenfalls werde ich im Verlaufe meiner Überlegungen argumentieren) die Transformation von Lebensformen aus sachhaltigen *Gründen,* seien dies veränderte Problemlagen oder veränderte Problemwahrnehmungen. Im Gegensatz zur Entwicklung der Hutmode ist die Entwicklung von der bäuerlich-feudalen Großfamilie zur Kleinfamilie der bürgerlichen Gesellschaft Resultat veränderter sozioökonomischer Verhältnisse und veränderter normativer Erwartungen.

Lebensformen ändern sich also, weil sich etwas verändert *hat.* Und *dass* sie sich verändern, hat wiederum Konsequenzen in dem sozialen Feld, in dem sie auftreten.[35] Sind Transformationen von

34 Daran wird schon deutlich, dass sich das Kriterium der Sachangemessenheit auch auf höherstufige Umstände richten kann, also nicht auf Basales oder die Erfüllung von Grundbedürfnissen beschränkt ist. »Sachhaltig« in Bezug auf Kleidung ist eben auch der (außerhalb der Mode sich bewegende) Zweck der Repräsentation eines Berufsstandes, eines gesellschaftlichen Standes oder einer ethnischen oder religiösen Gruppe qua festgelegter Kleiderordnung. Die Angemessenheit von Kleidung, die diesen Zweck erfüllt, bemisst sich, anders als die der Kleidung, die lediglich vor dem Wetter schützen soll, daran, ob sie dazu geeignet ist, auf angemessene Weise zwischen verschiedenen gesellschaftlichen Anlässen oder den Angehörigen sozialer Gruppen zu differenzieren.

35 Man kann hier so weit gehen, ihnen Gehalt zuzuschreiben, sofern sie nicht für sich stehen, sondern in (mit Robert Brandom: »inferentiellen«) Beziehungen zueinander. Das heißt, die Praktiken, die im Zusammenhang einer Lebensform stehen, »passen« zueinander und sind, im Gegensatz zur Mode, nicht beliebig

Lebensformen nämlich Resultat veränderter Problemlagen, so ziehen sie umgekehrt Konsequenzen nach sich: Es ändert sich etwas, wenn sie sich ändern. Dagegen sind Lebensstile und Moden konsequenzlos zu ersetzen. Während die Lebensform der Kleinfamilie in diesem Sinne ein nicht ohne Folgen zu ersetzender Bestandteil der Lebensform der Moderne ist, ist Rollerskaten oder Techno-Musik ein kontingentes (und austauschbares) Merkmal spätbürgerlichen Freizeitverhaltens. Damit will ich nicht behaupten, dass das Phänomen des Rollerskatens oder der Raves gesellschaftlich (oder gar für die Beteiligten) bedeutungslos wäre. Der Umstand, dass Freizeit vermehrt mit wechselnden Formen der Körperkultur ausgefüllt wird, ist sicherlich aussagekräftig für eine bestimmte gesellschaftliche Situation. Und insofern sich im Skaten oder bei den Raves ein anderes Selbstverhältnis verkörpert und andere Formen der Gemeinschaft generiert werden als etwa beim traditionellen Skatspielen, handelt es sich hier auch um bedeutungsvolle Alternativen.[36] Dennoch können Skaten oder Techno durch andere Dinge (auf gleicher Ebene) ersetzt werden, ohne dass sich damit sogleich ein soziales Gefüge in wesentlichen Aspekten verändert.

Deutlich wird der Unterschied in der Sachhaltigkeit von Lebensstilen und Lebensformen auch daran, dass man bei der Kritik von Phänomenen »unterhalb« der Lebensform dazu neigt, auf die »nächsthöhere Ebene« zu wechseln. Das geschieht zum Beispiel, wenn man die Ausbreitung bestimmter Sportarten als Symptom für gesellschaftliche Individualisierungsprozesse auffasst. Erst auf dieser höherstufigen Ebene – zu der man möglicherweise nur durch die beschriebenen kontingenten Phänomene hindurch Zugang hat – kann offenbar die eigentliche Kritik von Lebensformen ansetzen. Dort geschieht die Transition von bloßen Geschmacks-

mit den Praktiken anderer Lebensformen kombinierbar. Den semantischen Gehalt eines Begriffs expliziert Brandom durch die inferentiellen Beziehungen, in denen er steht, das heißt, wenn man über seine Angemessenheit als Reaktion auf spezifische Inputs urteilen kann. Dazu muss er in Relationen der Kompatibilität mit (a) Voraussetzungen, (b) Konsequenzen und (c) anderen Begriffen stehen. Vgl. Robert Brandom, *Making It Explicit. Reasoning, Representing, and Discursive Commitment*, Cambridge/Mass. 1994 (dt.: *Expressive Vernunft. Begründung, Repräsentation und diskursive Festlegung*, Frankfurt/M. 2002).

36 Robert Putnams berühmte Untersuchung *Bowling Alone* liest in diesem Sinne Individualisierungstendenzen aus verändertem Freizeitverhalten ab; vgl. Robert D. Putnam, *Bowling Alone*, New York 2000.

fragen zur ethischen Dimension von Praktiken. Wie oben schon angedeutet: Was als ästhetisches Befremden über rote Cowboystiefel begonnen hat, kann sich zur Diskussion über eine Lebensform entwickeln, sofern man anfängt, in den Stiefeln ein Symptom für den übergreifenden Komplex einer Lebensform zu sehen.

Nichtverallgemeinerbarkeit und Avantgardeprinzip

Das dritte Merkmal schließlich, das in Simmels Beschreibung der Mode angelegt ist, ist das Avantgardeprinzip und damit das Merkmal der *mangelnden Verallgemeinerbarkeit* der Mode: »Das Wesen der Mode besteht darin, daß immer nur ein Teil der Gruppe sie übt, die Gesamtheit aber sich erst auf dem Wege zu ihr befindet.«[37]

Wenn es also konstitutiv für die Mode ist, dass man mit ihr immer da sein muss, wo die anderen noch nicht sind, so lebt sie vom Avantgardeprinzip, und zwar von dem einer permanenten und institutionalisierten Avantgarde, die nicht nur vorausgeht, damit die Massen folgen, sondern immer weitereilt, sobald diese hinterhergekommen sind. Das treibt aber nicht nur die oben beschriebene Dynamik an, sondern führt auch dazu, dass Mode nie den Charakter der Aufforderung an alle haben kann, es ihr gleichzutun.[38] Daraus folgt nun aber auch eine spezifische Unvollständigkeit oder Unselbständigkeit von Modeerscheinungen.

Auch hier lässt sich der Gegensatz zu Lebensformen nachvollziehen: Eine soziale Formation, die prinzipiell nicht auf Verallgemeinerung angelegt sein *kann,* ist keine Lebensform. Selbst wenn es schleichende Übergänge geben mag, bleiben zum Beispiel subkulturelle Strömungen wie die Rave- oder Techno-Szene auch insofern »unterhalb« der Schwelle zu einer genuinen »Lebensform«, als sie in ihrer Lebensweise unselbständig auf die Mehrheitsgesellschaft bezogen sind – und das nicht nur, weil sie ihre Subsistenz nicht unabhängig von dieser bestreiten können. Sind modeanalog funktionierende soziale Gebilde (mit einem Terminus Martin Heideggers) qua »Abständigkeit«[39] auf die Gesellschaft bezogen, so erheben sie

37 Simmel, »Philosophie der Mode«, a.a.O., S. 16.

38 Das »Klassische« könnte man im Unterschied zum »Modischen« dann gerade so verstehen, dass es diese Aufforderung enthält.

39 »Abständigkeit« wird in Heideggers *Sein und Zeit* als die »Sorge um den Unterschied zu den anderen« bestimmt und markiert, insofern sie damit in negativer

damit dennoch keinen normativen Anspruch. Lebensformen dagegen erheben selbst da, wo sie in ihrer Ausprägung an eine besondere Geschichte oder einen besonderen Ort gebunden sind, einen Anspruch darauf, angemessen, gut oder sogar besser zu sein. Wenn der Aufruf, der von Mode und modischen Lebensstilen an alle ausgeht, es ihnen gleichzutun, paradox ist, so deshalb, weil sie in ihrer sozialen Vorreiterfunktion dennoch gerade keinen an alle gerichteten Vorschlag dazu, wie man leben soll, machen können. Mit der Mode gehend ist man originell und erhebt den Anspruch, *anders* zu sein als das Vorherige (und/oder die anderen), nicht aber *besser*. Genau hier liegt ein wichtiger Unterschied zur Gestalt von Lebensformen, die sich darin als immer schon normative Gestalt mit Anspruch auf umfassendere Deutungs- oder Gestaltungsmacht, aber auch mit der tatsächlichen Möglichkeit einer umfassenden Gestaltung zeigt.

Für diese These liefern Phänomene dissidenter Lebensentwürfe, die sich gewissermaßen an der Grenze zur Lebensform oder in einem Zwischenbereich zwischen Lebensstil, Mode und Lebensform bewegen, hilfreiche Indizien. Wenn die amerikanischen Hippies der 1960er und 1970er Jahre oder auch die Landkommunenbewegung in Europa in mancherlei Hinsicht an der Schwelle zur Realisierung einer neuen Lebensform gestanden haben, so deshalb, weil sie den Anspruch auf Konkurrenz zu den herrschenden Produktions- und Reproduktionssystemen erhoben und dabei nicht nur eine gewisse (wenn auch natürlich nicht ökonomisch umfassende) Autarkie anstrebten,[40] sondern auch mehr oder weniger auf die Verallgemeinerung ihrer Lebensform zielten. So lässt sich sagen, dass diese sozialen Dissidenzphänomene in dem Maße in die Nähe von Lebensformen geraten, in dem sie, den herrschenden Normen und Werten widersprechend, eine vollständige Alternative zur etablierten Kultur sein wollen, also auf die Transformation der dominan-

Abhängigkeit auf den anderen bezogen bleibt, ein »uneigentliches«, nichtauthentisches Verhaltensmuster. Vgl. Martin Heidegger, *Sein und Zeit*, Tübingen 1927, § 27.

40 Diese Selbständigkeitsbestrebung zeigt sich unter anderem auch daran, dass diese Lebensentwürfe – im Unterschied zu subkulturellen Lebensstilen – auch Elemente der Weitergabe und Überlieferung, des Jemanden-in-diese-Lebensform-Hineinsozialisierens, beinhalten und damit den rein transitorischen Charakter einer Jugendbewegung verlieren. Auch die Reproduktionsfähigkeit eines sozialen Gebildes sagt somit etwas über dessen Lebensformqualität aus.

ten Kultur zielen. Mit diesem Anspruch prägen sie tendenziell auf umfassende Weise die Lebensführung ihrer Mitglieder. Der Bezug auf die Mehrheitsgesellschaft ist hier, anders als bei subkulturellen Lebensstilphänomenen, nicht nur parasitär, sondern kritisch-konkurrenzhaft. Ein solches Gebilde dissidenter Praktiken und Einstellungen setzt sich selbst (willkürlich oder unwillkürlich) als Alternative.[41] Damit aber ist die Differenz, die sie von der Mehrheitskultur trennt, keine »abständige« mehr. Auch ist die Distanz, die sie von dieser trennt, keine im oben beschriebenen Sinne der Nichteinholbarkeit einer auf Permanenz gesetzten Avantgarde, die gewissermaßen nur parasitär auf die Mainstream-Lebensform bezogen und also gerade nicht im eigentlichen Sinne konkurrierend ist.[42] Die als Alternative zu den etablierten Lebensformen auftretenden Bewegungen stehen in einem direkten Konkurrenzverhältnis zum Bestehenden und erheben damit einen – nicht immer einholbaren – Anspruch. Es handelt sich hier, dem Anspruch nach, nicht nur um *andere*, sondern um *bessere* Lebensformen. Und das ist ein normativer Anspruch, der uns später noch beschäftigen wird.

Wir sind jetzt an einem Punkt angelangt, an dem sich auch das Kriterium der »Selbständigkeit« von Lebensformen erläutern lässt. Lebensformen, so hatte ich oben vermutet, müssen selbständigen Charakter haben, und diese Selbständigkeit hängt, so hat sich ergeben, mit der Art des Bezogenseins auf umfassendere soziale (Normen-)Gefüge zusammen. So sind Lebensstile vorstellbar, die fast alle Lebensäußerungen einer Gruppe gewissermaßen »einfär-

41 Von den verschiedenen Formen der *vie de la bohème* lässt sich behaupten, dass sie – als Abweichung von dieser – dennoch unzertrennlich mit der bürgerlichen Welt zusammenhängen und insofern eher die andere Seite oder das permanente Korrektiv der bürgerlichen Lebensform, aber eben keine Alternative zu ihr, ausmachen.

42 In dem Maße, in dem es sich um ein Distinktionsphänomen handelt, wäre auch die heute vielbeschworene »Neue Bürgerlichkeit« mit ihrer Wiederentdeckung von Umgangsformen, klassischen Bildungsgütern und gehobener Esskultur weniger als Wiederherstellung einer überkommenen Lebensform denn als (Re-) Kultivierung eines Lebensstils innerhalb einer Lebensform zu verstehen. Es lässt sich also mit mehr Recht vom (Bildungs-)Bürgertum des 19. Jahrhunderts als einer Lebensform sprechen als von der »Neuen Bürgerlichkeit« des 21. Jahrhunderts. Zur klassischen Lebensform des Bürgertums vgl. Thomas Nipperdey, *Deutsche Geschichte 1866-1918*, München 1990, Bd. I: *Arbeitswelt und Bürgergeist*, S. 382-389.

ben« – von der Kleidung über die Musik hin zum Kochen und Wohnen – und dennoch keine Lebensformen sind, weil ihnen der charakteristische Anspruch auf Verallgemeinerbarkeit fehlt. Umgekehrt kann als Lebensform auch etwas gelten, das einen relativ beschränkten Gegenstandsbereich hat – aber eben keinen für Lebensstile typischen eingegrenzten, sondern einen umfassenden Geltungsanspruch erhebt.

Wie aber verträgt sich die hier vorgeschlagene Etablierung des Kriteriums der Verallgemeinerbarkeit mit dem der Sachbezogenheit von Lebensformen? Gerade *aufgrund* ihrer Sachbezogenheit differenzieren sich Lebensformen ja aus: Sie müssen unterschiedliche Funktionen erfüllen und verfolgen unterschiedliche Zwecke. Wenn man zum Beispiel bäuerlich-ländliche oder städtische Lebensformen voneinander unterscheidet, so können diese gar nicht darauf angelegt sein, von allen geteilt zu werden, machen sie doch – sachbezogen – ein je besonderes Feld von Praktiken und Einstellungen aus.

Nun geht es hier um eine Differenzierung und Verallgemeinerungs*un*fähigkeit anderer Art als die von Simmel als »formal-soziale« geschilderte. Differenzen des zuletzt genannten Typs sind andere als diejenigen, die sich aus der konstitutiven Nichtverallgemeinerbarkeit der Mode ergeben: Es handelt sich bei ihnen nicht um formal-soziale, sondern um *funktionale Differenzen*. Unterschiedliche Ensembles von Praktiken gruppieren sich in diesem Fall, so könnte man sagen, arbeitsteilig um unterschiedliche Aufgabenbereiche gesellschaftlicher Reproduktion. Der sich daraus ergebende Umfang einer Lebensform ist einerseits partikular: Er betrifft einen Teil der Gesellschaft und könnte auch schwerlich alle betreffen.[43] Der mit diesen Praktiken einhergehende Anspruch lautet andererseits: Jeder in meiner Lage beziehungsweise an diesem bestimmten

43 Das berührt auch das Problem des Einsiedlers: Hatte ich von diesem gesagt, dass auch er Anteil an einer kollektiven Lebensform habe, so ist das dann (und nur dann) zutreffend, wenn solche exemplarischen »Aus«-Räume zum Teil des gesamten gesellschaftlichen Gefüges gehören. Vor den Toren des Gemeinwesens exemplifiziert er den Ort des Nichtgemeinschaftlichen – die Negation der Gemeinschaft, die der Gemeinschaft Kontur gibt –, und genau deshalb gehört er zur Gemeinschaft. Nicht zufällig gibt es heute (oder jedenfalls in modernen Großstädten) keine Einsiedler mehr, sondern nur noch faktisch isolierte Existenzen.

Ort der Gesellschaft sollte so und so handeln. Am Werk ist also eine funktional-sachliche und nicht eine vom Avantgardismusprinzip gesteuerte formale Differenzierung, der es um die Differenz als Differenz geht.

1.3 Ein modulares Konzept von Lebensformen

Lebensformen sind, nach dem bisher Entwickelten, Zusammenhänge von Praktiken und Orientierungen und Ordnungen sozialen Verhaltens. Diese umfassen Einstellungen und habitualisiertes Verhalten mit *normativem Charakter*, die die *kollektive Lebensführung* betreffen, obwohl sie gleichzeitig *nicht streng kodifiziert* oder institutionell verbindlich verfasst sind. Zu dieser Charakterisierung sind nunmehr die Kriterien der Sachhaltigkeit, der Dauerhaftigkeit und der Selbständigkeit dazugekommen, die in Gegenüberstellung mit dem sozialen Phänomen der Mode genauer qualifiziert worden sind.

Die Praktiken, Überzeugungen und Einstellungen, aus denen sich eine Lebensform konstituiert, und die Institutionen, Symbole und Artefakte, in denen sie sich manifestiert, sind, mit einer nicht unproblematischen Metapher gesagt, keine beliebig auswechselbaren »Oberflächenerscheinungen«. Zwar sind sie veränderlich, jedoch nicht von *konstitutiver* Unbeständigkeit wie die Mode. Lebensformen sind, wenn auch nicht faktisch dauerhaft, so doch in bestimmter Hinsicht »auf Dauer angelegt«. Ähnlich lässt sich festhalten, dass Lebensformen, wenn auch nicht umstandslos verallgemeinerbar, so doch auch nicht konstitutiv »abständig« sein können und insofern bestimmte, im Folgenden näher zu spezifizierende Geltungsansprüche erheben. Lebensformen betreffen nicht nur irgendwelche, sondern *normativ besetzte* Praktiken; sie sind Teil des sozialen Normgefüges – einer normativen sozialen Ordnung mit Anspruch auf Geltung. Wenn schließlich Lebensformen in bestimmter Hinsicht »der Sache angemessen« sein müssen (so wie Wetterschutzkleidung dem Wetter), dann ergibt sich für die Frage nach der *Selbständigkeit* dessen, was als Lebensform gelten soll oder kann, dass es sich um soziale Gebilde handeln muss, die in der Lage sind, solchen sachlichen Anforderungen zu begegnen. Lebensformen werden so, von der anderen Seite her betrachtet, über die Sache, die sie adressieren (oder, wie ich unten vorschlagen werde: von den Problemen her, die sie lösen sollen) individuiert. Auch ihr Gelingen und ihre Angemessenheit werden sich, wie wir im vierten Kapitel sehen werden, im Zusammenhang mit diesem Sach- und Problembezug verstehen lassen.

Was ergibt sich nun aus diesen Überlegungen für die Bewertung und den Anschluss an den oben eingeführten Alltagsgebrauch des Begriffs »Lebensform«?

Die bürgerliche Familie, das Unterfränkische und die Lebensweise der Azteken sind dem bisher Gesagten zufolge Lebensformen, Rave und Inlineskating nicht. Inwiefern aber ist das Städtische, der Kapitalismus oder die Moderne eine Lebensform? Die Moderne, selbst wenn sie als Oberbegriff unspezifisch erscheinen mag, setzt sich zusammen aus modernen Lebensformen. Der Kapitalismus ist eine Lebensform, insofern er Lebensformen (im Kleinen) prägt. Das Städtische ist eine Lebensform, selbst wenn sie gerade nicht durch ein eng umschränktes Gebiet kollektiv verbindlicher Praktiken definiert ist, sondern nur locker durch eine bestimmte Haltung, bestimmte Gewohnheiten der Wahrnehmung und des Weltzugangs zusammengehalten wird. Die Rede von der »*Tupperware* als Lebensform« dagegen oder das Werbeversprechen des Eintritts in eine neue Lebensform qua Kauf einer neuen Küchenzeile sind lediglich abgeleitet-metaphorische, aber darum nicht gänzlich unberechtigte oder gar unverständliche Verwendungsweisen. Man drückt damit (in möglicherweise ironischer Überspitzung) aus, dass sich der Kauf und Verkauf von unscheinbaren Plastikbehältnissen für die an diesem Prototyp des *direct merchandising* Beteiligten zu einer umfassenden Erfahrung auswächst, die das Leben über den unmittelbar praktischen Effekt hinaus zu prägen beginnt. Oder man möchte damit sagen, dass *Tupperware* für die Lebensform der Vorstadt-Hausfrau steht, ähnlich wie *iPhone* oder *Blackberry* für die Mobilität und permanente Erreichbarkeit derer, bei denen Arbeit und Freizeit ineinander übergehen.

Mit Blick auf die bis hierher angestellten Überlegungen lässt sich in das eingangs beschriebene, unübersichtliche Feld der Abgrenzungskriterien und Bedeutungselemente des Lebensformbegriffs nun eine Art Koordinatensystem einzeichnen:

(1) Das Verhältnis von *Ganzem* und *Teilen*: Die Kleinfamilie als Lebensform ist *Teil* des *Ganzen* der noch andere Teile umfassen-

den Lebensform der bürgerlichen Gesellschaft oder der Moderne. Es spricht aber terminologisch nichts dagegen, beides, die umfassende wie die weniger umfassende Formation, eine Lebensform zu nennen. Die Rede von der »Moderne als Lebensform« ist dann so zu verstehen, dass sie auf die übergreifende Charakterisierung eines Zusammenhangs von kleinteiligeren Lebensformen zielt. Diese zusammengenommen machen umgekehrt die Moderne als Lebensform aus. Genau deshalb kann man mehreren Lebensformen gleichzeitig angehören (zum Beispiel der Lebensform der Wissenschaft und der Lebensform der Familie). Und genau deshalb kann es sein, dass eine Gruppe von Menschen gleichzeitig in derselben und in unterschiedlichen Lebensformen lebt. Zwischen der Lebensform des Managers, des Bildungsbürgers oder des Proletariers gibt es einerseits Unterschiede, andererseits Gemeinsamkeiten, stellt man sie einer durch eine andere Epoche geprägten Lebensform entgegen. Und so ist es zwar in einer Hinsicht denkbar, dass es mehr Gemeinsamkeiten zwischen der Lebensweise des Feudalherrn und der Lebensform des modernen Unternehmers einerseits und der des Proletariers und des Knechts oder Leibeigenen andererseits gibt als zwischen Unternehmer und Proletarier oder zwischen Feudalherr und Knecht. Andererseits aber teilen Proletarier und Unternehmer nach dem historischen Ende der agrarischen Welt von Knechten und Feudalherren dieselbe durch Elektrizität und Verkehr geprägte Lebensform. Oder, wie Martin Seel prägnant bemerkt: »Der Pfälzer Winzer, der Londoner Geschäftsmann und der Pariser Intellektuelle gehören einerseits derselben Lebensform an – wenn man diese mit anderen kulturellen Großformen vergleicht; gleichzeitig gehören sie grundverschiedenen Lebensformen an – wenn man sie untereinander vergleicht.«[44]

(2) Das Verhältnis von *substanziellen* und *akzidentiellen Merkmalen* einer Lebensform: Gehört zum Beispiel zur modernen bürgerlichen Gesellschaft die Trennung von Arbeit und Freizeit, so ist die spezifische Erscheinungsweise, die die Freizeitgestaltung annehmen kann, gegenüber diesem *substanziellen* Umstand ein *akzidentielles* Merkmal. Sind also Lebensstile akzidentielle Elemente oder auch Einfärbungen, die eine Lebensform annehmen kann, dann sollte

44 Martin Seel, »Ethik und Lebensformen«, in: Hauke Brunkhorst, Micha Brumlik (Hg.), *Gemeinschaft und Gerechtigkeit*, Frankfurt/M. 1993, S. 244-259, hier S. 245.

man einen Unterschied zwischen Lebensstilen und Lebensformen machen. Das bedeutet wie gesagt nicht, dass diese Akzidenzien für eine Sozialdiagnose bedeutungslos wären. Und im Zweifelsfall macht sich eine Kritik von Lebensformen zunächst an Akzidenzien fest, um dann auf die zugrunde liegenden Probleme zu kommen – etwa, wenn man vom *bowling alone* auf Individualisierungsschübe schließt.

Mit Bezug auf die gängige Rede von der modernen Pluralisierung und Veränderung von Lebensformen lassen sich nun einige Fragen aufwerfen: Wann kann man davon sprechen, dass Lebensformen sich ändern oder eine Lebensform von einer anderen, neuen abgelöst worden ist? Und wann wiederum stellt sich etwas lediglich als Variante einer schon bekannten Lebensform dar? Wie schwierig die Abgrenzung ist und wie kontextabhängig die Kriterien dafür bleiben, sieht man am Beispiel der sogenannten neuen familiären Lebensformen wie der »Patchwork-Familie«. In der soziologischen und psychologischen Literatur ganz umstandslos als Ausbreitung »neuer Lebensformen« diskutiert,[45] ist es bei genauerer Betrachtung gar nicht so leicht zu entscheiden, ob die Verbreitung von Single-Existenz und Patchwork-Familien wirklich auf die Existenz »neuer Lebensformen« verweist oder ob es sich lediglich um eine Akzentverschiebung innerhalb der schon bekannten Lebensform der bürgerlichen Familie handelt.[46]

(3) Schließlich gibt es *Bedingungsverhältnisse* und *Wechselwirkungen* zwischen den verschiedenen Größen, aber auch einen Eigensinn der Teile gegenüber dem Ganzen. Man kann sich das an Theodor W. Adornos Thematisierung von Lebensformen in der *Minima Moralia* klarmachen. So sehr für Adorno bestimmte Details für das Ganze der kapitalistischen oder faschistischen Lebensform stehen – die kapitalistische Verwertungslogik durchzieht die Lebensformen bis in die kleinsten Verästelungen hinein –, so wenig folgt seine Diagnose einem schlichten, das heißt deterministischen

45 Vgl. unter vielen anderen: Elisabeth Beck-Gernsheim, *Das ganz normale Chaos der Liebe*, Frankfurt/M. 1990.

46 So lässt sich gegen die These von den neuen Lebensformen einwenden, dass die zentrale Idee der bürgerlichen Familie, die Ablösung und Selbständigkeit der neu entstandenen Kernfamilie von der Ursprungsfamilie, auch in der Patchwork-Familie weiterbesteht. Für eine ausführliche Diskussion der Idee der bürgerlichen Familie mit und nach Hegel vgl. Kapitel 4.3.

Basis-Überbau-Schema. Eher als um Kausalverhältnisse scheint es sich um eine Art von Wechselwirkung und um prinzipiell auch umkehrbare Verhältnisse zu handeln. Das kleinbürgerliche Vorgärtchen – für Adorno Vorbote des faschistischen Ausschlusses – ist schlecht, sofern es für das im Ganzen Schlechte der kapitalistischen Lebensweise steht; umgekehrt zeigt sich die Schlechtigkeit dieser Lebensform nicht zuletzt daran, dass sie die Individuen in regressive Verhaltensweisen wie die des Vorgartenpflegens hineintreibt.[47] Auch die Familie ist nicht direkt das Produkt der bürgerlichen Gesellschaft und dennoch ihr Teil. Sie passt zu ihr und erfüllt Funktionen in ihr, auch wenn sie nicht kausal durch sie entstanden ist. Zu untersuchen sind hier also Überlappungen und Einflussverhältnisse, Zusammenhänge, Assoziationen und Beziehungen, die man sich aber nicht als von unten nach oben verlaufende Kausalbeziehungen vorstellen darf.

(4) Nicht zuletzt erlauben es die bisherigen Überlegungen, zwischen *unterschiedlichen Arten möglicher Verschiedenheit* von Lebensformen zu unterscheiden. So gibt es graduelle Unterschiede und Varianzen (also Unterschiede in der Färbung); funktionale Differenzen (also Unterschiede, die sich aus sachlich unterschiedlichen Orientierungen und Aufgaben ergeben, dabei aber eher ineinandergreifen als einander entgegenstehen) und die »echte« Pluralität von Lebensformen, wo sich der Zuschnitt von Praktiken und die Art der Orientierung tatsächlich als Alternativen oder in Konkurrenz entgegenstehen. Für die Frage, wie sich Lebensformen bewerten und kritisieren lassen, wird von Bedeutung sein, um welche Art der Differenz es bei den zur Debatte stehenden Alternativen geht.

47 Vgl. Theodor W. Adorno, *Minima Moralia. Reflexionen aus dem beschädigten Leben*, Frankfurt/M. 1951, S. 34 (Aphorismus 14).

2. Kapitel
Lebensformen als träger Zusammenhang von Praktiken

In diesem Kapitel möchte ich die innere Beschaffenheit jenes Zusammenhangs sozialer Praktiken beleuchten, den ich im vorherigen Kapitel in vornehmlich deskriptiver Perspektive als »Lebensform« bezeichnet habe, und damit die Weichenstellungen herausarbeiten, die sich aus diesem Verständnis für die Aufgabe der Kritik von Lebensformen ergeben. Das geschieht in mehreren Schritten.

In eher unspezifischer Weise war in den bisherigen Ausführungen bereits davon die Rede, dass Lebensformen mit *sozialen Praktiken* zu tun haben. Dieser Auffassung werde ich im *ersten Abschnitt* einen terminologisch präziseren Sinn geben, indem ich ausführe, was eigentlich soziale Praktiken sind. Treten nun Lebensformen, wie behauptet, nicht als einzelne, sondern stets als *Bündel* oder auch als *Ensemble sozialer Praktiken* auf, so gilt es im *zweiten Abschnitt* zu erläutern, wie ein solcher Zusammenhang *als Zusammenhang* beschaffen ist. Auf der Grundlage dieser Klärungen ist es möglich, diejenigen Eigenarten des Praxiszusammenhangs einer Lebensform zu betrachten, die ich im *dritten Abschnitt* damit charakterisiere, dass ich Lebensformen einen *trägen* Zusammenhang von Praktiken nenne. Damit spiele ich auf das Lebensformen charakterisierende Zugleich von Beharrungsvermögen und Wandelbarkeit an und damit auch auf den Umstand, dass sie einerseits von den in ihnen Agierenden gestaltet, andererseits aber auch immer schon als unsere Handlungen erst ermöglichende und diese bestimmende Instanzen vorgefunden werden.[48] Lebensformen sind also gleichzeitig Produkte wie Voraussetzungen unserer praktischen Tätigkeit. Der resümierende *vierte Abschnitt* stellt vor dem Hintergrund des so diagnostizierten Trägheitsmoments dann die Frage, ob sich Lebensformen überhaupt kritisieren *lassen*.

48 Die sozialtheoretische Konzeption, die diesem Moment am besten Rechnung tragen kann, ist Anthony Giddens' »Theorie der Strukturierung«; vgl. ders., *Die Konstitution der Gesellschaft. Grundzüge einer Theorie der Strukturierung*, Frankfurt/M. 1995.

2.1 Was sind (soziale) Praktiken?

Eine Praxis ist etwas, das man tut; Praktiken machen unser Tätigsein aus; etwas »praktisch umzusetzen« bedeutet, dass man es tatsächlich ausführt und nicht nur darüber nachdenkt. Im Gegensatz zu dieser geläufigen Vorstellung von Praxis als Aktivität und Praktiken als Instanzen dieser Aktivität verbindet sich mit dem philosophischen Konzept der Praxis[49] und den auf der Analyse sozialer Praktiken beruhenden sozialtheoretischen Überlegungen ein etwas spezifischerer Sinn. Ich will hier nicht den einzelnen Verästelungen dieses komplexen Paradigmas nachgehen, sondern lediglich einige seiner Kernelemente herausstellen, sofern sich aus diesen Konsequenzen für meine Fragestellung ergeben.[50]

Im allgemeinsten Sinne sind Praktiken komplexe Tätigkeiten, in die wir alleine oder mit anderen zusammen involviert sind. Beispiele für Praktiken sind: beim Einkaufen an der Kasse anstehen, eine Banküberweisung tätigen, ein Abendessen für Freunde geben, ein Fest feiern, Fußball spielen, mit Kindern Verstecken spielen, ein Seminar leiten, eine Prüfung ablegen. Dinge mit unterschiedlich anspruchsvollem und unterschiedlich komplexem Charakter und ganz verschiedener inhaltlicher Ausrichtung können also als Praktiken bezeichnet werden. Mehrere Aspekte des Praxiskonzepts sind hier allerdings hervorzuheben:

(1) Als Praxis bezeichnet man in diesem Zusammenhang selten eine Einzelhandlung, vielmehr handelt es sich typischerweise um

49 In philosophischer Hinsicht speist sich das Praxiskonzept aus vielfältigen Inspirationsquellen, von Aristoteles über Ludwig Wittgenstein, Martin Heidegger und die Pragmatisten bis hin zu Pierre Bourdieu. Zu einer zeitgenössischen Konzeption explizit Wittgensteinscher Prägung vgl. Theodore R. Schatzki, *Social Practices. A Wittgensteinian Approach to Human Activity and the Social*, Cambridge/Mass. 1996. Vgl. dazu auch Titus Stahl, *Die kritische Theorie sozialer Praktiken. Zu den sozialontologischen Voraussetzungen immanenter Gesellschaftskritik*, Diss., Frankfurt/M. 2009, dessen Untersuchung mit meiner viele Fragestellungen (wenn auch nicht das Ergebnis) teilt.

50 Nach Meinung einiger Autorinnen und Autoren kann man sogar von einer Hinwendung zur Praxis (»practice turn«) der zeitgenössischen Theorie sprechen. Zum Paradigma der »Praxis« in der zeitgenössischen Sozialtheorie vgl. den ausgezeichneten Überblick von Andreas Reckwitz, »Grundelemente einer Theorie sozialer Praktiken«, in: *Zeitschrift für Soziologie* 32/4 (2003), S. 282-301. Vgl. auch Theodore R. Schatzki u. a. (Hg.), *The Practice Turn in Contemporary Theory*, London, New York 2001.

eine *Abfolge von mehreren Handlungen*, verbalen oder nonverbalen Äußerungen und Gesten. Das gilt schon für die unscheinbarste Praxis wie die des Anstehens und Bezahlens beim Lebensmitteleinkauf: Man sondiert, wo das Ende der Kassenschlange ist und läuft einige Schritte in die entsprechende Richtung, um sich hinter der letzten Person anzustellen, man legt die Waren auf den Tresen, wechselt ein paar Worte mit dem Verkäufer, kramt nach dem Portemonnaie, zieht einen Geldschein heraus, den man dann dem Verkäufer reicht, wartet auf Wechselgeld und packt die Waren ein.[51]

(2) Nicht alles, was man tut, und auch nicht das, was viele tun, ist schon eine (soziale) Praxis. Eine Praxis ist nicht nur keine einzelne, es ist vor allem keine einmalige Handlung. Zu einer Praxis wird eine Abfolge von Handlungen nur, wenn sie mehr als einmal ausgeführt wird oder darauf angelegt ist, mehrmals ausgeführt zu werden. Als Praxis wird also nur etwas bezeichnet, das in einem bestimmten Sinne *wiederholt* und *gewohnheitsmäßig* ausgeführt wird. Der Begriff der Praxis bezeichnet Handlungsabläufe, für die es irgendeine Art von »Muster« gibt oder in denen sich ein solches erkennen lässt. Die häufige Wiederholung hat dabei auch den Effekt, dass sich Routinen und Gewohnheiten entwickeln, die Handlungsabläufe somit nicht jedes Mal »neu erfunden« werden müssen, sondern bereits »gebahnt« sind. Einer Gewohnheit – als einem quasiautomatisierten Reaktionsschema – folgt man unwillkürlich und ohne jedes Mal wieder neue Absichten ausbilden zu müssen.[52] Die so entstehenden Handlungsroutinen beruhen dabei jedenfalls teilweise auf *implizitem* Wissen und praktischem Know-how, das den beteiligten Individuen nicht in jeder Hinsicht bewusst zugänglich ist.[53]

(3) Praktiken sind *sozial verfasst.* Die Klassifizierung als »sozi-

51 Man kann sich darüber streiten, wie komplex solche Abfolgen sein müssen, um als Praxis zu gelten, oder umgekehrt darüber, ob es sinnvoll ist, einer einfachen Praxis wie dem Grüßen eine solche Komplexität zuzuschreiben. Aber selbst das »Grüßen« als eine relativ unkomplexe und wenig umfangreiche Praxis beinhaltet noch mehrere Handlungskomponenten.

52 Vgl. dazu David Humes Definition der Gewohnheit (*custom* bzw. *habit*): »Wo immer die Wiederholung einer bestimmten Handlung oder Tätigkeit die Neigung hervorruft, dieselbe Handlung oder Tätigkeit ohne irgend einen Anstoß durch einen Denkakt oder Verstandesvorgang zu erneuern: da sagen wir stets, diese Neigung sei die Wirkung der Gewohnheit.« (Ders., *Eine Untersuchung über den menschlichen Verstand*, Hamburg 1973, S. 55.)

53 Vgl. dazu ausführlicher unten, Abschnitt 2.3.

ale« Praktiken soll dabei nicht bedeuten, dass es sich hier immer um Aktivitäten handelt, die man – wie Fußball spielen, Verstecken spielen, Feste feiern – üblicherweise gemeinsam ausübt oder sogar nur gemeinsam ausüben kann. Sozial sind diese Praktiken in dem grundlegenden Sinne, dass sich das, was hier getan wird, nur in einem Kontext sozial geprägter Bedeutungen und als Zug innerhalb sozial konstituierter Institutionen (in einem weiten Sinn) verstehen lässt. Auch das Vornehmen einer Banküberweisung, selbst wenn diese allein zu Hause am Computer ausgeführt wird, ist in diesem Sinne eine soziale Praxis: Es bedarf sozial konstituierter Entitäten wie Geld, Banken und Kredite, um die Tätigkeit am Computer zum Vorgang des »Geldüberweisens« zu machen. Genau genommen ist das Attribut »sozial« vor dem Begriff der Praxis/der Praktiken also redundant; soziale Praktiken sind nicht eine Unterklasse von Praktiken überhaupt, sondern Praktiken selbst haben einen genuin sozialen Charakter. Demgegenüber spricht man von tatsächlich gemeinsam betriebenen Praktiken häufig als »kollektiven« Handlungen oder Praktiken.[54] Fußballspielen ist also eine soziale Praxis, selbst wenn ich im Grenzfall alleine mit dem Ball vor einem Tor bestimmte Spielzüge üben sollte. Im Standardfall aber handelt es sich um eine soziale *und* kollektive Praxis, sofern man Fußball gemeinsam mit anderen spielt und dabei seine eigenen Handlungen mit denen der anderen koordiniert.

(4) Praktiken sind *regelgeleitet*. Beim Ausbilden und Verfolgen von Praktiken sind nicht nur beobachtbare Regelmäßigkeiten im Spiel. Es geht dabei immer um Handlungsabläufe, die von Regeln und Vorschriften bestimmt sind, von einer Einteilung der Handlungsmöglichkeiten also in das, was zu tun angemessen ist und das, was es nicht ist.[55] Das heißt: Praktiken beinhalten nicht nur

54 Für einen ausgesprochen hilfreichen Überblick über die mit der sozialontologischen Analyse solcher kollektiver Aktivitäten sich verbindende Diskussion um »kollektive Intentionalität« vgl. die von Hans Bernhard Schmid und David P. Schweikard herausgegebene Textsammlung *Kollektive Intentionalität. Eine Debatte über die Grundlagen des Sozialen*, Frankfurt/M. 2009.

55 John Rawls (»Two Concepts of Rules«, in: *The Philosophical Review* 64/1 (1955), S. 3-32, hier S. 3, Fn. 1) versteht soziale Praxis als »jede Form von Tätigkeit, die von einem Regelsystem im einzelnen bestimmt ist« (»*any form of activity specified by a system of rules*«, übersetzt nach John Rawls, »Zwei Regelbegriffe«, in: Otfried Höffe (Hg.), *Einführung in die utilitaristische Ethik*, Tübingen ²1992, S. 135-166, hier S. 135, Fn. 1).

Regelmäßigkeit, sondern auch Regelhaftigkeit. Wie Titus Stahl es formuliert: »In einer Praxis, so der zentrale Gedanke, findet sich immer schon intern eine Unterscheidung zwischen richtigem und falschem Handeln.«[56] Entscheidend ist der Hinweis, dass es sich hier um *praxisinterne* Kriterien handelt. Wenn man in Bezug auf Praktiken in verschiedenen Hinsichten etwas falsch machen kann, so geht es um diejenigen Regelverletzungen, die den Sinn der Praxis selbst verfehlen.[57] Die Praxis des Versteckspielens beinhaltet, dass einer sich die Augen zuhält, der andere sich versteckt und dann von demjenigen, der sich die Augen zugehalten hat, gesucht wird. Wenn niemand sich versteckt, keiner sucht oder derjenige, der suchen soll, sich nicht die Augen zuhält, haben die Beteiligten einen Fehler gemacht. Sie spielen das Spiel falsch oder sie spielen (im Grenzfall) gar nicht Verstecken.[58] Genauso hat derjenige, der an der Schlange vorbei direkt auf die Kasse zusteuert (und das nicht absichtlich tut, um sich vorzudrängen) nicht verstanden, was »sich an der Kasse anstellen« bedeutet und beinhaltet. Das alles sind praxisinterne Fehler: Fehler in Bezug auf die Erfüllung einer gegebenen Praxis, Verletzungen der Normen, die diese als Praxis ausmachen und konstituieren. Es ist für das Verständnis des Charakters von Praktiken zentral, dass es in Bezug auf diese solche *internen* Kriterien gibt, die sich von jenen Kriterien, mit denen wir eine Praxis *extern* als falsch bewerten, unterscheiden. Was als eine solche interne Verletzung des Sinns beziehungsweise der Normen einer Praxis gilt, hängt dabei von ihrem spezifischen Charakter und ihrer Beschreibung ab. Die Tatsache zum Beispiel, dass jemand beim Verlassen des Geschäfts nicht grüßt oder in diesem mit seinem Handy telefoniert, kann, je nachdem wie man die Praxis des Einkaufens versteht, eine interne Verletzung der mit dem Einkaufen verbundenen Normen sein. (»Bei Lebensmittel Hillmann einkaufen ist doch nicht dasselbe wie im Supermarkt einkaufen. Hier spricht man miteinander.«) Man könnte die Angewohnheit, das Geschäft wortlos und mit mürrischem Gesicht zu verlassen oder im Geschäft zu telefonieren, aber

56 Stahl, *Die kritische Theorie sozialer Praktiken*, a. a. O.

57 Die Normativität sozialer Praktiken in Lebensformen behandle ich ausführlicher in Kapitel 3.

58 Wer dagegen mogelt und heimlich durch die Hände durchsieht, partizipiert noch an der Regelhaftigkeit des Spiels, sofern die anderen davon ausgehen, dass er nichts gesehen hat und er auch so tut, als müsste er noch wirklich suchen.

auch unhöflich und falsch finden, ohne dabei zu behaupten, dass es ein konstitutiver Bestandteil des Einkaufens sei, den Verkäufer zu grüßen oder ihm seine Aufmerksamkeit zu schenken, so dass dieses Verhalten den Sinn dieser Praxis verletzt.

(5) Praktiken haben *ermöglichenden* Charakter. In einem 1955 erschienenen Text, lange vor dem Aufblühen der sozialontologischen Debatte und vor dem sozialtheoretischen Siegeszug der »Praxistheorie«, hat John Rawls auf einen Umstand aufmerksam gemacht, den man in seinen Folgen und seiner Deutungskraft nicht hoch genug einschätzen kann, auf das nämlich, was er den »*stage-setting character*« von Praktiken nennt:

> Wenn Handlungen von Praktiken im einzelnen bestimmt [*specified*] werden, ist es logisch unmöglich, sie außerhalb des von diesen Praktiken konstituierten Rahmens [*stage-setting*] zu vollziehen; denn nur wenn die Praxis existiert und die durch sie definierten Bedingungen erfüllt sind, wird das, was man tut, als eine Form der Handlung zählen, die durch die Praxis im einzelnen bestimmt ist; sonst wird das, was man tut, anders beschrieben werden.[59]

Damit spielt Rawls auf den Umstand an, dass nur vor dem Hintergrund (sozial) etablierter Praktiken bestimmte Dinge überhaupt möglich sind. Man kann auch ohne die Praxis des Fußballspielens Bälle schießen, in ein zwischen zwei Pfosten aufgespanntes Netz zielen oder im Tor stehend den Ball mit den Händen auffangen. Aber nur, wenn es die Praxis des Fußballspielens und die diese konstituierenden Regeln gibt, gilt das als »ein Tor schießen«, »im Abseits stehen« oder »der Torwart sein«. John Searle hat diesen Befund in seinem Versuch, die institutionelle Verfasstheit sozialer Entitäten zu erläutern, aufgegriffen und ihn in der Unterscheidung zwischen regulativen und konstitutiven Regeln fixiert.[60]

Entscheidend für alle Praxistheorie ist in der Folge solcher Überlegungen der Hinweis auf den Ermöglichungscharakter, der in den

59 Rawls, »Two Concepts of Rules«, a. a. O., S. 25 (dt.: »Zwei Regelbegriffe«, in: Höffe (Hg.), *Einführung in die utilitaristische Ethik*, a. a. O., S. 158) (Übersetzung geändert, R. J.).

60 Das tut er ebenfalls längere Zeit vor Erscheinen von *Die Konstruktion der gesellschaftlichen Wirklichkeit. Zur Ontologie sozialer Tatsachen*, Berlin 2011 (engl.: *The Construction of Social Reality*, New York 1995), nämlich in einem 1964 erschienenen Aufsatz; vgl. John Searle, »How to Derive ›Ought‹ from ›Is‹«, in: *The Philosophical Review* 73/1 (1964), S. 43-58.

Praktiken liegt: Ihr normatives Moment regelt nicht nur bereits bestehendes soziales Verhalten (regulative Regeln), es kreiert auch neue Formen sozialen Verhaltens und macht bestimmte Verhaltenszüge, bestimmte Aktivitäten und bestimmte soziale Rollen erst als solche möglich und bestimmbar (konstitutive Regeln).

(6) Praktiken, wie ich sie hier verstehe, *setzen und haben Zwecke* und werden unter anderem durch diese bestimmt.[61] Sie sind also, was sie sind, auf Grund der Zwecke, die sie verfolgen oder die man mit ihnen verfolgt. Die Praxis des Einkaufens beziehungsweise des »An-der-Kasse-Anstehens-und-Bezahlens« dient dem Erwerb von Lebensmitteln; die Praxis des Seminarbesuchs dient (unter anderem) dem Wissenserwerb; die des (Fußball-)Spielens der Erholung, dem körperlichen Training, der sozialen Verbundenheit, oder sie wird »just for fun« ausgeübt – aber auch damit ist sie zu etwas gut.

Praktiken sind dabei über ihre Zwecke zu individuieren, das heißt, man erkennt eine Folge von Handlungen als eine bestimmte Praxis qua Kenntnis ihrer Zwecke. (»Stehst Du hier nur zum Quatschen rum oder stellst Du dich zum Bezahlen an?« – Je nachdem, wie die Antwort ausfällt, kann es entweder die Praxis des Einkaufens oder die des Smalltalks sein, die ich hier ausübe.) Praktiken sind außerdem intern durch ihre Zwecke *strukturiert*, praktische Zusammenhänge von *Um-zus* (wie Heidegger sie beschrieben hat). Ich bewege mich Richtung Verkaufstresen, um meinen Anspruch auf einen Platz in der Reihe kundzutun; ich stelle die Waren auf den Tresen, ich spreche mit dem Verkäufer, um herauszufinden, ob

61 Das ist natürlich ein umstrittener Aspekt der Bestimmung dessen, was Praktiken sind, und er wird auch nicht von allen Praxistheoretikern geteilt. Man könnte sogar versucht sein, den Unterschied zwischen einem wittgensteinianischen und einem aristotelisch-hegelianischen Praxisverständnis an diesem Kriterium festzumachen. So stellt Terry Pinkard beispielsweise ganz unumwunden im oben vertretenen Sinne fest: »Praktiken orientieren sich wesentlich an Zwecken [...], die konstituieren, was sie sind.« (Ders., »Innen, Außen und Lebensformen. Hegel und Wittgenstein«, in: Christoph Halbig u. a. (Hg.), *Hegels Erbe*, Frankfurt/M. 2004, S. 254-294, hier S. 277 f.) Für eine andere, sozialontologische Version einer teleologischen Auffassung von Praktiken und Institutionen vgl. Seumas Miller, *Social Action. A Teleological Account*, Cambridge 2001, bes. Kap. 1, S. 37-56; ders., *The Moral Foundations of Social Institutions*, Cambridge 2009; ders., »Gemeinsames Handeln«, in: Schmid, Schweikard (Hg.), *Kollektive Intentionalität*, a. a. O., S. 194-223; ders., »Social Institutions«, in: Kaarlo Miller u. a. (Hg.), *Realism in Action. Essays in the Philosophy of the Social Sciences*, Dordrecht 2003, S. 233-249.

dieser Käse sich für einen Schweizer Käsekuchen eignet, ich zücke das Portemonnaie, um mich bereit- und den Betrieb nicht aufzuhalten. Das alles zusammengenommen dient als eine Abfolge von aufeinander bezogenen Zwecksetzungen dem Erwerb von Lebensmitteln.[62]

Drei Modifikationen müssen hier allerdings gemacht werden: *Erstens* bedeutet der Umstand, dass Praktiken durch Zwecke konstituiert, strukturiert und individuiert werden, nicht, dass sich nicht mit jeder einzelnen Handlung oder auch mit der ganzen Abfolge noch andere Zwecke verbinden können. Praktiken können in dieser Hinsicht mehrfach determiniert sein. Das Gespräch im Einkaufsladen dient nicht ausschließlich dem Gelingen des Einkaufs, sondern auch dem Flirt mit dem Verkäufer, der Einkauf insgesamt mag dazu dienen, sich von der Arbeit abzulenken. Das Fußballspielen dient möglicherweise allen drei genannten Zwecken (Training, Spaß, Kommunikation) zusammen. Streng genommen müsste man eigentlich sagen: In solchen Fällen ist nicht eine Praxis mehrfach determiniert, sondern eine und dieselbe Abfolge von Handlungen konstituiert gleichzeitig mehrere Praktiken – die des Flirtens wie die des Einkaufens. Dennoch gibt es in den meisten dieser Fälle so etwas wie Haupt- und Nebenzwecke, so dass die Rede von der mehrfachen Bedeutung einer Praxis gerechtfertigt erscheint.

Zweitens soll mit der Behauptung, dass Praktiken Zwecke haben und durch diese intern strukturiert sind, nicht gesetzt sein, dass sie auf vollständig bekannten Absichten basieren müssen. Zwecke müssen, wie auch Seamus Miller betont, nicht immer formuliert sein, sie können implizit bestehen und latent vorhanden sein.[63] Auch muss dem Ausführen einer Praxis nicht das Bilden und Bestimmen von Absichten und Zwecksetzungen, die dann »umgesetzt« werden, vorausgehen. In Bezug auf die Frage, wer der Träger der verfolgten Zwecke ist und auf welche Weise sich diese formen und durchsetzen, soll hier also noch keine Vorentscheidung getroffen werden. Manche Zwecke bilden sich erst im Vollzug des Handelns allmählich heraus, andere umgreifen die subjektiven Intentionen der Akteure oder setzen sich sogar hinter deren Rücken durch.

62 Entscheidend ist, dass am Zwecksetzungscharakter von Praktiken die Möglichkeit hängt, die in ihnen implizierte Unterscheidung von richtigem und falschem Verhalten anders denn als konventionelle Festlegung zu bestimmen.

63 Vgl. Miller, »Social Institutions«, a. a. O.

Drittens ist bisher noch nichts darüber gesagt, ob Zwecke subjektive Zwecke sind oder ob sie objektiven Charakter haben, es also lediglich um die Zwecke geht, die Individuen mit bestimmten Praktiken verbinden, oder ob es (im sozialen Feld) Zwecke gibt, deren Realisierung über diese individuelle Zuschreibung und Zwecksetzung hinaus angezeigt oder in einem übergreifenden Sinn erforderlich ist.

(7) Ein weiteres markantes Merkmal des Begriffs sozialer Praktiken scheint es zu sein, dass diese – obwohl sie eine Aktivität bezeichnen – in mehreren Hinsichten einen zugleich aktiven wie passiven, also einen *aktiv-passivischen* Charakter haben. Eine Praxis besteht zwar aus Aktivitäten, dem Tun im Unterschied zum Unterlassen, und sie ist als Abfolge von Handlungen kein bloßes Ereignis oder Widerfahrnis. Dennoch bezeichnet der Gesamtzusammenhang einer Praxis etwas, das in charakteristischer Weise nicht mit je neu zu formierenden Absichten – und damit auch nicht mit je aktualisierten Zwecksetzungen – verknüpft ist. Das hängt mit dem oben beschriebenen Routine- und Gewohnheitscharakter von Praktiken zusammen.

Damit einher geht der Umstand, dass es sich bei einer Praxis um einen Subjekt-Objekt-übergreifenden Zusammenhang handelt. Sind Praktiken in gewissem Maß subjektunabhängige Handlungsmuster, die trotzdem nicht gänzlich übersubjektiv sind, oder konkreter: Entstehen sie gleichermaßen *durch* die Subjekte, wie sie *vor* ihnen (und ihren Absichten) bestehen, so gehen sie in den Intentionen der Subjekte nicht auf. Dass Praktiken im oben beschriebenen Sinne *vorgängig* sind, hat ja zur Konsequenz, dass Subjekte Intentionen überhaupt erst in Bezug auf diese und durch diese bilden können und die einzelnen Handlungen sich nur mit Blick auf die bereits vorhandene Praxis verstehen lassen. Dennoch gibt es diese Praxis (die Praktiken) nicht ohne die Individuen, die sie durch ihr Handeln konstituieren. In eine Praxis eingelassen haben wir Anteil an etwas, das es schon gibt, und erschaffen es gleichzeitig dadurch.

Praktiken und ihre Kontexte

Praktiken sind also gewohnheitsmäßige, regelgeleitete, sozial bedeutsame Komplexe ineinandergreifender Handlungen, die ermöglichenden Charakter haben und mit denen Zwecke verfolgt werden. Diese hier aufgezählten Merkmale werden uns im Zusammenhang mit dem Verständnis von Lebensformen noch beschäftigen und haben für dieses, sofern ich Lebensformen als Praxiszusammenhänge verstehe, entscheidende Konsequenzen. Ein Aspekt aber führt uns direkt zum Thema des nächsten Abschnitts.

Mit der oben angedeuteten kulturellen und institutionellen Überformtheit von Praktiken hängt nämlich zusammen, dass die einzelnen Praktiken in weitere Praxiszusammenhänge eingelassen oder auf einen über sie hinausgehenden *Kontext entsprechender Praktiken* und Gegenstände angewiesen sind. Die Praxis des Einkaufens (wie ich sie beschrieben habe) kann man nur in Marktgesellschaften ausüben; das Zum-Bezahlen-an-der-Kasse-Anstehen nur, wenn es Geld und Registrierkassen gibt; um eine Überweisung tätigen zu können, braucht es Banken. Und auch das Mit-Kindern-Verstecken-Spielen ist nur in einem spezifischen kulturellen und historischen Rahmen denkbar, in dem es überhaupt so etwas wie ein Verständnis von »Kindheit« als Kindheit und von »Spielen« als der der Kindheit angemessenen Tätigkeit gibt und zu dem entsprechend ein ganzer Komplex weiterer Praktiken gehört.[64]

Selbst die abendliche Essenseinladung zehrt nicht nur faktisch-materiell von anderen Praktiken (zum Beispiel muss der Gastgeber einkaufen gehen, um seine Gäste bewirten zu können), sondern ist in Ablauf und Charakter von weiteren Praktiken geprägt (die zum Beispiel die Frage betreffen, wer wen wie mit welchen Konsequenzen einladen darf, eine Frage, die ihrerseits in andere Praxisbereiche hineinragt[65]). Einzelne soziale Praktiken haben also *Voraussetzungen* in anderen Praktiken, und sie bieten *Anschlüsse* für weitere Praktiken. Praktiken sind somit vernetzt mit vielfältigen anderen Praktiken und Einstellungen, in deren Zusammenhang sie ihre spezifische Funktion und Bedeutung erst gewinnen. Es sind solche Zusammenhänge und Kontexte, die man *Lebensformen* nennen kann.

64 Dass das nicht selbstverständlich ist, hat prominent Phillippe Ariès in seiner allerdings nicht unumstrittenen *Geschichte der Kindheit*, München, Wien 1975, dargelegt.

65 Um sich das klarzumachen, muss man nicht an die Konventionen weit entfernter Kulturen oder Zeitalter denken. Bereits die US-amerikanischen *Dating*-Regeln konfrontieren den Besucher mit Überraschungen. Und die Partys, bei denen spätnachts nur die europäischen Gäste übrig bleiben, die das Zeichen zum frühen Aufbruch übersehen haben, sind sprichwörtlich.

2.2 Der Zusammenhangscharakter

Praktiken sind also immer »Praktiken-im-Zusammenhang«. Umgekehrt, so hatte ich behauptet, sind Lebensformen Zusammenhänge sozialer Praktiken. Eine Lebensform *als* Lebensform zu identifizieren bedeutet dann, einen bestimmten Zusammenhang von Praktiken als solchen zu identifizieren und zu verstehen. »Lebensformen« sind also jeweils ein bestimmter *Ausschnitt* aus dem Feld möglicher Praktiken, aber auch deren Organisationsprinzip, sofern sich Lebensformen nicht nur als ein loser Haufen unverbundener Praktiken darstellen.[66] Wie aber ist dieses Organisationsprinzip, wie ist der Zusammenhang verfasst? Wie hängen die einzelnen Praktiken eines solchen »Bündels von Praktiken« zusammen, und was macht es mit ihnen, dass sie sich auf diese Weise zur Lebensform gruppieren? Wie bestimmt sich, was zu ihr gehört (gehören *kann* oder gehören *muss*) und was entsprechend den Zusammenhang der jeweiligen Lebensform ausmacht?[67]

Ensembles von Praktiken und Einstellungen

Wenn Lebensformen als Zusammenhänge oder »Ensembles von Praktiken und Orientierungen«[68] zu verstehen sind, bestehen sie trivialerweise aus *mehreren* Praktiken, die sich in irgendeiner Weise

66 Wenn ich oben in 2.1 thematisiert habe, dass man sowohl sehr umfangreiche Gebilde wie »die Moderne« oder »das Städtische« als auch kleinere wie die bürgerliche Kleinfamilie als Lebensform auffassen kann, so wird jetzt deutlich, dass es immer auch eine Frage der Perspektive und des Kontexts ist, welche Gruppe von Praktiken man zu einer bestimmten Lebensform zusammenfasst beziehungsweise in den Kontext einer Lebensform zusammenstellt.

67 Raymond Geuss formuliert in Bezug auf Individuen sehr treffend die Schwierigkeiten einer genaueren Bestimmung des Zusammenhangs eines solchen »Bündels« von Praktiken und Einstellungen: Es sei klar, »daß Individuen und Gruppen nicht zufällig zusammengestellte Bündel von Überzeugungen, Einstellungen, Lebenszielen, Formen künstlerischer Tätigkeit usw. einfach ›haben‹. Die Bündel haben generell eine gewisse Kohärenz – obgleich im allgemeinen schwer anzugeben ist, worin diese Kohärenz besteht –, die Elemente des Bündels stehen in komplexen Beziehungen zueinander, sie ›passen‹ alle irgendwie, und das ganze Bündel weist eine charakteristische Struktur auf, die oft sogar für einen äußeren Betrachter deutlich erkennbar ist.« (Ders., *Die Idee einer kritischen Theorie*, Bodenheim 1996, S. 19.)

68 So die Formulierung von Wingert, *Gemeinsinn und Moral*, a. a. O., S. 174.

aufeinander beziehen. »Grüßen« oder »Einkaufen«, »mit Kindern Verstecken spielen« oder »Seminare leiten« sind für sich alleine keine Lebensformen, sondern Teil einer Lebensform. Wenn aber zu dem Umstand, dass man regelmäßig »mit Kindern Verstecken spielt«, weitere Praktiken dazukommen, wie etwa die, dass man häufig »mit Kindern zu Abend isst«, »Kindern vorliest«, »Kinder in die Kita bringt«, »zu einem Elternabend geht«, »die Laterne für den Laternenumzug bastelt« und vieles mehr, so kristallisiert sich ein Zusammenhang sozialer Praktiken heraus, den man eine Lebensform (zum Beispiel: eine Familie) nennen kann. Je nachdem, wie man diesen Zusammenhang versteht, und je nachdem, welche weiteren Praktiken und Verhältnisse hinzukommen, ist es dann die Lebensform einer traditionellen oder einer Patchworkfamilie, einer queeren oder heterosexuellen, einer Klein- oder einer Großfamilie. Ähnlich wird das »Seminare leiten« mit vielen anderen Praktiken zusammen zur »akademischen Lebensform« und das »Einkaufen gehen« zur konsumistisch-hedonistischen Lebensform des Spätkapitalismus.

Habe ich nun die Rede von Lebensformen als Ensembles von Praktiken und Orientierungen übernommen, so zeigt sich, dass bei der Zusammenfügung »Praktiken und Orientierungen« der Verweis auf die dazugehörenden Orientierungen, Einstellungen oder Überzeugungen eigentlich redundant ist.[69] Praktiken sind mit Einstellungen und Orientierungen unzertrennlich verwoben, sofern es sich bei ihnen, wie Charles Taylor herausgearbeitet hat, immer schon um interpretierte, nicht um »rohe« Praktiken handelt.[70] Wir üben Praktiken also nicht nur aus, wir verstehen diese gleichzeitig *als etwas* (als Spiel, als Ausdruck von Lebensfreude oder Intimität, als Gastfreundschaft). Das heißt, die Individuen tun nicht nur etwas (hinter dem Busch kauern, Abendessen kochen, Essen), sie verstehen dieses Tun als etwas (als Spielen, als Familienmahlzeit) und

69 Ähnlich versteht Talcott Parsons Kultur als »System von Bedeutungen, in dem Praktiken und Überzeugungen geteilt werden«. (Ders., »Culture and Social System Revisited«, in: Charles Bonjean, Louis Schneider (Hg.), *The Idea of Culture in the Social Sciences*, Cambridge 1973, S. 34.)

70 Charles Taylor, »Self-Interpreting Animals«, in: ders., *Human Agency and Language. Philosophical Papers 1*, Cambridge 1985, S. 45-76. Vgl. auch Charles Taylor, »Was ist menschliches Handeln?«, in: ders., *Negative Freiheit? Zur Kritik des neuzeitlichen Individualismus*, Frankfurt/M. 1988, S. 9-51, hier S. 49.

laden es mit Bedeutung auf (Intimität, Fürsorge, Kultiviertheit).[71] In gewisser Hinsicht geben auf diese Weise die Einstellungen der Handelnden den Praktiken erst eine Einheit; andererseits sind die Einstellungen, Werte und Ziele ohne den Kontext, in dem sie sich praktisch realisieren, gar nicht denkbar: Die Erwartung von Fairness im Tausch gibt es nicht ohne Tauschbeziehungen, bestimmte Weisen der Fürsorglichkeit nicht ohne Intimbeziehungen, Höflichkeit nicht ohne sozialen Kontakt. Die Einstellungen zu den Praktiken oder die Interpretation der Praktiken gehen also mit den Praktiken einher und geben diesen ihren spezifischen Charakter. Umgekehrt sind die Orientierungen, von denen hier die Rede ist, nicht freischwebend, sondern Orientierungen im Hinblick auf (und Interpretationen von) Praktiken.

Lebensformen als Interpretations- und Funktionszusammenhang

Aus dem bisher Gesagten ergeben sich für die Frage des Zusammenhangs der einzelnen Praktiken bereits erste Anhaltspunkte.

Erstens sind Lebensformen immer auch ein durch *Interpretation* gestifteter Zusammenhang. Eine Lebensform zu teilen bedeutet nicht nur, Praktiken gemeinsam auszuüben, sondern die Interpretationen dieser Praktiken, vor allem aber die Interpretations*schemata* für diese Praktiken zu teilen. In diesem Sinne führt Alasdair MacIntyre aus:

> Eine Kultur zu teilen bedeutet Schemata zu teilen, die konstitutiv für die Intelligibilität meiner Handlungen sind und zugleich Maßstäbe ihrer normativen Bewertung implizieren; als solche sind sie zugleich Mittel für meine Interpretation der Handlungen anderer.[72]

71 Das gilt etwa für die auf alten Stickdeckchen verewigte aufopferungsvolle Hausfrau des 19. Jahrhunderts: »Beklage nicht den Morgen, der Müh und Arbeit gibt, es ist so schön zu sorgen, für Menschen, die man liebt.« Die mühevolle Arbeit des morgendlichen Ofenanzündens wird im Zusammenhang eines bestimmten Familienkonzepts – die Frau als Hüterin des Herdes und Gestalterin des Innenraums – mit übergreifender Bedeutung und höherem Sinn versehen und verklärt.

72 Alasdair MacIntyre, »Epistemological Crises, Dramatic Narrative, and the Philosophy of Science«, in: ders., *The Tasks of Philosophy. Selected Essays 1*, Cambridge 2006, S. 3-23, hier S. 4.

Solche Interpretationsschemata lassen mich bestimmte Praktiken als solche verstehen (das Versteckspiel als Spiel, das gemeinsame Abendessen als Ausdruck familiärer Geborgenheit). Sie geben – normativ vorschreibend – an, wie diese auszuüben sind und welche Praktiken dazugehören, damit sie diesen Sinn treffen (Befehle gehören in die Kaserne, nicht ins Kinderzimmer). Und sie geben mir Mittel an die Hand, die Handlungen anderer zu interpretieren. Ich verstehe dann, dass das Kind, das hinter dem Baum steht, Verstecken spielt. Dabei weiß ich nicht nur, dass es dieses spezielle Spiel spielt, ich habe auch eine Vorstellung davon, was es überhaupt bedeutet, zu spielen, weil mein Interpretationsschema eine Unterscheidung zwischen Spiel und Arbeit oder Spiel und Ernst beinhaltet und dergleichen mehr. Meine Beobachtung ist dabei nicht unabhängig davon, dass ich das kleine Wesen, mit dem ich es hier zu tun habe, überhaupt als »Kind« im Gegensatz zum »Erwachsenen« auffasse, und die ganze Einschätzung und Bewertung der Lage, die sich mir bietet, wird von all diesen Schemata und dem damit gesetzten Hintergrund abhängig sein.[73]

Der *zweite* Anhaltspunkt ergibt sich daraus, dass sich die zur Lebensform versammelten Praktiken teilweise praktisch-funktional aufeinander beziehen und ineinandergreifen. Die Regeln und Normen einer Praxis nehmen Bezug auf Elemente, die durch andere Praktiken konstituiert werden. Und ein Teil der sich zur Lebensform zusammenfügenden Praktiken ist sogar ganz handgreiflich im Sinne eines interdependenten *Funktionszusammenhangs* aufeinander bezogen: Agrarische Praktiken der Lebensmittelerzeugung sind Voraussetzung des städtischen Konsums; Praktiken des Tauschs mit ihren diversen Implikationen sind Voraussetzung für die Zugänglichkeit von Gütern auf Märkten – das alles beruht auf je bestimmten Organisationsweisen von Arbeit, Verkehr, Eigentum et cetera. Ebensolche (funktional) ineinandergreifenden Elemente lassen sich für die Lebensform der Familie oder die akademische Lebensform rekonstruieren. So beruht Letztere auf Praktiken des Wissenserwerbs und der Wissensvermittlung, auf Medien des Wissenstransports und den Praktiken ihrer Anwendung, aber auch wie-

73 Das Teilen von Interpretationsschemata geht dabei der tatsächlichen Einigkeit über die substanziellen Interpretationen voraus bzw. liegt ihr zugrunde und bleibt noch dann der Fall, wenn man sich über diese uneins ist.

derum auf ökonomischen Praktiken, die die Freistellung eines Teils der Bevölkerung zur Ausbildung und Forschung ermöglichen. Und so gibt es auch für die Lebensform der Kleinfamilie Bedingungen unterschiedlicher Art – zum Beispiel die Existenz oder Nichtexistenz von Betreuungsinstitutionen samt der damit verbundenen Interpretationen von Elternschaft –, die unterschiedliche Versionen familiären Lebens ermöglichen und prägen.

Nun sind ganz offenbar nicht alle zu einer bestimmten Lebensform gehörenden Praktiken in diesem direkten »handgreiflichen« Sinne funktional aufeinander bezogen, wie es für die oben beschriebenen Zusammenhänge gilt. Zwar ist die Existenz von außerhäuslichen Betreuungsinstitutionen eine funktionale Voraussetzung für die Existenz von Kleinfamilien mit doppelter Berufstätigkeit, und die Existenz von Tauschverhältnissen ist Voraussetzung für das Einkaufen. In welchem Sinn aber sind Versteckenspielen oder Drachenbauen (Teilpraktiken der Lebensform der Familie) funktionale Voraussetzungen – und wofür genau? Nicht nur müssen wir hier mit einbeziehen, dass es in Bezug auf fast jede Funktion auch funktionale Äquivalente gibt und dass diese hier besonders vielfältig und variierbar sind. Viel wichtiger ist, dass die Funktionen nicht unabhängig von den Interpretationen der Praktiken, deren Zusammenhang und der Lebensform, zu der sie gehören (sollen), sind. Will man vom Versteckenspielen – auch wenn man es zum Spielen überhaupt generalisiert – behaupten, dass es unabdingbar zur Lebensform von Erziehung oder Elternschaft gehört, so kann man das nur geltend machen, wenn man das Spielen mit Kindern im Rahmen einer bestimmten Konzeption von Erziehung und Kindheit als Voraussetzung für ein gelingendes Leben von und mit Kindern interpretiert.

Es ist dann beides, die Interpretationen von Praktiken *als etwas* und die Funktionszuweisungen von Praktiken *als zu etwas gut*, das die Praktiken zueinander in Beziehung setzt. Und umgekehrt: Weil Praktiken mehr als rohe Fakten sind und weil sie innerhalb eines Interpretationsrahmens auf Zwecke zielen, die sich mit anderen verbinden, können sie sich überhaupt zu einer Lebensform versammeln.

Bin ich eingangs davon ausgegangen, dass Lebensformen nicht nur aus einem losen Bündel von Praktiken bestehen, so lässt sich dieser Umstand jetzt besser verstehen. Wir unterstellen den Praktiken und Einstellungen, die wir einer Lebensform zuordnen, eine innere oder qualitative Beziehung zueinander. Das soll bedeuten: Diese Praktiken treten nicht nur regelmäßig zusammen auf, sondern sie sind dabei aufeinander bezogen; und sie treten auch nicht zufällig zusammen auf, sondern dieses Zusammenauftreten ist intelligibel im weit verstandenen Kontext einer Bestimmung dessen, was sich in Lebensformen ausdrücken und realisieren soll.

Das Verhältnis zwischen dem Zusammenhang und seinen einzelnen Elementen lässt sich in Bezug auf Lebensformen und die diese ausmachenden Praktiken wie ein praktisch-hermeneutischer Zirkel auffassen: Praktiken, die im Zusammenhang einer Lebensform auftreten oder diese ausmachen, werden interpretiert im Vorgriff auf das (vorgestellte) »Ganze« einer Lebensform. Diese wird umgekehrt durch die hier zueinander in Beziehung tretenden Praktiken konstituiert und schrittweise konkretisiert, erhält also schrittweise Gestalt und bildet sich als Zusammenhang aus. Praktiken versammeln sich so zu einer Lebensform und werden gleichzeitig von dieser versammelt. Die einzelnen Praktiken sind auf den Zusammenhang ausgerichtet und gewinnen aus diesem heraus Bedeutung; umgekehrt sind es aber die Praktiken selbst, die diesen Zusammenhang ausmachen.

Der hier angesprochene Interpretationsrahmen ist also keine ominöse Größe »oberhalb« oder jenseits der Praktiken selbst. Es handelt sich hierbei vielmehr um ein Wechselverhältnis von Ganzem und Teilen, in dem sich beide durcheinander konstituieren und dabei unabhängig voneinander nicht zu denken sind. Das ist deshalb (ganz im Sinne der hermeneutischen Idee[74]) kein laster-, sondern ein tugendhafter Zirkel (oder kein *vicious*, sondern ein *virtuous circle*), weil man sich diesen Prozess als einen denken muss, in dem sich das Einzelne vom Ganzen und das Ganze vom Einzel-

74 Vgl. dazu Heidegger, *Sein und Zeit*, a. a. O.; Hans-Georg Gadamer, *Wahrheit und Methode. Grundzüge einer philosophischen Hermeneutik*, in: ders., *Gesammelte Werke*, Tübingen [7]2010, Bd. 1, S. 270-272.

nen her wechselseitig anreichert und bestimmt.[75] Dabei handelt es sich allerdings um einen offenen Prozess, in dem das »Ganze«, in Bezug auf das wir die einzelnen Praktiken interpretieren, nicht von vornherein bekannt ist, sondern sich erst im Wechselspiel mit den sich verändernden Elementen konstituiert und dabei immer wieder umbildet und transformiert.[76]

Der Zusammenhang, nach dem gefragt war, ist dann nicht etwas, das die zu ihm versammelten Praktiken nur »äußerlich organisiert«; und der Interpretationsrahmen oder die Interpretationsschemata, von denen MacIntyre spricht, sind nicht irgendwo jenseits der Praktiken zu verorten. Sie bezeichnen vielmehr eine Ausrichtung der Praktiken und den Bedeutungsgehalt der Praktiken selbst, sind in diesen also gewissermaßen eingelagert.

Streit um den Zusammenhang

Wenn wir also Lebensformen als Interpretations- und Funktionszusammenhänge verstehen, bedeutet das, dass sich für jede Praxis, die sich in diesen befindet, ein kohärentes Verständnis im Kontext der weiteren Praktiken, mit denen sie zusammenhängt, rekonstruieren lassen muss. Genau dieses Verständnis aber ist häufig umstritten und eine Sache konflikthafter Interpretationen, aus denen sich über die Gestalt von Lebensformen (und die Möglichkeit, sie zu kritisieren) einiges lernen lässt. In eine Auseinandersetzung darüber

75 Und weil es ein genuin *praktischer* Prozess ist, muss man den Überschuss der Praxis, die (innovativ) interpretativ einzuholende und zu integrierende Momente im Modus des zunächst ungeleiteten Ausprobierens erst setzt, dazudenken.

76 Das Ganze ist in diesem Sinne in gut holistischer Manier »mehr als die Summe seiner Teile«, und die Teile gewinnen ihre Bedeutung im Zusammenhang mit diesem. Dennoch ist das Ganze nicht als solches vorgängig und bekannt und auch nicht im Sinne eines sehr dichten »Verstehenshorizonts« bereits gegeben. Wechselseitig sich konstituierend sind die Elemente Elemente-in-Beziehung, deren Konstellation die sich bildende und immer wieder umbildende Gestalt des Ganzen formt. Gilt für den Zusammenhang einer Lebensform also, dass sich mit dem Wegfall oder der Veränderung einzelner Teile das Bezugssystem insgesamt ändern kann und dass umgekehrt die Teile ihre Bedeutung aus dem Zusammenhang gewinnen, so beinhaltet diese Konzeption eine mindestens moderat holistische Ausrichtung. Zu einem Überblick über die neuere Diskussion zum sozialen Holismus, der gleichzeitig eine Art von Zwischenstand markiert, vgl. Georg W. Bertram, Jasper Liptow (Hg.), *Holismus in der Philosophie. Ein zentrales Motiv der Gegenwartsphilosophie*, Weilerswist 2002.

einzutreten, was genau eine Lebensform ausmacht oder ausmachen soll, bedeutet also nicht zuletzt, sich darüber zu streiten, welche Praktiken und Einstellungen zusammen eine bestimmte Lebensform ausmachen und wie sie in diesem Zusammenhang zu verstehen sind.

Intuitiv haben wir so in Bezug auf Lebensformen häufig eine recht genaue Vorstellung davon, welche Praktiken und Einstellungen innerhalb bestimmter Ensembles passend oder unpassend sind, und auch davon, was zu einer bestimmten Lebensform gehört und was nicht. Sehen wir uns die Phänomene an, so sind hier ganz unterschiedlich starke Verbindungen (und unterschiedliche Interpretationen davon) im Spiel.

Betrachten wir das Beispiel der *Stadt als Lebensform*. Der Großstädter fährt U-Bahn, sein Arbeits- und sein Wohnort sind charakteristischerweise voneinander getrennt. Er lebt in Etagenwohnungen, zieht öfter um und baut die Nahrungsmittel, die er benötigt, nicht selber an. Zur Lebensform des (Groß-)Städtischen gehören des Weiteren bestimmte Konsumgewohnheiten und ein bestimmter Einrichtungsstil, eine bestimmte Weise, sich durch die Stadt zu bewegen,[77] sowie die Fähigkeit, Reize abzublenden, die Georg Simmel als »Blasiertheit« bezeichnet und als typische Eigenschaft des Großstädters aufgefasst hat.[78] Auch die ebenfalls von Simmel dem

77 Dass sich Klein- und Großstadt durch unterschiedliche Arten von Bewegungsmustern auszeichnen, lässt sich sehen, wenn man die Quirligkeit des New Yorker Straßenlebens mit der unmittelbar eintretenden Stockung vergleicht, die in der Kleinstadt eintritt, sobald einmal eine größere Menschenmenge zusammenkommt.

78 Vgl. dazu Georg Simmel, »Die Großstädte und das Geistesleben«, in: ders., *Gesamtausgabe*, Frankfurt/M. 1995, Bd. 7, S. 116-131. Simmel hat in diesem Sinne aus der großstädtischen »Steigerung des Nervenlebens«, »die aus dem raschen und ununterbrochenen Wechsel äußerer und innerer Eindrücke hervorgeht« (ebd., S. 116), die psychologische Grunddisposition der Großstadt und des Großstädters abgeleitet: »Es gibt vielleicht keine seelische Erscheinung, die so unbedingt der Großstadt vorbehalten wäre, wie die Blasiertheit. Sie ist zunächst die Folge jener rasch wechselnden und in ihren Gegensätzen eng zusammengedrängten Nervenreize, aus denen uns auch die Steigerung der großstädtischen Intellektualität hervorzugehen schien [...]. Die so entstehende Unfähigkeit, auf neue Reize mit der ihnen angemessenen Energie zu reagieren, ist eben jene Blasiertheit, die eigentlich schon jedes Kind der Großstadt im Vergleich mit Kindern ruhigerer und abwechslungsloserer Milieus zeigt.« (Ebd., S. 121.)

Großstädter zugeschriebene »Reserviertheit« als »elementare Sozialisierungsform« der Großstadt gehört in dieses Feld.[79] Unterstellen kann man dem Großstädter auch den Umgang und das Umgehenkönnen mit öffentlichen Räumen[80] sowie die sprichwörtliche Weltoffenheit und Unabhängigkeit, auf die sich die schon seit dem Mittelalter bestehende Redewendung »Stadtluft macht frei« bezieht.

Wenn entsprechend angesichts neuerer städtebaulicher Entwicklungen die Frage diskutiert wird, ob eine Stadt, der frei zugängliche öffentliche Versammlungsräume fehlen, noch eine Stadt ist oder ob angesichts der Privatisierung und der »Mallifizierung« öffentlicher Räume von einem Niedergang der Urbanität gesprochen werden muss, dann entspricht dem die Vorstellung, dass zur Lebensform der Großstadt nicht nur viele Menschen, sondern auch bestimmte Formen des sozialen Verkehrs gehören, so dass diese erst durch die entsprechenden Praktiken und Einstellungen zur Stadt wird.

Betrachten wir weiter die Lebensform der klassischen bürgerlichen *Familie:* Zu dieser gehören konventionellerweise das »Teilen von Tisch und Bett«, das gemeinsame Leben »unter einem Dach« und damit einhergehend Praktiken wie das gemeinsame Abendessen und das Zubereiten desselben, das Feiern von Geburtstagen und anderen Festen, das Sich-umeinander-Kümmern in den verschiedenen, jeweils angemessenen Gestalten, etwa Kinderbetreuung und Altenpflege. Es gibt in einer Familie geteilte Projekte und emotionale Verbundenheit, aber auch wechselseitige Abhängigkeits- und im Zweifelsfall Herrschaftsverhältnisse. In sogenannten Familienautos (mit großem Kofferraum), Familienwohnungen (in Spielplatznähe) und Familienhotels (mit Kinderstühlen) manifestieren sich diese Praktiken konsumwirksam.

Auch hier gibt es Vorstellungen darüber, was »dazugehört« und was eine Familie ausmacht. So wird in manchen Familien der Streit um das gemeinsame Abendessen zum Prüfstein für das Bestehen ei-

79 Schön ist auch die folgende Skizze eines New Yorkers, die mit wenigen Strichen ein nicht untypisches Bild hervorruft: »I'm a New Yorker: I eat bagels, I read the Times and I walk fast.« Zitiert von Carolin Emcke in der Einleitung zu ihrem Buch *Kollektive Identitäten. Sozialphilosophische Grundlagen*, Frankfurt/M. 2000, S. 11.

80 Genauso wie es Städte gibt, die keine Städte sind, gibt es dann natürlich auch Menschen, die in der Stadt leben, aber keine »Städter« sind.

ner Familie hochstilisiert – man kennt das aus pubertären Konfliktsituationen. Auch die Debatte über das neue Eherecht, die Wende also von der Versorgerehe zur Idee finanzieller Unabhängigkeit in einer gleichberechtigten Partnerschaft, ist eine Debatte darüber, welche Praktiken und Einstellungen zur Familie gehören und welche nicht. Und der Slogan »Familie ist, wo Kinder sind« wirbt in der Debatte um zeitgemäße Familienformen sehr treffsicher um ein verändertes Verständnis davon, was eine Familie ausmacht. Die Lebensform der Familie »erfüllt sich« also für die Vertreter der jeweiligen Positionen nur dann, wenn bestimmte von ihnen als für diese konstitutiv erachtete Momente, sei es das Abendessen, das gemeinsame Konto oder versorgungsbedürftige Kinder, gegeben sind.

Auch in Bezug auf das, was in die hier skizzierten Ensembles *nicht passt* und was zu diesen nicht dazugehört, gibt es starke Intuitionen:

Während es in einer dörflichen Kneipe (oder jedenfalls dem, was sich der Städter und die Städterin darunter vorstellen) angemessen sein mag, beim Eintreten auf den Tisch zu klopfen und die Anwesenden zu begrüßen, ist derjenige, der sich beim Weihnachtseinkauf auf der Fifth Avenue den vorbeilaufenden Passanten persönlich vorstellt, ein Spinner oder ein Querulant. Zur Lebensform der Großstadt gehört das Akzeptieren von Anonymität und die konstitutive »Reserviertheit« gegenüber dem Anderen. Entsprechend gibt es spezifisch großstädtische Strategien, dennoch miteinander in Kontakt zu kommen, auch wenn diese sich wiederum in New York, Paris, Istanbul oder Berlin jeweils voneinander unterscheiden mögen.

Einen Familienvater, der über alle mit der Kinderversorgung verbundenen Auslagen ausführlich Buch führt und dem Nachwuchs bei Volljährigkeit eine Rechnung mit Zins und Zinseszins präsentiert, wird man (von traditionellen Familienwerten ausgehend) nicht nur herzlos finden; die damit verbundenen Einstellungen scheinen mit Blick auf die Lebensform der klassischen bürgerlichen Familie auch unpassend. Zu dieser spezifischen Formation und Deutung der Familie gehört – wohlgemerkt: vor dem Hintergrund des modernen, auf Intimisierung und Authentizität der Beziehung beruhenden Ideals – die Praxis des »Versilberns« von Fürsorgeleistungen nicht; sie ist vielmehr getragen von einem Verständnis wechselseitiger intimer Verbundenheit, das dem »versachlichten« Modell einer als Vorleistung verstandenen Dienstleistung widerspricht.[81]

Aber was ist in Bezug auf die hier aufgeführten Fälle »unpassend«, und inwiefern ist es das? Es gibt mehrere Möglichkeiten, die hier angedeuteten Passungsverhältnisse zu verstehen.

Passungsverhältnisse

Erstens lässt sich argumentieren: Die beschriebenen Praktiken passen nicht zu den anderen Praktiken, die in den entsprechenden Situationen wirksam sind. Sie passen also nicht *zueinander*: Das Abrechnen von Fürsorgeleistungen (in unserem Beispiel) passt beispielsweise nicht zu den emotionalen Formen von Verbundenheit, die der entsprechende Vater gleichzeitig auch einfordert (und seien es nur »Autorität und Gehorsam«) und die nicht durch ein Vertragsverhältnis gedeckt sind. Das »Sich-persönlich-Vorstellen« auf der Fifth Avenue passt nicht zu dem Umstand, dass sich die Betreffenden vermutlich niemals wiedersehen werden.

Zweitens lässt sich darauf hinweisen, dass eine bestimmte Praxis innerhalb des interpretativen Deutungsrahmens des Zusammenhangs einer Lebensform unpassend wirkt. Die Kindheitsabschlussrechnung passt in diesem Sinne nicht zu den gängigen – also kulturell wirksamen – Deutungen des Verhältnisses zwischen Eltern und Kindern; es passt nicht zur Intimität und dem »Authentizitätsmodus« der Beziehungen in der bürgerlichen Familie. Und zum Selbstverständnis des Großstädters passt das »Sich-persönlich-Vorstellen« nicht.

Die Praktiken passen also *nicht zusammen* und nicht *zu uns*, sofern sich die Praxis nicht in einen sinnvollen Zusammenhang mit den anderen Praktiken einer Lebensform und dem von diesen konstituierten Interpretationsrahmen bringen lässt. Wendungen wie »Das ist doch keine Familie mehr« und »Das ist doch keine Stadt mehr« sind dann Hinweise darauf, dass es auch in Bezug auf Lebensformen (als Zusammenhängen von Praktiken) wie schon im Hinblick auf die einzelnen Praktiken *interne* Bedingungen des

81 Wohlgemerkt spreche ich von der klassischen bürgerlichen Familie mit ihrer starken Betonung der emotionalen Verbundenheit der Individuen und der tendenziellen Ablösung der Kinderaufzucht von Fragen der Altersversorgung.

Gelingens beziehungsweise der Erfüllung gibt – Bedingungen, die eine Lebensform umgekehrt auch verletzen oder nur defizitär verwirklichen kann.[82]

Natürlich lassen sich Praktiken ändern, und natürlich kann man sowohl die einzelnen Praktiken als auch den Zusammenhang, in dem diese stehen, immer wieder neu interpretieren. Aber ganz im Sinne der oben anlässlich der Abgrenzung zur Mode gemachten Bemerkung: Es würde sich dann eben etwas ändern, es würde sich ein ganzes Gefüge (eben: eine Lebensform) ändern.[83]

Das führt zu einer *dritten* Weise, die Angemessenheit bestimmter Praktiken im Zusammenhang einer Lebensform zu betrachten. Das Passungsverhältnis lässt sich nämlich auch teleologisch (also ausgehend von den mit den Praktiken gesetzten Zwecken) deuten: Wenn viele Praktiken ihren Sinn und die Möglichkeit ihrer Realisierung erst durch die Einbettung in einen weiteren Zusammenhang von Praktiken und Interpretationen bekommen, wenn sich also das Gut und der Zweck, die in einer Praxis realisiert werden sollen, nicht in dieser alleine realisieren lassen, dann stellen sich Lebensformen als strukturierte Zusammenhänge dar, in denen komplexe Güter oder Zwecke verfolgt werden. Etwas als eine bestimmte Lebensform zu identifizieren bedeutet demnach, Zusammenhänge von Praktiken und Einstellungen als einen Zusammenhang zu identifizieren, der *zu etwas gut* ist. Innerhalb eines solchen Zusammenhangs gibt es dann Praktiken, die der Realisierung der damit gesetzten Zwecke dienen, und solche, die dieser zuwiderlaufen. Und es gibt auch Praktiken, die diesbezüglich indifferent sind. Der Zuschnitt und Charakter eines Zusammenhangs von Praktiken erklärt sich dann daraus, dass die einzelnen Elemente nur zusammen das erfüllen können, was von der Lebensform als Lebensform gefordert ist. Auf dieser Grundlage lässt sich dann nicht mehr nur dafür argumentieren, dass bestimmte Praktiken unpassend oder unangemessen sind (das war ja zunächst der vorsichtige Ausgangspunkt), sondern auch dafür, dass (positiv) bestimmte Praktiken

82 Vgl. zu diesem Umstand ausführlicher Kapitel 3.

83 Man könnte hier von so etwas wie »praktisch-inferentiellen Verpflichtungen« sprechen, die mit der Ausübung von Praktiken einhergehen: Praktiken implizieren einen Anschluss an bestimmte andere Praktiken und machen umgekehrt andere Anschlüsse unmöglich. Praktiken sind dann nicht beliebig miteinander kombinierbar.

unabdingbar zum Zusammenhang einer Lebensform dazugehören müssen, damit diese nicht defizitär bleibt.

Sachangemessenheit

An dieser Stelle lässt sich das Motiv der Sachangemessenheit beziehungsweise des Sachbezugs, das oben anhand der Auseinandersetzung mit der Mode bereits angeklungen ist, systematisch vertiefen. Die Praktiken, die innerhalb einer Lebensform als unpassend und bezogen auf diese als unangemessen erscheinen, passen nicht nur nicht zueinander; indem sie nicht zum Interpretationsrahmen dieser Lebensform passen, passen sie auch nicht »zur Sache«, der sie dienen sollen, und dies weder aus Sicht des mit ihnen gesetzten Zwecks noch der Bedingungen, die sie bei der Realisierung ihrer Zwecke zu gewärtigen haben.

Es ist nämlich, so legen meine bisherigen Überlegungen nahe, nicht ganz beliebig, welche Praktiken innerhalb einer bestimmten Lebensform überhaupt zum Einsatz kommen können: Es ist keine bloß zufällige Konvention, dass es in der Großstadt unüblich ist, sich allen Passanten ausführlich vorzustellen, sondern resultiert aus den Umständen großstädtischer Dichte und großstädtischen Verkehrs. Ebenso besteht die Widersinnigkeit der »Kindheitsabschlussrechnung«[84] schon darin, dass hier die konstitutiven Bedingungen für einen Vertragsabschluss in Bezug auf Versorgungsleistungen gar nicht vorliegen: Zwischen unmündigen, anfangs hilflosen Kindern und Erwachsenen ist ein bürgerlicher Vertrag, der ja die Selbständigkeit und Unabhängigkeit der Vertragsschließenden voraussetzt, nicht möglich. Praktiken, die in diesem Sinne zur Lebensform der Familie »passen« wollen, müssen die sachliche Grundkonstellation, dass es hier Versorgungsbedürftige und eine ursprüngliche Asymmetrie gibt, in Rechnung stellen. Außerdem ist Fürsorge eine andere »Währung« als Geld – und ob sich das eine in das andere umrechnen lässt, ist fraglich. Dass uns die Kindheitsabschlussrechnung widersinnig vorkommt, liegt also

84 Ich wähle ausdrücklich dieses Beispiel der pekuniären Umrechnung *elterlicher* Versorgungsbemühungen. Für das Verhältnis zwischen Erwachsenen liegen die Dinge evtl. anders, wie u. a. die feministische Diskussion um »Lohn für Hausarbeit« und Eheverträge zeigt. Vgl. dazu Angelika Krebs, *Arbeit und Liebe. Die philosophischen Grundlagen sozialer Gerechtigkeit*, Frankfurt/M. 2002.

auch hier nicht daran, dass eine bloße Konvention verletzt würde. Was auf dem Spiel steht, ist ein kulturell und historisch gesättigtes, in einem Komplex von Praktiken und deren Interpretationen verankertes Verständnis dessen, was familiäre Beziehungen ausmacht. Und auch dieses wiederum hat einen »sachlichen« Bezug, auch wenn dieser nicht so auf der Hand liegt wie der des großstädtischen Verkehrs, weil hier der sachliche Bezug einer »zweiter Stufe« ist: So ist die »Sache« der Vertragsfähigkeit oder das Verständnis von Abhängigkeit und Unabhängigkeit ja selbst nicht eine einfach nur gegebene objektive Größe, sondern Ergebnis historisch gewachsener kultureller Setzungen.

Genauer betrachtet besteht dann zwischen den beiden hier zunächst getrennt aufgeführten Auffassungen von Angemessenheit (einerseits gegenüber dem Interpretationsrahmen, andererseits gegenüber den Zwecksetzungen eines Zusammenhangs von Praktiken) eine weniger große Differenz, als es zunächst den Anschein hatte. Gerade weil die »Sache«, zu der bestimmte Praktiken passen (oder eben nicht), nur im Grenzfall eine »rohe Tatsache« ist und normalerweise selbst ein Sachverhalt, der sich aus zueinander passenden Praktiken und Interpretationen speist, sind »zusammenpassen«, »zum Interpretationsrahmen passen« und »zur Sache passen« schwer voneinander zu unterscheiden.

Handelt es sich also bei den zu einem Lebensform-Zusammenhang gehörenden Praktiken um die Momente, die benötigt werden, um das *Funktionieren* eines bestimmten Praxiszusammenhangs zu ermöglichen, ist umgekehrt dieses Funktionieren keine objektive Größe, weil schon unser Verständnis dieses funktionalen Ineinandergreifens wiederum von Bedeutungszuschreibungen und Interpretationen derjenigen Praktiken abhängt, um die es geht. Die von mir angeführte »Sachhaltigkeit« ist also nur in Grenzfällen interpretationsunabhängig und in diesem Sinne »objektiv und mit der Sache gegeben«. Allerdings gibt es für Interpretationen Kriterien der Angemessenheit. Deren Bestimmung können wir uns zunächst durch die Vergegenwärtigung der Tatsache nähern, dass sich Lebensformen um das herum formieren, was man »Ausgangsbedingungen« nennen kann. Diese Ausgangsbedingungen sind teilweise »natürlich«, wie der biologische Umstand der Hilflosigkeit menschlichen Nachwuchses oder bestimmte geographische und klimatische Bedingungen, teilweise (und größtenteils) sind sie selbstgeschaffen, wie die Ausgangsbedingungen der städtischen Lebensform; aber auch diese beruhen ihrerseits auf natürlichen Ausgangsbedingungen.[85] Wie wir in Kapitel 4 sehen werden, ist diese Grundlage allerdings weder besonders aussagekräftig, noch ist die damit gesetzte Annahme besonders dramatisch. Es handelt sich schlicht um eine Begrenzung des Möglichkeitsspielraums von Interpretation und Gestaltung, aus der für die positive Bestimmung von Lebensformen noch nicht viel folgt. Erst das Verständnis der Lebensformen als Problemlösungszusammenhang – also als Bedingtheit höherer Ordnung – kann, wie zu zeigen sein wird, in dieser Hinsicht einen höheren Erklärungswert beanspruchen.

Resümee

In dem eher unübersichtlichen Feld möglicher Beziehungen zwischen den einzelnen Praktiken einer Lebensform gibt es offenbar ganz unterschiedliche Typen von Zusammenhängen und entsprechend unterschiedliche Arten ihres Aufeinanderangewiesenseins. Es scheint mir unproblematisch, davon auszugehen, dass der Zusammenhang zwischen den Praktiken, die das »Ensemble« einer Lebensform ausmachen, an einigen Stellen so, an anderen anders verfasst sein wird und dass er insgesamt einmal stärker, einmal loser geknüpft ist. Einzelne Cluster innerhalb des übergreifenden Zusammenhangs einer Lebensform haben eine enge (und funktional aufzufassende) Verbindung miteinander; andere mögen in einem lockereren und unspezifischeren Sinne »dazu passen«. Einige passen gut zueinander, sind aber auch voneinander (und überhaupt aus der Lebensform) wegzudenken, andere sind (um im Bild des »Netzes« zu bleiben) »Knotenpunkte«. Lebensformen sind variable Zusammenhänge von Praktiken, keine geschlossenen und umfassend integrierten Ganzheiten. Und so kann man sich auch die Dynamik der Veränderung von Lebensformen so vorstellen, dass es zu Umgewichtungen, zu Neukonstellationen, aber auch zum Wegfall oder Austausch einzelner Praktiken kommt. So mag man feststellen, dass die Familie nicht zerfällt, wenn es kein gemeinsames Abendessen mehr gibt, und im selben Sinne verschiebt der Ab-

85 Die Insellage von Manhattan als Voraussetzung für die besondere Dichte dieser Stadt, wie Rem Kohlhaas sie analysiert, ist ein Beispiel dafür. Vgl. Rem Kohlhaas, *Delirious New York. Ein retroaktives Manifest für Manhattan*, Aachen 1999.

schied von der Versorgerehe den Schwerpunkt dieser Lebensform, ohne damit gleich die Familie als emotionales Zentrum und Ort wechselseitiger Fürsorge in Frage zu stellen.

Lebensformen als Zusammenhänge von Praktiken sind also zusammengehalten und individuiert als interpretierte funktionale Zusammenhänge vor dem Hintergrund sachlicher Ausgangsbedingungen. Das Feld des Sozialen ist »unterteilt« in solche voneinander unterscheidbaren Bereiche von Lebensformen, sofern es hier unterschiedliche, aufeinander verweisende Zusammenhänge mit den entsprechenden komplexen Praktiken und Funktionszuschreibungen gibt.

Der Zusammenhang ist dabei als in einem moderaten Sinne holistischer Zusammenhang zu verstehen, sofern es mit den einzelnen Praktiken etwas »macht«, in diesem zu stehen. Das heißt, es ist für sie konstitutiv, und der Umstand, dass sie in diesem Zusammenhang stehen, ist ihnen nicht äußerlich, sondern bestimmt ihren Charakter. Umgekehrt konstituiert sich der Zusammenhang als ein offener Bedeutungszusammenhang aus diesen Praktiken.

Im Folgenden gilt es, den Charakter des Zusammenhangs einer Lebensform noch in einer anderen Hinsicht aufzuklären.

2.3 Das Trägheitsmoment

Wenn eine Lebensform (wie bisher ausgeführt) ein Zusammenhang oder ein Ensemble sozialer Praktiken ist, so ist sie Resultat dessen, was Menschen tun, Instanz menschlichen Handelns. Lebensformen sind aber in mehrfacher Hinsicht dem handelnden Individuum nicht unumschränkt verfügbar, sondern setzen seinen Handlungen und seinen Aktivitäten ein »träges« oder beharrendes Moment entgegen. Mit der Bezeichnung von Lebensformen als »trägen Zusammenhängen von Praktiken« will ich diesen Eigenschaften Rechnung tragen.

Zugleich gegeben und gemacht

Das damit angedeutete Spannungsverhältnis stellt sich folgendermaßen dar: Lebensformen sind (wie einleitend bereits behauptet) *Formen*, in denen gelebt wird; sie betreffen den Bereich, in dem etwas *gestaltet* und demnach auch *umgestaltet* werden kann. Tiere *leben* – und sie leben häufig sogar miteinander, in einer Art sozialen Ordnung;[86] diese wird aber nicht gestaltet und geprägt, sondern nach Maßgabe instinktiver Abläufe vollzogen. Wenn Menschen dagegen *eine Lebensform teilen*, so beinhaltet das einen Spielraum der Gestaltung, des Begründens und des Entscheidens – und das ist sogar die Voraussetzung dafür, dass in Bezug auf Lebensformen das Vorgehen der Kritik überhaupt angebracht sein kann.[87] Wo etwas nicht anders sein kann, als es ist (oder jedenfalls in seinen Veränderungen nicht willentlich zu beeinflussen), wäre Kritik widersinnig.

Nun umfassen aber Lebensformen (als geformte) neben dem Aspekt von Freiheit, Gesetztheit und Gestaltbarkeit auch den des Präreflexiven, der »Vorgängigkeit« und der unhintergehbaren Prägung. Diese Doppeldeutigkeit hat der Ausdruck »zweite Natur« in sich aufgenommen. Als »zweite Natur« sind Lebensformen nämlich beides: Sie sind von Menschen geschaffen, also künstlich und damit nicht Natur. Sie sind andererseits *wie* Natur, sofern sie in manchen Hinsichten den Menschen als ähnlich unumstößliche Voraussetzung entgegentreten wie die erste Natur. Sie *werden* zur Natur, stellen sich nicht mehr als *gemacht*, sondern als *gegeben* dar. Lebensformen sind in dieser Hinsicht immer »schon da« und eröffnen und prägen den Möglichkeitsraum unseres Handelns. Gibt es dann den für Lebensformen entscheidenden Spielraum der Gestaltung – ein Spielraum, von dem es wesentlich abhängt, ob sich Lebensformen überhaupt kritisieren *lassen* – also doch nicht?

Meine These ist, dass Lebensformen beides sind, sie sind immer *zugleich gegeben und gemacht*.[88] Selbst wo sie den Handelnden als

86 In Bezug auf das soziale Leben der Tiere lässt sich in Analogie zum berühmten Baumeister/Biene-Beispiel in Karl Marx' *Kapital* (in: ders., Friedrich Engels, *Werke*, Berlin 1962, Bd. 23, S. 193) sagen: Noch die elaborierteste soziale Ordnung der Tiere teilt nicht die Gestaltbarkeit der menschlichen Lebensform.

87 Hier treffe ich mich mit der von Hannah Arendt im Anschluss an Aristoteles hervorgehobenen Unterscheidung von »bloßem Leben« und dem Leben in einer menschlichen Welt bzw. dem *bíos* als gestaltetem menschlichen Leben, die »einem Einzelnen oder einer Gruppe eigene Form oder Art zu leben«, die auch für Giorgio Agambens Verwendung des Begriffs »Lebensform« maßgeblich sein dürfte. Vgl. Hannah Arendt, *Vita Activa oder Vom tätigen Leben*, München 1958, und Giorgio Agamben, *Mittel ohne Zweck*, Zürich, Berlin ²2006, S. 13.

88 Das nimmt Giorgio Agamben in seiner Bindung der Lebensform an den Be-

prägende Struktur entgegentreten und sich zu Gewohnheiten verfestigt haben, haben sie ihren Ursprung in praktischen Vollzügen und reproduzieren sich in diesen. Auch die »Gewohnheitsseite«, das »Feste« und »Vorgängige«, als das Lebensformen uns begegnen, lässt sich auf menschliche Aktivität zurückführen. Es ist »sedimentierte« menschliche Aktivität. Es gilt nun, die Mechanismen dieser Sedimentierung oder Verfestigung zu verstehen.

Materialität und Institutionalisierung

Der erste Mechanismus der Sedimentierung lässt sich auf den Umstand zurückführen, dass Lebensformen *ebenso materielle wie geistige Gebilde* sind. Lebensformen als »Ensembles von Praktiken« umfassen, so hatte ich behauptet, auch deren Materialisierungen. Es ist gerade der Vorzug des Begriffs der Lebensform, dass er materielle Manifestationen und Verkörperungen von Einstellungen und Praktiken umfasst. Nicht umsonst lässt sich aus hinterlassenen Artefakten einer vergangenen sozialen Formation auf den Charakter des in dieser Epoche geführten Lebens schließen. Lebensformen haben eine materielle oder besser »dingliche« Seite, von der sie geprägt sind und die sie prägen.[89]

Das lebensformspezifische Verständnis zum Beispiel der Art

griff der »Lebensmöglichkeit« auf, dem zufolge Lebensformen »niemals einfach Tatsachen sind, sondern immer und vor allem Lebens*möglichkeiten*, immer und vor allem Potenz. Verhaltensweisen und Formen menschlichen Lebens sind niemals von einer spezifischen biologischen Anlage vorgeschrieben oder durch irgend eine Notwendigkeit festgesetzt, sondern sie bewahren, wie sehr sie auch gewohnt, wiederholt und gesellschaftlich verpflichtend sind, doch immer den Charakter einer Möglichkeit, setzen also immer das Leben selbst aufs Spiel.« (Ebd., S. 14.)

89 Dass Lebensformen eine dingliche Seite haben, sagt umgekehrt auch etwas über den Charakter der Überzeugungen und Einstellungen aus, die hier im Spiel sind. Vgl. Alasdair MacIntyre, *Whose Justice? Which Rationality?*, Notre Dame 1988, S. 355: »Da Überzeugungen in und durch Rituale, rituelle Dramen, Masken und Kleidungsweisen, durch die Art, in der Häuser strukturiert und Häuser und Dörfer angelegt werden, und natürlich überhaupt durch Handlungen ausgedrückt werden, sollte die Bildung von Überzeugungen nicht allein in intellektualistischen Begriffen verstanden werden bzw. sollte der Intellekt nicht entweder als cartesischer Geist oder materialistisch als Gehirn verstanden werden, sondern als das Medium, durch das denkende Individuen sich zu einander und zu natürlichen und sozialen Gegenständen, so wie diese sich ihnen darstellen, verhalten.«

und Weise, wie zwischen öffentlich und privat zu unterscheiden ist, manifestiert sich auch städtebaulich.[90] Umgekehrt ermöglichen (oder erzwingen) solche Materialisierungen bestimmte Lebensformen. Man sieht hier, wie beide – die materielle wie die immaterielle Dimension von Lebensformen – einander durchdringen, sich wechselseitig beeinflussen und bedingen. Etwas vereinfacht gesagt: Wenn Stadtplanung und Architektur Ausdruck einer Lebensform sind, so gibt umgekehrt die damit geschaffene Gestalt der Stadt – jedenfalls teilweise[91] – vor, wie in ihr zu leben ist.[92] Es ist dieses Moment der Materialisierung, das dazu beiträgt, dass Praxis hier nicht nur in aktueller oder »flüssiger« Gestalt auftritt, sondern sich verfestigt. Die Dinge sind schon da, wenn wir handeln, und sie sind nicht so schnell wieder weg. Sie überdauern – Hannah Arendt hat das für die dingliche Welt generell ausgeführt – unser Handeln und Dasein in der Welt.[93]

Dasselbe gilt für *Institutionen* beziehungsweise die institutionalisierten Anteile von Lebensformen. Wenn sich Institutionen und Lebensformen, wie oben (Abschnitt 1.1) ausgeführt, durch unterschiedlich feste Aggregatszustände unterscheiden, dann ist der Umstand, dass Lebensformen neben materiellen Aspekten auch institutionalisierte Anteile beinhalten, ein weiterer Grund für die

90 Man vergleiche die mexikanischen, zum Innenhof ausgerichteten Häuser und die dementsprechend aus Mauern bestehenden Straßenzüge mit der in italienischen Städten zu findenden Verlagerung des Wohnzimmers auf die Straße. Oder die Urbanität offener Versammlungsplätze mit dem Sony Center am »Nicht-Ort« (Marc Augé) des Potsdamer Platzes in Berlin. Vgl. dazu die Eingangsszene des Romans von Ulrich Peltzer, *Teil der Lösung*, Zürich 2007.

91 Diese plakative Bemerkung übersieht absichtlich alle Grauzonen und Zwischenschritte der widersinnigen Aneignung, über die vor allem in der Stadtsoziologie auf höchst interessante Weise geforscht wird. Mir geht es hier nur darum, auf diese Wechselverhältnisse zwischen materieller Gestalt und Lebensform überhaupt hinzuweisen.

92 Das lässt sich analog zum Artikulationsmodell, wie Charles Taylor es versteht, denken: In den Häusern und Plätzen artikuliert und materialisiert sich etwas, das es vorher nicht gegeben hat, das erst dadurch Gestalt angenommen hat und in dieser jetzt artikulierten Gestalt zurückwirkt auf das Selbstverständnis und die Lebensmöglichkeiten derer, die es geschaffen und geformt haben. Insofern wird hier nicht einfach nur dinglich verfestigt, was es bereits gibt, sondern immer auch Neues geschaffen. Zu dieser Interpretation des Artikulationsmodells vgl. Taylor, »Was ist menschliches Handeln?«, a. a. O., S. 38-41.

93 Vgl. Arendt, *Vita activa*, a. a. O., Kap. 4.

»Trägheit« des Praxiszusammenhangs von Lebensformen. Auch Institutionen überdauern ja typischerweise die in ihnen erfassten »lebendigen« Praktiken oder sind in der Lage, ihnen eine Form zu geben, die sie überdauert. Und ebenso wie durch die materielle Dimension werden durch Institutionen – man denke nur an die rechtliche Kodifizierung von Liebesbeziehungen zur Ehe – Formen vorgegeben, in denen sich die Individuen unwillkürlich vorfinden und die deren Lebens- und Handlungsmöglichkeiten prägen.

Gewohnheit und implizites Wissen

Neben den Vorgängen von Materialisierung und Institutionalisierung ergibt sich das dritte Moment der charakteristischen Trägheit des Praxiszusammenhangs einer Lebensform aus dem oben bereits angesprochenen Umstand, dass Praktiken (und damit auch Lebensformen) *Gewohnheitscharakter* haben. Auch das hat für den Aggregatzustand von Lebensformen Konsequenzen. Gewohnheiten und Routinen erleichtern praktische Abläufe und ermöglichen sie – als stabiler Rahmen – manchmal sogar erst. Das macht sie aber auch zu Momenten der Trägheit, sofern sie sich gerade dadurch nicht leicht ändern lassen. In Gewohnheiten und Routinen fällt man gegebenenfalls zurück, selbst dann, wenn man sie ändern will. Nicht umsonst nennt William James die Gewohnheit den »konservativen Agenten« innerhalb des sozialen Lebens.[94]

Wenn Gewohnheiten nicht jederzeit verfügbar und nicht jederzeit gestaltbar sind, so liegt das unter anderem an dem erwähnten Umstand, dass man mit Bezug auf gewohnheitsmäßige Abläufe nicht jedes Mal wieder neue Absichten bildet. Wenn David Hume Gewohnheit (*custom* beziehungsweise *habit*) als die Neigung, eine »Handlung oder Tätigkeit ohne irgend einen Anstoß durch einen Denkakt oder Verstandesvorgang zu erneuern«[95] auffasst, so erklärt er das Beharrungsmoment, das mit der Gewohnheitsbildung einhergeht, aus dem Überspringen von Reflexion, die doch erst die Weichenstellung für eine erneute Entscheidung und die Umlenkung von Handlungsabläufen sein könnte.

94 Vgl. William James, *Principles of Psychology*, o. O. 1950, Bd. 1, S. 121: »Gewohnheit ist also ein gewaltiges Schwungrad der Gesellschaft, ihr wertvollster konservativer Agent.«

95 Hume, *Eine Untersuchung über den menschlichen Verstand*, a. a. O., S. 55.

Wenn also Lebensformen zu einem nicht geringen Teil auf Gewohnheiten und praktischen Routinen beruhen, dann gelangen die Abläufe und Dispositionen, aber auch die Einstellungen und Zuschreibungen, die sich mit ihnen verbinden, teilweise gar nicht erst in den reflexiven »Vordergrund«, in dem die entsprechenden Handlungsdispositionen disponibel werden könnten. Joachim Renn knüpft deshalb die Existenz von Lebensformen an das Konzept »impliziten Wissens« und an das des praktischen Know-how:

> Lebensformen können [...] als Formen der Vergemeinschaftung gelten, die nicht durch formale Organisation und nicht einmal durch selbstgewählte konkrete Explikationen, sondern durch die kollektive Übereinstimmung zwischen impliziten, komplexen Dispositionen des Sprechens und Handelns integriert werden. [...] Soziokulturelle Lebensformen beruhen auf kultureller Übereinstimmung, sofern Kultur hier habituelles know how bedeutet, das im Modus impliziter Selbstverständlichkeit praktisch wirksam ist.[96]

Unsere Lebensformen »kennen« wir dann weniger, als dass wir uns »in ihnen auskennen«. Wir bewegen uns, so die These, primär *praktisch* in Lebensformen und sind mit den sie konstituierenden Normen vertraut durch praktischen Nachvollzug. Wir »wissen« davon nur implizit, sofern zur Beherrschung und zum Nachvollzug der jeweiligen Praxis ein solches Wissen gehört, das aber nicht jeweils aktualisiert werden muss und auch nicht in jeder Hinsicht – bewusst – verfügbar ist.[97]

Nun wird das aus den Überlegungen des Wissenschaftstheoretikers und Philosophen Michael Polanyi[98] stammende Motiv des impliziten Wissens (oder *tacit knowledge*) und das damit verbundene Motiv des Know-how (als Können auf der Grundlage eines praktischen Wissens um Handlungsabläufe, das größtenteils implizit ist) manchmal etwas undifferenziert verwendet. Die für unsere

96 Joachim Renn, »Explizite Vergesellschaftung«, in: Liebsch, Straub (Hg.), *Lebensformen im Widerstreit*, a. a. O., S. 82-105, hier S. 95.

97 Dies betont auch Pierre Bourdieus Verständnis des Habitus. Bourdieu sieht in der damit angesprochenen Internalisierung von objektiven Lebensbedingungen den Ursprung des »praktischen Sinns«, mit dem sich die Akteure in der sozialen Welt orientieren. Vgl. u. a. Pierre Bourdieu, *Sozialer Sinn. Kritik der theoretischen Vernunft*, Frankfurt/M. 1993, insbes. Kap. 3.

98 Vgl. u. a. Michael Polanyi, *Implizites Wissen*, Frankfurt/M. 1985.

Fragestellung relevanten Hinsichten aber, in denen Wissen implizit und Können genuin praktisch sein kann, lassen sich am Beispiel des Autofahrens und der Fahrpraxis gut erläutern.

Nicht umsonst spricht man davon, dass jemand nach bestandener Führerscheinprüfung noch »Fahrpraxis« erwerben muss, um wirklich Autofahren zu können. Das verweist *erstens* darauf, dass die Betreffende nicht etwa die Regeln des Autofahrens noch besser als schon geschehen lernen muss. Sie muss die Regeln im Gegenteil bis zu einem bestimmten Grad vergessen und das Gelernte – Kupplung langsam kommen lassen, dann Gas geben, Rechts-vor-links-Regel beachten – in der Weise »verinnerlichen« und »in Fleisch und Blut übergehen lassen«, dass es zu einer routinisierten, quasiautomatischen Handlungsabfolge wird, die nicht immer wieder neu vergegenwärtigt werden muss. *Implizit* ist dieses Wissen dann, sofern man bei ausreichender Erfahrung die einmal gelernten Regeln nicht mehr ständig bewusst zur Verfügung haben muss und sie irgendwann auch nicht mehr verfügbar hat. Daneben mag es aber *zweitens* Aspekte des Fahrenkönnens geben, die man nicht etwa vergessen oder in den Hintergrund hat sacken lassen, sondern deren Regeln man noch nie gekannt hat. So wie manche Menschen grammatikalische Regeln richtig anwenden, ohne sie erläutern zu können, gibt es Anteile des Fahrenkönnens, die man kann, ohne dafür eine Regel gelernt zu haben – obwohl diese Regeln prinzipiell explizierbar wären. Davon zu unterscheiden sind nun *drittens* die Aspekte des Autofahrens, die auf eine Weise erfahrungsgebunden sind, dass man (formalisierte) Regeln dazu gar nicht finden kann oder dass diese viel zu komplex wären, um noch erhellend oder praktisch vermittelbar zu sein. Hier ist nicht ein Regelwissen implizit geworden oder nur implizit vorhanden, sondern diese Regeln lassen sich wegen der Spezifik der Umsetzung gar nicht formulieren. Selbst das simple »Kupplung vorsichtig loslassen, bis sie kommt, und dann Gas geben« ist ein Vorgang, den man letztendlich nur durch Ausprobieren – also *in* der Praxis – erlernen kann, auch wenn einem der prinzipielle Ablauf durch Kenntnis der entsprechenden technischen Gegebenheiten bereits vorher klar sein mag. Praktisches Können kann in diesen Fällen vom theoretischen Wissen gar nicht vollständig eingeholt werden: »Wir wissen mehr, als wir zu sagen vermögen« (Michael Polanyi). Das praktische Erlernen von Kompetenzen lässt sich dann nicht mehr als Umsetzung des vorher kognitiv Verstandenen fassen, Wissen und Tun lassen sich nicht als zwei Schritte separieren.

Implizit kann Wissen also sein, weil wir seine explizite Version (die expliziten Regeln) in Routinen *vergessen* haben, weil wir das, was wir wissen, *nicht verbalisieren können* (die Regeln nicht explizit kennen, aber sie anwenden) oder weil es sich um praktisches Erfahrungswissen handelt, das zu komplex oder nicht formalisierbar ist und nur *im praktischen Vollzug* erworben beziehungsweise ausgeübt werden kann. Die einflussreich gewordene These ist nun, dass diese Art des Wissens keine nebensächliche Erscheinung ist, sondern systematische Schlussfolgerungen über unseren Umgang mit der Welt und das Verhältnis von Wissen und Praxis erlaubt. Was Stuart Hampshire in einem wirkmächtigen Aufsatz als »*inexhaustibility of description*« (»die Unerschöpflichkeit der Beschreibung«) bezeichnet, gründet entsprechend darin, dass nur ein Teil der Absichten und Gründe, die handlungswirksam sind, jeweils im »Vordergrund« unseres Agierens steht oder überhaupt stehen kann.[99]

Das Konzept von implizitem Wissen und Know-how erklärt nun tatsächlich einige Aspekte unseres Umgangs mit und innerhalb der uns umgebenden Lebensformen. Auch hier »wissen« wir selten von allen Implikationen der jeweiligen Praxis beziehungsweise Praxiszusammenhänge, in die wir involviert sind und die wir praktisch »beherrschen«. Diese sind zu komplex, um reflexiv vollständig zugänglich zu sein. Stuart Hampshire hat angesichts seiner Analyse der *manners* (in der deutschen Übersetzung: »Manieren«, besser aber: »Sitten und Gebräuche«) den treffenden Begriff *condensed thinking* geprägt[100] und damit zum Ausdruck gebracht, dass wir auch in Bezug auf gesellschaftliche Gepflogenheiten habituell und intuitiv agieren, dass die Regeln unseres Handelns in diesen Fällen überdeterminiert und nicht zur Gänze explizierbar sind. Dann aber agieren wir hier auf einem »Boden des Selbstverständlichen« (Ludwig Wittgenstein), in einem »Modus impliziter Selbstverständlichkeit«, in dem wir uns nicht alle diese Regeln des Umgangs permanent vor Augen führen können oder müssen.

99 Vgl. Stuart Hampshire, »Public and Private Morality«, in: ders., *Morality and Conflict*, Cambridge 1979, S. 23-53. Zur Unerschöpflichkeit der Beschreibung vgl. ebd., u. a. S. 30.

100 Zur Analyse der *manners* vgl. ebd., S. 26-29; zum *condensed thinking* vgl. ebd., S. 25 ff.

Aus den Motiven des impliziten Wissens und dem sich mit der Vollzugsform von Praktiken verbindenden Moment des Knowhow ergeben sich also weitere Anhaltspunkte dafür, wie sich die Momente der Unverfügbarkeit erklären lassen, die sich zur »Trägheit« des Praxiszusammenhangs von Lebensformen akkumulieren. Was man nicht explizit kennt, kann man, so scheint es jedenfalls, nicht so leicht ändern. Und was selbstverständlich ist, dafür braucht man keine Gründe – und so können Gegengründe hier auch nicht wirksam werden.

Störquellen als Anlass der Explikation

Nun neigen einige Autoren dazu, diese Momente von Sedimentierung, Gewohnheitsbildung und implizitem Wissen allzu schnell als Gegenmodell zu (ihrer Deutung nach übersteigerten) Vorstellungen von Reflexion und Kritisierbarkeit in Anschlag zu bringen und damit die Unverfügbarkeitsseite von Lebensformen zu verabsolutieren. Will man demgegenüber das Moment des Gestaltungsspielraums erläutern, das sich mit Lebensformen als »zweiter Natur« dennoch verbindet, kann man die Geschichte auch anders erzählen und dabei eine andere Seite akzentuieren.

Dass Wissen implizit sein kann, bedeutet in den meisten Fällen nicht, dass es nicht explizierbar wäre; dass Gewohnheitsbildung die Formierung von Absichten in den Hintergrund treten lässt, bedeutet nicht, dass diese nicht irgendwann einmal im Vordergrund gestanden haben oder dass es gar keine Regeln oder Prinzipien gäbe, von denen sie geleitet wären. Und dass man sich Praktiken im Vollzug aneignet, bedeutet nicht prinzipiell, dass sich dieser nicht verändern kann. Das gilt für die individuelle wie für die kollektive Seite der Gewohnheitsbildung. Tatsächlich ist nämlich umgekehrt der Vorgang, in dem Implizites *explizit gemacht* wird und Praxisvollzüge thematisiert werden, gang und gäbe.

Auch Handlungen, die wir im Normal- und Routinefall unwillkürlich ausführen und um deren interne Regeln wir nur implizit wissen, werden nämlich regelmäßig genau dann explizit gemacht, wenn eine *Störung* auftritt, die den Ablauf unterbricht oder problematisch werden lässt, wenn also die ansonsten unproblematisch sich vollziehenden Handlungsabläufe aus irgendwelchen Gründen ins Stocken geraten. Von Martin Heidegger über William James zu

Wittgenstein und John Dewey ist das Motiv verbreitet, das Stuart Hampshire folgendermaßen auf den Punkt bringt:[101]

> Es ist eine bekannte Tatsache, dass die meisten meiner routinierten Handlungen ausgeführt werden, ohne dass ich weiß, wie ich sie ausführe, es sei denn, ich werde in ihrer Ausführung mit einem Hindernis konfrontiert.[102]

Im Fall einer Störung oder Irritation wird also die Handlungsroutine »auffällig« (Heidegger), muss das implizite und »praktische« Wissen reaktiviert, transparent gemacht oder neu formuliert werden. Wenn ein Vorgang nicht so funktioniert, wie er funktionieren sollte, muss Wissen wieder mobilisiert werden, müssen die routinisierten Handlungsabläufe noch einmal ausdrücklich gemacht, neu bewertet und gegebenenfalls neu justiert werden. Solche Störungen ereignen sich nicht nur auf der Ebene technisch-instrumenteller Vollzüge, wenn, wie Martin Heidegger es dargestellt hat, das »Zeug auffällig« wird, weil es nicht in der gewohnten Weise »zuhanden« ist (etwa, wenn es kaputt ist); sie ereignen sich auch im alltäglichen zwischenmenschlichen Umgang. Wenn derjenige, dem ich die Hand geben will, diese irritiert zurückzieht, muss ich mir klarmachen, dass ich womöglich in einem Land bin, in dem die Begrüßung per Handschlag unüblich ist, und werde entsprechend die Situation überbrücken und auf ein anderes Begrüßungsritual umstellen.

Störanfällig in diesem Sinne sind aber nicht nur einzelne Praktiken. Auch Lebensformen als solche (also als interpretierter Zusammenhang von Einstellungen und Praktiken, der im Normalfall in den Hintergrund gerückt ist oder den »Boden des Selbstverständ-

101 Vgl. Martin Heideggers Analyse des »Auffälligwerdens des Zeugs« in: ders., *Sein und Zeit*, a. a. O., §§ 16, 22; zu Wittgenstein vgl. David Bloor, *Wittgenstein, Rules and Institutions*, London 1997. Die Idee, dass im Problemfall implizite Mechanismen »auffällig« und ausdrücklich werden, taucht aber schon in der Phänomenologie Edmund Husserls auf und wird uns bei John Dewey wiederbegegnen.

102 Hampshire, »Public and Private Morality«, a. a. O., S. 25. Hampshire überträgt den impliziten Charakter auf die Lebensführung insgesamt und schließt daraus auf die notwendige Vagheit von deren Prinzipien: »Der Begriff Lebensform [*way of life*] ist allein deshalb vage, weil er nicht nur explizite und frei gewählte Ideale des Verhaltens meint, sondern auch Ideale, die nicht explizit formuliert wurden und die Ausdruck nicht vollständig bewusster Präferenzen, Gefühle und Bestrebungen sein können.« (Ebd., S. 19.)

lichen« bildet, dessen genaue Gestalt den Beteiligten selten explizit bewusst ist) werden in manchen Situationen von Störungen heimgesucht und dadurch über die Aufmerksamkeitsschwelle gehoben.

Es ist ein bekanntes Phänomen, dass sich die Prägung bestimmter Lebensformen in der Konfrontation mit anders gestalteten Lebensformen plötzlich bemerkbar macht. Einzelne Praktiken oder deren Materialisierungen (man denke an die schon erwähnten Begrüßungsrituale oder *Dating*-Praktiken oder an die Konfrontation mit dem städtisch-öffentlichen Raum, wenn man sich zum ersten Mal in einem US-amerikanischen *suburb* oder in einer westdeutschen Kleinstadt bewegt) sind dann nicht nur irritierend, sondern formieren sich zur irritierenden Andersartigkeit einer ganzen Lebensform, vor der die eigenen Gewohnheiten und das für selbstverständlich Gehaltene überhaupt erst hervortreten. Es sind ebensolche Störmomente, in denen wir auf die von uns hervorgebrachten Zusammenhänge von Praktiken *als* Lebensform reflektieren, diese uns als solche und als Zusammenhang bewusst werden.[103] In solchen Situationen wird eine Lebensform »auffällig«, und es kommt (analog zur oben beschriebenen Readjustierung von Praktiken) zur Aktualisierung des Zusammenhangs einer Lebensform in Form der Artikulation oder Neuartikulation des Selbstverständnisses von etwas *als Lebensform*.

So etwas mag häufiger oder seltener auftreten. Vordringlich werden solche Explikationen, Interpretationen und Manifestationen der eigenen Lebensform als Lebensform in Situationen, in denen diese mit unerwarteten Bedingungen konfrontiert ist, in denen sie sich abgrenzen muss oder in Konflikte gerät. So scheint es für die Lebensformen der Moderne zu ihren Hochzeiten (die ja gleichzeitig Konfliktzeiten waren) geradezu charakteristisch zu sein, dass sie sich in reflektierter und programmatischer Abgrenzung zu nicht-

103 Dass sich solche Störmomente auch bewusst herbeiführen lassen, belegen Praktiken wie die des unsichtbaren Theaters, situationistischer Aktivisten oder der sogenannten Kommunikationsguerilla. Vgl. dazu Augusto Boal, *Theater der Unterdrückten*, Frankfurt/M. 1979, und: Luther Blisset, Sonja Brünzels, *Handbuch der Kommunikationsguerilla – Wie helfe ich mir selbst*, Hamburg, Berlin ^{4}2001. Vgl. programmatisch für die situationistischen Interventionen in die Alltagsvollzüge und deren Versuche, das Selbstverständliche seiner Selbstverständlichkeit zu entkleiden: Guy Debord, *Gesellschaft des Spektakels*, Berlin 1996.

modernen Lebensformen befanden. Und auch traditionelle Lebensformen werden programmatisch und explizit, sobald sie unter Druck geraten.[104]

Festhalten lässt sich an dieser Stelle Folgendes: Werden Lebensformen unter solchen Konflikt- und Transformationsbedingungen als Lebensformen explizit, so gerät der »Boden der Selbstverständlichkeiten« ins Wanken. Ist also einerseits der Zusammenhang einer Lebensform ein Hintergrund, der als solcher gerade nicht thematisiert wird und nicht thematisiert werden muss, so gilt auch hier, dass sich dieser als Praxiszusammenhang manchmal – und das bedeutet meistens: im Fall einer Störung – aufdrängt, dann aber auch explizit und nachvollziehbar und damit gestaltbar und verhandelbar machen lässt. Genau dann aber zeigt sich, dass auch das implizite Wissen ein Wissen ist, dass auch implizite Gründe Gründe sind und der Modus der impliziten Verständigung und der impliziten »kulturellen Übereinstimmung« (von der Joachim Renn spricht) eingeübt worden, also hergestellt ist und manchmal wieder neu eingeübt werden muss.

Wichtig wird dieser Befund nun, wenn man sich klarmacht, dass man das Motiv der »Störung« nicht immer auf die grellen Ausnahmen oder dramatischen Krisensituationen beschränken muss, die es zu suggerieren scheint. Störungen sind in großem oder kleinem Umfang keineswegs selten, das Auftreten von Handlungshemmnissen – wie jede Handwerkerin weiß – eher die Regel als die Ausnahme. Natürlich sind wir selten dazu genötigt, alle Praktiken und alle Aspekte einer Lebensform gleichzeitig explizit zu machen, uns zu ihnen zu verhalten, uns über sie zu verständigen oder sie neu zu adjustieren. Aber in Bezug auf den einen oder anderen Aspekt passiert es doch häufiger, als die Rede von der »Ausnahme« es vermuten lässt. Ja, man könnte sogar behaupten, dass das Aushandeln und Adjustieren ein konstitutives Moment der Etablierung und Aufrechterhaltung von Lebensformen ist.

104 Man muss hier nicht bis zur These, dass der Fundamentalismus eine Reaktion auf die Moderne sei, ausgreifen. Schon Norbert Bolz' Manifest für traditionelle Familienwerte, *Die Helden der Familie*, München 2006, ist ein Beispiel für eine solche reaktive Programmatik.

Auch der »Boden des Selbstverständlichen« selbst ist dann nicht so selbstverständlich, wie es den Anschein hat. Auch dieser muss erst bereitet werden und wird in den teils impliziten, teils expliziten Aushandlungsprozessen der Teilnehmer einer sozialen Welt hergestellt. Dass die in Lebensformen eingelagerten Praktiken teilweise impliziten und vorreflexiven Charakter haben, ändert dann nichts daran, dass man den Vorgang der Übernahme und Teilhabe an ihnen dennoch als einen aktiven Prozess beschreiben kann. Implizit kann nämlich nicht nur das in die Praktiken eingelagerte Wissen und Selbstverständnis sein; implizit sind manchmal auch die Aushandlungsmechanismen, in denen das Selbstverständliche erst hergestellt wird. Selbst die Übernahme sozialer Gewohnheiten hat dann, folgt man den Beschreibungen der Ethnomethodologen, aktiven Charakter, auch hier gibt es implizite Stellungnahmen und Elemente praktischer Konstitution, die die Beteiligten als Gestaltende und nicht nur als passive Empfänger erscheinen lassen. Schon das Funktionieren der alltäglichen Praxis ist, dieser Beschreibung nach, als fortwährender, wenn auch nicht immer verbaler Aushandlungsprozess zu verstehen.[105]

Die Akteure sind also immer beides, rezipierend und produzierend, sie finden die gesellschaftlichen Strukturen ebensosehr vor, wie sie sie konstituieren. Dann aber darf man sich auch die Kluft zwischen dem erstmaligen Erschaffen und dem Übernehmen der in Lebensformen »eingelagerten« Praktiken nicht übermäßig groß vorstellen. Lebensformen werden nämlich in der (aktiv vorzustellenden) Übernahme immer auch wieder neu erschaffen. Selbst wenn sie nicht aus dem Nichts geschaffen werden, so werden sie in einem solchen Aneignungsprozess immer schon gestaltet und

105 Vgl. vor allem Harold Garfinkel, dessen zuerst 1967 erschienenes Buch *Studies in Ethnomethodology* (Englewood Cliffs/NJ) als Ursprungstext der Ethnomethodologie gelten darf. Vgl. dazu auch Robin Celikates, *Kritik als soziale Praxis. Gesellschaftliche Selbstverständigung und kritische Theorie*, Frankfurt/M., New York 2009, Teil II. Auf den dynamischen Charakter der Konstitution gesellschaftlicher Strukturen weist auch Anthony Giddens' »Theorie der Strukturierung« hin, die den dynamischen Prozessen nachgeht, in denen die scheinbar festen gesellschaftlichen Strukturen entstehen, vergehen und von den Akteuren verändert werden. Vgl. Giddens, *Die Konstitution der Gesellschaft*, a. a. O.

transformiert.[106] Es erscheint deshalb sinnvoll, von der *Teilnahme an* Lebensformen als einer *Reproduktion von* Lebensformen zu sprechen, sofern diese eine aktive Teilnahme, aber auch das Umgehen mit dem Vorgegebenen (also den Umstand, dass hier nicht *ab ovo* gestaltet wird) umfasst. Eine solche Reproduktion ist dann keine bloße Wiederholung, sondern ein selbst wiederum kreatives Geschehen, das die Transformation des Reproduzierten einschließt.

Sind Lebensformen demnach etwas, das durch unser Handeln geschaffen wird? Oder sind sie das, was unser Handeln prägt und ermöglicht, und damit eher so etwas wie Hintergrundbedingungen unseres Handelns? Nach dem bisher Gesagten ist das eine falsche Alternative. Lebensformen sind durch unser Handeln geschaffen *und* werden als von uns Geschaffenes zu Hintergrundbedingungen unseres Handelns. Wo Lebensformen eine Komponente von »Trägheit«, von Unverfügbarkeit und »Gegebenheit« haben, kommt diese dadurch zustande, dass sich in ihnen Praxis sedimentiert hat. Lebensformen sind Gebilde, in denen vergangene Handlungen »abgesackt« sind. Aber auch diese Elemente müssen immer wieder reaktualisiert werden, wenn sie zum »lebendigen« Zusammenhang einer Lebensform werden sollen; und sie können reaktualisiert werden, wenn Lebensformen in den Prozess von Hinterfragung und Transformation geraten, den ich »Kritik« nennen will.

Instituierbarkeit von Lebensformen

Zu diesem Befund passt auch, dass die Entwicklung einer bestimmten Lebensform häufig als ein Prozess zu verstehen ist, in dem diese Lebensform teils »naturwüchsig« (was hier nur heißen soll: ohne planenden Eingriff) *gewachsen* ist, teils in irgendeinem Sinne »initiiert« oder *gegründet* (zum Beispiel politisch geschaffen oder programmatisch geplant) ist.[107] Elemente der planenden Set-

106 Das ist übrigens ein Moment, das selbst Hans-Georg Gadamer für den Prozess der Übernahme von Traditionen hervorhebt, obwohl diese bei ihm dadurch ausgezeichnet sind, dass sie »vor jeder Begründung« gelten – und dass man in sie »einrückt«. Vgl. Gadamer, *Wahrheit und Methode*, a. a. O., S. 285 f.

107 Ein gutes Beispiel dafür ist die sehr planmäßige Durchsetzung des christlichen Familienkonzepts mittels Veränderungen des Ehe-, Erb- und Adoptionsrechts im Mittelalter, wie Jack Goody sie beschreibt, vgl. ders., *Die Entwicklung von Ehe und Familie in Europa*, Frankfurt/M. 1989.

zung gehen mit Elementen der ungesteuerten Entwicklung einher. Es ist aber für den Charakter einer Lebensform wichtig, dass sie sich, welche instanziierend-programmatischen Aspekte auch immer bei ihrer Genese eine Rolle gespielt haben mögen, »eingespielt« haben muss. Nicht aus jedem Programm kann eine Lebensform werden – es gibt Widerständigkeiten, die sich der Instituierung entziehen. Dieser Punkt lässt sich an der Architekturdebatte des frühen 20. Jahrhunderts illustrieren: Ganz ausdrücklich wird in den Manifesten schon des Jugendstils und später der klassischen Moderne eine neue Architektur für eine neue Lebensform gefordert, und zwar nicht nur in dem Sinne, dass sie dieser als etwas, das es bereits gibt, zu entsprechen habe, sondern auch im Sinne der Gründung oder des Initiierens neuer Lebensformen.[108] Die Architektur soll also als Wegbereiter und Initiator einer Lebens-*Re*form auftreten. Gerade in diesem Zusammenhang ist dann aber – der Architekturtheoretiker Julius Posener arbeitet das in seinen Beiträgen zur Architektur der 1920er Jahre prägnant heraus – kritisiert worden, dass diese Programmatik an den Lebenswirklichkeiten vorbeigegangen sei. Die neue Architektur habe sich demnach nicht mit den eingespielten Gewohnheiten und Bedürfnissen zu einer neuen Lebensform zusammengefügt beziehungsweise habe sich als solche nicht durchsetzen können, weil sie mit den eingespielten Lebensgewohnheiten der Menschen nicht kompatibel gewesen sei.[109]

Lebensformen beruhen also auf Praktiken, die sich entwickeln, die sich als Praktiken aber auch verändern (lassen) – und die sich manchmal einem äußeren oder institutionellen Anstoß verdanken. So lehrt Pierre Bourdieus Untersuchung über den Eigenheimbau in

108 Julius Posener schildert den Anspruch der Architektur um die Jahrhundertwende folgendermaßen: »Der Jugendstil aber trat mit dem Anspruch auf, nicht nur die Formen des Lebens zu erneuern, sondern seinen Sinn. [...] Bis dahin hatte sich der Architekt bemüht, neuen Aufgaben gerecht zu werden, jetzt übernimmt er eine aktive Rolle: Er wird zum Erzieher nicht nur zu neuen Formen – und das war viel –, sondern zu einem neuen Leben.« (Julius Posener, »Architektur und Architekten im 20. Jahrhundert«, in: ders., *Was Architektur sein kann. Neuere Aufsätze*, Basel u. a. 1995, S. 9-22, hier S. 11.)

109 »In den zwanziger Jahren haben die Architekten der Avantgarde gemeint, die Architektur könne dazu beitragen, die Gesellschaft zu verändern. Darüber macht man sich heute lustig, aber jede gebaute Umgebung hat eine gesellschaftliche Wirkung.« (Ebd., S. 39.) Nur eben, so könnte man hinzufügen, nicht immer genau diejenige, die von ihren Urhebern geplant war.

Frankreich, dass es nicht unwichtig ist, einen Blick auf die institutionellen und politischen Rahmenbedingungen zu werfen, in denen Lebensformen entstehen (in diesem Fall zum Beispiel die Praxis von Kreditvergaben und politisch gewollte Bebauungspläne).[110] Gleichzeitig aber sollte man die Macht, die solche Momente bewusster Gestaltung haben, auch nicht überschätzen: Zur Gründung oder Veränderung einer Lebensform bedarf es eines »Passungsverhältnisses« mit schon eingespielten Instanzen, und letztlich ist es die Gewohnheitsbildung und die gegenüber dem ursprünglichen Konzept immer auch eigensinnige Verstetigung, die eine Lebensform ausmachen wird.

2.4 Praxis, Kritik, Reflexion

Ich will nun die Weichenstellungen zusammenfassen, die sich aus dem bisher Gesagten für das Verständnis von Lebensformen wie für die Möglichkeit ihrer Kritik ergeben. Die Frage, die sich im Zusammenhang mit der Unverfügbarkeitsdimension von Lebensformen (und dem Charakter der Selbstverständlichkeit) stellt, ist nämlich die Folgende: *Lassen* sich Lebensformen überhaupt kritisieren? Genauer gefragt: Handelt es sich bei Lebensformen, als »träge Zusammenhänge sozialer Praktiken«, überhaupt um Gebilde, auf die sich Kritik sinnvoll richten kann?

Fasst man »Kritik« als einen auf Gründen beruhenden Anstoß zur Transformation eines (sozialen) Gebildes auf, als einen Prozess, in dem die Kritikwürdigkeit des entsprechenden Sachverhalts oder Verhältnisses erkannt, aufgezeigt und eine Veränderung hin zum Besseren angestrebt wird, so qualifiziert sich nur eine bestimmte Art von Gebilden als möglicher Gegenstand der Kritik. Das liegt daran, dass Kritik einen *Adressaten*, die wenigstens prinzipielle Möglichkeit ihrer *Umsetzung* und einen *Maßstab* braucht.

Es ist ganz banal: Das schlechte Wetter lässt sich nicht kritisieren. Wo etwas nicht anders sein kann, als es ist (oder jedenfalls in seinen Veränderungen nicht willentlich zu beeinflussen), ist Kritik widersinnig, selbst wenn Menschen unter dem entsprechenden Sachverhalt leiden. Was (uns) passiert, ohne dass jemand es verur-

110 Vgl. Pierre Bourdieu, *Der Einzige und sein Eigenheim*, Hamburg 1998.

sacht hat und ohne dass irgendjemand auch nur im Prinzip daran etwas ändern könnte, kann sinnvollerweise nicht zum Gegenstand von Kritik gemacht werden. Mit meiner Frage, ob sich Lebensformen kritisieren *lassen*, frage ich also danach, ob es sich bei Lebensformen um Gebilde handelt, die überhaupt veränderbar sind und durch menschliche Aktivität gestaltet und umgestaltet werden können. Auf beides habe ich bereits eine Antwort versucht. Lebensformen sind eingelebte Praktiken und Routinen; sie formen einen Kontext, der das »Selbstverständliche« bedeutet, den Möglichkeitsraum, in dem wir handeln. Das bedeutet aber nicht, dass es sich um Zusammenhänge jenseits der Gestaltbarkeit und jenseits der Begründbarkeit handelt. Bei Anerkennung eines nichtreflexiven Moments von Lebensformen gilt es doch gleichzeitig hervorzuheben, dass diese nicht nur einen Spielraum für Reflexivität lassen, sondern dass dieser sogar zu den Konstitutions- und Erhaltungsbedingungen von Lebensformen gehört. Lebensformen sind als *zweite* Natur trotz der beschriebenen Trägheitsmomente gestaltet und (um-)gestaltbar. Nun kommt aber ein dritter Aspekt hinzu: Etwas muss nicht nur *schlecht* sein, es muss nicht nur *veränderbar* sein, es muss auch jemand etwas *falsch gemacht* haben, damit es sich um einen Sachverhalt handelt, in Bezug auf den Kritik möglich und sinnvoll ist. Ob wir nun mit Blick auf Lebensformen davon sprechen können, dass hier etwas »richtig« oder »falsch« (gemacht worden) ist, inwiefern also Lebensformen »normative Gebilde« sind, das soll das nächste Kapitel erläutern.

Zweiter Teil
Problemlösungen: Lebensformen als normativ verfasste Gebilde

> Gesellschaft interessiert hier vornehmlich [...] im Zusammenhang damit, daß Gesellschaft etwas ist, das Zähne hat, die beißen können.
>
> *Heinrich Popitz*

Ist im ersten Teil dieser Untersuchung ein Verständnis von Lebensformen als Ensembles sozialer Praktiken entwickelt worden, bei dem sich diese – trotz aller Trägheitsmomente – als von Menschen gemacht und damit als *prinzipiell veränderbar* herausgestellt haben, so ist damit eine erste Vorbedingung für die Möglichkeit einer Kritik von Lebensformen erfüllt. Eine zweite Vorbedingung ist Gegenstand der Überlegungen des jetzt folgenden zweiten Teils. Kritisierbar im eigentlichen Sinne sind nämlich nur diejenigen Gegenstände, die sich *normativ qualifizieren* lassen.

Nur was sich verändern lässt, so hatte ich behauptet, lässt sich kritisieren. Dennoch lässt sich nicht alles kritisieren, was sich verändern lässt. Menschen können den natürlichen Lauf eines Flusses technisch verändern, weil sich dieser als ungünstig für den Zweck der Schifffahrt herausstellt oder weil er ihren Symmetrievorstellungen widerspricht. Es wäre aber seltsam, davon zu sprechen, dass wir in diesem Fall den Fluss »kritisieren« oder dass der technischen Veränderung eine »Kritik« des Flusslaufs vorausginge.

Warum ist es sinnwidrig, hier von Kritik zu sprechen? Nun, weil es nichts gibt, was in Bezug auf den Flusslauf *richtig* oder *falsch* gemacht worden sein könnte. Kritisieren kann man nur Gegebenheiten, in Bezug auf die jemand *etwas getan* hat, das sich als gelungen oder fehlgeschlagen, angemessen oder unangemessen qualifizieren lässt. Das ist beim Fluss nicht der Fall, wohl aber bei einem Bauwerk, bei dem der Architekt versagt oder der Polier geschlampt haben kann. Anders gesagt: Kritisieren können wir etwas nur, wenn eine *Norm* verletzt wurde, die hinsichtlich des entsprechenden Gebildes oder Geschehens Anwendung finden kann, und wenn es eine Instanz gibt, die für diese Verletzung *verantwortlich* gemacht werden kann.

Das gilt auch für die Kritik von Lebensformen. Wir kritisieren eine Lebensform, sofern sie nicht nur anders ist, als sie sein *könnte*, sondern auch anders, als sie sein *sollte.* Lebensformen bewegen sich in einem Raum des Handelns und der Gründe, einem Raum, in dem Menschen etwas tun und dabei etwas richtig *oder* falsch machen können. Deshalb können Lebensformen, im Gegensatz zum Fluss, als angemessen und unangemessen, gelungen oder missglückt, »gut« oder »schlecht« nicht nur *bewertet*, sondern auch *kritisiert* werden. Lebensformen haben einen normativen Zug – und genau das macht sie kritisierbar.

Damit wird ein weiterer Unterschied zwischen Fluss und Bauwerk relevant: Zwar können *wir* an den Fluss Maßstäbe anlegen – Maßstäbe der Schönheit zum Beispiel oder Maßstäbe der Funktionalität. Mit dem Fluss als solchem sind aber keine normativen Erwartungen verbunden, denen er entsprechen oder die er verfehlen könnte. Er ist so, wie er ist, und jeder Anspruch (auf Schönheit oder Funktionalität) wird *von außen* an ihn herangetragen. Nicht nur also macht der Fluss keinen Fehler, wenn er für die Schifffahrt zu flach oder zu krumm ist, er verfehlt auch nicht einen mit ihm selbst gesetzten Anspruch. Das ist beim Bauwerk anders: Es ist nicht sinnwidrig, zu behaupten, dass mit einem Bauwerk der Anspruch gesetzt ist, nicht beim ersten Windstoß einzustürzen oder unserem Schönheitssinn zu entsprechen, auch wenn die genauere Formulierung dieser Ansprüche jeweils strittig sein mag. Hier lässt sich feststellen, ob das Bauwerk den *mit ihm* gesetzten Sinn erfüllt oder eben nicht.

Analog gilt nun, so lässt sich behaupten, für Lebensformen, dass sie nicht nur von uns als gut oder schlecht bewertet werden können, sondern selbst Ansprüche und Normen verkörpern. Wo Lebensformen dann gelingen oder scheitern, tun sie dies, so meine These, mit Bezug auf normative Anforderungen, die mit ihnen und von ihnen selbst gesetzt sowie mit ihren eigenen Vollzugsbedingungen verknüpft sind.

Diesem normativen Zug und damit dem doppelten Umstand, dass Lebensformen intern normativ strukturiert sind und dabei Geltungsansprüche erheben (können), will ich in den *nächsten beiden Kapiteln* nachgehen. Es sind zwei miteinander verbundene Fragestellungen, die sich hier aufdrängen. Zum einen nämlich verweist die Behauptung eines normativen Charakters von Lebensformen auf den Umstand, dass Lebensformen selbst durch Normen zusammengehalten werden oder dass es Normen sind, die sie zu dem machen, was sie sind. Um den Charakter dieser zunächst *internen Normativität* von Lebensformen und um die Kriterien ihrer Erfüllung oder Nichterfüllung wird es im *dritten Kapitel* gehen. Hier wird die These entwickelt, dass Lebensformen als Zusammenhänge von Praktiken normative Gebilde sind, und untersucht, welche Art von Normen in Lebensformen wirksam ist, wie sie wirken und welche Art von Geltungsgrundlage sie in Anspruch nehmen. Geht es damit zunächst um die Anforderungen, die Lebensformen an sich selbst stellen und die mit ihnen sachlich gesetzt sind, so stellt sich weiter die Frage, ob es einen übergreifenden normativen Bezugspunkt für das Scheitern oder Gelingen von Lebensformen als Lebensformen gibt, etwas also, das gut *an ihnen* und nicht nur gut *für sie* ist. Wenn Martin Seel von einem »Ethos der Lebensformen« spricht,[1] so verbindet sich damit die Behauptung, dass in Lebensformen Stellungnahmen impliziert sind, und zwar dazu, *wie man leben soll.* Nun kann man die These vertreten – und sie wird häufig vertreten –, dass Lebensformen als solche eben gerade keine Gründe für ihre Verfasstheit und ihre Existenz geltend machen können, sondern als geschlossenes Bezugssystem eben »so sind, wie sie sind«. Im *vierten Kapitel* wird dazu eine Gegenthese etabliert: Lebensformen lassen sich als (je verschiedene) Weisen der Lösung von Problemen verstehen, die sich uns in historisch und kulturell je spezifischer und normativ vordefinierter Form stellen. Solchermaßen als Problemlösungsinstanzen verstanden bemisst sich ihr Gelingen oder Misslingen an ihrer Fähigkeit zur Lösung dieser sich (mit) ihnen stellenden Probleme. Damit gelten Lebensformen nicht nur, weil sie eben gelten, sondern erheben begründete Ansprüche, anhand deren sie umgekehrt auch kritisierbar sind.

1 Vgl. Martin Seel, »Ethik und Lebensformen«, in: Hauke Brunkhorst, Micha Brumlik (Hg.), *Gemeinschaft und Gerechtigkeit*, Frankfurt/M. 1993, S. 244-259.

3. Kapitel
Die Normativität von Lebensformen

Dass Lebensformen durch Normen konstituiert sind und umgekehrt Normen verkörpern, ist eine weit verbreitete Vorstellung. In seiner Studie über die Lebensformen des Mittelalters definiert der Historiker Arno Borst Lebensformen als »*sanktionierte* soziale Verhaltensweisen«[2] und damit als kollektiv verbindliche, durch Normen konstituierte und zusammengehaltene Gebilde. Entsprechend versteht Wilhelm Flitner in seinem Standardwerk *Geschichte der europäischen Lebensformen* Letztere als »lebendig wirksame Normgefüge«.[3] Lebensformen bestehen, diesem Verständnis nach, aus geschichtlich instituierten und in die alltäglichen Praktiken des Lebens eingelassenen Normen. Es ist allerdings mehr als unklar, was hier eigentlich »Normativität« heißen soll und in welchem Sinne und auf welche Weise Normen in Lebensformen »eingelassen«, in diesen »verkörpert« oder in ihnen »verwirklicht« sind.

Nun drängt sich die normative Verfasstheit von Lebensformen schon aufgrund der oben beschriebenen Vollzugsbedingungen der einzelnen Praktiken auf: Kann man in Bezug auf Praktiken »etwas falsch machen« oder ihren Sinn »verfehlen« (»Das ist doch kein Versteckspiel, wenn Du dir nicht die Augen zuhältst«), so können auch Lebensformen als Ensembles solcher Praktiken defizitär sein. Auch im Zusammenhang mit Lebensformen sagt man ja manchmal: »Das ist doch keine Familie mehr!«, »Das ist doch keine Stadt mehr!« oder: »Und so was nennt ihr Freizeit?!«

Der hier beschriebene Umstand ist bemerkenswerter, als es auf den ersten Blick aussieht; er verweist auf den spezifischen Charakter der in Lebensformen wirkenden Normativität. In diesen Fällen scheint nämlich in die Beschreibung der Lebensformen selbst ein normativer Anspruch eingelassen, der aber zugleich nicht den Charakter einer frei schwebenden bloßen Sollensvorstellung hat. Man stellt, wenn man eine Lebensform auf diese Weise beschreibt, nicht nur fest, wie es sich mit ihr verhält, wie sie sich uns faktisch darstellt; man stellt aber auch keine abstrakten Forderungen an sie,

2 Arno Borst, *Lebensformen des Mittelalters*, Berlin 1979, S. 69.

3 Wilhelm Flitner, *Geschichte der europäischen Lebensformen*, Paderborn 1990, S. 11.

wie sie sein *sollte*. Meine Vermutung ist nun, dass der Schlüssel zum Verständnis der spezifischen Normativität von Lebensformen gerade im dem hier aufscheinenden gleichzeitig deskriptiven wie normativen Charakter solcher Beurteilungen liegt. Mit Hegel gesprochen geht es hier um die Frage, ob ein gegebenes soziales Gebilde »seinem Begriff entspricht« oder nicht. Lebensformen sind also nicht nur überhaupt normativ verfasst, sie sind es auf eine spezifische Weise.

Mehrere Fragen müssen also im vorliegenden Kapitel beantwortet werden: Inwiefern sind Lebensformen normative Gebilde, und auf welche besondere Weise sind Normen in Lebensformen wirksam? Wie sind die in Lebensformen wirksamen sittlichen Normen begründet? Und wie lässt sich mit dem spezifischen Charakter der in Lebensformen wirksamen internen Normativität das Gelingen oder Misslingen von Lebensformen verstehen?

Im *ersten Abschnitt* dieses Kapitels werden einige vorbereitende Hinweise zur Frage, was unter Normen und Normativität überhaupt zu verstehen ist, gegeben. Der *zweite Abschnitt* geht in Auseinandersetzung mit einer von Georg von Wright entworfenen Kategorisierung der Frage nach, *welche Art* von Normen auf *welche Weise* in Lebensformen wirksam ist. Der spezifische Charakter »sittlicher Normen« erschließt sich allerdings, so wird sich hier zeigen, erst dann, wenn man nach den Quellen ihrer Geltung fragt. Im *dritten Abschnitt* werden daher drei Arten der Begründung von Normen unterschieden (konventionelle, funktionale und ethische), um die These zu etablieren, dass die in Lebensformen wirksamen Normen nicht konventionell, sondern nur in einem wechselseitigen Verweisungsverhältnis von ethischen und funktionalen Aspekten begründet werden können. Der *vierte Abschnitt* wertet dieses Ergebnis aus und versucht, den Charakter sittlicher Normen mit Hilfe der an Hegel angelehnten Formel, eine Lebensform könne »ihrem Begriff entsprechen« oder nicht, zu deuten. Das Scheitern von Lebensformen an intrinsisch erhobenen Ansprüchen wird im Anschluss an diese Formel als das Verfehlen von historisch sedimentierten »sozialen Gattungseigenschaften« erläutert. Das *Resümee* schließlich leitet über zur Frage nach dem übergreifenden Geltungsgehalt der so bestimmten Normen.

3.1 Normen und Normativität

Auf den ersten Blick ist die These vom normativen Gehalt der Lebensformen banal, wenn nicht sogar tautologisch. Ist eine soziale Norm »eine Verhaltensregel oder ein bestimmtes Verhaltensmuster«[4] und wirkt sie entsprechend als »Einrichtung, die intendiert, das gemeinsame Leben zu strukturieren und zu regeln«,[5] so ist jedes funktionierende soziale Gebilde zumindest in einem basalen Sinn auf die Strukturierung durch Normen angewiesen. Man kann es sehr allgemein formulieren: Überall wo Dinge nicht von selbst geschehen, sind Normen wirksam. Die Existenz von Normen ist dann Bedingung des Funktionierens sozialer Praxis überhaupt. Was aber genau sind Normen und was bedeutet es eigentlich, vom »normativen Charakter« bestimmter Gegebenheiten zu sprechen?

Ich will im Folgenden einige Charakteristika des Normbegriffs skizzieren, um mich ausgehend davon der komplexen Weise, in der Normen in Lebensformen wirken, zu nähern.[6]

(1) Normen gibt es, salopp gesagt, immer da, wo man etwas falsch machen kann. Normen legen also einen *Standard* fest, dem etwas oder jemand entsprechen oder nicht entsprechen kann.[7] Die Herkunft des Begriffs ist hier instruktiv: Das lateinische *»norma«* bedeutet das Winkelmaß, ein Maß also, mit dem man die Rechtwinkligkeit von Ecken überprüfen kann. Der Gegenstandsbereich von Normen kann dabei ganz unterschiedlich sein, je nachdem ob

4 Simon Blackburn (Hg.), *Oxford Dictionary of Philosophy*, Oxford 1994, s.v. Norm, S. 265.

5 Peter Stemmer, *Normativität. Eine ontologische Untersuchung*, Berlin 2008, S. 239. Heinrich Popitz versteht Normen ähnlich als Verabredungen, die menschliche Gemeinschaft möglich machen, so dass sich sogar von einem »Normierungszwang« als Bedingung der Möglichkeit von Gesellschaft sprechen lässt; vgl. Heinrich Popitz, *Soziale Normen*, Frankfurt/M. 2003, S. 95.

6 Ich lege dabei zunächst einen sehr weiten Normbegriff zugrunde, nicht den engen Begriff moralischer oder ethischer Normen.

7 »Norms cut up behaviour in instances of right and wrong, correct and incorrect.« (Titus Stahl, »The Social Ontological Foundations of Immanent Critique«, unveröffentl. Manuskript, Frankfurt/M. 2008.) Robert Pippin versteht entsprechend das Normative als »eine Klasse von Tätigkeiten, die durch absichtliche Bemühungen charakterisiert sind, ›es richtig zu machen‹«; vgl. ders., *Die Verwirklichung der Freiheit*, Frankfurt/M. 2005, S. 66.

es um technische Abstimmungsvorgänge oder um Regeln der sozialen Kooperation geht.

So legen technische Normen wie zum Beispiel DIN-Formate fest, welchen Maßen ein Blatt Papier entsprechen muss, um unter die entsprechende Norm zu fallen, oder wie ein Zahnrad beschaffen sein muss, um als Zahnrad eines bestimmten Typs klassifiziert zu werden. Die Norm für den Goldstandard legt fest, dass der Feingoldanteil an einem Schmuckstück 24 Prozent betragen muss, damit dieses als »Gold« gilt. Und die Normen der Etikette bestimmen, wer beim Betreten eines Lokals wem den Vortritt zu lassen hat oder wer wem das »Du« anbieten darf. Die Größe eines Blattes Papier, die Beschaffenheit eines bestimmten Zahnrads, der Feingoldanteil eines Armbands oder das Verhalten eines Gastes beim Betreten des Lokals entsprechen dann entweder den zugrunde gelegten Standards oder sie tun es nicht. Mit der Existenz von Normen geht einher, dass hier auf die Wirklichkeit eingewirkt und diese anhand der Normen auf bestimmte Weise beeinflusst oder gestaltet werden soll.

(2) Der Ausdruck »normativ« wird deshalb häufig aus dem Gegensatz zum Ausdruck »deskriptiv« heraus verstanden. Deskriptiv sind unsere Versuche, die Wirklichkeit angemessen zu *be*schreiben; normativ ist im Unterschied dazu alles, was nicht beschreibt, sondern *vor*schreibt, also menschliches Verhalten zu lenken beansprucht. Ein *deskriptiver* Satz ist: »Die Staatsbibliothek am Potsdamer Platz ist ein lichtdurchflutetes Gebäude mit terrassenförmiger Anlage und circa 800 Arbeitsplätzen.« Ein *normativer* Satz ist: »Öffentliche Gebäude müssen pro 200 Benutzer über mindestens einen Notausgang verfügen und im Besitz eines jährlich überprüften Feuerschutzplans sein.« Ein normativer Satz ist auch: »Wir sollten uns in einer Bibliothek still verhalten, um die anderen Benutzer nicht zu stören.«[8]

Die häufig gebrauchte Wendung von der unterschiedlichen »Passungsrichtung« (*»direction of fit«*) ist hier hilfreich: Deskriptive Sätze beanspruchen, *zur Welt* zu passen; normative Sätze wollen,

8 Man kann hiervon noch einen weiteren Typ von Sätzen, nämlich *evaluative* Sätze unterscheiden. Ein solcher wäre zum Beispiel: »Die Staatsbibliothek am Potsdamer Platz ist eine der schönsten Bibliotheken der Welt.« Oder: »Dieses Papier riecht angenehm.« Es ist leicht zu sehen, dass schon die Charakterisierung eines Raumes als »lichtdurchflutet« solche evaluativen Momente anspielt.

dass die Welt *zu ihnen* passt.[9] Diesen unterschiedlichen Passungsrichtungen entsprechen unterschiedliche Weisen, in denen die entsprechenden Sätze wahr oder falsch sein, zutreffen oder widerlegt werden können: Der *deskriptive* Satz über die Staatsbibliothek ist dann zutreffend, wenn es sich tatsächlich um ein lichtdurchflutetes Gebäude handelt. Er wäre unzutreffend, wenn sich das Gebäude am Potsdamer Platz bei näherem Hinsehen als düstere Gruft herausstellte. Bei *normativen* Sätzen ist das anders: Dass ein öffentliches Gebäude dieser Größe zehn Notausgänge haben oder wir uns in einer Bibliothek still verhalten sollten, um die anderen Benutzer nicht zu stören, wird nicht dadurch unwahr, dass ein bestimmtes Gebäude nicht über Notausgänge verfügt oder alle Bibliotheksbenutzer im Lesesaal mit dem Handy telefonieren. (Ja, es würde noch nicht einmal unwahr, wenn wir empirisch kein einziges Gebäude mit vorschriftsmäßigem Notausgang ausmachen könnten.)[10] »Unrecht« hat – wo der normative Satz gilt – die Wirklichkeit, und diese muss sich gegebenenfalls dem normativen Satz anpassen, es müssen also Notausgänge ausgewiesen werden und das Telefonieren muss eingestellt werden. Normative Sätze wollen die Realität also nicht beschreibend *dar*stellen, sondern in normativer Absicht

9 Das Motiv der Passungsrichtung ist in der Sprechakttheorie bei John L. Austin und John Searle aufgekommen, aber auch in der Philosophie des Geistes und in der Diskussion der Humeschen Motivationstheorie wird es verwendet. Elisabeth Anscombe hat den Sachverhalt sehr treffend anhand der unterschiedlichen Passungsrichtung der Einkaufsliste des im Supermarkt Einkaufenden im Unterschied zur Liste des den Einkaufenden ausspionierenden Detektivs veranschaulicht. Die Liste des Einkaufenden bestimmt, was in den Einkaufswagen hinein soll, die des Detektivs beschreibt, was in ihm enthalten ist. Bei Nichtübereinstimmung von Liste und Einkaufswagen liegt im einen Fall der Fehler in der Liste, im anderen Fall bei dem, was der Einkaufende getan hat. Vgl. G. E. M. Anscombe, *Absicht*, Berlin 2010. Zu einem Überblick über die unterschiedlichen Bezugnahmen auf das Motiv der »direction of fit« und eine problematisierende Diskussion vgl. I. L. Humberstone, »Direction of Fit«, in: *Mind* 401 (1992), S. 59-83.

10 Natürlich könnte es sein, dass der normative Satz über die Notausgänge oder das Ruhegebot falsch sind. Sie sind aber nicht deshalb falsch, weil die wirklichen Gegebenheiten ihnen nicht entsprechen. Normen werden also nicht durch Empirie widerlegt. Dennoch ist es wahrscheinlich, dass sich die entsprechenden Normen verändern, wenn sich herausstellte, dass Notausgänge nicht zur Sicherheit der Benutzer beitragen oder dass die Konzentration nicht vom Lärmpegel abhängig ist.

*her*stellen – eben: passend zur Norm machen. Oder anders: Deskriptive Sätze befassen sich mit der Welt, wie sie *ist*, normative Sätze befassen sich mit der Welt, wie sie sein *soll*. Normative Kritik weist entsprechend darauf hin, dass etwas in der Welt nicht so ist, wie es sein soll. Sie macht, anders gesagt, eine normative Differenz zwischen Sein und Sollen auf und verbindet damit die Aufforderung, diese zu überwinden.

(3) Normgemäßes *Verhalten* ist, so eine der gängigen Bestimmungen, regelhaftes oder *regelgeleitetes* im Gegensatz zu bloß *regelmäßigem* Verhalten. Worauf es hier ankommt, lässt sich anhand einer Gegenüberstellung zweier Fälle verdeutlichen: Wenn ich auf meinem Weg zur U-Bahn immer auf der rechten Straßenseite gehe oder beim Gehen nie die Striche zwischen den Trottoirsteinen berühre, so kann sich das einfach so ergeben haben. Das wäre ein nur durch Regelmäßigkeit gekennzeichnetes Verhalten. Wenn ich in diesem Fall einmal doch auf der linken Seite gehe oder doch die Striche berühre, habe ich etwas *anders* gemacht als sonst, aber ich habe nichts *falsch* gemacht. Der andere denkbare Fall ist der, dass ich es mir – weil ich zwanghaft bin oder weil mein kleiner Sohn mit mir das Spiel »Nicht die Striche berühren« spielen will – zur Regel mache, nicht die Striche zu berühren oder immer auf der rechten Seite zu gehen. In diesem Fall ist das Linksgehen oder das Berühren der Striche ein Verstoß gegen diese Regel. Regelmäßigkeit an sich ist also keine Norm, sofern sie als solche noch keine Standards für Handlungen setzt, die auch verfehlt werden könnten.[11] Erst wenn ein bestimmtes regelmäßiges Verhalten gefordert ist, so dass man gegen diese Forderung auch verstoßen kann, handelt es sich um ein normgeleitetes Verhalten.

(4) Normen lenken unser Verhalten, und wo wir ihnen entsprechen, nötigen sie uns zu etwas. Dabei ist es für Normen charakteristisch, dass es sich um *von Menschen gemachte Gebilde* handelt, dass sie also (im Prinzip) gestaltet und gestaltbar sind.[12] Der »nor-

11 Vgl. Ludwig Wittgenstein, *Philosophische Untersuchungen*, Frankfurt/M. 1977; Saul Kripke, *Wittgenstein über Regeln und Privatsprache. Eine elementare Darstellung*, Frankfurt/M. 1987.

12 Deshalb ist das Attribut »sozial« in Bezug auf Normen eigentlich redundant. Wie schon in Bezug auf die Praktiken gilt hier: Alle Normen sind sozial, sofern sie von Menschen geschaffen und in von Menschen geschaffenen Geltungszusammenhängen in die Welt gesetzt werden. Wenn soziale Normen häufig diejenigen

mative Druck«, der von ihnen ausgeht, ist nicht derselbe wie der Zwang, der von Naturgesetzen ausgeübt wird. Sie sind in diesem Sinne *künstlich.*[13] Soziale Normen gelten vor dem Hintergrund von Alternativen. Sie treten entsprechend nur da auf, wo man etwas auch anders machen könnte, wo es also einen Spielraum für das Verhalten gibt. Wo man zu einem bestimmten Handeln ohnehin gezwungen wäre oder es automatisch täte, wären Normen überflüssig.

(5) Immer dann aber, wenn man etwas so, aber auch anders machen kann, lässt sich prinzipiell die Frage stellen, *warum* man es so machen soll, immer dann lässt sich eine *Begründung* dafür geben beziehungsweise fordern. Der »Raum des Normativen« ist also ein »Raum der Gründe«.[14] Das soll nicht bedeuten, dass diese immer transparent sind oder dass es immer sinnvoll wäre, nach diesen Gründen zu fragen. Vor allem aber bedeutet das grundlegende Eingelassensein in einen Raum der Gründe nicht, dass es immer schon *gute* Gründe sind, die hier wirken. Auch die Begründung »Wir machen das so, weil schon unsere Großeltern es so getan haben«, ist in diesem Sinne eine Begründung, sie reicht nur nicht sehr weit, weil sie dogmatisch ist. Aber selbst in diese Begründung lässt sich gegebenenfalls eine komplexere Struktur hineinlesen. (Expliziert könnte diese zum Beispiel lauten: »Und daran sieht man, dass es sich bewährt hat. Bisher ist nie etwas schief gegangen, wenn man es so gemacht hat. Es gibt deshalb keinen Grund, das zu ändern.«) Und auch solche Begründungen enthalten einen Einsatzpunkt, an dem sie bezweifelt und weitere, bessere Gründe verlangt werden können. (»Die Umstände haben sich aber geändert, deshalb ist es keine gute Idee, die Verfahrensweise deiner Großeltern beizubehalten«, oder: »Schon deine Großeltern sind aber, genauer betrachtet, damit gescheitert.«)

Normen genannt werden, die das Verhalten zwischen Menschen regeln, so muss man sich dabei klarmachen, dass auch das Verhalten in Bezug auf Gegenstände sich als Regelung sozialen Verhaltens verstehen lässt.

13 Peter Stemmers Rede vom »künstlichen« normativen Druck der Normen kann man in diesem Sinne zustimmen, ohne seinem Ansatz insgesamt zuzustimmen. Vgl. Stemmer, *Normativität*, a. a. O., S. 30.

14 Der Ausdruck »Raum der Gründe« stammt von Wilfrid Sellars, *Der Empirismus und die Philosophie des Geistes*, Paderborn 1999.

Lebensform als normative Zugehörigkeit

Inwiefern sind nun *Lebensformen* normative Gebilde? Zunächst einmal sind sie es, weil die Forderungen, die von ihnen ausgehen, im Gegensatz zu Bedingungen, die die Natur uns setzt, normative Erwartungen sind. Selbst wenn es uns zur zweiten Natur geworden sein sollte, ihnen zu entsprechen: Dass Gesetze der zweiten Natur nicht wie Naturgesetze existieren, sieht man unter anderem daran, dass sie – zum Beispiel qua Erziehung – instanziiert werden müssen, aber auch daran, dass sie gebrochen oder modifiziert werden können. Dass Lebensformen, wie implizit auch immer, Verhalten lenken und Standards setzen, zeigt sich, wenn man sich fragt, was es eigentlich bedeutet, eine Lebensform zu *teilen*. Es bedeutet nämlich, an den für sie bestimmenden Praktiken zu partizipieren, sich den Mustern und Regeln gegenüber, die diese ausmachen und konstituieren, angemessen zu verhalten und ihnen in seinen eigenen Handlungen – natürlich innerhalb einer Bandbreite möglicher Verhaltensweisen – zu entsprechen. Wer das in entscheidenden Hinsichten nicht zumindest versucht, entspricht den Zugehörigkeitskriterien für die fragliche Lebensform nicht. Diese Zugehörigkeitskriterien nun sind genuin *normativer* Art. Sie beziehen sich auf richtiges oder falsches Verhalten und unterscheiden sich dadurch von Einschluss- und Ausschlusskriterien, die auf von menschlicher Aktivität gänzlich unabhängigen Eigenschaften beruhen. Die Zugehörigkeit zur Gruppe der Rothaarigen ist, dieser Unterscheidung entsprechend, aus sich heraus nicht normativ konnotiert.[15] Sie beruht nicht auf Regeln oder Vorschriften, die man befolgen oder nicht befolgen könnte. Genau deshalb ist sie aber auch nicht mit der Zugehörigkeit zu einer Lebensform gleichzusetzen. Die Zugehörigkeit zur Gruppe der Familienväter dagegen ist normativ konnotiert, sofern »ein Familienvater sein« nicht lediglich eine Frage der Biologie ist, sondern mit bestimmten Verhaltenserwartungen und Entscheidungen einhergeht.

Lebensformen sind also ein normativer Zusammenhang, sofern sich mit der Teilhabe an ihnen die Erwartung verbindet, an den sie konstituierenden Praktiken auf angemessene Weise teilzuhaben und den mit ihr gesetzten Interpretationsrahmen zu teilen. Natür-

15 Das gilt obwohl die Eigenschaft rothaarig zu sein, wie die Hexenverfolgung zeigt, widersinnigerweise so aufgeladen werden kann, dass sie normative Folgen hat.

lich können diese Erwartungen beweglich sein. Nicht nur kann man Fehler machen oder in einigen Hinsichten vom normgemäßen Verhalten abweichen. Es ist sogar denkbar, dass man sich in partieller bewusster Opposition zu manchen dieser Regeln befindet, sich also negativ auf sie bezieht, und dennoch im Rahmen einer Lebensform bleibt.[16] Noch in der Abweichung von dieser orientiert man sich dann an ihr.[17]

Allerdings wirken Normen in Lebensformen nicht nur, indem sie innerhalb von sozialen Interaktionen manches explizit verbieten, anderes erlauben. Sie wirken auch implizit.[18] Und sie definieren und etablieren allererst die innerhalb einer Lebensform denkbaren Verhaltensweisen, indem sie den mit ihr gegebenen Möglichkeitsraum des Handelns selbst normativ strukturieren, den Bereich menschlichen Handelns in Richtiges und Falsches, Angemessenes

16 Beim Versuch, Regeln zu entsprechen, kann man auch etwas falsch machen, ohne damit sofort aus der Lebensform herauszufallen. Es geht also zunächst um die Bereitschaft, sich an diesen Regeln zu orientieren, nicht immer schon darum, dass das regelkonforme Verhalten gelingt.

17 Derjenige, der bei einem vornehmen Abendessen mit den Fingern isst, weil er die Gesellschaft blamieren will, gehört auf basale Weise noch zu der Lebensform, die er ablehnt, dazu; derjenige, der in Pakistan einer Frau die Hand geben will und noch nicht weiß, dass das ein Affront ist, gehört nicht dazu. Zu einer Lebensform gehören also nicht einfach »alle, die mitmachen«, sondern alle, die sich auf die hier wirkenden Normen überhaupt beziehen: Alle diejenigen also, die die Regeln kennen, und für die sich der soziale Raum, gleichgültig ob positiv oder negativ, durch diese Regeln strukturiert. Louis Buñuels Film *Der diskrete Charme des Bourgeoisie* (Frankreich, Spanien 1972) ist ein Beispiel für eine negative Bezugnahme auf eine Lebensform, die in ihrer Polemik nur wirkt, weil sie auf diese bezogen bleibt.

18 Die oben zitierte Bemerkung von Robert Pippin, nach der »›das Normative‹ […] eine Klasse von Tätigkeiten [ist], die durch absichtliche Bemühungen charakterisiert sind, ›es richtig zu machen‹« ist dann aber nur teilweise treffend. Die Normativität innerhalb von Lebensformen zeigt sich nicht immer in absichtlichen Bemühungen, sondern auch in gewohnheitsmäßigem »Mitschwingen«; wenn Normen auch implizit sein können, so kann unsere Ausrichtung an ihnen unwillkürlich sein. So wird uns zum Beispiel der Umstand, dass wir im sozialen Kontakt bestimmte Regeln des räumlichen Abstandhaltens internalisiert haben, oft erst dann bewusst, wenn jemand diese verletzt und uns »zu nahe tritt«, so identifizieren wir den normativen Charakter unserer alltäglichen Verhaltensweisen manchmal erst anlässlich des Überschreitens oder des Zusammenbrechens der normativen Ordnung, die sie konstituieren. Vgl. Pippin, *Die Verwirklichung der Freiheit*, a. a. O., S. 66.

und Unangemessenes, Intelligibles und Nichtintelligibles sortieren. Nicht erst die Bewertung, sondern schon die Identifizierung möglicher Verhaltensweisen ist in diesem Sinne normativ.[19] Gerade diese diffuse und manchmal unausgesprochene Wirksamkeit aber lässt in mancher Hinsicht die hier wirkenden normativen Kräfte umso unumstößlicher erscheinen.

Der Soziologe Heinrich Popitz skizziert die sich uns darstellende Situation treffend, wenn er zusammenfasst:

> [D]ie Normgebundenheit sozialen Verhaltens bedeutet, daß soziale Situationen mit bestimmten Alternativen belastet sind, die auf irgendwelchen Verabredungen zu beruhen scheinen; Verabredungen, von denen man nicht weiß, wer sie eigentlich getroffen hat; Verabredungen, die wir nicht aus der Welt schaffen, wenn wir sie von Fall zu Fall nicht akzeptieren. Sie sind irgendwie so auf Dauerhaftigkeit angelegt, daß sie von Einzelnen nicht beliebig außer Kraft gesetzt werden können.

Es ist dann aber gar nicht so leicht, sich zu erklären, auf *welche Weise* Normen in Lebensformen wirksam werden. Wie lässt sich der »weiche«, informelle und gewohnheitsmäßige Charakter von Lebensformen mit dem vorschreibenden Charakter von Normen vereinbaren? Und wenn Lebensformen schon den Möglichkeitsraum des Handelns auf subtile Weise normativ strukturieren: Wer setzt hier wem gegenüber normative Standards – und mit welchem Effekt? Auch die in Lebensformen wirksamen Gründe – sofern der normative Raum ein Raum der Gründe ist – werden selten explizit genannt, wenn es um die Etablierung und Tradierung von Lebensformen geht.[20]

Offenbar also lenken die in Lebensformen wirksamen Normen das Leben nicht so wie die von der Leiterin erlassene Anstaltsordnung das Leben in einer Anstalt bestimmt. Sowohl Autor als auch

19 Sich beispielsweise »quer« zu den eingespielten Geschlechterrollen zu verhalten, ist so lange gar keine identifizierbare Möglichkeit des Verhaltens, bis sich genau dieses wieder als benennbare und benannte soziale Verhaltensweise (»queer«, »metrosexuell«) eingespielt hat. Oder es ist eine soziale Verhaltensweise, die sich nur aus der Differenz zu den etablierten Normen erläutern lässt (»er ist nicht Mann und nicht Frau«). In genau diesem Sinne konstituieren soziale Normen Verhaltensmöglichkeiten genauso wie sie sie beschränken.

20 Dagegen werden sie häufig genau dann explizit gemacht, wenn es um ihren Erhalt vor dem Hintergrund von Anfechtungen oder um umstrittene Veränderungen in Bezug auf die Gestalt einer Lebensform geht.

Adressat der Norm sind im Fall der Lebensformen nicht leicht zu identifizieren; und das, was gesagt wird, ist nicht nur manchmal implizit, sondern stellt sich auch typischerweise als Vermengung von Beschreibung und Bewertung vor dem Hintergrund eines komplexen Verständnishorizonts dar, in dem sich empirisch-deskriptive Annahmen über die Verfasstheit des jeweiligen Praxisbereichs mit Vorstellungen über das richtige Handeln in diesem vermengen. Dass man, wo Normen im Spiel sind, etwas richtig oder falsch machen kann, sagt also noch nicht viel. Nicht alle Normen sind auf gleiche Weise verfasst – sie setzen nicht nur unterschiedliche Standards in unterschiedlichen Bereichen, sondern sie unterscheiden sich auch hinsichtlich ihrer Verfasstheit und Wirkungsweise.

3.2 Modi der Normativität

Zur Spezifizierung des Typs von Normen, der in Lebensformen wirksam ist, ist eine Auseinandersetzung mit der klassisch gewordenen Typisierung Georg Henrik von Wrights hilfreich. Von Wright unterscheidet in seiner Untersuchung *Norm und Handlung* zunächst zwischen drei Haupttypen von Normen: *Regeln, Vorschriften* und *Direktiven*.[21] Allen diesen ist im oben entwickelten Sinne gemeinsam, dass sie Verhalten beeinflussen wollen. Sie tun es aber auf ganz unterschiedliche Weise.

Vorschriften werden von Wright zufolge *gegeben* oder *erlassen*, so dass sie ihren Ursprung im Willen einer normsetzenden Person, dem »Normgeber«, haben, der mittels der Norm das Verhalten des »Normadressaten« steuern will. Der Standardfall, in dem Vorschriften wirksam werden und an dem der Typ der Vorschrift modelliert zu sein scheint, ist der des Gesetzgebers und der rechtlichen Normen, die mittels Sanktionen durchgesetzt werden.

Für den *Regelbegriff* dagegen steht das Modell des *Spiels* Pate. Regeln sind standardisierte Muster, die festlegen, was innerhalb einer Konstellation verboten oder erlaubt ist. Regeln *definieren* damit Art und Charakter von Praxisvollzügen, so wie die Spielregeln eines Spiels dieses Spiel definieren. Ein solcher Regelkanon kann mehr

21 Georg Henrik von Wright, *Norm und Handlung. Eine logische Untersuchung*, Königstein/Ts. 1979.

oder weniger ausformuliert sein, die Regeln können implizit oder explizit sein und ihre Kenntnis kann nicht nur durch dem Spiel vorhergehendes Studium der Regeln, sondern auch durch praktischen Nachvollzug – durch Mitspielen – schrittweise erworben werden.

Direktiven schließlich, auch als »technische Normen« bezeichnet, geben Anweisungen in Bezug auf den Einsatz adäquater Mittel zur Erreichung eines bestimmten Ziels.

Gebräuche als Mischform zwischen Vorschriften und Regeln

Nun ist es offensichtlich, dass in Lebensformen alle drei Typen von Normen auf die eine oder andere Weise präsent sein können.[22] Meine Frage ist aber, wie sich die Art von Normen beschreiben lässt, die Lebensformen den spezifischen Charakter geben, den sie als Lebensform haben und sie zu dem machen, was sie (als Lebensformen) sind. Hier bietet sich nun im Rückgriff auf von Wright ein weiterer Typus von Normen an, den dieser zusammen mit *moralischen Prinzipien* und *Idealregeln* als neben den Haupttypen existierende »Mischformen« qualifiziert: den der *Gebräuche*. Gebräuche sind »Verhaltensmuster, die von den Mitgliedern einer

22 Diese »Präsenz« kann ganz unterschiedliche Ausprägungen haben: Beispielsweise sind die Verhältnisse zwischen Mitgliedern einer Familie mit einer Reihe von rechtlichen Vorschriften konfrontiert, die teilweise direkt auf ihre Gestalt als Familie zielen (der genuine Aufgabenbereich des Familienrechts), teilweise einfach nur *auch* in Familien gelten (wie das Strafrecht). Ebenso werden in Familien *Mensch-ärgere-Dich-nicht*-Regeln befolgt und Staubsaugergebrauchsanleitungen studiert. Im Unterschied dazu soll es aber hier um die Normen (und die Wirkungsweise dieser Art von Normen) gehen, die eine Familie zu dem macht, was sie als Familie ist oder zur Familie macht, also um das, was man von ihr als Familie normativ erwartet und woran sich bemisst, ob etwas eine Familie ist oder nicht. Ich kann hier die (allerdings sehr interessante) Frage, inwiefern gerade ihre rechtliche Form Lebensformen entscheidend mitkonstituiert nicht weiter verfolgen. Mir reicht es aber fürs Erste, dass es kontraintuitiv wäre, davon auszugehen, dass eine Formation wie die Familie im Ganzen durch rechtliche Vorschriften konstituiert wird; vielmehr versucht das Recht offenbar, dem, was eine Familie ist, einerseits zu entsprechen – also Regelungen zu treffen, die mit dem gesellschaftlichen Verständnis dessen, was Familien ausmacht, konform gehen – wie auch diese zu gestalten und zu beeinflussen.

Gemeinschaft befolgt werden«,[23] sie »determinieren oder, wie man auch sagen könnte, ›definieren‹ die für eine bestimmte Gemeinschaft charakteristische Lebensform«.[24]

Dass Gebräuche überhaupt normähnlich sind, sieht man laut von Wright daran, dass sie »Verhalten beeinflussen« und damit etwas steuern, das ohne sie anders wäre. Fragt man nun nach der Art und Weise der Verhaltenssteuerung durch Gebräuche, so erweisen sie sich als Mischform aus zweien der drei Haupttypen von Normen: Sie verhalten sich nämlich einerseits wie *Regeln*, andererseits aber auch wie *Vorschriften*: »Gebräuche [...] gleichen insofern Regeln, als sie gewisse Verhaltensmuster bestimmen, ja gleichsam definieren – und Vorschriften gleichen sie insofern, als sie auf die Mitglieder einer Gemeinschaft einen ›normativen Druck‹ ausüben, diesen Verhaltensmustern auch zu entsprechen.«[25]

So spricht für den Vorschriftscharakter der Gebräuche, dass sie generelle »Verhaltensmuster für die Mitglieder einer Gemeinschaft« darstellen, die »im Verlauf ihrer Geschichte angenommen und ihren Mitgliedern eher auferlegt als von ihnen individuell angenommen worden«[26] sind. Andererseits aber haben Gebräuche üblicherweise keinen (jedenfalls keinen exakt bestimmbaren) Autor, es fehlt der klar identifizierbare Normgeber und überhaupt das klar definierte hierarchische Verhältnis von Normgeber zu Normadressat, der für den Normtyp der Vorschriften charakteristisch war. »Wenn wir überhaupt von einer hinter den Normen stehenden Autorität sprechen können, dann wäre diese Autorität die Gemeinschaft selbst, einschließlich ihrer früheren und jetzigen Mitglieder.«[27] Mit einer treffenden Wendung bezeichnet von Wright Gebräuche deshalb als »anonyme Normen«. Weiterhin sind Gebräuche häufig implizit präsent und nicht an die Bekanntgabe durch symbolische Zeichen gebunden. Während also die Straßenverkehrsordnung – als Vorschrift – nur gilt, sofern sie öffentlich kundgetan und schriftlich festgehalten ist, wirken Gebräuche auch unausgesprochen.[28]

23 von Wright, *Norm und Handlung,* a. a. O., S. 8.

24 Ebd., S. 25.

25 Ebd., S. 31.

26 Ebd., S. 25.

27 Ebd.

28 Unter anderem an dieser unausgesprochenen und selbstverständlichen Wirksamkeit liegt es, dass es für mit bestimmten Gebräuchen Unvertraute manchmal

Schon diese Anonymität und ihr impliziter Charakter (der ja dem entspricht, was ich oben für die in Lebensformen wirkenden Normen festgehalten habe) rücken die Gebräuche weg von den Vorschriften und in die Nähe von Regeln. Entscheidend ist aber ein weiterer Aspekt. Wenn von Wright sagt: »Gebräuche determinieren oder, wie man auch sagen könnte, ›definieren‹ die für eine bestimmte Gemeinschaft charakteristische Lebensform«,[29] so weist er damit auf eine besondere Wirkungsweise von Gebräuchen hin, die diese von der direkten präskriptiven Normativität der Vorschriften unterscheidet und wie eine Regel aussehen lässt. Wir müssen uns daher den oben bloß angedeuteten »definierenden« Charakter von Regeln genauer ansehen, um zu verstehen, worauf es hier ankommt.

Der Unterschied zwischen *Definieren* und *Vorschreiben* stellt sich folgendermaßen dar. Die Vorschrift sagt: Du sollst das und jenes tun oder nicht tun. (Du sollst nicht falsch parken, du sollst Steuern zahlen und nicht lügen, du sollst Fleisch und Milchprodukte voneinander trennen.) Zuwiderhandlungen ziehen Sanktionen nach sich. Die das Spiel konstituierende Definition dagegen sagt: Wenn du dieses oder jenes tust, gilt das in einem bestimmten Zusammenhang als dieses oder jenes. (Wenn Du beim *Go*-Spielen den Stein auf diese Position legst, gelten die gegnerischen Steine als gefangen und du darfst die nunmehr eingeschlossenen Steine wegnehmen.) Mit dem Definieren wird also etwas als etwas bestimmt, bestimmte (Spiel-)Züge werden mit einer bestimmten Bedeutung versehen und mit bestimmten Konsequenzen belegt. Ein ganzer Komplex miteinander zusammenhängender Definitionen macht das Spiel zum Spiel, bestimmt seinen Charakter und den Spielverlauf. Dabei liegt ein entscheidendes Charakteristikum von Regeln gegenüber den Vorschriften beziehungsweise des Definierens gegenüber dem Vorschreiben darin, dass sie die soziale Praxis oder das Spiel, das sie regulieren, durch die Leistung des Definierens *erst ermöglichen*.[30]

schwierig ist, sich in diese einzuleben. Andererseits handelt es sich hier natürlich um eine graduelle Frage. Auf irgendeine Weise öffentlich kommuniziert werden ja auch Gebräuche.

29 von Wright, *Norm und Handlung*, a. a. O., S. 25.

30 Dieses konstitutive Moment ist uns in Bezug auf soziale Praktiken ja oben in Kapitel 2 bereits begegnet. John Searle hat die Existenz solcher konstituierender Momente zum Anlass für seine folgenreiche Unterscheidung zwischen konsti-

Mit Einsetzen der Regel erst entsteht das Spiel. Die Regel formuliert Bedingungen für die Teilnahme an einer sozialen Praxis, die umgekehrt durch die entsprechende Regel entsteht, da die entsprechende Verhaltensmöglichkeit im Zuge dieser Regel überhaupt erst geschaffen wird.

Der normative Druck von Regeln und Vorschriften

Zwischen den beiden Typen von Normen nun, als deren »Mischform« von Wright die Gebräuche auffasst, gibt es einen signifikanten Unterschied bezüglich der Frage, ob und wie sie den oben erwähnten »normativen Druck« zu entfalten vermögen.

Wer nämlich die Regeln nicht befolgt, handelt zwar im Sinne des Spiels und seiner Spielregeln unangemessen; er macht aber nicht in einem Sinn etwas falsch, *der zur Verurteilung Anlass geben könnte.* Er spielt dann eben dieses Spiel nicht oder er spielt eigentlich ein anderes Spiel. Die Frage eines *Go*-Spielers, die lautet: »Warum darf ich die Steine des Gegners erst nehmen, wenn ich sie eingekreist habe?«, ist sinnlos. Die Steine auf eine bestimmte Weise zu setzen ist es eben, was es ausmacht, dieses (und kein anderes) Spiel zu spielen und die Antwort wird entsprechend sein: »Weil es das ist, was die Spielregel verlangt.« Lautet also die zur Spielregel denkbare Begründung sehr eingeschränkt: »Das ist es eben, was es bedeutet, dieses Spiel zu spielen«, so sind Regeln allenfalls mit schwachem normativen Druck behaftet: Sie sortieren zwar richtiges (als regelkonformes) und falsches (als regelwidriges) Verhalten; diese Sortierung steht aber – hypothetisch – unter der sehr eng umgrenzten Bedingung, dass man überhaupt beansprucht, an dem in Frage stehenden Regelsystem teilzuhaben und ist damit auf charakteristische Weise selbstbezüglich. Während Regeln also gewissermaßen nur die Teilnahmebedingungen für das Spiel formulieren, wollen Vorschriften die Handlungen des Normadressaten in einem

tutiven und regulativen Regeln genommen: Regulative Regeln sind Regeln, die bereits existierendes Verhalten ordnen, Verhalten also, das sich unabhängig von den entsprechenden Regeln beschreiben lässt und durch diese lediglich reguliert wird. Konstitutive Regeln dagegen sind Regeln, die ein bestimmtes Verhalten erst ermöglichen, eine Verhaltensmöglichkeit durch ihr In-Kraft-sein erst erschaffen. Solchen Regeln schreibt Searle nun eine entscheidende Rolle für die Konstitution sozialer Wirklichkeit zu.

stärkeren Sinne steuern. Man kann es vor dem Hintergrund des Gesagten jetzt so ausdrücken, dass sie die Teilnahme an bestimmten Spielen beziehungsweise Praktiken nicht nur *definieren*, sondern (mindestens) *nahelegen* und (manchmal) *erzwingen* wollen.[31] In genau diesem Sinne ist der von ihnen ausgehende normative Druck »stärker« – auch wenn die hier verwendete Metapher der Stärke nur ein begrenztes Erklärungspotential hat.

Der normative Druck von Gebräuchen

Wie aber versteht von Wright nun im Verhältnis zu diesen beiden Norm-Typen den »normativen Druck« von Gebräuchen – und wie lässt sich dieser verstehen? Auch Gebräuche oder gesellschaftliche Gewohnheiten üben auf die einzelnen Mitglieder der Gemeinschaft, für die sie gelten, einen normativen Druck aus.[32] Dieser scheint aber in mancher Hinsicht ähnlich schwach wie der von Regeln zu sein. Bei Nichterfüllung der mit Gebräuchen einhergehenden sozialen Erwartungen werde man, so von Wright, weniger bestraft, als vielmehr zum Außenseiter, zum Fremden gemacht. Wer Gebräuche missachte sei kein Missetäter. Er gleiche mehr dem Kind, das das Spiel seiner Schulkameraden nicht mitspielt, als dem *outlaw* oder Verbrecher, der das Gesetz bricht und von diesem verfolgt wird.[33] Wenn das stimmt, dann macht man streng genommen als jemand, der den Gebräuchen einer Gemeinschaft nicht entspricht, nicht etwa etwas *falsch*, man macht es nur *anders*. Die Unterscheidung von »richtigem« und »falschem« Verhalten übersetzt sich hier in die von »innen« oder »außen«, von Zugehörigkeit oder Nichtzugehörigkeit. Welcher Druck aber kann nun mit der Drohung des »Nichtzugehörigseins« verbunden sein, wenn man umgekehrt nicht einfach behaupten will, dass dieses normativ neutral ist?

Hier hängt vieles davon ab, wie man den Ausdruck »Gebräuche« versteht und welche Praktiken man dazuzählt. Normativ

31 Um ein Missverständnis zu vermeiden: Es geht hier nicht um die zur Verfügung stehende Sanktionsmacht, also die Gewaltmittel, die zur Durchsetzung einer Norm zur Verfügung stehen, sondern um die Grundlage des Anspruchs auf Durchsetzung.

32 von Wright, *Norm und Handlung*, a. a. O., S. 25.

33 Ebd. S. 9.

bedeutsam können wohl nur Alternativen sein, die sich auf die »Tiefenstruktur« und nicht nur auf unterschiedliche Einfärbungen innerhalb einer Lebensform beziehen,[34] wobei die Grenze im Zweifelsfall schwer zu ziehen sein wird. Bleiben wir bei den von von Wright selbst erwähnten Gebräuchen, so beinhalten diese neben Konventionen des Grüßens oder der Gastlichkeit Praktiken, die in Lebensereignissen wie Tod oder Heirat zum Tragen kommen. Ob nun eine Gemeinschaft Erd- oder Feuerbestattungen praktiziert, ob die Toten in Särge gelegt oder in Tücher gehüllt werden, ist möglicherweise konsequenzlos und normativ neutral, solange solche Differenzen nicht mit grundlegenderen Dissoziationen und Konflikten aufgeladen werden. Ob allerdings die verstorbenen Mitglieder einer Gemeinschaft überhaupt feierlich bestattet werden oder ob ihre Kadaver in einer Bergschlucht verrotten (wie im japanischen Film *Die Ballade von Narayama*[35] zu sehen), das ist eine Frage, die größere Affekte hervorrufen wird. Sofern die hier zur Debatte stehenden Alternativen auf grundlegendere Differenzen in der »Tiefengrammatik« des gesellschaftlichen Umgangs mit Herkunft, Leben und Tod[36] verweisen, so prägt ihre Gestalt das Leben und das Selbstverständnis einer Gemeinschaft auf grundlegende Weise – sie definieren »die für eine Gemeinschaft charakteristische Lebensform«.[37] Entsprechend wird das »Nichtzugehörigsein« oder das »Außenseitertum«[38] hier mit einigem normativen Druck behaftet sein.

Ich werde im Folgenden die hier wirksame normative Kraft mit Hinblick auf den Gesamtkomplex des »Ethos einer Lebensform«,

34 Vgl. dazu meine Ausführungen in Kapitel 1 und die hier entwickelte Unterscheidung von Lebensstilen und Lebensformen.

35 *Die Ballade von Narayama*, Regie: Shohei Imamura, Japan 1958. Es ist allerdings umstritten ob die hier eindrücklich portraitierten Gebräuche tatsächlich der Lebenswirklichkeit in diesem Teil Japans entsprochen haben.

36 Ebenso mögen Bräuche wie der »Polterabend« oder die »Heirat in Weiß« heute eher unter folkloristischen Gesichtspunkten betrachtet werden, so dass ihre Übertretung nicht mehr sanktioniert wird. Die Alternative von Monogamie oder Polygamie, aber auch die gleichgeschlechtliche Ehe löst dagegen immer noch einen Streit um Lebensformen aus.

37 von Wright, *Norm und Handlung*, a. a. O., S. 25.

38 Schon die Beschreibung des Außenseitertums oder Fremdseins als normativ relativ schwach besetzt ist natürlich, wenn man es sozialgeschichtlich und soziologisch betrachtet, eine Verharmlosung.

mit Blick also auf den Kontext der Praxiszusammenhänge, in dem die einzelnen Gebräuche stehen, erläutern. Dabei werde ich die hier wirksamen Normen im Folgenden zur Vermeidung des eher altertümlichen Worts »Gebräuche« auch »sittliche Normen« nennen.

Sittliche Normen als Nötigung zur Teilnahme an Praxiszusammenhängen

Meine Behauptung ist: Selbst wenn sie »definierend« wirken, lassen sich solche sittlichen Normen hinsichtlich ihrer normativen »Schwere« von Regeln klar unterscheiden. Wer beim *Mensch-ärgere-Dich-nicht* die Regeln nicht gelten lässt, spielt eben nicht *Mensch-ärgere-Dich-nicht*. Wer aber als Vater seinem Kind keine Geschichten vorliest (als eine der Praktiken, die zur Lebensform des Lebens mit Kindern einem breiten Verständnis nach heute dazugehören) oder wer als Ärztin seine Patienten nicht gründlich untersucht (wie es das Berufsethos des Arztberufs im Kontext einer bestimmten Lebensform verlangt), gehört nicht nur »nicht dazu«, sondern ist ein schlechter Vater beziehungsweise eine schlechte Ärztin. Und Antigone wäre eine schlechte Schwester, wenn sie ihren Bruder nicht beerdigte. Um auf die eingangs erwähnte Redeweise anzuspielen, der wir weiter unten nachgehen werden, ist er »kein richtiger Vater«, sie »keine Ärztin« oder »keine Schwester« mehr. Die so beschriebenen Akteure machen, einem verbreiteten Verständnis nach, nicht nur auf relativ harmlose Weise etwas *anders* als die anderen, sie machen etwas *falsch*, wenn auch in einem besonderen Sinne.

Zum Verständnis der spezifischen normativen Macht der Lebensformen konstituierenden sittlichen Normen lässt sich nun die Beobachtung auswerten, dass die betreffenden Personen nicht *als Menschen* etwas falsch gemacht zu haben scheinen, sondern *als Vater* oder *als Ärztin* oder *als Schwester*. Sie haben eine bestimmte soziale Rolle nicht erfüllt oder sie haben den mit einer bestimmten Praxis verbundenen sozialen Erwartungen nicht entsprochen.[39] Damit haben sie, um es auf diese Unterscheidung abzubilden,

39 Zur Behauptung eines spezifischen Verpflichtungscharakters sozialer Rollen vgl. den instruktiven Aufsatz von Michael O. Hardimon, »Role Obligations«, in: *The Journal of Philosophy* 7 (1994), S. 333-363, der eine mittlerweile weitverzweigte Diskussion über das spezifische Ethos von Rollen angestoßen hat.

nicht in einem *unbedingten* Sinne schlecht gehandelt, sondern in einem *bedingten*; die Unangemessenheit ihres Handelns ist nämlich hypothetisch bezogen auf den Umstand, dass sie als Ärztin, Vater oder Schwester agieren oder zu agieren beanspruchen. Wodurch nun unterscheidet sich dieser hypothetische Bezug von demjenigen, den ich in Bezug auf die Teilnahme an Spielen skizziert habe? Welche Differenz also besteht zwischen der Aussage: »Wenn man eine (gute) Ärztin sein will, sollte man seine Patienten gründlich untersuchen« oder »Wenn man ein (guter) Vater sein will, sollte man seinem Kind vorlesen« und der Feststellung: »Wenn man *Go* spielen will, muss man versuchen, die Steine des Gegners einzukreisen«, wenn beide doch offenbar dieselbe Struktur einer nur bedingten und nicht einer unbedingten Verpflichtung haben?

Natürlich *muss* man nicht Ärztin oder Vater werden, ebenso wenig wie man *Mensch-ärgere-Dich-nicht* spielen muss. Deshalb kann der normative Druck, der Druck, der uns dazu bringen soll, die entsprechenden Praktiken auf eine bestimmte Weise auszufüllen und zu erfüllen, auf den ersten Blick ähnlich begrenzt erscheinen wie der auf das Spiel bezogene. Falsch gemacht hat man auch hier, so könnte man denken, nur etwas, sofern man die entsprechenden Verhältnisse überhaupt eingeht, also beansprucht, Ärztin oder Vater zu sein. Für denjenigen, der diese Rollen nicht auszufüllen beansprucht, gelten die entsprechenden Normen nicht. Ähnlich wie beim Spiel wäre es dann zwar klar, was man tun soll, *sofern* man eine bestimmte Rolle einnimmt; es gäbe aber keinen Grund dafür, diese einzunehmen. Bei näherem Hinsehen allerdings zeigen sich einige entscheidende Unterschiede zwischen Spielen und sozialen Rollen.

Im Fall des Spiels gibt es nicht nur keinen besonderen Grund dafür, warum eine bestimmte Person an diesem teilnehmen sollte. Es gibt (jedenfalls denkt man sich das zunächst so[40]) keinen besonderen Grund dafür, dass es dieses Spiel überhaupt geben muss. Das ist bei dem arbeitsteiligen Zusammenhang sozialer Praktiken, aus dem die Rolle des Vaters und der Ärztin resultieren, anders. Selbst wenn es, jedenfalls in modernen Gesellschaften, für niemanden (für niemand bestimmten) zwingend erforderlich ist, Ärztin oder

40 Wie wir weiter unten sehen werden, lassen sich durchaus Gründe zweiter Ordnung dafür finden, Spiele oder sogar eine bestimmte Art von Spielen zu spielen.

Vater zu werden, so gibt es innerhalb des sozialen Zusammenhangs von Praktiken eine gewisse Nötigung dazu, solche Rollen überhaupt bereitzustellen und ihre Ausübung in der einen oder anderen Form plausibel zu machen. Die Existenz der Praxis selbst ist also nicht unbegründet, sofern sie in einem bestimmenden Zusammenhang mit einem verzweigten Komplex von Praktiken beziehungsweise einer Lebensform steht; ob es diese Praktiken gibt oder nicht gibt, macht für diese einen Unterschied. Und auch die spezifische Weise ihrer Interpretation und Ausübung (ob man also die Toten so oder anders beerdigt, ob man die Ehe monogam oder polygam versteht und ob man Krankheiten als göttliches Übel oder als durch Differentialdiagnose zu diagnostizierende Störungen auffasst) hat Konsequenzen für die jeweilige Gestalt – und, wie ich argumentieren werde, für die Funktionsfähigkeit – dieses Zusammenhangs von Praktiken.

Der normative Druck sittlicher Normen ergibt sich also, so legt es meine bisherige Argumentation nahe, aus den (sozialen) *Folgen*, die daraus resultieren, innerhalb einer bestehenden gesellschaftlichen Kooperationsstruktur ein bestimmtes Set von Rollen und Praktiken anzunehmen oder auszuschlagen, zu reproduzieren oder zu verweigern. Letztendlich leitet er sich, wie wir sehen werden, aus den mit den entsprechenden sozialen Praktiken verbundenen *Zielen* ab.

Lebensformen als nicht-autonome normative Systeme

Ich möchte mir für meine weiteren Überlegungen eine Charakterisierung zu Nutze machen, die Joseph Raz in seiner Untersuchung *Praktische Gründe und Normen* vorgenommen hat. Raz fasst hier Spiele und die diesen entsprechenden normativen Gebilde als »autonome normative Systeme«[41] auf und analysiert auf dieser Grundlage ihre Geltungsweise. »Autonom« sind solche »Systeme gemeinsamer Geltung«,[42] sofern sie in bestimmter Hinsicht selbstbezüglich sind. Ob diese oder jene Regel gelten soll, ist nicht im

41 Joseph Raz, *Praktische Gründe und Normen*, Frankfurt/M. 2006, S. 159.

42 Ebd., S. 166. Raz bezeichnet mit diesem Begriff Komplexe von Regeln, die sich dadurch auszeichnen, dass sie im Zusammenhang gelten, und die in einer Weise aufeinander bezogen sind, dass es keinen Sinn hat, nur einzelnen von ihnen zu folgen.

Rückgriff auf ein dem Spiel äußerliches normatives Bezugssystem zu begründen. Die Geltung solcher Regeln lässt sich, so betrachtet, gar nicht begründen, sie lässt sich nur feststellen. Spiele erzeugen nämlich »den Grund für ihre eigene Geltung selbst«.[43] Für meine Fragestellung instruktiv ist nun der Grund, den Raz für diese Nicht-Rechtfertigbarkeit, diese Grundlosigkeit von Spielen gibt: »Da die Werte eines Spiels mit umfassenderen menschlichen Interessen nicht intrinsisch verbunden sind, sind Überlegungen über ihre allgemeine Rechtfertigung kaum sinnvoll.«[44] Solche Werte sind, so Raz, »künstliche Werte«[45] eben aufgrund der Nicht-Existenz einer solchen Verbindung.

Das Motiv der »umfassenderen menschlichen Interessen« lässt sich nun für die von mir oben aufgeworfenen Fragen nutzbar machen. Die Folgen, die die Existenz bestimmter sittlicher Normen für den Gehalt und die Gestalt einer Lebensform hat, weisen nämlich darauf hin, dass die durch sittliche Normen konstituierten umfassenden Praxiszusammenhänge oder Lebensformen eben gerade keine autonomen, sondern eben *nicht-autonome* normative Systeme sind, die, so lässt sich jetzt sagen, mit »umfassenderen menschlichen Interessen« zusammenhängen. Sie wären dann als »Systeme gemeinsamer Geltung« intern strukturiert durch die mit ihnen gegebenen Ziele und Aufgaben, die ihnen gleichzeitig, bildlich gesprochen, einen über die internen Geltungsprinzipien hinausgehenden »Anker« oder Bezugspunkt in der Welt verleihen. Die Einhaltung und Umsetzung dieser Normen wäre die Bedingung dafür, dass diese Interessen verwirklicht werden können. Und genau daraus ließe sich ihr normativer Druck erklären.

Man kann sich das anhand der unterschiedlichen Praktiken des Gründegebens in den verschiedenen normativen Kontexten klarmachen. Wenn sich im Fall von autonomen normativen Systemen nach Gründen nicht sinnvoll fragen lässt, so sind solche Nachfragen in anderen Fällen durchaus denkbar: »Aber *warum* soll ich Steuern zahlen oder nicht lügen, warum soll ich Fleisch und Milchprodukte trennen?« Hier wird man mir eine Antwort wie zum Beispiel diese geben können: »Weil Gott es so will; weil der Staat Schulen bauen muss; weil Dir sonst niemand mehr trauen wird; weil Dir die Ach-

43 Ebd., S. 155.
44 Ebd., S. 166.
45 Ebd., S. 165.

tung vor der moralischen Autonomie des Anderen es befiehlt.« Das sind, egal wie anfechtbar und wie unterschiedlich sie verfasst sind, Bezugspunkte, die ihrem Anspruch nach *außerhalb* des von den entsprechenden Normen geschaffenen Regelsystems selbst liegen.[46] Die Norm »Du sollst Steuern zahlen« wird (bestenfalls) nicht aus dem bloßen Faktum ihrer Existenz heraus begründet, sondern mit Verweis auf unser Interesse an einer ausgebauten öffentlichen Infrastruktur, dem Interesse an Bildung und letztendlich mit dem an einem bestimmten Typ von Gesellschaft.[47] Auf entsprechende Weise aber hängen auch die uns interessierenden sittlichen Normen über Ketten von Gründen und Sachverhalten mit weitergehenden, »umfassenden« Werten und Interessen zusammen. Seinen Kindern abends vorzulesen und sie in ihren Bedürfnissen ernst zu nehmen oder seine Patienten gründlich zu untersuchen ist als Haltung fundiert in unseren Vorstellungen von Liebe, Familie, demokratischer Erziehung oder Heilkunst und trägt zum Bestehen und Funktionieren weitläufig komplexer Zusammenhänge von Lebensformen bei. Dann ist es aber im Fall von sittlichen Normen nicht nur nicht egal, wie das »Spiel« verfasst ist, es ist auch nicht egal, ob man an diesem teilnimmt oder nicht.

Sehen wir uns die hier in Frage stehenden Praxiszusammenhänge genauer an, so zeigt sich noch ein weiterer Unterschied zwischen

46 Man kann sich den Unterschied zwischen Fällen, in denen ein solcher Zusammenhang existiert und Fällen, in denen er das nicht tut, auch am Beispiel des Spiels selbst klarmachen: Dass es »keine allgemeine Rechtfertigung« für die Orientierung an den Werten des Spiels geben kann oder keine Möglichkeit, zu begründen, wann sich jemand an diesen zu orientieren habe, stimmt ja genau dann nicht mehr, wenn man anfängt, das Spiel in den Kontext anderer Lebensorientierungen und Werte zu setzen. So kann man natürlich sagen: »Erwin sollte nicht seine gesamte Freizeit mit Schachspielen verbringen, sondern sich lieber um seine Kinder kümmern.« Und man kann auch umgekehrt sagen: »Es würde ihr gut tun, die Arbeit mal zu vergessen und ein Gesellschaftsspiel zu spielen.« Aber damit betrachtet und beurteilt man das Spielen eben im Zusammenhang mit »umfassenderen menschlichen Interessen« und fragt nicht mehr nach der Geltungsgrundlage der Regeln selbst.

47 Es geht hier nicht um die Frage ob es gute Gründe sind und in welchem Sinne solche Gründe zwingend sein können, sondern nur um die Illustration der Art von Zusammenhang mit allgemeinen Interessen, der hier gemeint sein kann. Auch deshalb habe ich hier gängige Begründungsformen – »weil Du ein Interesse daran hast«, »weil es sinnvoll ist« und »weil es absolut geboten ist« – miteinander vermischt.

sittlichen Normen und Spielregeln: Im Unterschied zur Option, *Mensch-ärgere-Dich-nicht* zu spielen oder es bleiben zu lassen, handelt es sich bei der Teilnahme an sozialen Rollen häufig (oder sogar typischerweise?) um Praxiszusammenhänge, denen gegenüber wir uns nicht rein optional verhalten. Sittliche Normen beziehen sich auf Kontexte sozialer Kooperation, die – als vorgängige Interpretations- und Praxiszusammenhänge – bereits bestehen und in die wir eingebunden sind, ob wir wollen oder nicht.[48] Man ist hier, um auf von Wrights Charakterisierung der an Gebräuchen nicht Teilhabenden zurückzukommen, nicht so leicht »Außenstehender« oder gar »Fremder«. In sie bereits involviert, verhalten wir uns erst *aus dieser Position heraus* zu ihnen.[49] Die Frage ist dann nicht, wie beim Spiel, *ob*, sondern lediglich, *wie*, also auf welche Weise man an ihnen teilnimmt und ob man es auch *anders* als üblich tun könnte.[50]

Sittliche Normen formulieren also, so lässt sich bereits jetzt

48 Selbst wenn man aus solchen Kooperationszusammenhängen partiell auch austreten kann, so hat die Austrittsmöglichkeit einen anderen Charakter als eine Situation, in der wir quasi am Grünen Tisch über eine mögliche Teilnahme entscheiden.

49 Das gilt für den Praxiszusammenhang, in dem der Beruf der Ärztin eine Rolle spielt, natürlich nicht in der Hinsicht, dass jeder immer schon Ärztin wäre, sondern nur in Bezug auf den damit assoziierten weiteren Interpretationszusammenhang des naturwissenschaftlichen Weltbilds und der damit zusammenhängenden Praktiken. Ähnliches gilt für das Beispiel der Vaterrolle. Sofern es die Familie als prägendes soziales Muster gibt, ist jede Art des Verhaltens, sei es die Verweigerung der Einnahme einer Vaterrolle oder deren Neuinterpretation, auf den damit gesetzten Interpretationszusammenhang bezogen. Lebensformen sind keine freiwillige Veranstaltung, kein Club, dem man beitreten oder nicht beitreten kann.

50 Regeln sittliche Normen also in gewisser Hinsicht immer die Teilnahme an etwas, das es als Zusammenhang bereits gibt, so sind sie nicht im radikalen Sinne konstitutiv, selbst wenn sie über den von Rawls bemerkten *»stage-setting character«* verfügen. Die entsprechenden Praktiken werden durch die Regel ja nicht aus dem Nichts ins Leben gerufen, sondern emergieren immer schon aus Vorformen dieser Praktiken. Genau deshalb aber lassen sich auch in dem von ihnen zu regulierenden Bereich Angemessenheitsbedingungen finden. Prinzipieller betrachtet führt das zur Stützung der auch von Joseph Raz und Anthony Giddens gegenüber Searle vertretenen Überlegung, dass Regeln im Sozialen häufig gleichzeitig konstitutiv wie regulativ wirken. Schon die Regeln einer vornehmen Dinnerparty sind, so betrachtet, gleichzeitig konstitutiv wie regulativ. Sie konstituieren die soziale Form der Dinnerparty; sie regulieren die des Essens, einer Praxis, die, wenn auch nie vorsozial-unreguliert, auch weniger formelle Formen als die Dinnerparty kennt.

festhalten, nicht nur Teilnahmebedingungen, sondern sie legen innerhalb komplexer Formationen sozialer Praktiken die Teilnahme an bestimmten Praktiken nahe. Wo sie »definierenden«, ermöglichend-konstitutiven Charakter haben, weil sie innerhalb eines Gefüges sozialer Praktiken *Rollen definieren* und *Funktionen zuweisen*, definieren sie Positionen, die sie für notwendig und begründet halten, weil sie im Zusammenhang mit Zielen und den sachlichen Bedingungen der jeweiligen Lebensformen stehen. Genau deshalb sind Lebensformen nicht »autonom«. Die Lebensformen konstituierenden sittlichen Normen weisen nämlich einen *Welt-* und *Sachbezug* auf, von dem ausgehend sich so etwas wie die Angemessenheit sozialer Praktiken behaupten lässt. Sind also Lebensformen im Gegensatz zu den von Raz diskutierten selbstreferentiellen »autonomen Systemen« in diesem Sinne begründungsfähig (und einer übergreifenden Begründung unterworfen), so gilt es im nächsten Schritt, den Charakter der hier wirkenden Gründe und Begründungsverfahren zu verstehen.

3.3 Drei Arten von Normbegründung

Ich werde im Folgenden zunächst drei Arten von Normbegründungen unterscheiden und untersuchen, inwiefern diese den normativen Charakter von Lebensformen ausmachen können: (1) eine konventionalistische, (2) eine funktionale und (3) eine ethische. Verweist die konventionalistische Normbegründung darauf, dass wir uns faktisch auf eine bestimmte Norm geeinigt und damit eine Konvention etabliert haben, so führt eine funktionale Begründung die Geltung der Norm auf ihre Rolle zur Erhaltung oder Etablierung einer bestimmten Praxis zurück. Die ethische Normbegründung wiederum verweist auf das »Gutsein« einer Praxis. Ich werde hinsichtlich der Konstituierung von Lebensformen die konventionalistische Normbegründung zurückweisen; dagegen verschränken sich, wie ich zeigen möchte, in Bezug auf sittliche Normen ethische und funktionale Begründungen auf charakteristische Weise. Sittliche Normen, so lässt sich daraus schließen, zielen auf das *gute Funktionieren* einer Praxis im Kontext eines Praxiszusammenhangs.

Sittliche Normen, so meine Behauptung, sind nicht konventionell begründbar. Auf die Frage: »Warum gilt diese Norm, worin ist sie begründet?«, lautet im Fall der konventionellen Begründung die Antwort: »Sie gilt, weil wir uns qua Konvention auf sie geeinigt haben.« Konventionen sind (grob gefasst) Übereinkünfte zwischen einer jeweils für das Bestehen der Konvention relevanten Menge von Akteurinnen und Akteuren, die damit ihre gegenwärtigen und zukünftigen Handlungen koordinieren und berechenbar machen. Ob beim *Mensch-ärgere-Dich-nicht*-Spielen der Älteste oder der Jüngste anfängt oder ob mit oder gegen den Uhrzeigersinn gewürfelt wird, sind ebenso konventionelle Festlegungen wie die Einrichtung von Rechts- oder Linksverkehr auf der Straße oder die genauen Maße einer DIN A4-Seite. Ihr Inhalt ist in entscheidender Hinsicht kontingent, die so getroffene Übereinkunft ist eine gemeinsame Festlegung, ohne dass es für den Gehalt dieser Festlegung einen über sie selbst hinausweisenden Grund gäbe. Der konventionelle Charakter einer solchen Übereinkunft zeigt sich also vor allem darin, dass diese in nichts weiter begründet und durch nichts weiter bedingt ist. Konventionen sind *up to us* und – das mag als Kriterium dafür gelten, dass es sich um solche handelt – so verfasst, dass zu ihnen jeweils Alternativen denkbar sind, die gleichermaßen gut oder praktikabel sind.[51] Mit dem Uhrzeigersinn zu würfeln ist ebenso gut wie gegen den Uhrzeigersinn, Rechtsverkehr ist ebenso gut wie Linksverkehr. Es ist egal, auf welche Konvention man sich einigt, man muss sich nur überhaupt geeinigt haben. Die Optionen sind jeweils umstands- und folgenlos durch einander zu ersetzen. Konventionen sind damit eine sehr »schwache« Begründungsinstanz. Lässt sich auf die Frage, warum konventionell begründete Normen gelten sollen, nur sagen: »Weil wir uns darauf geeinigt haben«, so *ist* das ein Grund – aber eben einer, der nicht sehr weit reicht. Und es ist kein reiner Kalauer, zu sagen, dass Konventionen eben gelten, *weil* sie gelten.

51 Auf dieses Kriterium gehen die meisten philosophischen Theoretikerinnen und Theoretiker der Konvention ein. Vgl. dazu auch die klassische Studie von David Lewis, *Konventionen. Eine sprachphilosophische Abhandlung*, Berlin 1975.

Nichtkonventionalität von Spielen und Lebensformen

Nun ist es offenkundig, dass viele soziale Praktiken konventionelle Anteile beinhalten. Dennoch wäre es irreführend, Lebensformen im Ganzen als Ausdruck von Konventionen zu verstehen. Es ist hilfreich, sich klarzumachen, dass selbst Spiele, die in entscheidender Hinsicht tatsächlich jenseits der Begründung stehen und damit gewissermaßen in den Kernbereich der konventionellen Normgeltung fallen, nicht ausschließlich konventionell zu verstehen sind. Zwar kann beim *Mensch-ärgere-Dich-nicht*-Spiel oder beim UNO-Kartenspiel die Älteste statt der Jüngsten anfangen, ohne dass das Spiel seinen Charakter auf irgendeine Weise ändert. Hier sind die Alternativen gleichwertig. Für eine nicht geringe Anzahl weiterer Regeln, die diese Spiele ausmachen, gilt das jedoch gerade nicht. Ohne das Element des Würfelglücks oder ohne die Regel, dass man auch kurz vor dem Ziel wieder auf den Anfang zurückgeworfen werden kann, wäre *Mensch-ärgere-Dich-nicht* ein anderes Spiel. Und ob man bei UNO mit oder ohne die »Ziehe vier zusätzliche Karten«-Karte spielt oder nicht, hat Konsequenzen dafür, wie schnell man von einer günstigen in eine ungünstige Lage kommen, wie schnell also »das Blatt sich wenden kann«. Modifikationen in den Regeln können Spiele komplizierter oder weniger kompliziert, schneller oder langsamer, spannender oder weniger spannend machen – bis zu dem Punkt, dass sie aufhören, Spiele eines bestimmten Typs (zum Beispiel ein Glücksspiel oder ein Strategiespiel) zu sein.

Natürlich kann man also die Regeln eines Spiels in jeder erdenklichen Hinsicht ändern – schließlich sind Spielregeln von uns gemacht und gelten nur, sofern die Spielenden sich auf sie einigen. Diese Änderungen aber machen, anders als es bei reinen Konventionen der Fall wäre, »einen Unterschied«. Es gibt zwar jeweils mehrere denkbare Komplexe von Regeln und innerhalb dieser gibt es jeweils funktionale Äquivalente. Folgenlose Willkür aber herrscht selbst im Bereich der Spiele nicht.

Das verweist auf einen weiteren Umstand. Auch mit Spielen scheint das verbunden zu sein, was Maurice Hauriou im Zusammenhang mit sozialen Institutionen deren *idée directrice* genannt hat, eine Idee also, die die Institution, übertragen also das Spiel, motiviert und leitet.[52] Im Fall des *Mensch-ärgere-Dich-nicht* gibt es auf einer ersten Ebene das Ziel des Spiels, seine Hütchen möglichst vor den Mitspielern »nach Hause« zu bringen und damit zu gewinnen. Auf einer zweiten, gewissermaßen einer Metaebene, kann man als die *idée directrice* des Spiels aber auch den Umstand begreifen, dass man hier lernen kann, mit dem Auf und Ab des Spielerglücks umzugehen und sich dabei nicht (oder nicht allzu sehr) zu ärgern. In Bezug auf *Go* oder Schach wäre die entsprechende Idee die kognitive Schulung des strategischen Geschicks. In Bezug auf solche Leitideen gibt es dann gute oder schlechte Spiele, komplexe und weniger komplexe, in sich stimmige und unstimmige Spiele, wie man an der Flut undurchdachter neuer Spiele, die den Spielemarkt für Kinder zu erobern versuchen, gut sehen kann.

Was für Spiele gilt, gilt nun für Lebensformen umso mehr: Sie sind nicht (oder nicht nur) aus dem Stoff von Konventionen gemacht. Um auf das oben eingeführte Beispiel zurückzukommen: Es mag eine Frage der Konvention sein, ob man links oder rechts fährt; den Verkehr aber *überhaupt* zu regeln ist unter bestimmten Bedingungen eine sachliche Notwendigkeit. Sofern man nämlich *erstens* am Fließen des Verkehrs interessiert ist und *zweitens* gilt, dass dieses durch ungeregeltes Durcheinanderfahren verunmöglicht wird, muss man eine Regelung wie den Rechts- oder Linksverkehr einführen. Täte man das nicht – was einer Gesellschaft natürlich prinzipiell freisteht –, wäre die Zielsetzung (der Verkehrsfluss) untergraben. Auf genau dieser Ebene und mit genau dieser Logik aber operiert die Begründung sittlicher Normen. Ob es üblich ist, »in Weiß« zu heiraten oder sich schwarz zu kleiden, mag egal sein; ob es in einer Gesellschaft überhaupt intime Beziehungen gibt oder nicht und ob diese monogam oder polyamourös verfasst sind, wird entscheidend dafür sein, was eine Lebensform kann und vermag. Die Frage, was überhaupt geregelt werden muss und welche Normen und Praktiken hier überhaupt denkbar sind, hängt (wie bei der Verkehrsregelung) von den Zielen der Praxis wie von den sachlichen Bedingungen, auf die die Verwirklichung dieser Ziele trifft,

52 Vgl. Maurice Hauriou, *Die Theorie der Institution und zwei andere Aufsätze*, Berlin 1965. Auch Joseph Raz setzt in seiner Diskussion der Normativität des Spiels die Existenz einer Spielidee voraus. Diese bezeichnet aber vor allem das, was ich als Spielidee auf erster Ebene lokalisiert habe. Vgl. Raz, *Praktische Gründe und Normen*, a. a. O., S. 154-156.

ab.[53] Die hier wirkenden Normen sind also durch etwas *be-* und in etwas *ge*gründet. Sind konventionelle Normen nur »schwach normativ«, so kommt hier ein stärkerer Begründungsmodus ins Spiel: der einer *funktionalen Begründung* von Normen.

Berufsethos und Sachbezug

Das zeigt sich an einem oben bereits eingeführten Beispiel besonders deutlich: Die Ärztin, die trotz angespannter Abrechnungslage auf einer ausführlichen Untersuchung der Patienten besteht, handelt nicht aus Konvention, sie verbindet mit dem Festhalten an den Qualitätsstandards der ärztlichen Praxis ein bestimmtes Berufsethos. Es ist damit auch nicht abstrakte Menschenliebe, von der sie geleitet ist, sondern der Umstand, dass sie in diesem Handeln die Erfordernisse ärztlicher Praxis identifiziert, das, was (für sie und nach geltenden Standards) das Ärztinsein realisiert. Diese innere Normativität einer Praxis definiert nicht konventionelle Zugehörigkeitskriterien wie die Zugehörigkeitskriterien eines beliebigen Clubs. Die erwähnten Kriterien beruhen nämlich nicht auf einer willkürlichen Verabredung unter Ärztinnen und Ärzten, die diese als Erkennungsmerkmal für ihren Berufsstand etablieren wollen. Sie existieren, weil man glaubt, dass man nur mit genau diesem Vorgehen (der ausführlichen Untersuchung) das *Ziel* der Praxis (die korrekte Diagnose und die angemessene Therapie) erreichen und damit der Aufgabenstellung, die mit dieser Praxis verbunden ist, entsprechen kann. Entscheidend für die normative Qualifika-

53 Auch für die oben erwähnten technischen Normen lassen sich sachliche Grenzen des Konventionellen leicht feststellen. So sind die genauen Ausmaße von DIN A3- und DIN A4-Papierformaten kontingent (die amerikanischen Papiermaße sind ebenso tauglich wie die deutschen). Dass es aber überhaupt verschiedene Größen geben kann und geben muss, ist sachlich begründet in der Natur des Gebrauchs, den man von Papier macht: Notizen auf Plakatformaten zu machen wäre genauso unpraktisch wie der Versuch, Ankündigungen im Miniaturformat auszuhängen. Ausgehend also von der Funktion, die Papier in unseren Verwendungszusammenhängen hat, und beschränkt durch sachliche Umstände (unsere Fähigkeiten zum Beispiel, Dinge über bestimmte Entfernungen hin wahrzunehmen) werden Formate bestimmt. Auch hier ist es eine Zwecksetzung, verbunden mit den sachlichen Bedingungen ihrer Erfüllung, die dem Bereich der rein konventionellen Übereinkunft und damit der rein konventionellen Begründung von Normen Grenzen setzt.

tion einer solchen Praxis ist dann nicht, dass man dies und jenes tun muss, um als Ärztin zu *gelten* (um das Spiel »Ärztinsein« zu spielen), sondern dass dies und jenes nötig ist, um vor dem Hintergrund gegebener sachlicher Bedingungen (der Verfasstheit des menschlichen Körpers und einer bestimmten Interpretation desselben) das der Praxis inhärente Ziel (die Gesundung des Patienten) zu erreichen.[54]

Es ist ein wichtiger Gesichtspunkt, dass hier eine Orientierung »an der Sache« und den sachlichen Bedingungen, die zur Erreichung des Ziels gehören, ins Spiel kommt. Und es sind beide Bezugspunkte, das Ziel und die sachlichen Bedingungen, die der Verwirklichung dieses Ziels zugrunde liegen und uns dazu veranlassen, eine bestimmte Weise der Partizipation an Praktiken – die gründliche Untersuchung, das gewissenhafte Vorgehen – zum Maßstab nicht nur für *unser* Verhalten, sondern für das aller anderen, die in der entsprechenden Lage sind, zu erheben. Nicht jeder muss Arzt werden, aber jeder, der Arzt ist, sollte sich dem hier beschriebenen Berufsethos entsprechend verhalten. Die gute Ärztin wird ihre schlampigen oder geldgierigen Kollegen verachten; diese gehören nicht nur einfach »nicht dazu«, sondern sie machen etwas falsch. Dabei ist es wichtig, an die oben bereits herausgestellte Partikularität zu erinnern: Die so handelnden Kollegen sind *als* Ärztinnen und Ärzte schlecht;[55] sie sind es aber nicht weil sie Konventionen, sondern weil sie die *Angemessenheitsbedingungen* ärztlicher Praxis missachtet haben. Wir bewegen uns hier also bereits im Bereich funktionaler Normbegründungen.

54 Eine Konvention ist es, dass Richter zur Verhandlung eine Robe tragen müssen. Dass die Richterin den Fall gründlich zu prüfen hat, ist dagegen eine Frage des Berufsethos – und entsprechend der in der Sache liegenden Maßgaben. Auch hier ist die Grenze fließend. So mag das Tragen einer Robe den dem Alltag enthobenen Charakter des Prozesses hervorheben.

55 Ich setze hier voraus, dass es nur um Schlamperei und Ungenauigkeit, nicht um Straftatbestände der ärztlichen Verfehlung – um eine Verletzung der ärztlichen Sorgfaltspflicht mit den entsprechenden juristischen Konsequenzen – geht. Im strafrechtlich relevanten Fall ist derjenige nicht nur »als Arzt« schlecht.

Was ist mit der *funktionalen Begründung* von Normen gemeint? Auf die Frage: »Worin ist diese Norm gegründet, wodurch ist sie begründet, warum soll sie gelten?« lautet die Antwort jetzt: »Sie soll gelten, weil sie *funktional notwendig* für das Existieren einer sozialen Praxis oder eines Praxiszusammenhangs ist.«

Dass etwas (ein Gegenstand, ein Element, ein Sachverhalt) eine *Funktion* hat, bedeutet, dass es zur Erreichung oder Erhaltung eines bestimmten Zustands innerhalb eines Zusammenhangs, in dem es steht, beiträgt. Funktional ist etwas also immer in Bezug auf ein Ziel oder einen Zweck. Es ist, um ein beliebtes Beispiel aufzugreifen, die Funktion des langen Giraffenhalses, den Giraffen das Erreichen von Blättern an hohen Bäumen zu ermöglichen. Das wiederum ermöglicht das Überleben der Giraffen. Die Funktion des einzelnen Elements (des Halses) ist in diesem Fall bezogen auf das Ziel des Überlebens der größeren Einheit (der Giraffe). Wäre das Ziel (die Selbsterhaltung der Giraffe) nichtig geworden oder durch das in Frage stehende Mittel (den langen Hals) gar nicht zu erreichen, weil es etwa in den Gegenden, in denen Giraffen leben, keine Bäume gibt, sondern nur Moos, dann wäre die soeben gegebene Funktionsbeschreibung des Giraffenhalses gegenstandslos.[56]

Wie können nun Normen funktional notwendig für die Existenz einer sozialen Praxis sein? Normen können soziale Praktiken konstituieren oder zu ihrem Erhalt beitragen. Umgekehrt lässt sich die Funktion einer sozialen Norm aus ihrem Beitrag zum Erhalt oder zur Konstitution einer Praxis beziehungsweise eines umfassenderen Systems aufeinander bezogener Praktiken herleiten und die Geltung der entsprechenden Norm mit Verweis auf diese Funktion begründen. So ist es eine Funktion der Norm »Du musst rechts fahren«, unter Bedingungen verdichteten Verkehrs die Praxis des Autofahrens zu ermöglichen. Die Befolgung dieser Norm hat die

56 Um Konfusionen zu vermeiden, ist es wichtig, darauf hinzuweisen, dass es mir hier nicht um funktionale *Erklärungen* (mit den bekannten Schwierigkeiten), sondern um funktionale *Begründungen* geht. Die Passungsrichtung ist hier also gerade umgekehrt, denn hier sollen Gegebenheiten bzw. Normen nicht aus ihrer Funktion heraus erklärt, sondern über diese begründet (und gegebenenfalls erschaffen) werden. Zur Problematik der »*functional explanations*« vgl. prominent Gerald A. Cohen, *Karl Marx's Theory of History. A Defence*, Oxford 1978.

kausale Wirkung, dass nicht alle durcheinanderfahren, womit das Fließen des Verkehrs ermöglicht wird, und sie wird in Kraft gesetzt, um dies zu ermöglichen. Ähnlich mag es eine Funktion der Norm »Du musst dein Versprechen halten« sein, Vertrauensverhältnisse und längerfristige informelle Kooperationsverhältnisse zu ermöglichen. Und ebenso mag es auch als eine Funktion der in vielen zeitgenössischen Erziehungspraktiken wirksamen Norm »Es ist gut, mit Kindern vernünftig zu sprechen und ihnen zu erklären, warum sie etwas dürfen oder nicht dürfen« gelten, dass die Kinder dadurch lernen, sich als autonome Personen zu verstehen, deren Bedürfnisse wirksam und relevant sind.

Solche Normen sind funktional notwendig oder funktional begründet unter dem Gesichtspunkt der Erhaltung eines Praxiszusammenhangs; sie etablieren und ermöglichen das Funktionieren einer bestimmten Praxis wie der Giraffenhals das Fressen von hohen Bäumen. Die Gründe, aus denen diese Normen für die Existenz einer bestimmten Praxis essentiell sind, haben also etwas mit den Funktionsbedingungen dieser Praxis und mit deren sachlichen Grundlagen zu tun: Giraffen brauchen Blätter und die verfügbaren Blätter hängen hoch. Wenn Autos ungeregelt durcheinander fahren, behindern sie sich gegenseitig. Kinder, denen man nichts erklärt, werden verstockt, launisch und unglücklich. Es ist also für die Existenz des ausgedehnten Straßenverkehrs, der wiederum die Mobilität von Gütern und Personen (als umfassenden Praxiszusammenhang) ermöglicht, *funktional geboten*, eine Einigung darüber zu erzielen, auf welcher Straßenseite gefahren werden soll, und es wäre dann (folgt man meiner Interpretation) im Interesse gelingender familiärer Verhältnisse und der Sozialisationsvoraussetzungen, auf denen eine demokratische Kultur beruht, geboten, mit Kindern respektvoll und bedürfnisorientiert umzugehen.

Allerdings ist hier eine Reihe von Modifikationen hinsichtlich des Verständnisses von Funktionen angebracht.

Erstens lässt sich von Funktionszuschreibungen nicht direkt auf die Motive und *Intentionen* der handelnden Personen schließen. Sollten Versprechen tatsächlich funktional notwendig für die Ermöglichung sozialer Kooperation sein und das Geben von Erklärungen funktional für die Entwicklung der kindlichen Autonomie, so bedeutet das nicht, dass Menschen Versprechen nur halten, um kooperationsfähig zu sein, oder Erklärungen nur geben, um Autonomie zu bewirken. Funktionen wirken gegebenenfalls auch »hinter dem Rücken« der handelnden Individuen und setzen sich auch als nicht unmittelbar intendierte Effekte durch.[57]

Spricht man, *zweitens,* im Zusammenhang soziokultureller Lebensformen von funktionalen Normen, so muss man die Existenz *funktionaler Äquivalente* mit einbeziehen: Es gibt hier selten nur genau ein Mittel, um ein bestimmtes Ziel zu erreichen. Da sie nicht auf eine Leiter steigen kann, mag für die Giraffe der lange Hals das einzige Mittel sein, um an Blätter zu gelangen. Im Bereich der menschlichen Welt gibt es aber typischerweise mehrere gleichwertige Äquivalente für jede zu beschreibende Funktion.

Drittens muss man sich klarmachen, dass die Frage, ob eine Norm funktional oder dysfunktional für eine bestimmte Praxis ist, von den *Zielen* und den Bedingungen der entsprechenden Praxis abhängt. So wäre die Legalisierung des Parkens in zweiter und dritter Reihe eine Regelung, die mit Blick auf das ungehinderte Fließen des Verkehrs dysfunktional, in Bezug auf das Ziel der Verkehrsberuhigung hingegen durchaus funktional wäre.[58] Funktionszuschreibungen sind also abhängig von den Zwecken, auf die sie bezogen sind, aber auch von denjenigen *sachlichen Bedingungen*, die vorliegen müssen, sollen diese Zwecke erfüllbar sein. (So wie der Giraffenhals funktionslos für die Ernährung der Giraffe würde, wenn es keine hohen Bäume mehr gäbe, so hätte das pädagogische Prinzip, Verbote zu erklären, keine Funktion, wenn sich herausstellte, dass solche Erklärungen Kinder bloß verwirren, wie manche Vertreter der »Schwarzen Pädagogik« behaupten.) Funktionale Begründungen von Normen sind damit in entscheidender Hinsicht unselbständig: Als Begründung taugen sie erst, wenn eine Bestimmung

57 Philip Pettit argumentiert in seinem Aufsatz »Functional Explanation and Virtual Selection« für die These, dass man funktionale Erklärungen weniger auf die Entstehung denn auf die *Resilienz* bestimmter sozialer Institutionen beziehen sollte, sofern in Bezug auf diese weder ein intentionaler Zusammenhang wahrscheinlich ist noch ein der Biologie analoger Selektionsmechanismus in Bezug auf soziale Praktiken zur Verfügung steht. Vgl. Philip Pettit, »Functional Explanation and Virtual Selection«, in: *The British Journal for the Philosophy of Science* 47/2 (1996), S. 291-302.

58 Vgl. das Wahlprogramm der KPDRZ (Kreuzberger Patriotische Demokraten, Realistisches Zentrum) für die Berliner Kommunalwahl 1999, in dem die Legalisierung des Parkens in dritter Reihe als leicht durchzusetzende Verkehrsberuhigungsmaßnahme ausdrücklich gefordert wurde.

dessen, was mit dem so oder so Funktionieren erreicht werden soll, die Bestimmung eines Woraufhin des Funktionierens dazukommt. Dieser Umstand wird uns unten weiter beschäftigen.

Ethische Begründungen

Zunächst aber will ich die dritte von mir eingangs erwähnte Begründungsweise, die der *ethischen Begründung* von Normen, diskutieren. Soziale Praktiken und Institutionen lassen sich nicht rein funktional beschreiben. Das Ethos der guten ärztlichen Praxis oder des guten Vaters scheint im bloßen »Funktionieren« nicht aufzugehen. Warum sollte man also als Vater seinem Kind vorlesen oder ihm Dinge erklären? Und warum soll man als Ärztin seine Patienten gründlich untersuchen? Weil es *gut* ist, dies zu tun und weil nur dasjenige Set an Praktiken und Einstellungen als *gute Erziehung* oder *gute Heilkunde* gelten kann, das solche (Teil-)Praktiken des Vorlesens, Untersuchens oder Erklärens beinhaltet. Die ethische Begründung einer (Teil-)Praktik behauptet also, dass diese nötig ist um eine Praxis zu einer guten Praxis ihrer Art zu machen.

Das Ethos einer Praxis definiert also die Bedingungen, unter denen diese als gute Praxis ihrer Art gelten kann[59] und die *ethische Begründung* sagt entsprechend, dass eine Praxis so oder so ausgeübt werden sollte, weil diese Art der Ausübung den ethischen Anforderungen an diese Praxis entspricht.[60]

Die Gründlichkeit einer ärztlichen Untersuchung ist in diesem Sinne ein Kriterium (unter anderen) für das Gutsein der ärztlichen Praxis und damit die ethische Norm, unter der diese steht; die Kindgerechtigkeit der elterlichen Kommunikation ist ein Kri-

59 Alasdair MacIntyre spricht im selben Zusammenhang von »*standards of excellence*«; vgl. ders., *Der Verlust der Tugend. Zur moralischen Krise der Gegenwart*, Frankfurt/M. 1995.

60 Es gibt hier einen Zusammenhang mit dem, was von Wright »Ideal-Regeln« nennt und als eine weitere Unterklasse von Normen ausmacht. Ideal-Regeln sind »eng mit dem Begriff des Gutseins verknüpft«, die Eigenschaften, die von ihnen gefordert werden, sind eine Art von Tugenden. Auch sie nehmen in von Wrights Ordnung eine aufschlussreiche Zwischenposition ein: zwischen technischen Normen (die einen in Bezug auf den Einsatz des richtigen Mittels für einen jeweiligen Zweck informieren) und Regeln (die ein Paradigma oder einen Standard definieren). Ideal-Regeln sind jedoch nicht instrumentell. Vgl. von Wright, *Norm und Handlung*, a. a. O., S. 29.

terium für das Gutsein der pädagogischen Praxis; die Transparenz, Genauigkeit oder auch die Originalität einer Argumentation sind Kriterien für das Gutsein einer akademischen Praxis. Dabei müssen die den einzelnen Praktiken (oder auch den ganzen Lebensformen) inhärenten ethischen Normen *nicht vollständig explizit* sein. Die Teilnehmerinnen und Teilnehmer an einer Lebensform entsprechen der dieser inhärenten Norm des Gutseins, indem sie sie praktisch nachvollziehen, und dieser Nachvollzug beinhaltet eine Gemengelage von mehr oder weniger bewussten, mehr oder weniger expliziten Elementen.

Durchdrungenheit ethischer und funktionaler Normen

Habe ich zwischen einer funktionalen und einer ethischen Dimension der Begründung von Normen analytisch unterschieden, so muss diese Unterscheidung nun ihrerseits hinterfragt werden. In Bezug auf die sittlichen Normen nämlich, die uns hier interessieren, treten diese beiden Dimensionen nicht getrennt voneinander auf, sondern durchdringen einander. Funktionale und ethische Dimensionen sind, so will ich behaupten, im Fall sittlicher Normen (also in Bezug auf Lebensformen) konstitutiv aufeinander bezogen. Das Funktionieren und das *gute* Funktionieren, Praxis überhaupt und *gute* Praxis, lassen sich nicht voneinander trennen. Es gibt im Bereich menschlicher Aktivitäten kein Funktionieren *per se*, sondern allein ein immer schon mehr oder weniger *gutes* Funktionieren.

Zwar scheint es auf den ersten Blick ein Unterschied zu sein, ob eine Norm sich auf das *Funktionieren* einer Praxis oder auf das *Gutsein* dieser Praxis bezieht – nämlich in dem Sinne, in dem es intuitiv ein Unterschied ist, ob eine Praxis gerade eben so betrieben wird oder ob sie auf eine qualifizierte Weise – gut – ausgeübt wird. Kann man nicht ein Bach-Präludium entweder eben gerade so am Klavier bewältigen können, so dass alle Töne irgendwie vorkommen, oder es gut oder sogar exzellent spielen? Kann man Spargel nicht schlampig oder akkurat schälen? Bei genauerem Hinsehen zeigt sich aber, dass wir (in dem Bereich, über den wir sprechen) ohne Bezug auf den *guten* Vollzug einer Praxis gar nicht erkennen können, worin diese besteht. »Zu funktionieren« bedeutet immer, mehr oder weniger *gut* zu funktionieren. Es gibt kein »Funktionieren pur«, ohne Bezug auf die einer Praxis immanenten Kriterien des Gutseins, genauso wenig wie es in Bezug auf menschliche Lebensformen so etwas wie »rohe Fakten« oder »reines Überleben« gibt. Was eine Praxis überhaupt zu einer bestimmten Praxis macht, scheint sich an den Qualifikationen zu orientieren, die sich auf das *gute Ausüben* einer Praxis richten.

Man sieht das auch daran, dass das »gute Funktionieren« selbst dann noch der Bezugspunkt für die Beschreibung einer Praxis ist, wenn deren tatsächliche Instanziierungen defizitär sind. Nur eine Praxis, die bestimmten ethischen Normen entspricht (oder sich jedenfalls an diesen misst), *ist* eine solche Praxis; mit dem angemessenen, guten Vollzug der Praktiken treffen wir erst deren Sinn. Die Bezugnahme auf das Ethos einer Praxis gehört also zur Beschreibung ihrer Erfüllungsbedingungen. Eine Ärztin zu sein *bedeutet*, seine Patienten gründlich zu untersuchen und ihnen nach Maßgabe des Möglichen helfen zu wollen. Von einer Ärztin umgekehrt, die das nicht nur faktisch nicht tut, sondern sich auch gar nicht an diesen Maßgaben orientierte, sagen wir nicht nur, dass sie eine *schlechte Ärztin* ist, sondern neigen dazu, ihr das Arztsein überhaupt abzusprechen: »Das ist ja gar keine Ärztin, sondern eine reine Geschäftemacherin.«[61]

Beinhalten die Praktiken und Überzeugungen, die zusammen eine Lebensform ausmachen, aber nicht Kriterien des »Funktionierens« *per se*, sondern mit diesen verwoben auch Kriterien des Gutseins oder des guten Funktionierens, so sind diese Kriterien orientiert am *Gelingen* dieser Praktiken im emphatischen Sinn des

61 Diesen Umstand erwähnt auch Sally Haslanger in ihrem Aufsatz »On Being Objective and Being Objectified« (in: dies., *Resisting Reality*, Oxford 2012, S. 35-83): »Im Allgemeinen wird unsere Bewertung der Güte oder Schlechtigkeit eines Werkzeugs relativ zu einer Funktion, einem Ziel oder Zweck sein, und die Norm wird als ein Maßstab der Exzellenz bei der Ausübung dieser Funktion dienen.« Auch für die Einnahme von sozialen Rollen gilt entsprechend: »Für jede Rolle gibt es Weisen ihrer Ausfüllung, die als Erfolge und andere, die als Fehlschläge gelten würden.« (Ebd. S. 42 f.) Die Zugehörigkeit zu einer bestimmten Rolle bemisst sich dann an diesen an der Exzellenz ausgerichteten Standards, selbst wenn diese von der einzelnen Rollenträgerin nicht zur Gänze erfüllt wird. Die sich im Anschluss an diese Beobachtung stellende Frage, woran sich dann eigentlich bemisst, dass auch eine schlechte Instanziierung eines bestimmten Praxiszusammenhangs oder einer bestimmten Rolle noch als Instanziierung ebenjener gelten kann, werde ich unten mit Bezug auf Hegel diskutieren.

Wortes, der mitgemeint ist, wenn man von einem Werk sagt, es sei »gelungen«. In dieser Formulierung wird umgekehrt deutlich, dass die ethischen Normen auch eine funktionale Seite haben. Schließlich stellen sie Kriterien nicht nur des *guten*, sondern auch des *faktischen* Gelingens innerhalb eines von sachlichen Bedingungen geprägten Funktionszusammenhangs bereit. Das »Gute« ist hier nicht freischwebend, sondern eine Qualifikation der Vollzugsbedingungen einer Praxis, die deshalb auf ihr gutes Funktionieren hin befragt werden, an diesem gemessen werden kann.

Zusammengefasst lassen sich sittliche Normen dann also als *ethisch-funktionale Normen* auffassen, die als Vollzugsbedingungen von Praxiszusammenhängen in Lebensformen wirken, diese definieren und sie zu dem machen, was sie sind. Damit schweben ethische Normen nicht losgelöst als eine Art »Wertehimmel« über der sozialen Praxis, sondern sind als Bedingungen des normativ vordefinierten *Gelingens* in die die Lebensformen ausmachenden Praktiken »eingelagert«. Umgekehrt gibt es kein rein funktional bestimmbares Moment, an das sich die Frage nach dem Gelingen eines Praxiszusammenhangs richten könnte, sondern dieses ist immer schon ethisch gefärbt. Soziale Formationen funktionieren, wo sie funktionieren, immer schon auf eine ethisch qualifizierte Weise. Entsprechend lassen sich die sie konstituierenden Normen nur mit Verweis auf die Erfüllungsbedingungen einer sowohl ethisch wie funktional bestimmten Praxis begründen.

Umstrittene Zwecksetzungen

Reicht aber eine solche ethisch-funktionale Begründung sittlicher Normen über den immanenten Zusammenhang eines Praxiskomplexes hinaus? Wie stark ist ihr normativer Druck? Eine konventionell begründete Norm sagt, dass man sich als Autofahrer auf der Straße rechts halten muss. Funktional oder ethisch-funktional begründet sich die Regelung des Verkehrs (nicht die spezifische Konvention des Rechtsfahrens) mit Bezug auf die reibungslose Ermöglichung des Verkehrsflusses. Warum es aber überhaupt notwendig oder gut sein soll, das möglichst reibungslose Fließen des Verkehrs zu ermöglichen, darüber geben die hier aufgeführten Begründungsstrategien keine Auskunft.

Reichten Begründungen konventioneller Art nicht sehr weit –

sie gelten, weil sie gelten –, so lässt sich hinsichtlich der »Stärke« (oder Tiefe) der ethisch-funktionalen Begründung festhalten, dass diese zwar weiter geht als jene – Normen funktional oder ethisch-funktional zu begründen bedeutet, dass man sie als *gut für etwas* behauptet. Die Geltung solcher Normen innerhalb von Lebensformen etabliert sich aber nur im Rahmen einer weiteren Zweckbestimmung dessen, wofür die Praxis und der übergreifende Zusammenhang eines Bündels von Praktiken »gut ist«. Eine funktionale Begründung scheint damit abhängig von einer weiteren Zwecksetzung zu sein, die sie selbst nicht leistet. Das ändert sich auch dann nicht, wenn wir die Funktionalität als immer schon ethisch eingefasst, das Funktionieren einer Praxis als ethisch vordefiniertes Funktionieren auffassen.

Wir kommen damit zur oben bereits erwähnten Zielabhängigkeit sittlicher Normen und auf die Frage der kontextübergreifenden Geltung dieser Normen zurück. Ob eine bestimmte Norm – zum Beispiel diejenige, die das Parken in dritter Reihe erlaubt – funktional oder dysfunktional ist, hängt, so hatte ich oben gesagt, von der Zwecksetzung oder Zielbestimmung ab, die die entsprechende Praxis leitet. Eine Funktion ist also eine Funktion immer nur in Bezug auf ein zu erreichendes Ziel. Dass der Giraffenhals funktional sinnvoll für das Überleben der Giraffe ist, hängt von der Existenz sachlicher Rahmenbedingungen (zum Beispiel, dass das erreichbare Futter hoch hängt) und natürlich von der Gültigkeit oder Plausibilität des Ziels (das Überleben der Giraffe) ab. Nun besteht aber nicht nur in Bezug auf die sinnvoll einzusetzenden Mittel, sondern auch in Bezug auf die Zwecksetzungen selbst im Falle menschlicher Lebensformen ein Spielraum, der beim Giraffenbeispiel nicht existiert. Bei der Giraffe mag der lange Hals das naheliegendste Mittel und die Zwecksetzung, in Bezug auf die der lange Hals funktional notwendig ist, unumstritten die der Selbsterhaltung sein. Im Falle der Erziehung aber kann man sowohl bestreiten, dass das Gründegeben Kinder autonom macht, als auch, dass das Erziehungsziel der Autonomie sinnvoll ist. So kann man innerhalb desselben Praxiszusammenhangs auch andere Zwecke als Autonomie und Glück verfolgen, zum Beispiel Disziplin und Ruhe, Zwecke also, zu deren Erreichung sich ganz andere Normen und Praktiken als funktional angemessen darstellen könnten. Auch im Falle der medizinischen Praxis kann man sowohl bestreiten, dass die gründliche Untersuchung die unumgängliche Voraussetzung einer Diagnose ist, als auch behaupten, dass das Ziel der Praxis selbst (eine bestimmte Vorstellung von Gesundheit) von Schulmedizinerinnen nur unzureichend verstanden werde. Es gibt also im Bereich des Sozialen markante Uneinigkeit und entsprechend einen Interpretations- und Gestaltungsspielraum in Bezug auf beides, die Zwecke wie die Mittel. Damit aber wäre das hier diskutierte ethisch-funktional begründete Ethos einer Praxis zunächst lediglich *praxisintern* bestimmt.

Wer gründlich untersucht, ist dann im Kontext eines bestimmten Praxiszusammenhangs eine gute Ärztin, wer Geschichten vorliest, darf Anspruch darauf erheben, ein guter Vater zu sein. Dass etwas eine gute oder gelungene Instanziierung einer Praxis ist, sagt aber noch nichts darüber aus, ob die Praxis selbst eine gute (förderungswürdige) Praxis ist, ob es also gut ist, dass es sie gibt. Auch schlechte, verwerfliche und sozial bedenkliche Praktiken richten sich an Maßstäben des Gutseins aus: Man kann ein hervorragender Taschendieb oder ein besonders gewissenhafter Auftragskiller sein. Und die kleine Hexe in Otfried Preußlers gleichnamiger Erzählung muss schmerzhaft erleben, dass »eine gute Hexe zu sein« eben gerade nicht bedeutet, Gutes zu tun, sondern so viel Unheil wie möglich anzurichten. Es handelt sich bei den hier angesprochenen Kriterien also um Maßstäbe, die für den gelingenden Vollzug der jeweiligen Praxis aus der Perspektive der Bedingungen dieses Vollzugs gelten, aber noch nicht um Kriterien für das Gutsein dieser Praxis überhaupt.

Die Teilpraxis der ausführlichen Untersuchung oder die Teilpraxis der gewissenhaften Recherche in Bezug auf einen Auftragsmord ist, anders gesagt, geboten, um das mit der medizinischen (oder mafiösen) Praxis insgesamt gesetzte Ziel zu erreichen. Sie aber ist nur vor dem Hintergrund eines Bezugssystems zu verstehen, in dem das Morden oder das schulmedizinisch verfahrende Heilen insgesamt geschätzt wird. So handelt es sich beim Auftragsmord um einen sehr spezifischen Praxiszusammenhang mit sehr spezifischen Zielsetzungen, die nicht jeder teilen wird; aber auch die beschriebenen ärztlichen Praktiken sind auf den Kontext einer bestimmten Lebensform, in der Ärztinsein etwas Bestimmtes bedeutet und die Praktiken der medizinischen Versorgung auf bestimmte Weise interpretiert, vollzogen und geschätzt werden, angewiesen. Die einzelne Praxis oder Rolle und das mit ihr verbundene Ethos ist also abhängig vom praktisch-interpretativen Kontext einer komplexen Lebensform. Zum Beispiel mag der Geistheiler im Gegensatz zum Schulmediziner glauben, dass nicht Untersuchung und Diagnose die entscheidende Vorbedingung für die Heilung des Patienten sind, sondern die gelingende Kontaktaufnahme zu einer höheren geistigen Ordnung. Wenn man nicht daran glaubt, dass die ärztliche Tätigkeit zur Heilung von Patienten beiträgt, und wenn man nicht glaubt, dass es sinnvoll ist, Krankheiten zu bekämpfen, wird man die oben beschriebenen Standards ärztlicher Qualität nicht errichten, und man hätte auch keinen Grund, solche zu befolgen.

Auseinandertreten und Zusammenhang interner und externer Gesichtspunkte

Muss aber umgekehrt, wer ihren *internen Exzellenzkriterien* folgt, nicht doch an den *übergreifenden Sinn* einer Praxis glauben? Es ist einerseits nicht ausgeschlossen, dass man die Qualitätskriterien einer Praxis (in Maßen) teilen kann, ohne die Praxis selbst oder die Praxis als Ganzes gutzuheißen.[62] So kann ich – ein Topos vieler Kriminalgeschichten – der Perfektion des Auftragskillers widerwillig einen gewissen Respekt zollen, auch wenn ich sein Tun für verwerflich halte. Und auch der überzeugte Schulmediziner, der homöopathische Präparate bestenfalls für Placebos hält, mag die Gründlichkeit des einen von der Schlampigkeit des anderen Homöopathen unterscheiden. Dennoch ist auch der beste Auftragskiller in den Augen der meisten Menschen verdammungswürdig; und auch der gründlichste Homöopath ist, dem Urteil des strikten Schulmediziners zufolge, ein Scharlatan.

Für uns als Betrachter mag also in manchen Fällen beides, die Bewertung einer Praxis als sinnvoll und die Anerkennung ihrer internen Exzellenz, auseinandertreten. Bei allem Respekt für handwerkliche Perfektion aber werde ich dennoch hoffen, dass der

62 Wir betreten hier ein moralisch heikles Terrain, übersetzt sich diese Frage doch lebensweltlich in die, ob der vom Funktionieren der bürokratischen Abläufe besessene Massenmörder sich legitimerweise auf eine solche interne Normativität beziehen kann. MacIntyre diskutiert diese Frage auf eine innovative Weise in seinem Aufsatz »Social Structures and Their Threats to Moral Agency«, in: ders., *Ethics and Politics, Selected Essays Vol. 2*, S. 186-205, Cambridge 2006.

Auftragskiller seinen Auftrag eher schlampig ausführt; und man wird das eigene Urteilsvermögen in Bezug auf homöopathische Verfahrensweisen nicht mit immensem Aufwand ausbilden, wenn man die Vorstellung, dass zehntausendfach verdünnte Substanzen wirksam sein können, insgesamt für Aberglauben hält. Es ist also andererseits fraglich, wie sich interne Maßstäbe überhaupt gewinnen lassen, wenn man die Bewertung der Praxis als solcher ganz ausblendet. Noch anders stellt es sich aus Sicht des Handelnden selbst dar. Obwohl es die Lust an der technischen Perfektion unter Absehung von Konsequenzen geben mag, ist das dauerhafte Auseinandertreten beider Momente (die interne Qualität und der diese transzendierende Sinn einer Praxis) wohl als bedenkliches oder gar pathologisches Symptom zu betrachten: Die entsprechende Praxis stellt sich dann mindestens als seltsam entleert dar, der diese Praxis Ausübende als perfektionistischer Zwangscharakter. Die Ausbildung eines Berufsethos und, genereller, von ethisch-funktionalen Qualifizierungen von Praktiken ist demnach nicht vollständig unabhängig von der Identifikation mit dem entsprechenden Beruf oder der entsprechenden Praxis vor dem Hintergrund des diese umfassenden Kontextes.

Dieser erste Hinweis darauf, dass sich *interne* und *externe* Kriterien – Standards des Gutseins innerhalb einer Praxis und das Gutsein dieser Praxis selbst – möglicherweise nicht vollständig voneinander separieren lassen, ist für unsere Fragestellung instruktiv. Sind die Standards des Gutseins einer Praxis eingebettet in eine Lebensform, in einen Kontext aufeinander bezogener Praktiken und Interpretationen, innerhalb derer diese Standards gelten, so werden mit dem Beharren auf den Standards, die im Inneren eines Praxiszusammenhangs gelten, typischerweise mindestens implizit auch Geltungsansprüche in Bezug auf die übergreifende Angemessenheit dieser Praktiken und damit in Bezug auf den Kontext als solchen erhoben. Vielleicht agieren wir manchmal aus einem leeren Perfektionismus oder einer unabhängigen »Funktionslust« heraus. Im Zweifel aber halten wir das gründliche Untersuchen deshalb für unverzichtbar, weil wir die entsprechenden Annahmen über den Sinn von Medizin teilen; und wir halten das Vorlesen oder das Gründegeben gegenüber Kindern für sinnvoll, weil wir die entsprechenden pädagogischen Vorannahmen unterstützen. Damit ist behauptet, dass wir *faktisch* Geltungsansprüche in Bezug auf die

Angemessenheit unserer Praktiken erheben. Ob es aber angesichts der beschriebenen Kontext- und Interpretationsabhängigkeit tatsächlich eine Grundlage für ebendiese gibt und wie diese aussehen kann, lässt sich vor dem Hintergrund des bisher Gesagten noch nicht entscheiden.

Ich werde in Kapitel 4 die These vertreten, dass diese Geltungsansprüche sich letztlich aus der Fähigkeit von Lebensformen, Probleme einer bestimmten Art zu lösen, ergeben. Um die These vorzubereiten, dass die dabei entscheidenden sittlichen Normen in gewisser Hinsicht gleichzeitig intern wie extern sind (eine These, die im dritten Teil dann noch einmal auf den Modus immanenter Kritik bezogen wird), werde ich im nächsten Abschnitt zunächst noch einmal auf den spezifischen Charakter der hier entwickelten Normativität von Lebensformen zurückkommen. Sittliche Normen folgen der normativen Logik dessen, was man im (losen) Anschluss an Hegel die *Normativität des Begriffs* nennen kann. Der Rückgang auf diese Logik ermöglicht es, ein nichtkonventionalistisches und nichttraditionalistisches Verständnis davon zu entwickeln, wie man sich die Funktionszuweisung an soziale Praktiken und Institutionen und die Etablierung von »Exzellenzkriterien« oder Standards, der diese unterliegen, vorzustellen hat. Das (Hegelsche) Motiv des »Seinem-Begriff-nicht-Entsprechens«, um das diese Explikation kreisen wird, ist dabei auch ein Vorschlag zum Verständnis der Art und Weise, in der soziale Gebilde die sittlichen Normen, die sie zu dem machen, was sie sind, auch verfehlen können.

3.4 »Seinem Begriff nicht entsprechen«

Gehen wir von dem eingangs erwähnten Spezifikum aus, dass in Bezug auf Lebensformen alltagssprachliche Äußerungen wie »Das ist doch keine Familie (mehr)!« eine besondere normative Bedeutung gewinnen. Es ist ein philosophisch interessanter Umstand – und keine bloße *façon de parler* –, dass man von einem sozialen Gebilde, in dem niemand miteinander redet und niemand sich umeinander kümmert, sagen kann, es sei »gar keine Familie mehr«, selbst dann, wenn es von den »rohen Fakten«, der biologischen Abstammung her eine Familie ist, und obwohl wir offenbar nicht unmittelbar damit aufhören, das in Frage stehende Gebilde an den Kriterien, die man mit dem Status der Familie verbindet, zu messen. Genauso sind Staaten, sei es, weil sie die Sicherheit ihrer Bevölkerung nicht mehr garantieren können, sei es, weil sie das Gemeinwohl untergraben, ab einem bestimmten Grad ihres Versagens in bestimmter Hinsicht *keine Staaten mehr*, sondern eben *failed states*. Und auch von Demokratien wird man ab irgendeinem Stadium ihrer Unzulänglichkeit sagen, es seien eigentlich keine Demokratien mehr. Dabei ist ein *failed state* auf bestimmte Weise aber immer noch ein, wenn auch ein schlechter oder defizitärer, Staat und die Familie, die keine Familie mehr ist, irgendwie immer noch eine, sonst könnte das entsprechende Gebilde gar nicht mehr *als* (*failed*) Staat oder *als* (zerbrochene) Familie identifiziert werden und müsste sich an den mit diesen Begriffen gesetzten Bedingungen gar nicht mehr messen. Ich halte die hier skizzierte Redeweise nun gerade nicht für eine »uneigentliche«, in dem Sinne, dass die Aberkennung eines bestimmten Status eigentlich nur bedeutet, dass man etwas schlecht findet. Man sagt damit zugleich mehr und etwas anderes – oder jedenfalls weist man auf den defizitären Charakter eines solchen Gebildes auf spezifische Art und Weise hin. An dieser Möglichkeit des Urteilens zeigt sich der normativ-deskriptive (oder »dichte«) Status vieler Begriffe, mit denen wir es im Zusammenhang des sozialen Lebens zu tun haben.

Hegels Begriff des Begriffs

In Hegels *Wissenschaft der Logik* findet sich die diesen alltäglichen Beobachtungen und Redeweisen entsprechende Wendung, dass manche gegebenen (sittlichen) Entitäten so, wie sie empirisch sind, »nicht ihrem Begriff« entsprechen.[63] Die hier wirksame Unterscheidung zwischen Begriff und (empirischer) Wirklichkeit zielt auf eine Erläuterung des Umstands, dass einem Gegenstand wesentliche der ihn typischerweise bestimmenden Eigenschaften fehlen können (diese können, wie Hegel sagt, »verkümmert«, »unreif«, »mangelhaft« oder »gänzlich obliteriert« sein), ohne dass er aufhörte, eine Instanziierung dieses Gegenstands zu sein. Anders als das »empirische Herumsuchen« es vermag, das die wesentlichen Bestimmun-

63 Genau genommen ist hier nur die Problemstellung Hegel entlehnt, die Erläuterung erfolgt dezidiert unhegelisch bzw. außerhalb der Hegelschen Terminologie, aber auch außerhalb des hier sich nahelegenden philologisch engen Bezugs auf Hegels Logik.

gen eines Gegenstands aus dem Gesamt seiner »unmittelbaren Eigenschaften« ziehen zu können glaubt und dem sich deshalb der Verlust dieser Eigenschaften so darstellen muss, dass damit der Gegenstand aufhört, dieser bestimmte Gegenstand zu sein, etabliert Hegel hier die Vorstellung, dass »an den konkreten Dingen« ein »Unterschied zwischen [dem] *Begriff* und seiner *Verwirklichung*«[64] eintreten kann:

> Etwas Wirkliches zeigt daher wohl an sich, was es sein *soll*, aber es kann auch [...] ebensosehr zeigen, daß seine Wirklichkeit diesem Begriffe nur unvollständig entspricht, daß sie *schlecht* ist. Indem die Definition nun in einer unmittelbaren Eigenschaft die Bestimmtheit des Begriffes angeben soll, so gibt es keine Eigenschaft, gegen welche nicht eine Instanz beigebracht werden könne, in der der ganze Habitus zwar das zu definierende Konkrete erkennen läßt, die Eigenschaft aber, welche für dessen Charakter genommen wird, sich unreif oder verkümmert zeigt. In einer schlechten Pflanze, einer schlechten Tiergattung, einem verächtlichen Menschen, einem schlechten Staate sind Seiten der Existenz mangelhaft oder ganz obliteriert, welche sonst für die Definition als das Unterscheidende und die wesentliche Bestimmtheit in der Existenz eines solchen Konkreten genommen werden konnten. Eine schlechte Pflanze, Tier usf. bleibt aber immer noch eine Pflanze, Tier usf. Soll daher auch das Schlechte in die Definition aufgenommen sein, so entgehen dem empirischen Herumsuchen alle Eigenschaften, welche es als wesentlich ansehen wollte, durch die Instanzen von Mißgeburten, denen dieselben fehlen, z. B. die Wesentlichkeit des Gehirns für den physischen Menschen durch die Instanz der Akephalen, die Wesentlichkeit des Schutzes von Leben und Eigentum für den Staat durch die Instanz despotischer Staaten und tyrannischer Regierungen.[65]

Das lediglich »empirische Herumsuchen« nach Merkmalen und Eigenschaften, die ein natürliches oder soziales Gebilde ausmachen, zielt, Hegels Erläuterungen zufolge, auf den Versuch der »Definition« einer Entität qua Bezugnahme auf seine wesentlichen Eigenschaften. Eine solche Definition aber steht vor der Alternative, ein Gebilde, dem die es ausmachenden Eigenschaften fehlen, entweder nicht als Instanziierung seiner »Art« auffassen zu können (die Rose ohne Dornen nicht mehr als Rose, die Giraffe mit kurzem Hals nicht mehr als Giraffe, den despotischen Staat nicht mehr als Staat) oder aber auch die Abweichungen unterschiedslos in die

64 G. W. F. Hegel, *Wissenschaft der Logik II*, in: ders., *Werke in zwanzig Bänden*, Frankfurt/M. 1986, Bd. 6, S. 517.

65 Ebd., S. 518.

Definition hineinzunehmen. Beides ist unbefriedigend. Der ersten Alternative entgeht, dass auch die dornenlose Rose noch eine Rose, auch der despotische (oder der *failed state*) Staat noch ein Staat ist. Die zweite Alternative kann wesentliche nicht von unwesentlichen Merkmalen unterscheiden, ihr entgeht überhaupt die »Wesentlichkeit«, der essentielle oder konstitutive Charakter mancher Eigenschaften für die entsprechende Entität (das Gehirn für den Menschen, der Schutz von Leben und Eigentum für den Staat). Mit dem Begriff des *Begriffs* nun und der begrifflichen statt definitorischen Haltung zu den Gegenständen, die mit diesem angezeigt zu sein scheint, lässt sich dieses Dilemma beheben. Beruht nämlich das »begriffliche« Vorgehen nicht mehr (wie das definitorische) auf der bloßen subsumierenden Benennung einer empirisch sich darbietenden Ansammlung von Eigenschaften, so lässt sich jetzt zwischen dem Begriff und seiner Verwirklichung die Möglichkeit einer Differenz annehmen. Mit der Unterscheidung von Begriff und Verwirklichung lassen sich wesentliche von unwesentlichen Eigenschaften anders als quantitativ (also zum Beispiel über die Häufigkeit ihres Vorkommens) unterscheiden. Wenn etwas unter einen Begriff fallen kann, ohne ihm in allen Hinsichten zu entsprechen, so werden dem entsprechenden Gegenstand Eigenschaften noch dann zugerechnet, wenn er sie nicht aktualisiert oder wenn jene Eigenschaften, die ein solches natürliches oder sittliches Gebilde eigentlich ausmachen, wie Hegel sagt, »verkümmert« sind. Der Begriff ist dann, so wird manchmal erläutert, ein *Begreifen*. Er *begreift*, und das bedeutet: er versteht, subsumiert, beschreibt und bestimmt etwas als etwas. Begreifend trägt er dem Rechnung, was *ist*, und gibt dabei gleichzeitig vor, wie es sein *soll*. Anders gesagt: Der Begriff fasst das Gegebene weder nur (passiv) auf, noch prägt er der Wirklichkeit von sich aus (aktiv und äußerlich) seine Bestimmungen auf. Er zeigt sich damit als eine nicht nur sortierend-klassifizierende, sondern auch als eine normativ-evaluierende Instanz, mit der eine selbst normativ verfasste Wirklichkeit normativ beurteilt und zugleich begriffen werden kann.

Die Möglichkeit des Auseinandertretens von Wirklichkeit und Begriff sowie die normative Definitionsmacht des Begriffs gegenüber dieser (wenn man das so unhegelisch ausdrücken darf) eröffnen nun für Phänomene des Sozialen die Möglichkeit einer besonderen Variante von normativer Kritik, nämlich einer Kritik der unvollständigen oder defizitären Instanziierungen von Begriffen (wie dem des Staates, der Demokratie oder der Familie) – auch wenn das nicht die Hegel selbst vorrangig interessierende Perspektive ist. Ich werde im Folgenden versuchen, die darin implizierte Art der normativen Begriffsverwendung in Bezug auf sittliche Formationen oder Lebensformen auszubuchstabieren und produktiv zu machen.

Weder deskriptiv noch normativ

In mehreren Hinsichten ist eine solche Figur der Kritik *anders normativ* als eine einfache Vorschrift, die von außen an eine Lebensform herangetragen würde. Mit der Spannung zwischen dem Begriff und seiner Verwirklichung wird nicht eine schlichte Differenz zwischen normativ Gefordertem und empirisch Eingelöstem ausgemacht. Vielmehr gewinnt eine solche Argumentation ihre Standards aus den mit einer Praxis oder Lebensform gesetzten Bedingungen und aus ihren eigenen Ansprüchen. Was aber impliziert eine solche Redeweise, was bedeutet es, dass eine Lebensform »ihrem Begriff nicht entspricht«? Und in welchem Sinne wird damit das Gelingen und Scheitern einer sozialen Praxis ausgemacht?

Zunächst: Wenn man von einem sozialen Gebilde behauptet, dass es »seinem Begriff nicht entspricht«, so ist damit weder eine strikt deskriptive noch eine strikt normative Aussage gemacht. Man stellt nicht lediglich fest, was dieses Gebilde *ist* beziehungsweise *nicht ist*, man schreibt aber auch nicht lediglich vor, was es sein *soll* beziehungsweise *nicht sein soll.*

Nicht rein deskriptiv ist die entsprechende Aussage, sofern es ihr nicht allein um die empirische Feststellung geht, dass an einem sozialen Gebilde Merkmale fehlen, die man üblicherweise mit ihm verbindet. So könnte man in Bezug auf die gemischt-generationelle Gruppe, der man in der U-Bahn gegenübersitzt, klarstellen, dass es sich hier um eine von Erzieherinnen begleitete kleine Kita-Gruppe handelt und nicht, wie ein Beobachter angenommen hatte, um eine sechsköpfige Familie. Das ist die faktenbasierte Klarstellung eines Umstands. Wenn dagegen eine Familie in dem Sinn »keine Familie (mehr) ist«, dass sie »dem Begriff der Familie nicht entspricht«, so hat diese Aussage einen *bewertenden* Unterton. Sie beinhaltet den Verweis auf ein *normatives Defizit* der entsprechenden Konstellation und impliziert einen Vorwurf. Dennoch handelt es sich hier auch nicht um eine *rein normative* Aussage oder eine normative Aussage im engen Sinn, derart, dass die hier vorgefundenen Praktiken familiärer Interaktion anders sind, als sie *sein sollten*, weil sie gesetzte Standards oder Vorgaben für die Gestalt von Familien nicht erfüllen.

Um auf eine oben bereits eingeführte Unterscheidung zurückzukommen: Es sind *interne, nicht externe Normen,* die hier ins Spiel kommen, Normen also, die mit einem Gebilde selbst gegeben sind und in ihrer normativen Bewertung mit der *Beschreibung* einer bestimmten Praxis, mit ihren Funktionsbedingungen und dem mit diesen verwobenen Sinn der Praktiken verbunden sind. Der »Begriff« eines sozialen Gebildes begreift oder versteht eine soziale Formation oder Praxis als etwas und gibt ihr durch dieses Begreifen, also indem er auffasst, was sie ausmacht, die in ihr selbst liegenden Erfüllungsbedingungen vor.

Bestimmung sozialer Gattungseigenschaften

Der Umstand, dass eine soziale Formation (Lebensform oder Institution) nicht ihrem Begriff entspricht, lässt sich dann versuchsweise so fassen, dass sie »kein gutes Exemplar ihrer Gattung« ist. Der Terminus »Begriff« fungiert dann analog zu dem der »Gattung« für den Bereich des Sozialen: Er spricht dem in Frage stehenden Gebilde gewissermaßen die sozialen »Gattungseigenschaften« zu oder ab, die Eigenschaften also, die das definieren, was es als Institution oder Lebensform ausmacht.

Defizitär wäre die nicht ihrem Begriff entsprechende Formation demzufolge, sofern sie die mit ihrer Gattung gesetzten Eigenschaften nicht besitzt. Diese »gesetzten Eigenschaften« sind nun so zu verstehen, dass sie *erstens* nicht von außen an den Gegenstand angelegte Standards sind, sondern Anforderungen, die *mit ihnen* etabliert sind; es handelt sich *zweitens* um Eigenschaften, die in der entsprechenden Formation auch schon wenigstens ansatzweise existieren – und sie könnten keine normative Bedeutung haben, wenn sie nicht zumindest als Potential in ihnen existierten.

Denken wir an »Gattungseigenschaften« in Bezug auf biologische Lebewesen, so fällt die Erläuterung des hier wirksamen Verhältnisses von Sein und Sollen vergleichsweise leicht. Zu den Gattungseigenschaften der Giraffe gehört der lange Hals, zu denen des

Löwen ein starkes Gebiss, Eigenschaften, die für das Überleben des Löwen und der Giraffe funktional notwendig sind. Einer kurzhalsigen Giraffe oder einem Löwen ohne Zähne fehlen wesentliche Merkmale der Gattung. Dieses Tier ist in gewisser Hinsicht »keine Giraffe« beziehungsweise »kein Löwe« mehr, es entspricht seinem Begriff nicht, realisiert seine Gattungseigenschaften nicht oder nur unvollständig. Die kurzhalsige Giraffe stellt dabei weder nur eine andere Art von Giraffen – die der kurzhalsigen Giraffen – dar, noch ist sie einfach etwas ganz anderes als eine Giraffe. Sie ist ein *defizitäres Exemplar* ihrer Gattung,[66] hat also Anteil an etwas (der Gattung), dessen Merkmale sie gleichzeitig nicht erfüllt. Warum aber bleibt sie – auch bei Wegfall der entsprechenden Eigenschaften – eine Giraffe? Und warum ist sie *defizitär* und nicht einfach nur *anders* als die anderen Giraffen?

Ist die Antwort auf diese Fragen schon in Bezug auf die natürlichen Gattungen kompliziert, so ist leicht zu sehen, dass die Übertragung dieses Modells auf soziale Formationen mit noch größeren Schwierigkeiten konfrontiert sein wird. Menschliche Lebensformen lassen sich, als fluide, historisch variable und gestaltbare Gebilde, nicht auf ähnliche Weise durch Funktionsbedingungen und essentielle Merkmale fixieren wie die Lebensform der Giraffe oder des Löwen. Soziale Praktiken und Lebensformen haben keinen kurzen Hals und keine schlechten Zähne, also keine vorinterpretativ erkennbaren Funktionen und Dysfunktionen, die unabhängig von den durch uns gesetzten Bestimmungen gegeben wären; welche ihrer zahlreichen Eigenschaften für sie »essentiell« sind, ist notorisch umstritten. Handelt es sich bei einer modernen Familie, in der die Autonomie des Einzelnen missachtet wird, bei einer Demokratie, in der keine demokratische Willensbildung stattfindet, oder einer Stadt ohne öffentliche Räume jeweils um defizitäre oder unvollständige Instanziierungen des Begriffs Familie, Demokratie oder Stadt, so ist im Unterschied zur biologischen Gattung das, was die Gattung ausmacht, selbst Resultat menschlicher Gestaltung und des Selbstverständnisses, das sich im Rahmen von sozialen Interpretationskontexten herausbildet.

Es sind zwei Fragen, die sich aufgrund der hier gegebenen Be-

66 Natürlich ist die Frage des Verhältnisses von Exemplar und Gattung auch in Bezug auf Tiere viel komplizierter, vgl. dazu Michael Thompson, *Leben und Handeln. Grundstrukturen der Praxis und des praktischen Denkens,* Berlin 2011.

schreibung des Sachverhalts und speziell in Bezug auf soziale Entitäten identifizieren lassen. *Erstens* die Frage nach der *Kontinuität*: Wie erklärt sich, dass auch die defizitäre Familie eben doch eine Familie, die defizitäre Stadt dennoch eine Stadt sein soll? Welche Kontinuität zu ihrer Gattung also hat eine defizitäre Instanziierung, wenn sie gleichzeitig wesentliche Eigenschaften der Gattung nicht teilt? In welcher Kontinuität, anders gefragt, steht das defizitäre Exemplar einer Gattung zu seiner Gattung, wenn »*seinem* Begriff *nicht* zu entsprechen« gleichzeitig eine Kontinuität wie eine Differenz zu diesem andeutet?

Zweitens die Frage nach der *Normativität*: Wie genau erklärt sich die spezifische Spannung zwischen Sein und Sollen, eine normativ beschriebene Differenz, die die Möglichkeit des Urteilens über die jeweilige Instanziierung der entsprechenden Gattung eröffnet? Von welchem Standpunkt aus lässt sich die Abwesenheit eines öffentlichen Raums als Defizit auffassen und nicht nur normfrei als bloße Differenz, woraus also erklärt sich die normative Leitfunktion des Begriffs angesichts einer von diesem abweichenden Wirklichkeit? Und inwiefern lässt sich zur Erläuterung dieser Differenz auf interne und nicht nur auf externe Maßstäbe verweisen?[67]

Ich möchte zunächst eine Antwort auf die Frage nach der Kontinuität von unzureichender Verwirklichung und Begriff versuchen, um anschließend die Quelle der Normativität des Begriffs zu erörtern.

Kontinuität von Begriff und defizitärer Realisierung

Warum also ist zum Beispiel eine Stadt, in der soziale Homogenität herrscht und in der es keine öffentlichen Räume mehr gibt, eine defizitäre *Stadt* – warum ist »Stadt« noch der Begriff, unter den das entsprechende Gebilde fällt, dem es aber gleichzeitig nicht entspricht? Eine der denkbaren Antworten auf diese Frage ist *quantitativ*. Die Stadt wäre dann auch als defizitäre immer noch am Begriff der Stadt zu messen, weil sie immer noch hinreichend viele

67 Vielleicht finden wir es falsch, Autonomie zu missachten, öffentliche Räume zu kommerzialisieren oder zu verniedlichen oder demokratische Willensbildung auf privatistische Zustimmung zu reduzieren. So gesagt bleiben solche Positionen aber externe oder »normativistische« Bestimmungen, die mit der Gestalt des entsprechenden Gebildes selbst nichts zu tun haben müssen.

derjenigen Merkmale aufweist, die den Begriff der Stadt ausmachen: Es gibt immer noch viele Häuser, Straßen, eine U-Bahn und Smog. Deshalb handelt es sich um eine Stadt und nicht etwa um einen Wald oder um ein Dorf. Diese Antwort ist allerdings von begrenztem Nutzen. Wie viele Eigenschaften genau müssen noch vorhanden sein, damit das abweichende Gebilde in Kontinuität zu dem mit seinem Begriff Bezeichneten steht? Oder gibt es essentielle *Kerneigenschaften* gegenüber peripheren Eigenschaften, die bestehen bleiben müssen, damit etwas als mangelhafte Instanziierung eines Begriffs gelten kann? Eine solche Antwort verschöbe allerdings das Problem lediglich hin zu der Schwierigkeit, solche Kerneigenschaften auszuzeichnen.

Eine weitere denkbare Antwort stellt sich folgendermaßen dar: »Stadt« ist immer noch der Begriff, unter den die defizitäre Stadt fällt und dessen normativer Gehalt für sie bindend ist, weil es (noch) keinen anderen Begriff gibt, unter den sie fallen könnte. Sie ist klarerweise nicht nur deshalb, weil sie als Stadt Defizite hat, plötzlich ein Wald. Und sie ist noch nicht einmal etwas »Verwandtes«, wie zum Beispiel ein Dorf. Dieser sicherlich informative Hinweis ist allerdings für unser Problem nur begrenzt hilfreich – schließlich könnte es sich hier um eine Verlegenheit unsererseits handeln, und vielleicht sollten wir baldmöglichst einen neuen Begriff kreieren.

Die Antwort, die ich hier versuchen möchte, unterscheidet sich von den beiden eben genannten. Dass wir den defizitären Staat, die defizitäre Stadt, die defizitäre Familie noch an den Begriffen von Stadt, Familie und Staat messen können oder sogar müssen, liegt demnach daran, dass es in Bezug auf die fehlenden oder mangelhaften Eigenschaften der entsprechenden Gebilde eine *Deformationsgeschichte* gibt. Zur (idealtypisierten europäischen) Stadt gehörte der öffentliche Raum, die soziale Dichte und das Zusammenleben Verschiedener. Sollten diese Merkmale einmal völlig verschwunden sein, so ist das das Resultat einer *Entwicklung*, die die entsprechende Konstellation sozialer Praktiken und Institutionen genommen hat. Diese Entwicklung lässt sich (so möchte ich hier meinen in den folgenden Kapiteln zu entwickelnden Thesen vorgreifen) so beschreiben, dass hier bestehende Ansprüche auf gelingende Problemlösung nicht eingelöst oder invertiert worden sind, weil wesentliche Praktiken erodiert, verschwunden oder bis zur Unkenntlichkeit transformiert worden sind. Das Verschwinden der für die Stadt konstitutiven Merkmale wäre dann die Geschichte eines normativen Scheiterns, eine *Krisengeschichte*. Die Kontinuität zwischen der guten und der defekten Instanziierung ist darauf zurückzuführen, dass dem entsprechenden Gebilde die essentiellen Eigenschaften nicht einfach nur *fehlen*, sondern dass es diese auf bestimmte Weise »verspielt« hat. Die defekten, obsolet gewordenen Praktiken und Institutionen tragen so noch die invertierten Spuren der mit ihnen einmal gesetzten Ansprüche und Möglichkeiten an sich. Die Wirklichkeit entspricht nicht nur nicht ihrem Begriff; vielmehr ist sie *an ihm gescheitert*, daran gescheitert, ihn einzulösen, und trägt ihn deshalb als Anspruch (weiter) mit sich. Diesem Verständnis nach fungieren »Begriffe« als eine Art Problem- oder Aufgabenstellung.[68]

Eine defizitäre Stadt, Familie, Demokratie wäre dann deshalb immer noch eine wenn auch misslungene Instanziierung des jeweiligen Begriffs, weil die Problematik, zu deren Lösung sie nichts (mehr) beiträgt, immer noch besteht. Sie steht gewissermaßen immer noch an der Stelle, an der die Praktiken und Institutionen, die zu »Stadt«, »Demokratie« oder »Familie« gehören, im arbeitsteiligen Funktionszusammenhang einer Lebensform stehen. Die Begriffe »Stadt«, »Demokratie« oder »Familie« wären dann, bildlich gesprochen, begrifflich-normative »Platzhalter«. Heißt dieser Platzhalter »Stadt«, so ist im Fall des normativen Versagens und der Nichtentsprechung das, was diesen füllt, eben keine richtige Stadt mehr – aber immer noch defizitär *als Stadt*.

Normativität der Differenz zwischen Begriff und Realität

Mit der Frage der Kontinuität ist allerdings die nach der *Normativität*, der Geltungskraft des Begriffs in Bezug auf die von ihm erfassten Phänomene, noch nicht gelöst. Woher kommt die normative Leitfunktion des Begriffs, und welches Recht hat der Begriff gegenüber der Wirklichkeit? Warum lassen wir, wenn ein soziales Gebilde nicht seinem Begriff entspricht, nicht den Begriff fallen, statt das Gebilde als defizitär zu kritisieren? Anders gefragt: Was macht gerade eine bestimmte Problembeschreibung normativ relevant? Auch für die Beantwortung dieser Frage gibt es in Bezug auf

68 Zu dieser Auffassung passt auch, dass selten ein Gebilde seinem Begriff vollständig entspricht.

die Giraffe oder den Löwen noch naheliegende Anhaltspunkte: Die Giraffe mit langem Hals hat es im Leben leichter; ebenso der Löwe mit funktionsfähigem Gebiss. Insofern mag es naheliegen, die Giraffe als Tier mit langem Hals, den Löwen als Tier mit starkem Gebiss begrifflich zu fixieren und damit als Norm, von der aus sich Abweichungen bestimmen lassen, zu verstehen. Was es dagegen für eine Lebensform bedeutet, gut oder gut und funktionsfähig zu sein, wann soziale Praktiken erhaltenswert sind oder sich zu Recht transformieren oder aus verständlichen Gründen erodieren, steht ja gerade zur Debatte.

Anschließend an mein Verständnis des Begriffs als »Platzhalter« einer Problembeschreibung will ich mich deshalb dem normativen Geltungsanspruch von Begriffen auf dem Weg der Abgrenzung zu zwei Alternativen nähern.

(1) Die erste Alternative entspricht dem Umstand, dass wir selbst die Urheber der begrifflich-sittlichen Verhältnisse sind, also frei dazu, Normen zu setzen und mit diesen die uns bestimmenden sozialen Institutionen und Praktiken zu prägen. Man könnte deshalb die Bestimmung der Gattungseigenschaften oder des Begriffs, an dem das einzelne »Exemplar«, hier also die Instanziierung einer sozialen Praxis, gemessen werden soll, definitorisch (oder definitorisch-kontraktualistisch) auffassen. Was eine Familie, Demokratie oder Stadt ausmacht, wäre dann das, worauf wir uns (gegebenenfalls kollektiv) geeinigt haben. Bestimmte Instanziierungen von Familie, Demokratie oder Stadt entsprechen dann unserer Vereinbarung darüber, was sie sein sollten und als was wir sie verstehen wollen – oder sie entsprechen ihnen nicht. »Seinem Begriff nicht zu entsprechen« oder seine Gattungseigenschaften nicht zu erfüllen würde dann bedeuten, diese kollektiven Setzungen zu verletzen. Eine normative Differenz entsteht dann zwischen der sozialen Definition und der Realität eines sozialen Gebildes, die Bestimmung von Gattungseigenschaften wäre, dieser Version zufolge, eine einfache (und voluntaristische) normative Setzung, die ganz unabhängig von den tatsächlich existierenden sozialen Praktiken existierte.

(2) Die zweite Alternative besteht darin, die gesuchten Gattungseigenschaften historisch und kulturspezifisch zu situieren. Was soziale Gebilde wie Familie, Demokratie oder Stadt ausmacht, wäre dann die bestimmte Gestalt, zu der diese sich historisch entwickelt haben; der »Begriff« einer Familie, Stadt oder Demokratie

beinhaltete das, was wir vor dem Hintergrund einer bestimmten Geschichte und Kultur damit zu verbinden gewohnt sind. Im Begriff hätte sich diese Geschichte gewissermaßen sedimentiert. Die Gesamtheit von Eigenschaften und Merkmalen, die diese Gebilde im Laufe dieser Geschichte ausgebildet haben, das, was sie *geworden sind*, wäre dann maßgeblich für das, was diese zu sein haben, also für das, was ihnen (und in diesem Sinne ihrem Begriff) entspricht. Der normative Überschuss des Begriffs über seine tatsächliche Realisierung und damit die Möglichkeit einer normativen Differenz ergibt sich in diesem Fall aus einer historisch gewachsenen Erwartung, an der die aktuell existierenden Instanziierungen des Begriffs sich messen lassen müssen. Die Stadt, die ihrem Begriff nicht entspricht, entspricht dann nicht mehr dem, was Städte, die in diesem Sinne defizitäre Familie nicht mehr dem, was Familien einmal waren. Defizitär ist eine bestimmte soziale Formation dann im Verhältnis zu ihrer Geschichte und Tradition sowie der darin spezifisch entwickelten Ansprüche. Ob ein soziales Gebilde »seinem Begriff entspricht« oder nicht, entscheidet sich dann anhand der gelingenden Einfügung in einen spezifischen historischen und kulturellen Kontext. Normativ bindend ist es also als *Resultat* seiner Geschichte.

Beide der hier skizzierten Varianten treffen aus meiner Sicht nicht das Gesuchte, nicht die spezifische Bedeutung der Normativität eines Begriffs, wie ich ihn hier im Anschluss an das Motiv Hegels verstehen will. Während die erste Variante den »Begriff« auf eine definitorisch normative Setzung reduziert, fällt die zweite, der Versuch, den normativen Gehalt einer sozialen Formation aus ihrem geschichtlichen Gewordensein herzuleiten, ins rein Faktische oder Deskriptive zurück, auch wenn dieses eine historische Dimension hat. Im ersten Fall bleiben Sein und Sollen abstrakt voneinander getrennt, im zweiten Fall fallen sie ineinander, so dass die Differenz zwischen Sein und Sollen zur normativ unspezifischen Differenz zwischen »Sein« und »Gewordensein« zusammenschnurrt.

Mein Gegenvorschlag nun kann hier vorerst nur skiziert werden, weil er auf etwas vorgreift, das erst im nächsten Kapitel ausgeführt werden kann. Der Begriff eines sozialen Gebildes wird demnach zwar tatsächlich dadurch bestimmt, dass sich in ihm eine bestimmte Gestalt sozialer Praktiken, wie sie sich historisch entwickelt haben, niedergeschlagen hat; er ist also keine bloße (auch nicht kollektive) normative Setzung. Diese Gestalt ist andererseits nicht einfach nur faktisch gegeben; was sich in ihrem »Begriff« (gegenüber ihrer bloß historisch-empirischen Wirklichkeit) niederschlägt, ist etwas, was vor einem bestimmten historischen Hintergrund Rationalität für sich in Anspruch nehmen kann. In das oben angedeutete Vokabular der »Problemlösung« übersetzt: Als Resultat von Reaktionen auf Probleme fixiert der Begriff eine historisch erreichte Problemstellung auf einem historisch erreichten Anspruchsniveau – und ist damit Vorgriff wie Ergebnis eines sozialen Lernprozesses. Seinem Begriff nicht zu entsprechen bedeutet dann (in einer gewissermaßen pragmatistischen Reinterpretation des Hegelschen Motivs), das hiermit beschriebene Problemniveau zu *unterbieten*. Diese Deutung nimmt mithin zwar den als zweite Möglichkeit skizzierten historischen Charakter des Begriffs auf, den Umstand also, dass sich an diesem – anders als bei Definitionen – historisch etwas »angelagert« hat, das seinen Gehalt ausmacht, beharrt aber dieser gegenüber dennoch auf der stärkeren Konzeption einer (historisch situierten) Rationalität und zieht die Differenz zwischen Sein und Sollen damit nicht einfach historistisch ein.[69]

Seinem Begriff nicht zu entsprechen bedeutet dann in Bezug auf soziale Gebilde, die mit ihm gesetzten Aufgaben nicht zu erfüllen und der in ihm historisch angelagerten Problemstellung nicht zu

69 Robert Brandoms Darstellung des Hegelschen Motivs dagegen scheint über die hier als »traditionalistisch« skizzierte Auffassung nicht wesentlich hinauszugehen: »Hegels Theorie der Normativität ist folgende: Eine begriffliche Norm ist nichts anderes als das, was durch unsere tatsächlichen Anwendungen der Norm in sie hineingelegt wurde. Durch die Anwendung eines Ausdrucks auf konkrete Fälle können wir jedoch zugleich eine Norm instituieren, die in der Folge über all unsere Anwendungen zu Gericht sitzt und sie vielleicht ungenügend findet.« (Matthias Haase, »Semantik ohne Wahrheit. Ein Interview mit Robert Brandom«, in: *Deutsche Zeitschrift für Philosophie* 54/3 (2006), S. 449-466, hier S. 459.)

entsprechen. Unter Rückgriff auf das oben entwickelte ethisch-funktionale Verständnis sittlicher Normen bedeutet das: Eine Lebensform, die ihrem Begriff nicht entspricht, erfüllt ihre ethisch verfasste Funktion nicht so, wie diese sich vor dem Hintergrund einer spezifischen Problemlösungsgeschichte herausgebildet hat.

Das Defizit einer Lebensform oder eines sozialen Praxiszusammenhangs zeigt sich dann am Misslingen und an der Krisenhaftigkeit der in ihr implizierten Praktiken. Die Erosion und das Obsoletwerden sozialer Praktiken oder ganzer Lebensformen ist ein Misslingen in zugleich ethischer wie funktionaler Hinsicht. Mit einem Ausdruck von Terry Pinkard sind solche Lebensformen »nichtlebbar«, sie sind *»uninhabitable«*,[70] *unbewohnbar,* geworden. Wie die kurzhalsige Giraffe nicht gut überleben kann, so sind auch die Demokratie, die Stadt oder die Familie, die ihrem Begriff nicht entsprechen, in jeweils unterschiedlichen Hinsichten unbewohnbare Gebilde – Gebilde, die sich selbst unterlaufen. Aber wiederum: Das ist keine bloße Dysfunktionalität, und dieser Zustand entspricht auch nicht dem faktischen Nicht-mehr-Bestehen des entsprechenden Gebildes. Ob ein soziales Gebilde funktioniert oder nicht funktioniert, das ist, wie wir oben gesehen haben, abhängig von normativen Funktionszuweisungen. Andererseits aber handelt es sich nicht um das bloße Verfehlen eines extern gesetzten normativen Anspruchs. Es ist ein normatives *Misslingen*, ein faktisches *Scheitern*, wenn auch ein Scheitern innerhalb eines durch normative Ansprüche konstituierten Gebildes.

Haben wir oben nach kontexttranszendierenden Kriterien für die Angemessenheit oder Unangemessenheit sozialer Praktiken gefragt, so deuten sich hiermit Kriterien an, die immanent und transzendent, kontextabhängig und kontexttranszendierend zugleich sind. Ich werde die hier nur vorausgesetzte Rede von den Problemstellungen (und deren kontexttranszendierenden Charakter) im nächsten Kapitel erläutern. Hier begnüge ich mich mit einer abschließenden Illustration des normativen Status des Begriffs, die zeigen soll, dass dessen Normativität nicht statisch (und nicht traditional) aufzufassen, sondern dynamisch zu verstehen ist. Sie steht nämlich im Wechselspiel innerhalb des Dreiecks von Sein

70 Vgl. Terry Pinkard, *Hegel's Naturalism: Mind, Nature, and the Final Ends of Life*, New York 2012.

(empirischem aktuellem Zustand), Sollen (normativem Anspruch) und den sich verändernden sachlichen Bedingungen. Der Begriff, so sieht man dann, ist nicht etwa das »Urmeter«, der ewig geltende unwandelbare normative Standard gegenüber einer sich wandelnden Realität, sondern in Auseinandersetzung mit dieser selbst normativ geleiteten Veränderungen unterworfen.

Begriffspolitik: »Familie ist, wo Kinder sind«

Der von der deutschen Politik in den letzten Jahren propagierte Slogan »Familie ist, wo Kinder sind« illustriert dieses Wechselspiel und damit die spezifische Weise, in der Begriffe eine normative Leitfunktion einnehmen und dabei dennoch dynamisch verstanden werden können, sehr gut. Einerseits nämlich lässt sich dieser Slogan so verstehen, dass hier ein überkommener Begriff einer sich verändernden Wirklichkeit gegenüber angepasst wird, sich also von dieser belehren lässt. Mag man früher »Familie« mit der Instituion der heterosexuellen Ehe (mit allen ihren Implikationen) verknüpft haben, so sieht man heute, dass es Familien in jeder erdenklichen psychosexuellen und sozialen Konstellation geben kann. Auf Wände plakatiert, informiert nun der Slogan »Familie ist, wo Kinder sind« nicht nur über diese veränderte Wirklichkeit, sondern schlägt eine Neuinterpretation des Familienbegriffs vor: Dessen essentielles Merkmal soll nun die Existenz von Kindern und das Bestehen von Sorgeverhältnissen sein. Darüber hinaus erhebt er einen normativen Anspruch dahingehend, dass man den entsprechenden Gebilden Respekt (ebenjenen Respekt, den man »traditionellen Familien« entgegenbringt) entgegenbringen sollte. So bedeutet der Slogan ausformuliert in etwa: »Was wir ›Familie‹ nennen und einmal mit bestimmten Institutionen und Praktiken identifiziert haben, hat sich heute verändert und von diesen hergebrachten Institutionen und Praktiken teilweise gelöst. Wir sollten aber diese neuen Gebilde als eine neue Gestalt dessen, was in diesem Begriff normativ festgehalten ist, respektieren.« Ein solcher Appell ist verbunden mit der Hoffnung, dass die neue Gestalt dadurch an der normativen Bedeutung der alten partizipieren werde. Ergibt sich also durch die gesellschaftliche Entwicklung und die diese begleitende begriffspolitische Intervention[71] eine Verschiebung im semantischen Gehalt eines Begriffs, so büßt dieser dennoch seine normative Leitfunktion nicht ein.

Diese Verschiebung im Gehalt des Begriffs nun ist aber keine willkürliche Neudefinition (»wir nennen jetzt mal etwas ganz anderes ›Familie‹ als das, was wir früher so genannt haben«). Wenn wir die neuen Gebilde offensiv »Familie« nennen, so nehmen wir für sie in Anspruch, dass sie sich in einer Kontinuität mit denjenigen Merkmalen befinden, die wir traditionell mit dem Begriff verbinden.[72] Aber auch die entgegengesetzte Deutung der hier wirksamen Begriffspolitik trifft nur bedingt zu. Die Verschiebung des Begriffsverständnisses lässt sich nämlich auch nicht als »Herausschälen eines normativen Kerns« – und zwar eines anthropologisch-universal gültigen Kerns – verstehen, der in diesem Fall beispielsweise in der (asymmetrischen) Übernahme von Sorgeverpflichtungen liegt. Es ist also auch nicht einfach so, dass es in Familien der Sache nach immer nur um die Versorgung von Kindern oder, weiter gefasst, um das asymmetrische Übernehmen von Verantwortung füreinander ginge und vergangene Gesellschaften dies nur irrtümlich mit weiteren Praktiken und Institutionen verknüpft hätten.

Wie nun erklärt sich die normative Kraft oder die normative Leitfunktion eines Begriffs, wenn sich dessen Gehalt doch gleichzeitig als veränderlich darstellt? Offenbar aus seiner Adäquatheit gegenüber einer Funktionsbeschreibung und den mit ihr gegebenen sachlichen Bedingungen, die sich aber gleichzeitig nicht ahistorisch auffassen lassen. Und wie erklärt es sich, dass noch die Veränderung des Begriffsgehalts normative Kraft beanspruchen darf? Die Notwendigkeit einer solchen Veränderung ergibt sich aus der Dysfunktionalität der überkommenen Begriffsverständnisse. (Einer der Gründe für die Kampagne, die aus der Mitte der

71 In diesem Fall kann man tatsächlich von einer begriffspolitischen Intervention sprechen, die im Rahmen einer breitangelegten Kampagne gewirkt hat. Demgegenüber gibt es die viel häufigeren Fälle der inoffiziell-subversiv verlaufenden Begriffsumwertungen (oder -umdeutungen).

72 Hier lässt sich gleichzeitig studieren, dass solche Gesten der Toleranz häufig mit einer Geste der Eingemeindung einhergehen: Vor allem wenn man die bildliche Komponente der erwähnten Plakataktion mit einbezieht, lässt sich vermuten, dass hier gleichzeitig konformisierend darauf gehofft wird, dass diese »neuen« Familien sich als nicht allzu abweichend erweisen mögen.

Gesellschaft hervorging, war ja, dass das Festhalten an traditionellen Familienbegriffen faktisch zu großen Problemen geführt hat.) Wenn es allerdings falsch ist, den Kern der Familie in der qua Ehe institutionalisierten heterosexuellen Kleinfamilie zu sehen, dann ist eine solche Auffassung nicht einfach nur ein normativer »Fehler«, sondern ein Fehler im Kontext einer bestimmten historischen Entwicklung von Problemlösungsschritten. Ich komme darauf zurück.

Resümee

Das Motiv des »Seinem-Begriff-nicht-Entsprechens«, wie ich es hier in loser Anlehnung an Hegel entwickelt habe, lehrt uns drei Dinge in Bezug auf den Charakter der in Lebensformen wirksamen Normativität:

(1) Sittliche Normen (wie sie sich im »Begriff« ausdrücken) sind interne Normen. Der »Begriff« ist kein *externer* Maßstab,[73] keine nur von außen an die jeweilige Lebensform herangetragene Norm. Schließlich geht es nicht darum, dass ein soziales Gebilde *unseren Vorstellungen* von ihm nicht entspricht, sondern darum, dass es *seinem eigenen* Begriff nicht entspricht.

(2) Anders als im eingangs erwähnten Verständnis von Normativität, dem zufolge es einer Norm nichts anhaben kann, wenn sie nirgendwo realisiert ist, sind die Normen und Erwartungen, die in einem Begriff wie Stadt oder Familie angelegt sind, nicht unabhängig von ihrer *Verwirklichung*. Der Begriff einer Sache fasst also auf, was ist, er begreift Wirklichkeit, geht dabei aber gleichzeitig über sie hinaus und gibt ihr etwas vor, sofern Wirklichkeit hier nicht das bloß faktisch Gegebene, sondern auch das, was als Potential in ihr angelegt ist, meint. Der Begriff beinhaltet, anders gesagt, einen *Überschuss*, der über die tatsächliche Praxis hinausgeht.

(3) Lebensformen sind dann »normativ verfasst« in dem starken Sinn, dass Normen nicht nur ein äußerlicher Teil oder hinzukommender Aspekt ihres Gefüges sind, sondern eine die Lebensform konstituierende Wirkung haben: Sie machen die die Lebensformen ausmachenden Praktiken zu dem, was sie sind. Dabei erschaffen sie sie aber nicht in dem Sinne, dass sie die soziale Wirklichkeit in einem radikalen Sinne neu und ohne Bedingungen erschaffen.

73 Mit externen und internen Maßstäben der Kritik befasse ich mich ausführlich im dritten Teil dieses Buches.

Aus den entsprechenden Praxisbereichen kommen funktionale Anforderungen, die in diesem Sinne »aus der Welt« (einer normativ geprägten Welt, in der es immer schon Sittlichkeit gibt) stammen. Dann aber lassen sich nicht nur – intern – bestimmte *Instanziierungen* eines Begriffs als mangelhaft kritisieren, sondern – vor dem Hintergrund ihrer Bedrohung durch normative Dysfunktionalitäten – auch *die Begriffe selbst*. Diese werden durch eine solche Kritik gewissermaßen »in Bewegung gesetzt«.

Die damit denkbar werdende Kluft zwischen Anspruch und Erfüllung einer einzelnen Praxis oder einer ganzen Lebensform eröffnet die Möglichkeit einer kontextübergreifenden Kritik, sofern sich das Gelingen und die Angemessenheit sozialer Praktiken jetzt nicht mehr nur intern, sondern in Bezug auf ihre Aufgaben fassen lässt. Es ist dieser Bezugspunkt und dieses Motiv, das ich im Folgenden mit der These von Lebensformen als Problemlösungsstrategien ausarbeiten werde. Auf die hier ebenfalls bereits anklingende Idee von Lernprozessen komme ich, nachdem ich zuvor das Motiv einer an immanenten Widersprüchen ansetzenden Kritik ausgearbeitet habe, im vierten Teil zurück.

4. Kapitel
Lebensformen als Problemlösungsinstanzen

Ich habe im vorangehenden Kapitel das, was ich die interne Normativität von Lebensformen genannt habe, bis zu dem Punkt verfolgt, an dem sich die Frage nach den übergreifenden Geltungsansprüchen einer Lebensform gestellt hat. Wenn sich die in Praktiken wirksamen Normen jeweils als gut (im Sinne von ethisch-funktional notwendig) für die internen Vollzugsbedingungen der Praxis erwiesen hatten, und wenn sich deren Gutsein wiederum aus dem Bezug auf eine bestimmte Lebensform erklärt, bleibt nämlich immer noch offen, warum es gut ist, dass es diesen Praxiszusammenhang überhaupt gibt. Was ist gut *an ihm* und nicht nur *für ihn*? Und umgekehrt: In Bezug auf was könnte ein solcher Zusammenhang von Praktiken – als Lebensform – nicht gut sein oder scheitern? Die teleologische Struktur, die wir oben (in Kapitel 3.2) kennengelernt haben, scheint hier an ein Ende zu geraten. Lebensformen sind nicht »für etwas gut«, sie sind nicht da, um einen bestimmten Zweck zu verwirklichen – sie existieren einfach. Allerdings tun sie noch mehr: Sie entfalten Wirkungen. Meine These ist: Lebensformen lösen, indem sie dies tun, Probleme. Oder weniger missverständlich: Sie sind *Instanzen von Problemlösungen*. Allerdings sind sie dabei nicht bloßes Mittel zur Erreichung eines bestimmten Zwecks: Sofern sie sind, was sie sind, manifestiert sich in ihnen die Lösung von Problemen.

Die in diesem Kapitel zu erläuternde These ist also: Lebensformen sind Problemlösungsinstanzen. Sie reagieren auf Probleme, die sich der menschlichen Gattung in Bezug auf die Gestaltung – nicht in Bezug auf die bloße Sicherung – ihres Lebens stellen. Entsprechend machen Lebensformen (implizit oder explizit) geltend, dass sie die jeweils angemessene Lösung für das Problem sind, das sich (mit) ihnen stellt. Das Gelingen von Lebensformen lässt sich nun daran messen, ob sie diesen Anspruch erfüllen oder nicht. Es mag dann mehrere angemessene Lösungen geben, aber umgekehrt gibt es auch unangemessene Problemlösungsversuche.

Inwiefern aber sind Lebensformen Problemlösungen? Was ist eigentlich ein »Problem«, und welcher Art sind die Probleme, die von den jeweiligen Lebensformen gelöst werden? Woran erkennt man gelingende Problemlösungen und woran deren Scheitern?

Im *ersten Abschnitt* dieses Kapitels werde ich (unter anderem in Abgrenzung zum Konzept des Bedürfnisses) mein Verständnis von Problemen als normativ vordefinierten Aufgaben und Konflikten erläutern. Im *zweiten Abschnitt* werden in Auseinandersetzung mit John Dewey das »Problem mit den Problemen« und deren doppeldeutige Stellung zwischen subjektiver Problemdeutung und objektiver Problemlage erörtert. Im *dritten Abschnitt* exemplifiziere ich meine Auffassung von Problemen anhand der Hegelschen Theorie der Familie, indem ich die von Hegel als sittliches Verhältnis aufgefasste bürgerliche Familie als Problemlösungsinstanz dechiffriere. Damit wird es möglich, im *vierten Abschnitt* den sich aus diesem Problemverständnis ergebenden Krisenbegriff – das Scheitern von Lebensformen als Scheitern an einem normativ vordefinierten Problemlösungsanspruch – zu explizieren. Der *fünfte Abschnitt* schließlich resümiert vor diesem Hintergrund die Auffassung von Lebensform-Problemen als Problemen zweiter Ordnung.

4.1 Was sind Probleme?

Was also sind Probleme – und in welcher Hinsicht sind Lebensformen Problemlösungsinstanzen? Probleme sind, der griechischen Wortherkunft nach (Πρόβλημα), das »Vorgelegte«,[74] ein zur Lösung vorgelegtes, zu überwindendes Hindernis. Ein Problem tritt dort auf, wo bestimmte Handlungsabläufe ins Stocken geraten, Interpretationen fehlgehen, uns das, was wir tun und wollen, nicht mehr gelingt oder das, was wir geglaubt haben zu verstehen, unverständlich oder inkonsistent wird.

Für meine Rede von Problemen ist dabei eine charakteristische Doppeldeutigkeit informativ: Wenn jemand sich »vor ein Problem gestellt sieht«, so kann das entweder bedeuten: »Er steht vor einer *Aufgabe*« oder: »Er steht vor einer *Schwierigkeit*«.[75] Die Rede von Lebensformen als Problemlösungsversuchen kann entsprechend entweder bedeuten, dass sich die Formen des Zusammenlebens vor

74 Vgl. Friedrich Kluge, *Etymologisches Wörterbuch der deutschen Sprache*, Berlin, New York 1995, s.v. Problem, S. 648.

75 Ebd.

bestimmte *Aufgaben* gestellt sehen, die sie zu lösen haben, ohne dass dabei immer schon impliziert wäre, dass hier etwas bereits schwierig geworden ist. Oder aber sie bedeutet, dass Lebensformen mit *Schwierigkeiten* konfrontiert sind, also mit einem Zustand, in dem etwas bereits »problematisch« geworden oder in eine Krise geraten ist. Für die hier vorgeschlagene Verwendung des Problembegriffs ist es wichtig zu sehen, wie beide Momente ineinander verwoben sind: Lebensformen stoßen bei der Bewältigung von Problemen im Sinne von Aufgaben immer schon auf Probleme im Sinne von Schwierigkeiten. Dabei wird die Aufgabenstellung manchmal nur vermittels der auftretenden Schwierigkeit sichtbar. Lebensformen sind entsprechend mit wechselnden Veränderungs- und Konfliktdynamiken konfrontiert, die als Problemstellungen auf verschiedene Weise bewältigt und überwunden werden müssen. Der Ausgangspunkt der Beurteilung und Kritik von Lebensformen, so wie ich sie hier konzipiere, ist also das *Problematischwerden* von Lebensformen, die möglichen *Krisen*, in die sie geraten können. Und auch die Probleme, von denen hier die Rede sein soll, sind in diesem Sinne praktisch konzipiert – als etwas, das sich Menschen, die in bestimmten sozialen Praktiken und Lebensformen agieren, aus diesen herausstellt.

Problem versus Bedürfnis

Die Pointe der Rede von Problemen und Problemlösungen in Bezug auf Lebensformen wird deutlich, wenn man sie mit der anders gearteten Rede von Bedürfnissen und Bedürfnisbefriedigung konfrontiert. Statt zu sagen, dass in Lebensformen *Probleme* gelöst werden, könnte man ja (gerade wenn man an den Aufgabenaspekt der Lebensform denkt) auch die These vertreten, dass Lebensformen menschliche *Bedürfnisse* befriedigen und umso besser sind, je erfolgreicher sie das tun. Und tatsächlich ist dem Problembegriff und dem Bedürfnisbegriff gemeinsam, dass in beiden Fällen ein Mangel angezeigt wird, dem Abhilfe verschafft werden soll. Der Bedürfnisbegriff aber wird im Gegensatz zu dem, was ich am Problemkonzept stark machen möchte, häufig in einem *statischen* und *ahistorischen* Sinne verwendet.[76] Bedürfnisse, verstanden als

76 Manchmal wird das Konzept des Bedürfnisses vom Gegensatz zwischen Wünschen und Brauchen her entwickelt: Im Gegensatz zu Präferenzen oder Wün-

»Grundbedürfnisse«, fungieren dann als basale, objektive und entsprechend unbezweifelbare Bezugsgrößen,[77] die unabhängig von historischen und kulturellen Prägungen beanspruchen, einen Maßstab für die Adäquatheit einer spezifischen kulturellen Lebensform darzustellen. Eine gegebene Lebensform wäre entsprechend daraufhin zu befragen, ob sie in der Lage ist, menschlichen Bedürfnissen gerecht zu werden.

Gegen einen solchen Ansatz aber richtet sich einer der weitverbreiteten Befunde der philosophischen Anthropologie, prominent schon bei Hegel und Marx.[78] Dieser verweist auf die prinzipielle Unbegrenztheit und Nichtfeststellbarkeit menschlicher Bedürfnisse, ihren variablen und dynamischen Charakter. Daraus ergibt sich eine Formbarkeit, die der Idee eines objektiven Fixpunktes widerspricht. Es ergibt sich aber auch, dass Bedürfnisse immer schon historisch spezifisch und kulturell überformt sind. Wie Marx es klas-

schen wären Bedürfnisse dann nicht das, was wir subjektiv *wollen* (wie Schokolade), sondern das, was wir – objektiv betrachtet – *brauchen* (wie Vitamine). Vgl. zum Begriff des Bedürfnisses Barbara Merker, »Sind angemessene Wünsche solche, die unseren Bedürfnissen entsprechen?«, in: dies. u. a. (Hg.), *Angemessenheit. Zur Rehabilitierung einer philosophischen Metapher*, Würzburg 1998, S. 133-144; David Wiggins, »Claims of Need«, in: ders., *Needs, Values, Truth. Essays in the Philosophy of Value*, Oxford 1987, S. 1-57. Eine instruktive systematische Aufarbeitung der zeitgenössischen Diskussion bietet Nora Sondhauß, *Zur politischen Theorie der Bedürfnisse*, Diplomarbeit, Berlin 2011.

77 Ich will in dem hier zur Debatte stehenden Zusammenhang, weil ich in Bezug auf diesen vom Bedürfnisbegriff selbst Abstand nehme, nicht auf die weitverzweigte Diskussion über Bedürfnisse eingehen. Wollte man aber den Bedürfnisbegriff selbst anders verstehen, als es ihre Lesart als feststehende Grundbedürfnisse nahelegt, so ließe sich der Unterschied zwischen Wunsch und Bedürfnis so bestimmen, dass man die Grenzlinie hier weniger anhand unterschiedlicher Bedürfnisobjekte denn anhand der unterschiedlichen Art der Bezugnahme auf diese zieht. Ein Bedürfnis zu haben bedeutet dann, dass man sich von diesem nicht distanzieren kann, es ist alternativlos und seine Befriedigung unaufschiebbar. Wünsche dagegen sind verhandelbar, aufschiebbar, ersetzbar. Säuglinge und Kleinkinder sind insofern Bedürfniswesen, als sie sich schwer oder gar nicht von ihren Bedürfnissen distanzieren können. Das gilt ebenso für das Bedürfnis nach Nahrung wie für das Bedürfnis nach Unterhaltung oder Nähe. Sie arbeiten sich dann – das ist ein Aspekt der Reifung – schrittweise aus diesem Zustand des Determiniertseins durch Bedürfnisse heraus, was man daran sieht, dass aus Bedürfnissen schrittweise verschieb- und verhandelbare Wünsche werden.

78 Zum Begriff des Bedürfnisses beim frühen Marx vgl. Andrew Chitty, »The Early Marx on Needs«, in: *Radical Philosophy* 64 (1993), S. 23-31.

sisch formuliert: »Hunger ist Hunger, aber Hunger, der sich durch gekochtes, mit Gabel und Messer gegeßnes Fleisch befriedigt, ist ein andrer Hunger, als der rohes Fleisch mit Hilfe von Hand, Nagel und Zahn verschlingt.«[79] Und Theodor W. Adorno illustriert treffsicher denselben Punkt: »Zur Befriedigung des konkreten Hungers der Zivilisierten gehört, daß sie etwas zu essen bekommen, vor dem sie sich nicht ekeln, und im Ekel und in seinem Gegenteil wird die ganze Geschichte reflektiert.«[80]

Dieser formbaren Natur der Bedürfnisse nun entspricht der Umstand, dass es in den Lebensformen der Menschen so tiefgreifende Unterschiede gibt, dass diese kaum durch eine gemeinsame Grundlage zusammengehalten zu sein scheinen, eine, mit Arnold Gehlen gesagt, »so auffällige Gegensätzlichkeit derselben, sozusagen bis in die Herzfalten der Menschen hinein, daß man fast glauben könnte, man hätte es mit verschiedenen Gattungen zu tun«. Schon Gehlen zieht daraus die Konsequenz, dass »wir alles Natürliche am Menschen nur in der Imprägnierung durch ganz bestimmte kulturelle Färbungen erfahren können«.[81]

Anders gesagt: »Man überlebt nie nackt.« Lebensformen beziehen sich nicht auf das »bloße Überleben«, sondern immer schon auf ein spezifisches, immer schon so oder so gestaltetes Leben. Deshalb lassen sie sich an als Fixpunkt gedachten Grundbedürfnissen nicht messen. Selbst wenn es – intuitiv durchaus plausibel – Aspekte geben mag, die alle uns bekannten menschlichen Lebewesen miteinander verbinden, so betrifft dies doch häufig gerade diejenigen Aspekte, die menschliche Lebewesen auch mit anderen Lebewesen gemein haben.[82]

79 Karl Marx, »Einleitung zur Kritik der politischen Ökonomie«, in: ders., Friedrich Engels, *Werke*, Bd. 13, Berlin 1971, S. 615-641, hier S. 624.

80 Theodor W. Adorno, »Thesen über Bedürfnis«, in: ders., *Soziologische Schriften I* (= ders., *Gesammelte Schriften*, Bd. 8), Frankfurt/M. 2003, S. 392-396, hier S. 392.

81 Arnold Gehlen, »Über Kultur, Natur und Natürlichkeit«, in: Gerhard Funke (Hg.), *Konkrete Vernunft. Festschrift für Erich Rothacker*, Bonn 1958, S. 113-123, hier S. 113.

82 Wohlgemerkt: Man kann den hier lediglich skizzierten Einwänden auch mit der Entwicklung eines avancierten, das heißt dynamischen und höherstufigen Bedürfnisbegriffs oder einer anspruchsvollen Bestimmung der Lebensform des Menschen, die deren Spezifika (z. B. der Existenz praktischer Vernunft) Rechnung trägt, begegnen. Beides wird in der zeitgenössischen Diskussion auf hohem Niveau betrieben und ist einer längeren Auseinandersetzung wert. Mir geht es an

Diesen Einwänden nun, dem Hinweis auf den immer schon kulturell formierten, interpretierten und »höherstufigen« Charakter menschlicher Lebensformen (und der entsprechenden Bedürfnisse), trägt die Rede von »Problemen« Rechnung. Man könnte meine Argumentationsstrategie also folgendermaßen darstellen: Im Gegensatz zu einer Position, die (qua Rekurs auf Bedürfnisse) von *der* naturalistisch zu bestimmenden Lebensform des Menschen ausginge, um von dieser her die Adäquatheit der kulturellen Lebensformen zu bestimmen – diese wären immer dann angemessen, wenn sie *der* Lebensform des Menschen entsprächen –, gehe ich mittels meines Ansatzes bei den »Problemen« davon aus, dass »die« Lebensform des Menschen immer nur über die soziokulturellen und historischen Vermittlungen hindurch zugänglich ist. Deshalb setze ich mit der Frage, was Lebensformen sind, gleich bei diesen Vermittlungsmomenten selbst an und schlage damit gewissermaßen einen gegenüber den Bedürfnisansätzen umgekehrten Weg ein: Ausgangspunkt ist dann nicht der imaginäre Nullpunkt eines von kulturellen Lebensformen unabhängigen oder diesen zugrunde liegenden »nackten Bedürfnisses«, sondern es sind gleich die kulturellen Formationen selbst und mit diesen die Probleme, in die sie geraten und deren Lösung sie verkörpern.

»Probleme«, wie ich sie in diesem Zusammenhang verstehe, sind also *erstens* kulturell spezifisch und historisch wie sozial formiert. Sie treten nur im Kontext einer immer schon gestalteten und je bestimmten, historisch situierten und sozial instituierten Lebensform auf, entstehen aus einer bereits gestalteten und interpretierten Situation heraus. Probleme in Bezug auf Lebensformen sind *zweitens* grundlegend normativ verfasst in dem Sinne, dass sie sich – entsprechend der oben entwickelten ethisch-funktionalen Normativität der Lebensformen – nicht einfach als Behinderungen oder Störquellen eines bestimmten Vollzugs per se darstellen, sondern als Problematischwerden in Bezug auf eine ethisch vordefinierte Problembeschreibung, also auf einen angemessenen Vollzug im Sinne des normativ geprägten Sinns von Praktiken. *Drittens* sind Probleme dann immer auch Resultate bereits versuchter Problemlösungen; sie sind Probleme, die aus dem Versuch, Probleme zu lösen, entstanden sind, *Probleme zweiter Ordnung* gewissermaßen.

dieser Stelle jedoch darum, vor der Folie der Bedürfniskonzeption auf die Pointe des Problembegriffs hinzuweisen.

Probleme sind damit etwas, mit dem eine bestimmte Lebensform konfrontiert ist, aber auch etwas, das *mit ihr* gestellt ist. Die Rückverfolgung auf einen ersten Punkt, auf ein »ursprüngliches« Problem – das man dann auch Bedürfnis nennen könnte – ist vergeblich, aber auch überflüssig.

Mögliche Missverständnisse

Inwiefern aber nun lösen Lebensformen Probleme? Was tun sie, um das zu tun? An dieser Stelle möchte ich zwei möglichen Missverständnissen vorbeugen, die die Deutung von Lebensformen als Problemlösungsinstanzen kontraintuitiv erscheinen lassen könnten. So lässt sich bezweifeln, dass irgendjemand, der zum Beispiel in die Lebensform der bürgerlichen oder auch der nachbürgerlich-postkonventionellen Familie eingelassen ist oder der die Stadt als Lebensform preist, diese als den Versuch der »Lösung eines *Problems*« bezeichnen würde. Steht nicht ein viel euphorischeres, positiv gefasstes und auch nicht weiter begründetes »so wollen wir leben« und nicht ein »so müssen wir eben leben« hinter der Affirmation bestimmter Lebensformen? Anders gefragt: Sind Lebensformen, wenn ich sie als Problemlösungsinstanzen beschreibe, lediglich *reaktiv*, also: auf Problemstellungen reagierend, statt dass sie selber positive Entwürfe setzen könnten? Und widerspräche das nicht meiner eigenen Auffassung von Lebensformen als Ausdruck der Gestaltbarkeit der menschlichen Lebensbedingungen?

Zum einen glaube ich, dass, selbst wenn es nicht zum jederzeit präsenten Selbstverständnis einer Lebensform gehört, problemlösend zu sein, diese Auffassung doch aktualisiert wird, sobald sich anlässlich einer Konfrontation die Notwendigkeit der Verteidigung einer bestimmten Lebensform oder der Ablehnung einer anderen ergibt. Sofern hier, wie eingangs bereits behauptet, nicht nur auf dem »so machen wir es eben« beharrt wird, sondern Geltungsansprüche erhoben werden, treten diese als Behauptung von gegenüber anderen Varianten besseren Problemlösungen an. Zum anderen verbirgt sich hinter dem reaktiven Charakter der Lebensform gewissermaßen ein »materialistisches Element«, das ich verteidigen möchte; (immer auch) reaktiv sind sie, sofern sie auf etwas reagieren müssen und sich nicht im luftleeren Raum entfalten. Das widerspricht der Auffassung von Lebensformen als gestalteten

Lebensbedingungen nicht: Jede Gestaltungsmacht trifft auf Bedingungen, ist eine Auseinandersetzung mit Bedingungen, die für sie Ausgangspunkt und Grenze darstellen.

Ein weiterer Grund, weshalb die Rede von den Lebensformen als Problemlösungen kontraintuitiv zu sein scheint, ist der folgende: Dass mit Lebensformen Probleme gelöst werden, klingt so, als gäbe es hier immer Akteurinnen und Akteure, die Absichten entwickeln und Pläne fassen können, als ob also eine Lebensform entstünde, weil eine oder mehrere Personen sich selbstbewusst für eine bestimmte Praxis entscheiden, mit der sie einen bestimmten Zweck erreichen wollen. Nun ist es aber (nach oben Gesagtem) offensichtlich, dass es sich bei Lebensformen um Praxiszusammenhänge handelt, die teilweise vorgängig und nicht vollständig explizit, vielleicht noch nicht einmal immer vollständig explizierbar sind. Insgesamt sind Lebensformen also etwas, in das wir eingelassen und immer schon verwickelt sind, ohne dass wir den Zweck dieser Praxis jederzeit angeben könnten, geschweige denn, dass wir uns von einem Zustand *außerhalb* oder *vor* dieser Praxis her zur Verfolgung eines bestimmten Zwecks entscheiden würden. Man muss sich das Problemlösende an den Lebensformen also, um ein kognitivistisches und »intentionalistisches« Missverständnis zu vermeiden, anders vorstellen. Nicht nur stellen sich die Probleme immer schon *in* und *aus* einer Praxis heraus, in der sich Problemstellungen und Zwecksetzungen erst schrittweise konkretisieren. Auch sieht man manchmal eher von außen, dass es sich bei bestimmten Praktiken effektiv um Problemlösungen handelt. Das heißt, wenn Lebensformen ein Problem lösen, so ist das nicht zu jedem Zeitpunkt transparent und auch nicht immer auf direktem Wege intendiert,[83] zumal eine Lebensform selbst kein Subjekt ist, das etwas intendieren könnte.[84]

Ein *drittes* mögliches Missverständnis besteht darin, die Rede von Lebensformen als Problemlösungsinstanzen instrumentalistisch zu verstehen. Dass Lebensformen Instanzen der Problemlösung sind, dass sie Probleme lösen, die sich mit ihnen stellen, bedeutet nicht, dass sie lediglich Mittel zur Erreichung eines vor-

83 Lebensformen sind dann, im Unterschied zum Beispiel zu dem, was Foucault »Strategien« nennt, nicht »subjektlos«; sie sind allerdings »über-« oder »intersubjektiv«. Vgl. etwa: Michel Foucault, »Die Formation der Strategien«, in: ders., *Archäologie des Wissens*, Frankfurt/M. 1973, S. 94-112.

84 Zum Problem der Lebensformen als Kollektivsubjekt vgl. unten, 7. Kapitel.

gefassten Zwecks wären. Lebensformen sind nicht Mittel zum Zweck der Problemlösung, sondern sie *sind* Lösungen von Problemen, sind paradigmatische Fälle der Problemlösung. Hier besteht, anders gesagt, kein kausales, sondern ein begriffliches Verhältnis: Problemlösend zu sein ist das, was es bedeutet, eine Lebensform zu sein.[85] Probleme zu lösen, ist nicht (instrumentalistisch verstanden) ihre Aufgabe, es ist das, was sie tun.

4.2 Gegeben oder gemacht? Das Problem mit den Problemen

Nun sind Probleme allerdings, wenn man sie so versteht, nicht einfach unbezweifelbar, objektiv oder vor jeder Interpretation gegeben. Probleme sind interpretationsabhängig. Da wo ein Problem entsteht, funktioniert etwas nicht. Es gibt einen »Problemdruck«, also einen Anlass, die entstandene Unstimmigkeit zu beheben. Der Maßstab für die richtige Lösung eines Problems ist entsprechend, ob das, was da nicht funktioniert, anschließend besser funktioniert. Aber dieses Funktionieren, und damit die Frage, was denn als richtige, angemessene Lösung eines Problems gelten darf, ist betrachtungs- und interpretationsabhängig – und das vor allem dann, wenn wir von der normativen Vordefiniertheit des Problems ausgehen. Um vorweg auf zwei Beispiele Bezug zu nehmen, auf die ich im folgenden Abschnitt ausführlicher zu sprechen kommen werde: Es mag als offensichtlich erscheinen, dass in einer Gesellschaft, in der sich die Teilhabe am sozialen Leben wesentlich über die Arbeit vermittelt, in der aber zugleich große Bevölkerungsgruppen von

85 Ich spreche hier von »begrifflich« in Anlehnung an von Wrights Unterscheidung, wenn er den Status von Ideal-Regeln erläutert. Wer ein Ideal verfolgt, verfolgt einen Zweck, dennoch wäre es, so von Wright, »ein Fehler, die Ideal-Regeln als Normen anzusehen, die Zweck-Mittel-Relationen betreffen. Um ein guter Lehrer zu sein, sollte jemand die und die Eigenschaften besitzen. Um ein Buch aus der obersten Reihe seines Regals zu holen, sollte er eine Leiter verwenden. Nun gilt jedoch: diejenigen Eigenschaften, kraft derer jemand ein guter Lehrer ist, stehen mit dem Ideal nicht in einer *kausalen Beziehung* – während der Gebrauch einer Leiter vielleicht kausal notwendig ist, wenn man ein Buch aus dem Regal holen will. Die erstere Beziehung ist begrifflich (logisch). Die Ideal-Regeln bestimmen einen Begriff, z. B. den Begriff des (guten) Lehrers oder Soldaten.« (Ders., *Norm und Handlung*, a. a. O., S. 29.)

struktureller Arbeitslosigkeit betroffen sind, etwas nicht stimmt. Diese Situation aber als Krise aufzufassen, zu erläutern, worin diese Krise der Arbeitsgesellschaft genau besteht und wie eine entsprechende Lösung des Problems aussehen könnte, ist dennoch alles andere als selbstverständlich und in hohem Maße abhängig von den Konzepten, mit denen man die Arbeitsgesellschaft als solche versteht. Das zeigt sich auch an den Lösungsvorschlägen: Wer für ein bedingungsloses Grundeinkommen plädiert, definiert meist schon das Problem von vornherein ganz anders als jemand, der für die Umverteilung von Arbeit durch Arbeitszeitverkürzung eintritt. Und um auf das zweite, oben bereits angeschnittene Thema zurückzukommen: Ob es eher ein Anzeichen für eine krisenhaft-desaströse Familiensituation ist, wenn die Kinder ehrfürchtig und ruhig am Tisch sitzen, wie in Michael Hanekes Film *Das weiße Band,* oder ob dieses Verhalten als Effekt des gelungenen Wirkens elterlicher Autorität gilt, hängt von der mit bestimmten Erziehungsidealen gesetzten Sichtweise ab. Probleme müssen also zu Problemen immer erst *gemacht* werden. Sie müssen *als* Probleme aufgefasst und interpretiert werden, und die Art der Interpretation prägt die Möglichkeiten der Lösung. Dann aber muss die Frage »Sind Probleme eigentlich ›subjektiv‹, von uns konstruiert beziehungsweise nur durch unsere Interpretation ›gemacht‹, oder sind sie ›objektiv‹, also unabhängig von unseren Deutungen gegeben?« so beantwortet werden: Sie sind beides – *zugleich gegeben wie gemacht.*

Deweys Problemauffassung

Zur Erläuterung dieser These möchte ich einen kurzen Umweg über John Deweys Verständnis von »Problemen« und seine Beschreibung der »Logik der Forschung« machen. Dewey versteht Forschung als Problemlösungsprozess auf eine Weise, die, auch dem Selbstverständnis der Theorie nach, über den Forschungsprozess im engeren Sinne der wissenschaftlichen Forschung hinausweist. Die Problemauffassung Deweys ist nun dazu geeignet, sich der von mir skizzierten Doppeldeutigkeit von Problemen, gleichzeitig »subjektiv konstruiert« wie »objektiv gegeben« zu sein, auf eine interessante Weise zu nähern.[86]

86 Auf Deweys Theorie der Forschung werde ich im vierten Teil noch ausführlicher

Stellt das Problematischwerden einer Situation für Dewey die Ausgangssituation dar, durch die der Forschungsprozess überhaupt erst in Gang kommt, so ist seine Beschreibung dessen, was ein Problem ist, ungewöhnlich. Ein Problem ist für ihn nämlich wesentlich charakterisiert durch die *Unbestimmtheit einer Situation*. Und Forschung (als Problemlösungsprozess) ist entsprechend der Weg, auf dem eine unbestimmte (fragmentierte, uneinheitliche) in eine bestimmte (ganzheitliche) Situation überführt wird:

> Forschung ist die gesteuerte oder gelenkte Umformung einer unbestimmten Situation in eine Situation, die in ihren konstitutiven Merkmalen und Beziehungen so bestimmt ist, dass die Elemente der ursprünglichen Situation in ein einheitliches Ganzes umgewandelt werden.[87]

Für meine Fragestellung ist hier zunächst nur der Aspekt der Deweyschen Theorie relevant, der ganz am Anfang des von ihm beschriebenen Prozesses steht und der das *Setting* des Problems als Problem betrifft. Einerseits nämlich erkennt Dewey den Umstand an, dass ein Problem als solches immer erst aufgefasst und konzeptualisiert werden muss, um zu einem Problem zu werden. Es gibt das Problem nicht ohne dessen Wahrnehmung *als* Problem, also ohne den Forschungsprozess, der es als solches aufspürt und greifbar macht: »Die unbestimmte Situation wird in eben dem Prozess, einer Forschung unterzogen zu werden, problematisch.«[88] Das Problematischwerden einer Situation ist damit selbst schon Effekt des Forschungsprozesses. Und umgekehrt: »Die Erkenntnis, dass eine Situation der Forschung bedarf, ist der erste Schritt der Forschung.«[89] Daraus folgt auch, dass die Art und Weise, in der ein Problem begriffen wird, über die Möglichkeiten und die Art seiner Lösung entscheidet.[90] Probleme und ihre Lösung sind

zurückkommen. An dieser Stelle interessiert mich nur die Problematik des objektiven oder subjektiven Status dessen, was als Problem gelten darf.

87 John Dewey, *Logik. Die Theorie der Forschung*, Frankfurt/M. 2002, S. 131.

88 Ebd., S. 134.

89 Ebd.

90 Anders gesagt: Dewey behauptet, »dass sich während der wissenschaftlichen Untersuchung nicht nur das Objektwissen, sondern auch das Wissensobjekt ändert«. (Hans-Peter Krüger, »Prozesse der öffentlichen Untersuchung. Zum Potential einer zweiten Modernisierung in John Deweys *Logic. The Theory of Inquiry*«, in: Hans Joas (Hg.), *Philosophie der Demokratie. Beiträge zum Werk von John Dewey*, Frankfurt/M. 2000, S. 194-234, hier S. 196.)

also von uns konstruiert. Wir *finden* sie nicht irgendwo, sondern *machen* sie.

Andererseits aber beharrt Dewey auf dem objektiven, aus der Realität kommenden Charakter des Problems. Man stellt sich die Probleme nicht selbst. Probleme stellen sich: »Es ist die *Situation*, die diese Züge hat. *Wir* sind voller Zweifel, weil die Situation inhärent zweifelhaft ist.«[91] Wenn es aber die Aspekte der Realität sind, die problematisch werden, dann kann es uns nicht freistehen, diese zu problematisieren oder, wie man so bezeichnend sagt, »zum Problem zu machen« oder nicht. Wir *erfinden* die Probleme nicht, sondern *reagieren* auf diese. Aus dieser Sicht kann man Probleme nicht konsequenzlos abweisen, und man kann sie sich auch nicht willkürlich stellen: »Wenn man sich [...] ein Problem stellt, das nicht aus einer aktuellen Situation erwächst, stürzt man sich in eine unfruchtbare Arbeit.«[92] Das Problem liegt also, das ist die Quintessenz dieser Überlegungen, auf Seiten der Wirklichkeit, nicht bei uns. Dewey grenzt hier den auf ein wirkliches Vorkommnis reagierenden Zustand des Zweifels oder der Verwirrung von pathologischen Projektionen ab: Derjenige Theaterbesucher (um an ein von Dewey selbst verwendetes Beispiel anzuschließen), dessen Angstzustände ihn in jedem öffentlichen Raum Feuer vermuten lassen, lässt sich von demjenigen unterscheiden, der aufgeschreckt die ersten Anzeichen für die tatsächliche Ausbreitung eines Feuers registriert und die Situation zu deuten und zu meistern versucht.

Nun wird dieser »objektivistische« Zug in der Problemauffassung noch einmal durch zwei Umstände modifiziert. Erstens dadurch, dass Dewey einen spezifischen Gebrauch des Wortes »Situation« pflegt: Eine Situation ist für Dewey immer das, was er ein »kontextuelles Ganzes« nennt:

> Was durch das Wort »Situation« bezeichnet wird, ist *weder* ein einzelnes Objekt oder Ereignis *noch* eine Menge von Objekten oder Ereignissen. Denn wir machen niemals die Erfahrung von Objekten oder Ereignissen für sich, noch bilden wir uns Urteile über sie allein, sondern nur im Zusammenhang mit einem kontextuellen Ganzen. Dies letztere ist das, was eine Situation genannt wird.[93]

91 Dewey, *Logik*, a. a. O., S. 132.
92 Ebd., S. 132.
93 Ebd., S. 87.

Ein solches kontextuelles Ganzes aber ist, zweitens, als Zusammenhang immer *aktiv* beziehungsweise *interaktiv* hergestellt, es ist ein praktisch verfasstes Geschehen und nicht ein vom Betrachter abzulösender äußerer Zustand der Welt. Dass eine Situation ein kontextuelles Ganzes ist, impliziert, dass sie in einer Wechselwirkung zwischen Akteur und Welt entsteht. Ein solcher Zusammenhang wird als Handlungszusammenhang vom handelnden, mit der Welt interagierenden Subjekt gewissermaßen gestiftet. Wenn es aber Probleme nur in Bezug auf Situationen gibt – sofern nämlich das Problem im Unbestimmtwerden einer Situation besteht –, diese aber wiederum auf uns bezogen sind, ergibt sich für den oben behaupteten objektiven Status des Problems eine doppeldeutige Situation. Die Probleme kommen zwar »aus der Welt«, diese Welt (oder eben: die Situation) ist aber gleichzeitig nicht unabhängig von uns. Sie ist, wie bei Heidegger, »um uns herum«, als Handlungszusammenhang auf uns bezogen.[94] Wodurch also wird die »reale Situation«, von der Dewey ausgeht, zur realen? Und welchen Status haben dann entsprechend die Probleme, von denen er spricht?

Zugleich gegeben wie gemacht

Hier lässt sich meine These einfügen: Auch für Dewey sind Probleme immer »zugleich gegeben wie gemacht«. Ist der Ausgangspunkt des Forschungsprozesses die »unbestimmte Situation«, eine Situation also der Fragmentierung, Widersprüchlichkeit und Dunkelheit, so »meldet« sich hier zunächst etwas noch ganz undifferenziert und unbestimmt als Krise, ja, in der Unbestimmtheit der Situation liegt gerade das Krisenhafte. Wenn nun die Identifizierung des Problems schon der erste Schritt zur Problemlösung ist,[95] so deshalb, weil diese es ermöglicht, sich aus dem Unbestimmten herauszuarbeiten

94 Zu einer mit dem Pragmatismus kompatiblen Deutung des Weltbegriffs bei Heidegger vgl. Hubert L. Dreyfus, *Being-in-the-World. A Commentary on Heidegger's Being and Time, Division I*, Cambridge/Mass. 1991.

95 Deweys Theorie der Unbestimmtheit ermöglicht es, ein Kontinuum zwischen Problemstellung und Problemlösung zu denken: ein fortschreitendes Herausarbeiten aus der Unbestimmtheit. Dazu gehört übrigens auch der Umstand, dass wir, wie Dewey gegenüber der oben zitierten Ausgangsdefinition modifiziert, nie vor einer vollständig unbestimmten Situation stehen.

und erste Ansätze von Orientierung, Identifizierung und damit Bestimmtheit zu erreichen.

Damit können wir die scheinbar paradoxale Beschreibung des zugleich Gegeben- wie Gemachtseins auflösen. Ein Problem ist *gegeben*, sofern eine Situation Anzeichen einer Krise (eines Problems) zeigt; es ist *gemacht*, sofern es aus diesem zunächst unbestimmten Material gewonnen werden muss. Die Identifizierung des Problems ist also insofern konstruktiv (sie »macht« das Problem), als aus dem Unbestimmten ganz verschiedene Gestalten gewonnen werden könnten. Das Fragmentierte beispielsweise kann sich in ganz unterschiedlichen Hinsichten (in Bezug auf ganz unterschiedliche Ganzheiten) als fragmentiert darstellen, das Widersprüchliche wird zu einem Widerspruch erst, wenn Dinge so aufeinander bezogen werden, dass sie gegeneinander stehen. Die Interpretamente, mit denen wir etwas »zum Problem machen«, schöpfen sich dabei aus einem Reservoir sozial vorgegebener möglicher Problembeschreibungen, die sich ihrerseits durch die Konfrontation mit neuen Situationen und Problemen verändern können. Ein Problem »meldet« sich also zwar als etwas objektiv Unabweisbares. Aber was sich da meldet, ist noch so diffus und unbestimmt, dass es zu einem bestimmten Problem erst gemacht werden muss. Ein Problem wird so einerseits durch Interpretation erst zum Problem, es lässt sich andererseits aber auch nicht aus dem Nichts konstruieren, sondern wird aus dem gemacht, was von uns unbeeinflusst da ist und sich gegebenenfalls störend bemerkbar macht. Genau deshalb lassen sich Probleme, simpel gesagt, weder herbeireden noch ignorieren.

Es lässt sich also zwischen zwei »Aggregatzuständen« dessen, was hier Problem heißen soll, differenzieren: Probleme stellen sich zunächst als praktische, krisenhafte Verwerfungen dar – ein Stocken im Handlungsvollzug, das Zusammenbrechen einer Interpretation –, ohne dass sie dabei bereits die bestimmte Gestalt dessen, was wir später als »Problem« identifiziert haben werden, angenommen haben. Das noch unbestimmte Problem, mit dem wir zunächst konfrontiert sind, ist also nicht dasselbe wie das, das wir in einem ersten, konstruktiven Schritt des Forschungsprozesses schließlich als konkretes Problem identifizieren werden. Es handelt sich, wie wir jetzt sagen können, um verschiedene Zustände der Unbestimmtheit: Aus einem diffusen wird ein näher bestimmtes Problem, weshalb die Allerweltsweisheit, dass die richtige Problemstellung schon die halbe Lösung ist, ja auch triftig ist. Ob die Problembeschreibung, die Interpretation des Problems, zum Ausgangsproblem, also zu der Krise, die den Forschungsprozess ausgelöst hat, passt, muss sich daher daran erweisen, ob im Zuge der von der Problembeschreibung ausgehenden Lösungsstrategie der Problemdruck nachlässt. Natürlich ist auch das wiederum eine Frage der Interpretation: Ob eine Problemlösung gelungen ist, ist – gerade im Bereich sozialer Gebilde, auf den ich die Rede von den Problemen hier anwende – im Zweifelsfall so umstritten wie die Problemstellung selbst. Man kann sich die Vergewisserung hinsichtlich eines Problems wie seiner Lösung jedoch, das ist der Weg, den Dewey skizziert, als Prozess einer schrittweisen hermeneutischen Adjustierung von Problem und Problembeschreibung vorstellen. Nur diejenigen Anteile einer Problembeschreibung, die zu Elementen der krisenhaften Ausgangssituation so »passen«, dass sich daraus produktive Veränderungen beziehungsweise produktive Anschlüsse ergeben – dass sich, in Deweys Worten, die Unbestimmtheit der Ausgangssituation lichtet –, haben Chancen, als Problembeschreibung gelten zu können. Problembeschreibung und Problemlösung sind also in Form eines Lern- oder Erfahrungsprozesses miteinander verwoben.

Der Charakter des hier angesprochenen prozessualen Verlaufs wird mich in Teil 4 weiter beschäftigen. Das vorläufige Resultat meiner Ausführungen zu Dewey ist der Umstand, dass sich seiner Beschreibung folgend eine Auffassung von Problemen gewinnen lässt, die es erlaubt, Probleme als »Ankerpunkt« zur Beurteilung von Lebensformen einzuführen, der die Alternativen von subjektiver und objektiver Problemstellung (beziehungsweise Konstruktivismus oder Realismus) transzendiert. Sind also Lebensformen Resultate und Instanzen von Problemlösungsprozessen, so muss man der sich daraus ergebenden Dynamik – den diesen Prozess begleitenden Adjustierungs- und Interpretationsleistungen – Rechnung tragen.

Universeller Charakter der Probleme?

Die jetzt erreichte Auffassung des Problembegriffs erlaubt erste Rückschlüsse auf die eingangs aufgeworfenen Fragen nach der Universalität von Problem- oder Bedürfnislagen. Wenn Probleme immer schon interpretierte Probleme sind, so stellen sich die Fragen, die für uns in Bezug auf Lebensformen bedeutsam werden können, immer schon auf der Ebene kulturell-historisch bestimmter Problemlagen, sie stellen sich aus dem Konflikt um spezifische Instituierungen und Interpretationen der »allgemeinen« Probleme. Dort also, wo es für uns überhaupt »einen Unterschied machen« kann, geht es nicht um eine etwaige allen gemeinsame Ausgangslage, sondern um Situationen, Problemstellungen und Spannungsverhältnisse, die sich überhaupt erst vor dem Hintergrund der sehr verschiedenen Weisen des Umgangs mit diesen und einer Geschichte, in der sich dieser Umgang niedergeschlagen hat, ergeben.

Damit nimmt der von mir verfolgte Ansatz gewissermaßen eine Zwischenposition zwischen anthropologischem Universalismus und konstruktivistischem Kulturalismus ein. So wie es unplausibel (aber eben auch unnötig) ist, manche universelle »Konstanten« der *conditio humana* zu leugnen, ist es gleichermaßen widersinnig, davon auszugehen, dass wir alle immer schon dieselben Probleme haben – als ob diese sich, unabhängig von jedweder historisch-kulturellen Konstellation, »eigentlich« immer gleich stellten.[96]

Der universelle Charakter von Problemen lässt sich dann allenfalls als Rückschluss aus der Persistenz und Regelmäßigkeit bestimmter Problemlagen behaupten. Selbst wenn die Vorstellung naheliegt, dass es eine Reihe von Grundproblemen geben muss, mit denen die »Gattung« konfrontiert ist, so wäre diese »Liste« doch nicht abschließbar. Die unterschiedlichen Ausprägungen und Einfärbungen, die die »universellen« Probleme in unterschiedlichen historischen und soziokulturellen Situationen annehmen, sind nicht bloß akzidentell. Das liegt daran, dass solche Universalien historisch immer wieder neu und je spezifisch instanziiert werden. Zudem haben Probleme (Lösungs-)Geschichten. Ein Problem, das sich zu einem bestimmten historischen Zeitpunkt und

96 Cornelius Castoriadis vertritt in Auseinandersetzung mit dem ethnologischen Funktionalismus eine ähnliche Position. Institutionen lassen sich nicht rein funktionalistisch interpretieren, da die von ihnen zu lösenden Problemlagen weder vorgängig noch uninterpretiert existieren und die Bedürfnisse wie ihre Befriedigung sich nur vor dem Hintergrund eines gesellschaftlich konstituierten Bedeutungshorizonts verstehen lassen. In der Terminologie Castoriadis' verweist das auf die Rolle der »imaginären Bedeutungen«. Vgl. Cornelius Castoriadis, *Gesellschaft als imaginäre Institution*, Frankfurt/M. 1994, S. 198 f. und S. 230 f.

innerhalb einer bestimmten soziokulturellen Umgebung stellt, ist immer schon geprägt von den es betreffenden vorangegangenen Lösungsversuchen. In diesem Sinne »sedimentiert« sich Geschichte in den Problemen selbst, und die Probleme »reichern sich an«. Probleme haben also eine Geschichte und einen je unterschiedlichen (sozialen oder kulturellen) Ort. Damit gibt es für sie keine »pure« (also problemneutrale oder ahistorische) Ausgangslage; der »Nullpunkt« des Problems vor jeder Interpretation und vor jeder Geschichte wäre eine schlechte Abstraktion.

Im pragmatistischen Geist formuliert: Lebensformen stellen die sozialen Strukturen des menschlichen praktischen Weltverhältnisses dar. Sofern in und mit ihnen Probleme gelöst werden, geht es hier nicht um Probleme, die sich abstrakt auffassen ließen, bevor sie praktisch zutage treten; es geht um Probleme, wie sie sich für Menschen aus den praktischen Bezügen der Lebensformen heraus, in denen sie leben, stellen.

4.3 Problemlösungsversuche: Hegels Theorie der Familie

Was es bedeutet, dass Lebensformen Probleme lösen, werde ich im Folgenden am Beispiel der modernen Kleinfamilie und der bürgerlichen Ehe (und später am Fall der Arbeit und der Krise der Arbeitsgesellschaft) verdeutlichen. Dabei lehne ich mich an die Interpretation an, die Hegel ihr gegeben hat und von der ich glaube, dass wir sie implizit oder explizit (mit den offenkundigen Abweichungen und dem offenkundigen Erneuerungsbedarf) im Kern immer noch teilen.

Wenn Hegel in seinen *Grundlinien der Philosophie des Rechts* die Familie als Instanz der Sittlichkeit einführt, so behandelt er eine ganz bestimmte, historisch distinkte und spät entstandene Form der Familie: die bürgerliche Kleinfamilie europäisch-christlicher Prägung.[97] Was Hegels Darstellung, die zugleich Beschreibung

97 Vgl. G.W. F. Hegel, *Grundlinien der Philosophie des Rechts*, in: ders., *Werke in zwanzig Bänden*, Frankfurt/M. 1986, §§158-181. Vgl. zu Hegels Theorie der Familie auch: Siegfried Blasche, »Natürliche Sittlichkeit und bürgerliche Gesellschaft. Hegels Konstruktion der Familie als sittliche Intimität im entsittlichten Leben«, in: Manfred Riedel (Hg.), *Materialien zu Hegels Rechtsphilosophie*,

wie Rechtfertigung dieser spezifischen Familienform ist, für unseren Zusammenhang so interessant macht, ist der Umstand, dass er aus dieser historisch spezifischen »sittlichen« Gestalt heraus (meiner Redeweise entsprechend: aus einer historisch spezifischen Problemkonstellation heraus) und in Auseinandersetzung mit den Spannungsverhältnissen, in denen diese steht, zu zeigen versucht, dass sie anderen Gestalten überlegen ist. In die Rede von den Problemlösungen übersetzt (die natürlich nicht die Hegels ist) heißt das, dass sie eine überlegene Problemlösung ist – und zwar die normativ getränkte Lösung eines normativ zu verstehenden Problems.

Familie als sittliche Institution

Die Grundlage von Hegels Interpretation lässt sich folgendermaßen auf den Punkt bringen: Die Familie ist eine sittliche Institution.[98] Die Rede von »Sittlichkeit« impliziert im Hegelschen Kontext zweierlei. *Erstens* impliziert sie einen *kultivierenden* Zug. In der die Familie begründenden Ehe wird die Natürlichkeit des Geschlechterverhältnisses in ein kulturell überformtes und normativ bestimmtes Verhältnis transformiert. Aus einem naturbestimmten Verhältnis wird eine menschliche Lebensform. Sittlichkeit steht also in einem Gegensatz zur rohen, ersten Natur (oder eben: dem ungeformten oder unvermittelten Bedürfnis).[99] Die Ehe als sittliche Institution bedeutet die Umwandlung des biologischen Geschlechterverhältnisses in »*geistige*«, »selbstbewußte Liebe«.[100]

Bd. 2, Frankfurt/M. 1975, S. 312-340; vgl. außerdem: Herbert Schnädelbach, *Hegels praktische Philosophie. Ein Kommentar der Texte in der Reihenfolge ihrer Entstehung*, Frankfurt/M. 2000, hier S. 251-263.

98 Dazu gehört auch, dass die Familie Voraussetzung dafür ist, sich als Einzelner in die anderen sittlichen Institutionen eingliedern zu können, dafür also, eine Rechtsperson, ein moralisches Subjekt, ein Staatsbürger zu werden – indem man dort etwa lernt, seine eigenen Bedürfnisse zurückzustellen, die Perspektiven anderer zu übernehmen und das Wohl des Ganzen zu beachten.

99 In diesem Sinn formuliert Frederick Neuhouser, *Foundations of Hegel's Social Theory. Actualizing Freedom*, Cambridge/Mass. 2000, S. 276: »Ganz allgemein formuliert, ist die Familie gut oder vernünftig, weil sie ein Ort ist, an dem Menschen ihre Grundbedürfnisse nach Sex und Liebe auf eine Weise befriedigen können, in der diesen natürlichen Bedürfnissen gleichzeitig Bedeutung verliehen wird.«

100 Hier wie im Folgenden zitiere ich jeweils im Text nach Paragraphen aus:

Dass es sich bei der Familie um ein sittliches Verhältnis handelt, impliziert *zweitens* eine Struktur, die für die Hegelsche Auffassung von Sittlichkeit ausschlaggebend ist. Ein sittliches Verhältnis ist eines, das um seiner selbst willen gewollt werden kann und in dem die an ihm Partizipierenden ihre eigene Freiheit als soziale Freiheit realisieren.[101]

Wie ist nun die Problemkonstellation zu beschreiben, in die Hegels Theorie eintritt? Betrachtet man Hegels Sittlichkeitstheorie der Familie vor dem Hintergrund der Alternativen, gegen die er (explizit oder implizit) argumentiert, so lassen sich zwei Argumentationsstränge herausarbeiten.

Zunächst formuliert Hegel ein *spezifisch modernes Familienideal*, dessen zentrales Moment die gegen die patriarchalische Familie gerichtete Idee der Autonomie ihrer Mitglieder ist. Zu dieser Idee der Autonomie gehört die Freiwilligkeit der hier eingegangenen Verhältnisse und die Selbständigkeit der durch Eheschließung entstandenen »neuen Familie« gegenüber der Herkunftsfamilie (also die Dominanz des ehelichen Verhältnisses gegenüber den Beziehungen der Blutsverwandtschaft). Damit hängt wiederum die ausdrückliche Bevorzugung von Exogamie (also der Partnerwahl außerhalb des Familienverbandes) und Monogamie zusammen. Man könnte behaupten: Hegel bringt hiermit das christliche Familienideal auf seinen (weltlichen) Punkt.[102]

G. W. F. Hegel, *Grundlinien der Philosophie des Rechts*, in: ders., *Werke in zwanzig Bänden*, a. a. O., Bd. 7, hier § 161.

101 Zur Idee der sozialen Freiheit vgl. u. a. Neuhouser, *Foundations of Hegel's Social Theory*, a. a. O.; Robert B. Pippin, *Hegel's Practical Philosophy. Rational Agency as Ethical Life*, Cambridge 2008; Axel Honneth, *Das Recht der Freiheit*, Berlin 2011.

102 Angesichts der Thesen von Jack Goody sollte man vielleicht genauer sagen: Das von der christlichen Kirche forcierte Familienmodell, das damit prägend für die Entwicklung von Ehe und Familie in Europa wurde und so in den Gegensatz zum Modell der orientalischen bzw. arabischen Familie getreten ist. Vgl. Jack Goody, *Die Entwicklung von Ehe und Familie in Europa*, Frankfurt/M. 1989. Dieser vertritt die These, dass die Verbannung der endogamen Strukturen (die in den vielfältigen Formen der Verwandtenehe sehr präsent waren) und die Bevorzugung des konjugalen Verhältnisses ihre Wurzeln weniger in der christlichen Überlieferung als vielmehr in einer bewusst betriebenen kirchlichen Politik der frühen Jahrhunderte nach der Durchsetzung des Christentums habe. Diese auch in Europa in starkem Gegensatz zu den herkömmlichen Bräuchen stehenden Prinzipien (die unter anderem das Adoptionsrecht und das im Ju-

Dieses Familienideal bringt er in einem nächsten Schritt »zu sich selbst«, indem er es gegenüber zwei zeitgenössischen Fehlinterpretationen verteidigt: gegen die romantische Liebesidee einerseits, die durch die vereinseitigende Überbewertung des emotional-erotischen Aspekts der Ehe den sittlich-institutionellen Charakter der Familie bedroht, und andererseits gegen die Reduktion der Ehe und der familiären Verhältnisse auf den Vertrag, die nicht nur dem emotionalen, sondern vor allem dem selbstzweckhaft-intrinsischen Charakter der sittlichen Bindung, als die die Familie zu verstehen ist, nicht gerecht wird.

Beide Konfrontationslinien, die Entgegenstellung zur traditionell-patriarchalischen und die zu den beiden fehlgehenden Interpretationen der modernen Familie, machen zusammen Hegels Rechtfertigung der bürgerlichen Familie als einer sittlichen Instanz, die Freiheit verwirklicht, aus. Und in beiden kann man im Sinne meiner These unterschiedliche Problemstellungen und deren Lösung identifizieren.

(1) Beschäftigen wir uns zunächst mit dem ersten Aspekt, dem der Selbständigkeit der neuen Familie und dem damit einhergehenden »Prinzip, daß die Glieder der Familie zu selbständigen rechtlichen Personen werden« (§ 180). Es ist das Verhältnis von Freiheit und Natur, genauer, von natürlichem und sittlichem Charakter der Ehe, das damit zur Debatte steht. In § 172 der *Rechtsphilosophie* heißt es dazu:

> Durch eine Ehe konstituiert sich eine *neue Familie*, welche ein für sich *Selbständiges* gegen die *Stämme* oder Häuser ist, von denen sie ausgegangen ist; die Verbindung mit solchen hat die natürliche Blutsverwandtschaft zur Grundlage, die neue Familie aber die sittliche Liebe.

Im Zusatz zu § 172 wird diese Selbständigkeit noch stärker in Bezug auf die Gegenmodelle pointiert:

dentum und im Islam gebräuchliche »Levirat« betreffen) wurden nach Goodys These von der Kirche trotz einiger Hindernisse durchgesetzt und waren wesentlich motiviert vom Willen, den kirchlichen Besitzstand zu mehren. Bleibt nämlich in endogamen Strukturen der Familienbesitz in der Familie, so führe die Exogamie und die Herauslösung aus dem Verwandtschaftsclan bei Kinderlosigkeit zur Existenz von »herrenlosem« Erbe, das dann der Kirche zufallen konnte, was auch häufig der Fall war.

> Trotzdem [d. i. trotz teilweise anderslautender Vermögensregelungen im älteren römischen Recht, R. J.] ist jede neue Familie das Wesentlichere gegen den weiteren Zusammenhang der Blutsverwandtschaft, und Ehegatten und Kinder bilden den eigentlichen Kern, im Gegensatz dessen, was man im gewissen Sinne auch Familie nennt.

Das Familienmodell der bürgerlichen Kernfamilie tritt also in seiner historisch und kulturell spezifischen Eigenart hervor, wenn man es mit grundlegend anderen Modellen, »die man im gewissen Sinne auch Familien nennt«, vergleicht, zum Beispiel mit dem der orientalischen Familie und mit allen traditionellen Familienformen, in denen die Dominanz der jeweils »neuen Familie« und die Selbständigkeit der generationellen Glieder einer Familie gegeneinander nicht gegeben sind. In § 180 rügt Hegel in diesem Sinne die »Härte und Unsittlichkeit der römischen Gesetze«, die neben der Auffassung, dass Kinder Eigentum der Eltern seien, darin besteht, dass die Frau als ihrer Ursprungsfamilie angehörig betrachtet wird und deshalb von der »wirklich Ihrigen« auch in der Hinsicht ausgeschlossen bleibt, dass sie »als die Gattin und Mutter von diesen nicht beerbt« werden kann. Hegels Hervorhebung der Priorität des neuen Ehepaars, also des konjugalen Verhältnisses, ist eine direkte Konsequenz aus der Idee, dass die Familie als sittliches Verhältnis das Naturverhältnis zu überwinden und zu transformieren habe. Die für traditionalistische Modelle charakteristische Unselbständigkeit der neuen Familie, aber auch die von Hegel ausdrücklich kritisierte Endogamie (wie sie noch in der auch von ihm erwähnten Cousinenehe praktiziert wird) steht paradigmatisch für das Verbleiben in den natürlichen Banden der Blutsverwandtschaft im Gegensatz zur Eheschließung als einer »freien, sittlichen Handlung«. In dieser ist das Individuum also im doppelten Sinne frei oder selbständig: Es ist oder wird frei gegenüber der Herkunftsfamilie, sofern es frei ist, als unabhängiges Individuum eine neue Bindung einzugehen; es muss aber auch innerhalb dieser neuen Bindung frei sein, um sich hier als Selbständiges verwirklichen zu können. In diesen Zusammenhang gehört auch der Umstand, dass Hegel die Konsenstheorie der Ehe vertritt, dass ihm also der Wille der beiden Partner als das entscheidende Moment der Eheschließung gilt.[103]

103 Der irritierende Umstand, dass er gleichzeitig indifferent zu sein scheint gegenüber der Frage, ob eine solche Ehe durch die Familie initiiert sein darf, ändert nichts an diesem Sachverhalt.

(2) Damit kommen wir zur zweiten der oben angesprochenen Konfrontationslinien: der Positionierung der als sittliches Verhältnis verstandenen Ehe zwischen der romantischen Liebe einerseits und dem Vertragsmodell andererseits. Hegel möchte das von ihm grundlegend bevorzugte Modell der freien und eigenen Wahl sowie der distinkten Ehebeziehung und der Autonomie der sich hier verbindenden Individuen vor diesen zwei seiner Einschätzung nach irreführenden Interpretationen bewahren. Während es zunächst um das Verhältnis von Freiheit und Natur ging, wie es sich in der Familie ausdrückt, geht es jetzt um das richtige Verständnis der Freiheit als sittlicher Freiheit, wie sie sich im Spannungsverhältnis von Abhängigkeit und Unabhängigkeit darstellt. Auch diese Konfrontation hat Hegels Modell der ehelichen als *sittlicher* Liebe zum Bezugspunkt.[104]

Wenden wir uns zunächst Hegels Kritik der romantischen Auffassung der Ehe zu. Heißt es in § 158 der *Rechtsphilosophie*: »Die Familie hat [...] die *Liebe* [...] zu ihrer Bestimmung«, so besteht kein Zweifel daran, dass für Hegel, im Gegensatz etwa zum ökonomischen oder politischen Nutzen einer ehelichen Verbindung, die Liebe im Zentrum der Ehe zu stehen hat. Und zwar Liebe als »das Bewußtsein meiner Einheit mit einem anderen« (ebd., Zus.).[105] Hegel vertritt also keineswegs die einigen traditionellen Auffassungen der Ehe nahestehende Position, dass die Ehe auch ohne Liebe auskommen kann. Dabei folgt er aber nicht der romantischen Interpretation von Liebe als reinem Gefühl, vielmehr tariert die Ehe als »rechtlich sittliche Liebe« verschiedene Dimensionen der Liebe aus. Hegel fundiert also die Ehe in der Liebe, fasst aber Liebe selbst anders auf, als es seiner Ansicht nach die Romantik tut.[106] Liebe selbst hat, Hegels Interpretation zufolge, etwas mit einer sittlichen Anerkennung des Anderen zu tun, einer Anerkennung, die auf mehr als nur dem flüchtigen Gefühl beruht. Gegen die »Zufällig-

104 In § 161 (a. a. O.) fasst Hegel entsprechend noch einmal drei zu verwerfende Vorstellungen der Ehe zusammen: als natürliches Geschlechtsverhältnis, als Vertrag und als romantische Liebe.

105 An Romeo und Julia sieht man, dass es die Liebe ist, die die Selbständigkeit der Person hervortreibt. Die Liebe ist damit gewissermaßen die Naturbasis der individuellen Freiheit und zugleich der Sozialität der Freiheit.

106 Vgl. zur Romantikkritik Hegels: Otto Pöggeler, *Hegels Kritik der Romantik*, München 1999 (zuerst Bonn 1956).

keit der Neigung« und die »Vergänglichkeit der Leidenschaft« stellt sich die Ehe dann als nicht zufällige und »an sich unauflösliche« dar. In der sittlichen Liebe der Ehe gewinnen »die verschiedenen Momente, welche in der Liebe sind, ihr wahrhaft vernünftiges Verhältnis zueinander« (§164 Zus.). Dem entspricht Hegels Position zur Scheidung, die versucht, den Gegensatz zwischen der Freiwilligkeit und der Unauflöslichkeit der eingegangenen Bindung auszutarieren. Weil die Ehe »das Moment der Empfindung enthält, ist sie nicht absolut, sondern schwankend« (§163 Zus.). Deshalb muss es, obwohl »an sich unauflöslich«, eine Möglichkeit der Scheidung geben. Diese soll allerdings erschwert werden und nur durch sittliche Instanzen auszusprechen sein. (Das steht im Gegensatz zu der in Friedrich Schlegels *Lucinde* prominent vertretenen romantischen Auffassung, wonach die Ehe nichtig ist, wo die Liebe vergeht.)

Die bürgerliche Ehe geht also nicht in der romantischen Liebe auf, und das bedeutet: nicht im reinen »Gefühl«. Sie manifestiert sich in weltlichen Institutionen, muss sich eine Wirklichkeit geben und beruht auf einer Beständigkeit, die mit dem Verblassen des sie stiftenden Gefühls, verstanden als unmittelbare erotische Anziehung, nicht aufhören darf. Sie transzendiert und transformiert also den Ausgangspunkt der erotischen Liebe. Als sittliche Institution dient sie nicht nur der Befriedigung des Bedürfnisses – auch nicht in der verklärten Form der romantischen Empfindung –, sondern ist eine Instanz der Verwirklichung menschlicher Freiheit. Diese Auffassung verliert etwas von ihrer Befremdlichkeit, wenn man Hegels Beharren auf dem sittlich-institutionellen Charakter in die Überlegung übersetzt, dass es in der »gefestigten« im Gegensatz zur flüchtigen Liebesbeziehung immer auch um gemeinsame Projekte, Interessen und das auf vielen verschiedenen Momenten beruhende gemeinsame Führen eines Lebens geht, dass sich also das, was man füreinander empfindet, »verwirklicht« oder »vergegenständlicht« in dem, was man miteinander tut.

Hatte die romantische Interpretation der Ehe die »Autonomie« der Beteiligten in eine Fundierung der Ehe im romantischen Gefühl übersetzt, so ist die zweite prominente Interpretation dieser Autonomie diejenige, die die Ehe als Vertrag auffasst. (Wohlgemerkt: nicht als patriarchalisches Vertragsverhältnis über beispielsweise die Töchter, sondern als Vertrag zwischen Gleichen, den beiden Partnern der Ehe.) Wenn die Ehe nach Hegel mit diesem

Vertragsmodell nicht zu fassen ist, so liegt das daran, dass die mit dem Vertrag assoziierte Form von Selbständigkeit als atomistische Selbständigkeit nicht mit der Art der Unabhängigkeit übereinstimmt, die sich in einem sittlichen Verhältnis zu realisieren hat. Dieses Argument beruht auf dem zweiten, oben schon kurz angedeuteten Charakteristikum des Hegelschen Sittlichkeitsverständnisses: Die »sittliche Einigkeit« ist eine Einheit des »man selbst im Anderen [S]eins«.[107] Als Instanz von Sittlichkeit ist die Ehe ein nichtinstrumentelles (selbstzweckhaftes) Verhältnis, in dem die Individuen aufgehen und zugleich sie selbst bleiben beziehungsweise überhaupt erst werden. Der Vertrag dagegen ist eine mechanische und instrumentelle Verbindung. Damit unterscheidet sich die »sittliche Selbständigkeit« von der Selbständigkeit des atomistisch aufgefassten Vertragspartners: Die Verbindung der Ehe ist eben nicht wie die des Vertrags eine Verbindung zum wechselseitigen Vorteil der an ihr Teilhabenden. Hegel setzt in der entsprechenden Passage rhetorisch geschickt auf die unwillkürliche Belustigung, die sich mit der Kantischen Bestimmung der Ehe als der »Verbindung zweier Personen verschiedenen Geschlechts zum lebenswierigen wechselseitigen Besitz ihrer Geschlechtseigenschaften« einstellt.[108] Zwar trägt also die Auffassung von Ehe als Vertrag der gesellschaftlichen, nichtnatürlichen Dimension der Verbindung Rechnung, und sie entspricht auch der von Hegel befürworteten Unabhängigkeit und Freiheit der Individuen im Verhältnis der Ehe. Sie missversteht aber den Charakter des ehelichen Verhältnisses als eines sittlichen Verhältnisses. In einem solchen sind Eheleute nicht unabhängig wie zwei Vertragspartner, weil die Liebe ein Verhältnis bezeichnet, in dem man im und durch den anderen frei wird.

Probleme und Problemlösungen in Hegels Familientheorie

Ich kann diese – ohnehin ja nur sehr skizzenhafte – Darstellung der Hegelschen Familientheorie hier nicht weiterverfolgen und werde seine Thesen nicht auf ihren Gehalt für ein zeitgemäßes Verständnis der Familie hin untersuchen und kritisieren, obwohl ich das für

107 Zur Liebesidee Hegels vgl. Dieter Henrich, »Hegel und Hölderlin«, in: ders., *Hegel im Kontext*, Frankfurt/M. 1981, S. 9-41.

108 Immanuel Kant, *Metaphysik der Sitten*, AA VI 277.

vielversprechend halte.[109] Vielmehr geht es mir darum, an diesem Beispiel meine Konzeption von Problemen, normativ verfassten Problemstellungen und Problemlösungsinstanzen zu verdeutlichen.

Wie stellt sich also Hegels Sittlichkeitstheorie der Familie, umformuliert in meine Problemlösungskonzeption, dar? Was genau wären mit Blick auf Hegels Familientheorie Probleme und ihre Lösungen? Zwei Aufgabenstellungen sind mit Hegels Beschreibung der sittlichen Formation der Familie angesprochen:

Erstens besteht die von Hegel angesprochene und von der bürgerlichen Familie auf eine bestimmte Weise gelöste Aufgabenstellung darin, die Ehe *zwischen Natur und Sittlichkeit* zu positionieren, und zwar so, dass sie nicht auf Ablehnung oder Negierung, sondern auf der Transformation und Kultivierung des natürlichen Elements – also der Bedürfnisseite der Ehe – beruht. Sowohl das der natürlichen Seite Verhaftetsein als auch deren negierende Überwindung wären falsche Vereinseitigungen, sodass es darum geht, die »naturhafte« Seite im sittlichen Verhältnis aufzuheben bezie-

109 Ich hatte eingangs bereits behauptet, dass wir das Hegelsche Familienkonzept bei allem Erneuerungsbedarf immer noch teilen. Dieser Erneuerungsbedarf betrifft natürlich vor allem die für uns inakzeptable untergeordnete Position der Frau und ihre Zuordnung zu den Sphären der Privatheit und des Gefühls gegenüber denen der Rationalität und der Öffentlichkeit. Vgl. dazu vor allem den Zusatz zu §166 (Hegel, *Grundlinien der Philosophie des Rechts*, a. a. O.), in dem sich das berühmte Zitat findet: »Frauen können Einfälle, Geschmack, Zierlichkeit haben, aber das Ideale haben sie nicht. Der Unterschied zwischen Mann und Frau ist der des Tieres und der Pflanze.« Vgl. dazu Frederick Neuhousers Auseinandersetzung mit Hegels Familienauffassung in: Neuhouser, *Foundations of Hegel's Social Theory*, a. a. O., S. 275-277. Neuhousers kritische Darstellung betont aber gleichzeitig, dass die Hegelsche Deutung der Familie als sittlicher Sphäre im Ganzen die in diesen Fragen notwendige »substantielle Revision« zu überstehen vermag, selbst wenn die Unterordnung der Frauen zugegebenermaßen ein nichttriviales Element seiner Theorie betrifft. Das Dogma der männlichen Überlegenheit mache, Neuhouser zufolge, dennoch nicht den Kern dessen aus, was die Familie rational macht. Wenn ich glaube, dass Hegels Verständnis der Familie immer noch den Kern dessen trifft, was wir an normativen Erwartungen mit der bürgerlichen Familie verbinden, so meine ich damit, dass auch die zeitgenössischen Transformationen der Familie – fast trivial gilt das für die Ausdehnung des Familienkonzepts auf homosexuelle Paare –, aber selbst die Versuche einer radikalen Kritik und Überwindung dieses Familienmodells sich vermutlich noch im Rahmen dieses Modells und seiner Interpretation bewegen, wenn man es mit den hier skizzierten Gegenmodellen der patriarchalen traditionalistischen Auffassung vergleicht.

hungsweise sie in ein solches zu transformieren und ihr dabei Rechnung zu tragen.

Zweitens ist Hegels Familientheorie der Versuch, das Spannungsverhältnis zwischen *Abhängigkeit und Unabhängigkeit*, in dem die sittliche Verbindung der Familie steht, auszutarieren. Als sittliches Verhältnis muss die Familie das Problem lösen, Abhängigkeit und Unabhängigkeit zu vereinen, Unabhängigkeit in der Abhängigkeit und Abhängigkeit in der Unabhängigkeit zu leben. Entsprechend ist es ein Anzeichen für eine misslingende Familienkonzeption, wenn sie entweder auf der illusionären Vorstellung der Unabhängigkeit eines von jeder Beziehung abstrahierenden Vertragspartners beruht oder auf der Idee einer regressiven (naturhaften) Ungeschiedenheit und Unselbständigkeit der Beteiligten. Auch für dieses Verhältnis gilt, dass es um die Überwindung einer falsch-vereinseitigenden Alternative von entweder Freiheit oder Bindung geht. Ist es also die Aufgabe der Familie, sittliche Freiheit zu etablieren beziehungsweise als Naturbasis der Sozialität von Freiheit zu fungieren, so ist in Hegels Darstellung die moderne bürgerliche Familie die angemessene Lösung gegenüber jeweils defizitären Alternativen, die zur Bewältigung dieser Aufgabe ins Spiel kommen.

Woher kommen nun diese Aufgabenstellungen? Nun, sie kommen, ganz im Sinne der Doppeldeutigkeit von Problemen als Aufgabe und Schwierigkeit, nicht aus dem Nichts, sondern stellen sich als Reaktion auf praktische Hemmnisse und Krisen dar. Die Dimension der Schwierigkeit, der Störung oder der Konflikthaftigkeit, die ich oben mit den »Problemen« verbunden habe, lässt sich in die Hegelsche Familientheorie eintragen. Hegel entwickelt seine Auffassung ja nicht umsonst vor dem Hintergrund von Alternativen, mithin von Spannungsverhältnissen, die ihm als reale Spannungsverhältnisse und historisch wirklich gewordene Konflikte durchaus vor Augen gestanden haben dürften. Was oben wie eine bloß dogmatische Setzung erscheint, ergibt sich, so betrachtet, aus dem Nichtfunktionieren und dem Problematischwerden der vorgefundenen familiären Lebensformen.

Löst das Sittlichkeitsmodell der Ehe das Problem, etwas so Flüchtiges wie das (Liebes-)Gefühl auf Dauer zu stellen, sofern die Ehe das Gefühl (die Zuneigung, Attraktion und das Einverständnis der Betreffenden) zwar zum Ausgangspunkt und zur Conditio sine qua non des Verhältnisses macht, nicht aber zu seinem alleinigen

Inhalt, so führt umgekehrt sowohl die Instabilität des Gefühls als auch die Überstabilität der Institutionenseite der Ehe zu Schwierigkeiten und Krisen. Die oben beschriebenen Vereinseitigungen sind also nicht nur theoretisch falsch, sie führen auch zu praktischen Verwerfungen. Und auch das traditionelle orientalisch-patriarchalische Modell (von dem sich Hegel absetzt) ist nicht nur abstrakt falsch, es gerät in Schwierigkeiten, sobald sich ein Anspruch der Individuen auf Unabhängigkeit meldet.[110] Gerade das Festhalten an diesem Modell führt zur krisenhaften Instabilität der daran orientierten Familienformation.[111] Man kann dieses Drama heute noch regelmäßig in Bollywoodfilmen beobachten: Der Einbruch der Leidenschaft zu einer standes- beziehungsweise kastenmäßig »unpassenden« Frau zwingt den Sohn, sich von seiner Familie loszusagen, die daran aber zu zerbrechen droht.

Wenn die bürgerliche Ehe die sich stellenden Problemen eher bewältigt als die traditionell-patriarchale Ehe und wenn die Sittlichkeitsinterpretation der Ehe ihrer Idee (wenn auch nicht unbedingt der gelebten Realität) mehr entspricht als die Fehlinterpretationen der bürgerlichen Ehe als Vertrag oder romantische Liebe, so zeigt sich die Angemessenheit dieser sittlichen Formation daran, dass sie die beschriebenen realen Konflikte besser meistern kann als die jeweiligen Alternativen.[112] Man kann also die von Hegel bevorzugte Formation als diejenige verstehen, die nicht nur abstrakt richtig (oder moralisch überlegen) ist, sondern die auf wirklich auf-

110 Vgl. Werner Schiffauer (Hg.), *Familie und Alltagskultur. Facetten urbanen Lebens in der Türkei*, Frankfurt/M. 1993, zu den im Spannungsverhältnis zwischen »modernen« und »traditionellen« Familienauffassungen stehenden Familien in der gegenwärtigen Türkei und den entsprechenden Konflikten in Migrantenfamilien.

111 Nun kann man argumentieren, dass dies nur da geschieht, wo die traditionellen mit nichttraditionellen Modellen konfrontiert werden. Aber einerseits reichte das angesichts der faktischen Unausweichlichkeit der Konfrontation schon, um ein integrativeres Modell zum überlegenen zu machen. Andererseits sind die nichttraditionellen, »modernen« Modelle ja ihrerseits Resultate einer Transformation, die – siehe das Romeo-und-Julia-Motiv – von Konflikten begleitet war.

112 Es ist nicht schwer, sich im Sinne der oben gestreiften Aktualisierungsmöglichkeit eine Fortsetzung dieser Problemgeschichte bis hin zu einer Auflösung der bürgerlichen Familie im Interesse der Einlösung dieser Aufgaben zu denken. Entscheidend ist dabei aber, dass selbst die Auflösung in Patchworkfamilien oder Mehrfachbeziehungen sich entlang der mit der bürgerlichen Familie etablierten Ansprüche – Autonomie und Authentizität – verstehen lässt.

getretene Konflikte reagiert und diese am besten *löst.* (Und man kann sich – von Hegel sich noch weiter entfernend – durchaus eine Weiterentwicklung des hier skizzierten Problemlösungsprozesses, von der bürgerlichen Familie weg, vorstellen; auch diese aber, von Patchworkfamilien bis zu Mehrfachbeziehungen, ließen sich als Reaktionen auf die jetzt wiederum mit der bürgerlichen Familie gesetzten, aber nicht gelösten Probleme verstehen.)

4.4 Krisen der Problemlösung

Meine These war: Lebensformen als Problemlösungsstrategien beanspruchen, die angemessene und jeweils beste Lösung für ein sich stellendes Problem zu sein. Verschiedene Varianten von Lebensformen können also als je unterschiedliche Antworten auf solche Probleme gesehen werden. Die hier zutage tretenden Kriterien für das Gelingen von Lebensformen beziehen sich auf die Bewältigung von praktischen Widersprüchen und Konflikten, nicht aber auf abstrakt bestehende Normen des Zusammenlebens, denen entsprochen oder nicht entsprochen wird. Auch in diesem Sinne zeigen sich bestimmte Lebensformen – um auf die Ausführungen in Kapitel 3.4 zurückzukommen – als praktisch »nichtlebbar« oder »nichtbewohnbar« (Terry Pinkard). Wir sind mit der Einführung des Problembegriffs und der These von Lebensformen als Problemlösungsinstanzen jetzt in einer besseren Position, dieses Motiv zu verstehen.

Nun ist diese »Unbewohnbarkeit« mancher sittlicher Gebilde (oder Lebensformen) aber im Sinne des oben eingeführten Problembegriffs nicht einfach ein »rohes« Faktum. Die hier angesprochenen Probleme und Krisen sind *normative Krisen*, entsprechend der Vermitteltheit der Problemstellungen und des Charakters der in Lebensformen wirksamen ethisch-funktionalen Normen. Diese Möglichkeit des Scheiterns von Lebensformen an den mit ihnen gesetzten Problemen gilt es nun weiter zu erläutern.

Lebensformen scheitern *normativ*, und sie scheitern *als* Lebensformen aufgrund ihrer normativen Defizienz. Diese Defizite lassen sich jetzt als Scheitern an der mit einer Lebensform gesetzten, immer auch normativ geprägten Problemstellung auffassen. Die Schwierigkeiten, in die Lebensformen geraten können, ihre Krisen und das »Nichtfunktionieren«, wären dann immer auch ein normatives (nicht nur funktionales) Problem; normative Krisen erscheinen, umgekehrt, immer auch als Probleme der Dysfunktionalität. Lebensformen scheitern *als* normative Gebilde, und sie scheitern umgekehrt durch das Scheitern an ihren normativen Ansprüchen auch *als* Lebensformen. Das Scheitern ist also kein »rohes«, kein rein faktisches Scheitern, sondern eines, das mit der Bewertung der Situation zusammenhängt. Dennoch lässt es sich als faktisches Scheitern einer Problemlösung und als deren Nichtfunktionieren identifizieren. Der Unterschied, auf den es mir ankommt, ist also einerseits der zu einer Situation, in der eine Lebensform einfach nur schlecht im Sinne von moralisch verwerflich ist, und andererseits der zu einer Vorstellung von bloßer (pränormativer und interpretationsfreier) Dysfunktionalität.

Zwei Fälle sind hier auseinanderzuhalten. Einerseits können einzelne Instanziierungen einer Lebensform daran scheitern, die mit dieser gesetzten Ansprüche zu verwirklichen: Eine gegebene Familie kann daran scheitern, das mit dem Modell der modernen Familie gesetzte Anspruchsniveau zu verwirklichen. Andererseits kann aber auch eine Lebensform selbst scheitern, so dass sich das mit ihr beschriebene normativ-praktische Gefüge als »unbewohnbar« herausstellt. Beides aber geschieht im hier zu verfolgenden Modus des normativen Scheiterns und als Scheitern an selbstgesetzten Ansprüchen. (Im ersten Fall: an Ansprüchen der Lebensform, die das Individuum teilt, obwohl es ihnen nicht entspricht; im zweiten Fall: an den mit den Vollzugsbedingungen gesetzten Implikationen.) Dieses Verhältnis von funktionalen und ethisch-normativen Momenten – und damit die Möglichkeit des »normativen Scheiterns« von Lebensformen – muss jetzt ausbuchstabiert werden.

Gehen wir zurück zum Beispiel der Familie. Wie sieht es aus, wenn die bürgerliche Familie an diesem (von Hegel beschriebenen) Familienmodell »normativ scheitert«, zum Beispiel weil es ihr nicht gelingt, den Mitgliedern der Familie wirklich die in dieser angelegte Unabhängigkeit, die Ablösung aus der Herkunftsfamilie, zuzugestehen? Sie scheitert dann an den mit ihr gesetzten Ansprüchen, und sie mag dann auch (ganz praktisch) als Familienformation scheitern. Es geht also nicht unbeschadet an ihr vorbei, dass sie den mit ihr gesetzten Ansprüchen (ihrem Begriff) nicht entspricht.

Nun ist klar, dass in einem solchen Fall die in Frage stehende (normative) Idee der Familie in der betreffenden Familie nicht verwirklicht ist. Unklar ist aber noch, inwiefern (und für wen) das als Scheitern zu betrachten ist, inwiefern hier also etwas in die Krise gerät oder »nicht funktioniert«. Hier sind zwei Fälle zu unterscheiden. Der eine Fall ist der, in dem es zu einem offenen Konflikt kommt und sich für die einzelnen Mitglieder Unabhängigkeit nur durch das Herbeiführen eines Bruchs erlangen lässt. In dieser Situation besteht die Familie ganz offenkundig *faktisch* nicht mehr als Familie und ist in diesem Sinne gescheitert. Vor größere Schwierigkeiten stellt uns eine zweite Möglichkeit, der Fall nämlich, in dem es zum Verzicht der Familienmitglieder auf ihre Unabhängigkeit kommt. Hier besteht die Familie noch. Und hier »funktionieren« viele ihrer emotionalen Komponenten und Fürsorgeleistungen für die Einzelnen noch – vielleicht ja gerade allzu gut. Inwiefern also wäre man berechtigt, eine solche Familie als »objektiv gescheitert« zu bezeichnen, nur weil sie nicht dem modernen Familienideal (beziehungsweise Hegels Sittlichkeitstheorie der Familie) entspricht?

An dieser Stelle ist es wichtig, sich an zwei Gegebenheiten zu erinnern. Die *erste* betrifft den Umstand, dass es sich hier nicht um fremde, sondern um die *eigenen*, mit der bestimmten Ausprägung einer Lebensform gesetzten normativen Ansprüche handelt. Dass es »eigene« Ansprüche sind, ist in dem erweiterten Sinne zu verstehen, in dem es nicht nur um explizite Wertäußerungen und schon gar nicht nur um Lippenbekenntnisse geht, sondern um Bezugspunkte, die in sozialen Praktiken enthalten sind und vermittelt über die Teilhabe an solchen Praktiken geteilt werden. Damit aber gäbe es dann im (vordergründigen) Weiterfunktionieren dennoch eine Erfahrung des Scheiterns an diesen Ansprüchen, die in die Familienformation hineinwirkt. (Anzeichen für eine solche Situation ist häufig das besonders verbitterte Sichverschanzen hinter dem Bollwerk der Familie und die aggressive Abwertung anderer Modelle.) Die *zweite* Gegebenheit ist die, dass die normativen Ansprüche, um die es hier geht, weder »vom Himmel gefallen« sind noch in der Welt einfach als Solitäre vorgefunden werden. Die normativen Ideale und Praktiken der modernen Familie stehen nicht für sich, sondern sind vernetzt mit einer ganzen Reihe anderer Praktiken, die die moderne Lebensführung im Gesamten betreffen.

Deshalb lässt sich nicht so einfach sagen, dass die entsprechende Familie eben die Normen gar nicht teilt oder aufgehört hat, sie zu teilen. Dass das so einfach nicht ist, sieht man daran, dass diese Familie viele andere Elemente dessen, was zum größeren Einzugskreis der modernen Lebensform gehört, insgesamt eben doch teilt, geradezu teilen *muss* und auch nicht missen möchte. Geht man davon aus und nimmt des Weiteren an, dass die auf diese Weise geteilten Normen mit dem Unabhängigkeitsideal verbunden sind, so lautet das nun zu beanspruchende Argument, dass die Familie, wie man sagen kann, »inferentiell« dazu verpflichtet ist, auch das Unabhängigkeitsideal zu teilen. Das ist dann nicht nur ein Problem der persönlichen Konsistenz, es ist auch ein Problem des konsistenten Verhältnisses zur Umwelt.[113] Eine solche Position allerdings bliebe im schlechten Sinne abstrakt und zu wenig fundiert, wenn sich nicht auch ganz faktisch Spannungsverhältnisse identifizieren ließen, also: interne Verwerfungen wie auch Störungen im Austausch mit der Umwelt, die zu Dysfunktionalitäten führen.

Die hermetische Familie

Für die autonomieverhindernde Familie kann man sich diesbezüglich etwa folgendes Szenario denken: Ein patriarchaler Vater und eine fürsorgend-besitzergreifende Mutter verhindern die Loslösung des ältesten Sohnes aus ihrem Einzugsbereich und verwickeln ihn in ein regressives Modell von Familie, das es diesem nicht ermöglicht, unter Entwicklung eigener Kompetenzen ein von der Herkunftsfamilie unabhängiges Leben zu führen. Es stellt sich heraus, dass dieses Modell unter den gegenwärtigen Bedingungen nicht funktionieren kann. Mittels sehr attraktiver Angebote spinnt die Familie ihn, der ohnehin weniger dynamisch ist als sein jüngerer Bruder, in ihre Lebensverhältnisse so ein, dass es kaum ein Entrinnen gibt. Nach der Lehre im Betrieb von Vaters bestem Freund beginnt der Sohn im Familienbetrieb zu arbeiten. Obwohl er anfangs nicht entschieden ist, diesen Beruf wirklich weiter auszuüben

113 Die Frage der Einfügung der einzelnen (Mikro-)Lebensformen in größere Zusammenhänge wird mich in Teil 4 noch beschäftigen. Hier soll nicht etwa die Position vertreten werden, dass »Ungleichzeitigkeiten«, etwa »Enklaven« vormoderner Lebensformen, innerhalb moderner Zusammenhänge generell »regressiven« Charakter haben; dennoch geht es um Passungsverhältnisse sowie um die Konsistenz und Lebbarkeit von Lebensformen als Zusammenhängen von Praktiken.

oder gar das Geschäft zu übernehmen, wird er durch vielfältige Anreize immer weiter in die Situation hineingezogen. So arbeitet er beispielsweise zwar anfangs nur halbtags (um seinen Hobbys uneingeschränkt nachgehen zu können), erhält aber dennoch eine im Verhältnis zum branchenüblichen Lohn üppige Vergütung. Geht man nach der Arbeit essen – natürlich mit der ganzen Familie –, so wird selbstverständlich für den Sohn mitbezahlt, der grundsätzlich das Teuerste bestellt. Auch das Auto der Mutter steht ihm rund um die Uhr zur Verfügung. Dass der Urlaub, den die ganze Familie gemeinsam jedes Jahr macht, nicht auf seine Rechnung geht, versteht sich von selbst. Mittlerweile Mitte dreißig, ist bei ihm noch kein Anzeichen für eine eigene Lebensplanung in Sicht. Als nach einigen Jahren die Übernahme des Geschäfts – eines mittelständischen Handwerksbetriebs – durch ihn ansteht, fügt er sich. An seiner eher passiven Arbeitsweise, die er, ungeachtet des Juniorchef-Status, den er die ganze Zeit schon stolz bekleidet, kultiviert hat, ändert das allerdings nichts. Auch die für die Ausbildungsberechtigung erforderliche Meisterprüfung nimmt er nicht in Angriff. Die zur Organisation des Betriebs gehörenden Arbeiten erledigt er eher unzuverlässig – der Vater steht schließlich, obwohl offiziell nur noch aushilfsweise beschäftigt und entsprechend schlecht bezahlt, immer noch im Hintergrund, und die Mutter erledigt die Buchführung. Genauere Einsicht in die finanziellen Angelegenheiten hat er kaum. Und die notwendigen Innovationen, die auch ein in einer Kleinstadt gut eingeführter Familienbetrieb machen müsste, kommen ihm gar nicht in den Sinn. Das hat nicht nur individuelle oder psychische Gründe, sondern beruht auf der insgesamt von ihm eingenommenen, eher statischen Haltung, die vorauszusetzen scheint, dass auch ohne Anpassung an die zeitbedingten Veränderungen alles immer so bleiben könne, wie es bereits für den Großvater schon war. Dramatisch wird diese Situation, als irgendwann herauskommt, wie hoch der Betrieb in Wirklichkeit schon seit Jahren verschuldet und wie wenig wettbewerbsfähig er noch ist.

Das Ende der Geschichte ist betrüblich und weit davon entfernt, einer funktionierenden Familie zu gleichen. Die Eltern, mittlerweile seit Jahren unterbezahlt arbeitend, werden ihren Lebensunterhalt im Alter kaum bestreiten können. Das Geschäft wirft, nachdem die Kreditlinie ausgeschöpft und das Haus zwangsversteigert ist, nicht mehr genug ab, um den Lebensstandard zu sichern, den sie seinerzeit ihrem Sohn ermöglicht haben. Statt des umsorgten Lebens in der Mitte der Familie, umgeben vom sozialen Leben eines florierenden Handwerksbetriebs, an dem man von der auf demselben Gelände befindlichen Wohnung aus bis ins hohe Alter teilhaben könnte, droht nun ein einsames Leben in einer abgeschiedenen kleinen Wohnung. So hatten sie sich das nicht vorgestellt. Aber nicht nur finanziell, auch emotional sind die Verhältnisse zerrüttet: Der ältere und der jüngere Sohn sprechen seit Jahren nicht mehr miteinander, wechselseitige Vorwürfe und Ressentiments prägen das Klima. Er habe das Geschäft ausgebeutet und ruiniert, wirft der jüngere dem älteren vor. Er habe die Familie im Stich gelassen, übernimmt der ältere die Vorwürfe der Mutter gegen den jüngeren Sohn. Die jähzornigen Ausbrüche des älteren geben dabei deutlich zu erkennen, dass er sich letztendlich dem jüngeren Bruder, der im Ausland Karriere gemacht hat, unterlegen fühlt.

Was folgt aus diesem Beispiel für meine Fragestellung? Meine Deutung dieser Familiensituation ist die folgende:

Die beschriebene Familie kann als Familie nicht intakt bleiben, kann also als Familie nicht »funktionieren«, weil sie die für die moderne Familie konstitutive Autonomieidee (die erfordert, ihre Mitglieder in die Selbständigkeit zu entlassen) nicht verwirklicht, sondern in einem (psychisch wie sozial) regressiv-traditionalistischen Modell gefangen bleibt. Das Beispiel soll illustrieren, welcher systematischen Art die Gründe sind, die ein solches Modell zum Scheitern bringen, und warum es dementsprechend ein nicht nur von außen herangetragenes, sondern internes Problem ist, dem »Begriff der modernen Familie« nicht zu entsprechen. Das zeigt sich in zwei Hinsichten:

Erstens kann sich, meiner Deutung nach, der »Daheimgebliebene« den normativen Erwartungen der Umwelt, die eben heutzutage darin bestehen, »seinen eigenen Weg zu gehen« und aus eigener Kraft etwas zu leisten (und sei es die Leistung, aus eigener Kraft den Familienbetrieb voranzubringen), schwerlich entziehen. Wie Hegel in seinen »Schulreden« ausführt: Im Gegensatz zum durch Empfindung, Zutrauen und Liebe vermittelten Verhältnis der Familie gilt »in der Welt« der Mensch »durch das, was er leistet; er hat den Wert nur, insofern er ihn verdient«.[114] Solche gesellschaft-

114 G. W. F. Hegel, »Rede zum Schuljahrabschluß am 2. September 1811«, in: ders., *Werke in zwanzig Bänden*, a.a.O., Bd. 4, S. 344-359, hier S. 349.

lichen Wertvorstellungen tragen dazu bei, das eigene Ich-Ideal zu formen; und dass es zu Verwerfungen führt, wenn man diesem nicht entspricht, sieht man am unsouverän angespannten Verhältnis zum jüngeren Bruder. Ebenso ist es unwahrscheinlich, dass sich aus dem Werte- und Gefühlshaushalt eines zeitgenössischen Menschen jegliche Aspiration auf Autonomie und darauf, »ein eigenes Leben« zu führen, heraushalten lässt. All das untermauert die These, dass es sich hier nicht nur um ein Nichtentsprechen (im Verhältnis zu den normativen Erwartungen der Umwelt), sondern um ein Scheitern, und zwar um ein Scheitern *an eigenen Ansprüchen* handelt.[115]

Betrifft das bisher Gesagte noch ausschließlich die emotionale Zerrüttung der Familie, so sieht man am zweiten Aspekt, dass hier eine Bewegung in Gang gesetzt wird, die auch jene Stabilität untergräbt, die durch die Autonomieverweigerung erklärtermaßen sichergestellt werden sollte. Letztlich nämlich hat, so meine Deutung, die innerfamiliäre Verhinderung der Autonomie des ältesten Sohnes zu genau dem Verlust an bürgerlicher »Tüchtigkeit« und damit verbundener Innovationskraft geführt, an dem die Familie in ihrer emotionalen wie materiellen Subsistenz zugrunde geht. Hier setzt der zweite Umstand ein, auf den ich oben hingewiesen habe: Das beschriebene, normativ defiziente Familienmodell lässt sich nicht konsistent in seine Umwelt einpassen. Und in meinem Beispiel betrifft das nicht nur die sozialen Anerkennungsverhältnisse in Form der scheelen Blicke, sondern ganz materiell auch die Reproduktionsbedingungen der Familie. Holzschnittartig gesagt: Eine dynamische Wirtschaftsverfassung ist auf dynamische und verantwortliche Persönlichkeiten, und das bedeutet: auf Persön-

115 Nun lässt sich die berechtigte Frage stellen, wie es kommt, dass sich bestimmte Lebensformen halten, obwohl sie ständig an ihren Ansprüchen scheitern. Zum Beispiel ließe sich leicht argumentieren, dass die wenigsten patriarchal organisierten Familien es ihren Mitgliedern ermöglichen, ein autonomes Leben zu führen; trotzdem hat sich diese Lebensform halten können. Damit wird deutlich, dass »Scheitern« nicht unbedingt reales Verschwinden bedeutet, sondern mehrere Formen, unter anderem die des Weiterbestehens trotz Überlebtheit, Stagnation und ideologischer Verzerrung annehmen kann. Deutlich wird damit auch die Rolle der Kritik: Diese kann man angesichts solcher Phänomene nämlich als die Instanz auffassen, die einer in gewissem Sinne inkonsistenten Lebensform ihre internen Spannungen als Leiden an Widersprüchen und letztendlich »Scheitern« vor Augen führt.

lichkeiten, die in irgendeinem Umfang Autonomie realisieren, angewiesen.[116]

Warum aber handelt es sich hier um ein Beispiel für *normatives Scheitern*? Nun, weil man ohne die Existenz der entsprechenden Normen gar nicht von einem Scheitern sprechen könnte und weil das Modell ohne diese eben auch nicht scheitern würde. Gäbe es die Norm der Autonomie als Anspruch an die Individuen nicht, so würde deren Selbstverständnis nicht in Konflikt zu ihrer Lebensweise geraten. Und wäre die Norm der Autonomie nicht in den die hermetische Familie umgebenden sozialen Praktiken auch materiell bereits verwirklicht, so würden die – in unserem idealtypisch zugespitzten Beispiel – mit dem Autonomieverzicht zusammenhängenden statischen ökonomischen Einstellungen nicht an den dynamischen Praktiken der Umwelt scheitern.

Die beschriebene Familie scheitert also nicht einfach nur faktisch. Das Scheitern ist als solches nur vor dem Hintergrund der Normen, die in der entsprechenden Lebensform verkörpert sind, zu verstehen. Es ist andererseits aber ein wirkliches Scheitern, das heißt, wir halten hier nicht nur etwas für schlecht; es funktioniert auch nicht. Die Familie scheitert, wie oben beschrieben, nicht nur an der Verwirklichung eines Anspruchs, sondern an der Verwirklichung *ihres Begriffs* (also dem der modernen bürgerlichen Familie).

116 Das bedeutet nicht, dass traditionelle Familienmodelle per se nicht funktionieren können. Sie haben aber da, wo sie funktionieren, andere Umwelten und andere Subsistenzbedingungen. Das gilt partiell noch für das Modell familiär betriebenen Kleinhandels in Berlin-Kreuzberg, in dem die ganze Familie inklusive der Halbcousins und -cousinen auf die eine oder andere Art mitarbeitet und das, sozial prekäre Verhältnisse auffangend, eine unschätzbare Integrationsfunktion entfaltet. So etwas kann sich – unter gegebenen (suboptimalen) Bedingungen – als die beste verfügbare Lösung darstellen. Und da, wo eine ganze Kultur und Unternehmenskultur anders funktioniert – Standardbeispiel ist hier immer Japan –, liegen die Dinge noch einmal anders. Mir ging es hier um den Enklavencharakter einer Situation, die intern statisch und »außen« dynamisch verfasst ist.

Dass Lebensformen an historisch situierten und normativ vordefinierten Problemen scheitern, lässt sich aber auch hinsichtlich des Scheiterns einer Lebensform selbst sehen – also des Falls, in dem nicht eine besondere Instanz oder ein Individuum an der Verwirklichung einer Lebensform scheitert, sondern in dem diese Formation selbst in eine Krise gerät. Ich will das an einem oben bereits erwähnten Beispiel verdeutlichen, dem der vieldiagnostizierten »Krise der Arbeitsgesellschaft« in den westlichen postindustriellen Gesellschaften. Die bürgerliche Arbeitsgesellschaft vermittelt (wiederum nach Hegels Beschreibung) dem Individuum sein Auskommen und gesellschaftliche Integration, indem es dieses am – freien – Arbeitsmarkt teilhaben lässt. Dabei sollen sich über ebendiesen Zusammenhang des Marktes idealerweise die besonderen Bedürfnisse des Individuums so mit den Interessen der Allgemeinheit vermitteln, dass das eine vermittels des anderen befriedigt wird. Genau diese idealtypische (von Adam Smith entworfene) harmonische Problemlösung aber funktioniert, Hegels eigener Diagnose nach, nicht, sofern die bürgerliche Gesellschaft als »in ihre Extreme getriebene« entzweite Sittlichkeit ebendiese Teilhabe am Arbeitsmarkt nicht garantieren kann, sondern, so jedenfalls kann man schon die frühe Prognose Hegels verstehen, das Problem struktureller Arbeitslosigkeit generiert.[117] (Man könnte auch hier die Vorgeschichte erzählen, in Bezug auf die sich der Arbeitsmarkt, ähnlich wie die Familie, zunächst als Problemlösung darstellt, aber das soll uns hier nicht interessieren.) Damit tritt das ein, was sich schon mit der damaligen Zustandsbeschreibung als eine »Krise der Arbeitsgesellschaft« verstehen lässt. Auch diese ist eine ebenso normative wie funktionale Krise.

Die Krise der Arbeitsgesellschaft nämlich, als einer »Arbeitsgesellschaft, der die Arbeit ausgegangen ist«[118] (wie Hannah Arendt das Problem zwar pointiert beschrieben, nicht aber erschöpfend behandelt hat), lässt sich nur verstehen, wenn man sich das erreichte Anspruchsniveau der bürgerlichen Gesellschaft als Arbeitsgesell-

117 Besonders deutlich wird das in den von Karl-Heinz Ilting herausgegebenen Vorlesungsmitschriften zur *Philosophie des Rechts*; vgl. G. W. F. Hegel, *Vorlesungen über Rechtsphilosophie: 1818-1831*, Stuttgart-Bad Cannstatt 1974.

118 Hannah Arendt, *Vita Activa oder Vom tätigen Leben*, München 2007, S. 13.

schaft vor Augen führt sowie die Wertschätzung und Funktion, die die Arbeit innerhalb dieser Konstellation im Gegensatz zu vorbürgerlichen Verhältnissen erlangt hat.[119] In einer solchen Arbeitsgesellschaft wird über Arbeit nicht nur die Subsistenz, sondern auch soziale Integration und Anerkennung – »Ehre« – vermittelt, und umgekehrt werden an die Arbeit selbst bestimmte normative Erwartungen herangetragen.[120] Die Krise der Arbeitsgesellschaft ist damit nicht nur eine Krise der Subsistenz, sondern eine Krise der damit beschriebenen gesellschaftlichen Integrationsform. Und die mit ihr einhergehende gesellschaftliche Aufgabe besteht nicht nur darin, das Überleben ihrer Mitglieder zu sichern, sondern auch darin, für die ihres Auskommens beraubten Gesellschaftsmitglieder Arbeit bereitzustellen, und zwar auf eine Weise, die wiederum nicht mit dem Charakter der so beschriebenen Arbeit als freier Arbeit bricht. Weder die bloße sozialstaatliche Kompensation und Versorgung noch die planende Organisation der freien Arbeit und ihre Transformation in einen gelenkten Arbeitsdienst kann also eine Lösung des Problems darstellen. (Deshalb bleibt das Problem für Hegel aporetisch.)

Jede Lösung der Krise – durch welche Maßnahmen politischer oder wirtschaftspolitischer Art auch immer – muss daher funktionale Äquivalente für das anbieten, was Arbeit als Integrationsmechanismus für die bürgerliche Gesellschaft geleistet hat. Die Krise der Arbeitsgesellschaft (ihr Problem) ist also nur innerhalb einer bestimmten, historisch gesetzten Konstellation beschreibbar, das heißt vor dem Hintergrund einer spezifischen Form, die die gesellschaftliche Organisation der Arbeit angenommen hat und mit der ein bestimmtes normatives Anspruchsniveau gesetzt ist. Aber nicht nur die Problembeschreibung, auch jede wirkliche Problem-

119 Vgl. André Gorz, *Kritik der ökonomischen Vernunft. Sinnfragen am Ende der Arbeitsgesellschaft*, Berlin 1989; Robert Castel, *Metamorphosen der sozialen Frage. Eine Chronik der Lohnarbeit*, Konstanz 2000. Zur historischen Veränderung des Arbeitsverständnisses seit der Antike vgl. Christian Meier, »Griechische Arbeitsauffassungen in archaischer und klassischer Zeit«, in: Manfred Bierwisch (Hg.), *Die Rolle der Arbeit in verschiedenen Epochen und Kulturen*, Berlin 2003, sowie Andreas Arndt, »Arbeit und Nichtarbeit«, in: Franz Josef Wetz (Hg.), *Recht auf Rechte*, Stuttgart 2008.

120 Vgl. Axel Honneth, »Arbeit und Anerkennung. Versuch einer Neubestimmung«, in: *Deutsche Zeitschrift für Philosophie* 56/3 (2008), S. 327-341.

lösung muss an diesem Niveau ansetzen. Die Lösung der Krise der Arbeitsgesellschaft muss also eine sein, die auf die historisch, sozial und normativ bestimmte Gestalt, die dieses Problem angenommen hat, zu reagieren vermag.[121]

Normatives Scheitern der bürgerlichen Gesellschaft

Warum ist nun der hier skizzierte Umstand, dass, wie Hegel es formuliert hat, die bürgerliche Gesellschaft »bei all ihrem Reichtum nicht reich genug« ist für die Lösung des drängenden Problems der Armut qua Arbeitslosigkeit,[122] eine normative Krise ebenjener Gesellschaftsformation? Was »funktioniert« hier nicht, wo doch einiges funktioniert, und warum ist das für die bürgerliche Gesellschaft ein normatives Problem – die Nichterfüllung des mit ihr gesetzten Anspruchs? Es lassen sich verschiedene Gründe dafür anführen, dass es sich um ein drängendes Problem handelt. Man kann zum Beispiel Mitleid gegenüber der unglücklichen und prekären Lage der betroffenen Ausgeschlossenen und Armen haben. Oder man kann, als Kantianerin, der Überzeugung sein, dass das Problem der Armut auf eine Verletzung unserer moralischen Pflichten hinweist, dass wir also die Pflicht haben, Armen und Bedrängten zu helfen. Aus systemfunktionalistischer Perspektive könnte man das Problem insofern für drängend halten, als die von Hegel beschriebene

121 Das bedeutet aber zum Beispiel auch, dass das bedingungslose Grundeinkommen, wenn es nicht zu einer »gigantischen Herdprämie« (Julian Nida-Rümelin) mit gesellschaftlich desintegrativem Effekt werden soll, eben gerade nicht durch ein Zurück zu einem vorbürgerlichen Arbeitsverständnis gezeichnet sein darf, sondern das bürgerliche Arbeitsverständnis transformieren müsste. Eine ernsthafte *Alternative* zur Arbeitsgesellschaft, die mit einem Grundeinkommen verbunden wäre, müsste sich ebenso deutlich von der einfachen Geringschätzung der Arbeit unterscheiden, wie zeitgemäße Auflösungen der bürgerlichen Kernfamilie in queere Sechsecksbeziehungen sich von vorbürgerlicher Vielweiberei unterscheiden müssen.

122 Es ist die Armut qua Arbeitslosigkeit, beruhend auf dem Umstand, dass die bürgerliche Gesellschaft die Menschen nicht mit dem Mittel versorgen kann, das in ihr das einzige Mittel der Subsistenz ist. Andere Formen der Armut – die zum Beispiel aus Erwerbsunfähigkeit und Krankheit resultieren – stellen in diesem Sinne kein »hausgemachtes« und deshalb auch kein diese im hier gemeinten Sinne bedrängendes Problem dar.

Wut des Pöbels die Gesellschaft instabil machen, die gesellschaftliche Ordnung gefährden könnte.[123]

Das alles trifft aber nicht die Problemstellung, wie sie Hegel vor Augen steht. Das Problem der Armut ist ein Problem gesellschaftlicher Desintegration. Als solches zeigt es, Hegels Interpretation zufolge, ein ebenso funktionales wie normatives Defizit an. Die bürgerliche Gesellschaft als umfassender Wirtschafts- und Lebenszusammenhang beraubt die Einzelnen ihrer subsidiären Existenzgrundlage. Sie ist, mit Hegel, die »ungeheure [...] Macht, die alles an sich reißt«, und damit faktisch-funktional »zur neuen Familie« des Individuums geworden. Aus diesem Umstand erwächst ein normativer Anspruch, mit dem die bürgerliche Gesellschaft konfrontiert ist. Dieser Anspruch lautet, sie solle (anstelle der Familie, die jetzt nicht mehr als ökonomischer Reproduktionszusammenhang fungiert, sondern zur Kernfamilie geschrumpft ist) für die Subsistenz des Individuums sorgen.[124] Das ist aber kein extern an

123 Ich diskutiere am Ende des vierten Teils das Verhältnis von »Widerspruch« und »Konflikt«, das in diesem Zusammenhang eine Rolle spielt.

124 Die Pflicht der Gesellschaft gegenüber den Armen betont Hegel in § 238 der *Rechtsphilosophie* (a. a. O.): »So ist das Individuum *Sohn der bürgerlichen Gesellschaft* geworden, die ebensosehr Ansprüche an ihn, als er Rechte auf sie hat.« Und ebd., § 244: »Die wichtige Frage, wie der Armut abzuhelfen sei, ist eine vorzüglich die modernen Gesellschaften bewegende und quälende.« Die Schwierigkeit, dieses Problem auf Grundlage der Prinzipien der bürgerlichen Gesellschaft zu beheben, wird ebd., § 245 diskutiert: »Es kommt hierin zum Vorschein, daß bei dem *Übermaße des Reichtums* die bürgerliche Gesellschaft *nicht reich genug* ist, d. h. an dem ihr eigentümlichen Vermögen nicht genug besitzt, dem Übermaße der Armut und der Erzeugung des Pöbels zu steuern.« Das »eigentümliche Vermögen« der bürgerlichen Gesellschaft ist aber die Arbeit. Entsprechend wird vorher im Paragraphen erläutert, dass eine Sicherung der Subsistenz der Bedürftigen »ohne durch die Arbeit vermittelt zu sein [...] gegen das Prinzip der bürgerlichen Gesellschaft und des Gefühls ihrer Individuen von ihrer Selbständigkeit und Ehre wäre.« (Ebd.) Bezüglich der zweiten Alternative wiederum, des Schaffens von Arbeit (was letztendlich einen politischen Eingriff in die [kapitalistische Markt-]Ökonomie bedeutet) sagt Hegel: »[W]ürde [die Subsistenz] durch Arbeit (durch Gelegenheit dazu) vermittelt, so würde die Menge der Produktionen vermehrt, in deren Überfluß und dem Mangel der verhältnismäßigen selbst produktiven Konsumenten gerade das Übel besteht, das auf beide Weisen sich nur vergrößert.« (Ebd.) Wenn es schließlich ebd., § 246 heißt: »Durch diese ihre Dialektik wird die bürgerliche Gesellschaft über sich hinausgetrieben«, spricht das jedenfalls für die Instabilität und Krisenhaftigkeit (die »Widersprüchlichkeit«) dieser Situation. Es ist eine komplizierte

sie herangetragener Anspruch, sondern ergibt sich aus dem, was die bürgerliche Gesellschaft ihrer historisch sich entwickelt habenden Funktionsweise nach – »dem Begriff nach« – *ist*. Dabei widerspräche aber auch die unmittelbare Versorgung der Armen oder das politische Eingreifen in den Markt dem der bürgerlichen Gesellschaft eigentümlichen Prinzip. Die bürgerliche Gesellschaft steht also vor einem Problem, das sie als sittlichen Zusammenhang zu entzweien oder sogar zu zerreißen droht, weil es die Desintegration der Gesellschaft – die Entzweiung der Sittlichkeit »in ihre Extreme« – bedeutet und zu dem führt, was Hegel die »Erzeugung des Pöbels« nennt.

Das Problem der Armut ist also ein *normatives Problem* (Armut soll nach dem Selbstverständnis der bürgerlichen Gesellschaft nicht existieren; die Gesellschaft muss eine Lösung für dieses Problem finden), aber es ist dabei auch ein *funktionales* Problem (eine von solchen Desintegrationstendenzen gezeichnete Gesellschaft droht auseinanderzufallen, als Gesellschaft zu scheitern). Die gesellschaftliche Integration funktioniert selbst auf der Grundlage einer Norm, nämlich des Versprechens, über Arbeit eine Stellung innerhalb der Gesellschaft zu erlangen, in der man selbständig für das eigene Auskommen sorgen kann und auf diese Weise anerkannt wird. Wo dieses Versprechen systematisch nicht erfüllt werden kann, droht es seine integrierende Funktion zu verlieren, und damit zerbräche auch die darauf gegründete Lebensform. »Desintegration« selbst ist hier also ein Begriff, der nicht nur einen Zustand, sondern einen *nicht akzeptablen* Zustand beschreibt, weil hier ein normativer Anspruch, eine Idee davon, wie Gesellschaft als sittliches Verhältnis beschaffen sein sollte, verletzt ist.

Die Kritik an diesem Defizit der bürgerlichen Gesellschaft ist damit aber dennoch keine normativistische.[125] Die bürgerliche Gesellschaft wird immanent kritisiert, und zwar unter dem Gesichtspunkt der entzweiten Sittlichkeit. Unter der von mir hier eingeführten Perspektive betrachtet, handelt es sich dabei um ein Phänomen *normativen Scheiterns*, sofern es gar nicht möglich ist, die durch das Prinzip der bürgerlichen Gesellschaft hervorgebrachten Entzwei-

Debatte, inwiefern die Korporationen – als eine sittlich regulierende Institution innerhalb der Sphäre des Marktes – in der Lage sind, dieses Problem zu lösen.

125 Vgl. zur Unterscheidung von »normativistisch« und »immanent« verfahrender Kritik unten, Teil 3.

ungs- und Desintegrationstendenzen unabhängig vom (sittlich-) normativen Anspruch dieser Gesellschaftsformation zu beschreiben. Nur sofern diese den Anspruch und die Aufgabe hat, für ihre Mitglieder zu sorgen (»an die Stelle der Familie zu treten«), und zwar auf eine Weise, die dem Prinzip der bürgerlichen Gesellschaft, der durch Arbeit und Leistung vermittelten Subsistenz, entspricht, lässt sich das von Hegel beschriebene Problem überhaupt als Krise oder Problem der Desintegration beschreiben. Um von Desintegration in diesem Sinne sprechen zu können, muss man also eine Vorstellung davon haben, wie die Einheit, der Zusammenhang der Gesellschaft, beschaffen ist und sein soll. Dass es nicht reicht, zu sagen: »Nun, hier wird eben behauptet, dass es (moralisch) falsch sei, Individuen unter die Subsistenz sinken zu lassen«, ist insofern klar, als Hegel ziemlich deutlich die drohende Dysfunktionalität dieser Form der Gesellschaftsorganisation beschreibt. Diese ist aber gleichzeitig nicht einfach faktisch dysfunktional, sondern als Dysfunktionalität vom normativen Gehalt nicht zu trennen. Das faktische Auseinanderfallen der Gesellschaft wird davon ausgelöst, dass Individuen sich ungerecht behandelt fühlen. Der Pöbel ist nicht nur hungrig: Er ist empört.[126]

4.5 Probleme zweiter Ordnung

Die Erläuterung der These von den Lebensformen als Problemlösungsinstanzen anhand der Hegelschen Familientheorie und der Krise der Arbeitsgesellschaft sollte die sehr anspruchsvolle Problemkonzeption verdeutlicht haben, die hier zugrunde liegt.

Erstens hat sich gezeigt, was es heißen kann, nicht von »nackten« Bedürfnissen oder uninterpretierten Problemen auszugehen, sondern sich immer schon inmitten einer von Ansprüchen und Lösungen geprägten Situation zu befinden. Probleme stellen sich nicht unvermittelt; sie müssen als Probleme erst gestellt werden und werden gestellt in einer Situation, die durch normative Ansprüche, ethisch geprägte Situationsdeutungen und Problembeschreibungen bestimmt ist. Das Problem, das die bürgerliche Familie löst,

126 Die weichenstellende Bedeutung der Existenz des Pöbels für die Hegelsche Rechtsphilosophie betont Frank Ruda in: ders., *Hegels Pöbel. Eine Untersuchung der »Grundlagen der Philosophie des Rechts«*, Konstanz 2011.

ist eben nicht einfach das gattungsmäßig sich stellende Problem der Organisation verwandtschaftlicher Beziehungen und der Sozialisation der nachkommenden Generation. Und gesellschaftliche Arbeit löst nicht nur das sich unter allen Bedingungen immer schon stellende Problem der Subsistenz. Das Problem so zu benennen wäre, das sieht man vor dem Hegelschen Hintergrund, nicht falsch, aber nichtssagend. Stellt sich das Problem der Reproduktion, wie alle anderen Probleme, die sich in und mit Lebensformen stellen können, nicht in reiner, unvermittelter Form, so ist schon das Problem selbst (nicht erst seine Lösung in Form bestimmter Familien- oder Arbeitsverhältnisse) kulturell determiniert und normativ anspruchsvoll. Lebensformen sind Antworten auf historisch-kulturell geprägte und normativ vordefinierte Herausforderungen. Der Umstand, dass Lebensformen, wenn sie scheitern, *normativ scheitern,* folgt daraus.

Man sieht jetzt, *zweitens,* auch, was es bedeuten kann, dass die in Frage stehenden Probleme immer Probleme sind, *die ihrerseits aus Problemlösungen entstehen* und zu weiteren Problemlösungen Anlass geben können. Reagieren – wenn man Lebensformen nicht nur historisch, sondern in Konfliktgeschichten situiert – das Vertragsmodell und die romantische Auffassung der Ehe vereinseitigend auf das Problem der Nichtachtung der Individualität und Selbständigkeit der Individuen in traditional-sittlichen Familienstrukturen, und reagiert Hegels Familienmodell auf die Probleme, die aus dieser Einseitigkeit entstehen, so können sich aus diesem Familienmodell, ist es einmal instituiert, wiederum neue Problemkonstellationen entwickeln. Reagiert, so ließe sich behaupten, der »freie« Arbeitsmarkt der bürgerlichen Gesellschaft auf Probleme, die sich aus der unfreien Organisation von (etwa feudaler) Arbeit ergeben haben, so kann prinzipiell jede Problemlösung auch wieder neue Probleme schaffen.[127] (Und es ist wahrscheinlich, dass sie es tut.)

Lässt sich schon daran der ausgesprochen komplexe Charakter der Probleme, die Lebensformen meiner These nach zu lösen versuchen und an denen sich ihre Kritik festmachen lässt, erkennen, so verbirgt sich hinter dieser Auffassung *drittens* ein weiterer Aspekt:

127 Ob Hegel selbst das so sehen könnte, ist natürlich fraglich. Die These vom offenen Charakter des Verlaufs nehme ich im vierten Teil wieder auf.

Wo Lebensformen in Krisen geraten, scheitern sie, folgt man meiner bisher gegebenen Darstellung, primär nicht an äußeren Hindernissen, sondern an selbstverursachten ebenso wie selbstgestellten Problemen. Oder anders: Sie scheitern an einem Anspruchsniveau, das sie selbst etabliert haben und das sie zu dem macht, was sie sind. Es handelt sich nämlich nicht um fremde, sondern um die *eigenen*, mit der bestimmten Ausprägung einer Lebensform gesetzten normativen Ansprüche, denen diese zugleich nicht entspricht. Dass es »eigene« Ansprüche sind, ist nun in dem erweiterten Sinne zu verstehen, in dem es nicht nur um explizite Wertäußerungen und schon gar nicht um Lippenbekenntnisse geht, sondern um Bezugspunkte, die in sozialen Praktiken bereits enthalten sind und vermittelt über die Teilhabe an solchen Praktiken einerseits geteilt werden, andererseits aber faktisch nicht im vollen Sinne verwirklicht sind oder sogar in einer gegebenen Situation gar nicht widerspruchsfrei einlösbar sind. Damit ergeben sich Probleme aus einer spezifischen Konstellation der jeweiligen Lebensform – und, ja, aus ihrer spezifischen Widersprüchlichkeit selbst.[128] Es ist demnach ein bestimmter Typ von Problemstellungen und Krisen – besser: eine bestimmte Art und Weise, in der wir in den Praxisvollzügen einer Lebensform mit Problemen konfrontiert werden –, um die es in Bezug auf eine Kritik von Lebensformen gehen kann. Problemlösungen, wie sie sich als übergreifender Maßstab für das Gelingen oder Scheitern von Lebensformen darstellen, sind also normativ vordefiniert, geschichtlich situiert und »hausgemacht«.

Damit ist allerdings die Beantwortung einer weiteren Frage zwar eingeleitet, aber noch nicht vollzogen. Gesetzt, dass Probleme nie »pur«, sondern immer schon Probleme höherer Ordnung sind: Woher kommen sie dann, wie entstehen sie? Was löst eine Krisendynamik aus beziehungsweise was macht eine gegebene Krisendynamik zur Krise einer Lebensform als Lebensform? Oder anders: Was unterscheidet Probleme, in die Lebensformen geraten können, von Problemen dieser Lebensformen selbst?

128 Nämlich in dem Sinn, wie oben (Kap. 3.4) anhand von Hegels Verständnis des Auseinandertretens von Begriff und Realität entwickelt wurde.

Eine kleine Typologie von Problemen

Um die spezifische Gestalt jener Probleme zu erfassen, die ich als *Lebensform-Probleme* verstehe, ist es sinnvoll, verschiedene Weisen der Konfrontation mit Problemen, verschiedene Typen von Problemursachen und verschiedene Weisen der Problemverarbeitung zu unterscheiden.

(1) Stellen wir uns eine agrarische Lebensform vor, die in ernste Bedrängnis gerät, weil ein Jahr lang kein Regen gefallen ist und die Dürre die bekannten Weisen der Ernährung unmöglich gemacht hat. Die *Problemursache* ist hier *extern*, sofern es nicht die Gestalt oder Dynamik der (reproduktiven) Praktiken und Institutionen der entsprechenden Lebensform selbst ist, die den jetzt herrschenden Mangel herbeigeführt hat, sondern ein zufällig eintretendes Naturereignis. Genau deshalb aber ist, der von mir eingenommenen Perspektive zufolge, eine solche Krise nicht die Krise einer Lebensform *als* Lebensform. Die Probleme, mit denen sie konfrontiert ist, sind Probleme *für sie*, aber nicht *mit ihr*.

(2) Das ändert sich, sobald man die Problembeschreibung variiert. Es lässt sich nämlich ein zweiter Fall denken, in dem eine Krise – denken wir wiederum an Dürre und eine anschließende Hungerkatastrophe – zwar extern verursacht ist, in dem diese externe Ursache aber zum Problem oder zur Krise nur deshalb führt, weil sie auf *interne Defizite* der die Lebensform ausmachenden Praktiken und Institutionen selbst trifft. Nach wie vor liegt es nicht in der Hand der Betroffenen, Regen zu erzeugen; allerdings liegt es, vor allem dann, wenn das periodische Eintreten solcher Dürreperioden mehr als wahrscheinlich ist, nahe, sich mittels Speicherbau vor den Konsequenzen der nächsten Katastrophe zu schützen. Tut eine Gemeinschaft das nicht, so lässt sich in einem solchen Fall (oder einer solchen Analyse des Falles[129]) behaupten, dass die entstandene Notsituation, obwohl durch ein kontingentes Naturereignis herbeigeführt, erst durch die unzureichende *Reaktion* der entsprechenden sozialen Institutionen auf die zunächst von außen induzierte Krise

129 Es wird sich zeigen, dass das Vorgehen der Kritik (an Lebensformen) nicht zuletzt darauf beruht, solche Analysen zu liefern, also von Problemen oder Krisen, die sich auf den ersten Blick als »externe« darstellen, zu zeigen, dass sie lebensformimmanente Gründe haben. Vgl. dazu und zum Verhältnis von Analyse und Kritik im Folgenden Teil 3.

herbeigeführt worden ist. Es mag sich dann auch zeigen, dass das der Gemeinschaft zur Verfügung stehende Repertoire von Praktiken und Deutungen zur Bewältigung solcher Krisen nicht geeignet ist, dass die betroffene soziale Lebensform also als Lebensform nicht über die notwendigen Ressourcen verfügt, um einer solchen Notlage zu begegnen. So könnten die naheliegenden Maßnahmen zur Vermeidung einer auf eine Dürreperiode folgenden Hungersnot aus lebensformimmanenten Gründen nicht getroffen werden, weil es die Praktiken der Nahrungsaufbewahrung nicht gibt; deren Ausbildung könnte wiederum aufgrund von systematischen Fehldeutungen unterblieben sein, wenn zum Beispiel die Dürre nicht als periodisch auftretendes Naturereignis interpretiert wird, sondern als »Strafe Gottes«. Eine so sich zeigende (und so verstandene) Krise lässt sich nun durchaus als genuine Lebensformkrise verstehen, genau dann nämlich, wenn sie darauf zurückzuführen ist, dass der zur Vermeidung solcher Situationen erforderliche Lernprozess unterblieben oder missglückt ist. Obwohl also auch hier das Problem externe Ursachen hat – schließlich wäre es nicht oder nicht in dieser Form zutage getreten, wenn der Regen nicht ausgeblieben wäre –, wird es zum lebensformimmanenten Problem. Solche Probleme befinden sich, wie man sagen könnte, an der *Schnittstelle* zwischen der eigenen Lebensform und kontingenten Umweltbedingungen. Die durch die Konfrontation mit externen Bedingungen verursachten Probleme werden so, sofern diese eine interne Unfähigkeit zutage bringen, zu einem genuinen Lebensformproblem – und damit zu einem Problem nicht nur *für* die, sondern *mit* der entsprechenden Lebensform.[130]

Solche Krisenkonstellationen gibt es häufig. Auch das (letztendliche) Scheitern der Wikinger bei der Besiedlung Grönlands, das in Jared Diamonds Buch *Kollaps*[131] zu einem so eindrücklichen Fall für den Niedergang einer Kultur und Lebensweise geworden ist,[132]

130 Ob man dann sagen möchte, dass die entsprechende Lebensform das Problem immer schon hatte und es durch diese externen Faktoren aktuell geworden ist, oder ob man von »Problem« oder »Krise« nur insofern spricht, als es zu dieser Aktualisierung – zum Beweis ihrer Lernunfähigkeit – tatsächlich kommt, ist dann letztendlich eine Geschmacksfrage.

131 Vgl. Jared Diamond, *Kollaps. Wie Gesellschaften überleben oder untergehen*, Frankfurt/M. [8]2005. Ich danke Eva von Redecker für den Hinweis auf dieses Buch und Jakob für die Weckung meines Interesses an den Wikingern.

ist zunächst auf eine externe Problemstellung zurückzuführen, die mit Defiziten der Lebensform der Wikinger nichts zu tun hat. Die klimatischen Bedingungen für das Überleben einer an eine bestimmte Form der Reproduktion – die der agrarischen Wirtschaftsweise – gewöhnten Population waren in Grönland ungünstig, und sie wurden sogar zunehmend ungünstiger. Die Wikinger haben hier nicht etwas *falsch gemacht*, sie haben mit ihrer Siedlungsentscheidung *Pech gehabt*. Die von Diamond so packend beschriebene Unflexibilität und Adaptionsunfähigkeit dieser neu zugezogenen Population allerdings, die sich unter anderem darin ausdrückt, dass die aus Norwegen eingewanderten Wikinger es ablehnten, Fisch zu essen, und es damit versäumten, an den Erfahrungen der dort ansässigen Inuit mit der Bewältigung der klimatisch und ökologisch schwierigen Lebensbedingungen in Grönland zu partizipieren,[133] sind mehr als Pech. Die vielfältigen und verwickelten Gründe dafür, an einer unter diesen klimatischen und geographischen Bedingungen nur schwer durchsetzbaren Lebens- und Wirtschaftsweise festzuhalten, sind Reaktionsweisen, für die man die Ursachen in einer Lernblockade, die aus der Lebensform der Wikinger selbst resultiert, suchen muss.

Habe ich der Anschaulichkeit halber diese Konfrontation anhand von Auseinandersetzungen mit der *ersten* Natur veranschaulicht, so lässt sich derselbe Mechanismus des Immanentwerdens von extern verursachten Problemen auf die Konfrontation mit anderen Lebensformen (also anderen Instanzen der *zweiten* Natur) übertragen. Eine patriarchal-traditionalistische Familienformation kann zum Beispiel durch die plötzliche Konfrontation mit anderen Lebensweisen in eine Krise geraten, so dass eingespielte Rollenbilder, Muster der familiären Arbeitsteilung oder Autonomiebeschränkungen unter Druck geraten. Auch hier lassen sich (wenn man kontrafaktisch von einer zunächst getrennten Entwicklung

132 Natürlich ist das Bild komplizierter, wie auch Diamond einräumt: Schließlich war die Besiedlung Grönlands über einen gewissen Zeitraum hinweg durchaus erfolgreich; schließlich hatte der Versuch, eine Mischwirtschaft aufrechtzuerhalten und Landwirtschaft zu etablieren, gegenüber der auf Fischfang fokussierten Wirtschaftsweise der Inuit auch Vorteile, und letztendlich war die Verschlechterung der klimatischen Bedingungen nicht vorhersehbar.

133 Stattdessen versuchten sie offenbar, mit großem Aufwand frierende und hungernde Rinder durchzubringen, um ihrem eigenen Selbstverständnis als Ackerbau betreibende und Vieh züchtende Europäer zu entsprechen.

und echter »Fremdheit« zwischen den sich hier begegnenden Lebensformen ausgeht) Deutungen plausibilisieren, denen zufolge sich eine solche zunächst extern verursachte Problematik als lebensformimmanente Krise erweist, in der die Konfrontation mit andersgearteten Praktiken interne Defizite der Lebensform selbst virulent werden lässt.[134]

(3) Mit dieser Diskussion nun sind wir bei den von den beiden anderen Klassen zu unterscheidenden Fällen »echter« oder »genuiner« Immanenz angelangt. Als genuin immanent angelegte Probleme lassen sich die oben anhand von Hegels Familientheorie und der »Krise der Arbeitsgesellschaft« bereits ausführlich diskutierten Fälle bezeichnen; hier wird nicht ein zunächst extern verursachtes Problem immanent, sondern dieses entsteht bereits aus den (wie man hier sagen kann) »Widersprüchen« und den im Gefüge der Lebensform-Praktiken immanent angelegten Konfliktfeldern. Die von mir skizzierte Krise der bürgerlichen Gesellschaft als Arbeitsgesellschaft ist in diesem Sinne immanent: In dieser ist nämlich bereits das auftretende Problem, die strukturelle Arbeitslosigkeit, Resultat des *Designs* der zentralen ökonomischen und sozialen Strukturen der betreffenden Gesellschaft; es ist also »selbstgemacht« oder immanent verursacht, und die Schwierigkeiten, es zu lösen, sind durch den von der bürgerlichen Gesellschaft selbst hervorgebrachten Anspruch, dass die Individuen der bürgerlichen Gesellschaft durch Teilhabe an ihr als einem Arbeitszusammenhang »Würde und Existenz« erlangen sollen und können, verursacht.[135] Hier werden die »Krisen« von Lebensformen zu dem, was man mit Hegel »Widersprüche« nennen kann.

In meiner kleinen Typologie von Problemen habe ich nun drei ihrer Varianten skizziert: Es gibt Probleme, die extern verursacht sind und extern bleiben, denen also kein Defizit auf Seiten der Lebensform entspricht. Hier handelt es sich meiner Bestimmung nach nicht um genuine Lebensformprobleme. Die beiden anderen

134 Der oben bereits erwähnte, von Werner Schiffauer herausgegebene Band *Familie und Alltagskultur* bietet für solche Interpretationen reichhaltiges Material. In vielen Fällen lässt sich sogar behaupten, dass es sehr unwahrscheinlich ist, dass die externe Herausforderung ohne intern bereits angelegtes Ungenügen überhaupt zu einer krisenhaften Problemstellung führt – hier endet die Analogie zur Hungersnot, die ja faktisch existiert, ob als Lebensformproblem oder nicht.

135 Siehe dazu Kapitel 4.4.

Fälle dagegen, den Fall, in dem ein »von außen« kommendes Problem die intern fehlenden Problemlösungsressourcen einer Lebensform virulent werden lässt, sowie den Fall einer streng immanenten Genese des Problems, werde ich als Lebensformprobleme bezeichnen. Solche Probleme betreffen eine Lebensform *als* Lebensform und sind damit solche, die nicht nur *für diese* bestehen, sondern *mit ihr* aufgeworfen werden – und die diese in weiter zu erläuternder Hinsicht auch *mit sich selbst* hat.[136]

Ich komme auf die hier angespielte »dialektische« Auffassung von Problemen als »Widerspruch« in Kapitel 9 zurück, wo ich dafür argumentieren werde, dass – bei allen mit der Hegelschen Widerspruchskonzeption verbundenen Schwierigkeiten – diese den spezifischen Zuschnitt von Lebensformproblemen am besten trifft.

Interne Probleme als Probleme zweiter Ordnung

Im Folgenden aber will ich mich der »Schnittstelle« zwischen interner und externer Problemstellung noch einmal von einer anderen Seite her nähern und damit für die Frage des »externen« oder »materiellen« Moments von Problemen eine weitere Analysekategorie einführen.

Larry Laudans (in der Wissenschaftstheorie wirksam gewordene) Unterscheidung von empirischen und begrifflichen Problemen ist hierfür instruktiv. *Empirische Probleme* sind demzufolge Probleme mit der Welt, Probleme, die aus der Welt kommen. »All das an der natürlichen Welt, das uns seltsam vorkommt oder auf andere Weise erklärungsbedürftig ist, stellt ein empirisches Problem dar.«[137] Sofern diese Probleme Fragen bezüglich »der Gegenstände, die den Bereich jeder gegebenen Wissenschaft ausmachen«[138] aufwerfen, bezeichnet Laudan diese auch als Probleme *erster Ordnung.*

Begriffliche Probleme dagegen sind Probleme *höherer Ordnung.*

136 Dass ich, wie leicht erkennbar ist, den dritten Fall als den für Lebensformkrisen paradigmatischen Fall auffasse, lässt sich mit Verweis auf den Umstand plausibilisieren, dass sich hier die Situation fehlender interner Ressourcen einer Lebensform wiederum am besten als Folge einer immanenten Fehlentwicklung und einer immanent induzierten Lernblockade erläutern lässt.

137 Larry Laudan, *Progress and its Problems*, Berkeley, Los Angeles 1977, S. 15.

138 Ebd.

Sie stellen sich nicht in Bezug auf die Welt selbst, sondern in Bezug auf Theorien über die Welt – Theorien zur Lösung von empirischen Problemen –, die sich entweder selbst widersprechen oder in Konflikt mit anderen Theorien geraten können. Oder wie Laudan schreibt:

> Begriffliche Probleme sind Fragen von höherer Ordnung über die Wohlgeformtheit konzeptueller Strukturen (beispielsweise Theorien), die zur Beantwortung von Fragen erster Ordnung entwickelt worden sind.[139]

Aus Laudans Sicht lässt sich diese Unterscheidung zwischen empirischen, aus der Welt kommenden Problemen und Problemen, wie sie in Bezug auf unsere theoretische Betrachtung der Welt entstehen, selbst dann aufrechterhalten, wenn wir dessen gewahr sind, dass wir die Wirklichkeit immer nur durch eine »Linse« bereits bestehender Kategorien und Konzepte betrachten und dass Probleme immer nur innerhalb eines gegebenen (theoretischen) Kontextes als Probleme erkennbar werden.

Aber selbst wenn man (gegen Laudan) eine stärkere These über die begriffliche Strukturiertheit der Welt vertreten möchte,[140] lässt sich seine Unterscheidung als Kontrastfolie für unsere Fragestellung verwenden. Übersetzt in seine Unterscheidung lautet meine These nämlich: Hinsichtlich dessen, was für eine Kritik von Lebensformen relevant sein kann, gibt es gar keine »empirischen«, sondern nur begriffliche Probleme, Probleme zweiter Ordnung. Oder anders: Probleme erster Ordnung sind nur vermittelt über Probleme zweiter Ordnung als Lebensformenfragen überhaupt wahrnehmbar.

Auf Lebensformen lässt sich die Analogie zur Unterscheidung von »Welt« und »Theorie« (einem Problem mit der Welt oder mit der Theorie) nämlich folgendermaßen übertragen: Eine plötzliche Dürreperiode oder ein nicht zu bewältigender Klimawandel ist ein

139 Ebd., S. 48.

140 Vgl. Hegels in der *Phänomenologie des Geistes* (in: ders., *Werke in zwanzig Bänden,* a. a. O., Bd. 3) vorgebrachte Kritik an der erkenntnistheoretischen Vorstellung eines Instruments, durch das man die Wirklichkeit betrachtet. Vgl. auch Wilfrid Sellars Kritik am »Mythos des Gegebenen«, in: ders., *Empiricism and the Philosophy of Mind*, Cambridge/Mass. 1997, und John McDowell, *Mind and World*, Cambridge/Mass. 1996 (dt.: *Geist und Welt*, Frankfurt/M. 2001), die Hegels Kritik aufnehmen.

aus der Welt kommendes (empirisches) Problem; es kreiert für Lebensformen ein *Problem mit der Welt.* Wo aber, wie oben ausgeführt, ein solches Problem als Lebensformproblem, also als Defizit in den kulturellen Mechanismen der Bewältigung solcher Probleme auftritt, handelt es sich um ein *begriffliches Problem*, auch wenn man sich den begrifflichen Aspekt in diesem Fall nicht nach dem Muster reiner Theorien, sondern als das Geflecht von Praktiken und deren Interpretation, die den Interpretationsrahmen einer Lebensform bilden, vorstellen muss.

Begriffliche sind, so lässt sich übersetzen, lebensformimmanente Probleme (wie oben in Fall 2 und 3 diskutiert) und empirische, externe Probleme (wie in Fall 1). Die Dürreperiode kommt, ohne unser Zutun, aus der Welt. Der Umstand, dass keine Speicherhäuser gebaut wurden, auf eine sich wiederholende Erfahrung also nicht angemessen reagiert wurde, berührt dagegen nicht »die Welt« selbst, sondern unsere eigenen kulturellen Bewältigungsmechanismen der sich in dieser stellenden Probleme und die mit diesen Mechanismen verbundenen Interpretationen der Welt. Diese Probleme »begriffliche Probleme zweiter Ordnung« zu nennen betont nun den Umstand, dass *als Probleme* die systematischen Blockaden oder Mängel im Interpretationszusammenhang einer Lebensform selbst auftreten, nicht der eingetretene faktische oder materielle Mangel (die Hungersnot, die Arbeitslosigkeit, der Familienstreit) selbst.[141] Es lenkt weiterhin die Aufmerksamkeit darauf, dass es ein komplexes Theorie-Praxis-Geflecht ist, das sich in solchen Fällen als unangemessen oder defizitär erweist. Das Vermögen, als Reaktion auf ein einmal aufgetretenes empirisch-externes Problem Speicherhäuser zu bauen, hängt von eingespielten Praktiken ab, die wiederum von unserem Wissen über die Welt beeinflusst sind – also zum Beispiel von der Einschätzung, dass das Dürreproblem immer wieder auftauchen kann. Aber schon die Möglichkeit solchen Wissens basiert auf einem ganzen Komplex weiteren Wissens und weiterer praktischer Einstellungen, zum Beispiel einem bestimmten Zeitkonzept und einer

141 Bewältigungsmechanismen bestehen nämlich, das ist entscheidend, nicht einfach aus diesen Mechanismen selbst, als gewissermaßen »rohe Praktiken«, sondern aus einem Gemenge von Praktiken und deren Interpretation; sie sind vor dem Hintergrund von Interpretationen möglich, sofern der praktische Umgang mit der Welt im Zusammenhang mit deren Interpretation steht.

bestimmten praktischen Zeiterfahrung, und es hängt weiterhin nicht nur vom Verständnis der Welt, sondern auch vom Selbstverständnis der betreffenden Gemeinschaft und von den sich aus diesem ergebenden (intellektuellen und materiellen) Ressourcen und Möglichkeiten ab. Das auf die spezielle Situation bezogene Wissen und, damit verbunden, die Möglichkeit, entsprechende Praktiken zu entwickeln, wird also von umfassenderen Interpretationen der Welt geprägt und kann durch solche auch blockiert werden. (Interpretiert man die Dürreperiode als Strafe Gottes, so wird die begriffliche Grundlage für das Bauen von Speicherhäusern obsolet.)

Lebensformprobleme sind also »begriffliche« Probleme zweiter Ordnung, sofern sie Probleme der Einfügung einer Praxis in den Interpretationsrahmen einer Lebensform betreffen, sich als Inkongruenzen im praktisch-normativen Interpretationsrahmen einer Lebensform zeigen und damit als Krise dieses Bezugsrahmens (entsprechend dem, was bei Laudan »Theorie« heißt) auffassen lassen. »Empirische« Probleme spielen sich in einem für meine Fragestellung nicht relevanten Bereich ab, weil Lebensformen *als* Lebensformen mit Problemen »erster Ordnung« gar nicht konfrontiert sind, denn Probleme und deren Lösung sind hier immer schon begrifflich vermittelt. Als »Strafe Gottes« aufgefasst, verlangt die Dürreperiode nicht nur eine *andere Lösung* (zum Beispiel die eine oder andere Besänftigungsmaßnahme statt den Bau von Speichern); es handelt sich in entscheidender Hinsicht auch schon um ein *anderes Problem.*[142] (Analog dazu stellt sich das Problem der Arbeitslosigkeit abhängig von der Interpretation der diese verursachenden ökonomischen Mechanismen wie auch der Auffassung von Gesellschaft schon als Problem je verschieden dar.)

Jetzt zeigt sich auch, dass die »Lösung« solcher Lebensformprobleme anspruchsvoller ist, als es die Lösung von Problemen erster

142 Vgl. dazu ganz ähnlich (wenn auch mit anderen Konsequenzen) Ernesto Laclau und Chantal Mouffe: »Ein Erdbeben oder der Fall eines Ziegelsteins sind Ereignisse, die zweifellos in dem Sinne existieren, daß sie hier und jetzt unabhängig von meinem Willen stattfinden. Ob aber ihre gegenständliche Spezifik in der Form von ›natürlichen Phänomenen‹ oder als ›Zornesäußerung Gottes‹ konstruiert wird, hängt von der Strukturierung des diskursiven Feldes ab.« Ernesto Laclau, Chantal Mouffe, *Hegemonie und radikale Demokratie. Zur Dekonstruktion des Marxismus,* Wien 2006, S. 60.

Ordnung sein wird. Jede solche Lösung muss sich nämlich einfügen in einen gegebenen Rahmen, sie muss die begrifflich adäquate Lösung eines begrifflich gesetzten Problems sein, sich also in den normativen Problemhorizont und Problemstand einer gegebenen Lebensform einfügen lassen.

Materielles Moment und Korrektiv

Wenn nun aber im Sinne der oben mit Dewey formulierten These Probleme »weder gegeben noch gemacht« sind, weder also gegeben im Sinne »roher Fakten« noch gänzlich konstruiert, als seien sie »erfunden«: Welche Rolle spielt dann das externe und im Zweifelsfall auch materielle Moment für die Problemstellung? Man könnte sagen: Es spielt die Rolle eines materialen oder faktischen Korrektivs (im weiten Sinne). Dass es in manchen Situationen überhaupt ein Problem gibt, dass Lebens- oder Handlungsvollzüge gestört sind oder sich anders als erwartet oder erhofft darstellen, lässt sich, diesem Problemverständnis nach, im Fall einer Krise schwer bestreiten, auch wenn es sich noch nicht um das bestimmte – begriffliche – Problem einer Lebensform handelt. Das »materielle« oder generell das »externe« Moment, das damit ins Spiel kommt – und das ist für meine weitere Diskussion nicht unwichtig[143] –, lässt anhand des Sichaufdrängens von Problemen erster Ordnung (in unseren Beispielen: das unabweisbare Faktum der Hungersnot; das unabweisbare Faktum des familiären Zerwürfnisses) Diagnosen wie diejenige zu, dass eine Lebensform ein Problem zweiter Ordnung hat, das die angemessene Wahrnehmung von Problemen erster Ordnung verhindert. Sind also in Bezug auf die Kritik von Lebensformen empirische Probleme (erster Ordnung) einerseits nicht relevant, so kann die Annahme einer von uns zunächst unabhängigen Quelle der Problemstellung, jedenfalls in diesem schwachen Sinne, dennoch wirksam oder informativ sein. Könnte aus der Betonung des »begrifflichen« Charakters von Lebensformproblemen nämlich die (konstruktivistisch-relativistische) Schlussfolgerung erwachsen, dass es Probleme nur gibt, wenn man sie sich macht (woraus in epistemischer Hinsicht die Unmöglichkeit einer Thematisierung des Bezugsrahmens selbst erwächst), so ist der Immanenzzusam-

143 Vgl. unten, Kapitel 9.

menhang einer Lebensform mit der Einführung eines solchen materiellen Elements durchbrochen.

Die Bedeutung des Problembegriffs und der Annahme eines krisenhaften Verlaufs von Lebensformen liegt für die hier entwickelten Überlegungen dann darin, dass mit diesen ein moderat »materialistisches« Moment in die Konzeptualisierung von Lebensformen eindringt. Am Umstand, dass Lebensformen vor Probleme gestellt sein und in Krisen geraten können, »bricht« sich gewissermaßen der sonst häufig als geschlossen konzipierte Charakter von Lebensformen als umfassendem Deutungs- und Bezugssystem. Ganz im Sinne der oben mit Dewey gemachten Behauptung, dass man Probleme auf Dauer weder herbeireden noch wegdiskutieren kann, steht der Problembegriff damit einerseits für einen realistischen »Stein des Anstoßes«, verschreibt sich aber andererseits dennoch keinem Naturalismus vorinterpretativer oder vorsozialer Fakten.

Resümee

Meine These war: Lebensformen sind (je verschiedene) Lösungsstrategien für Probleme, die sich der Menschheit – als Gattung, allerdings auf historisch und kulturell je unterschiedlich geprägte Weise – stellen. Auf Probleme bezogen »treffen« sie sich in ihren Lösungsversuchen mit anderen Lebensformen oder unterscheiden sich in der Art der Problemlösung von ihnen. Darauf beruht die Vergleichbarkeit und differenzielle Bewertbarkeit von Lebensformen. Die Auseinandersetzung zwischen ihnen ist dann die Auseinandersetzung über die beste Lösung des Problems, und Lebensformen müssen sich an ihrer Fähigkeit, die ihnen gestellten Probleme zu lösen, messen lassen.

Lebensformen verkörpern sich in sozialen Praktiken und gehen mit Problemen der Lebensbewältigung um. Das setzt, so wenig die Rede von »Werten« und meine Auffassung einander direkt ausschließen, einen anderen Akzent als die Wertediskussion, nämlich den, dass Werte motiviert sind, Anlässe und Folgen haben, »im materiellen Lebensprozess verankert« sind. Der Fokus wird damit auf das auch *reaktive Moment* der Lebensformen und damit auf die Auseinandersetzung mit »aus der Welt kommenden« Aufgaben gerichtet, und es ist genau dieser Umstand, der es möglich machen soll, Lebensformen als diskutierbar und kritisierbar aufzufassen. Ihre Bewertung findet ihren Maßstab so in der Sache des Problems. Was aber bedeutet der Umstand, dass Lebensformen vor Problemen stehen und in Krisen geraten können, für die Möglichkeit ihrer Kritik? Dieser Frage ist der nächste Teil dieser Untersuchung gewidmet.

Dritter Teil
Formen der Kritik

Alle Dialektik läßt das gelten, was gelten soll, als ob es gelte, läßt die innere Zerstörung selbst sich daran entwickeln. *G.W.F. Hegel*

Wir treten dann nicht der Welt doktrinär mit einem neuen Prinzip entgegen: Hier ist die Wahrheit, hier knie nieder! Wir entwickeln der Welt aus den Prinzipien der Welt neue Prinzipien. *Karl Marx*[1]

Die Kritik von Lebensformen ist, so haben die letzten beiden Kapitel ergeben, möglich, sofern Lebensformen nicht nur sind, wie sie sind, sondern gelingen oder scheitern können.[2] Beziehen sich nun die Kriterien für ihr Gelingen auf den Anspruch, die mit den und durch die jeweiligen Lebensformen gesetzten Probleme zu lösen, so geraten Lebensformen, wo sie dies nicht tun, in für sie spezifische *normative Krisen*. Damit gibt es nicht nur selbstgesetzte Maßstäbe für ihre Kritik; es gibt auch einen Anlass für diese. Kritik ist, so kann man es dann auffassen, die subjektive Seite solcher Krisen. Und sie ist, sofern Krisen und Probleme nicht nur objektiv bestehen, sondern von Subjekten hervorgebracht werden, gleichzeitig Bestandteil der Krise – und als solche Teil dessen, was die Dynamik von Lebensformen ausmacht.

Dem spezifischen Charakter der hier herausgearbeiteten Form von Normativität entspricht also etwas auf der Seite des »kritischen Verhaltens«. Wenn Lebensformen anhand von mit ihnen selbst gesetzten, in ihre Praxisvollzüge gewissermaßen eingelagerten Normen kritisierbar werden, so legt diese normative Struktur (oder die normative Sozialontologie von Lebensformen) einen bestimmten

1 Karl Marx, »Briefe aus den Deutsch-Französischen Jahrbüchern«, in: ders., Friedrich Engels, *Werke*, Bd. 1, Berlin 1976, S. 337-346, hier S. 345. In demselben Brief heißt es: »Indessen ist das gerade wieder der Vorzug der neuen Richtung, daß wir nicht dogmatisch die Welt antizipieren, sondern erst aus der Kritik der alten Welt die neue finden wollen.« Hier findet sich auch die für die Position des Kritikers interessante Bemerkung: »Wir können also die Tendenz unsers Blattes in *ein* Wort fassen: Selbstverständigung (kritische Philosophie) der Zeit über ihre Kämpfe und Wünsche.« (Ebd., S. 346.)

2 Das soll nicht bedeuten, dass sie jeweils nur entweder gelingen oder scheitern können; die meisten Fälle liegen wohl irgendwo dazwischen.

Modus für eine solche Kritik nahe: Den einer im starken Sinne *immanenten* Kritik, die sich auf die Krise bezieht, in die Lebensformen geraten, sofern diese die mit ihnen gesetzten und mit ihnen entstandenen Problemstellungen verfehlen. In den folgenden Kapiteln soll es um diese *Form* der Kritik gehen, die ich vor dem Hintergrund anderer Modelle der Kritik herausarbeiten möchte.

Wie aber *verfährt* eine solche Kritik? Von welchem Standpunkt aus urteilt sie, und warum ist sie eigentlich nötig, wenn doch Lebensformen von sich aus in Krisen geraten? Immanente Kritik setzt, auf eine kurze Formel gebracht, bei den mit einer Lebensform gesetzten Ansprüchen und Bedingungen an, reagiert auf die in dieser auftauchenden Probleme und Krisen und gewinnt gerade daraus das transformative Potential, das über die in Frage stehenden Praktiken hinausreicht und auf deren Veränderung zielt.

Nur mit dem Ansatz immanenter Kritik kann, so meine Behauptung, das Problem der Ermittlung eines Maßstabs der Kritik auf eine Weise gelöst werden, die *weder* auf eine »kontextualistische« Variante zurückverweist, in der Kritik zur reinen Selbstverständigung innerhalb eines seinerseits nicht mehr zu hinterfragenden Rahmens wird, *noch* auf externe Standards, die der Aufgabe einer Kritik von Lebensformen als Lebensformen nicht gerecht würden. Der Ausgangspunkt meiner Diskussion ist dabei die folgende Einschätzung: Die Kritik von Lebensformen muss ohne ein Metasprachspiel, ohne einen neutralen, allen besonderen Lebensformen enthobenen »archimedischen Punkt« auskommen. Sie darf aber auch nicht rein intern bleiben, will sie die Thematisierung von Lebensformen als solche überhaupt in Angriff nehmen. Eine starke Version dessen, was man mit und seit Hegel »immanente Kritik« nennt, kann dieses Dilemma nun lösen. Diese transzendiert nämlich einige der gängigen Dichotomien:[3] Sie ist weder »stark« noch »schwach« (in Onora O'Neills Sinne); sie ist weder »intern« noch »extern« (in Michael Walzers Sinne).[4] Sie geht von einem bestimm-

3 Für einen anderen, auf die sozialwissenschaftliche Diskussion eingehenden Versuch, eine Alternative zwischen interner und externer Sozialkritik zu entwickeln, vgl. Robin Celikates, *Kritik als soziale Praxis. Gesellschaftliche Selbstverständigung und kritische Theorie*, Frankfurt/M. 2009.

4 Vgl. Onora O'Neill, »Starke und schwache Gesellschaftskritik in einer globalisierten Welt«, in: *Deutsche Zeitschrift für Philosophie* 48/5 (2000), S. 719-728; Michael Walzer, »Mut, Mitleid und ein gutes Auge«, in: ebd., S. 709-718.

ten (historisch und gesellschaftlich situierten) Kontext aus und transzendiert diesen gleichzeitig. Wenn sie, wie Marx es formuliert hat, »aus der Kritik der alten Welt die neue finden« will, so generiert die immanente Kritik von Lebensformen also einerseits ihre Maßstäbe »aus der (kritisierten) Sache selbst«, ist aber andererseits gegenüber dem Partikularismus und Relativismus einer intern bleibenden Kritik dennoch stark genug – nämlich transformativ –, um eine Lebensform *als* Lebensform kritisieren zu können.

Ich werde im Folgenden das Konzept immanenter Kritik zunächst in Abgrenzung zu den (meiner Typologisierung nach »schwächeren«) Formen »interner Kritik«, mit der sie häufig verwechselt wird, beleuchten. Dabei akzentuiere ich innerhalb der immanenten Kritik ein negativistisches oder ideologiekritisches Verfahren.[5] In meiner (alles andere als vollständigen) Typologie kritischer Verfahrensweisen werden also interne und immanente Kritik als zwei Varianten einer Kritik aufgefasst, die, anders als die externe Kritik, »ihren Maßstab im Kritisierten selbst« findet.[6] Ist aber interne Kritik die Selbstverständigung einer Lebensform über sich selbst und die Wiedereinsetzung der für sie maßgebenden Ideale, so ist immanente Kritik, orientiert an den Krisen, in die gesellschaftliche Praktiken wie Ideale geraten können, das kritische Ferment der Selbsttransformation einer Lebensform. Das jedenfalls ist das

5 Ich möchte die Typologie hier nicht zu umfangreich werden lassen, es ließen sich aber mühelos insgesamt drei Formen von Kritik einander gegenüberstellen: Interne Kritik, rekonstruktiv-immanente Kritik und ideologiekritisch-negativistisch immanente Kritik. Ich konzentriere mich hier auf den negativistischen Aspekt. Wie eine solche Auffassung von immanenter Kritik sich als Ideologiekritik verstehen lässt, habe ich entwickelt in: Rahel Jaeggi, »Was ist Ideologiekritik?«, in: dies., Tilo Wesche (Hg.), *Was ist Kritik?*, Frankfurt/M. 2009, S. 266-298.

6 Diese Unterscheidungen decken sich weitgehend, wenn auch nicht gänzlich, mit den von Axel Honneth vorgenommenen: Honneth unterscheidet einerseits zwischen *rekonstruktiver* und *konstruktiver* Kritik. Die eine *rekonstruiert* die einer Gemeinschaft oder einem sozialen Gebilde innewohnenden normativen Grundsätze und Ideale und misst die Wirklichkeit an dieser Rekonstruktion, die andere *konstruiert* – in dieser Hinsicht extern – die normativen Ideale, an denen die Gemeinschaft zu messen ist. Im »Lager« der rekonstruktiven Kritik unterscheidet Honneth dann wiederum zwischen einer »hermeneutischen Variante« und der linkshegelianischen. Vgl. Axel Honneth, »Rekonstruktive Kritik unter genealogischem Vorbehalt – Zur Idee der Kritik in der Frankfurter Schule«, in: ders., *Pathologien der Vernunft. Geschichte und Gegenwart der Kritischen Theorie,* Frankfurt/M. 2007, S. 57-69.

Verständnis immanenter Kritik, das ich im Folgenden explizieren werde und an das sich das Projekt einer Kritik von Lebensformen anschließen lässt.

Im folgenden *fünften Kapitel* werde ich nach einer Abgrenzung zur externen Kritik das Vorgehen und die Struktur *interner* Kritik analysieren, um dann im *sechsten Kapitel* die Methode *immanenter* Kritik zu erfassen, aber auch die Probleme des so skizzierten Modells zu beleuchten. Einen Überblick über die hier diskutierten Kritikmodelle – extern, intern, immanent – bietet die Tabelle am Ende dieses Teils auf S. 309.

5. Kapitel
Was ist interne Kritik?

Ich werde in diesem Kapitel den Zugriff einer internen Kritik zunächst im Gegensatz zur externen skizzieren (*Abschnitt 1*), um anschließend das Vorgehen der internen Kritik anhand von Beispielen auf ihre Struktur hin genauer zu untersuchen (*Abschnitt 2*) und schließlich ihre Vorteile und Grenzen darzulegen (*Abschnitt 3*).

5.1 Externe und interne Kritik

Wie verfährt eine intern ansetzende im Gegensatz zur externen Kritik? Die allgemeinste Erklärung lautet: Der »Maßstab der Kritik« liegt in diesen Fällen nicht *außerhalb* des kritisierten Sachverhalts oder Gegenstands, sondern *in ihm selbst*. Im Gegensatz dazu verfährt externe Kritik so, dass sie eine bestehende Situation an Ansprüchen misst, die über die in dieser angelegten Prinzipien hinausgehen oder sie im Ganzen in Frage stellt. Von den verschiedenen Varianten *externer Kritik* werden also Kriterien geltend gemacht, die an die Normen und Praktiken einer gegebenen sozialen Formation von außen herangetragen werden. Die Ansprüche, an denen eine bestehende Situation gemessen wird, gehen über die in ihr geltenden Prinzipien hinaus oder teilen diese nicht.

Dabei umfassen die Positionen externer Kritik ein weites Feld, das ich hier nicht im Einzelnen sondieren will. »Von außen« kommen die Maßstäbe einer Kritik ja sowohl dann, wenn die Beobachterin eines fremden Landes dieses anhand ihrer eigenen, von ihr mitgebrachten partikularen Normen kritisiert, als auch bei universalistischen Varianten externer Kritik, die beanspruchen, außerhalb jeder partikularen Bindung einem »Blick von nirgendwo«[7] zu entsprechen, also nicht mit dem normativen Gefüge einer besonderen Gemeinschaft verbunden zu sein,[8] sondern sich auf eine

7 Vgl. Thomas Nagel, *Der Blick von nirgendwo*, Frankfurt/M. 1992.

8 Die »konstruktive« Kritik kantianischen Typs ist also ein anspruchsvoller Sonderfall externer Kritik im generellen Sinne. Aber es ließen sich gute Gründe für die Behauptung finden, dass der kategorische Imperativ gerade kein externer Maßstab

Allgemeinheit aller denkbaren Gemeinschaften zu beziehen. Auch anthropologische Grundlegungen von Kritik, solche also, die von Vorstellungen davon ausgehen, was Menschen überhaupt sind oder brauchen, welche Bedürfnisse oder Fähigkeiten sie haben und welche Eigenschaften ein gutes menschliches Leben realisieren sollte, sind in dieser Hinsicht den besonderen Gemeinschaften und deren historisch und kulturell konkreten Institutionen gegenüber extern, sofern sie etwas geltend machen, das für alle Menschen qua ihres Menschseins überhaupt, ungeachtet ihres konkreten soziokulturellen Ortes und ihrer Geschichte, gelten soll.

Unabhängig von diesen jeweils unterschiedlichen Ressourcen für die Begründung der Kritik legt also externe Kritik einen normativen Maßstab an eine bestehende Gesellschaft an, der unabhängig davon gültig sein soll, ob er in einer bestehenden Gemeinschaft oder einem bestehenden sozialen Institutionengefüge bereits gilt oder nicht beziehungsweise ob er in einem gegebenen Sachverhalt »enthalten« ist, und beurteilt die gegebene Situation danach, ob sie diesem Maßstab genügt. Kritik zielt in diesem Fall auf eine Transformation, auf die Überwindung oder Neuorientierung des Gegebenen am Maßstab der an dieses Gegebene herangetragenen Normen.

Für den sozialen Ort der Kritik beziehungsweise der Kritikerin gilt entsprechend: Der externe Kritiker oder die Kritikerin teilt die in einer bestimmten Gemeinschaft geltenden Normen gerade nicht und steht ihren Lebensgewohnheiten im Zweifelsfall distanziert gegenüber. Denkbar ist allerdings auch der Fall, dass er oder sie die Lebensgewohnheiten, das heißt den sozialen Ort bestimmter normativer Praktiken, faktisch teilt, die Kernaufgabe der Kritik sowie deren Möglichkeitsbedingung aber gerade darin sieht, sich von dieser Bindung zu distanzieren.[9] Nun gibt es nicht nur verschiedene Varianten dessen, was es bedeuten kann, »von außen« an den kritisierten Gegenstand heranzutreten; es gibt auch sehr unterschiedliche Vorstellungen davon, was es bedeuten kann, dass die Maßstäbe *im* Kritisierten zu finden sein sollen, und daraus resul-

ist bzw. auch von Kant nicht als solcher aufgefasst wird, sofern er dem Vermögen unserer Vernunft immanent ist.

9 Zum distanzierten Blick des Kritikers vgl. Martin Saar, »Die Kunst, Abstand zu nehmen. Überlegungen zur Logik der Sozialkritik«, in: *Texte zur Kunst* 70 (2008), S. 40-50.

tierend unterschiedliche Vorstellungen davon, wie diese Maßstäbe und das Kritisierte in einem solchen Fall beschaffen sind. Das, was ich im Folgenden im engeren (oder hermeneutischen) Sinne als »interne« Kritik von der immanenten Kritik abgrenzen will, findet seine Maßstäbe auf andere Weise »im Kritisierten selbst« als die immanente Kritik. Ich werde daher zunächst untersuchen, was die Rede von dem Maßstab, der »in« der Sache selbst liegt, im Fall der internen Kritik eigentlich bedeutet.

5.2 Die Strategie interner Kritik

Was genau ist interne Kritik (in dem jetzt bezeichneten engeren Sinn), und wie geht sie vor? Interne Kritik ist eine unter anderem von Michael Walzer[10] vertretene, aber auch im Alltagsverständnis sehr geläufige Form von Kritik, die davon ausgeht, dass bestimmte Ideale und Normen zwar zum Selbstverständnis einer bestimmten Gemeinschaft gehören, *de facto* in dieser aber nicht verwirklicht werden. Die »Wirklichkeit« bestimmter Praktiken und Institutionen wird dann an diesen in ihr bereits enthaltenen, aber nicht realisierten Idealen gemessen. Ich will nun diesen *internen* Charakter der kritischen Maßstäbe anhand von verschiedenen Fällen interner Kritik genauer analysieren, um ihre Struktur genauer fassen zu können und die Merkmale zu rekonstruieren, anhand derer sich schließlich die Grenzen interner Kritik aufzeigen lassen.

Fälle interner Kritik

Sehr einfache Beispiele für das Vorgehen interner Kritik sind Fälle wie diese:[11]

A. Ein Personalchef vertritt öffentlich die Ansicht, Frauenförderung sei eine der wichtigsten Aufgaben moderner Unternehmensführung, zieht aber faktisch, sobald es um Einstellungen geht, weibliche Bewerberinnen gar nicht erst in Betracht. Derjenige, der

10 Vgl. u. a. Michael Walzer, *Kritik und Gemeinsinn. Drei Wege der Gesellschaftskritik*, Frankfurt/M. 1993, und ders., »Mut, Mitleid und ein gutes Auge«, a. a. O.

11 Dabei entstammen die folgenden Beispiele nicht unbedingt dem Bereich der Kritik von Lebensformen. Es geht mir hier zunächst nur um die Vorgehensweise einer bestimmten Form von Kritik.

eine solche Praxis kritisiert, wird auf die Diskrepanz zwischen der öffentlich eingenommenen Position und der tatsächlichen Einstellungspraxis hinweisen. Er kritisiert damit den Personalchef anhand von Standards, die dieser selbst formuliert hat.

B. In einer Gemeinschaft, die sich den Idealen der christlichen Nächstenliebe verpflichtet glaubt, kommt es zu bösartigen Diskriminierungen von hilfesuchenden Asylbewerberinnen. Diese (oder ihre Fürsprecherinnen) können darauf hinweisen, dass die in der Gemeinschaft geübte Praxis im Widerspruch zu den von derselben Gemeinschaft vertretenen Idealen der Nächstenliebe steht.

C. Intern argumentieren auch feministische Musliminnen oder christliche Theologinnen, wenn sie frauenfeindliche Praktiken des Katholizismus oder des Islam mit dem Verweis darauf kritisieren, dass diese nicht in Übereinstimmung mit der richtig verstandenen Bibel oder der richtig interpretierten Lehre des Koran stehen. Auch diese Kritik findet ihren Maßstab im Kritisierten selbst, sofern eine bestehende Praxis oder Auslegung mittels einer differierenden (Neu-)Auslegung derjenigen Quelle kritisiert wird, auf die sich auch die kritisierte Position selbst bezieht.

D. Eine Gesellschaft ist ihrer Verfassung nach eine rechtsstaatliche Demokratie, faktisch aber werden wichtige Grund- und Mitbestimmungsrechte durch existierende Machtverhältnisse außer Kraft gesetzt. Die Kritikerinnen werden sich auf die Verfassung beziehen, um die faktischen Verhältnisse, wie sie sich eingespielt haben, zu kritisieren. Hier stimmt, so wird gesagt, die Verfassungs*idee* nicht mit der Verfassungs*wirklichkeit* überein.

E. Man kann einen Roman »als Roman« kritisieren, sofern er den mit seiner Anlage als Roman selbstgesetzten Anspruch verfehlt. Die Kritikerin sagt dann beispielsweise: »Als Erzählung wäre der Stoff interessant, für einen Roman aber ist er zu dünn und die Anlage nicht umfassend genug.« Die Anlage des Werkes als Roman steht also im Widerspruch zu seiner Durchführung oder seinem Gehalt, das angestrebte Ziel im Widerspruch zum Können des Autors oder zum Potential des Materials. Gemessen wird der Gegenstand hier an den internen, mit einer bestimmten Gattung gesetzten Normen oder Formprinzipien.

In den skizzierten Beispielen liegt der Maßstab der Kritik auf unterschiedliche Weise jeweils *in der Sache selbst*: Er besteht entweder im Gehalt der Versprechungen, an denen sich jemand messen lassen muss, weil er sie selbst gemacht hat (wie im Beispiel A), oder in den dem Selbstverständnis einer Gemeinschaft zugrunde liegenden Glaubensüberzeugungen (wie in Beispiel B); er kann auch in den aus einer Handlungsbeschreibung logisch folgenden Prinzipien liegen (wie in E) oder in einer von einem Individuum oder einer Gemeinschaft als autoritativ akzeptierten Quelle (wie in C oder auch in D).

Was in all diesen Fällen vorliegt, ist eine Inkonsistenz entweder zwischen Behauptungen und Fakten, zwischen akzeptierten Normen und Praktiken, zwischen Schein und Wirklichkeit oder zwischen Anspruch und Verwirklichung. Die Kritik an einer solchen Situation verfährt dementsprechend so, dass sie die entsprechenden Normen, Ansprüche, Ideale oder Gattungsprinzipien hervorhebt, den festzustellenden Widerspruch zwischen diesen und der bestehenden Wirklichkeit aufweist und diese mit dem Hinweis auf den Widerspruch kritisiert, sie also als defizitär und falsch darstellt. Die zu beurteilende Wirklichkeit – die existierenden Praktiken, das fertige Werk – wird so an einem von den Kritisierten selbst akzeptierten Maßstab gemessen. Die angestrebte Transformation der entsprechenden Praktiken oder Werke ist deshalb eine, von der sich sagen lässt, sie habe diesen wieder »zu sich selbst« verholfen. »Ich erkenne unsere Gemeinde nicht wieder«, sagte ein evangelischer Pfarrer, in dessen Gemeinde es zu massiven fremdenfeindlichen Ausschreitungen gekommen war. »Amerika hat sich von den Werten entfernt, für die es einmal stand«, ist die Botschaft vieler Filme Oliver Stones. Diese Art von Kritik zielt entsprechend nicht auf den Umsturz einer bestimmten Ordnung oder die Errichtung einer neuen Ordnung, sondern auf die Wiedergewinnung oder Reetablierung der durch abweichende Praktiken teilweise außer Kraft gesetzten Normen. Die interne Kritik strebt also die Restitution der Prinzipien, die das Leben einer Gemeinschaft ausmachen, oder die Reaktivierung des »eigentlichen Sinns« ihrer Ideale an, selbst wenn das manchmal einschneidende Veränderungen mit sich bringen mag. Man bekämpft dann nicht nur die frauenfeindlichen Praktiken der katholischen Kirche, sondern man insistiert darauf, dass diese den eigentlichen Sinn der christlichen Lehre verfehlen.

Die Formel, interne Kritik bedeute das Kritisieren des Gegenstands anhand eines »in diesem« liegenden Maßstabs, wird jetzt etwas durchsichtiger: »Gegenstand« ist in den bisher diskutierten

Fällen eine Gemeinschaft (wie in B, C und D) oder (wie in A) ein Individuum oder (wie in E) das Exemplar einer Kunstgattung. All diese Fälle zeichnen sich dadurch aus, dass in ihnen Normen als geltend angenommen werden, die normalerweise die jeweiligen Praktiken anleiten sollten, es aber aus verschiedenen Gründen faktisch gerade nicht tun. Der angelegte Maßstab ist also eine Norm N, die im Prinzip von der entsprechenden Gemeinschaft selbst, dem Individuum selbst oder in Bezug auf die Kunstgattung als gültig anerkannt ist. Dieser Maßstab wird herangetragen an die tatsächliche Praxis. »Intern« ist die Kritik, weil die von ihr herangezogene Norm N von den die abweichende Praxis Ausübenden selbst als gültig betrachtet wird. Im Gegensatz dazu zieht die *externe* Kritik zur Kritik einer bestehenden (und von der Norm N getragenen) Praxis P die Norm N' heran, schlägt also die Ersetzung von Norm N durch N' vor – eine Norm, die entweder aus einer anderen Gemeinschaft stammt oder universelle Gültigkeit, jenseits bestimmter Gemeinschaften, behauptet.

Die Struktur interner Kritik

Um ihre Problematik besser darstellen und sie später von der immanenten Kritik besser abgrenzen zu können, will ich die argumentative Struktur der internen Kritik schematisch ausführlicher aufschlüsseln:

(a) Zunächst lassen sich *drei Voraussetzungen* für die Möglichkeit interner Kritik ausmachen:

> (1) Eine gegebene Situation ist dadurch gekennzeichnet, dass in ihr gleichzeitig eine *Norm N akzeptiert* ist und eine *Praxis P ausgeübt* wird,
> (2) N ist *anwendbar* auf P beziehungsweise *betrifft* P und
> (3) zwischen N und P besteht *ein Widerspruch*; N ist in P nicht verwirklicht.

(b) Sind diese Voraussetzungen gegeben, besteht das *Verfahren* interner Kritik darin, dass sie

> (4) auf den *Zusammenhang* zwischen N und P hinweist beziehungsweise diesen explizit macht. Interne Kritik weist auf,

dass N eine Norm ist, die auf P zielt, beziehungsweise dass P eine Praxis ist, die unter N fällt;

(5) auf die *Nichtübereinstimmung* beziehungsweise den Widerspruch zwischen N und P hinweist, das heißt sie zeigt, dass N in P nicht verwirklicht ist, und

(6) die Forderung nach einer *Angleichung* von P an N stellt.

Interne Kritik zieht also mit den Schritten (4) bis (6) (die je nach Fall unterschiedlich explizit und unterschiedlich gewichtet sein werden) die Konsequenz aus den Voraussetzungen (1) bis (3).

Die Kritikerin steht dabei vor folgender Situation: Die von ihr zu übende Kritik ist nur *möglich,* wenn die Voraussetzungen (1) bis (3) gegeben sind; die Aktivität der Kritikerin wird *nötig,* weil keiner der Schritte (4) bis (6) selbstverständlich ist, auch wenn die Kritikerin nichts anderes tut, als die direkte Konsequenz aus diesen Voraussetzungen zu ziehen. Die Kritikerin ist hier vornehmlich Interpretin und sie macht interpretierend Zusammenhänge kenntlich, die sich nicht von selbst verstehen. So muss sie im Zweifelsfall erst darauf hinweisen, dass eine bestimmte Praxis unter eine Norm fällt – wie in Schritt (4) erforderlich – und dass beide zueinander in Widerspruch stehen. Nur wenn wir die Militäraktionen in Afghanistan als Krieg verstehen, wissen wir, dass dort die Genfer Konvention gelten sollte; nur wenn wir das Ausgeben von Lebensmittelgutscheinen (anstelle von Bargeld) an Asylbewerber überhaupt als bevormundende Diskriminierung auffassen, lässt sich behaupten, dass eine Gemeinschaft in Widerspruch zu ihren Idealen Diskriminierung praktiziert, dass also eine Nichtübereinstimmung zwischen Normen und Praktiken besteht.

Interne Kritik ist damit, nicht zuletzt, *ein Verfahren, auf Zusammenhänge hinzuweisen.* Der »aktive Part« interner Kritik besteht darin, vor dem Hintergrund solcher Zusammenhänge Widersprüche zwischen Normen und Praktiken aufzuzeigen und deren Behebung einzufordern. Die als Bezugspunkt fungierenden Normen sind dabei vorausgesetzt und müssen als solche nicht erst etabliert und auch nicht hinterfragt werden. Die Aufgabe des Kritikers besteht also nicht in der (Neu-)Begründung oder Transformation von Normen, sondern darin, *sie geltend zu machen.* Deshalb werden solche Verfahren manchmal »schwach normativ« genannt.

5.3 Vorteile und Grenzen interner Kritik

Es ist leicht zu sehen, welches die Vorteile der so charakterisierten Vorgehensweise interner Kritik sind.

Vor allem für die Aufgabenstellung von Gesellschaftskritik hat die interne Kritik *praktisch-pragmatische Vorteile*. Wenn ich jemanden kritisiere, indem ich ihn »bei seinen eigenen Ansprüchen« packe, hat er einen guten Grund, der Kritik Folge zu leisten. Die Motive für die Änderung einer Situation (das heißt die Anpassung der Wirklichkeit an Ideale, der realen Praktiken an die Norm) sind gewissermaßen intrinsisch. Niemand kann, so nehmen wir an, in einem inneren Widerspruch verharren wollen, jeder muss ein eigenes Interesse daran haben, diesen zu beseitigen. Die Rhetorik der Rückkehr zu den Wurzeln der eigenen oder gemeinschaftlichen Identität, der Wiedererweckung des eigentlichen Sinns sozialer Institutionen (von der noch die meisten revolutionären Bewegungen mindestens anfänglich Gebrauch machen) oder der Realisierung eines »gemeinsamen Traums« (wie dem *American Dream*) tut hier ihre Wirkung. Diese Effektivität ist auch einer der Gründe, die Michael Walzer in seinen Überlegungen zur Möglichkeit von Gesellschaftskritik[12] für die Figur des internen, in die Gemeinschaft involvierten »verbundenen Kritikers« Partei nehmen lässt. Der normativen »internen« Verortung entspricht im Bild von Michael Walzer nämlich auch deren sozialer Ort.[13] Der lokale Kritiker kann motivieren, auf ihn hört man. Verbunden wie er ist, bleibt seine Kritik, wo es der interpretierenden Kritik immer auch um Detailfragen gehen muss, nicht abstrakt; sie ist konkret und bezogen auf die Besonderheit von Problemlagen.

Dabei scheint Walzer immer schon zu implizieren, dass der in-

12 In Walzers Terminologie wären das der »Pfad der Entdeckung« und der »Pfad der Erfindung« (als extern gegenüber den existierenden Praktiken der moralischen Gemeinschaft) gegenüber dem intern ansetzenden »Pfad der Interpretation«. Vgl. Walzer, *Kritik und Gemeinsinn*, a. a. O.

13 Walzer setzt unter der Hand den sozialen, epistemischen und normativen Ort dieser Kritik in eins. Allerdings müssen diese Gesichtspunkte nicht notwendigerweise miteinander verbunden sein. Es ließe sich sowohl denken, dass jemand von einem sozialen Ort außerhalb der Gemeinschaft aus in der Kritik dennoch deren eigene normative Prinzipien zur Geltung bringt, also auch umgekehrt, dass der sozial Verbundene extern gewonnene normative Kriterien gegen die eigene Gemeinschaft zur Geltung bringt, ohne sich damit zur Gänze von ihr zu distanzieren.

terne Kritiker ein anerkannter Teil der Gemeinschaft ist, dem man, selbst da, wo seine Kritik unausweichlich eine partielle Distanznahme von bestehenden Gepflogenheiten beinhalten muss, auch deshalb vertraut, weil diese Distanzierung eben nur partiell ist. Damit steht auch die Lauterkeit der Motive des lokalen Kritikers für seine Gemeinschaft außer Frage. Er will konstruktiv etwas verbessern, mit dem er sich verbunden weiß. Der externe Kritiker dagegen gerät leicht in den Verdacht, in seiner Radikalität mit den bestehenden Kontexten zu wenig verbunden zu sein und damit gegenüber den bestehenden Institutionen unsensibel und latent gewalttätig zu werden.[14]

Wichtiger allerdings als solche pragmatischen Gründe sind die *systematischen* Vorteile des Vorgehens interner Kritik: Das Problem der Begründung des Maßstabs der Kritik entfällt, da dessen Geltung »eigentlich« bereits anerkannt ist. Der Maßstab der Kritik ist im Kontext der bestehenden Gemeinschaft weder legitimationsbedürftig noch legitimationspflichtig. Da interne Kritik nicht die abstrakt-utopische Blaupause einer anzustrebenden sozialen Ordnung liefert, kann sie sich auf etwas beziehen, das es in der sozialen Wirklichkeit schon *gibt* und das darüber hinaus in ihr normativ auch schon *gilt*. Auch die oft gestellte Frage nach dem epistemischen Standpunkt der Kritik, die Frage also, von welchem Standpunkt aus der Kritiker, wenn er doch notwendig selber immer einen bestimmten Standpunkt einnimmt, das Kritisierte beurteilen können soll, erübrigt sich: Dieser Standpunkt ist nämlich einer, den alle Mitglieder einer (wertenden) Gemeinschaft schon teilen, zu dem alle Zugang haben, auch wenn dieser Umstand partiell oder temporär verdeckt sein mag.

In welchem Sinne aber ist interne Kritik eigentlich *kritisch*, wenn sie doch ihre Maßstäbe aus dem Bestehenden nimmt? Und in welchem Sinne ist sie normativ? Fallen hier nicht »Sein« und »Sollen« so zusammen, dass nicht leicht zu sehen ist, wie aus den der Wirklichkeit selbst entlehnten Maßstäben ein kritischer Einspruch gegen das Bestehende entspringen können soll? Sicher, das Beste-

14 Schon Hegel sieht (in seiner Kritik des Jakobinismus) im abstrakten Radikalismus die Gefahr der rein negativ agierenden »Furie des Verschwindens«. Vgl. G. W. F. Hegel, *Phänomenologie des Geistes*, in: ders., *Werke in zwanzig Bänden*, Frankfurt/M. 1986, Bd. 3, Kap. »Die absolute Freiheit und der Schrecken«, S. 431-441.

hende wird »an seinen eigenen Ansprüchen« gemessen – aber was ist, wenn diese nicht sehr weit reichen? Das obige Modell lässt also mit den Bedingungen der Möglichkeit interner Kritik auch ihre Problematik beziehungsweise ihre Begrenztheit sichtbar werden. Der Vorteil des Involviertseins und der Inanspruchnahme bereits geteilter Normen scheint auf der anderen Seite den Nachteil der zu geringen Distanz und eines geringen Transformationspotentials mit sich zu führen. Ich werde im Folgenden auf drei Problemkomplexe eingehen, die sich damit für die interne Kritik ergeben. Der erste betrifft die Interpretationsbedürftigkeit der Maßstäbe, auf die sich die interne Kritik beruft (1), der zweite den Konventionalismus der internen Kritik (2). Drittens aber stellt sich die Frage, inwiefern die Trennung zwischen interner und externer Perspektive im Hinblick auf soziale Verhältnisse überhaupt zu halten ist und ob das Programm »interner Kritik« nicht fast zwangsläufig zu einer illusorisch homogenen Konzeption derjenigen sozialen Formationen führt, die die Grundlage der internen Kritik sein sollen (3).

Interpretation und Konflikt

(1) Der Widerspruch zwischen Normen und (sozialer) Praxis, auf den sich die interne Kritik bezieht, ist in mehrfacher Hinsicht interpretationsbedürftig. Wie wir oben gesehen haben, ist schon der Umstand, dass eine bestimmte Norm auf eine bestimmte Praxis anwendbar ist und angewendet werden sollte, nicht selbstverständlich. Auch der Umstand, dass es zwischen Norm und Praxis einen Widerspruch gibt, muss gegebenenfalls durch Interpretation erst sichtbar gemacht werden – und kann dementsprechend umstritten sein. In den seltensten Fällen wird ein Widerspruch so offen zutage liegen, wie dies beim Personalchef (in Beispiel A) der Fall ist, den man nur »beim Wort nehmen« muss, um einen Widerspruch zwischen seinen Worten und seinem Verhalten auszumachen. Die Einsicht dagegen, dass zwischen dem Gebot der Nächstenliebe und dem Verhalten einer Gemeinschaft gegenüber Asylbewerbern ein Widerspruch existiert (wie in Beispiel B nahegelegt), ist Resultat einer bestimmten Interpretation und Anwendung dieses Gebots. In vielen Situationen, die nach interner Kritik verlangen, sind schon die *Normen* selbst nur mehr oder weniger ausdrücklich gegeben, sie müssen also von der Kritikerin erst artikuliert und aktualisiert wer-

den; oder aber sie sind mehrdeutig und müssen von ihr auf einen bestimmten Fall erst angewendet werden. Aber nicht nur die Normen, auch die *Praktiken*, die sich aus kritischer Perspektive als inadäquate Realisierung der Normen darstellen, sind interpretationsbedürftig. (Was impliziert das Verteilen von Lebensmittelgutscheinen und inwiefern ist es als diskriminierend zu betrachten? Inwiefern setzt das Vorgehen bestimmter Seilschaften und die Existenz bestimmter sozialer Machtverhältnisse Verfassungsrechte außer Kraft?)

Diese Interpretationsabhängigkeit aber und die potentielle Unklarheit der Bedeutung von Praktiken und Normen haben für die Existenzbedingungen interner Kritik einschneidende Konsequenzen. Selbst wenn man kontrafaktisch von der Einheitlichkeit einer Gemeinschaft[15] ausgehen möchte, zeigt sich: Die von der Kritikerin aufgewiesenen Widersprüche zwischen Normen und Praktiken einer Gemeinschaft schreiben sich als rivalisierende Interpretationen noch da fort, wo diese Interpretationen einen gemeinsamen Bezugspunkt teilen. Offenbar lassen sich sehr unterschiedliche Institutionen und Praktiken mit Bezug auf die Bibel oder den Koran rechtfertigen, jedenfalls scheint der Streit darüber mit Verweis auf einen autoritativen Gründungstext nicht einfach beizulegen zu sein. Und die Gegner von Frauenquoten als einer aktiven Maßnahme zur Herstellung von Gleichberechtigung zwischen den Geschlechtern berufen sich gegen diese meistens nicht einfach auf das »Recht des Stärkeren«, sondern auf eine andere Auslegung desselben normativen Prinzips der Gleichbehandlung aller.

Dazu kommt, dass komplexe soziale Situationen durch eine Vielfalt sich überlappender Normen gekennzeichnet sind. So wird es in jeder Gemeinschaft mehrere (und möglicherweise untereinander konfligierende) Ideale geben; die Frage, welches unter diesen Idealen die Gemeinschaft ausmacht und daher legitimerweise zur Kritik herangezogen werden kann – und gegebenenfalls ein anderes Ideal »trumpft« –, ist nicht vorentschieden. So wird in der so genannten Asyldebatte die Verschärfung des Asylrechts von ihren Verfechtern selbstverständlich nicht als Entzug allgemeinmenschlicher Solidarität, sondern als Maßnahme zum Schutz der eigenen Gemeinschaft dargestellt.

15 Ich gehe hier und im Weiteren immer von Fällen der Sozialkritik aus. Übertragen auf Beispiel E – den schlechten Roman – entspräche der Einheitlichkeit der Gemeinschaft die Einstimmigkeit in Bezug auf die Gattungsbeschreibung.

Aber noch ein weiteres Problem stellt sich. Nehmen wir an, es gäbe einen (anerkannten) Widerspruch zwischen den in einer Gemeinschaft geltenden Normen und einer sozialen Praxis: Ist es eigentlich so selbstverständlich, dass in einem solchen Fall die Praxis an die Norm anzugleichen ist, anstatt, umgekehrt, die Norm an die existierende Praxis anzupassen? Natürlich klingt der Vorschlag zynisch, aus der faktischen Verbreitung diskriminierender Praktiken gegenüber Fremden die Konsequenz zu ziehen, dass man die Idee der Nächstenliebe oder den Menschenwürdegrundsatz besser aufgeben sollte. Denkt man allerdings zum Beispiel an das Schicksal der christlichen Sexualmoral in modernen westlichen Gesellschaften, so sind uns Fälle, in denen man aus einer um sich greifenden abweichenden Praxis auf die Überlebtheit von Normen und Moralvorstellungen geschlossen und diese – samt ihrer rechtlichen Kodifizierung[16] – aufgegeben hat, durchaus vertraut.

Wo es aber einen Spielraum für Interpretation gibt, da gibt es auch Konflikt um diese. Das einvernehmliche Bild vom Kritiker, der der Gemeinschaft »zu sich selbst« verhilft, also dazu, im Einklang mit ihren eigenen Prinzipien zu leben, wird dann unglaubwürdig. Angesichts dessen allerdings stellt sich genau die Frage neu, die der interne Ansatz überflüssig gemacht zu haben glaubte. Das Problem der Ausweisung und Gewinnung von Maßstäben der Kritik kehrt jetzt wieder in Gestalt des Problems der »richtigen« Interpretation von Normen und Praktiken sowie der Frage, wodurch diese autorisiert wird, zurück.

Konventionalismus und Konservatismus interner Kritik

(2) Wurde mit den genannten Problemen auf die bleibende Konflikthaftigkeit hingewiesen, die aus dem Ansatz interner Kritik resultiert, so bezieht sich der generellere Einwand gegen diese Methode auf das grundsätzlichere Problem ihrer begrenzten Reichweite – anders gesagt: auf die »Schwäche« ihrer Normativität, also ihren *normativen Konventionalismus.* Sofern interne Kritik von einem Widerspruch im Bestehenden lebt, kann sie nur dort wirksam werden, wo sich eine der Praxis widersprechende Norm überhaupt vorfinden lässt. Wenn also der Personalchef (in Beispiel A) keine

16 Wie zum Beispiel im 1969 abgeschafften »Kuppeleiparagraphen« (§ 180 StGB).

von seiner Einstellungspraxis abweichenden Ideale vertritt, wird es mit den Mitteln interner Kritik nicht gelingen, ihn von der Richtigkeit der Gleichstellungspolitik zu überzeugen; wo sich eine Asylbewerber diskriminierende Gemeinschaft (Beispiel B) nicht zur christlichen Nächstenliebe (oder anderen moralisch inklusiven Idealen) bekennt, gibt es auf der Basis der internen Kritik keine Argumente gegen ihre diskriminierende Praxis; und nur wo es eine Verfassung als (gegebenenfalls kontrafaktische) Kodifizierung von Normen (Beispiel D) bereits gibt, kann man sich gegenüber der Verfassungswirklichkeit auf das Verfassungsideal berufen. In einer Gesellschaft ohne Ideale oder einer Gesellschaft, die sich gänzlich dem Zynismus verschrieben hätte,[17] fände die interne Kritik gewissermaßen keinen Halt. Und auch eine Gesellschaft, die ihr Normengefüge konsistent und in Übereinstimmung mit ihrer Praxis auf Grausamkeit und Boshaftigkeit gestellt hätte, ließe sich intern nicht dafür kritisieren.[18] Interne Kritik kann also eine schlechte Praxis nur dort kritisieren, wo sie in den Widerspruch mit Normen gerät, die es schon gibt. Interne Kritik gibt sich damit ausdrücklich mit einer *konventionalistischen* Auffassung von Normen zufrieden, der zufolge Normen deshalb gelten, weil sie faktisch, sei es aus Übereinkunft, sei es aus Tradition, gelten.

Dem normativen Konventionalismus entspricht ein *struktureller Konservatismus*. Sofern interne Kritik sich auf interne Widersprüche einer bestehenden sozialen Ordnung bezieht, zielt sie auf die (Wieder-)Herstellung einer Übereinstimmung, also auf die Wiederherstellung eines vorangegangenen Zustands. Damit ist interne Kritik ihrem Wesen nach konservativ (im strukturellen, nicht notwendigerweise in einem politischen Sinn[19]), oder anders; sie ist *nicht dynamisch* und *nicht transformativ*; sie will die bestehende Ordnung nicht verändern, sondern ihr zu sich selbst verhelfen. Grundsätzliche Neuerungen und Veränderungen einer Gesellschaft

17 Vgl. dazu Jürgen Habermas' Bemerkungen über Ideologiekritik im Vorwort zur Neuauflage von *Strukturwandel der Öffentlichkeit*, Frankfurt/M. 1990.

18 Natürlich stellt sich die Frage, ob es ein solches Gebilde – als stabiles soziales Gebilde – überhaupt geben kann. Bekanntlich haben selbst Räuberbanden eine Moral.

19 Die politischen Forderungen vieler interner Kritiker sind ja *politisch* alles andere als konservativ. Auch geht es in den seltensten Fällen um eine Rückkehr zur faktischen Vergangenheit. Als »Konservatismus« bezeichne ich hier also lediglich ein Strukturmoment interner Kritik.

oder eines normativen Bezugsrahmens sind in ihre Perspektive nur schwer zu integrieren. Interne Kritik, wo Sozialkritik sich ihrer bedient, geht also nicht nur von einem (zu bestreitenden) *einheitlichen* Bild einer Gesellschaft aus, sie zeichnet die Idealgestalt des zu kritisierenden Gegenstandes auch als ein tendenziell unbewegliches, nicht dynamisches Gebilde. Orientiert am Modell der Rückführung, der Restitution und Wiedereinsetzung eines vorherigen Zustands, kann sie den Gedanken einer notwendig innovativen Veränderung und Transformation sozialer Gebilde nicht fassen. (Und es ist schon die Frage, ob sie mit deren faktischer Dynamik überhaupt Schritt halten kann.)

War die Frage an die interne Kritik also, inwiefern diese überhaupt kritisch ist, so ist das Resultat: Obwohl interne Kritik unbestritten ein häufig verfolgter und oft erfolgreicher Ansatz ist und obwohl viele praktisch auftretende Konfrontationen typischerweise im Modus interner Kritik zumindest beginnen,[20] bleibt sie ein beschränktes Modell. Sie kann die kritische Überwindung bestehender (als negativ beurteilter) Verhältnisse nur in einem beschränkten Sinne vorantreiben. Es ist ganz offensichtlich: Interne Kritik der beschriebenen Art bleibt schwach normativ und partikularistisch.

Zweifel an der Trennung von interner und externer Perspektive

(3) Dazu kommt ein weiterer Punkt: In einiger Hinsicht ist schon die Trennung von »intern« und »extern« und die Behauptung der Möglichkeit einer rein internen Perspektive problematisch. So ist die Unterscheidung zwischen einem »internen« und einem »externen« Standpunkt bezogen auf die Kritik der Gesellschaften, in denen wir leben, *praktisch* schwer zu ziehen. Was nämlich, geht man von einer pluralistisch verfassten Gesellschaft aus, soll hier als die

20 Selbst die sozialpädagogische »Aussteigerarbeit« mit Neonazis bedient sich in einigen Fällen der internen Kritik als Mittel, wenn in Vorträgen der Zweifel an der rechtsradikalen Orientierung durch den Hinweis auf die »Geschäftemacherei« in diesem Umfeld oder sogar durch den Hinweis darauf gesät werden soll, dass rechtsradikale Devotionalien und Publikationen nicht etwa in Deutschland, sondern, aus Kostengründen, in Billiglohnländern hergestellt würden. Vgl. dazu einen Bericht über die Aussteigerhilfe »Exit« im Berliner *Tagesspiegel* vom 17.10.2008, S. 3.

Perspektive »von innen« und was als die »von außen« gelten? In Bezug auf welchen Argumentationsrahmen sind normative Maßstäbe intern oder extern? Ist der Angriff der christlichen Fundamentalisten (der US-amerikanischen *moral majority* in den 1980er Jahren zum Beispiel) auf die Lebensweise einer schwulen Subkultur eine interne oder eine externe Kritik?

Ganz offensichtlich kann also das Modell interner Kritik weder dem Umstand gegenseitiger Beeinflussung von »Drinnen« und »Draußen« noch dem der Veränderung von Gemeinwesen gerecht werden. Es ist geschult an der Idee selbstgenügsamer, homogener und statischer sozialer Einheiten – einer Vorstellung, die schon aus soziologischen Gründen falsch ist. Jenseits der praktischen Probleme, vor die diese Situation die Sozialkritik stellt, sind wir damit aber auch auf ein systematisches Problem verwiesen: Die Grenze zwischen »intern« und »extern«, zwischen einem Maßstab, der aus dem Bestehenden gewonnen wird, und einem, der »von außen herangetragen« wird, ist immer abhängig davon, wie weit man den Bezugsrahmen einer Lebensform spannt und worauf man die entscheidenden Gemeinsamkeiten bezieht. (Es ist ein Unterschied, ob man dabei von den faktisch geteilten gemeinsamen Praktiken ausgeht – die auch noch die christlichen Fundamentalisten mit der *queer community* verbindet – oder von expliziten und öffentlich vertretenen Wertorientierungen.)

Resümee

Es dürfte bereits klargeworden sein, warum eine »intern« ansetzende Kritik nicht der angemessene Modus einer Kritik von Lebensformen ist, wie ich sie hier entwerfe. Setzt sie dort an, wo eine soziale Formation ihrem eigenen Selbstverständnis nicht entspricht, so ist sie Teil dessen, was in der Einleitung als »interner Selbstverständigungsdiskurs« bezeichnet worden ist, also die an interner Kohärenz und Integrität ausgerichtete »Läuterung« individueller wie kollektiver Identitäten. Kontextübergreifend ist sie aber gerade nicht, sofern sie keine über ihren eigenen Bezugsrahmen hinausgehenden Geltungsansprüche erhebt.[21] Interne Kritik kann darauf

21 Ich habe in meiner Darstellung aus Gründen der Übersichtlichkeit und um die für mich relevanten Unterschiede herausarbeiten zu können, die verschiedenen Formen, die interne Kritik annehmen kann, nicht ausführlicher beleuchtet. In

aufmerksam machen, dass unser Selbstverständnis nicht unseren Praktiken entspricht, sie kann dieses aber, oder besser: das Konglomerat von Praktiken und Normen, das eine Lebensform ausmacht, nicht auf seine Triftigkeit hin befragen, die Lebensform als solche selbst nicht zur Debatte stellen.

Mit ihrer Tendenz zum Relativismus und Partikularismus in Bezug auf die Bewertung von Lebensformen ist interne Kritik aber nicht nur normativ zu »schwach« (im Sinne von Onora O'Neills Unterscheidung), um eine transformative Kritik darstellen zu können; für meine Argumentation ist fast noch entscheidender, dass die hier wirksamen Vorstellungen über das Verhältnis von Normen und Praktiken gegenüber den oben entwickelten Vorstellungen unterkomplex sind und dass ihr mögliche systematische Ursachen der Verletzung bestimmter Normen gar nicht in den Blick kommen können. Ob Normen also (im oben entwickelten Sinne) »bewohnbar« oder »lebbar« sind und inwiefern manche Lebensformen systematisch defizitär sind (also nicht dazu geeignet, die mit ihnen gestellten Probleme zu lösen), das lässt sich mit einer solchen internen Perspektive nicht thematisieren.

Im nächsten Kapitel soll in einer Gegenüberstellung zur hier auseinandergelegten Struktur interner Kritik das Vorgehen genauer untersucht werden, das ich als »immanente Kritik« von dieser abgegrenzt habe und ihr gegenüber spezifizieren möchte. Wie sich zeigen wird, tritt immanente Kritik mit einem anders gearteten – und in gewisser Hinsicht »stärkeren« – Geltungsanspruch auf, der einige der von mir herausgearbeiteten Probleme interner Kritik überwindet und darüber hinaus auf dem subtileren Verständnis von Praktiken und Normen, wie ich es in Teil 2 herausgearbeitet habe, aufbauen kann. Dafür ist es allerdings mit einigen Voraussetzungen beladen, die das Konzept immanenter Kritik seinerseits vor Schwierigkeiten stellen.

der Praxis der internen Kritik lassen sich selbstverständlich einige Antworten auf die hier aufgeworfenen Fragen finden. Es ist auch abhängig von der Radikalität einer kritischen Hermeneutik, wie transformativ eine solche Kritik in der Praxis werden kann, und die normative geht nicht unbedingt mit einer politischen Bescheidenheit einher. So schlägt Michael Walzer in seinen *Sphären der Gerechtigkeit* auf der Basis einer Auslegung »gemeinsamer Werte« ja nicht unbeträchtliche soziale Reformen und Transformationen vor. Vgl. Michael Walzer, *Sphären der Gerechtigkeit: Ein Plädoyer für Pluralität und Gleichheit*, Frankfurt/M. 2006.

6. Kapitel
»Aus der Kritik der alten Welt die neue finden«: Immanente Kritik

Immanente Kritik kritisiert, wie die interne Kritik, ihren Gegenstand anhand von Maßstäben, die in diesem selbst schon enthalten sind. Auch immanente Kritik agiert nicht von einem imaginierten archimedischen Punkt »außerhalb« des zu Kritisierenden her – sie geht sogar systematisch von der Überzeugung aus, dass es für die Kritik gar keine sinnvolle Position außerhalb des Kritisierten geben kann. Dennoch ist sie, das soll sich im Folgenden zeigen, normativ »stärker« als die interne Kritik. Immanente Kritik zieht aus dem partikularen Ausgangspunkt des Immer-schon-in-etwas-Involviertseins und aus der internen Situierung ihres Maßstabs nicht die Schlussfolgerung einer nur relativen (oder lokalen) Geltung. Intern ansetzend stellt sie kontextübergreifende Ansprüche und wirkt transformativ.

Man kann das Vorgehen der immanenten Kritik dabei in aller Kürze so beschreiben: Sie geht von gegebenen Kontexten und in der Sache liegenden Maßstäben aus, beruht dabei aber auf einem Verständnis davon, wie Normen in sozialen Praktiken wirksam sind, das sich von dem interner Kritik, von Normen als Wertorientierungen und Idealen, unterscheidet. Immanente Kritik lokalisiert die Normativität sozialer Praktiken in den Vollzugsbedingungen dieser Praktiken selbst. Außerdem geht immanente Kritik davon aus, dass die Kontexte, aus denen sie ihre Maßstäbe bezieht, gleichzeitig *in sich* widersprüchlich sind. Sie werden nicht zufällig nicht verwirklicht, sondern sind von einem systematischen Problem gezeichnet. Immanente Kritik ist infolgedessen weniger auf die *Rekonstruktion* oder Einlösung normativer Potentiale als auf eine durch die immanenten Probleme und Widersprüche einer bestimmten sozialen Konstellation beförderte *Transformation* des Bestehenden ausgerichtet. Sie betreibt also mit dem Anschluss an die den Praktiken inhärenten Normen gleichzeitig deren Kritik. Immanente Kritik tritt dann, wie Marx sagt, »nicht mit einem vorgefertigten Ideal der Wirklichkeit entgegen«, sie entnimmt es ihr aber auch nicht einfach, sondern entwickelt dieses Ideal aus dem widersprüchlichen

»Bewegungsmuster der Wirklichkeit« selbst. Immanente Kritik vereinigt also die Idee des in der Sache liegenden Maßstabs mit dem Anspruch einer kontextübergreifenden Kritik, und das macht sie für das Projekt einer transzendierenden Kritik von Lebensformen interessant.

Ich werde das Verfahren immanenter Kritik im Folgenden untersuchen, indem ich zunächst im *ersten Abschnitt* immanente Kritik als »Kritik neuen Typs« situiere; daraufhin werde ich im *zweiten Abschnitt* das Vorgehen, die Struktur und die Merkmale immanenter Kritik unter Bezugnahme auf (prominente) Beispiele erläutern und schließlich im *dritten Abschnitt* dieses Kapitels die Schwierigkeiten und Potentiale immanenter Kritik diskutieren, wie sie sich im Kontext der bisher entwickelten Grundlage für die Kritik von Lebensformen darstellen.

6.1 Eine Kritik neuen Typs

Ist die interne Kritik ein alltägliches Verfahren, das auf die eine oder andere Weise in vielfältigen Situationen angewendet wird, so ist immanente Kritik theoriegeleitet.[22] Ich will den damit angesprochenen Theorietyp im Folgenden kurz skizzieren. In ihren ausgeprägtesten Erscheinungsformen ist immanente Kritik verbunden mit den methodischen Prämissen der Hegelschen Theorie und den Aspirationen der auf Hegel folgenden linkshegelianischen Tradition über Marx bis hin zur Kritischen Theorie.[23] Dennoch ist diese Form der Kritik kein alleiniges Spezifikum der Hegel-Tradition: Auch für die Psychoanalyse beziehungsweise die psychoanalytische Kur lässt sich, unabhängig von dieser Einflusslinie, ein auf analoge Weise immanentes Verfahren behaupten.

22 Immanente Kritik braucht also, anders als Walzer es für die lokale interne Kritik behauptet, eine »gute Theorie«. Die erst analytisch aufzuschließende normative Grundlage einer Gemeinschaft und der erst auf diese Weise aufzudeckende Verstoß dagegen sind mit dem »guten Auge« des Kritikers allein nicht zu sehen. Ich werde auf diesen Umstand unten im Kontext der Ideologiekritik zurückkommen.

23 Vgl. hierzu Honneth, »Rekonstruktive Kritik unter genealogischem Vorbehalt«, a. a. O. und ders., »Die soziale Dynamik von Mißachtung. Zur Ortsbestimmung einer kritischen Gesellschaftstheorie«, in: ders., *Das Andere der Gerechtigkeit. Aufsätze zur praktischen Philosophie*, Frankfurt/M. 2000, S. 88-109.

Als ein neuer Typus von Kritik stellt sich immanente Kritik nicht nur deshalb dar, weil sie im Gegensatz zu dem in der Metapher des Gerichtshofs verkörperten Anspruch auf Neutralität »intern« und »parteilich« ist, so dass die Kritik dieses Typs als Kritik immer auch Selbstverständigung und Selbstkritik ist. Entscheidend für die »Transformation des Kritikbegriffs«, die mit Hegel einsetzt, sind vielmehr vier weitere Momente.

Erstens ist immanente Kritik *»objektive Kritik«* (Arnold Ruge), insofern sie sich »von der Sache her« nahelegt und nicht bloß von der subjektiven kritischen Intention der Kritikerin ausgeht.[24] »Objektiv« soll hier, wohlgemerkt, nicht (nur) bedeuten, dass diese Kritik in Anspruch nimmt, wahr oder gültig zu sein, sondern dass sich, wenn man es paradox zuspitzen will, hier die Dinge selbst kritisieren. Eine solche Kritik ist also »objektiv«, sofern sie als kritischer Nachvollzug der auf Seiten der Objekte (der Verhältnisse) liegenden Spannungsverhältnisse, Krisenmomente oder Defizite auftritt. Es ist die Existenz von wirklichkeitsimmanenten Konflikten und Widersprüchen und damit der Zusammenhang von Krise und Kritik, den eine solche Form der Kritik ins Bewusstsein rückt. Dieses Moment hat Seyla Benhabib (Reinhart Koselleck aufnehmend[25]) prägnant formuliert: »Kritik ist die subjektive Bewertung oder Entscheidung eines konflikthaften und widersprüchlichen Prozesses – einer Krise.«[26] Kritik ist damit gewissermaßen gleichzeitig aktiv und passiv beziehungsweise gleichzeitig aktiv und *re*aktiv. Und sie ist nur dort möglich, wo das Kritisierte, der Gegenstand der Kritik, von sich aus in eine Krise geraten ist. Ist es der Anspruch des Kritikers, die in einer sozialen Formation selbst liegenden Defizite oder gar Widersprüche nachzuvollziehen, so geht er in diesem Sinne nicht dogmatisch (wie Marx es nennt) oder normativistisch vor, als er seine Maßstäbe nicht einfach unabhängig von diesen setzt oder von einem ideal konzipierten Zustand her gewinnt.

24 Zur Hegelschen Diagnose defizitärer Verhältnisse von Sittlichkeit als einer Form »objektiver Kritik« vgl. meinen Vortrag »Freiheit als Nicht-Entfremdung«, in: Axel Honneth, Gunnar Hindrichs (Hg.), *Freiheit. Stuttgarter Hegel-Kongress 2011*, Frankfurt/M. 2013.

25 Vgl. Reinhart Koselleck, *Kritik und Krise. Eine Studie zur Pathogenese der bürgerlichen Welt*, Frankfurt/M. 1973.

26 Seyla Benhabib, *Critique, Norm, and Utopia. A Study of the Foundations of Critical Theory*, New York 1986, S. 19.

In dieser Einstellung ist, *zweitens*, auch der enge Zusammenhang von Analyse und Kritik begründet, der für das hiermit aufkommende Verständnis von Kritik bezeichnend ist (und bei Marx programmatisch wurde), sofern es die Krise als Krise der Objekte (als in den Verhältnissen liegende Problematik) immer auch erst theoretisch zu analysieren und aufzudecken gilt. Dabei ist die Analyse nicht nur eine instrumentelle Vorbedingung für Kritik, sondern Bestandteil des kritischen Prozesses selbst. Sie ist *als Analyse Kritik* (und nicht: eine bloße *Beschreibung* des Bestehenden) und *als Kritik Analyse* (und nicht: eine bloße *Forderung* an das Bestehende). Zu den »dogmatischen Irrtümern«, die Marx der »vulgären« Kritik ankreidet, gehört deshalb auch das Verfahren des bloßen Aufweisens von Widersprüchen, das sich um »Genesis«, »Notwendigkeit« und »eigentümliche Bedeutung« eines so diagnostizierten Widerspruchs nicht kümmert.[27]

Drittens ist immanente Kritik nicht rein destruktiv, sondern ebenso *affirmativ* oder produktiv. Als Motor oder Katalysator eines Entwicklungsprozesses nimmt sie die zu überwindende Position im Hegelschen Sinne »in sich auf«. Tritt Kritik schon bei Hegel wesentlich antidogmatisch und antikonstruktivistisch auf, besteht also – immanent ansetzend – nicht in der dogmatischen Setzung einer gegen das Bestehende auftretenden Norm, wird aus diesem Antidogmatismus bei Marx der Antiutopismus einer Gesellschaftskritik, die »nicht der Welt doktrinär mit einem neuen Prinzip entgegen[tritt]«, sondern »erst aus der Kritik der alten Welt die neue finden«[28] will, das aber eben auch kann. Damit entsteht

27 »Die vulgäre Kritik verfällt in einen entgegengesetzten, *dogmatischen* Irrthum. So critisirt sie z. B. die Constitution. Sie macht auf die Entgegensetzung der Gewalten aufmerksam etc. Sie findet überall Widersprüche. Das ist selbst noch dogmatische Kritik, die mit ihrem Gegenstand *kämpft*, so wie man früher etwa das Dogma der Dreieinigkeit durch den Widerspruch von 1 und 3 beseitigte. Die wahre Kritik dagegen zeigt die innere Genesis der heiligen Dreieinigkeit im menschlichen Gehirn. Sie beschreibt ihren Geburtsakt. So weist die wahrhaft philosophische Kritik der jetzigen Staatsverfassung nicht nur Widersprüche als bestehend auf, sie *erklärt* sie, sie begreift ihre Genesis, ihre Nothwendigkeit. Sie faßt sie in ihrer *eigenthümlichen* Bedeutung.« (Karl Marx, »Zur Kritik der Hegelschen Rechtsphilosophie«, in: ders., Friedrich Engels, *Gesamtausgabe* (MEGA), Berlin 1982, Erste Abt., Bd. 2, S. 3-140, hier S. 100 f.)

28 Benhabib, *Critique, Norm, and Utopia*, a. a. O., S. 19.

das Neue als aufnehmende Transformation des Alten.[29] Oder, wie Adorno, auf Spinoza verweisend, andeutet: »[D]as Falsche, einmal bestimmt erkannt und präzisiert, [ist] bereits Index des Richtigen, Besseren.«[30]

Viertens ist immanente Kritik eine Kritik, die *im Vollzug* getätigt wird. Hier wird nicht ein starrer, sich gleich bleibender Maßstab an einen gegebenen Gegenstand angelegt, sondern der Maßstab der Kritik selber hat dynamischen Charakter, insofern er sich im Vollzug der Kritik selber transformiert.[31] Er hat sich im Verlaufe des Prozesses der Kritik selbst zu rechtfertigen. Gibt es also keinen dogmatischen, voraussetzungslosen Anfang, sondern nur einen Ansatzpunkt innerhalb einer schon bestehenden Konstellation, so müssen diese Voraussetzungen im Verlaufe des Vollzugs eingeholt werden. Der Maßstab der Kritik wird also nicht nur nicht dogmatisch gesetzt, sondern ist auch nicht »vor dem Vollzug« oder außerhalb des Geschehens zu »konstruieren«. Kritik ist in diesem Sinne ein sich selbst fundierender Prozess.

Das methodische Programm der Phänomenologie des Geistes

Die hier von mir zusammengetragenen Momente einer immanent ansetzenden Kritik finden sich programmatisch erstmals im methodischen Ansatz von Hegels *Phänomenologie des Geistes*, skizziert in der Einleitung und im Verlauf der phänomenologischen »Selbstprüfung des Bewußtseins« durchgeführt. So stellt sich der »Weg der Phänomenologie« als Kritik von Selbsttäuschungen, Vereinseitigungen und falschen Vergegenständlichungen dar, denen das Bewusstsein bei dem Versuch unterliegt, sich in Bezug auf seinen Gegenstand zu situieren. Immanent ist die Kritik diesem Konzept

29 Auch wenn das Motiv in der politischen Wirkungsgeschichte des Marxismus seltsame Blüten getrieben hat: In diesem Sinne ist Kritik die Wiederbelebung der sokratischen Hebammenkunst, die hilft, die neuen Prinzipien, die »im Schoße der alten Gesellschaft« bereits entwickelt sind, hervorzubringen.

30 Theodor W. Adorno, »Kritik«, in: *Kulturkritik und Gesellschaft II* (= ders., *Gesammelte Schriften*, Bd. 10.2), Frankfurt/M. 2003, S. 785-793, hier S. 793.

31 Vgl. in diesem Sinne Kurt Röttgers: »Das ewige, unwandelbare Urbild der Sache selbst als Maßstab der Beurteilung wird durch die *Dialektik des Maßstabs*, die diesen nicht mehr als pure Voraussetzung erscheinen läßt, zur Abhandlung der Sache in Kritik, in der sich der Maßstab immer erst zu bewähren hat.« (Kurt Röttgers, *Dialektik als Grund der Kritik*, Königstein/Ts. 1981, S. 163.)

nach, sofern die »Prüfung der Realität des Erkennens« »durch das Bewußtsein selbst« geschieht, ohne dass es dazu eines außerhalb des Bewusstseins liegenden Maßstabs bedürfte. Es sind die eigenen Ansprüche, an denen sich das Bewusstsein misst, und es sind die eigenen Voraussetzungen, die es durch seine kritische Einsicht in deren defiziente Verwirklichung erkennt und einholt. Diese kritische Prüfung begleitet einen Bildungs- und Entwicklungsprozess, dessen Fortschreiten auf der Grundlage »bestimmter Negation« eine sich anreichernde Ver- und Umarbeitung ist – als »Erfahrung, die das Bewußtsein mit sich und dem Gegenstand macht« (Hegel). Terry Pinkard beschreibt diesen Prozess der kritischen Selbstprüfung des Bewusstseins im Modus einer dialektischen Fortschrittsbewegung folgendermaßen:

> Eine reflexive Lebensform versteht dies und jenes als autoritative Gründe für Überzeugungen und Handlungen; diese Arten der Überlegung generieren dann in ihren eigenen Begriffen skeptische Einwände gegen sich selbst (in Hegels Worten: sie bringen ihre eigene Negation hervor); es stellt sich dann jedoch heraus, dass diese reflexive Lebensform nicht fähig ist, sich selbst der Geltungsgrundlage dessen zu vergewissern, was sie selbst als autoritative Gründe angenommen hatte; die neue reflexive Lebensform, die die vorige Lebensform dann ersetzt und beansprucht, sie zu vervollständigen, versteht ihre eigenen Vorstellungen darüber, was für sie autoritative Gründe sind, als notwendig dafür, die Probleme erfolgreich zu lösen, durch die die vorige Lebensform sich selbst unterminierte; aber diese neue reflexive Lebensform erzeugt selbst wieder sich selbst unterminierende Skepsis hinsichtlich ihrer eigenen Vorstellungen von autoritativen Gründen, und die Entwicklung setzt sich fort.[32]

Die oben aufgeworfene Frage nach dem normativen Standpunkt des Kritikers – extern oder involviert-intern – erfährt dabei, mit Hegel betrachtet, eine unerwartete Wendung. Die Grundthese von Hegels Auseinandersetzung mit Kants Erkenntniskritik – eine These, die sich auf unsere Fragestellung übertragen lässt – ist nämlich, dass die Maßstabsfrage als solche schon falsch gestellt ist. Es sei der Grundfehler der Erkenntniskritik Kantischer Prägung, zu glauben, dass es einen externen Standpunkt, und das bedeutet hier wesentlich: einen Maßstab der Kritik des Erkennens *vor* dem Erkennen

32 Terry Pinkard, *Hegel's Phenomenology. The Sociality of Reason*, Cambridge 1994, S. 12.

selbst, geben könne.[33] Wie Hegel plakativ behauptet: »[E]s ist wie mit dem Schwimmenwollen, ehe man ins Wasser geht.«[34] Ist aber die (Erkenntnis-)Kritik als »Trockenübung« wertlos, das heißt nicht aussagekräftig, so bedeutet das nicht, dass das Kritisieren – im Sinne des Sich-Rechenschaft-Gebens über das eigene Tun und Erkennen – unmöglich wäre. Es muss allerdings als Prozess verstanden werden, in dem man in das, was man tut, immer schon involviert ist, so dass das Kritisieren Teil eines sich nicht vor oder außerhalb dieses Geschehens abspielenden *praktischen Vollzugs* ist. Dass dieser Vorgang *nicht vorher* vollzogen werden kann, hat damit auch Konsequenzen für die Frage nach dem Ort des Maßstabs: Im Vollzug der kritischen Selbstprüfung des Bewusstseins ist nach dem »Innen« oder »Außen« gar nicht mehr sinnvoll zu fragen. Einerseits liegt der Maßstab immer schon »innen«, sofern er aus den Ansprüchen des Bewusstseins selbst gewonnen wird; andererseits wird er, sofern sich an ihm das Ungenügen einer bestehenden Position zeigt, gewissermaßen zum »Außen« der kritisierten Position, um im Zuge des dialektischen Fortgangs sogleich wieder zu einem neuen »Innen« zu werden. Immanente Kritik im Sinne der Hegelschen *Phänomenologie des Geistes* kann also gar nicht anders als »innen« anzusetzen, sie kann aber, sofern sie auf kritische Überwindung zielt, auch nicht anders, als diese Position zu transzendieren. Die damit (sehr abstrakt) beschriebene Besonderheit der normativen Position einer im starken (Hegelschen) Sinne immanenten Kritik ist es, die ich im Weiteren verfolgen will – allerdings weniger »hegelintern« als in Bezug auf die Fälle, in denen dieses immanente Kritikideal geschichtlich und theoriegeschichtlich wirksam geworden ist.

6.2 Die Strategie immanenter Kritik

Im Folgenden werde ich anhand einiger solcher »klassischer«, paradigmatischer Fälle den Anspruch und das Modell des immanenten Verfahrens darstellen und die systematischen Momente immanen-

33 Zur Auseinandersetzung mit Hegels Kritik der Erkenntniskritik vgl. u. a. Jürgen Habermas, *Erkenntnis und Interesse*, Frankfurt/M. 1973, und Hans Jürgen Krahl, *Erfahrung des Bewußtseins*, Frankfurt/M. 1979.

34 G. W. F. Hegel, *Geschichte der Philosophie III*, in: ders., *Werke in zwanzig Bänden*, Bd. 20, Frankfurt/M. 1986, S. 334.

ter Kritik idealtypisch herausarbeiten. Die Struktur dieser Kritik soll schließlich anhand einer Gegenüberstellung zur internen Kritik erläutert werden.

Fälle immanenter Kritik

A'. Der erste Fall greift ein Beispiel aus Kapitel 4 wieder auf. Hegels Darstellung der bürgerlichen Gesellschaft nämlich, auf die ich oben zur Skizzierung einer spezifisch wirkenden Normativität eingegangen bin, verfährt als immanente Kritik. Das von Hegel diagnostizierte »sittliche Defizit« der bürgerlichen Gesellschaft – ihre innere Zerrissenheit und ihre Destruktions- und Desintegrationsbewegungen – wird nicht an einem dieser Gesellschaftsformation gegenüber »externen« Maßstab gemessen. Hegel attestiert der bürgerlichen Gesellschaft bereits auf der Ebene ihres Selbstverständnisses (also ihrer eigenen Konzeption von sich selbst und den von ihr selbst formulierten Ansprüchen) einen inneren Widerspruch. Dieser stellt sich, sehr kurz gefasst, als Widerspruch zwischen dem atomistischen Selbstverständnis und der realen Interdependenz der in der bürgerlichen Gesellschaft versammelten Individuen dar. Zwar sind in der bürgerlichen Gesellschaft die Individuen als rechtlich und wirtschaftlich Eigenständige »auf sich gestellt«. Mit der Unabhängigkeit von direkten (konkreten, persönlichen) Bindungen und Statuspositionierungen geht aber eine größer gewordene Abhängigkeit von den anonymen Instanzen der Vergesellschaftung, zum Beispiel der des Marktes, einher. Es besteht also ein Missverhältnis zwischen der realen Interdependenz der ihre eigenen Interessen verfolgenden Individuen und der mangelnden »Realisierung« oder sittlichen Aneignung dieses sozialen Bandes, das dennoch – hinter dem Rücken der Individuen – besteht. (Marx wird solche Verhältnisse später als »Zusammenhang der Zusammenhangslosigkeit« bezeichnen.) Praktisch wirkt sich dieses Missverhältnis, wie in Kapitel 4 anhand der »sozialen Frage« der Arbeitslosigkeit beschrieben, als Widerspruch zwischen den von der bürgerlichen Gesellschaft gesetzten Ansprüchen auf die Integration ihrer Mitglieder und dem Umstand, dass deren Einlösung verwehrt bleibt, aus – mit den von ihm beschriebenen Folgen einer desaströsen gesellschaftlichen Desintegration. Der bürgerlichen Gesellschaft wird also seitens ihres immanenten Kritikers Hegel vorgeworfen, dass sie sowohl unter einem Miss*verständnis* bezüglich des Verhältnisses von Abhängigkeit und Unabhängigkeit als auch unter einem praktischen Miss*verhältnis* dieser beiden Momente leide.

B'. Auch einige Motive der Marxschen Kapitalismuskritik, wenn nicht das gesamte Projekt, lassen sich als immanente Kritik verstehen.[35] Marx zeigt zum Beispiel anhand der Normen von allgemeiner Freiheit und Gleichheit innerhalb des kapitalistischen Arbeitsmarktes, dass die im Selbstverständnis der bürgerlichen Gesellschaft verankerten und in ihrer sozialen Struktur implizierten Normen durch die in dieser Gesellschaft ebenso bestehenden sozialen Praktiken außer Kraft gesetzt werden. Nicht nur das Selbstverständnis, auch die wesentlichen Institutionen der bürgerlichen Gesellschaft – der freie Markt, die freie Lohnarbeit und der zwischen Freien und rechtlich Gleichen geschlossene Arbeitsvertrag – beruhen auf (und generieren) diese Normen. Gleichzeitig werden Freiheit und Gleichheit durch die Institutionen der bürgerlich-kapitalistischen Gesellschaft untergraben, sie sind also in dieser nicht oder nur unvollständig verwirklicht. Der Arbeiter ist als Teilnehmer des Arbeitsmarktes »nur formell« frei und gleich, in der Realität aber ist er unfrei und ungleich. Als »doppelt frei«[36] (wie Marx pointiert sagt) ist er frei von den Fesseln feudaler Abhängigkeit, aber auch frei zu verhungern. Hier ist immanente Kritik die Instanz, die zwischen beiden Befunden – dem der formalen Gleichheit und dem der sozialen Ungleichheit – einen systematischen Zusammenhang herstellt und nicht nur dessen potentielle Konflikthaftigkeit, sondern die immanente »Widersprüchlichkeit« einer solchen sozialen Formation behauptet.

C'. Schließlich lässt sich das psychoanalytische Gespräch als eine Version immanenter Kritik verstehen.[37] Auch die Analytike-

35 Vgl. zu einem solchen Verständnis, aber auch zu den Grenzen, an die Marx bei der Verfolgung eines immanenten Ansatzes geraten ist: Georg Lohmann, *Indifferenz und Gesellschaft. Eine kritische Auseinandersetzung mit Marx*, Frankfurt/M. 1991.

36 Karl Marx, *Das Kapital. Erster Band*, in: ders., Friedrich Engels, *Werke*, Bd. 23, Berlin 1962, S. 182 f.

37 Die Parallele zwischen dem Vorgehen der psychoanalytischen Kur und dem »dialektischen Entwicklungsprozess« beschreibt besonders eindringlich: Gottfried Fischer, *Dialektik der Veränderung in Psychoanalyse und Psychotherapie*, Heidelberg 1989. Vgl. dazu auch Joachim Küchenhoff, »Mitspieler und Kritiker. Die kritische Hermeneutik des psychotherapeutischen Gesprächs«, in: Jaeggi, Wesche (Hg.), *Was ist Kritik?*, a. a. O., S. 299-318.

rin ist immanente Kritikerin, sofern sie ihre Diagnose nicht »von außen« an den Analysanden heranträgt, sondern wie ein Ferment dem im Symptom sich ausdrückenden Konflikt zum Ausdruck – und letztlich zur Transformation – verhelfen soll. Das Verständnis von Kritik als (Selbst-)Prüfung des Bewusstseins, die aktiv-passive Tätigkeit des prüfenden Zuschauers und die durch die Erfahrung des Scheiterns angetriebene Auflösung von Selbsttäuschungen, die die Methode von Hegels *Phänomenologie des Geistes* auszeichnen, finden sich in der Psychoanalyse wieder als das Wechselverhältnis zwischen der Deutung der Analytikerin und der Selbstdeutung des Patienten; dem »dialektischen Prozess« entspricht der psychoanalytische Prozess des Durcharbeitens. Auch hier bleibt der Maßstab der Kritik beziehungsweise der Diagnose letztlich immanent.

Das Vorgehen immanenter Kritik

Wie verfährt nun immanente Kritik? Vergleichen wir die hier skizzierten Fälle mit den oben besprochenen Fällen interner Kritik, so fällt zunächst auf, dass sowohl die Rede vom »Zusammenhang« als auch die vom »Widerspruch« eine theoretisch anspruchsvollere Bedeutung zu haben scheinen, als es bei der internen Kritik der Fall war. Während sich der Zusammenhang, auf den die interne Kritik jeweils hingewiesen hat, noch ganz unspektakulär als ein eingeforderter Zusammenhang zwischen Handlungen und Überzeugungen darstellte und entsprechend resultierende Widersprüche als eine Inkonsistenz zwischen dem, was man sagt, und dem, was man tut, zu erläutern waren, liegen die Dinge jetzt komplizierter. »Zusammenhänge« werden hier weniger *aufgefunden* als mit theoretisch anspruchsvollen Mitteln *hergestellt*. Setzt immanente Kritik im Fall der Hegelschen Dialektik der bürgerlichen Gesellschaft zwei Momente in einen Zusammenhang – die *Unabhängigkeit* des seine besonderen Interessen verfolgenden Einzelnen und die *Abhängigkeit* dessen, der zur Realisierung dieser Interessen auf das allgemeine »Band« gesellschaftlicher Institutionen wie der des Marktes angewiesen ist –, so behauptet sie damit ein *systematisches* Bedingungsverhältnis. Sie zeigt auf, dass die Unabhängigkeit des Einzelnen von konkreten Bindungen erst durch die Abhängigkeit von den übergreifenden Institutionen ermöglicht wird. Die Verabsolutierung des einen Moments – der Unabhängigkeit – wird damit als *Einseitigkeit* und als Quelle der Instabilität entlarvt.[38] Wenn also, in Hegelschen Termini, die bürgerliche Gesellschaft eine Formation von »Sittlichkeit im Zustand ihrer Entzweiung« ist, so besteht die Aufgabe des immanenten Kritikers darin, zu zeigen, dass es sich hier überhaupt um einen Zusammenhang handelt, und dabei die beiden (»auseinandergetretenen«) Momente als Teil dieses Zusammenhangs auszuzeichnen, der infolgedessen von einem »Widerspruch« gekennzeichnet ist. Dieser »Widerspruch« ist keine schlichte Inkonsistenz, er bezeichnet aber auch nicht eine logische Unvereinbarkeit, sondern ein *Spannungsverhältnis innerhalb einer Formation, das diese über sich selbst hinaustreiben wird.*[39] Ähnliches lässt sich für Marx' Herstellung eines Zusammenhangs zwischen den bürgerlichen und den sozialen Freiheitsrechten behaupten; und auch die Psychoanalytikerin muss Zusammenhänge wie Widersprüche erst herstellen, deckt damit aber Konstellationen auf, die nicht beliebig sind.

Weiterhin fällt auf, dass die hier herauszuarbeitenden Widersprüche nicht zufällig, sondern systematisch sind. Als immanente Kritik wird diese Hegelsche Krisendiagnose lesbar, sofern der mit ihr gesetzte Anspruch von der bürgerlichen Gesellschaft nicht nur nicht erfüllt wird, sondern es auch aus strukturellen Gründen nicht möglich ist, ihn in ihr zu erfüllen.[40] Die Unabhängigkeit der Individuen, die qua Teilnahme am Arbeits- und Marktzusammenhang der bürgerlichen Gesellschaft für sich zu sorgen haben, ist näm-

38 Selbst wenn Hegel aus verschiedenen Gründen (dazu unter anderem: Michael Theunissen, »Die verdrängte Intersubjektivität in Hegels Philosophie des Rechts«, in: Dieter Henrich, Rolf-Peter Horstmann [Hg.], *Hegels Philosophie des Rechts*, Stuttgart 1982, S. 317-381) diese Linie der Kritik und der Transformation (und damit letztlich: das immanente Programm) nicht weiterverfolgt, so dass es letztlich Marx sein wird, der das Potential einer Versittlichungsbewegung in der Sphäre der bürgerlichen Gesellschaft beziehungsweise deren Ökonomie selbst verorten wird, so bleibt die Quintessenz von Hegels Kritikmodell die folgende: Die bürgerliche Gesellschaft ist in ihrem Recht eine Instanz des Sittlichen und muss sich deshalb an den Ansprüchen der Sittlichkeit messen lassen. Sie ist, wo sie defizitär bleibt, eine defizitäre Form des Sittlichen, nicht gar keine. Und wo das Defizit zu überwinden ist und überwunden wird, geschieht dies mit den dieser sittlichen Formation nichtsdestoweniger inhärenten Kräften der Sittlichkeit.

39 Auf die damit zusammenhängende Dynamik gehe ich in Kapitel 10 genauer ein.

40 Natürlich gibt es hier mehr oder weniger pessimistische Deutungen. Vgl. zum Beispiel die etwas optimistischere Interpretation von Hegels »Dialektik der bürgerlichen Gesellschaft« in Axel Honneths *Das Recht der Freiheit*, Berlin 2011.

lich sowohl Grundlage der dynamischen Wirtschaftsverfassung wie auch Ursache der Probleme jener Gesellschaft. Es handelt sich hier also nicht bloß um einen von der bürgerlichen Gesellschaft nicht eingelösten Anspruch, sondern um einen Konflikt, der in ihren Praktiken und Institutionen selbst angelegt ist und der diese als Spannungsverhältnis konstituiert, das nicht ohne Weiteres auflösbar ist.

Auch im zweiten Beispiel (B') liegt der entscheidende Unterschied zu einer internen Kritik darin, dass Marx hier nicht nur einen beiherspielenden Widerspruch zwischen dem (normativen) Selbstverständnis und der Wirklichkeit der bürgerlichen Gesellschaft aufweist, sondern einen Widerspruch im normativen Selbstverständnis und in der Wirklichkeit der bürgerlichen Gesellschaft selbst, der nicht nach dem Muster des »bloßen Lippenbekenntnisses« funktioniert. Es handelt sich um ein Spannungsverhältnis, das in der bürgerlichen Gesellschaft selbst angelegt und in der Funktionsweise ihrer Institutionen systematisch verankert ist, ja deren Funktionieren erst ermöglicht. Dasselbe gilt für den Fall der Psychoanalyse. Auch hier sind die aufweisbaren Widersprüche nicht beiläufig oder zufällig, sondern im in Frage stehenden psychischen Geschehen fest verankert und bedeutungstragend, also konstitutiv für die Persönlichkeit des Patienten und die Art und den Verlauf des Krankheitsgeschehens.

Sieben Merkmale immanenter Kritik

Sehen wir uns nun genauer an, wie immanente Kritik verfährt und was diese von der oben beschriebenen internen Kritik unterscheidet. Es sind sieben Merkmale, die ich hier aufgreifen möchte.

(1) *Die Normativität des Wirklichen.* Immanente Kritik geht, wie interne Kritik, von Normen aus, die einer bestehenden (sozialen) Situation inhärent sind. Allerdings sind diese Normen nicht lediglich Werte, die wir oder »wir als Gemeinschaft« haben. Sucht die interne Kritik ihren kritischen Maßstab in Normen (Werten oder Idealen), die sie als geteilte, mehr oder weniger explizite Grundüberzeugungen einer Gemeinschaft versteht, so setzt die immanente Kritik an einem anderen Verständnis von Normen und ihrem Verhältnis zur Wirklichkeit an. Sie unterstellt nämlich, dass *soziale Wirklichkeit immer normativ verfasst* ist, und sie macht diese der

Wirklichkeit inhärenten Normen explizit, selbst da, wo sie nicht artikuliert sind. Sie weist also im Zweifelsfall darauf hin, dass eine soziale Institution von bestimmten normativen Grundsätzen lebt, auch wenn diese selbst (beziehungsweise die an ihr Teilhabenden) hiervon kein Bewusstsein hat. Normen werden hier in den sozialen Interaktionen, Praktiken oder Institutionen selbst aufgesucht, nicht nur im artikulierten Selbstverständnis einer Gemeinschaft oder eines Individuums (der Nächstenliebe in Beispiel B, dem Bekenntnis zur Frauenförderung in Beispiel A oder zu heiligen Schriften in Beispiel C). Um diesen Aspekt an meine oben entwickelten Überlegungen anzuschließen: Bezugspunkt immanenter Kritik ist mithin weniger ein von allen geteilter »Wertekanon« als vielmehr die *implizite Normativität sozialer Praktiken*. Oder anders: Es geht nicht nur um etwas, das wir *glauben*, sondern um etwas, das wir – in gewisser Weise: ob wir wollen oder nicht – schon *tun*, wenn wir an bestimmten sozialen Praktiken teilnehmen beziehungsweise in soziale Institutionen involviert sind.[41] Immanente Kritik setzt also bei den (oben beschriebenen) normativ aufgeladenen Funktionsbedingungen einer Praxis an, die diese erst zu dem machen, was sie ist.

(2) *Der (funktional-)konstitutive Charakter der Normen.* Die Normen, auf die sich immanente Kritik bezieht, sind also in mehrfacher Hinsicht nicht zufällig. Sie entsprechen einer bestimmten Wirklichkeit und sind für die diese ausmachenden Praktiken und Institutionen in einem bestimmten Sinne systematisch notwendig. Das liegt daran, dass die Normen (soziale) Wirklichkeit *konstituieren.* Es ist also nicht nur so, dass in einem gegebenen sozialen Kontext bestimmte normative Grundsätze (mehr oder weniger zufällig) vertreten werden, die im selben Kontext dann verfehlt werden; sondern die entsprechenden sozialen Praktiken und Institutionen sind selbst konstituiert durch diejenigen Normen, denen sie gleichzeitig nicht entsprechen. Während es bei der internen Kritik von Beispiel A zufällig ist, dass der Personalchef neben seiner frauenfeindlichen

41 Ein Problem, das ich mit Blick auf die interne Kritik diskutiert habe, stellt sich daher für die immanente Kritik nicht: Sie muss nicht fürchten, dass die Wirklichkeit – zynisch – ihre Ideale verlieren könnte. Eine »normfreie« (soziale) Wirklichkeit kann es aus der Perspektive immanenter Kritik gar nicht geben. Meint die Rede von »Normen« nicht lediglich geteilte »Werte«, sondern normative Funktionsprinzipien, so ist soziale Ordnung ohne diese gar nicht denkbar.

Praxis auch »feministische Überzeugungen« vertritt, die zu seiner Praxis im Widerspruch stehen, sind für Marx (in Beispiel B') die Normen bürgerlicher Freiheit und Gleichheit konstitutiv für das Selbstverständnis wie für die Funktionsweise der bürgerlichen Gesellschaft. Mit ihnen ist zu einem nicht unwesentlichen Teil umschrieben, was eine bürgerlich-kapitalistische Gesellschaft im Gegensatz zu anderen Gesellschaftsformationen ausmacht. Sie sind konstitutiv für das Funktionieren der damit beschriebenen Gesellschaft *und* sie sind entscheidend für das Selbstverständnis der an dieser Formation Teilhabenden. Der kapitalistische Arbeitsmarkt kommt zum Beispiel ohne den zwischen Freien und Gleichen geschlossenen Vertrag nicht aus, die kapitalistische Produktionsweise könnte unter Bedingungen feudaler Leibeigenschaft nicht funktionieren. Zugleich gehört es zum Selbstverständnis der sozialen Formation – der bürgerlichen Gesellschaft –, innerhalb derer der kapitalistische Arbeitsmarkt typischerweise auftritt, dass die Individuen hier als Freie und Gleiche aufgefasst werden, und es macht einen nicht geringen Anteil ihres Legitimitätsanspruchs aus.[42]

In das oben in Kapitel 3 und 4 entwickelte Vokabular übersetzt, bedeutet das: Die hier kritisierten sozialen Formationen realisieren nicht nur eine von ihnen selbst vertretene Überzeugung nicht, wie es in den von mir untersuchten Beispielen für interne Kritik der Fall ist; es handelt sich hier vielmehr darum, dass sie »ihrem Begriff« – und damit ihrer normativ-funktional beschriebenen Aufgabenstellung – »nicht entsprechen«.

(3) *Die invertierte Wirksamkeit der Normen.* Man sieht jetzt, inwiefern immanente Kritik gerade nicht dem für die interne Kritik typischen Argumentationsmuster folgt, eine Gemeinschaft habe die Verbindung zu ihren Idealen verloren. Sie hält nämlich den Zusammenhang zwischen Normen und Realität in der von ihr kritisierten Situation nicht etwa für aufgelöst oder geschwächt, sondern für invertiert oder *in sich verkehrt.* Das heißt, die Normen *sind* wirksam (wie im oben angeführten Fall der für die bürgerli-

42 Dieser Punkt hängt auf komplizierte Weise mit dem Umstand zusammen, dass die in Frage stehenden Normen – auf zu erläuternde Weise – nicht nur faktisch gegeben sind, sondern als begründete, vernünftige Normen gelten. Dem hier entwickelten Vorschlag nach ist die Rationalität der entsprechenden Normen in der Verlaufsform des durch Krisen ausgelösten Prozesses selbst zu suchen. Siehe dazu den vierten Teil dieses Buches.

che Gesellschaft konstitutiven Werte von Freiheit und Gleichheit oder der durch Arbeit vermittelten Subsistenz) –, aber *als wirksame* widersprüchlich geworden und defizitär. Sie sind verwirklicht, so wie Freiheit und Gleichheit im kapitalistischen Arbeitsvertrag es in einer nicht bestreitbaren Hinsicht sind (schließlich ist Arbeit unter den Bedingungen eines kapitalistischen Arbeitsvertrags nicht dasselbe wie die unter Bedingungen feudaler Leibeigenschaft). Aber sie erzeugen *als* verwirklichte Normen Effekte, die sich gegen den Gehalt der Normen selbst richten.

Immanente Kritik richtet sich daher im Gegensatz zur internen Kritik nicht nur auf einen Widerspruch zwischen Norm und Wirklichkeit (also die Nichteinlösung von Normen in der Wirklichkeit); sie richtet sich vielmehr auf die *innere Widersprüchlichkeit* der Realität und der diese konstituierenden Normen selbst. Die institutionelle Realität einer Gesellschaft kann entsprechend in dem Sinne »in sich widersprüchlich« sein, als sie konstitutiv einander widerstreitende Ansprüche und Normen verkörpert, die sich nicht widerspruchsfrei verwirklichen lassen oder sich in ihrer Verwirklichung gegen ihre ursprünglichen Intentionen kehren. In unserem Beispiel galt das für die Normen von Freiheit und Gleichheit, gegenwärtig lässt es sich an sozialen Prozessen beobachten, in denen zum Beispiel Verantwortung gleichzeitig zugeschrieben und untergraben wird, Kreativität eingefordert und Konformität erzeugt wird etc.[43] Immanente Kritik behauptet weiterhin, dass die von ihr aufgewiesenen Widersprüche für die Existenz der entsprechenden Praktiken konstitutiv sind. Es ist (in meinem Beispiel) die Wirklichkeit des kapitalistischen Warentauschs selbst, die auf die Normen von Freiheit und Gleichheit einerseits angewiesen ist, sie andererseits aber untergraben muss. Es ist der Zustand

43 Dies ist eine vergleichsweise vorsichtige Beschreibung; in den entsprechenden Diskussionskontexten ist darüber hinaus häufig die Rede von *notwendig* erzeugten Widersprüchen, aber der Charakter dieser Notwendigkeit ist natürlich umstritten. Vgl. dazu das aktuelle Forschungsprogramm des Frankfurter Instituts für Sozialforschung und die Beiträge in: Axel Honneth (Hg.), *Paradoxien kapitalistischer Modernisierung*, Frankfurt/M. 2002. Dort wird aus Gründen, die mit dem Anspruch des Widerspruchskonzepts zu tun haben, der Fokus auf »Widersprüche« durch die Rede von »Paradoxien« ersetzt. Ich komme unten auf die Frage zurück, inwiefern sich die Rede vom Widerspruch dagegen aufrechterhalten lässt.

der bürgerlichen Gesellschaft selbst, in dem sich das Verhältnis von Abhängigkeit und Unabhängigkeit nicht widerspruchsfrei gestalten kann. Nicht nur die Normen, auch der Widerspruch, an dem immanente Kritik ansetzt, liegt also »tiefer« als im Falle der internen Kritik; er liegt *in* den sozialen Praktiken und Institutionen dieser Gesellschaft selbst. Anders als beim bloßen Aufweis eines Widerspruchs zwischen Wirklichkeit und Normen muss immanente Kritik also am Aufweis der *konstitutiven* Funktion des Widerspruchs, das heißt am Aufweis der systematischen Gründe für diese Nichtübereinstimmung, interessiert sein. (Das gilt für die Psychoanalyse ebenso wie für die für Marx und Hegel bestimmende Problematik.)

(4) *Die Krisenorientierung immanenter Kritik.* Aus dem hiermit skizzierten Charakter immanenter Kritik ergibt sich eine wichtige Konsequenz: Immanente Kritik setzt an der *Krisenhaftigkeit* eines bestimmten sozialen Arrangements an. Charakteristisch für die Art von Widersprüchlichkeit einer sozialen Praxis oder Institution, die von der immanenten Kritik ins Visier genommen wird, ist die mit ihr einhergehende Instabilität und Defizienz. Ein solcher Zustand ist gekennzeichnet von praktischen Hemmnissen und Dysfunktionalitäten. Wo sich in den oben diskutierten Beispielen der internen Kritik zwar ein Widerspruch zwischen Normen und ihrer Verwirklichung aufweisen ließ, folgte daraus nicht, dass die vom Ideal abweichende Praxis als solche keinen Bestand haben könnte. Aus Sicht der immanenten Kritik dagegen sind die von ihr diagnostizierten Widersprüche nicht nur ein Konsistenzproblem und auch nicht ein rein normatives Problem, sondern eine Frage *praktischer Verwerfungen* und *Krisen.* So weist die bürgerliche Gesellschaft schon bei Hegel ein ebenso funktionales wie normatives Integrationsdefizit auf. So gerät der Kapitalismus Marx zufolge in systemisch bedingte Krisen verschiedener Art. Und auch in der Psychoanalyse ist das zu analysierende Symptom handlungs- und freiheitsbeschränkend, und die Beschränkungen wie der krisenhafte Leidensdruck sind es, die den schmerzhaften Prozess der Analyse motivieren. Mag es sich also im Zusammenhang der *externen Kritik* als normativ fragwürdig darstellen, dass ein Betrieb frauenfrei, eine Nachbarschaft fremdenfeindlich ist, und stellt sich eine solche Situation im Fall der *internen* Kritik als identitätsbedrohende Inkongruenz dar, so setzt die *immanente* Kritik an den durch sol-

che Widersprüchlichkeit ausgelösten Krisenmomenten an.[44] Dazu kommt, dass es bei der Art und Weise, wie die interne Kritik die Problemstellungen aufgreift, letztlich auf den guten Willen der Subjekte oder den kollektiven guten Willen der Gemeinschaften anzukommen scheint, den aufgezeigten Widerspruch zu beheben. Der Personalchef *könnte* sein Wort ebenso gut auch halten; die christlich orientierte Gemeinschaft *könnte* sich auf die Nächstenliebe gegenüber Asylbewerbern besinnen. Die Probleme und Krisentendenzen, die von der immanenten Kritik aufgewiesen werden, verweisen dagegen auf strukturelle Probleme, die die beschriebene Konstellation selbst in Frage stellen (oder ihr jedenfalls systematisch innewohnen) und sich deshalb nicht mehr innerhalb dieser Konstellation auflösen lassen.

(5) *Parallele Widersprüchlichkeit von Wirklichkeit und Normen.* Die hiermit nötig werdende Transformation bezieht sich dann, das ist entscheidend, auf beides: auf die defiziente Realität und auf die Normen selbst. Die Normen bleiben nicht unberührt von dem Umstand, dass sie in einer gegebenen Situation nicht realisiert wurden oder sogar nicht realisierbar sind; sie können aus der Perspektive der immanenten Kritik nicht einfach richtig sein und es bleiben, so dass man lediglich ihre Umsetzung als mangelhaft kritisieren müsste, wie die interne Kritik es tut. Immanente Kritik misst daher nicht nur die Wirklichkeit an der Norm, sondern auch *die Norm an der Wirklichkeit* – was allerdings nicht bedeuten soll, dass Normen realpolitisch an das in der Wirklichkeit »Machbare« angepasst würden. Immanente Kritik ist dann ebenso die Kritik einer Praxis anhand von Normen, mit denen diese nicht übereinstimmt, wie die Kritik dieser Normen selbst. Der Maßstab der Kritik verändert sich dann im Prozess der Kritik. Dann aber ist der Widerspruch, um den es immanenter Kritik geht, nicht – wie bei

44 An dieser Stelle stellt sich die Frage, ob sich interne und immanente Kritik eigentlich auf prinzipiell verschiedenartige Fälle richten oder ob sie gleichartigen Fällen eine je verschiedene Interpretation geben. Die Antwort ist: Beides ist denkbar. Es mag genuine Fälle für interne Kritik geben, es mag aber auch Situationen geben, deren Interpretation nach dem Modus interner Kritik verkürzt – oder sogar »ideologieträchtig« – ist. Das ist nicht zuletzt wiederum eine Frage des Zusammenhangs in den man die jeweiligen Fälle stellt. So kann man beispielsweise Fremdenfeindlichkeit als eher zufällige Reminiszenz verstehen oder sie im systematischen Gefüge eines gesellschaftlichen Herrschaftszusammenhangs lokalisieren.

der internen Kritik – durch bloße Angleichung der Wirklichkeit an die Norm zu beseitigen, sondern nur durch eine Veränderung, die beide Seiten betrifft.[45] Sofern beispielsweise, wie in Beispiel B', die Widersprüche zwischen den naturrechtlichen Normen der Gleichheit und Freiheit und der sozialen Realität nur durch ein neues Prinzip ökonomischer und sozialer Organisation gelöst werden können, verändern sich dabei die Konzepte von Freiheit und Gleichheit hin zu einem umfassenderen Verständnis von Freiheit als »positiver Freiheit« oder hin zu einer umfassenderen, nämlich »materialen« Auffassung von Gleichheit.

Nicht nur also ist damit der restaurative Verweis auf das »nicht mehr« der Normgeltung versperrt. Auch die einfache Deutung, Kritik habe im Namen von Normen aufzutreten, die »noch nicht durchgesetzt« sind, als solche aber bereits den Vorschein einer besseren Realität enthalten, ist dann nicht ganz richtig. Normen sind dann nämlich kein durch ihre Realität unangetasteter »Vorschein« des Wahren, sondern Ferment und dynamisches Entwicklungsmoment von sozialen Gebilden, die das »Richtige« (die richtige Norm wie die richtige Realität) erst zu erlangen haben.

(6) *Transformativer Charakter der immanenten Kritik*. Damit sind wir beim markantesten Unterschied zwischen immanenter und interner Kritik angelangt: Immanente Kritik ist nicht *rekonstruktiv*, wie die interne Kritik, sondern *transformativ*.[46] Sie zielt

45 Das Verhältnis von idealer Norm zu Verwirklichung im Prozess immanenter Kritik ist, meiner Interpretation nach, ein kompliziertes. Wenn nämlich die von der immanenten Kritik evozierte Verwirklichung der Ideale gleichzeitig ihre Transformation bedeutet, dann ist das, was hier eingelöst wird, nicht eine Verwirklichung des Angelegten in einem statischen Sinn, sondern eine sich anreichernde Bewegung. Das, was hier einzulösen wäre, entsteht allererst im Prozess dieser Einlösung. Eine solche (»performativ-konstruktivistische«) Interpretation des philosophischen Motivs von Potential und Verwirklichung rechnet damit, dass der Motivationszusammenhang zwischen Potential und Verwirklichung bedeutsam ist, selbst wenn es nicht zur Deckungsgleichheit zwischen beiden kommt.

46 Hier wird der Unterschied zwischen meiner und Axel Honneths Interpretation von immanenter Kritik, es werden aber auch die unterschiedlichen Weisen der Typologisierung deutlich. Aufeinander abgebildet ergeben sich drei Varianten: (a) interne Kritik (bei Honneth: die hermeneutische Variante immanenter Kritik), (b) rekonstruktiv-immanente Kritik (die sich positiv an den in der Wirklichkeit eingelassenen vernünftigen Normen orientiert) und (c) negativistisch inspirierte transformativ-immanente Kritik (das wäre die Variante der an Krisen orientierten immanenten Kritik, die ich im vorliegenden Text auszeichne). Fest-

weniger auf die Wiederherstellung einer bestehenden Ordnung und die Wiedereinsetzung geltender Normen und Ideale als auf deren Transformation. Sie stellt also nicht eine ehemals funktionierende Übereinstimmung zwischen Norm und Realität, die verloren gegangen war, wieder her, sondern will eine widersprüchliche und krisenhafte Situation in etwas Neues überführen.

Die Überwindung von Einseitigkeiten, die Beseitigung der Defizite, die die immanente Kritik aufweist, führt also zu einer Transformation, an deren Ende sich beide Seiten, die Wirklichkeit und ihr Begriff, der »Gegenstand« und sein »Maßstab« (wie in Hegels *Phänomenologie des Geistes* beschrieben) verändert haben. Sofern die Kritik des atomistischen Selbstmissverständnisses der bürgerlichen Gesellschaft (Beispiel A') die Beschränktheit dieses Verständnisses aufweist, zielt diese Kritik auf einen Transformationsprozess, in dem sich der Ausgangspunkt (die Annahme der Unabhängigkeit) zu einer Einsicht in die Dialektik von Abhängigkeit und Unabhängigkeit transformiert, so dass sich Unabhängigkeit nunmehr als Resultat einer aneignenden Durcharbeitung der Abhängigkeit darstellt.[47] Und auch die Psychoanalyse will Zusammenhänge und Widersprüche nicht nur aufdecken (helfen), sondern durch dieses Aufdeckungsgeschehen Transformationen herbeiführen.

(7) *Immanente Kritik als Erfahrungs- und Lernprozess.* Während interne Kritik *statischen* oder konservierenden Charakter hat, ist immanente Kritik *dynamisch* in einem sehr anspruchsvollen Sinn.

zuhalten ist allerdings, dass auch die transformativ-immanente Kritik rekonstruktiv in der Hinsicht bleibt, dass sie in den Krisenmomenten den Ansatz einer »vernünftigen« Entwicklung sucht. Ich fasse das Problem damit auch anders auf als Seyla Benhabib, die in jenem Verlangen nach Transformation bereits ein Überschreiten des Konzepts immanenter Kritik sieht. Vgl. dazu ihre Unterscheidung von »*fulfillment*« und »*transformation*« bei Marx, in: Benhabib, *Critique, Norm, and Utopia*, a. a. O., S. 67. Meinem Verständnis nach gehört dagegen das transformierende Moment – gerade wenn man immanente Kritik von Hegels *Phänomenologie des Geistes* aus versteht – zur Verfahrensweise immanenter Kritik selbst.

47 Der »Bildungsprozess«, von dem Hegel in der *Rechtsphilosophie* (§ 187) spricht (G. W. F. Hegel, *Grundlinien der Philosophie des Rechts*, in: ders., *Werke in zwanzig Bänden*, Frankfurt/M. 1986, Bd. 7), wäre ein solcher sozialer Erfahrungsprozess, in dem der Ausgangspunkt – Unabhängigkeit – sich selber ändert: Die Einsicht in die mit den Institutionen des allgemeinen (z. B. Waren-)Verkehrs gesetzte Interdependenz und die praktische »Realisierung« dieser Interdependenz zielt auf die Transformation des bis dahin defizient gebliebenen sozialen Bandes.

Sie ist das Medium (oder besser: der Katalysator) eines sich durch die Kritik anreichernden *Erfahrungs- und Lernprozesses*. Die kritisierte Wirklichkeit ist nämlich *erstens* durch die Erfahrungen eines Scheiterns oder eines Defizits zum Eintritt in diesen Veränderungsprozess genötigt. Dabei stellt sich *zweitens* der Prozess des Scheiterns und der Überwindung des Scheiterns als Anreicherungs- und Fortschrittsbewegung – also als ein Lernprozess – dar. Zu einem sich anreichernden Erfahrungsprozess wird die Entwicklung von einer defizitären zu einer neuen Praxis (und einem neuen Selbstverständnis) genau deshalb, weil sie nicht einseitig in der Destruktion und Überwindung einer falschen Position besteht, sondern aus der Erfahrung des Scheiterns eine neue Position gewinnt. Das ist es, was Hegel »bestimmte Negation« nennt.[48] Die durch immanente Kritik angestoßene Entwicklung lässt sich daher als eine Art von Problemlösungsprozess verstehen, dessen »Wahrheit« oder Plausibilität darin liegt, dass er die Verarbeitung des Ungenügens der vorherigen Position »in sich enthält«.

Folgt also im Fall der bürgerlichen Gesellschaft aus dem Defizit der naturrechtlich beschriebenen Freiheit und Gleichheit die »materiale und positive« Freiheit und Gleichheit, so hat die in Frage stehende historisch-gesellschaftliche Formation aus den Defiziten der »bürgerlichen Freiheit« gelernt; dabei ist dieses Resultat aber ohne die Vorgeschichte der Überwindung der vorangehenden Position nicht denkbar. Ebenso gewinnt in der Psychoanalyse das »geheilte« Subjekt seine Freiheit in der Konfrontation mit den es behindernden Symptomen und deren Durcharbeitung. Auf dem Hintergrund einer psychologischen Theorie, für die es, wie für die Freuds, so etwas wie »Gesundheit« in gewisser Weise gar nicht gibt, sondern nur pathologische und weniger pathologische Weisen des Umgangs mit Konflikten, die als solche nicht nur unausweichlich, sondern auch konstitutiv für die Entwicklung der Persönlichkeit sind, ist jede psychische Verfasstheit das Ergebnis einer Konfliktgeschichte. Oder anders: Sie ist Ergebnis eines Austarierens von Konflikten, die als solche nicht einfach verschwinden, sondern für das Ergebnis konstitutiv bleiben.[49] Der psychoanalytisch verstandene

48 Der Charakter dieses Lernprozesses und auch die genauere Charakterisierung der Bewegung bestimmter Negation ist Gegenstand von Teil 4.

49 Im Gegensatz dazu zielt zum Beispiel die Verhaltenstherapie allein auf das Ergebnis, das heißt die Wiederherstellung der Funktionsfähigkeit. Sie braucht deshalb

Prozess der Persönlichkeitsentwicklung wie auch der psychoanalytisch-therapeutische Prozess wäre so als Erfahrungs- und Lernprozess beschreibbar, dessen Bewegungsprinzip dem der »bestimmten Negation« gar nicht so unähnlich ist.[50]

Die Struktur immanenter Kritik

Vergleichen wir zusammenfassend die Struktur der immanenten mit der der internen Kritik anhand des oben schon entwickelten Strukturmodells.

(a) Schon bei den drei *Voraussetzungen* interner beziehungsweise immanenter Kritik lassen sich Unterschiede ausmachen:

(1) Der Ausgangspunkt interner Kritik lautete: Eine gegebene Situation ist dadurch gekennzeichnet, dass in ihr gleichzeitig eine *Norm N akzeptiert* ist und eine *Praxis P ausgeübt* wird.
(1') Immanente Kritik fügt hinzu: Beides ist nicht kontingent, sondern steht in einem notwendigen Zusammenhang.

(2) Interne Kritik behauptet: Eine Norm N ist *anwendbar* auf eine Praxis P beziehungsweise *betrifft* diese.
(2') Immanente Kritik formuliert anspruchsvoller: N ist *konstitutiv* für P und konstituiert P auch *tatsächlich* (wenn auch in widersprüchlicher Weise).

(3) Interne Kritik stellt fest: Zwischen der Norm und der Praxis besteht ein *Widerspruch* beziehungsweise N ist in P nicht *verwirklicht*.
(3') Immanente Kritik behauptet: Ist N in P auf defiziente Weise verwirklicht, so zeigt sich dabei eine *innere Wider-*

keinen Bewusstwerdungsprozess und verhält sich gegenüber dem Symptom rein negativ; die Psychoanalyse dagegen braucht das Symptom bzw. arbeitet mit ihm und fasst, so könnte man sagen, die Heilung als aufhebende Aneignung auf.

50 Selbst wenn es fraglich ist, ob sich die Idee der Entwicklung durch Krisen hindurch und die Idee des »positiven Gehalts« des Negierten durchgehend behaupten lässt, steht damit gerade in metapsychologischer Hinsicht die Psychoanalyse dem Hegelschen bzw. dialektischen Entwicklungsmodell nahe. Als »dialektischen Entwicklungsprozess« beschreibt ihn entsprechend auch der Psychoanalytiker Gottfried Fischer (in: ders., *Dialektik der Veränderung in Psychoanalyse und Psychotherapie*, a. a. O.).

sprüchlichkeit beziehungsweise *Defizienz* von N *und* P und damit der widersprüchliche Charakter der durch N konstituierten Praxis selbst.

(b) Sind diese Voraussetzungen gegeben, unterscheiden sich die *Verfahren* interner und immanenter Kritik folgendermaßen:

(4) Interne Kritik weist einen Zusammenhang zwischen N und P auf und macht diesen explizit. Sie stellt also fest, dass N eine Norm ist, die auf die Praxis P zielt, beziehungsweise dass P eine Praxis ist, die unter N fällt.
(4') Immanente Kritik dagegen deckt auf, inwiefern N in P wirksam und P auf N angewiesen ist, es handelt sich also um einen Zusammenhang in einem stärkeren Sinne der wechselseitigen Abhängigkeit und zudem um einen, der mit Mitteln der Analyse hergestellt werden muss.

(5) Interne Kritik verweist auf die Nichtübereinstimmung zwischen N und P.
(5') Immanente Kritik analysiert die innere Widersprüchlichkeit der durch N konstituierten Praxis P.

(6) Interne Kritik stellt die Forderung nach Angleichung von P an N.
(6') Immanente Kritik wirkt als »Ferment« der praktischen Transformation von N und P.

Ein Verfahren, Zusammenhänge herzustellen

Wie also verfährt immanente Kritik im Gegensatz zur internen? Auch immanente Kritik zieht, wie schon die interne, mit den Schritten (4') bis (6') die Konsequenz aus den Voraussetzungen (1') bis (3'). Auch immanente Kritik ist nur *möglich*, wenn diese Voraussetzungen gegeben sind, und andererseits *nötig*, weil sich die Konsequenzen aus den Voraussetzungen nicht von alleine ziehen. Aufgabe und Tätigkeit der immanenten Kritikerin unterscheiden sich aber dennoch von denen der internen Kritikerin.

Einerseits nämlich unterscheiden sich die Voraussetzungen: Die immanente Kritikerin geht von einer »widersprüchlichen« Situation aus, die mindestens latent krisenhaft und nicht nur inkonsistent ist. Aber auch ihre Aufgabe unterscheidet sich: Sie muss den konstitutiven Charakter von N für P (4') aufweisen; sie muss die Wirksamkeit von N in P zeigen. Und sie muss nachweisen, dass P auf N angewiesen ist. Schließlich muss auch der Widerspruch nicht nur aufgewiesen, sondern als zwingender behauptet werden. Die Forderung nach Angleichung von P an N schließlich wird, wie wir gesehen haben, abgelöst durch die Transformation von N und P selbst. Wenn von der Kritik hier gesagt wird, dass sie als »Ferment« oder Katalysator dieser Transformation wirke, dann soll das bedeuten, dass die Kritik (in ihrer Einheit mit der Analyse, das heißt dem Aufweis der oben beschriebenen Zusammenhänge) selbst praktisch-transformativen Charakter erhält. Dem entspricht in der Psychoanalyse das, was Alfred Lorenzer die »Doppelnatur des psychoanalytischen Vorgehens, kritisch-hermeneutisches *und* praktisch-änderndes Verfahren zu sein«,[51] genannt hat.

Beide Aufgaben, die, zwischen den einander widersprechenden Elementen überhaupt einen Zusammenhang herzustellen, und die, hier einen Widerspruch zu lokalisieren, stellen sich als ein theoretisch anspruchsvolles Unternehmen dar. Im Gegensatz zur These Michael Walzers, dass Kritik keine (Gesellschafts-)Theorie, sondern lediglich »Mut, Mitleid und ein gutes Auge« benötige, beruht immanente Kritik auf Analyse und ist damit auf Theorie angewiesen. Die theoretische Anstrengung ist Teil der Praxis der Kritik. Sehr vereinfacht gesagt: Wir können womöglich mittels eines »guten Auges« sehen, wenn Menschen leiden. Aber wir brauchen eine Theorie, um dieses Leiden als durch Ausbeutung oder Entfremdung im Marxschen Sinne verursacht zu entziffern.[52] Auch die Spannung

51 Alfred Lorenzer, *Die Wahrheit der psychoanalytischen Erkenntnis. Ein historisch-materialistischer Entwurf*, Frankfurt/M. 1986, S. 138.

52 Man kann sogar noch weiter gehen. Nicht nur liegen Ausbeutung und Entfremdung nicht auf der Hand, noch unsere Wahrnehmung von Verletzungen und misslichen Zuständen – ob diese andere oder uns selbst betreffen – ist geprägt von und wird ermöglicht durch Begriffe und Konzepte, die uns etwas als verletzend oder schlecht erschließen. Ob wir das Schreienlassen von Säuglingen grausam finden, hängt nicht nur von kulturellen Prägungen ab, sondern – gerade wo es darum geht, diese zu ändern – auch davon, was wir über das innere Erleben und die innere Erfahrungswelt von Säuglingen wissen und uns vorzustellen vermögen. Deutungen sind hier also immer schon am Werk. Und der Theorieverzicht bedeutet in dieser Hinsicht lediglich, dass man sich auf seine ein-

zwischen der Aussage des Patienten: »Ich bin ein ungemein friedfertiger Mensch« und seinem Bericht: »Ich träume immer von Ungeheuern, denen ich den Kopf abbeiße«, wird man vor allem dann verstehen, wenn man eine theoretisch informierte These über das Zusammenspiel von »bewusst« und »unbewusst« hat. Immanente Kritik braucht also genau deshalb, anders als Walzer es für die lokale interne Kritik behauptet, eine »gute Theorie«. Die erst analytisch aufzuschließende normative Grundlage einer Gemeinschaft und der erst auf diese Weise aufzudeckende Verstoß sind mit dem »guten Auge« des Kritikers alleine nicht zu leisten.

Habe ich oben interne Kritik als »Verfahren, Zusammenhänge aufzufinden« charakterisiert, so ist immanente Kritik ein Verfahren, Zusammenhänge *nicht nur aufzuweisen, sondern herzustellen.* Es zeichnet nämlich das Verfahren und die Gegenstandsbereiche immanenter Kritik aus, dass solche Zusammenhänge nicht »auf der Hand« liegen. Immanente Kritik analysiert eine gegebene soziale Situation in einer Weise, die einen Zusammenhang etabliert, der ohne das analytische Verfahren des Kritikers nicht sichtbar wäre. Erst auf diesem Hintergrund stellt sich etwas als »Widerspruch« dar.[53] Dies gilt etwa auch für Hegels Kennzeichnung der bürgerlichen Gesellschaft als »Zusammenhang«: Erst weil sich diese Gesellschaft als sittlich angelegter Zusammenhang verstehen lässt, wird das ungelöste Problem der Armut und der Entstehung des Pöbels als ein Widerspruch kenntlich, der diesen Zusammenhang normativ bedroht.[54]

gespielten Alltagsdeutungen verlassen soll. Damit soll nicht bestritten werden, dass es manchmal andere Medien als die Theorie sein können, die uns solche Erfahrungen zugänglich machen.

53 Vgl. dazu Paul Redding, *Analytic Philosophy and the Return of Hegelian Thought*, Cambridge 2007, Kap. »Hegel and Contradiction«, der die These vertritt, dass die Widersprüche, indem sie in den Raum der Gründe transformiert werden, erst gemacht werden.

54 Vgl. Lohmann, *Indifferenz und Gesellschaft,* a. a. O., S. 47: »Marx bezeichnet den Einheitstypus der bürgerlichen Gesellschaft mit demselben Begriff, den auch Hegel zu ihrer Charakterisierung verwendet: ›Zusammenhang‹. ›Zusammenhang‹ ist in Hegelscher Terminologie die Kennzeichnung eines Reflexionsverhältnisses zwischen einzelnen, für sich selbständig erscheinenden Elementen (Besonderheiten), die aber zur Realisierung ihrer Besonderheit (der Realisierung ihrer Bedürfnisse) die Beziehung auf andere Besonderheiten nötig haben. Die Notwendigkeit der Beziehung auf andere macht die Bestimmung der Allgemeinheit aus, die aber zu einem Mittel in der Realisierung des Besonderen wird. Diese

Der Begriff des »Zusammenhangs« (und das Verfahren, einen solchen herzustellen) wird hier also von einem unscheinbaren zu einem theoretisch anspruchsvollen Begriff. Wenn Marx entsprechend von der bürgerlichen Gesellschaft als dem »Zusammenhang der Zusammenhangslosigkeit« spricht, ist damit ein entscheidender systematischer Ansatzpunkt für deren Kritik benannt. Der »Widerspruch« – für die interne Kritik synonym mit Inkonsistenz – wird hier zu einem »dialektischen Widerspruch«, in dem die beiden einander widersprechenden Anteile eines Zusammenhangs gleichzeitig konstitutiv aufeinander verwiesen sind und damit das scheinbar Zusammenhangslose seiner Zusammenhangshaftigkeit überführt wird.

Zusammengefasst muss man sich das Verfahren immanenter Kritik also folgendermaßen vorstellen: Ausgehend von notwendigen (systematisch angelegten) Widersprüchen ist immanente Kritik das *Ferment eines Transformationsprozesses*, der die Defizite der durch diese Widersprüche gekennzeichneten Situation überwindet. Die Verschränkung von Analyse und Kritik hat dabei auch das Resultat, dass Zusammenhänge sichtbar werden, die mit der Wahrnehmung der Realität zugleich die möglichen Reaktionsweisen auf sie transformieren. In dieser Hinsicht hat immanente Kritik auch ein »erschließendes Moment«, das Aspekte dieser Wirklichkeit neu sichtbar werden lässt. Genau in diesem Sinne ist das »kritische Verhalten« einerseits (passiv) abhängig vom krisenhaften Zustand des Kritisierten, andererseits (aktiv) »Ferment« der Transformation.

Wir werden im nächsten Abschnitt sehen, dass sich in den hier skizzierten Merkmalen sowohl die Stärke als auch die Problematik immanenter Kritik verbergen.

Realisierung ist etwas qualitativ anderes als die ›scheinhafte anfängliche Selbständigkeit von Einzelnem‹.«

6.3 Potentiale und Schwierigkeiten

Inwiefern ist nun die immanente Kritik *immanent*, inwiefern ist sie *kritisch*? Und inwiefern gelingt es ihr, beides gleichzeitig zu sein?[55] Die Beantwortung dieser Frage führt zu den Potentialen wie zu den Problemen der hier skizzierten Position.

Transformative Immanenz

Wie wir gesehen haben, findet immanente Kritik (in der von mir hier vertretenen »starken« Variante) ihre Maßstäbe in einem ganz anderen Sinn »im Kritisierten selbst« als die interne Kritik. Sie schließt nämlich an das, was sie im Bestehenden vorfindet, nicht positiv an. Die zu verwirklichende Norm ist nicht als Ideal schon in der Wirklichkeit vorhanden und entsprechend geradlinig einzufordern. Immanent verfährt diese Form der Kritik vielmehr in dem Sinne, dass sie – »negativistisch« – an den internen Widersprüchlichkeiten und Krisenmomenten ansetzt, die eine bestimmte Konstellation ausmachen. Immanenz ist hier transformativ gefasst – gleichzeitig aber ist die aus solcher Kritik hervorgehende Transformation ihrem Charakter nach eine immanente Transformation, sie entspringt immanent aus den mit einer sozialen Formation gesetzten Problemstellungen höherer Ordnung. Immanente Kritik schließt dann insofern an das in einer Konstellation Vorhandene an, als die Mittel zur Lösung des Problems oder der Krise *in* dieser Situation selbst verortet werden. Der Transformationsprozess wird also gewissermaßen von der Situation selbst nahegelegt, ist in ihr vorgezeichnet, selbst wenn er diese überschreitet. Der krisenhafte Widerspruch, mit dem immanente Kritik konfrontiert ist und uns konfrontiert, wird von ihr – im Gegensatz zur Verfahrensweise interner Kritik – also nicht nur als »notwendig«, sondern auch

55 Das ist im Grunde eine Reformulierung der von Anton Leist in seinem Aufsatz »Schwierigkeiten mit der Ideologiekritik« (in: Emil Angehrn, Georg Lohmann (Hg.), *Ethik und Marx*, Königstein/Ts. 1986, S. 58-81) gestellten Frage, wie Ideologiekritik gleichzeitig nicht-normativ und dabei dennoch kritisch sein könne. Habe ich diese Frage mit dem Hinweis darauf beantwortet, dass Ideologiekritik zwar normativ, aber nicht normativistisch sei und insofern ihr kritisches Potential als immanente Kritik entfalte (vgl. meinen Aufsatz »Was ist Ideologiekritik?«, a. a. O.), so zeigt sich jetzt, welche normative Hypothek mit dem Begriff von Problem, Krise oder Widerspruch und dem Prozess ihrer Lösung verbunden ist.

als »produktiv« aufgefasst. Das Defizit einer bestimmten Position kann sich nur anhand ihres Scheiterns erweisen, die Möglichkeit seiner Auflösung aber ergibt sich aus der Kritik des defizitären Zustands selbst. Auf eine sehr vorsichtige Weise deutet Adorno dieses gleichzeitig negativistische wie produktive Element der Kritik an, wenn er sagt:

> [D]as Falsche, einmal bestimmt erkannt und präzisiert, [ist] bereits Index des Richtigen, Besseren.[56]

Etwas robuster wird ein solches konstruktives Element der Kritik gedacht, wenn der Prozess von Krise und Kritik im oben angedeuteten Sinn als Anreicherungsgeschehen aufgefasst wird. Als transformative Immanenz lässt sich dann ein Vorgang bezeichnen, in dem sich »das Neue«, die gegenüber der alten geglückte Praxis, und die transformierte, reichhaltiger gewordene Norm nur in der Auseinandersetzung mit dem »Alten« und als dessen Überwindung, nicht in Absehung von diesem gewinnen lassen. Der jeweils »neue Zustand« wäre dabei »wahrer« als der alte, sofern er das Problem löst, das Defizit oder die Einseitigkeit aufhebt, die den alten Zustand in die Krise getrieben oder vor ein Problem gestellt hat.

Der Vorteil immanenter Kritik liegt also (im Gegensatz zum oben besprochenen Vorteil interner Kritik) nicht darin, dass in den bestehenden sozialen Praktiken und Institutionen schon die »Normen und Werte« enthalten wären, an die man nur anzuknüpfen hätte und die lediglich bewahrend rekonstruiert und verwirklicht werden müssten. Dennoch ist auch der immanente Kritiker in das Kritisierte involviert. Auch er urteilt nicht abstrakt, von einem externen Standpunkt aus, sondern von den konkreten Defiziten her und nach Maßgabe des in der Wirklichkeit vorhandenen Potentials zur Überwindung dieser Defizite. So teilen beide Kritikformen bei allen Unterschieden die Auffassung, dass das Bestehende nicht rein negativ ist. Es ist im Bestehenden – auch in seiner Widersprüchlichkeit – das Potential vorhanden, an das sich anknüpfen lassen muss, allerdings nur auf dem Wege einer Transformation. Dass das »Bessere« im Bestehenden aufzusuchen und in ihm schon vorgeformt ist, gehört also zu den Überzeugungen auch der immanenten Kritik. Damit liegt die Attraktivität – und geradezu das Verspre-

56 Adorno, »Kritik«, a. a. O., S. 793.

chen – des Programms der immanenten Kritik darin, dass diese es (wie Michael Theunissen mit Blick auf Adornos negativistisch-immanente Methode bemerkt hat) erlaubt, »an der Möglichkeit eines Anderen [festzuhalten und] diesem darüber hinaus auch Wirklichkeit zuspricht, und zwar Wirklichkeit in der bestehenden Welt«,[57] ohne sich dabei dieser gegenüber konservierend-affirmativ zu verhalten.

Ist immanente Kritik also gleichzeitig kritisch und immanent und gegenüber der internen Kritik in der Hinsicht stärker normativ, dass sie das »Bessere« über die bestehenden Normen hinaus projektieren kann, so zeigen sich hier auch die Probleme dieses Kritiktypus.

Schwierigkeiten mit der immanenten Kritik

Der Geltungsanspruch immanenter Kritik ist nicht wenig voraussetzungsreich. Von der *internen Kritik* hatten wir gesagt, dass sie lediglich die partikularen und kontingenterweise bestehenden Normen einer Gemeinschaft einfordert, ohne diese weitergehend begründen zu können. Sie kann also nur anführen, *dass* diese Normen in einer bestimmten Gemeinschaft gelten, und nicht begründen, *warum* diese gelten sollen. Wenn im Gegensatz dazu »externe Kritik« ihre kritisch-normative Kraft darauf gründet, dass sie einen von allen partikularen Lebensformen unabhängigen Maßstab behauptet, so tritt demgegenüber das von mir als Alternative und Vermittlungsposition eingeführte Modell immanenter Kritik mit einem Wahrheits- und Geltungsanspruch auf, der sich auf das Vernunftpotential der in den sozialen Praktiken verkörperten Normen noch in ihrer negativen oder krisenhaften Gestalt beruft. Der vernünftige Charakter dieser Normen besteht also weder allein in ihrer faktischen Geltung noch einem die entsprechenden Normen und Praktiken überschreitenden Kriterium. Er macht sich, wie ich behauptet hatte, vielmehr am Kriterium der erfolgreichen Überwindung der in den zu kritisierenden Verhältnissen liegenden Probleme, Krisen und Widersprüche fest – und letztlich am rationalen und sich zum Besseren anreichernden Charakter des

57 Michael Theunissen, »Negativität bei Adorno«, in: Ludwig v. Friedeburg, Jürgen Habermas (Hg.), *Adorno-Konferenz 1983*, Frankfurt/M. 1983, S. 41-65, hier S. 50.

durch die immanente Kritik angestoßenen Entwicklungsprozesses selbst.

Wie aber lässt sich eine solche Entwicklung (und damit der von der immanenten Kritik vermittelte Transformationsprozess) als eine Überwindung zum Besseren auszeichnen, wenn man dafür nicht ein finales Telos der Geschichte beziehungsweise des jeweiligen Prozesses in Anspruch nehmen möchte? Und wie überhaupt lassen sich »Krisen« als Motor der Entwicklung verstehen, wenn gerade die Betrachtung historischer Entwicklungen nahelegt, dass Krisen (und deren Lösung) nicht »objektiv gegeben« sind, sondern ihrerseits abhängig von Interpretationen, Selbstverständigungsprozessen und den von diesen inspirierten Handlungsketten und -verkettungen? Das Problem der normativen Bezugspunkte von immanenter Kritik scheint sich damit also nur zu verschieben. Schon die Frage, was ein praktischer Widerspruch oder eine Krise eigentlich ist, und was seine oder ihre »Lösung«, beantwortet sich ja, wie wir gesehen haben,[58] nicht von selbst. Inwiefern ist die materielle Ungleichheit ein Widerspruch zur rechtlichen Gleichheit? Inwiefern bedeutet der Umstand, dass, wie Hegel formuliert, die bürgerliche Gesellschaft »bei all ihrem Reichtum nicht reich genug« für die Lösung des drängenden Problems von Armut und Ausschluss ist, eine »Krise« ebenjener Gesellschaftsformation? Und wiederum: Was »funktioniert« hier nicht, wo doch einiges funktioniert?

Zur Rekonstruktion immanenter Kritik

Aus meiner in den vorangegangenen Kapiteln entwickelten Beschreibung der Normativität von Lebensformen ergeben sich bereits einige Ansätze zur Lösung dieser Probleme – und Aufgaben für die nächsten Kapitel.

Erstens: Die Frage, wie sich entscheidet, was als »Funktionieren« und als »Problem« gilt, verweist auf eine Zweideutigkeit in der Rede von den »inhärenten Normen«. Diese können Normen im *funktionalen* Sinne oder *ethische* Normen sein. Die von mir in Kapitel 3 vorgestellten Überlegungen zur Normativität von Lebensformen unterlaufen allerdings eine solche Unterscheidung. Die hier betrachteten Normen sind Normen des Funktionierens und

58 Vgl. oben, Kapitel 4, und unten, Kapitel 9.

des Gutseins zugleich. »Funktionieren« bedeutet mit Blick auf die betrachteten gesellschaftlichen Prozesse mehr als einen reibungslosen Ablauf, nämlich immer das »gute« Funktionieren in einem gleichzeitig funktionalen wie ethischen Sinn. Ein »praktischer Widerspruch« ist, wie mein Begriff des »normativen Scheiterns« ausdrücken sollte, dadurch gekennzeichnet, dass in einem gesellschaftlichen Prozess Hemmnisse oder Krisen auftreten, die in beiden Hinsichten problematisch sind: *Etwas funktioniert nicht gut, und es ist nicht gut, wie es funktioniert.* Diese eigentümliche Verschränkung von ethischen und funktionalen Gesichtspunkten, deren Zusammenspiel ich mit dem Begriff der ethisch-funktionalen Begründung von Normen aufgefasst habe, trägt dabei dem Umstand Rechnung, dass es im Sozialen gar kein Funktionieren gibt, das unabhängig vom Gutsein wäre, und keine Krisen, die nicht gleichzeitig eine objektive wie eine subjektive Seite hätten. Für die Frage nach den Kriterien für Probleme wie auch für deren Lösung ergibt sich daraus ein Hinweis: Wenn Probleme immer auch normative Probleme, normative Probleme aber, umgekehrt, immer auch Probleme der Dysfunktionalität sind, so hätte deren Lokalisierung von beiden Seiten zugleich zu beginnen.

Zweitens: Ist immanente Kritik »ein Verfahren, Zusammenhänge herzustellen«, so kann man auf dem Hintergrund meiner Überlegungen dieser Praxis des Herstellens von Zusammenhängen eine gewissermaßen *konstruktivistisch-performative Wende* geben. Die Zusammenhänge wie auch die Widersprüche, die das Bewegungsprinzip dieser Kritik ausmachen, sind, wenn man meine Beschreibung von »Problemen« (und entsprechend: Krisen) zugrunde legt, gleichzeitig »gegeben« und »gemacht«. Das soll bedeuten: Weder »entdeckt« die immanent-kritische Analyse einfach die widersprüchlichen Zusammenhänge sozialer Wirklichkeit, noch konstruiert sie diese frei heraus. Selbst wenn die Widersprüche, von denen hier die Rede ist, nicht die zwingende Kraft haben, die man ihnen in der hegelianisch-marxistischen Tradition manchmal zugeschrieben hat, sind sie doch Resultat praktischer Probleme, die zwar nicht interpretationsunabhängig sind, sich aber – wie das Symptom – doch irgendwie »melden«, also praktische Konsequenzen und Verwerfungen hervorbringen. Immanente Kritik kann also ihre Analyse und Bewertung nicht auf zwingende »letzte Gründe« und auch nicht auf eine letztgültige und von den Akteuren unabhängige Interpretation sozialer Realität stützen. So wird sie Probleme und Widersprüche immer gleichzeitig analysieren und hervorbringen. Wenn man allerdings (soziale) Realität als etwas versteht, das uns, selbst wenn sie nicht »gegeben« ist, einen Widerstand entgegensetzt, so lässt uns das dennoch nicht ohne Kriterien.

Drittens muss immanente Kritik mit der *Vervielfältigung von Widersprüchen* rechnen. Es kann heute nicht mehr um die Aufdeckung eines oder des zentralen Widerspruchs der kapitalistischen Gesellschaft gehen, sondern um vielfältige, sich vervielfältigende und teilweise miteinander kollidierende Widersprüche. (Mein Konzept von Lebensformen ist ja auch in diesem Sinne ein offenes Konzept ohne Zentralperspektive.) Das hat unter anderem zur Konsequenz, dass man mit der Persistenz von solchen Konflikten und Widersprüchen beziehungsweise zu Widersprüchen führenden Kollisionen konfrontiert sein wird. Immanente Kritik ist also nicht auf ein romantisch-harmonistisches Ideal von Widerspruchsfreiheit, also so etwas wie die Idee einer endgültigen Überwindung von Konflikten festgelegt. Im Unterschied aber zu Positionen, die Widersprüchlichkeit als solche perpetuieren, betrachtet sie diese als ein Bewegungsmoment, das auf deren wie auch immer *vorläufige* Überwindung drängt.

Viertens: Wie sich an meiner Rekonstruktion von immanenter Kritik gezeigt hat, hängt die Möglichkeit der Etablierung eines kritischen Standards für die Bewertung von Lebensformen an der Möglichkeit, so etwas wie einen *rationalen Lernprozess* zu beschreiben. Der Geltungsanspruch immanenter Kritik liegt demzufolge im rationalen Charakter des von ihr in Anspruch genommenen Transformationsprozesses selbst. Er ist gegründet in der Vorstellung, dass die Resultate immanenter Kritik – die Transformation, die diese in die Wege geleitet hat – die jeweils *richtige* (und *unumgängliche*) Lösung für ein Problem oder eine Krise sind, in die eine bestimmte Situation (eine soziale Praxis oder eine Institution) geraten ist. Die Normen und Praktiken erheben einen Geltungsanspruch, an dem sie dann scheitern oder sich transformieren. Dann wäre der Geltungsgrund immanenter Kritik gezeichnet durch so etwas wie einen »historischen Index«: Er besteht, nimmt man meine These von den Lebensformen als Problemlösungskompetenzen ernst, in der Rationalität eines Erfahrungs- oder Lernprozesses, den man als die Geschichte von Problemlösungen oder die Geschichte der Überwindung von Defiziten oder Krisen verstehen kann.

Interne und immanente Kritik unterscheiden sich dann hinsichtlich ihrer normativen Kraft nicht so sehr in ihrem Ausgangspunkt: Auch die Normen und die Praktiken, auf die sich immanente Kritik bezieht, sind zunächst einmal faktisch gesetzt; was gilt, wird in einer bestimmten historischen und sozialen Konstellation vorgefunden. Der Unterschied besteht aber darin, dass dieser Ausgangspunkt im Folgenden einer im Prozess sich vollziehenden Rechtfertigung unterzogen wird. Normative Richtigkeit (wie epistemische Wahrheit) ist nicht etwas »da draußen«, sondern ergibt sich nur im Vollzug dieses Prozesses. Die Plausibilität und Anschlussfähigkeit des Modells immanenter Kritik hängt damit an der Ausweisbarkeit eines solchen Prozesses als eines *rationalen* Prozesses.

	Ansatzpunkt	**Grundlage der Kritik**	**Charakter**	**Normengeltung**	**Rolle der Theorie**
externe Kritik	extern (konstruktiv-universal oder extern-partikular)	Widerspruch zwischen externem Maßstab und vorfindlichen Praktiken	konstruktiv	universal (im Fall der konstruktiven Kritik)	normative Theorie als »Richter«
interne Kritik	intern: geteilte Werte/Normen und Überzeugungen	Widerspruch im Sinne von Inkonsistenz zwischen internen Idealen und Wirklichkeit	rekonstruktiv	intern und partikular	keine
immanente Kritik	intern: in soziale Praktiken eingelagerte Normen	»dialektischer« Widerspruch im Innern der Konstellation, Krise	transformativ	rationale Normen – ausgewiesen qua immanenter Rechtfertigung	Notwendigkeit der Analyse zum Aufweis von Widerspruch und Krise

Tabelle: Modelle der Kritik

Vierter Teil
Die Dynamik der Krise und die Rationalität sozialen Wandels

> Politische Revolutionen werden durch ein wachsendes […] Gefühl eingeleitet, daß die existierenden Institutionen aufgehört haben, den Problemen, die eine teilweise von ihnen selbst geschaffene Umwelt stellt, gerecht zu werden.
> *Thomas Kuhn*

> Es wird sich zeigen, daß es sich nicht um einen großen Gedankenstrich zwischen Vergangenheit und Zukunft handelt, sondern um die *Vollziehung* der Gedanken der Vergangenheit. Es wird sich endlich zeigen, daß die Menschheit keine *neue* Arbeit beginnt, sondern mit Bewußtsein ihre alte Arbeit zustande bringt.
> *Karl Marx*

Lebensformen, so hatte ich behauptet, sind Problemlösungsinstanzen. Die Probleme allerdings, um die es hier geht, stellen sich nicht ein für alle Mal und nicht immer wieder gleich; sie sind historisch situiert und normativ vordefiniert, sind Resultate vergangener Problemlösungen, die zu neuen, wiederum historisch situierten und normativ gefassten Problemen führen. Erreichte Problemlösungen (und entsprechend: Lebensformen) sind also, wenn man so will, jeweils »Zwischenetappen« von Problemlösungsprozessen. Wenn dann aber Lösungen angemessen oder unangemessen sein können, so sind sie dies vor dem Hintergrund einer Dynamik von Widersprüchen und Krisen, die die jeweiligen Lebensformen als Problemlösungsinstanzen durchlaufen haben; ihr Gelingen oder Scheitern hat einen historischen und kontextuellen Index. Lebensformen sind also, meiner These nach, Resultat eines konfliktgesteuerten sozialen Transformationsprozesses, dessen Rationalität nur vor dem Hintergrund dieser Geschichte als Problemlösungsgeschichte zu verstehen und zu beurteilen ist.

Meine Ausgangsfrage nach der Kritisierbarkeit von Lebensformen wird durch diese Überlegungen in eine neue Perspektive gesetzt. Es ist dann nicht mehr die einzelne Problemlösung, die sich als angemessen oder unangemessen, rational oder irrational, gut oder schlecht erweisen kann, sondern die historische Dynamik des mit ihr gesetzten Transformationsprozesses. Die Rationalität der Abfolge von Problemlösungen selbst – als etwas, das sich im besten

Fall als Lernprozess beschreiben lässt – wird damit zum Kriterium für das Gelingen von Lebensformen. Rational ist eine solche Transformation nicht aufgrund eines normativen Bezugspunkts »da draußen«, sondern – so ist ja in Kapitel 6 auch der Geltungsgrund immanenter Kritik gefasst worden – weil und insofern sie einen nachvollziehbaren Erfahrungs- oder Lernprozess beschreibt, den man als Geschichte der Überwindung von Defiziten oder Krisen verstehen kann. Aber: Nicht jede Dynamik ist produktiv, nicht jede Verarbeitung von Erfahrung ist gelungen, und nicht jede Stillstellung einer Krise schon deren Lösung. Es gibt auch »regressive Reaktionsbildungen« oder problematische Abschottungsvorgänge gegenüber der Realität von Konflikten. Kurz: Es gibt gelingende, aber auch defizitäre Problemlösungsprozesse. Eine noch sehr schematische Antwort auf die Frage nach dem Gelingen von Lebensformen ließe sich also folgendermaßen formulieren: Eine gelungene Lebensform ist etwas, das sich als Resultat einer gelungenen Transformationsdynamik verstehen lässt. Schlecht, irrational oder unangemessen sind Lebensformen umgekehrt, sofern sie von systematischen Blockaden oder Störungen in Bezug auf die Wahrnehmung und Lösung von Problemen gezeichnet und entsprechend das Resultat misslungener oder defizitärer Transformationsprozesse sind.

Umstellung auf das Wie

Zur Debatte steht dann aber nicht mehr nur das *Resultat*, die Angemessenheit, das Gelingen oder die Rationalität der mit einer Lebensform gegebenen Problemlösung selbst. Gefragt wird vielmehr nach dem *Charakter des Prozesses*, der zu einer bestimmten Lösung geführt hat. Aus der Frage: »Wie lassen sich gute von schlechten, irrationalen oder unangemessenen Lebensformen unterscheiden?« wird so die Metafrage: »Wie lassen sich gelingende von misslingenden (oder irrationalen) Prozessen sozialer Transformation unterscheiden?« Damit ist die substanziell-inhaltliche Frage nach dem Gelingen von Lebensformen aufgelöst in die (in einiger Hinsicht) formalere Frage nach der Verlaufsform und Entwicklungsdynamik von Lebensformen.

Man kann diese »Formalisierung« mit Hilfe eines Vorschlags von Ernst Tugendhat erläutern. Dieser schlägt vor, die Frage nach dem guten Leben so umzuinterpretieren, dass es hier nicht mehr um das *Was* des für ein gutes Leben ethisch Geforderten geht, sondern um das *Wie* des Vollzugs dieses Lebens.[1] Nimmt man diese Unterscheidung auf, so wäre die entscheidende Frage zur Beurteilung von Lebensformen nicht mehr, *was* in ihnen realisiert sein muss, welche spezifischen substanziellen Gehalte, welche Praktiken und Institutionen in ihnen gegeben sein müssen, damit eine Lebensform als gelungen gelten kann; zu untersuchen wäre vielmehr, *wie* diese Praktiken entstanden sind, wie der Prozess ihrer Etablierung und Erhaltung sich darstellt und ob die sich in ihnen verkörpernden Problemlösungen als angemessene Reaktionen auf die entsprechenden Problemstellungen gelten können. In der Fluchtlinie solcher Überlegungen steht dann nicht so sehr eine inhaltlich ausformulierte und ethisch distinkte Auszeichnung bestimmter Lebensformen gegenüber anderen, als die Qualifizierung von Entwicklungs- oder Transformationsprozessen unter dem Gesichtspunkt gelingender sozialer Lernprozesse im Gegensatz zu regressiven Dynamiken. Die Kritik von Lebensformen wird damit zu einer Art Metakritik historisch-sozialer Prozesse.

Gab es nun, wie wir am Ende des zweiten Teils gesehen haben, bereits in Bezug auf die Auszeichnung von Problemen, mehr noch aber in Bezug auf die Frage, was als deren Lösung gelten darf, notorische Interpretationsstreitigkeiten, so deutet sich mit dieser Antwortstrategie ein Ausweg an. Eine gehaltvolle Explikation dieser Antwort ist allerdings einigermaßen voraussetzungsreich.

Fortschritt als gelingender Lernprozess

Um diese zu leisten, muss im letzten Teil dieser Untersuchung die *innere Dynamik* von Lebensformen genauer betrachtet werden. Stellen sich Lebensformen nämlich als ein krisenhaftes Problemlö-

1 Vgl. Ernst Tugendhat, »Drei Vorlesungen über Probleme der Ethik«, in: ders., *Probleme der Ethik*, Stuttgart 1993, S. 57-131. Ich habe von dieser Unterscheidung bereits in meiner Studie zum Problem der Entfremdung Gebrauch gemacht, vgl. Rahel Jaeggi, *Entfremdung. Zur Aktualität eines sozialphilosophischen Problems*, Frankfurt/M. 2005. Man kann die Analogie hier noch weiter treiben: Sind gelingende Lebensvollzüge, wie ich hier in Anlehnung an Tugendhat entwickelt habe, bezogen auf das Subjekt durch die Fähigkeit des Über-sich-verfügen-Könnens ausgezeichnet, so wären entsprechend misslingende Lebensformen Weisen des kollektiven Nicht-über-sich-verfügen-Könnens, der kollektiven Unzugänglichkeit von Erfahrungen und der diesen entsprechenden kollektiven Lernblockaden.

sungsgeschehen dar, so impliziert das offenbar eine Entwicklungslogik. Konstituieren sich die Rationalitätsmaßstäbe einer Lebensform durch die Kette der Erfahrungen ihres Scheiterns und ihrer Reaktionen darauf, so ist damit ein jeweils historisch erreichtes Niveau bezeichnet, auf dem neu auftretende Krisen verstanden und bewältigt werden müssen. Unvorsichtig gesagt, steht mit der Plausibilisierbarkeit einer so umschriebenen Anreicherungsdynamik so etwas wie die Idee eines sozialen *Fortschritts* auf dem Spiel. Wie aber lässt sich behaupten, dass in einer Folge sich verändernder sozialer Praktiken und Lebensformen etwas nicht nur *anders*, sondern *besser* wird? Nach welchen Kriterien also verfährt eine Qualifizierung solcher Prozesse?

Mein Vorschlag für die Entwicklung solcher Kriterien besteht darin, die gesuchte Dynamik als *Lernprozess* aufzufassen, oder anders gesagt: Ihre Qualität daran zu messen, ob es sich um einen genuinen Lernprozess handelt. Werden solche Lernprozesse ausgelöst durch Erfahrungen des Scheiterns und Ungenügens einer Lebensform in Bezug auf die (mit) ihr gesetzten Anforderungen, so wird nur dort tatsächlich *gelernt*, wo auftretende Probleme auf einem bestimmten normativen Niveau im Modus eines Anreicherungsprozesses reflexiv bewältigt werden können. Ob Lebensformen das Resultat eines solchen gelingenden Lernprozesses sind und ob sie weitere solche Lernprozesse ermöglichen oder behindern, wird damit zum Kriterium für ihr Gelingen und ihre Rationalität. Nun werden in einem solchen Lernprozess nicht nur überhaupt Probleme bewältigt. Es ist, wie wir oben gesehen haben, ein wichtiges Charakteristikum von Lebensformen, dass diese in ihrem Vollzug reflektiert werden, dass sich also in Bezug auf sie ein (kollektives) Selbstverständnis und Deutungsmuster etabliert. Zur Frage nach dem Gelingen einer Lebensform als Lernprozess gehört also auch die nach der reflexiven Zugänglichkeit dieses Prozesses, oder allgemeiner: danach, auf welche Weise sich die in eine Lebensform Involvierten zu dieser verhalten oder ins Verhältnis setzen können. Es geht damit (wiederum in lockerer Aufnahme des Tugendhatschen Motivs) auch um die kollektive Zugänglichkeit oder Unzugänglichkeit von Erfahrungen.

Die hier vorgeschlagene Perspektivenverschiebung von der Frage nach der Möglichkeit einer Kritik von Lebensformen auf deren interne Lerndynamik ist einerseits eine Entlastung von der substanziell-inhaltlichen Beantwortung ethischer Fragen. Sie nimmt aber gleichzeitig eine neue »Hypothek« auf, sofern mit ihr eine Verschiebung von der Ethik zu geschichtsphilosophisch inspirierten Fortschrittsannahmen einherzugehen scheint.[2] Die Annahme einer durch krisenhafte Transformationen induzierten Fortschrittsentwicklung ist ja eine nicht unproblematische Implikation meiner bisherigen Darstellung. Und die Behauptung, sinnvolle Rationalitätskriterien für die Dynamik sozialen Wandels ausweisen zu können, trägt argumentativ eine nicht unbeträchtliche Last. Allerdings soll der Vorschlag, eine solche Dynamik als durch Probleme und Krisen ausgelöste Lernprozesse zu verstehen und Defizite als Defizite in Bezug auf das Lernen zu untersuchen, die Last dieser Hypothek zugleich etwas abmildern: »Fortschritt« soll sich, meinem Vorschlag zufolge, ja gerade nicht an einem extern gesetzten, vorgegebenen Ziel »da draußen« orientieren oder an einer »Wahrheit der Geschichte«, die sich als »archimedischer Punkt« außerhalb des Prozesses selbst befände, bemessen, sondern an Kriterien, die sich inhärent auf das Transformationsgeschehen selbst richten. Weiterhin ist, wenn man diese Transformationsprozesse als Lernprozesse auffasst, kein selbstläufig sich vollziehender und zwingender Entwicklungsprozess gemeint. Und nicht nur hat ein solcher Lernprozess, so jedenfalls werde ich argumentieren, kein von vornherein feststehendes Ziel; es ist auch nicht zu sehen, inwiefern die hier gesetzte Dynamik von Problemen und Krisen an ein von vornherein bestimmbares Ende kommen könnte.[3] Mit dem Motiv der Lernprozesse in Bezug auf Lebensformen wird schließlich nicht eine Fortschrittsbewegung der Menschheit insgesamt unterstellt,

2 Man kann eine solche Verschiebung als eine der typischen Wendungen des Linkshegelianismus auffassen, die dieser bis hin zur (frühen) Kritischen Theorie genommen hat. Lässt sich das auch kritisch als eine Überdeckung ethischer Fragen durch Geschichtsphilosophie betrachten, bin ich hier am normativen Potential einer solchen Verschiebung und der Möglichkeit, diese sinnvoll zu rekonstruieren, interessiert.

3 Die »Probleme mit der Geschichtsphilosophie« sind vielfach diskutiert worden, und die Geschichtsphilosophie ist in vielen Varianten verabschiedet worden, vgl. u. a. Odo Marquard, *Schwierigkeiten mit der Geschichtsphilosophie*, Frankfurt/M. 1973. Zur Diskussion um die Geschichtsphilosophie vgl. auch Matthias Lutz-Bachmann, »Subjekt und Geschichte. Über die Aufgaben von Geschichtsphilosophie heute«, in: Johannes Rohbeck, Herta Nagl-Docekal (Hg.), *Geschichtsphilosophie und Kulturkritik*, Darmstadt 2003, S. 278-292.

sondern Prozesse unterschiedlicher Größenordnung bezeichnet, die in unterschiedlichen Beziehungen zueinander stehen, aber nicht in Anspruch nehmen müssen, sich zu einer einheitlichen Fortschrittsbewegung zu summieren. Es gibt dann nicht die eine, zentrale Krise, sondern vielfältige und gegebenenfalls interferierende Störquellen, die aber auch systematisch miteinander zusammenhängen können. Damit ist eine Reformulierung einer starken geschichtsphilosophischen Position anvisiert, die die Teleologie der Letzteren, also die Annahme einer zwangsläufig notwendigen Stufenfolge der sozialen Entwicklung, gerade nicht teilt, sondern gewissermaßen »pragmatistisch deflationiert«[4] und sich außerdem auf vielfältige (auch kleinteilige) Transformationen beziehen lässt, ohne deren Zusammenspiel in einem »großen Ganzen« zu präjudizieren. (Unabhängig davon lassen sich natürlich, ganz im Sinne eines »modularen« Lebensformenkonzepts, vielfältige Interdependenzen und Wechselwirkungen analysieren.)

Eine weitere »Ermäßigung« ergibt sich aus dem *methodischen Status* der hier vorgebrachten Annahmen: Es handelt sich hier um eine *normative Konzeption von Lernprozessen*, das heißt, ich behaupte nicht, dass die Geschichte, wie wir sie kennen, tatsächlich als ein solcher Lernprozess verlaufen ist oder verlaufen wird; es geht also *nicht um die Rekonstruktion einer tatsächlichen Fortschrittsentwicklung* oder gar einer Prognose ihres Eintretens. Trotzdem ist die hier vertretene Konzeption problemlösender Lernprozesse der Dynamik von Lebensformen und den mit ihnen einhergehenden Transformationen der tatsächlichen Entwicklung nicht äußerlich. Sie tritt ihr nicht lediglich mit externen normativen Kriterien gegenüber. Die normative Entwicklungslogik, um die es hier geht, ist in der Problementfaltung von Lebensformen angelegt und wird durch diese nahegelegt. Es handelt sich also um die Rekonstruktion einer Dynamik von Lernprozessen, wie sie von den tatsächlich bestehenden historisch-sozialen Problemkonstellationen in bestimmter Hinsicht gefordert sein mag, aber nicht notwendigerweise bereits

4 Vgl. zum Projekt einer Deflationierung der Geschichtsphilosophie als »hermeneutische Ermäßigung der Fortschrittsidee« in Bezug auf die Geschichtsphilosophie Kants: Axel Honneth, »Die Unhintergehbarkeit des Fortschritts«, in: ders., *Pathologien der Vernunft. Geschichte und Gegenwart der Kritischen Theorie*, Frankfurt/M. 2007, S. 9-27.

verwirklicht wird.[5] Weder also existieren diese Lernprozesse ›immer schon‹, noch verhält es sich lediglich so, dass diese nur aus Sicht der externen kritischen Beobachterin existieren *sollten*. Mit dem Ausschlagen oder Verpassen solcher Lernprozesse gehen nämlich Kosten einher, die sich (wie in Kapitel 4) als ethisch-funktionale Krisen oder normatives Scheitern und bezogen auf die Fortschrittsidee als »Regression« beschreiben lassen.

Ansatz und Aufbau des vierten Teils

Nun ist hier nicht der Ort, eine umfassende und materiale Theorie sozialen Wandels zu entwickeln. Die Annahme »rationaler Lernprozesse« soll hier zunächst hinsichtlich ihrer strukturellen Implikationen untersucht werden, so dass im Rahmen dieser Untersuchung lediglich eine begriffliche Analyse der Verlaufsform und der Voraussetzungen solcher Prozesse, wie sie sich idealtypisch verstehen lassen, geleistet werden kann. Es geht also um eine Explikation der konzeptuellen Voraussetzungen eines Verständnisses von sozialen Lernprozessen. Wie können Probleme beziehungsweise Krisen verfasst sein, und welche Rolle spielen sie für den Verlauf der zu untersuchenden Wandlungsprozesse? Wie soll man sich den Verlauf eines Problemlösungsprozesses beziehungsweise der Krisenüberwindung vorstellen, und wann lässt sich eine soziale Entwicklung überhaupt als Lernprozess verstehen? Und schließlich: Was lässt sich daraus in Bezug auf die möglichen Obstruktionen und Defizite solcher Lernprozesse schließen?

Habe ich in der vorangegangenen Argumentation bereits starke Anleihen bei Hegels Sittlichkeitstheorie gemacht, so liegt es nahe, auch hier an die von ihm konzipierte Vorstellung einer dialektischen Dynamik aufeinanderfolgender historisch-sozialer Formationen anzuschließen. Allerdings erfordert, wie sich auch an der Problematik immanenter Kritik gezeigt hat, die Konzeptualisierung der

5 Dieses Verhältnis soll das Modell einer problemgesteuerten immanenten Kritik, wie ich es in Teil 3 entwickelt habe, aufnehmen. Mit der Methode der normativen Rekonstruktion, wie Axel Honneth sie in *Das Recht der Freiheit* (Berlin 2011) entwickelt, trifft sich mein Ansatz im Anti-Normativismus; allerdings geht meine Version einer solchen Rekonstruktion eher vom Negativen aus, von den negativen Phänomenen und Krisen, an denen sich eine normative Forderung zeigt, statt vom positiven Gehalt der vorhandenen Normen.

von mir gesuchten Lerndynamik eine pragmatistisch-praxistheoretische Reinterpretation dieser Motive. Die konzeptuellen Ressourcen für eine solche möchte ich nun aus einer Auseinandersetzung mit zwei weiteren Autoren – John Dewey und Alasdair MacIntyre – gewinnen. Die vergleichende Konfrontation mit deren ganz anders gearteten grundbegrifflichen Weichenstellungen für ein Verständnis krisenhafter sozialer Dynamiken, die im Zentrum dieses vierten Teils der Untersuchung stehen wird, soll dazu beitragen, die Struktur und den Verlauf solcher Dynamiken besser zu beleuchten und die systematische Erarbeitung eines Modells gelingender sozialer Lernprozesse von Lebensformen zu ermöglichen.

Dabei dient das *siebte Kapitel* dem systematischen Problemaufriss. Hier werde ich im Modus einer begrifflich-phänomenalen Vorverständigung erläutern, wie man das Motiv des Lernens, aber auch das der gelingenden oder verfehlten Lernprozesse verstehen kann und welche Voraussetzungen damit gesetzt sind. In Auseinandersetzung mit Dewey, MacIntyre und Hegel soll in den darauffolgenden Kapiteln die Möglichkeit einer philosophischen Konzeptualisierung sozialer Lernprozesse eingehender untersucht werden. Das *achte Kapitel* stellt die Ansätze der drei Philosophen einführend als Theorien kriseninduzierter sozialer Lernprozesse vor. Das *neunte Kapitel* widmet sich der Frage, wie sich die Gestalt sozialer Probleme, Krisen oder »Widersprüche« aus Sicht dieser Autoren darstellt und diskutiert die Angemessenheit der unterschiedlichen Konzeptionen für die Thematisierung von Lebensformproblemen. Das *zehnte Kapitel* widmet sich deren Vorstellungen bezüglich der Dynamik von Problemlösungsprozessen und schlägt ein Verständnis von »dialektisch-pragmatistischen« Lernprozessen vor, das sowohl dem bestimmten Charakter von Problemen als auch dem offenen Ausgang von Problemlösungsprozessen Rechnung tragen soll.

7. Kapitel
Gelingende und scheiternde Lernprozesse

Was ist in der Idee eines gelingenden oder misslingenden ethischen Lernprozesses in Bezug auf Lebensformen impliziert? Im *ersten Abschnitt* dieses Kapitels werde ich zur Klärung dieser Fragen die Begriffe »Veränderung«, »Entwicklung«, »Lernen« und »Fortschritt« erläutern und voneinander abgrenzen. Im *zweiten Abschnitt* werde ich fragen, wie sich die Struktur individueller Lernprozesse auf den überindividuellen Zusammenhang einer Lebensform übertragen lässt. Der *dritte Abschnitt* illustriert anhand von Beispielen, was mit gelingenden und defizitären Lern- oder Erfahrungsprozessen gemeint sein kann und was es bedeutet, diese hinsichtlich ihrer Qualität als Lernprozesse zu bewerten. Der *vierte Abschnitt* arbeitet abschließend heraus, welche Vorannahmen eine Konzeption von Lernprozessen als sich anreichernde Problementwicklung impliziert.

7.1 Veränderung, Lernen, Entwicklung, Fortschritt

Die Kompetenzen, die ein Kind im Laufe seiner Entwicklung erwirbt, wird man ohne große Probleme als Fortschritte bezeichnen, die sich bestimmten Lern- und Reifungsprozessen und dem Verarbeiten von Erfahrungen verdanken. Es geht hier um einen Zuwachs von Fähigkeiten in Bezug auf das Ziel des Erwachsenwerdens, um die Bewältigung von Lebenssituationen und um die Aneignung von Kompetenzen, die man braucht, um ein selbständiges Leben in der Gesellschaft führen zu können. Der Grund für die relative Unstrittigkeit dieser Beschreibung im Fall des sich entwickelnden Kindes liegt darin, dass es hier offensichtlich ist, dass es in Bezug auf das Kind *überhaupt* Veränderungen gibt (die vom Krabbeln zum Laufen oder die vom mühseligen Entziffern erster Worte zum Lesen), dass weiterhin diese Veränderungen eine Richtung (vom Nichtkönnen zum Können) haben, und schließlich, dass die Richtung dieser Veränderungen eine des Fortschreitens mit relativer Unhintergehbarkeit des jeweils erreichten Entwicklungsniveaus ist (hat man das Laufen oder das Lesen erst einmal erlernt, wird man es aller Voraussicht nach nicht wieder vollständig verlernen). Dazu kommt, dass das Ziel dieses Entwicklungsprozesses – das Erwachsenwerden, das Leben in Selbständigkeit – relativ unumstritten ist und allgemein positiv bewertet wird, sieht man von gewissen Differenzen in der Formulierung und Ausgestaltung dieses Ziels ab. Trivial sind die hier angesprochenen Momente aber dennoch nicht – und das umso weniger, je weiter sich die Anwendung der hier erwähnten Kriterien von solchen wohlvertrauten Anwendungsgebieten entfernt. Jedes einzelne der hier angerissenen Motive ist erläuterungsbedürftig.

(1) Wenn jemand eine *Veränderung* durchmacht, dann wird er nach dieser Veränderung anders sein, als er vorher war. Nicht jede Veränderung aber ist ein Lernprozess. Wenn ich morgens mit der Fähigkeit aufwache, an der Decke spazieren zu gehen, habe ich mich zwar ziemlich unerwartet verändert. Niemand wird aber behaupten, ich hätte *gelernt*, an der Decke spazieren zu gehen. Auch das Kind, das aus dem Urlaub zurückkommend zu Hause erstmalig ohne Hilfe ans Waschbecken reicht, hat nicht *gelernt*, ans Waschbecken zu reichen; es ist jetzt einfach in der Lage, dies zu tun.

(2) Im Unterschied zu meiner plötzlich aufgetretenen Fähigkeit, an der Decke zu spazieren, ist die Veränderung des Kindes aber leicht zu erklären: Es ist gewachsen, das heißt, es hat sich entwickelt. *Entwicklung* bezeichnet (jedenfalls im Kontext der kindlichen Entwicklung) eine Bewegung auf etwas hin gerichtet, bei der, einem verbreiteten Verständnis zufolge, die sich entwickelnden Fähigkeiten bereits in einer Art von Keimzelle (oder dem genetischen Programm) angelegt sind. Es handelt sich hier um Potentiale, die quasi von selbst, notwendigerweise und ohne entschiedenes Zutun der betreffenden Subjekte, hervortreten. In der Pädagogik wird entsprechend zwischen *Reifungs-* und *Lernprozessen* unterschieden, selbst wenn es hinsichtlich einiger Phänomene Unklarheiten der Zuordnung geben mag.[6] Als Kriterium zur Unterscheidung von

6 Vgl. dazu die kurzen Bemerkungen in Helmut Skowroneks Artikel »Lernen und Lerntheorien«, in: Leo Roth (Hg.), *Pädagogik. Handbuch für Studium und Praxis*, München 1991, S. 183-193, hier S. 183. In dieser Hinsicht wäre das Laufenlernen im Gegensatz zum Lesenlernen (tendenziell) kein Lernen, sondern ein Reifungsvorgang, jedenfalls dann, wenn man davon ausgeht, dass das Laufenlernen im genetischen Programm des Kindes festgelegt ist und allenfalls durch gegenläu-

Lernprozessen gegenüber anderen Arten der Veränderung mag deshalb die aktive Partizipation des Subjekts gelten. Lernen ist dann im Unterschied zu Reifung oder Entwicklung ein Vorgang, der nicht *ohnehin* (also auch ohne Mitwirkung des Subjekts) geschehen würde.

(3) Was ist nun und wie funktioniert *Lernen*? Wenn wir es nicht auf die behavioristisch verstandene Konditionierung von Verhaltensweisen reduzieren möchten, so bezeichnet Lernen einen Erwerb von Kompetenzen, einen Zugewinn an Wissen, der eine »dauerhafte Verhaltensänderung«[7] des Lernenden und bestenfalls die aneignende kognitive Durchdringung des Gelernten beschreibt. Lernen ist ein aktiver und sich anreichernder Prozess. Nicht nur also vermehrt das Lernen das Wissen, sondern das vergrößerte Wissen sorgt seinerseits wiederum dafür, dass das Lernen als Vorgang vielschichtiger, komplexer wird. Etwas gelernt zu haben bedeutet nicht, aufgrund einer Art von Abrichtungsprozess auf bestimmte Reize oder Situationen nunmehr anders zu reagieren, sondern mehr und *anders* zu wissen als vorher und über dieses Wissen in anspruchsvoller Weise zu verfügen.[8]

Entscheidend ist hier ein Moment von *Reflexivität*: Wenn ich etwas, das ich vorher falsch gemacht habe, zum Beispiel das kleine Teilchen am Fahrradventil[9] nicht aufzuschrauben, bevor ich anfan-

fige Umwelteinwirkungen verhindert werden könnte. Tatsächlich ist aber die Vorstellung von Potential und Aktualisierung schon in Bezug auf die kindliche Entwicklung manchmal trügerisch: Zwar scheint es hier für bestimmte Abfolgen wie die vom Krabbeln zum Laufen oder für den Spracherwerb geradezu »Baupläne« zu geben, bestimmte Entwicklungsschemata, die sich regelmäßig vollziehen. Das gilt aber immer nur unter Bedingungen ausreichender Stimulation. Und dass sich manche basale Entwicklungsstufen so scheinbar selbstläufig vollziehen, mag auch daran liegen, dass es in Bezug auf die hier zu entwickelnden Potentiale nur wenig Verhältnisse gibt, die nicht hinreichend stimulierend wären. Schon bei der Sprachentwicklung, aber auch bei Fähigkeiten wie der Farbwahrnehmung treten Differenzen dann bekanntlich sehr schnell zu Tage.

7 Als in der Pädagogik kanonisch können die Definitionen gelten, die Lernen als »relativ dauerhafte Veränderung von Verhalten aufgrund von Erfahrung, d. h. von Interaktion eines Organismus mit seiner Umwelt« (ebd.) auffassen.

8 Zum Unterschied zwischen Lern- und Abrichtungsprozessen vgl. John Dewey, *Demokratie und Erziehung*, Weinheim, Basel 1993, S. 30.

9 Es handelt sich hier um ein sogenanntes Sclaverand-Fahrradventil und um eine Rändelmutter. Vgl. ⟨http://de.wikipedia.org/wiki/Fahrradventil⟩, letzter Zugriff 1. 7. 2013. Diesen Hinweis verdanke ich Lukas Kübler.

ge, Luft in den Reifen zu pumpen, auf einmal richtig mache, bedeutet das noch nicht, dass ich *gelernt* habe, wie das Ventil zu bedienen ist. Es könnte ein Zufall sein, dass ich es diesmal richtig gemacht habe – und beim nächsten Mal mache ich es wieder falsch. Damit der Lerneffekt stabil ist, muss ich in einem bestimmten Ausmaß *wissen, was ich tue*. Dieses reflexive Wissen kann mehr oder weniger anspruchsvollen Charakter haben und muss nicht in jeder Hinsicht explizit sein. Im Fall des Fahrradventils habe ich gelernt, mit diesem umzugehen, wenn ich weiß, dass ich vorher immer etwas falsch gemacht habe (ich habe das kleine Teilchen da nie losgeschraubt, bevor ich die Pumpe angesetzt habe, deshalb ist die Luft immer danebengegangen). Und ich weiß jetzt, wie ich es richtig mache (ich schraube es vorher los). Reflexiv anspruchsvoller wäre es, wenn ich dabei sogar den Mechanismus des Ventils verstanden hätte. Aber das muss, solange keine weiteren Probleme auftreten, nicht sein, um den Vorgang bereits als einen des Lernens auffassen zu können.[10] Auch kann das so beschriebene reflexive Wissen im Verlauf eines Gewöhnungsprozesses gewissermaßen »in den Hintergrund treten«, und das Gewusste muss als praktischer Vollzug eingeübt werden, um als Lernen gelten zu können. (»Eigentlich zu wissen, wie es geht«, dabei aber das Ventil doch immer wieder falsch zu behandeln, bedeutet entsprechend, dass der Lernvorgang nicht abgeschlossen ist. Besonders deutlich wird das an Vorgängen wie dem Erlernen eines Musikstückes.) Lernen beruht, so gefasst, auf einer Verbindung von Üben und Wissen, von reflexiven und habituellen Momenten, von Verstehen und Können. Beiden Momenten ist es geschuldet, dass die nächsten auf das Individuum zukommenden Anforderungen vor einem durch den vergangenen Lernprozess veränderten Hintergrund verarbeitet werden können. »Lernen« bedeutet genau deshalb nicht bloß quantitative Akkumulation, sondern die sich anreichernde aktive Aneignung von Erfahrung, einen qualitativen Zuwachs an Wissen, der den Wissenden und die Art seines Wissens selbst verändert und dessen Kompetenzen neu organisiert.

(4) Eines der entscheidenden Probleme in Bezug auf das Vermögen des Lernens ist das des Übergangs vom Nichtwissen zum

10 Dieser Punkt ist wichtig, um einem übertriebenen Rationalismus des Lernverständnisses und einem überzogenen Verständnis des reflexiven Moments entgegenzutreten. Reflexiv ist so ein Prozess nicht erst dann, wenn ich die hier in Frage stehenden Zusammenhänge »bis auf den Grund« durchschaue.

Wissen[11] und vom Alten zum Neuen. Ist dieser Übergang nachvollziehbar und antizipierbar? Oder ist er sprunghaft und unvordenklich, so dass es gar keinen voraussehbaren und steuerbaren Übergang vom einen zum anderen gibt? Soll man beispielsweise nur da, wo es einen geregelten (einen erklärbaren, steuerbaren und intendierten) Übergang zwischen Nichtwissen und Wissen, Nichtkönnen und Können gibt, überhaupt von Lernprozessen sprechen? Offenbar vollzieht sich nicht alles Lernen im Modus des explizit Intentionalen, manche Dinge lernen wir implizit und merken erst im Anwendungsfall, dass wir – gewissermaßen hinter unserem Rücken – etwas gelernt haben, auch wenn man das Implizite hier explizit machen kann und im Zweifelsfall auch explizit machen können muss. Kinder lernen basale Fähigkeiten schon dadurch, dass sie mit einer bestimmten Umgebung konfrontiert sind, sie erwerben beispielsweise sprachliche Kompetenzen, weil sie den Umgang mit Sprache bei den Erwachsenen »aufschnappen«, oder erlernen räumliche Orientierung, weil sie sich in komplex strukturierten Gebäuden aufhalten. Es gibt also implizites Lernen. Und es gibt innerhalb von geregelten und kontrollierten Lernprozessen unkontrollierbare (und nicht forcierbare) Sprünge. Der Moment beispielsweise, in dem für ein Kind aus grafischen Strichfolgen Buchstaben und Wörter entstehen, lässt sich zwar vorbereiten, das Vermögen, Wörter und Buchstabenfolgen zu erkennen, lässt sich trainieren, aber dennoch ist der damit angestrebte qualitative Umschlagspunkt schlecht antizipierbar.

(5) Hat Lernen eine aktive Konnotation, so scheint das »*Erfahrungen* machen« demgegenüber eine passiv-rezeptive Dimension von Veränderungsprozessen anzusprechen. Tatsächlich aber handelt es sich hier nur um unterschiedliche Akzentsetzungen. Im emphatischen Sinn »eine Erfahrung gemacht zu haben« bedeutet, sich etwas, das einem passiert ist, zu eigen gemacht zu haben. Das Vermögen, eine Erfahrung zu machen, beruht dabei seinerseits auf einer gewissen Rezeptivität, die die Aufnahme des Erfahrenen erst

11 Vgl. klassisch: Platon, *Menon*, 79e-86c (in: Ursula Wolf (Hg.), *Platon. Sämtliche Werke*, Bd. 1, Reinbeck bei Hamburg 2009, S. 453-500). Wenn hier die Frage, wie es zum Erwerb des Gelernten kommt, gelöst wird, indem Lernen als Wiedererinnern bestimmt wird, so wird das dann plausibel, wenn man Lernen als die Verbindung von schon Bekanntem – also das Schaffen von Bezügen, aus denen dann das vorgeblich »Neue« entsteht – auffasst.

ermöglicht, und auf dem Vermögen, das Erlebte zu verarbeiten und mit anderen Erfahrungen zu verbinden. Erfahrungen im emphatischen Sinne transformieren und modifizieren unser Welt- und Selbstverhältnis, also uns selbst sowie die Art, wie wir infolgedessen die Welt sehen. Erfahrungen sind demnach etwas, das uns zustößt, an dessen Erwerb wir gleichzeitig aber aktiv beteiligt sind. Die Fähigkeit zu lernen ist, so gesehen, mit der Fähigkeit, Erfahrungen zu machen und auf diese Weise in eine Interaktion mit der Umwelt einzutreten, eng verbunden.

(6) Lernprozesse markieren einen *Fortschritt* innerhalb eines Veränderungsprozesses: Etwas wird nicht nur *anders*, sondern *besser*. Selbst aber wenn man dabei von einem unspektakulären Begriff des Fortschritts ausgeht, also von kleinen, partikularen Errungenschaften im Gegensatz zu »großen« und umfassenden Konzepten sozialen und geschichtlichen Fortschritts, bleibt der Fortschrittsbegriff voraussetzungsreich. Wie Georg Henrik von Wright es analysiert:

> Fortschritt ist Wandel zum Besseren; Rückschritt ist Wandel zum Schlechteren. Diese Definition teilt den Begriff [des Fortschritts, R.J.] in zwei Momente: Den Begriff des Wandels und den Begriff des Gutseins.[12]

Fortschritt ist dementsprechend ein deskriptiv-evaluativer Begriff,[13] und darin liegt auch seine Schwierigkeit: Lässt sich die Frage, ob ein bestimmter individueller oder sozialer Zustand einen Wandel durchläuft, noch deskriptiv beantworten, indem man bestimmte Veränderungen aufweist und beschreibt, wie sich ein vorhergehender Zustand von dem auf diesen Folgenden unterscheidet, so macht die Frage, ob diese Veränderung ein Wandel zum Besseren ist, eine Bewertung nötig. Deutlich arbeitet Gereon Wolters dies in seiner formalen Charakterisierung der Idee des Fortschritts heraus:

> Phänomene sind nie als solche fortschrittlich, sondern immer mit Bezug auf wenigstens eine Eigenschaft, die aus irgendeinem Grund für jemanden »positiv«, »wünschenswert« oder »besser« zu sein scheint. »Fortschritt« be-

12 Georg Henrik von Wright, »Progress: Fact and Fiction«, in: Arnold Burgen u.a. (Hg.), *The Idea of Progress*, Berlin, New York 1997, S. 1-18, hier S. 1.

13 Ob man das Motiv des »Fortschreitens« auch rein deskriptiv im Sinn einer Annäherung an ein beliebiges Ziel verwenden kann, so zum Beispiel bei der Rede von einer »fortschreitenden Erkrankung«, ist fraglich. Man kann argumentieren, dass es sich selbst hier – aus Sicht der Krankheit gewissermaßen – um ein positives Ziel handelt.

deutet, dass diese Eigenschaft bzw. diese Eigenschaften quantitativ oder qualitativ zunehmen.[14]

Aber auch wenn sich das Kriterium des Fortschritts von solchen Bewertungen nicht trennen lässt, stellt sich die Frage, ob sich diese Normen wirklich nur von außen an den empirisch feststellbaren Wandel anlegen lassen oder sich nicht doch in die Dynamik des Wandels selbst einschreiben lassen, so dass sich die deskriptive und die evaluative Kompenente der Beschreibung eines Phänomens als »Fortschritt« gar nicht so leicht trennen lassen.

(7) Ein letztes Problem ist das des Ziels und des möglichen Endes eines Lernprozesses. Auch wenn die Bestimmung von etwas als Fortschritt von der Bewertung einer Entwicklungsrichtung abhängt, ist nicht gesagt, dass es sich immer um eine Entwicklung hin zu einem bereits bekannten *Ziel* handeln muss. Es ist im Gegensatz zu den Implikationen des Entwicklungsbegriffs nicht unabdingbar, in Bezug auf Lernprozesse ein feststehendes, bereits bekanntes oder gar schon in den sich entwickelnden Verhältnissen oder Individuen selbst angelegtes Ziel anzunehmen. Dass ich in Bezug auf Lebensformen von einem *Lernprozess* und nicht von einem *Entwicklungsprozess* spreche, soll auch diesen Umstand akzentuieren und die Möglichkeit einer Offenheit dieses Prozesses andeuten.

Es sollte jetzt deutlicher geworden sein, worauf ich mit der Annahme von (gesellschaftlichen) *Lernprozessen* hinauswill: Anders als Veränderungen *per se* sind Lernprozesse sich anreichernde Fortschrittsentwicklungen, Entwicklungen zum Besseren. Anders als im Fall von als Reifung vorgestellten Entwicklungsvorgängen handelt es sich dabei aber um reflexive Prozesse, die nicht unausweichlich sind und nicht ohne Zutun von selbst geschehen, sondern von Akteuren geprägt sind und dabei als offener und unabschließbarer Prozess gedacht werden können.

7.2 Können Lebensformen lernen?

Nun ist es unbestritten, dass Lebensformen *Veränderungen* durchmachen und dass Praktiken im Laufe der Zeit Modifikationen und

14 Gereon Wolters, »The Idea of Progress in Evolutionary Biology: Philosophical Considerations«, in: Burgen u. a. (Hg.), *The Idea of Progress*, a. a. O., S. 201-217, hier S. 201.

Transformationen erfahren. Wer aber nun der Autor, der Initiator oder der Träger solcher Veränderungen sein soll und wie sich ein solcher Wandel im Modus des Lernens vollzieht, das ist in Bezug auf Lebensformen eine komplexe sozialtheoretische wie sozialontologische Frage, zu der ich an dieser Stelle im Lichte der bereits vorgestellten Überlegungen zur inneren Struktur von »Lebensformen« (siehe vor allem Kapitel 2 und 3) ein Verständnis nur skizzieren möchte.

Inwiefern also können Lebensformen lernen? Wie lässt sich die Möglichkeit des Lernens von individuellen auf überindividuelle Erfahrungsprozesse, auf Lernprozesse, deren »Subjekt« eine Lebensform sein soll, übertragen? *Wer* lernt hier oder hat, umgekehrt, nicht gelernt, wer ist hinter einen erreichten Stand zurückgefallen, hat sich Erfahrungen verweigert oder ist in seinem Erfahrungserwerb blockiert? Die bloß aggregative Vorstellung, nach der sich kollektive Prozesse lediglich aus individuellen Einstellungen und Handlungen zusammensetzen – und kollektive Lernprozesse entsprechend nur als Verknüpfung des Lernens Einzelner –, bleibt in Bezug auf diese Phänomene genauso unbefriedigend wie die Unterstellung eines kollektiven Großsubjekts, das ähnlich strukturiert wäre wie ein einzelnes Subjekt.[15]

Ich will die sich hier stellenden Fragen wenigstens kurz anreißen: Vergleichen wir die Idee sozialer Lernprozesse mit dem Gegenmodell evolutionärer Entwicklungen, dem Mechanismus von Variation und Selektion, so sehen wir, dass in evolutionären Prozessen nicht eigentlich *gelernt* wird. In der evolutionären Selektion setzen sich einige aus unzähligen Möglichkeiten durch. Wenn sich hier etwas »zum Besseren« herausbildet, so ist das kein gerichtetes, intentional geleitetes Geschehen, sondern die Durchsetzung einer erfolgreichen Variante. Die Verlierer verschwinden, diesem Modell nach, von der Bildfläche; die, die es (zufällig) richtig gemacht haben, überleben und setzen sich durch, ohne dass sie selbst einen Erfahrungszuwachs zu verzeichnen hätten. Wenn sich am Ende die überindividuelle Figuration verändert hat, so haben dabei weder

15 Die Idee eines kollektiven Großsubjekts ist nicht nur generell explikationsbedürftig; selbst wenn man eine solche Idee des Kollektivs sozialontologisch explizieren könnte, wäre sie zur Charakterisierung von Lebensformen untauglich, die oben ja als Zusammenhang von Praktiken und nicht als – wie auch immer beschaffener – Zusammenhang von Subjekten bestimmt worden ist.

die einzelnen Individuen im eigentlichen Sinne gelernt, noch kann man sinnvollerweise von einem Lernen der Formation als solcher sprechen.[16] Um als Lernprozess gelten zu können, muss der Träger dieses Lernprozesses selbst eine Veränderung durchgemacht haben. Die Rede von sozialen Lernprozessen muss daher eine derartige *Identität der Differenz* annehmen: Die entsprechende Lebensform muss nach einer durch Lernen bewirkten Transformation gleichzeitig dieselbe wie eine andere sein; wenn lernend eine Erfahrung gemacht worden sein soll, so muss das Subjekt dieser Erfahrung in seiner Identität noch identifizierbar und gleichzeitig verändert sein. Lernen impliziert eine Kontinuität in der Diskontinuität. Weiterhin muss man voraussetzen, dass sich die neuen Lebensformen und Praxisvollzüge nicht einfach hinter dem Rücken der Individuen durchgesetzt haben. Bestehende Praktiken werden, soll es sich um einen Lernprozess handeln, durch die kollektive und (in einem gewissen Maße) reflexiv begleitete Transformation durch die an dem jeweiligen Praxiszusammenhang Beteiligten verändert.

Allerdings sind das voraussetzungsreiche Annahmen, denen in Bezug auf die Veränderungsdynamik von Lebensformen auf den ersten Blick ein »evolutionsanaloges« Moment entgegenzustehen scheint: Selten und nur in einzelnen Aspekten sind die Veränderungen von sozialen Praktiken und Lebensformen als Ganze intendiert, bewusst gesteuert, in ihren Konsequenzen übersehen und gewollt – oder auch nur für alle Beteiligten transparent. Das liegt an der hier wirksamen komplexen Verkettung einzelner Handlungen und Einstellungen, die sich zu sozialen Praxiszusammenhängen zusammenfügen, und an der Existenz nichtintendierter Handlungsresultate. Wie ließe sich das Vermögen des »Lernens« aber dennoch auf Lebensformen übertragen?

16 Zum Unterschied zwischen Evolution und kulturellen Lernprozessen vgl. Klaus Eder, *Geschichte als Lernprozess?*, Frankfurt/M. 1985, S. 19: »Lernprozesse spielen in der Evolutionstheorie eine unklare Rolle. […] Damit findet Entwicklung statt, ohne daß ein Lernen notwendig wird. Die für phänotypisches Lernen konstitutive Erfahrung ist für Evolution dann bedeutungslos, wenn phänotypische Variationen nicht vererbt werden können.« Eine Theorie soziokultureller Evolution, die das Phänomen des Lernens integrieren können will, erfordere deshalb, so Eder, »einen doppelten theoretischen Bezugsrahmen«, in den evolutionsunabhängige und vorgängige Lernprozesse integriert werden können (ebd., S. 22).

Erinnern wir uns zunächst daran, dass es sich bei Lebensformen um überindividuelle Praxiszusammenhänge handelt, die das Handeln von Individuen ebenso strukturieren, wie sie umgekehrt von diesen geschaffen sind.[17] Lebensformen werden, wie wir gesehen haben, weder von Individuen »erfunden«, noch existieren sie ohne Mitwirkung der an ihnen Partizipierenden. Sie sind Instanzen einer »zweiten Natur«, in deren Praktiken man sich einübt, in die man hineinsozialisiert wird, die man sich aber auch aneignet und dabei mittels Teilhabe (mit-)gestaltet. Was aber für die Entstehung und für die *Existenzbedingungen* von Lebensformen gilt, gilt auch für die Bedingungen ihrer *Transformation*. Lebensformen verändern sich weder allein durch die direkte intentionale Einwirkung von Individuen noch ohne diese – es handelt sich um eine Gemengelage von aktivem und passivem, intentionalem und nichtintentionalem Geschehen. Es sind zwar handelnde Individuen, die auf Probleme reagieren, indem sie überkommene Praktiken verändern, neue etablieren oder sich alte Praktiken neu aneignen.[18] Sind diese handelnden Individuen aber in ihren Handlungsmöglichkeiten und für die Artikulation ihrer Position zugleich auf vorgängig existierende Praktiken angewiesen, so ergibt sich auch für die Transformation von Lebensformen ein Wechselverhältnis zwischen ermöglichend-strukturierender Lebensform und denjenigen, die diese erfüllen und konstituieren. *Träger* der beschriebenen Veränderung sind weder ein Großsubjekt noch die einzelnen Subjekte alleine; mittels der Subjekte verändert sich ein Praxiszusammenhang, der gleichzeitig Resultat wie Bedingung individuellen Handelns ist. Individuen (oder Kollektive) verändern dann soziale Praktiken, deren Veränderung wiederum auf die individuellen Erfahrungs- und Lernmöglichkeiten zurückwirkt.

17 Vgl. dazu oben, Teil 1.

18 Die vieldiskutierte Frage, wie sich überhaupt Veränderungen denken lassen, wenn die existierenden Praktiken den Individuen gleichzeitig das Handeln der Individuen erst ermöglichen, wo also die Handlungs- und Gestaltungsspielräume oder der Raum für »widerspenstige Praktiken« überhaupt entstehen sollen, wird an dieser Stelle nicht thematisiert. Entstehen aber, mit Goffman gesagt, widerspenstige Verhaltensmöglichkeiten in den »Rissen« der jeweiligen sozialen Formation, so vertrete ich hier die These, dass diese Risse durch Krisen hervorgebracht werden.

Inwiefern aber sind diese Veränderungen als *Lernen* aufzufassen? Lebensformen können vor Problemen stehen oder in Krisen geraten – und Individuen machen Erfahrungen im Kontext von Lebensformen. Im Fall der Krise stellen sich die (Problemlösungs-) Ressourcen der entsprechenden Lebensformen als unzureichend heraus, die entstehenden Probleme sind mit den etablierten Praktiken nicht lösbar, oder diese führen überhaupt erst in die problematische Situation. Die Überwindung einer solchen Lage führt nun zur Modifikation oder Transformation oder sogar zur Etablierung neuer Praktiken, die dann das Gefüge des Praxiszusammenhangs, aus dem heraus die Individuen sich verstehen, verändern. Damit wir diese Transformation nun als Lernprozess auffassen können, muss sich hier (nach dem, was oben über das Lernen gesagt worden ist) auch ein Moment von Reflexion auffinden lassen, und außerdem ein Medium, in dem sich die Erfahrungen, die zur Transformation geführt haben, wie die Mittel der Krisenbewältigung tradieren lassen. Es sind nun einerseits Individuen, die lernen, indem sie mit den alten und neuen Praktiken Erfahrungen machen und diese reflektieren. Die Lernerfahrung sedimentiert sich so in den veränderten Praktiken. Im Reflexionsmodus »lernen« kann aber auch der Rahmen dieser Praxisvollzüge, die Lebensform selbst, insofern sie sich aufgrund der in ihr sedimentierten Erfahrungen nicht nur überhaupt verändert, sondern dabei ihren Interpretationsrahmen modifiziert.

Man kann diese komplexen Beziehungen anhand einer Analogie erläutern, die sich auf Deweys Konzept der »Lernumgebung« bezieht.[19] Ist eine Lernumgebung als »besondere Umwelt, in der ein Mensch lebt«,[20] ein interaktiver Praxiszusammenhang, in dem lernend Erfahrungen gemacht und Dispositionen geformt werden, so wäre eine Lebensform eine Lernumgebung, die dadurch, dass in ihr gelernt wird, gleichzeitig selbst lernt. Sie fungiert als Lernumgebung, sofern sie Lernen ermöglicht und strukturiert und im Sinne Deweys die fördernde wie hemmende Bedingung des eigenen Handelns darstellt. Wenn man von einer solchen Lernumgebung sagen kann, dass sie selbst lernt, weil und insofern in ihr gelernt wird, so deshalb, weil sich die dadurch gemachten Erfahrungen als

19 Vgl. Dewey, *Demokratie und Erziehung*, a. a. O., S. 34 f.
20 Ebd., S. 28.

praxisleitende Interpretationen in ihr (also in den Praktiken, die sie ausmachen) gewissermaßen »anlagern«. Das »Lernen« von Lebensformen ist dabei – wenn man die Motive impliziten und habituellen Lernens auf die Veränderungen von Lebensformen überträgt – auf einen Prozess der Rückkopplung zwischen Handlungen und Handlungsresultaten und das Wechselverhältnis von individuellen und überindividuellen Deutungsprozessen angewiesen. Lernblockaden existieren umgekehrt da, wo ein solcher Prozess gestört ist, und das bedeutet auch immer, dass die Lebensform als Reflexionszusammenhang nicht funktioniert, also keine gelingenden Mechanismen der Selbstverständigung, der Selbstveränderung und der Reflexion auf gemachte Erfahrungen (mehr) besitzt.

Wenn Lebensformen nun lernen können, dann können sie als überindividuelle Formationen eine über die individuelle hinausgehende Rationalität besitzen; umgekehrt stehen kollektive (strukturelle) Lernblockaden der Lernfähigkeit der einzelnen Individuen im Weg, ohne dass das immer auf deren individuelle Lernunfähigkeit zurückführbar wäre.[21]

7.3 Defizitäre Lernprozesse

Wie erklärt sich nun aber (und was bedeutet es), dass wir, wie behauptet, in Bezug auf Lernprozesse nicht nur deren Resulat, sondern auch den Lernprozess selbst für gelingend oder defizitär halten können? Wie lässt sich also für die Rationalität oder Irrationalität, das Gelingen oder Misslingen von Lernprozessen *mit Bezug auf den Verlauf dieser Prozesse* argumentieren?

Ein Fall nicht gelingender Lernprozesse ist trivialerweise der, in dem Stagnation, nicht Transformation herrscht, Probleme nicht wahrgenommen werden oder auf eine gegebene Problemstellung nicht reagiert wird. Hier wird Veränderung überhaupt blockiert.

21 So besteht die von Jared Diamond beschriebene, zum »Kollaps« von Gesellschaften führende Lernunfähigkeit der Individuen nicht in der störrischen Haltung jedes Einzelnen. Vielmehr halten Individuen vor dem Hintergrund des kollektiven Deutungshorizontes verstockt an bestimmten Vorstellungen fest und können aus verschiedenen Gründen das für sie bestimmende Gewebe von Interpretationen, Selbstbildern und überlieferten Praktiken nicht transformieren. Vgl. Jared Diamond, *Kollaps. Wie Gesellschaften überleben oder untergehen*, Frankfurt/M. [8]2005.

Es gibt aber auch scheiternde oder defizitäre Lernprozesse in Fällen, in denen zwar eine Veränderung zu verzeichnen ist, die Art der Reaktion es aber dennoch als zweifelhaft erscheinen lässt, dass hier tatsächlich »gelernt« worden ist.[22] Für den Zusammenhang meiner Fragestellung ist es nun wichtig herauszuarbeiten, inwiefern in Fällen des Misslingens von Lernprozessen schon der *Prozess* selbst und nicht erst sein *Resultat* als defizitär verstanden werden kann. Ich werde das zunächst an einem individuellen Beispiel für defizitäre Lernprozesse oder Lernblockaden verdeutlichen.

Resignativer Privatismus

Man kann sich die Verlaufsform solcher Lernprozesse an einem alltäglichen Fall klarmachen, der so oder ähnlich häufig geschildert worden ist: Ein deutscher Familienvater der späten 1950er Jahre begründet seine resignative, apolitische und privatistische Haltung dem Weltgeschehen gegenüber damit, dass »die große Politik« ihm, der als Jugendlicher im letzten Kriegsjahr noch eingezogen worden war, nur Unglück gebracht habe. Er habe daraus gelernt, dass man sich in nichts einmischen solle, das über das Private, die Sorge für die eigene Familie und das Ziel, »ein anständiger Familienvater zu sein«, hinausgehe. Der Vater beharrt erbittert auf dem Recht dieser Erfahrung und reklamiert diese als Lernprozess.[23] Der Hinweis darauf, dass nicht »die Politik« generell oder der Umstand, dass man überhaupt »ins Weltgeschehen hineingezogen war«, zu dem beklagten Ergebnis geführt hat, sondern die totalitäre Weise der »Politisierung« und Mobilisierung der Gesellschaft sowie die falschen Ziele der nationalsozialistischen Politik, ficht seine Interpretation des Erlebten und seine Schlussfolgerungen nicht an. Seine aufmüpfigen, sich politisierenden Kinder halten diese Haltung allerdings für falsch und rebellieren dagegen. Gerade vor dem Hintergrund der Erfahrung des Nationalsozialismus sei es vielmehr wichtig und

22 Ich bezeichne – obwohl man hier definitorisch auch anders verfahren könnte – auch scheiternde Lernprozesse noch als Lernprozesse, um hervorzuheben, dass es sich um ein graduelles Phänomen handelt und dass der so scheiternde Lernprozess an dem Anspruch scheitert, einer zu sein.

23 Wohlgemerkt, es soll hier nicht um Fälle massiver und durch die Kinder erst aufzudeckender Schuld und Verstrickung, sondern um das schuldige Mitläufertum eines damals 19-Jährigen gehen.

nötig, sich politisch zu engagieren und in das politische Geschehen einzumischen. Sie stellen darüber hinaus aber im Laufe der immer hitziger werdenden Debatten auch den Anspruch des Vaters auf das, was dieser als seine unbestreitbar »gemachte Erfahrung« geltend macht, in Frage. Sie lehnen also nicht nur das Resultat, zu dem der Vater gelangt ist, die Konsequenzen, die er gezogen hat, als falsch ab, sondern glauben, dass schon der reklamierte Erfahrungsprozess selbst, der zu diesem Resultat geführt hat, in sich defizitär ist. Wenn die gegen den Vater polemisierenden Kinder behaupten, dass es gerade die »braven Familienväter« gewesen seien, die den Nationalsozialismus möglich gemacht haben, so fechten sie bereits seine Interpretation der Ausgangslage an. Und wenn sie darauf hinweisen, wie unangemessen es ist, als »Unglück« vornehmlich die eigene verpfuschte Jugend und die Schwierigkeiten des Wiederaufbaus nach einem verlorenen Krieg aufzufassen, so machen sie darauf aufmerksam, dass schon die angeführte »bittere Erfahrung« selbst sich einer seltsam verzerrten Interpretation verdankt und auf einer merkwürdig verschobenen Wahrnehmung beruht. Sie bestreiten also die Authentizität seiner Erfahrung.

Eine für unseren Zusammenhang aufschlussreiche Deutungshypothese ist die, dass diese Konzentration aufs eigene Unglück ein Verdrängungsmechanismus ist, eine Verschiebung, die nicht nur unmoralisch, sondern, wie Hannah Arendt bei ihrem ersten Nachkriegsbesuch in Deutschland bemerkt hat, Effekt eines dramatischen Realitätsverlusts ist.[24] Was mich an diesem Fall interessiert ist der Umstand, dass derart die Reaktionsweise selbst als resignativer Rückzug, als ein Sichverschließen vor der Realität des Geschehenen gewertet wird. Es ist bereits diese Genese, die die Position des Vaters als falsch erscheinen lässt.[25] Für den Zusammenhang meiner Fragestellung ist entscheidend, dass die Falschheit der angefochtenen Position auf diese Genese zurückgeführt wird und damit die Reaktionsweise des Privatismus aufgrund dieser defizitären Genese – und nicht nur, weil sie sich aus externen Gründen als falsch bewerten lässt – kritisiert wird. Hier werden also Veränderungsprozesse als solche qualifiziert.

24 Vgl. Hannah Arendt, *Besuch in Deutschland*, Berlin 1993.

25 Zum Argumentationsmuster einer »genetischen« Kritik vgl. Raymond Geuss, *Die Idee einer kritischen Theorie*, Königstein/Ts. 1983; aber auch ders., *Privatheit. Eine Genealogie*, Frankfurt/M. 2002.

Unabhängig davon, wie man inhaltlich zu den hier verhandelten Positionen stehen mag: Illustrieren lässt sich an dem beschriebenen Konflikt, dass nicht jede Konsequenz, die aus einer vergangenen Erfahrung gezogen wird, gleichermaßen als Lernprozess akzeptiert werden kann oder muss. Es gibt auch missglückte Lernprozesse, das heißt Fälle, in denen Erfahrungen nicht gemacht, Probleme nicht zur Kenntnis genommen oder falsch interpretiert werden, falsche und irregeleitete Konsequenzen aus Erfahrungen gezogen werden. Identifizieren lassen sich dann Erfahrungsresistenzen und eine Abschottung gegenüber widerstreitenden Informationen; Mechanismen, die zu regressiven Reaktionsbildungen führen. Wenn solche verzerrenden Mechanismen wirksam sind, ist die Berufung auf »Erfahrung« verfehlt, weil eine praktische Schlussfolgerung auf der Grundlage zweifelhafter und ihrerseits in Frage zu stellender Alternativen gezogen wurde. Die Alternative zur totalitären politischen Mobilmachung beispielsweise muss nicht das privatistische »Sichraushalten« sein, sie kann auch in demokratischer Partizipation bestehen – so jedenfalls argumentiert der mit seinem Vater streitende Sohn.

Beide Motive nun, das Motiv der Regression – das ich als Problemlösung via Rückzug deuten werde, die dem Niveau der Problemstellung nicht entspricht – sowie das Motiv des Sichabschottens von widerstreitenden Erfahrungen, lassen sich nicht nur für individuelle, sondern auch für die Beschreibung kollektiver Lernblockaden in Anspruch nehmen.

Bleiben wir im bereits angeschnittenen thematischen Feld, so finden wir Fälle überindividueller Lernblockaden und deren Deutung, die sich von meiner Deutung des hier angeführten Familienschicksals gar nicht so stark unterscheiden. So betrachten Theodor W. Adorno und Max Horkheimer die Entwicklung der deutschen Gesellschaft hin zum Nationalsozialismus, wenn man es auf ein Schlagwort verkürzen will, als Regression einer ganzen Gesellschaft, als eine regressive Reaktionsbildung auf nichtbearbeitete oder nichtbearbeitbare Konflikte, die Aufklärung und Moderne durchziehen. Regression aber ist der Prototyp eines defizitären Lernprozesses oder einer Lernblockade. Auch Helmuth Plessners Rede von der »verspäteten Nation«[26] sowie Alexander und Marga-

26 Vgl. Helmuth Plessner, *Die verspätete Nation*, in: ders., *Gesammelte Schriften*, Frankfurt/M. 1982, Bd. 6.

rete Mitscherlichs *Die Unfähigkeit zu trauern*[27] analysieren kollektiv verweigerte Lernerfahrungen in Bezug auf die deutsche Vergangenheit. Und Martin Riesebrodts Analyse des Vormarschs des christlichen Fundamentalismus in den USA deutet diesen spiegelbildlich zum islamischen Fundamentalismus ebenfalls als inadäquate Reaktion auf Modernisierungsprozesse und damit als verzerrte Verarbeitung sozialer Transformationen und Krisenerfahrungen.[28]

Resultat und Prozess

Dass das falsche Resultat und der misslungene Prozess in solchen Fällen zusammenhängen sollen, mag zunächst nicht überraschen. Diese Diagnose ist aber weniger trivial, als sie aussieht, sofern es auch auf den ersten Blick richtige Lösungen geben mag, die dennoch das Resultat verzerrter Lernprozesse sind. Stellen wir uns einmal vor, der oben vorgestellte Familienvater hätte sich nicht dem privatistischen Rückzug, sondern dem demokratischen Engagement verschrieben. Selbst wenn wir annehmen, dass dies eine an sich richtige und lobenswerte Haltung ist, könnte es immer noch sein, dass er diese Konsequenz auf der Grundlage einer verqueren Erfahrungsverarbeitung gezogen hat. So könnte, um im Beispiel zu bleiben, auch das unreflektierte Sichhineinwerfen in die Politik des demokratischen Wiederaufbaus Ausdruck einer komplex verdeckten »Unfähigkeit zu trauern« sein, also wiederum, wenn auch auf ganz andere Weise, eine angemessene Verarbeitung des Geschehenen verhindern. Es könnte etwa eine Verdrängungsstrategie sein, die dem Leitsatz »Da wir ja jetzt alles sofort besser machen, müssen wir über das Geschehene nicht lange trauern«, folgt. Auch in einem solchen Fall aber wäre, obwohl das Ergebnis mit dem übereinstimmt, was wir als Resultat eines gelungenen Lernprozesses erwarten mögen, offenbar der Lernprozess als solcher defizitär. Im Sinne meiner These müsste sich nun zeigen lassen, dass sich aus verqueren Lernprozessen »Folgekosten« und Handlungshemmnisse ergeben, so dass sich auch das »richtige« Resultat eines defizitären

27 Alexander Mitscherlich, Margarete Mitscherlich, *Die Unfähigkeit zu trauern. Grundlagen kollektiven Verhaltens*, München 1968.

28 Vgl. u. a. Martin Riesebrodt, *Die Rückkehr der Religionen. Fundamentalismus und der »Kampf der Kulturen«*, München ^{2}2001.

Lernprozesses auf Dauer nicht halten, sich als unproduktiv herausstellen wird. Wenn das »Sich-um-die-Familie-Kümmern« Resultat eines Verdrängungs- und Verleugnungsprozesses ist, so kann dieser Umstand aufgrund der von den Kindern als bedrückend empfundenen Atmosphäre des Schweigens und Nichtweiterfragens ebendiese private Idylle letztendlich auch zerstören; und demokratisches Engagement, das aus Verdrängungsgründen geleistet wird, mag vor weiteren Herausforderungen versagen. Es lässt sich also vermuten, dass sich defizitäre Lernprozesse – *in the long run* – immer auch in Gestalt von Dysfunktionalitäten des betroffenen Praxiszusammenhangs und damit als missglückte Problemlösung enttarnen.

7.4 *Why does history matter?*

Adäquate Problemlösungen sind, meinem Vorschlag nach, Lösungen, die sich als Resultate eines gelingenden (wirklichen) Erfahrungs- und Lernprozesses verstehen lassen. Was aber ist in Bezug auf soziale Lernprozesse der Grund dafür, dass der Prozess, die Geschichte einer Lösung und nicht nur der *Erfolg* einer gesetzten Problemlösung, egal wo sie herkommt, egal ob sie rational entstanden ist oder nicht, zählt? Warum soll die *Geschichte* einer Problemlösung etwas zu ihrer Rationalität beitragen, ihre *Genese* etwas in Bezug auf ihre *Geltung* aussagen? – Wie sich gezeigt hat, stehen mehrere Annahmen über den Charakter der Probleme wie über den Verlauf des Prozesses im Hintergrund dieser These.

(1) Die erste Annahme, auf der die These von der Geschichtlichkeit der Problemlösungsrationalität beruht, ist: Probleme von Lebensformen sind immer *Probleme zweiter Ordnung*. Sie sind nicht nur faktische Handlungshemmnisse, sondern Verwerfungen innerhalb eines Deutungsrahmens von Praktiken und Interpretationen. Erinnern wir uns an die Kategorisierung unterschiedlicher Problemauffassungen in Kapitel 4: Wenn eine Dürreperiode zur Hungersnot führt, ist das zwar ein Problem. Die Hungersnot ist aber als solche nicht ein Problem hinsichtlich der Lebensform der von ihr betroffenen Gruppe. Anders gesagt: Sie ist ein Problem *für* die entsprechende Lebensform, aber dabei nicht schon eines *mit* ihr. Der Lebensformaspekt des Problems wird erst dann virulent, wenn man die Reaktionen der betreffenden Gemeinschaft auf die

Dürre und die in ihr vorhandenen Kompetenzen zur Vorsorge oder zur Bewältigung solcher Naturereignisse in Betracht zieht.

(2) Auf dieser zweiten Ebene der Probleme nun kommt der Umstand zum Tragen, dass in Bezug auf Lebensformen charakteristischerweise bereits die Wahrnehmung des Problems normativ imprägniert und durch übergreifende Weltdeutungen geprägt ist. Probleme werden *als* Probleme erst vor dem Hintergrund eines kulturellen Deutungshorizonts und eines normativen Erwartungshorizonts erkennbar. Umgekehrt kann mit ihrem Auftreten aber auch dieser Horizont selbst als problembehaftet thematisiert werden, sofern sich zeigt, dass er bestimmte Herausforderungen und Anforderungen – Anforderungen, die eine Lebensform *an sich selbst* stellt – nicht integrieren kann. Solche Probleme sind *reflexiv*. Sie sind nicht nur Probleme *für*, sondern Probleme *mit* einer Lebensform und dabei immer auch solche, die diese Lebensform *mit sich selbst hat*.[29] Lebensformen sind in diesem Sinne analog zum selbstinterpretierenden Charakter von Personen[30] »sich selbst interpretierende Gestalten«, insofern sie nicht nur etwas tun und verkörpern, sondern sich in diesem Tun als etwas verstehen, Konzepte von sich ausbilden, diese als Anspruch auf das richtige (praktische) Selbst- und Weltverhältnis formulieren – und daran scheitern können.

(3) Für die Relevanz der historischen Dimension ist nun eine auf diesem Reflektionsmoment aufbauende dritte Annahme entscheidend: Weil die Geltungsgrundlage und das normative Selbstverständnis einer gegebenen Lebensform bei der Wahrnehmung und Lösung von Problemen immer mitverhandelt wird, entspringen Erwartungen und Deutungen, aus denen sich die Problemstellungen ergeben, nicht aus dem Nichts. Sie entstehen vielmehr in einer historischen Abfolge von Krisen (Problemen), ihrer Bewältigung (Problemlösungen) und der daraus resultierenden Entwicklung neuer Probleme, die aus dem defizitären Charakter der gefunde-

29 Lebensformen sind dabei jedoch nicht Subjekte, die auf sich reflektieren könnten, und insofern sind die Modi der Reflektion hier praktisch und jedenfalls teilweise impliziter verfasst; die Erosion ihrer Geltungsgrundlagen zeigt sich an vielfältigen Phänomenen der Aushöhlung und des aktiven wie passiven Entzugs der Folgebereitschaft seitens der in sie involvierten Akteure.

30 Ich spiele hier auf Charles Taylors Beschreibung vom Menschen als »*self-interpreting animal*« an; vgl. Charles Taylor, »Self-Interpreting Animals«, in: ders., *Philosophical Papers 1, Human Agency and Language*, Cambridge 1985, S. 45-76.

nen Lösungen entspringen. Damit etabliert sich ein bestimmtes Niveau von Erwartungen, von Ansprüchen an die Bewältigung der entsprechenden Krise, das die jeweilige Lösung eines solchen (neu aufkommenden) Problems nicht unterschreiten darf.

(4) Die Etablierung solcher Problemlösungsniveaus und die damit einhergehende Bestimmtheit der Problemstellung schränken nun den Rahmen möglicher Lösungen ein. In Bezug auf historisch situierte reflexive Probleme zweiter Ordnung sind nur *bestimmte* Lösungen möglich. Sie müssen nämlich diejenigen normativen Erwartungen erfüllen, die schon dafür verantwortlich sind, dass bestimmte Phänomene überhaupt als Problem oder als Anzeichen einer Krise gesehen werden können. Sehr schematisch skizziert: Nur vor dem historisch gewonnenen normativen Erwartungshorizont, dass die bürgerliche Gesellschaft qua Beteiligung am Arbeitszusammenhang für ihre Mitglieder sorgen sollte, und der analytischen Annahme einer gesellschaftlichen Verursachung des Problems wird strukturelle Arbeitslosigkeit zur Krise dieser Lebensform. Die Lösungen der so beschriebenen Probleme müssen dem gesetzten Problemverständnis deshalb Rechnung tragen, weil ebendieses Problemverständnis erst dafür verantwortlich ist, dass das Problem überhaupt als solches zum Tragen kommt. Um überhaupt als eine Antwort auf diese – als auf bereits spezifische, bestimmte – Probleme verstanden werden zu können, muss sich die Lösung auf dem Niveau der Problemstellung bewegen. Weder das Anbeten des heiligen Christophorus um Regen als Maßnahme gegen wiederkehrende Dürreperioden[31] noch die Rückkehr zu feudalen Arbeitsverhältnissen zwecks Bekämpfung der Arbeitslosigkeit entsprächen, bezogen auf die oben eingeführten Beispiele, der bereits gesetzten Problemstellung. Diese wären nämlich Lösungen, die nicht zum Komplexitätsniveau der Problemstellung passen und genau in diesem Sinne *regressive* Problemlösungen darstellen.[32] Löst der freie Arbeitsmarkt, durch den Arbeit in der bürgerlichen Gesellschaft gekennzeichnet ist, die Probleme der feudalen Arbeit (wie sie sich, manchen Auffassungen zufolge, in

31 Vgl. ⟨http://www.heiligenlexikon.de⟩, letzter Zugriff 1. 7. 2013.

32 Karl Polanyi hat eine solche (in meinen Worten) regressive Problemlösungsdynamik anhand der Einführung der Speenhamland-Gesetze im England des 17. Jahrhunderts anschaulich beschrieben. Vgl. Karl Polanyi, *The Great Transformation*, Frankfurt/M. 1978, S. 113-124.

normativer wie funktionaler Hinsicht gezeigt haben[33]), so muss die Lösung der Probleme oder Krisen, die sich aus der »doppelt freien Lohnarbeit«[34] ergeben, auf einem Niveau ansetzen, das von diesen vorherigen Lösungsversuchen – dem Stand der Dinge – gelernt hat. So ergibt sich das komplexe Anforderungsniveau einer sich intern anreichernden und ineinander verschachtelten Struktur ineinandergreifender Probleme.

(5) Eine letzte Annahme ist damit die, dass die jeweiligen Lösungen typischerweise *nicht einfach falsch*, sondern einseitig oder unvollständig sind, oder dass sie ein nicht für sich stehen könnendes Moment verabsolutieren. Es spricht dann immer auch etwas für sie – das ist im Fall der Ablösung unfreier Arbeit durch einen »freien Arbeitsmarkt« offensichtlich. Erst durch ihre Etablierung wird die Möglichkeit für eine neue Problemstellung und Lösung eröffnet. Das Bild, das sich damit für die Idee von Problemlösungsprozessen ergibt, ist also nicht statisch, sondern auf komplexe Weise dynamisch: Es ist nicht einfach so, dass das immer gleiche Problem nicht oder nicht optimal gelöst wird und immer wieder nach einer neuen Lösung sucht,[35] sondern das Problem selbst transformiert sich historisch. Problemlösungen müssen auf dieses historisch kontextualisierte Problem auf dem Niveau seiner Problemstellung zu antworten vermögen. Die Einführung eines Arbeitsdienstes, der der Wiedereinführung von Arbeitshäusern aus der Zeit und der Vorstellungswelt von Charles Dickens entspräche, wäre also, selbst wenn es irgendwie funktionierte, keine angemessene Problemlösung des sich spezifisch der bürgerlichen Gesellschaft stellenden Problems. Genauso wenig kann die »Volksgemeinschaft« eine rationale Lösung für die mit der industriellen Moderne aufkommenden sozialen Spannungen bieten, sondern eben nur eine regressive.

Genau aus diesem Grund ist die Geschichte eines Problems für seine Lösung relevant. Nur *jene* Lösungen sind rational, die eine

33 Als solche »Problemlagen« könnte man die wirtschaftliche Unproduktivität der feudalen Arbeitsverhältnisse unter veränderten ökonomischen Bedingungen ebenso wie ihre Unvereinbarkeit mit naturrechtlichen Vorstellungen von Freiheit und Gleichheit bezeichnen.

34 Vgl. Karl Marx, *Das Kapital. Erster Band*, in: ders., Friedrich Engels, *Werke*, Berlin 1962, Bd. 23, S. 181.

35 Und eine solche »Verschachtelung« unterscheidet sich, wie wir sehen werden, wiederum von der dogmatischen Annahme einer Stufenfolge von Entwicklungsschritten.

angemessene Antwort auf ein beschriebenes und in den Verhältnissen angelegtes Problem sind. Die Antwort auf die Frage, warum die Geschichte eines Problemlösungsprozesses für die Angemessenheit der Lösung eines Problems eine Rolle spielen soll, ist also, kurz gesagt: weil diese Geschichte, was soziale Formationen und Praktiken angeht, bereits für die Problemstellung und -beschreibung maßgeblich ist. Im Vokabular des Problemstellungsmodells ist so das Modell einer Dynamik von Lebensformen als eines sich *anreichernden Geschehens* reformuliert. Der Gehalt genau dieses Moments der Anreicherung wird in den nächsten Kapiteln in Auseinandersetzung mit Hegel, Dewey und MacIntyre zur Debatte stehen.

8. Kapitel
Kriseninduzierte Transformationen: Dewey, MacIntyre, Hegel

Wenn ich im Folgenden Dewey, MacIntyre und Hegel zur Gewinnung eines Verständnisses von sozialer Transformation als fortschreitendem Lernprozess heranziehe, so deshalb, weil diese Autoren bei allen Unterschieden die Annahme eines krisenhaft-dynamischen Charakters von Lebensformen teilen, die auch meinen Überlegungen zugrunde liegt. In der Auseinandersetzung mit ihnen lässt sich die Möglichkeit einer an der Dynamik selbst ausgerichteten Gewinnung von Kriterien für die erfolgreiche Bewältigung von Problemen beziehungsweise Krisen überprüfen.

Die Dynamik von sozialer Veränderung und historischer Transformation wird, diesen Ansätzen zufolge, durch die Konfrontation bestehender sozialer Praktiken und Arrangements mit Problemen und Krisen hervorgerufen, die die entsprechenden Lebensformen mit den ihnen zur Verfügung stehenden Mitteln nicht lösen können. Dadurch wird eine Veränderung, Erweiterung, Transformation oder Überwindung von Praktiken und Weltdeutungen nötig. Sozialer Wandel stellt sich dann (im Einklang mit dem, was sich pragmatistisch als »Lernen« beschreiben ließe) nicht als beliebiger Zuwachs an Erfahrungen und Kompetenzen oder als beliebige Varianz dar, sondern als mehr oder weniger gelingende Reaktion auf Krisen und Probleme, auf das Erodieren oder Obsoletwerden bestehender sozialer Formationen. Ebenjene Reaktionsbildung lässt sich nun daraufhin befragen, inwiefern sie sich als rationaler Lernprozess oder eben als das Ausbleiben eines solchen darstellt. Das jedenfalls ist die These, die ich in Auseinandersetzung mit den genannten Autoren verteidigen werde.

Mir scheint gerade die Kombination einzelner Aspekte ihrer Konzeptionen für die Kritik von Lebensformen fruchtbar zu sein. Während MacIntyre und Dewey dem offenen und experimentellen Charakter des Prozesses sozialer Transformation Rechnung tragen, finden wir bei Hegel tragfähigere Ressourcen, um die Entwicklung anhand immanenter Kriterien als rational zu beurteilen; einem dialektisch aufgefassten Lernprozess gelingt es nämlich, Entwicklungsdynamik und normative Rechtfertigung solcher Veränderungen aufeinander zu beziehen. Allerdings entsteht mit Hegel das Problem der möglichen Überdetermination dieser Entwicklungsdynamik – ihrer Vorbestimmtheit dadurch, dass alle relevanten Faktoren bereits vorhanden sind und nur »entfaltet« werden –, eine Problematik also, die sich wiederum durch die Integration pragmatistischer Elemente »beheben« lässt. Ein solcher dialektisch-pragmatischer Lernprozess, welcher die spezifische verändernde Wirkung unseres reflexiven Verhältnisses zu diesem Prozess selbst mit einbegreift, kann, so wird sich erweisen, die Rationalität der Transformation von Lebensformen am besten fassen.

Einleitend möchte ich die hier verhandelten Positionen kurz vorstellen.

8.1 Sozialer Wandel als experimentelle Problemlösung

Der amerikanische Pragmatist John Dewey hat keine umfassende philosophische Theorie des sozialen Wandels ausgearbeitet,[36] und er verfügt auch nicht über eine systematisch ausgeführte Konzeption kollektiven Lernens als Modus gesellschaftlicher Entwicklung. Dennoch bezieht er das von ihm vertretene pragmatistische Lernmodell nicht nur auf Fragen der Erziehung oder auf die Konzeptualisierung wissenschaftlicher Forschungs- und Untersuchungsprozesse, sondern auch auf die Dynamik moderner Gesellschaften. Gesellschaften sind Gebilde, die regelmäßig mit Veränderungen konfrontiert sind und damit vor Problemen stehen, an die sie sich immer wieder neu adaptieren müssen. Auch Gesellschaften bedürfen also des Lernens; diese Einsicht ist das untergründige Leitmotiv von Deweys Demokratietheorie. Ist »Lernen« ein Modus gelingenden sozialen Wandels, so sind Lernblockaden umgekehrt Gründe dafür, dass dieser ausbleibt oder pathologisch verläuft.

Praktiken demokratischer Selbstbestimmung nämlich ermöglichen Lernprozesse und sind damit, nach einer Formulierung Hilary Putnams, »Voraussetzung der vollständigen Anwendung des geistigen Vermögens auf die Lösung gesellschaftlicher Probleme«,[37]

36 So auch Martin Hartmann, *Die Kreativität der Gewohnheit*, Frankfurt/M. 2004, S. 268.

37 Hilary Putnam, »Deweys Politikbegriff – Eine Neubewertung«, in: ders., *Für*

die beste und rationalste Methode, gesellschaftliche Veränderungen und Konflikte zu meistern. Zu dieser »erkenntnistheoretischen Begründung der Demokratie« (Hilary Putnam) tritt eine sozialtheoretische. Wie vor ihm Hegel und Durkheim geht auch Dewey von dem scheinbaren Paradoxon aus, dass in modernen Gesellschaften Individualisierung, die *Freisetzung* der Individuen aus vormodernen Gemeinschaftsbindungen, umgekehrt gerade mit einer *Verdichtung wechselseitiger Abhängigkeiten* einhergeht. Dewey folgert daraus, dass in solchen Gesellschaften viel mehr Bereiche zum Gegenstand »öffentlichen Interesses« werden müssen, als es in traditionellen Gesellschaften der Fall gewesen sein mag; es bedarf der Verständigung über die mit zunehmender Komplexität gesetzten Erfordernisse sozialer Kooperation.[38] Demokratie ist dann nicht nur eine Regierungsform, sondern, wie Dewey sagt, eine *Lebensweise*, eine Art und Weise, das soziale Zusammenleben zu gestalten, die sich direkt aus dem gesteigerten Reflexionsbedarf moderner Gesellschaften ergibt.[39] Die Orientierung an demokratischen Prinzipien ist also keine freistehende normative Forderung, sondern »entspricht« den sozialstrukturellen Bedingungen der Zeit; sie ist, wie Dewey in einer fast schon an das Marxsche Diktum von der Demokratie als dem »aufgelösten Rätsel aller Verfassungen«[40] erinnernden Wendung feststellt, »die Idee des Gemeinschaftslebens selbst.«[41]

eine Erneuerung der Philosophie, Stuttgart 1997, S. 227-253, hier S. 228. Eine aufschlussreiche Auseinandersetzung mit Deweys Demokratietheorie findet sich außerdem in: Axel Honneth, »Demokratie als reflexive Kooperation. John Dewey und die Demokratietheorie der Gegenwart«, in: ders., *Das Andere der Gerechtigkeit. Aufsätze zur praktischen Philosophie*, Frankfurt/M. 2000, S. 282-309.

38 Dem entspricht Deweys Charakterisierung des Öffentlichen als derjenigen Handlungssphäre, die Auswirkungen auf einen größeren Bereich als den der unmittelbar Betroffenen hat. Vgl. John Dewey, *Die Öffentlichkeit und ihre Probleme*, Bodenheim 1996, S. 27.

39 Vgl. ebd. und ders., *Demokratie und Erziehung*, a. a. O.

40 Vgl. Karl Marx, »Kritik der Hegelschen Rechtsphilosophie«, in: ders., Friedrich Engels, *Werke*, Berlin 1976, Bd. 1, S. 230.

41 »Als Idee betrachtet, ist die Demokratie nicht eine Alternative zu anderen Prinzipien assoziierten Lebens. Sie ist die Idee des Gemeinschaftslebens selbst.« Aufschlussreich in Bezug auf diesen normativen Status des Demokratieideals ist die an diesen Satz anschließende Erläuterung Deweys: »Sie ist ein Ideal im einzig verständigen Sinn eines Ideals: nämlich, die bis zu ihrer äußersten Grenze getriebene, als vollendet und vollkommen betrachtete Tendenz und Bewegung einer bestehenden Sache.« Vgl. Dewey, *Die Öffentlichkeit und ihre Probleme*, a. a. O., S. 129.

Die kollektive Verständigung über die gemeinsamen Lebensbedingungen und der Versuch ihrer Verbesserung verhalten sich dabei strukturanalog zu den experimentellen Problemlösungs- und Lernprozessen, wie Dewey sie in seiner *Logik* untersucht hat. Das alltägliche Problemlösungshandeln, die »Bewältigung aller Angelegenheiten des Lebens« unterscheidet sich von wissenschaftlichen Forschungsprozessen nur graduell.[42] Aus der spezifisch pragmatistischen Konzeptualisierung des Verlaufs solcher Lernprozesse ergeben sich nun wichtige Einsichten in die mich hier interessierende Binnenstruktur sozialen Wandels und Anschlussmöglichkeiten für meine Fragestellung.

(1) Lernen ist für Dewey per se *Problemlösungshandeln*; Lernvorgänge werden durch Probleme angeregt, die bei der Bewältigung von Situationen auftreten. Wir sind in unseren zunächst unproblematischen praktischen Handlungsvollzügen mit Handlungshemmnissen, mit praktischen Verwerfungen oder Krisen konfrontiert, deren Überwindung wir anstreben. Dem »pragmatistischen Geist« Deweys entspricht dabei, dass wir Hypothesen erst durch Bezugnahme auf ihre praktischen Konsequenzen verstehen, aber auch, dass Forschungs- beziehungsweise Lernprozesse durch praktisch entstehende Probleme erst ausgelöst und vorangetrieben werden. Erst wenn eine funktionierende Interaktion, ein sich unproblematisch vollziehender praktischer Handlungsvollzug oder eine gegebene Weltdeutung ins Stocken geraten, wenn sie inkohärent oder fragwürdig werden, setzen die Problemwahrnehmung und der Problembewältigungsprozess ein. Lernen ist also ein praktisch sich vollziehender Prozess, selbst da, wo es um einen Zuwachs an »theoretischem« Wissen geht.[43] Übertragen auf die Dynamik ge-

42 Dewey geht davon aus, »dass die Forschung, trotz der verschiedenen Gegenstände, auf die sie angewendet wird, und trotz der sich daraus ergebenden Vielfalt ihrer speziellen Techniken, eine gemeinsame Struktur oder ein gemeinsames Muster hat: dass diese gemeinsame Struktur sowohl vom gesunden Menschenverstand wie von der Wissenschaft angewendet wird, obgleich sich beide Formen aufgrund der Natur ihrer gemeinsamen Probleme stark dadurch unterscheiden, welchen Wert sie jeweils auf die darin enthaltenen Faktoren legen.« (John Dewey, *Logik. Die Theorie der Forschung*, Frankfurt/M. 2002, S. 128.)

43 Der »Vorrang des Praktischen« bedeutet nicht die ausschließliche Orientierung an »praktischer Umsetzbarkeit«. Es bedeutet nur, dass auch das »Theoretische« und auch das Wissen, das sich gegenüber der direkten Anwendung verselbständigt hat, »praktisch verfasst« ist. Der Umstand, dass ich nur dann lerne, wenn

sellschaftlicher Entwicklungen bedeutet das, dass kollektive Lernprozesse da einsetzen, wo die Bedingungen und die Gestalt gesellschaftlicher Kooperation vor Problemen stehen oder in eine *Krise* geraten, wo also die Gestalt unseres Zusammenlebens der Reflexion auf sich selbst bedarf.

(2) Diese Lösungsprozesse sind bei Dewey *experimentell* verfasst. Die experimentelle Verfasstheit verweist dabei nicht nur auf eine Weise der Überprüfung von Lösungshypothesen. Sie impliziert vor allem, dass Lösungen weder aus gegebenen Umständen direkt ableitbar noch im Vorhinein erschließbar, sondern auf innovatives Probehandeln – auf Ausprobieren im Modus von Versuch und Irrtum – angewiesen sind. Damit geht einher, dass Problemlösungsprozesse unabschließbar sind, dass sie stets als Prozesse mit einem *offenen Ausgang* verstanden werden müssen, deren Resultat sich daraufhin befragen lassen muss, ob es die Konfrontation mit weiteren Problemen ermöglicht oder behindert.

(3) Als Kriterium für einen gelingenden und rationalen Problemlösunsgprozess fungiert dabei (negativ) die Abwesenheit von Lernblockaden und (positiv) die Ermöglichung weiterer Erfahrungen und die Offenheit gegenüber neu auftretenden Problemen und Anforderungen. Fortschrittsprozesse lassen sich so gewissermaßen »freischwebend« identifizieren: Bessere lassen sich von jeweils schlechteren Problemlösungen unterscheiden, ohne dass dazu Fortschritt metaphysisch begründet oder das Ziel der Entwicklung in einem Fixpunkt außerhalb des Prozesses selbst situiert werden müsste.[44] Dewey verlagert damit (ganz im Sinne meiner Fragestel-

ich die Effekte meines Handelns rückwirkend verarbeite und aus diesen Konsequenzen ziehe, gilt also für den Versuch einer Homer-Übersetzung oder der Lösung eines mathematischen Problems genauso wie für das Reparieren eines Radios.

44 In diesem Sinne jedenfalls konzipiert Putnam Deweys Thesen so, dass sie eine Bewertung von Fortschritt ohne metaphysische Fundierung erlauben: »Dewey ist (wie wir alle, wenn wir nicht gerade Skeptiker spielen) der Ansicht, daß es für menschliche Notlagen – Dewey spricht von Problemsituationen – bessere und schlechtere Möglichkeiten der Abhilfe gibt. Dafür, daß es sich so verhält, führt Dewey keine apriorischen Gründe an.« (Ders., »Deweys Politikbegriff – eine Neubewertung«, a. a. O., S. 234.) Putnam hält diese Zurückhaltung gegenüber einer Fundierung des Fortschritts in einer Vorstellung ontologisch »wirklicher Tatbestände« oder absoluter Tatsachen für einen Umstand, der es erlaubt, sich nicht umgekehrt auf die »lokale Geltung« solcher Einschätzungen beschränken

lung) den Fokus weg von den substanziell-inhaltlichen Fragestellungen danach, worin das »gute Leben« bestehen könnte, auf die *interne Beschaffenheit* derjenigen Prozesse, in denen wir uns über solche Fragen austauschen und Probleme bewältigen können.

8.2 Die Dynamik von Traditionen

Wird Alasdair MacIntyre – eine der schillerndsten Figuren der angloamerikanischen analytischen Philosophie – in Deutschland aufgrund der Rezeption seines Buches *Der Verlust der Tugend* für gewöhnlich lediglich als Tugendethiker und modernekritischer Kommunitarist gelesen, so ergibt sich ein anspruchsvolleres Bild, sobald man den Blick auf den Zusammenhang der drei zentralen Werke richtet, die seine sozialphilosophische Zeitdiagnose fundieren.[45] MacIntyre attestiert der »liberalen Kultur« der Moderne nicht nur (wie viele andere) das Leiden an einer unheilbaren inneren Zerrissenheit, sondern vor allem auch – und das macht seinen Ansatz für meinen Zusammenhang interessant – eine charakteristische *Lernblockade*.[46] In diesem Sinne fasst er »unsere« liberal-modernen kapitalistischen Gesellschaften als eine in die Krise geratene Tradition auf, deren destruktive Dynamik sich auch darin manifestiert, dass sie sich zu einer nicht mehr kritisierbaren Metatradition – einer »Tradition außerhalb der Traditionen« – immunisiert und da-

zu müssen. In die entgegengesetzte Richtung geht allerdings Richard Rortys Dewey-Interpretation. Für diesen beschränkt sich eine an Dewey geschulte pragmatistische Beurteilung von Kulturunterschieden und historischen Entwicklungen auf eine lokale und kontingente »dramatische Erzählung«. Vgl. dazu Richard Rorty, »Rationalität und kulturelle Verschiedenheit«, in: ders., *Wahrheit und Fortschritt*, Frankfurt/M. 2003, S. 269-290, hier S. 277. Im Gegensatz dazu halte ich es für die Pointe gerade einer pragmatischen Interpretation, dass sich Transformationsprozesse anhand ihres Verlaufs als gelingend oder weniger gelingend qualifizieren lassen.

45 Vgl. Alasdair MacIntyre, *Der Verlust der Tugend. Zur moralischen Krise der Gegenwart*, Frankfurt/M. 1987; ders., *Whose Justice? Which Rationality?*, Notre Dame 1988; sowie ders., *Three Rival Versions of Moral Enquiry. Encyclopaedia, Genealogy, and Tradition*, Notre Dame 1990.

46 Das soll nicht bedeuten, dass ich MacIntyre hier umstandslos Antimodernismus unterstellen will. Vgl. zur Frage der MacIntyreschen Modernekritik: Terry Pinkard, »MacIntyre's Critique of Modernity«, in: Mark C. Murphy (Hg.), *Alasdair MacIntyre*, Cambridge 2003, S. 176-198.

durch gleichzeitig die Mittel der Krisenüberwindung zerstört hat. MacIntyres Kritik ist so auf diese Gesellschaften auch und gerade unter dem Gesichtspunkt »zweiter Ordnung« gerichtet, dass diese konstitutiv nicht dazu in der Lage seien, eine vernünftige Auseinandersetzung über ihre Gestaltung zu ermöglichen.[47]

Dabei ist auch MacIntyres Werk von der Überzeugung getragen, dass sich die Dynamik von Gesellschaften, Lebensformen oder Traditionen (wie er es nennt) angesichts innerer und äußerer Konflikte als eine dynamische Abfolge von Problemen, Krisen und deren Überwindung darstellt. Und obwohl er davon überzeugt ist, dass in solchen Konflikten »Rationalität« keinen neutralen, außerhalb der durch Traditionen bezeichneten Konfliktlinien befindlichen Bezugspunkt darstellen kann, weil in solchen Debatten die Kriterien für das, was als rational gelten darf, stets mit infrage stehen, geht er davon aus, dass ein System ethischer Überzeugungen und sozialer Praktiken einem anderen überlegen sein kann. MacIntyre gewinnt dabei, und das macht ihn für meine Überlegungen einschlägig, Kriterien für die Rationalität und die normative Überlegenheit einer Tradition gegenüber einer anderen aus der mehr oder weniger rationalen Dynamik der Entwicklung und Aufeinanderfolge von Traditionen.[48]

Um das damit angedeutete Programm verstehen zu können, muss man sich MacIntyres Traditionsverständnis vor Augen führen. »Traditionen« sind hier nicht nur Überlieferungen im engeren Sinne, sondern der Zusammenhang geschichtlich überlieferter sozialer Praktiken und Interpretationen, der als übergreifendes Be-

47 In diesem Zusammenhang moniert MacIntyre, wie in der Einleitung bereits zitiert, den Umstand, dass in der liberalen Kultur »Bereiche von entscheidender moralischer Bedeutung nicht zum Gegenstand eines angemessenen öffentlichen Diskurses oder Untersuchungsprozesses werden können.« (Ders., »Die Privatisierung des Guten«, in: Axel Honneth (Hg.), *Pathologien des Sozialen*, Frankfurt/M. 1996, S. 163-183, hier S. 174.)

48 »Das, wofür uns die Aufklärung größtenteils blind gemacht hat und was wir nun wiedererlangen müssen, ist, so werde ich behaupten, eine Konzeption des rationalen Denkens als in einer Tradition verkörpert, eine Konzeption, der zufolge die Standards rationaler Rechtfertigung selbst aus einem Teil der Geschichte hervorgehen, in dem sie durch die Weise gerechtfertigt sind, auf die sie die Begrenzungen ihrer Vorgänger in derselben Traditionsgeschichte transzendieren und Abhilfe schaffen für deren Mängel.« (MacIntyre, *Whose Justice? Which Rationality?*, a. a. O., S. 7.)

zugssystem den Individuen erst die Möglichkeit bietet, sich und andere zu verstehen und im sozialen Raum zu lokalisieren.[49] Entscheidend ist dabei ihr *dynamischer* Charakter: Sie erhalten sich weniger durch Beharrungsvermögen als durch die fortlaufende Neu- oder besser: Wiedererschaffung und Wiedererzählung ihrer selbst, »eine argumentativ verfahrende Wiedererzählung«, die die Form eines konflikthaft sich fortschreibenden Narrativs annimmt.[50]

Ein solcher Erneuerungsprozess ist nicht der Störfall, sondern der Normalfall einer »lebendigen« Tradition; die *konflikthafte Auseinandersetzung über ihre eigene Identität* ist konstitutiv für die Art und Weise, in der sie besteht:

> Denn was eine Tradition konstituiert, ist der Konflikt unterschiedlicher Interpretationen dieser Tradition, ein Konflikt, der selbst eine Geschichte miteinander konkurrierender Interpretationen besitzt. Wenn ich z. B. Jude bin, muss ich anerkennen, dass die Tradition des Judentums teilweise durch einen fortwährenden Streit darüber, was es überhaupt heißt, Jude zu sein, konstituiert wird.[51]

Beruhen Traditionen als Überlieferungsgeschehen also auf einem autoritativen Bezugs- und Kristallisationspunkt, so ist dieser immer nur ein Ausgangspunkt, der interpretativ und argumentativ eingeholt werden muss und sich im Verlauf der Auseinandersetzungen verändert.[52] Traditionen sind dann so lange gelungen oder »lebendig«, wie sich neue Erfahrungen in sie einspinnen lassen und

49 »Tradition« ist einer der Leitbegriffe nicht nur in *Whose Justice? Which Rationality?* (a. a. O.) und in *Three Rival Versions of Enquiry* (a. a. O.), sondern auch schon in frühen Aufsätzen wie etwa »Epistemological Crises, Dramatic Narrative and the Philosophy of Science«, in: *The Monist* 60/4 (1977), S. 453-471. Vgl. dazu auch Jean Porter, »Tradition in the Recent Work of Alasdair MacIntyre«, in: Murphy (Hg.), *Alasdair MacIntyre*, a. a. O., S. 38-70.

50 MacIntyre, »Epistemological Crises, Dramatic Narrative and the Philosophy of Science«, a. a. O., S. 461.

51 Ebd., S. 460.

52 Es gibt hier Parallelen zu Hans-Georg Gadamers hermeneutischem Verständnis der aktiven Aneignung von Tradition. Vgl. Hans-Georg Gadamer, *Wahrheit und Methode. Grundzüge einer philosophischen Hermeneutik*, in: ders., *Gesammelte Werke*, Tübingen [6]1990, Bd. 1. MacIntyre betont in einem Interview mit Giovanna Boradori seine Verbundenheit mit Gadamer, die ungeachtet der Abwesenheit einer expliziten Auseinandersetzung bestehe. Vgl. Alasdair MacIntyre, »An Interview with Giovanna Boradori«, in: Kelvin Knight (Hg.), *The MacIntyre Reader*, Notre Dame 1998, S. 255-267, hier S. 265.

sie sich mit neuen Anforderungen konfrontieren können. Genau dieser Vorgang des erneuernden Erhalts und der stetigen Neu- und Wiederaneignung einer Tradition ist es nun, der sich im Sinne meiner Ausgangsfrage als sozialer Transformationsprozess auffassen und auf seine Qualitäten als kollektiver Lernprozess hin befragen lässt.[53]

Mehrere Aspekte machen MacIntyres Konzept einer spezifischen Rationalität von Traditionen für mein Projekt interessant:

(1) Lebensformen beziehungsweise Traditionen sind *nicht monadisch*, sondern gegeneinander offen verfasst, beeinflussen sich wechselseitig, beziehen sich aufeinander und etablieren ein (gegebenenfalls konkurrentes) Verhältnis zueinander. MacIntyre orientiert sich hier nicht nur an einer historischen Abfolge von Lebensformen, sondern am historischen Faktum der Pluralität, einer Multiplizität nebeneinander bestehender konkurrierender Traditionen. Damit bringt er die Möglichkeit der Beeinflussung, aber auch möglicher Verständigungsblockaden zwischen unterschiedlichen Traditionen ins Spiel.

(2) Konflikte zwischen Lebensformen beziehungsweise Traditionen lassen sich dementsprechend als Auseinandersetzungen im Modus der *Rivalität* auffassen. Das bedeutet, dass sich Traditionen auf die eine oder andere Weise als Konkurrenten um dieselbe Sache – die richtige Deutung der Realität und das richtige Handeln in dieser – verstehen. Traditionen sind also nicht einfach »wie sie sind«, sondern verkörpern Wahrheits- beziehungsweise *Geltungsansprüche*, Ansprüche auf die richtige Deutung und den angemessenen praktischen Umgang mit der Welt. Die Konflikte, in die sie geraten, stellen insofern »die Ressourcen der miteinander konkurrierenden Traditionen auf den Prüfstand«.[54]

53 Wenn MacIntyre selbst Revolutionen letztendlich als Mittel zur Fortführung einer Tradition verstehen kann, dann geht es hier um die interpretative Herstellung einer Kontinuität in der Diskontinuität: »Jede Tradition läuft immer Gefahr, in einen Zustand der Inkohärenz zu geraten, und wenn dies geschieht, dann kann sie sich manchmal nur durch eine Revolution regenerieren. […] Traditionen tragen die Vernunft, und zu manchen Zeitpunkten bedürfen sie tatsächlich einer Revolution für ihre Fortführung.« (Ders., »Epistemological Crises, Dramatic Narrative and the Philosophy of Science«, a. a. O., S. 461.)

54 Ebd. MacIntyre geht hier so weit, dass er die Vermeidung von Konflikten explizit als Degenerationssymptom deutet. So bemerkt er: »Es ist ein weiteres Kennzeichen einer verfallenden Tradition, dass sie ein Ensemble von epistemologischen

(3) Wo radikale Inkompatibilitäten und miteinander inkommensurable Weltdeutungen und Auffassungen des Guten es relativistischen und historistischen Konzeptionen zufolge unmöglich machen, Bewertungskriterien für die Rationalität von Traditionen zu entwickeln, so verfügt MacIntyre über ein interessantes, historisch situiertes und kontextualisiertes Konzept einer gewissermaßen *narrativ konstituierten historischen Rationalität.* MacIntyres Vorschlag zufolge bemisst sich nämlich die Berechtigung der von einer Tradition erhobenen Geltungsansprüche an ihrer Deutungsmacht, an ihrer Fähigkeit, nicht nur Probleme zu lösen und Krisen zu überwinden, sondern sich auch qua integrierender Narration reflexiv auf diese Lösung zu beziehen. Auch dieses Konzept orientiert sich am Verlauf der krisenhaften Entwicklung selbst: Gibt es keine absolute und transzendierende Grundlage, keinen externen oder kontextlos-universellen Standpunkt, der uns einen Rückhalt für die Bewertung unterschiedlicher Lebensformen bieten könnte, so lassen sich dennoch unterschiedliche Dynamiken der Krisenüberwindung als »besser« und »schlechter«, angemessener und unangemessener voneinander unterscheiden.

Mit diesem Entwurf einer rationalen Veränderungsdynamik, die sich in mancher Hinsicht als ein moderates Fortschrittsgeschehen verstehen lässt, bietet MacIntyre beides, einen Anschluss, aber auch einen Gegenentwurf zu dem von ihm als teleologisch-finalistisch kritisierten Denken Hegels an.[55]

8.3 Geschichte als dialektischer Lernprozess

Hegel ist als *der* Denker der Geschichte auch derjenige Philosoph, der den Umstand, dass die bestehenden sozialen Institutionen und Praktiken Resultate einer historisch verlaufenden Veränderungsdynamik sind, zum Zentrum seines Denkens gemacht hat. Nicht nur

Schutzwällen errichtet, durch die sie vermeidet, infrage gestellt zu werden oder durch die sie zumindest vermeidet, anzuerkennen, dass sie durch rivalisierende Traditionen infrage gestellt wird.« (Ebd.)

55 Robert Stern interpretiert in diesem Sinne das MacIntyresche Projekt als Versuch, zwischen Hegel und einem skeptischen oder relativistisch werdenden Historismus eine Art »dritten Weg« zu finden. Vgl. Robert Stern, »MacIntyre and Historicism«, in: John Horton, Susan Mendus (Hg.), *After MacIntyre. Critical Perspectives on the Work of Alasdair MacIntyre*, Cambridge 1994, S. 146-160.

ist das Nachdenken über historische Entwicklungen ein gewichtiger Teil seiner Philosophie; er denkt die Rationalität sittlicher Formationen auch als historisch gewordene, als Resultat ihrer Geschichte. Rationalität selbst wird hier, sehr allgemein gesprochen, historisiert, der »Besitz an selbstbewußter Vernünftigkeit« ist, wie Hegel in Bezug auf die Geschichte der Philosophie ausführt, »eine Erbschaft und näher das *Resultat* der Arbeit, und zwar der Arbeit aller vorhergegangenen Generationen des Menschengeschlechts«,[56] die jeweils reflexiv angeeignet werden muss. Geschichte ihrerseits wird als dynamisch-praktischer Prozess aufgefasst, der sich als Realisierung einer solcherart historisch sich vermittelnden Rationalität verstehen lässt. Ist also Rationalität historisch verfasst, so ist umgekehrt Geschichte (in bestimmter Hinsicht) rational, und genau dieser Umstand ist es, der Hegel sowohl von einem ahistorischen Universalismus als auch von einem relativistischen Historismus – einer Position, in der jede historische Lebensform »ihr eigenes Recht« besitzt, das sich der Möglichkeit ethischer Bewertung entzöge – trennt. Das Hegelsche Modell *dialektischer Entwicklung*, dessen Modus die »bestimmte Negation« ist, entwirft dabei die besonders anspruchsvolle Version eines Transformationsprozesses, der, meiner Interpretation nach, seine Rationalitätskriterien in sich selbst trägt.

In der *Phänomenologie des Geistes* – der »Wissenschaft von der Erfahrung des Bewußtseins« – lässt sich so paradigmatisch der Verlauf eines sich anreichernden Erfahrungsprozesses studieren, in dem sich das Bewusstsein in einem Prozess der Reflexion auf seine eigenen Unzulänglichkeiten von einer unvollständigen und in Selbsttäuschung befangenen Stufe zur nächsten bewegt, ein Verlauf, der schließlich im »Geistkapitel« in eine »philosophisch interpretierte Weltgeschichte«[57] einmündet, in der die Gestalten des Bewusstseins zu »Gestalten einer Welt« werden.[58] Einem solchen Entwicklungs-

56 G. W. F. Hegel, *Vorlesungen über die Geschichte der Philosophie I*, in: ders., *Werke in zwanzig Bänden*, Frankfurt/M. [5]2003, Bd. 18, S. 21.

57 Ludwig Siep, *Der Weg der Phänomenologie des Geistes. Ein einführender Kommentar zu Hegels »Differenzschrift« und »Phänomenologie des Geistes«*, Frankfurt/M. 2000, S. 173.

58 G. W. F. Hegel, *Phänomenologie des Geistes*, in: ders., *Werke in zwanzig Bänden*, Frankfurt/M. 1986, Bd. 3, S. 326. Meine Ausführungen erheben hier nicht den Anspruch einer umfassenden, philologisch fundierten Interpretation des Verhältnisses von *Phänomenologie des Geistes* und Geschichtsphilosophie, sondern bemühen sich um die systematischen Anregungen, die sich daraus gewinnen

gang, so lässt sich jedenfalls behaupten, folgt aber auch – mal mehr, mal weniger – der in Hegels *Philosophie der Geschichte* entworfene Fortgang sozialen Wandels. Hier treten das Werden und Vergehen historischer Zivilisationen, von den Hochkulturen Asiens über die griechische Welt bis zu Hegels Zeit, als unterschiedliche Stadien eines Verlaufs auf, der sich als Entwicklung auf- und auseinander folgender sozialer Formationen auffassen lässt, in dem sich das »Bewußtsein der Freiheit« verwirklicht.[59]

Auch die von Hegel beschriebenen Transformationsprozesse vollziehen sich vermittelt über *Krisen*: Es ist (in der *Philosophie der Geschichte* wie in der *Phänomenologie des Geistes*) die Unhaltbarkeit und Widersprüchlichkeit einer bestehenden Position, die diese über sich selbst hinaustreibt. Will man den dadurch ausgelösten Prozess in meinem Sinne als probleminduzierte Reflexionsgeschichte auffassen, so handelt es sich dabei um den Vorgang einer (Selbst-)Erfahrung mittels der Reflexion auf die eigenen Geltungsgrundlagen, der sich anreichert, sofern die neuen Problembeschreibungen (wenn man so will) immer erst nach der Überführung der vorherigen Stufe als defizitär kenntlich werden und sich aus den jetzt sichtbar werdenden Defiziten oder Einseitigkeiten ergeben.

Hegel teilt so mit Dewey die Vorstellung eines in praktischen Vollzügen sich vollziehenden Lernprozesses; er teilt mit MacIntyre die Einsicht, dass ein solcher Prozess mit der Reflexion auf diese Vollzüge und die mit ihnen gesetzten Geltungsansprüche einhergeht. Allerdings ist seine Konzeption historischer Rationalität, wie wir sehen werden, »robuster« als das narrative Konzept MacIntyres, sofern die aufeinanderfolgenden Positionen nicht nur aufeinander *folgen* und dann rückwirkend narrativ integriert werden, sondern sich auf sehr bestimmte Weise aus einander *entwickeln*. Gerade deshalb aber muss sie sich, wie wir sehen werden, mit der Frage konfrontieren lassen, wie sie der Offenheit sozialer Lernprozesse, aber auch der Pluralität nebeneinander exististierender Lebensformen gerecht zu werden vermag.

Ein häufig wiederholter Vorwurf gegen Hegel sieht hier eine

lassen, die in der Phänomenologie entwickelte Bewegungsdynamik auf die Formationswandel der Geschichtsphilosophie zu beziehen und generell für das Verständnis der Dynamik sozialer Lernprozesse zu nutzen.

59 G.W. F. Hegel, *Vorlesungen über die Philosophie der Geschichte*, in: ders., *Werke in zwanzig Bänden*, Frankfurt/M. 1986, Bd. 12, S. 77.

problematische teleologische Konzeption von Wandlungsdynamiken am Werk, die als Zulaufen auf ein bereits bekanntes Ziel oder, wie Dewey es formuliert, als »allmähliche ›Auswicklung‹ dessen, was zusammengefaltet war«,[60] mit dem von mir gesuchten Konzept einer offenen Prozessrationalität gerade nicht vereinbar wäre. Demgegenüber lässt es sich, das jedenfalls werde ich behaupten, als entscheidende Pointe auffassen, dass sich auch mit Hegel dieser Prozess *als solcher* als rational (oder nicht rational) genau in dem Maße verstehen lässt, in dem sich die von Hegel als Problemstellungen und Krisen oder Widersprüche aufgefassten Anlässe der Veränderung aus einander entwickeln.[61] Damit wäre ein genuines Anreicherungsgeschehen und eine gewissermaßen »freistehende« Fortschrittskonzeption entworfen, in der die Rationalität des *Resultats* von der des *Verlaufs* der Entwicklung nicht zu trennen ist.

60 Vgl. zu dieser kritischen Haltung Deweys Charakterisierung teleologischer Modelle, die sich ausdrücklich auch gegen Hegel richtet (in: Dewey, *Demokratie und Erziehung*, a. a. O. S. 84). Kritisch bringt sich auch MacIntyre gegen Hegel in Stellung, wenn er seine Konzeption der Traditionsablösung dem Hegelschen Entwicklungsmodell gegenüberstellt: »Die Rationalität der Hegelschen Untersuchung beruht implizit auf einem Begriff letztgültiger Wahrheit, d. h. auf der Konzeption einer Beziehung des Geistes zu seinen Objekten, die den Fähigkeiten des Geistes vollständig angemessen wäre. Aber jede Vorstellung eines solchen Zustands, in dem der Geist sich selbst durch seine eigene Kraft als sich selbst angemessen erkennen könnte, ist sinnlos: Das absolute Wissen des Hegelschen Systems ist vom Standpunkt der Annahme aus, dass Traditionen für Wissen konstitutiv sind, eine Chimäre.« (MacIntyre, *Whose Justice? Which Rationality?*, a. a. O., S. 360 f.)

61 Damit stelle ich auch die von Hilary Putnam skizzierte Alternative infrage, der zufolge die Idee einer historisch situierten Rationalität, wenn man sie der (von ihm Hegel zugeschriebenen) Idee eines notwendigen Ziels und Endes der Geschichte beraubt, zwischen den unterschiedlichen kulturellen und historischen Instanziierungen nicht mehr normativ differenzieren kann. Ich will also behaupten, dass sich mit Hegels Modell dialektischer Entwicklung auch ohne ein solches Ziel (das ja nur ein historisch verschobener »archimedischer Punkt« der Kritik wäre) Kriterien für die Rationalität eines Verlaufsprozesses gewinnen lassen. Vgl. Hilary Putnam, *Vernunft, Wahrheit, Geschichte*, Frankfurt/M. 1994.

Resümee

Dieser kurze Überblick über die im Folgenden zu diskutierenden Positionen gibt uns erste Kriterien für gelingende oder misslingende Dynamiken sozialen Wandels an die Hand: Wird bei Dewey die Abwesenheit von Lernblockaden zum Kriterium für die Rationalität von Problemlösungsprozessen, so entwirft MacIntyre für die gelingende Transformationsdynamik ein anspruchsvolleres Bild narrativer Integration, das von Hegels Konzeption dialektischer Transformationsprozesse an »Robustheit« noch übertroffen wird. Es sind diese unterschiedlichen Konzeptionen von gelingender Transformation und die sich entsprechend unterscheidenden Identifizierungen von diesbezüglichen Störquellen, die im Weiteren zur Debatte stehen werden. Die für mein Vorhaben informativen Unterschiede zwischen den von mir als je verschiedene Konzeptualisierungen von Problemlösungsprozessen aufgefassten Positionen werden sich dabei zunächst an ihren unterschiedlichen *Problemverständnissen* (Kapitel 9) zeigen. Aus diesen ergeben sich, wie wir sehen werden, Unterschiede hinsichtlich der *Lösungsdynamiken* (Kapitel 10), die zu je unterschiedlichen Auffassungen der Rationalität sozialer Lernprozesse führen.

9. Kapitel
Problem oder Widerspruch?

… alles ist kaputt, aber irgendwie funktioniert es.
Rainald Goetz

Der Ausgangspunkt von Problemlösungsprozessen sind Probleme. Je nach Auffassung darüber, *was überhaupt ein Problem ist* und wie Probleme intern strukturiert sind, wird sich deren Lösungsdynamik unterschiedlich darstellen. Wollte man das Hauptmerkmal der Hegelschen gegenüber den beiden anderen Konzeptionen auf eine kurze Formel bringen, so lautete diese: Bei Hegel haben *Probleme* die Form des *Widerspruchs.* Sie treten in einer gegebenen sozialen und historischen Situation nicht kontingent und als von außen kommende Störungen auf, sondern als die Realisierung oder Aktualisierung der bereits in der Situation selbst liegenden Spannungsverhältnisse. Das Problem (als Widerspruch) ist etwas, das die betreffende Konstellation selbst schon ausmacht, nicht etwas, das ihr passiert oder in das sie hineingerät. Zielt Hegels Problemauffassung damit auf streng immanent und systematisch auftretende Konflikte, so konzipieren Dewey und MacIntyre Probleme als kontingente Konfrontationen mit Hindernissen, die aus einem problemstellenden Außen resultieren können. Hinter der im Folgenden zu diskutierenden Alternative von »Problem« und »Widerspruch« verbergen sich also in Bezug auf Lebensformen mehrere Grundsatzfragen: Die Lokalisierung der Probleme und ihr Status in Bezug auf die »Objektivität« der Problemstellung, die Kontingenz oder systematische Notwendigkeit ihres Auftretens und die Art und Weise, in der sie als Störung eines Gefüges von Praktiken und Interpretationen fungieren.

In den *Abschnitten eins* bis *drei* dieses Kapitels werde ich die Konzeptionen von Dewey, MacIntyre und Hegel zunächst hinsichtlich der hier genannten Charakteristika und der sich zeigenden Unterschiede untersuchen, bevor ich dann im *vierten Abschnitt* einen Vermittlungsversuch unternehme, dem ein systematischer Vorschlag zu einem der Frage nach den Lebensformen adäquaten Problemverständnis entspringen soll.

9.1 Probleme als Unbestimmtheit

Im Rahmen von Deweys Überlegungen stellen sich Probleme als Handlungshemmnisse, als Verwerfungen innerhalb von Handlungs- und Verstehensvollzügen dar, die (von außen) in diese einbrechen. Um die Struktur dieser Probleme im Einzelnen zu verstehen, lohnt es sich, Deweys allgemeinste Bestimmung dessen, was Forschung ist, noch einmal[62] anzusehen:

> Forschung ist die gesteuerte oder gelenkte Umformung einer unbestimmten Situation in eine Situation, die in ihren konstitutiven Merkmalen und Beziehungen so bestimmt ist, daß die Elemente der ursprünglichen Situation in ein einheitliches Ganzes umgewandelt werden.[63]

Die den Forschungsprozess (oder die Notwendigkeit des Lernens) auslösende problematische Situation – die Krise – ist also eine Situation der *Unbestimmtheit*. Deren Lösung besteht in der (Wieder-)Herstellung von Bestimmtheit, verstanden als das Erreichen von Kohärenz und dem, was Dewey »qualitative Ganzheit« nennt. Ein Problem tritt demnach zunächst als Handlungshemmnis auf. Dieses aber affiziert eine ganze »Situation«, die so in den Zustand der »Unbestimmtheit« gerät. Probleme sind also, auch wenn sie von außen kommen, nie »rohe« und einzelne Fakten; sie sind immer Probleme innerhalb eines Kontextes und für einen solchen.

Was aber ist Unbestimmtheit? Und warum ist der Zustand der Unbestimmtheit ein Problem? Deweys Charakterisierung der Unbestimmtheit umfasst ganz unterschiedliche Zustände: Eine problematische Situation ist ungewiss, ungeklärt, fraglich, sie ist »gestört [*disturbed*], aufgewühlt [*troubled*], mehrdeutig [*ambiguous*], verworren [*confused*], widersprüchlich, dunkel usf.«[64] Nun ist es sicherlich ein Unterschied, ob eine Situation mehrdeutig oder widersprüchlich, dunkel oder aufgewühlt ist. Das Moment aber, das all diese Motive umfasst, ist, dass eine solche (unbestimmte) Situation »offen [ist] in dem Sinne, dass ihre Bestandteile nicht zusammenhängen«.[65] Was widersprüchlich ist, passt nicht zusammen, aber auch mehrdeutige und dunkle Elemente einer Situation

62 Vgl. oben, Kapitel 4.

63 Dewey, *Logik*, a.a.O., S. 131.

64 Ebd., S. 132.

65 Ebd., S. 131.

lassen sich schlecht aufeinander beziehen, weil die möglichen Verbindungspunkte unstet sind. Widersprüchlichkeit, Verworrenheit, Mehrdeutigkeit etc. wären dann je verschiedene Instanzen von Zusammenhangslosigkeit. Problematisch, unbestimmt ist eine Situation damit genau dann, wenn die Bildung einer Ganzheit oder eines qualitativen Zusammenhangs nicht (mehr) möglich ist – und genau deshalb tritt Unbestimmtheit auch als Störung in Erscheinung. Kohärenz nämlich, die Möglichkeit, einen kohärenten Zusammenhang auszubilden, ist Voraussetzung für die Konstitution von Sinn und Handlungsmacht, Zusammenhanglosigkeit dagegen stört unseren Handlungs- und Verstehenszusammenhang.

Um nachzuvollziehen, warum das so ist, muss man sich klarmachen, was eine »Situation« ausmacht. Unter »Situation« versteht Dewey ein »kontextuelles Ganzes« oder ein »qualitatives Ganzes«.[66] Nicht unähnlich dem Heideggerschen Weltbegriff[67] beschreibt die Situation »*weder* ein einzelnes Objekt oder Ereignis, *noch* eine Menge von Objekten und Ereignissen«,[68] sondern den Zusammenhang, in dem diese stehen und in dem sie aufeinander bezogen sind.[69] Nun ist dieser Zusammenhang ein *aktives* Verhältnis, eine Interaktion zwischen Person und Umwelt. Entsprechend ist die Störung, das Problematischwerden der Situation, eine Störung ebendieser

66 Ebd., S. 87-89.

67 Die Parallele zwischen Heideggers Weltbegriff und Deweys Begriff der Situation bzw. der Umgebung ließe sich mit Gewinn ausbauen. Sieht man sich die harsche Kritik an Dewey an, wie sie von Lowell Nissen formuliert worden ist und der zufolge schon der Begriff der Situation unverständlich und sinnlos ist, so wird sehr deutlich, dass sich von Heidegger her einiges besser verstehen ließe. Vgl. Lowell Nissen, *John Dewey's Theory of Inquiry and Truth*, Den Haag, Paris 1966. Dass die Rehabilitierung Deweys in der postanalytischen Philosophie z. B. bei Rorty mit einer Rehabilitierung Heideggers einhergeht, mag also kein Zufall sein. Vgl. Richard Rorty, *Der Spiegel der Natur. Eine Kritik der Philosophie*, Frankfurt/M. 1987.

68 Dewey, *Logik*, a. a. O., S. 87.

69 Wiederum ganz analog zur Heideggerschen Umweltanalyse ist der Zusammenhang einer des praktischen Vollzugs, des Umgangs mit den Dingen, innerhalb dessen sich die Dinge als Momente eines (Bedeutungs-)Zusammenhangs konstituieren. Entsteht »Welt« oder die »Situation« (mit Heidegger gesprochen) durch tätige Welterschließung, so ist es genau diese Art von Handlungsvollzug, der beim Problematischwerden einer Situation unterbrochen wird. Vgl. Martin Heidegger, *Sein und Zeit*, Tübingen 1927, Drittes Kapitel: »Die Weltlichkeit der Welt« (§§ 14-24).

Interaktion, der Zusammenbruch eines praktischen Interaktionsverhältnisses mit der Umwelt. Es kommt zu einem momentanen Zusammenbruch eines ganzen Gefüges – eben des Gefüges, das sich (bei Dewey) »Situation« oder (bei Heidegger) »Welt« nennt. »Krisen« sind also immer Krisen eines ganzen Bezugssystems. Deshalb bedarf es zur Lösung des Problems einer Reintegration dieses Bezugssystems – und jede gelingende Lösung bedeutet eine solche Reintegration.

Ein typisches praktisch-alltägliches Problem, an dem Dewey in seiner *Logik* das Unbestimmtwerden einer Situation und die auf diese folgenden Handlungshemmnisse verdeutlicht, ist der Ausbruch eines Feuers während eines Theaterbesuchs. Die etablierten Deutungs- und Handlungsvollzüge werden hier plötzlich unterbrochen. Ist die Situation vorher durch die passive Rezeptionshaltung des Zuschauers bestimmt, so muss man sich jetzt neu orientieren und situieren. Ist die Rauchentwicklung Teil des Stücks oder nicht? Welche Maßnahmen sind jetzt erforderlich? Nicht nur ist die Situation (jedenfalls anfänglich) unklar, auch die nun zu ergreifenden Maßnahmen – die Problemlösungen – müssen erst ausfindig gemacht und adjustiert werden.

Auch die in *Individualism, Old and New* diagnostizierte Krise des Individualismus, die Dewey anhand des Übergreifens egoistisch-instrumenteller Marktimperative auf die Lebensweise der fortgeschritten kapitalistischen Gesellschaften ausmacht, ist ein Beispiel für ein Problem in diesem Sinn.[70] Krisenhaft ist die beschriebene gesellschaftliche Konstellation, sofern sich die unverfroren ihr Eigeninteresse verfolgenden Individuen an Werten festhalten, die einer vergangenen Epoche entstammen, den bestehenden Lebensbedingungen und den faktischen Interdependenzen aber nicht mehr gerecht werden. Das führt zu Fehldeutungen und praktischen Fehlentwicklungen, die Individuen wissen nicht mehr, wie sie sich verstehen und dem, was sie tun, Sinn abgewinnen sollen. Sie sind »verwirrt, besorgt und ratlos«[71] – und das bezeichnet auch hier die Unfähigkeit, Bezüge herzustellen und sich in diesen zu situieren. Ein Gefüge von Interpretationen und Praktiken – eine Situation –

70 Vgl. John Dewey, *Individualism, Old and New*, Chicago 1999. Vgl. dazu auch die Diskussion bei Martin Hartmann, *Die Kreativität der Gewohnheit*, Frankfurt/M. 2003, S. 262-264.

71 Dewey, *Individualism, Old and New*, a. a. O., S. 47.

ist gestört, das Bezugssystem oder der Orientierungsrahmen sozialer Welt- und Selbstdeutungen ist »unbestimmt« geworden.

Höherstufigkeit sozialer Probleme

Die Problemauffassung Deweys steht also für ein komplexes Verständnis von Problemen. Mit ihnen bricht eine Kontinuität auf. Sie stören als Widrigkeiten unser Bezugssystem, das, wenn die Lösung des Problems gelingt, wieder zu neuer Kohärenz geführt wird. Problemlösungsprozesse sind dabei als Anpassungsvorgänge an sich verändernde Umweltbedingungen gedacht. Die auf uns einwirkenden Anforderungen oder Ereignisse sind in den meisten Fällen nicht antizipierbar. Damit stellt sich das »Problem« oder die »Krise« als unverfügbarer und kontingent auftretender Lernanlass, als eine von außen kommende Störung dar, die das Funktionieren eines eingespielten Praxiszusammenhangs – der »Situation« – durchbricht und damit dessen Leistungsfähigkeit (aber noch nicht ihn selbst) in Frage stellt.

Avanciert ist der Problembegriff Deweys also insofern, als er Probleme als Störung eines praktischen Zusammenhangs konzipiert und es ermöglicht, den Status von Problemen als »gleichzeitig gegeben wie gemacht« aufzufassen. Seine Grenzen zeigen sich jedoch, wenn es darum geht, die Spezifik der Probleme, wie sie sich uns im Zusammenhang mit Lebensformen stellen, zu konzeptualisieren. Sind Lebensformprobleme nämlich, wie oben ausgeführt,[72] reflexive Probleme zweiter Ordnung, so ist es irreführend, sie sich als von außen kommende Störungen eines vorher unproblematischen Handlungsvollzugs zu denken: Nicht »die Realität« stellt Lebensformen vor Probleme, es sind die Lebensformen *selbst*, die sich Probleme stellen – oder anders: es sind die Lebensformen selbst, die sich Probleme *zu eigen machen* (müssen).

Ob ein einfacher Handlungsvollzug gestört wird und ein Adaptionsvorgang noch nicht gelungen ist – Fälle, die für Dewey das paradigmatische Modell aller Probleme zu sein scheinen –, unterscheidet sich dieser Beschreibung nach von der Störung eines komplexen sittlichen Praxiszusammenhangs hinsichtlich der Höherstufigkeit und der reflexiven Verfasstheit der Probleme. Proble-

72 Siehe dazu Kapitel 4.5 und Kapitel 7.4.

me, wie sie als Lebensformprobleme im Sozialen auftreten können, sind strukturell verschieden von den linear verfassten *First-order*-Problemen der Naturbeherrschung. Die einheitliche Logik der Forschungsprozesse, von der Dewey ausgeht, wäre dann aber bereits hinsichtlich der Logik der Problemstellungen nicht mehr plausibel.

Dass Lebensformprobleme als Probleme zweiter Ordnung den mit den Handlungssituationen gesetzten Bezugsrahmen selbst betreffen, ist nun ein Umstand, den ein Blick auf die Konzeption MacIntyres zu erläutern hilft, obwohl auch diese von Krisen als kontingent aufbrechenden Ereignissen ausgeht.

9.2 Krise als Kontinuitätsbruch

Auch bei MacIntyre ist das Eintreten einer Krise mit dem Aufbrechen von Kontinuität verbunden: Krisen oder Probleme resultieren aus dem Unvermögen einer Tradition, die ihr gestellten beziehungsweise sich aus ihr ergebenden Aufgaben zu lösen und sich reinterpretierend um die Lösung solcher Probleme herum zu erneuern; sie können aber auch aus der Konfrontation mit anderen Traditionen (und der Rivalität mit diesen) resultieren.

MacIntyre nennt zwei Anzeichen für eine Problem- oder Krisensituation: *Inkohärenz* und *Sterilität.*[73] Inkohärent ist eine Theorietradition dann, wenn sie Annahmen enthält, die nicht zusammenpassen. Auf außerwissenschaftliche oder lebensweltliche Traditionen bezogen beschreibt der Begriff der Inkohärenz eine Situation, die von Überzeugungen und Handlungsweisen geprägt ist, die sich nicht miteinander vereinbaren lassen oder die sich nicht zusammenfügen. Hier sind, ähnlich wie in Deweys »unbestimmter Situation«, Elemente wirksam, die sich nicht in einen sinnvollen Zusammenhang bringen lassen und in Bezug auf die, um einen

73 »Die Forschungsmethoden, denen sie [die Tradition] bislang vertraute, sind steril geworden. Konflikte über konkurrierende Antworten auf Schlüsselfragen können nicht länger rational geklärt werden. Darüber hinaus kann es tatsächlich passieren, dass die Verwendung gerade der Forschungsmethoden und Formen der Auseinandersetzung, durch die bislang rationaler Fortschritt erreicht wurde, beginnt, neue Defizite, bislang unbekannte Inkohärenzen und damit neue Probleme zu enthüllen, für deren Lösung es innerhalb des etablierten Überzeugungsgebäudes nur ungenügende oder überhaupt keine Ressourcen zu geben scheint.« (MacIntyre, *Whose Justice? Which Rationality?*, a. a. O., S. 361 f.)

der für MacIntyre wichtigen Begriffe einzuführen, keine plausible Narration mehr möglich ist. Das (mit Hannah Arendt gesprochen) narrative »Bezugsgewebe der gemeinsamen Angelegenheiten« zerreißt, die entsprechende Tradition kann sich selbst nicht mehr verstehen und wird sich selbst unzugänglich.

Was aber bedeutet es, dass eine Tradition »steril« geworden ist, und inwiefern spricht das gegen sie? Nimmt man »Sterilität« im buchstäblichen Sinne, so ist damit eine Situation bezeichnet, in der die vorherrschenden Prinzipien und Praktiken nicht mehr »fruchtbar« sind und sich nicht mehr ausbreiten. Sie werden nicht mehr in einem lebendigen Sinne weitergegeben, sondern nur noch irgendwie mitgetragen und befolgt. Eine »sterile« Tradition hat keine Anziehungskraft mehr und gibt keine Anstöße. Sie ist umgekehrt ihrerseits unempfänglich für Anregungen, so dass sie apathisch wird und stagniert.

Krisen können durch innere Ermüdungserscheinungen einer Tradition, aber auch durch eine neue Situation, durch veränderte Anforderungen oder durch einen Konflikt mit einer anderen Tradition ausgelöst werden. Spricht MacIntyre davon, dass Krisen »jederzeit« auftreten können, so legt das nahe, dass ihr Eintreten völlig unvermittelt geschehen kann, ohne dass ihnen eine längere oder nachvollziehbare Entwicklung vorhergeht. Probleme und Krisen sind, um auf die oben eingeführten Unterscheidungen zurückzukommen, manchmal »hausgemacht«, manchmal brechen sie aber auch kontingent in eine Lebensform herein. Wo aber auch immer sie herkommen: Was sie zur Krise macht, ist das Zusammenbrechen des Interpretationsrahmens oder das Abreißen des Fadens narrativer Kontinuität. Solche Probleme sind Probleme *für* und *mit* einer Tradition – sofern diese nicht die Ressourcen hat, das aufgetretene Problem lösend zu integrieren.

Zwei Arten von Krise

MacIntyre kennt zwei Arten von Problemen, oder besser: zwei Arten von Krise und des auf diese folgenden Wandels. Zum einen beschreibt er die alltägliche Entwicklungs- und Erneuerungsdynamik von Traditionen als fortschreitenden Prozess der Bewältigung (alltäglicher) Probleme. In einem solchen »Normalverlauf« sind Traditionen mit Problemen konfrontiert, für deren Lösung sich innerhalb ihrer selbst aktualisierbare Ressourcen finden. Veränderungen lassen sich in den Kontinuitätszusammenhang der Tradition integrieren, der dadurch gleichzeitig transformiert wird und »er selbst« bleibt.

Manchmal aber gerät dieses Fortschrittsgeschehen an seine Grenzen. Innerhalb einer hergebrachten Lebensform treten dann Probleme auf, die ein so tiefes Zerwürfnis markieren, dass sie innerhalb des mit der entsprechenden Lebensform gegebenen Bezugssystems unlösbar sind und einen Abbruch der Kontinuität erzwingen. Die hergebrachten Ressourcen versiegen oder werden bedeutungslos. Die Kontinuität des Problemlösungsprozesses und des Interpretationsgefüges, das diesen trägt, wird dann jäh unterbrochen.

> Wir haben schon festgestellt, dass für eine durch Tradition konstituierte Forschungspraxis auf jeder Stufe ihrer Entwicklung ihre jeweilige Problematik zentral ist: Anhand der dadurch definierten Probleme und ungelösten Fragen wird der Erfolg oder Misserfolg ihrer eigenen rationalen und fortschreitenden Entwicklung bewertet. Jederzeit kann aber für eine solche durch Tradition konstituierte Forschungspraxis der Fall eintreten, dass diese fortschreitende Entwicklung, gemessen an ihren eigenen Kriterien des Fortschritts, endet.[74]

Erlaubt also der Normalfall ein Ineinandergreifen von Problemstellung und -lösung, so tritt im radikaleren Fall eine zweite Form von Problemen und eine dramatischere Form von Krise zu Tage, deren Dynamik sich qualitativ von denen anderer Krisen unterscheidet. Geht es im Normalverlauf um Probleme und die Bedingungen ihrer Lösung innerhalb eines gesetzten (und intakt bleibenden) Interpretationsrahmens, so ist es genau dieser Interpretationsrahmen – und damit der Maßstab für eine gelingende Problemlösung selbst –, der in einer solchen Krise in Frage gestellt wird. Man weiß nicht nur an irgendeiner Stelle nicht weiter, man steht nicht nur vor einer Herausforderung; darüber hinaus sind die Bedeutung dessen, was man tut, und die Art und Weise, in der man das, was man tut, versteht, sind also die Grundlagen der eigenen Praxis unklar geworden. Nicht nur ein einzelnes Element, der ganze Rahmen passt dann nicht mehr. Solche Krisen sind, mit Kuhn

74 MacIntyre, *Whose Justice? Which Rationality?*, a. a. O., S. 362.

gesprochen, die den Erkenntnisprozess der »*normal science*« sprengenden Krisen eines Paradigmas. MacIntyre hat eine solche radikale Unterbrechung und dramatische Infragestellung der Grundlagen einer Tradition schon in einem frühen Essay, der sich mit Thomas Kuhns Theorie des Paradigmenwechsels auseinandersetzt, »epistemologische Krise«[75] genannt. Wir wissen in einer solchen Situation nicht nur nicht mehr weiter, wir wissen sogar nicht mehr, was wir wissen können und was es überhaupt bedeutet, hinsichtlich eines bestimmten Problems Fortschritte zu machen – oder eben nicht. Genauso wie (in einem Kuhnschen Verständnis) nicht neue *Fakten*, sondern neue *Sichtweisen* eine wissenschaftliche Revolution ausmachen, so macht hier die Erschütterung von Interpretationen und nicht schon die faktische Erschütterung eines Handlungszusammenhangs die Krise einer Tradition aus. Solche Krisen werden damit faktisch zu Selbstverständnis- und Selbstverständigungskrisen einer Tradition, auch wenn diese das von sich nicht immer wissen. Eine solche Beschreibung scheint den *Second-order*-Charakter von Lebensformproblemen besser zu treffen als die von Dewey beschriebenen Handlungshemmnisse.

Immanenz und Transzendenz der Krise

Mit dem hier entwickelten Verständnis von Krisen als Krisen eines Paradigmas deutet sich allerdings auch eine nicht unerhebliche Schwierigkeit an: Wie kann man unter Bedingungen einer solchen Krise überhaupt etwas *als Krise* identifizieren, wenn doch der Bezugsrahmen selbst, vor dem sich üblicherweise Probleme abzeichnen, ins Wanken geraten ist? Welchen epistemologischen Status kann der Verweis auf »Probleme« dann noch einnehmen? Die Frage stellt sich deshalb so drängend, weil MacIntyre davon ausgeht, dass es »keine vorbegrifflichen und nicht einmal vortheoretische Daten«[76] gibt, und damit auch keine Handlungsproble-

75 Alasdair MacIntyre, »Epistemological Crises, Dramatic Narrative and the Philosophy of Science«, a. a. O. »Epistemologisch« sind solche Krisen, weil sie die Geltungsgrundlagen und das Selbstverständnis der entsprechenden (sozialen oder wissenschaftlichen) Formation betreffen. Zur Theorie des Paradigmenwechsels vgl. Thomas S. Kuhn, *Die Struktur wissenschaftlicher Revolutionen*, Frankfurt/M. 1996.

76 MacIntyre, *Whose Justice? Which Rationality?*, a. a. O., S. 333.

me oder deren Lösungen, die vorinterpretativ gegeben oder ohne einen erschließenden Begriffsrahmen aussagekräftig wären. Dann ist aber auch das, was ein Problem oder gar seine Lösung ist, vom interpretativen Kontext abhängig und wird sich im Zweifelsfall für unterschiedliche Traditionen je verschieden darstellen. Im Moment der epistemologischen Krise und der Rivalität konkurrierender Interpretationen bringt uns dieser Umstand in Schwierigkeiten. Setzt die (radikale) Krise einer Tradition deren interne Standards außer Kraft, so ist das umso dramatischer, als es MacIntyre zufolge auch keine diese übersteigenden Standards geben kann, die als neutrale Bewertungsinstanz gänzlich außerhalb einer Tradition stünden. Dann gibt es aber nicht nur keine neutralen Kriterien für die Rationalität einer bestimmten *Problemlösung*, es gibt nicht einmal Kriterien für die *Existenz* eines Problems als solchem. »Kein Set von Handlungsbeispielen, wie umfassend auch immer«, so betont MacIntyre, könne umstandslos »den Gerichtshof für die Entscheidung zwischen rivalisierenden Theorien darstellen.«[77] Genauso wenig kann es, wenn man diesem Gedanken folgt, ein Set von Handlungsbeispielen geben, das *per se* als Anzeichen einer Krise fungieren kann. Wenn man diese aber weder aufgrund von externen noch aufgrund von internen Kriterien identifizieren kann: wie lässt sich die Rede von Problemen oder Krisen dann überhaupt aufrechterhalten?

MacIntyre versucht hier offenbar, einen »mittleren Weg« zwischen immanenten und transzendenten, realistischen und antirealistischen Problemauffassungen zu finden. Gerät eine Tradition in einer radikalen Krise ihren eigenen Kriterien nach an die Grenze ihrer Handlungs- und Deutungsmacht, eine Grenze, die sie von sich aus nicht überwinden kann, so scheint gerade in diesem »An-die-Grenze-Geraten« ein Übertritt von einem »Innen« in ein »Außen« zu geschehen. Sie tritt damit aus einem immanenten Interpretationszusammenhang heraus, ein Vorgang, der durch den nicht wegzuleugnenden Umstand ausgelöst wird, dass etwas nicht vorangeht, die Dynamik einer Tradition gestört ist. Im Moment der Krise löst sich so die in Frage stehende Tradition als geschlossenes Bezugssystem auf, sie »greift« nicht länger, auch wenn sie sich gegen diese Einsicht wehrt. Die Probleme oder Krisen, von denen

77 Ebd.

eine Tradition betroffen ist, zeigen sich damit in ihrer Unlösbarkeit als widerständig gegenüber den intern verfügbaren Deutungs- und Lösungsversuchen, aber auch als widerständig gegenüber Versuchen, sie wegzudefinieren. So bekommen die Probleme einen gewissermaßen »objektiven« Charakter, ohne dass unterstellt werden müsste, dass sie sich vorbegrifflich und vorinterpretativ irgendwo »in der Welt« auffinden ließen. Das Auftreten eines Problems scheint damit (ähnlich einem psychischen Symptom) auf etwas hinzuweisen, das, wie undeutlich auch immer, auch jenseits eines bestimmten Paradigmas existiert oder dieses sprengt.

Schwankender Objektivitätsgehalt

MacIntyres Konzeption bleibt allerdings in entscheidender Hinsicht uneindeutig: Deutet sich einerseits die Existenz einer problemstellenden Realität an, an der sich alle Paradigmen und Interpretationen zu beweisen hätten, so ist es andererseits nicht klar, wie sich diese Annahme mit dem konstruktivistischen Aspekt seines Programms vertragen soll.[78] Hier stehen ein auf einem mehr oder weniger robusten Rest-Realismus aufruhender Rest-Funktionalismus, dem sich Krisen als einfache Funktionsstörungen darstellen, und ein konstruktivistischer Zug einander unvermittelt gegenüber. Die eine Seite beleuchtet, dass Krisen immer auch Krisen eines Paradigmas sind; die andere nimmt an, dass es sich hier um reale Funktionsstörungen, die auf realen Fehlinterpretationen und einem fehlenden Passungsverhältnis mit der »Welt« beruhen, handeln muss. Dieses Spannungsverhältnis setzt sich, wie wir unten sehen werden, bezüglich der Frage, was eigentlich als *Lösung* eines Problems gelten darf, fort.

So hilfreich also MacIntyres Konzeptualisierung von Krisen der Tradition als (Aufforderung zu einem) Paradigmenwechsel ist, so bleibt andererseits die Frage des Objektivitätsgehalts von Krisen

78 Man kann darin wiederum den Ansatz eines »dritten Wegs« zwischen Realismus und Konstruktivismus identifizieren; allerdings lässt sich MacIntyres Position hier auch eine folgenreiche Unentschiedenheit attestieren. In diesem Sinne arbeitet John Haldane in Bezug auf MacIntyres »Widerlegung« des Relativismus mehrere Strategien heraus, deren Verhältnis zueinander allerdings nicht immer klar sei. Vgl. John Haldane, »MacIntyre's Thomist Revival: What Next?«, in: Horton, Mendus (Hg.), *After MacIntyre*, a. a. O., S. 91-107.

unentschieden und vage. Hier müsste bereits die Frage anders gestellt werden, um das hier sich abzeichnende Dilemma zu vermeiden. Erst dann könnte der oben herausgearbeitete Umstand, dass Lebensformen nicht lediglich *vor Problemen stehen*, sondern *sich* (selbst) Probleme *stellen*, ausreichend zur Geltung kommen. Wie wir gesehen haben, beinhaltet MacIntyres Verständnis die Einsicht, dass Krisen immer auch den Deutungsrahmen einer Lebensform affizieren. Auch MacIntyres Traditionen sind mithin »sich selbst interpretierende Gebilde«.[79] Gestört ist, wo es zu Paradigmenkrisen kommt, nicht nur unser faktischer Bezug auf die Welt und unsere Möglichkeit, mit den zu bewältigenden Aufgaben (der materiellen und symbolischen Reproduktion) umzugehen; es scheitert (damit) vor allem die Lebensform als selbstreflexives Gebilde, das heißt, sie scheitert in diesem Anspruch und entsprechend in ihrer kollektiven praktischen Identität. Oder anders: Sind Paradigmenkrisen Grundlagenkrisen, so betreffen diese nicht nur die Grundlagen unseres faktischen Bestehens in der Welt; sie betreffen auch die Grundlagen unseres Selbstverständnisses. MacIntyre bleibt aber mit der Einführung dieses Moments gewissermaßen auf halbem Weg stehen.[80] Der Bezugsrahmen einer Lebensform wird nämlich, anders als wir es unten bei Hegel nachvollziehen werden, nicht von dieser selbst, sondern von in entscheidender Hinsicht *kontingenten* und »von außen kommenden« Ereignissen und Konfrontationen in Frage gestellt. Ein solcher Paradigmenwechsel und die darin liegende krisenhafte Erschütterung *passiert* den Traditionen eher, als dass er von ihnen ausgeht. Darin liegt, wie wir sehen werden, ein (gegenüber Hegel) richtiges Moment. Allerdings reproduziert MacIntyre damit die Dichotomie zwischen aus der Welt kommenden Problemen und unseren Problematisierungen auf eine Weise, die (mindestens) der

79 Vgl. oben, Kapitel 7.4.

80 Vgl. auch in diesem Sinne die Kritik John Milbanks an MacIntyre: »MacIntyre behauptet, dass sein Ansatz gleichermaßen historistisch wie dialektisch sei, bestreitet allerdings, dass er hegelianisch sei. Alles, was er mit dieser Zurückweisung zu meinen scheint, ist jedoch, dass sich der geschichtliche Prozess nicht in einen sich selbst verstehenden Moment totaler Erleuchtung entäußern wird. Ansonsten klingt der Versuch, maßgebliche narrative Übergänge in Begriffen der Dialektik zu verstehen, völlig hegelianisch. Als ›Realist‹ ist MacIntyre allerdings der Hegelschen Einsicht gegenüber nicht empfänglich, der zufolge die Gegenstände des Wissens im Zuge ihres Gewußtwerdens Modifikationen unterliegen.« (John Milbank, *Theology and Social Theory: Beyond Secular Reason*, Oxford 2006, S. 346.)

sozialen Welt gegenüber nicht angemessen ist. Das Auftreten von Problemen bleibt in entscheidender Hinsicht unterbestimmt. Es ist aber genau die Behauptung einer *Bestimmtheit*, und das bedeutet: des nicht-kontingenten, systematischen und in gewisser Hinsicht notwendigen Auftretens von Problemen, die Hegels Auffassung (mit allen dadurch wiederum entstehenden Schwierigkeiten) auszeichnet.

9.3 Krise als dialektischer Widerspruch

Die Krisenbeschreibungen Hegels sind denen der beiden anderen Autoren auf den ersten Blick nicht unähnlich. Auch bei ihm sind die hervorstechenden Anzeichen für die Krisenhaftigkeit einer Situation deren Widersprüchlichkeit, Zerrissenheit und Unlebendigkeit. Die Krise einer historischen Formation zeigt sich an deren Spannungen und Konflikten, an Zuständen der »Entzweiung«, die sie aus sich heraus nicht überwinden kann. So wird, wie Hegel im »Geistkapitel« der *Phänomenologie des Geistes* herausarbeitet,[81] die Zugehörigkeit des Einzelnen zum sittlichen Zusammenhang der Familie einerseits, dem des Staates andererseits zu einem Zwiespalt, der in der Antigone-Tragödie in einer Krise kulminiert. In einer solchen Krise sind die Handlungsmöglichkeiten so verfasst, dass die Individuen nicht mehr konfliktfrei handeln können. Auch der an Sokrates hervortretende Konflikt zwischen dem »Prinzip der Innerlichkeit« und dem athenischen Staat, wie er in den *Vorlesungen über die Philosophie der Geschichte* geschildert wird,[82] ist ein Konflikt, an dem sich die drohende Entzweiung der griechischen Sittlichkeit vorbereitet. Schließlich birgt auch der in der *Rechtsphilosophie* geschilderte Umstand, dass die bürgerliche Gesellschaft durch das bereits beschriebene Integrationsproblem »in ihre Extreme« auseinandertritt,[83] ein Konfliktpotential, das deren Stabilität zu bedrohen vermag.

Die hier sich zeigenden Entzweiungsphänomene führen (mit Dewey gesagt) als Verlust von Kohärenz zum Auseinanderbrechen

81 Vgl. Hegel, *Phänomenologie des Geistes*, a. a. O., S. 327-354.

82 Vgl. die Darstellung des Sokrates in: Hegel, *Vorlesungen über die Philosophie der Geschichte*, a. a. O., S. 328-330.

83 Vgl. meine Darstellung in Abschnitt 4.3.

der Momente einer Situation, so dass sich aus dieser kein sinnvolles und handlungspraktisch lebbares Ganzes mehr ergibt. Der »lebendige Geist« ist dann, wie Hegel es ausdrückt, »in viele Punkte zersprungen«.[84] Neben den Motiven von Inkohärenz und Entzweiung kommt damit auch bei Hegel das Motiv der Nichtlebendigkeit ins Spiel: Nicht anders als bei MacIntyre geht das Erstarren in einer krisenhaften Situation[85] mit der Stillstellung der dieser innewohnenden transformativen Kräfte und damit mit einem Zustand der Entlebendigung einher. Entsprechend beschreibt Hegel in seinen *Vorlesungen über die Philosophie der Geschichte* die Situation der Völker, die »weltgeschichtlich überholt« sind, als die eines unlebendigen Weiterexistierens, einer »interesselose[n] und unlebendige[n] Existenz« in »Langeweile«: »[E]s ist gleichsam die lebendige, substantielle Seele selbst nicht mehr in Tätigkeit.«[86] Einer erstarrten und leblosen historischen Lebensform steht nichts mehr entgegen, was diese mit den ihr zur Verfügung stehenden Mitteln bewältigen könnte. Verharren die so existierenden Völker in diesem krisenhaften Zustand, so ist diese fehlende Dynamik Vorbote des Untergangs.[87]

Die Diagnose der Unlebendigkeit bezieht sich nun aber nicht nur auf das subjektive Empfinden der in eine sittliche Formation Involvierten, nicht nur auf die faktische Anziehungskraft einer Situation. Genauso wie die Diagnose der »Entzweiung« betrifft sie nicht lediglich das Verhältnis der Individuen zu einer gegebenen sittlichen Ordnung, sondern (auch) die in dieser selbst liegende Unmöglichkeit, diese zu leben. Wenn umgekehrt »an sich« sterile,

84 Vgl. Hegel, *Vorlesungen über die Philosophie der Geschichte*, a. a. O., S. 354.

85 Rüdiger Bubners Deutung des Phänomens der »Entlebendigung« von Institutionen (bei Hegel) lässt sich an die Bestimmung der »Zusammenhangslosigkeit«, die für MacIntyre und Dewey so wichtig ist, gut anschließen, wenn dieser die Unterscheidung zwischen »Lebendigem und Totem« im Zusammenhang mit sittlichen Lebensformen so fasst: »Tot ist, was im gegenwärtigen Zusammenhang der Sitten keinen Platz mehr hat. Dann muß lebendig dasjenige heißen, was als Zusammenhang Sinn macht.« (Rüdiger Bubner, *Geschichtsprozesse und Handlungsnormen*, Frankfurt/M. 1984, S. 197, vgl. auch S. 195.)

86 Hegel, *Vorlesungen über die Philosophie der Geschichte*, a. a. O., S. 100.

87 Im Falle des »Verderbens der griechischen Welt« existiert die Lebensform der Griechen, nachdem sie den mit ihr gesetzten Widerspruch nicht hat lösen können, auf die eine oder andere Art – in Sparta anders als in Athen – unlebendig weiter, bevor sie dann auch äußerlich durch den Aufstieg des römischen Weltreichs zunichte gemacht wird (ebd., S. 326).

in sich entzweite oder unlebendig gewordene Lebensformen auf zuweilen fast fanatische Weise am Leben erhalten werden, so zeigt sich der pathologische Charakter einer solchen Weiterexistenz an den Immunisierungspraktiken, die zur Aufrechterhaltung einer solchen Lebensform benötigt werden. »Der Leichtsinn wie die Langeweile, die im Bestehenden einreißen«, ebenso wie der Verlust von Zusammenhängen sind in diesem Sinne nicht nur »Vorboten, daß etwas Anderes im Anzuge ist«,[88] sie sind auch Anzeichen einer tiefer liegenden Problematik.

Immanenter Charakter des Widerspruchs

Hinter der vordergründigen Ähnlichkeit der Problembeschreibung zeigt sich so der einleitend bereits angedeutete Unterschied zu den Konzeptionen Deweys und MacIntyres. Stellen sich sowohl für Dewey wie auch für MacIntyre Probleme als nicht antizipierbarer und kontingent auftretender Lernanlass dar, als ein aus einem (materialen) Außen kommendes Handlungshemmnis oder eine Störung, die das Funktionieren eines eingespielten Praxiszusammenhangs durchbricht, so ist bei Hegel der zur Krise führende Widerspruch der jeweils vorgefundenen Konstellation nicht äußerlich. Hier wird nicht das eigentlich (oder vorher) Stabile instabil, das Kohärente inkohärent, das Bestimmte unbestimmt, sondern die in Frage stehende Gestalt selbst ist charakterisiert durch die in ihr enthaltenen Gegensätze. Jede hier in Frage stehende historische und soziale Konstellation ist gewissermaßen die vorläufige, notwendig instabile Fixierung eines Problems oder Widerspruchs. Genau genommen gerät diese daher nicht in einen Widerspruch, sondern ist *als Widerspruch verfasst*. Der »Widerspruch«, der zur Krise treibt, ist konstitutiv für die entsprechende Formation selbst.

Sehen wir uns genauer an, was die Auffassung von Krisen und Problemen im Modus des Widerspruchs auszeichnet.

88 Obwohl sich aus der Sterilität oder Entlebendigung von Lebensformen, Traditionen und Institutionen nicht direkt auf ihre Instabilität schließen lässt, hat Hegel offenbar einen gewissen Zusammenhang zwischen beidem gesehen, wenn er in der Vorrede zur *Phänomenologie des Geistes* schreibt: »[D]er Leichtsinn wie die Langeweile, die im Bestehenden einreißen, die unbestimmte Ahnung eines Unbekannten sind Vorboten, daß etwas anderes im Anzuge ist.« (Ders., *Phänomenologie des Geistes*, a. a. O., S. 18.)

Zunächst: Probleme sind bei Hegel konflikthaft, sie treten als *Konflikte* zwischen unvereinbaren Ansprüchen auf. Das ist an sich schon eine sehr spezifische Krisen- oder Problemauffassung, die sich von der Vorstellung, bei einem Problem habe man es mit einer einfachen Form des Nichtwissens oder Nichtkönnens zu tun, abhebt. Noch entscheidender aber ist der Umstand, dass diese Konflikte nicht etwa Konflikte zwischen zwei unverbundenen Gegnern sind. Die in Frage stehenden Konflikte kommen nicht lediglich durch das gleichzeitige Auftreten zweier konträrer Ansprüche zustande, vielmehr sind diese Ansprüche miteinander verbunden – und genau das macht den *immanenten Charakter* und die *systematische Verfasstheit* des Konflikts aus. So bringt der Sieg des menschlichen Gesetzes über das göttliche Gesetz (der Sieg des rechtlich verfassten Gemeinwesens über das durch Antigone verkörperte Gesetz familialer Solidarität) »an dem, was es unterdrückt und was ihm zugleich wesentlich ist« seinen eigenen »inneren Feind«[89] hervor. Und das siegreiche Prinzip muss genau deshalb erfahren, »daß sein höchstes Recht das höchste Unrecht, sein Sieg vielmehr sein eigener Untergang ist«.[90]

Auf diese immanente Verfasstheit der Krisen zielt auch Hegels Bemerkung, dass der Geist eines Volkes nicht eines natürlichen Todes stirbt: »[A]n ihm erscheint vielmehr der natürliche Tod als Tötung seiner durch sich selbst.«[91] Im Falle des antiken Griechenlands gilt das schon für den Untergang in militärisch-politischer Hinsicht: Die griechische Kleinstaaterei und die damit einhergehende politische Homogenität überschaubarer Gemeinwesen sind gleichzeitig Bedingung für die Herausbildung der griechischen Demokratie wie sie verantwortlich für deren politisch-militärische Schwäche ist. »Die griechische Sittlichkeit hatte Griechenland unfähig gemacht, einen gemeinsamen Staat zu bilden; denn die Absonderung kleiner Staaten gegeneinander, die Konzentration in Städten, wo das Interesse, die geistige Ausbildung im Ganzen die-

89 Vgl. Hegel, *Phänomenologie des Geistes,* a. a. O., S. 352: »Indem das Gemeinwesen sich nur durch die Störung der Familienglückseligkeit und die Auflösung des Selbstbewußtseins in das allgemeine sein Bestehen gibt, erzeugt es sich an dem, was es unterdrückt und was ihm zugleich wesentlich ist, an der Weiblichkeit überhaupt seinen inneren Feind.«

90 Ebd., S. 351.

91 Hegel, *Vorlesungen über die Philosophie der Geschichte,* a. a. O., S. 100.

selben sein konnten, war notwendige Bedingung dieser Freiheit.«[92] Die Bedingung der »Größe« ist also die Ursache des Untergangs der griechischen Welt. Aber auch die »tiefere« Bedeutung der Auflösung der griechischen Sittlichkeit hat immanenten Charakter. Es ist, bezogen auf Sokrates, *ihr eigenes Prinzip*, das sich gegen sie stellt und an dem sie zugrunde gehen wird. Die griechische Polis hat ebenjenes Prinzip der Individualität, das, verkörpert in Sokrates, der Polissittlichkeit widerspricht, selbst mit hervorgebracht. »In dem Prinzip der griechischen Freiheit, weil sie Freiheit ist, liegt es, daß der Gedanke für sich frei werden muss.«[93] Das Einbrechen des »Gedankens«, also das Überprüfen der gegebenen Sitten und damit das Einbrechen des Reflexionsmoments in die griechische Sittlichkeit, geschieht nicht von außen. Ausgelöst und möglich gemacht wird es vielmehr durch genau denjenigen Charakterzug, der Griechenland, Hegels Beschreibung nach, von anderen (zum Beispiel den orientalischen) Staaten unterscheidet, nämlich dem Umstand, dass hier »Prinzipien« aufgestellt werden. Dieses Aufstellen von Prinzipien und das der griechischen »Betriebsamkeit« entsprechende »Hin- und Hergehen und Wenden in den Vorstellungen«[94] aber eröffnet bereits den Spielraum für die letztendlich die Sittlichkeit zersetzende Reflexion. Es fordert dazu heraus, diese Prinzipien ins Verhältnis zur vorhandenen Wirklichkeit zu setzen, die damit hinterfragbar wird.

Wir finden nun dieses Konfliktmuster nicht nur in Hegels Phi-

92 Ebd., S. 324.

93 Ebd., S. 327.

94 Hegels nur skizzenhafte Darstellung dieser immanenten Dynamik verläuft entlang folgender Argumentationslinie: Kennt die griechische substanzielle Sittlichkeit in ihrer »konkreten Lebendigkeit« zunächst keinen Gegensatz zwischen Gesetz und lebendiger Wirklichkeit, so ist mit dem Aufstellen von Prinzipien und den hiermit auftretenden allgemeinen Gesichtspunkten der Keim einer Entgegensetzung gelegt: »Indem aber das Denken sich affirmativ weiß, wie in Griechenland, so stellt es Prinzipien auf, und diese stehen in einem wesentlichen Verhältnisse zur vorhandenen Wirklichkeit. [...] Sobald aber der Gedanke aufsteht, untersucht er die Verfassungen: er bringt heraus, was das Bessere sei, und verlangt, daß das, was er dafür anerkennt, an die Stelle des Vorhandenen trete.« (Ebd., S. 326 f.) Aber nicht nur ist das Aufstellen von Prinzipien in der griechischen Sittlichkeit bereits angelegt. Vielmehr ist zur Ausübung der demokratischen Partizipation Bildung – und damit das Prinzipien aufstellende Denken – erforderlich; es geht also um ein nicht nur immanentes, sondern auch konstitutives Merkmal dieser Lebensform.

losophie der Geschichte und nicht nur in Bezug auf Verhältnisse vormoderner Sittlichkeit: Noch die Konflikthaftigkeit der bürgerlichen Gesellschaft wird von Hegel als immanent hervorgebrachtes Problem verstanden. Wenn diese vor dem sie potentiell zerreißenden Problem der Entstehung des »Pöbels« steht, so hängt das, wie oben bereits diskutiert, systematisch mit den für sie konstitutiven Grundprinzipien – der markt- und vertragsförmigen Organisation freier Arbeit – zusammen, die sie gleichzeitig ausmachen, wie sie sie krisenanfällig werden lassen.

Probleme in der Form von (dialektischen) Widersprüchen sind also Probleme, die systematisch *in* einer gegebenen sozialen Formation liegen, von dieser *selbst erzeugt* und in ihr nicht lösbar sind.[95] Hegels Krisendiagnosen beschreiben damit das Verderben gewisser sittlicher Formationen als, lapidar gesagt, »hausgemacht«. Nicht einlösbar ist der mit der Existenz einer historischen Formation selbst gesetzte Anspruch, unlösbar das von ihr selbst aufgeworfene Problem, und untergraben wird der von ihr selbst gesetzte Zweck – und zwar durch Prinzipien, die für ihr eigenes Bestehen konstitutiv sind. Die von ihm als krisenhaft diagnostizierten historischen Konstellationen scheitern nicht nur, sie scheitern an sich selbst.[96]

95 Dass es sich um eine »dialektische« Problementfaltung handelt, bedeutet im hier gemeinten Sinn nicht viel mehr, als dass es sich um die Entfaltung solcher als immanent aufgefasster Widersprüche handelt. So formuliert einschlägig Siep: »›Dialektik‹ bedeutet bei Hegel immer die Entwicklung und Aufhebung eines Widerspruchs – wobei zu ›Aufhebung‹ immer das Bedeutungsmoment des ›Konservierens‹, des Enthaltenseins der aufgelösten Seiten des Widerspruchs in dem neuen Begriff oder Satz gehört.« (Siep, *Der Weg der Phänomenologie des Geistes*, a. a. O., S. 77.)

96 Charles Taylor illustriert diese Figur anhand verschiedener historischer Konstellationen jeweils als Zerstörung des mit einer sittlichen Formation selbst gesetzten Zwecks: »Es erweist sich, daß gewisse historische Lebensformen Opfer inneren Widerspruchs sind, denn sie zerstören den Zweck, für den sie existieren. Die Herr-Knecht-Beziehung hintertreibt den Zweck, den sie eigentlich erfüllen sollte: die Anerkennung [...]. Der Stadtstaat scheitert als eine Verwirklichung des Allgemeinen, weil seine parochiale Natur der wahren Allgemeinheit widerspricht. Der revolutionäre Staat zerstört die Freiheit, weil er versucht, sie in absoluter Form zu verwirklichen, indem er alle Artikulationen der Gesellschaft, ohne die die Freiheit nicht sein kann, zerstört.« (Charles Taylor, *Hegel*, Frankfurt/M. 1978, S. 287.)

Die hier beschriebene Immanenz der Problementfaltung wäre allerdings nicht denkbar ohne einen weiteren Aspekt: Probleme als »innere Widersprüche« sind *reflexiv verfasst.* Immanente Widersprüche gibt es nur, sofern kulturelle Lebensformen selbstinterpretierende Gebilde (wie oben im Anschluss an Charles Taylor gesagt) sind. »An sich selbst« scheitern sie nicht nur deshalb, weil sie die widersprüchlichen Fakten (die Praktiken und Institutionen, die zueinander in Widerspruch geraten) selbst hervorgebracht haben; sie scheitern vor allem deshalb an sich selbst, weil sie, wie ja auch MacIntyre sieht, dabei in einen Widerspruch mit ihrem eigenen Selbstverständnis, der eigenen Weltdeutung und den damit verbundenen Geltungsansprüchen geraten. Dass eine Lebensform in einen »immanenten Widerspruch« geraten kann, bedeutet, dass ihr ihre eigenen Geltungsgrundlagen, der mit ihr und von ihr gesetzte Sinn und die mit ihr und von ihr gesetzten normativen Bezugspunkte fraglich geworden sind. Nur so erklärt sich, dass Lebensformen intern gewissermaßen »erodieren« können oder sogar eine solche auf das interne Ungenügen zurückzuführende Erosion die Voraussetzung ihres faktischen Scheiterns ist. Nicht weil es Sokrates *gibt,* weil er weltgeschichtlich auftritt, zerbricht die griechische Sittlichkeit, sondern weil diese an ihm erfahren muss, dass sie ihren eigenen Ansprüchen nicht genügen kann. Und nicht das bloße *Faktum* der Armut lässt die bürgerliche Gesellschaft »in ihre Extreme auseinandertreten«, sondern der Umstand, dass dieses Faktum mit ihrem Selbstverständnis als eine Gesellschaft, in der der Einzelne »Ehre und Subsistenz« nur im Modus der Erwerbsarbeit finden kann, unvereinbar ist.

Es sind also nicht nur *faktische* Unverträglichkeiten der innerhalb einer sozialen Konstellation vorhandenen und von ihr hervorgebrachten Praktiken und Institutionen, sondern vor allem die mit solchen reflexiven Ansprüchen und Zwecksetzungen zusammenhängenden Unverträglichkeiten, die im Sozialen etwas als »widersprüchlich« erscheinen lassen können. Schon die Generierung von Problemen ist hier an das Reflexionsvermögen, an den Umstand, dass Lebensformen nicht nur Probleme haben und (selbst) aufwerfen, sondern dies im Modus der reflexiven Rückwendung auf die eigenen Geltungsansprüche tun, gebunden. (Man muss hier allerdings vorsichtig sein: Diese Geltungsansprüche und das Selbstverständnis sind nicht einfach nur der »Überbau« der fraglichen Praktiken, sondern Teil ihrer Gestalt. Selbstverständnisse werden, versteht man Praktiken als Gefüge von Interpretationen und Handlungen, zu sozialen Fakten.)

Konstitutiv-produktiver Charakter des Widerspruchs

Aus der inneren Struktur der Widersprüchlichkeit ergibt sich ein weiteres Charakteristikum der Probleme, vor denen Lebensformen stehen können, nämlich das *konstitutiv-produktive* Wesen der von Hegel beschriebenen Krisen. Widerspruch und Krise zeigen nicht nur den Verfall einer bestimmten historischen oder geistigen Formation an; sie sind, wo sie ihre Dynamik entfalten, auch das Bewegungsmoment, das aus dieser herausführt, Kennzeichen der »Lebendigkeit« einer solchen Formation. Wenn jede historische Lebensform durch ein für sie typisches Spannungsverhältnis, durch eine Problemkonstellation charakterisiert ist, die sich gegebenenfalls zu einer innerhalb dieser Formation nicht mehr lösbaren Krise entwickelt, dann sind Krisen als Krisen nicht rein destruktiv. Der eine Situation kennzeichnende Widerspruch ist, anders gesagt, nicht nur ein negativ wirkendes Problem, sondern gleichzeitig die diese Situation aus sich heraustreibende Kraft. »Auf dem Standpunkte der schönen geistigen Einheit [...] konnte der Geist nur kurze Zeit stehenbleiben, und die Quelle des weiteren Fortschritts *und* des Verderbens war das Element der Subjektivität, der Moralität, der eigenen Reflexion und der Innerlichkeit.«[97] Krisen *geschehen* also dieser Auffassung nach nicht einfach, sondern sind als Widerspruch in den jeweiligen Verhältnissen *angelegt*; diese aber sind durch ihre Krisenhaftigkeit nicht etwa lediglich defekt, sie wären ohne den ihnen inhärenten und sie potentiell gefährdenden Widerspruch nicht das, was sie sind, und könnten die mit ihnen verbundene (weltgeschichtliche) Rolle – ihre Rolle in der Überwindung einseitiger und unproduktiver Paradigmen – nicht spielen. Die Entfaltung von Widersprüchen wird so zum Kennzeichen der Entwicklungsdynamik der geschichtlich-sozialen Welt und, weiter

97 Hegel, *Vorlesungen über die Philosophie der Geschichte*, a. a. O., S. 323 (Hervorhebung von R. J.).

gefasst, des Lebendigen in allen seinen Erscheinungen.[98] Im Unterschied zu MacIntyre und Dewey, bei denen die Konfrontation mit Krisen und Problemen nur wahrscheinlich ist, wird diese hier als systematisches Konstitutions- und Entwicklungselement aufgefasst – und auch der immer schon höherstufige Charakter der Probleme ergibt sich aus ebendieser Rolle und ebendieser Immanenz.

»Objektiver« Charakter von Widersprüchen

Dieser konstitutive und systematisch aufzufassende Charakter von Widersprüchen verweist auf einen weiteren Zug: Widersprüche sind »objektiv« in dem Sinne, dass der »Widerspruch« (auch) auf der Seite des Objekts liegt und sich nicht (nur) als Verhältnis zwischen *uns* und den entsprechenden Institutionen oder Praktiken bemerkbar macht.[99] Es ist in diesem Sinne das Gefüge von Institutionen und Praktiken selbst, das *mit sich entzweit*, durch die Existenz widerstreitender Prinzipien mit sich selbst uneins geworden ist. So liegt auch im Fall der Antigone die unglückliche Kollision in dem Umstand, dass das »sittliche Wesen« selbst sich in »zwei Gesetze gespalten hat«.[100] Und im Fall der bürgerlichen Gesellschaft macht nicht die Existenz des »Pöbels« den Konflikt aus, sondern deren innere Unzulänglichkeit bringt diesen praktisch »via« Pöbel hervor. Widersprüche werden somit als Eigenschaften der sozialen Wirklichkeit selbst aufgefasst, sie bezeichnen eine interne Relation der entsprechenden sittlichen Gestalt oder Lebensform. Auch deshalb ist es nicht (allein) die Existenz eines offenen sozialen Konflikts, die vom Theorem des sozialen Widerspruchs erfasst wird:

98 Die Idee, dass Widersprüche das Bewegungsprinzip der Wirklichkeit sind, formuliert Hegel in schöner Deutlichkeit in der Ästhetik: »Wer aber verlangt, daß nichts existiere, was in sich einen Widerspruch als Identität Entgegengesetzter trägt, der fordert zugleich, daß nichts Lebendiges existiere.« (Ders., *Vorlesungen über die Ästhetik I*, in: ders., *Werke in zwanzig Bänden*, a. a. O., Bd. 13, S. 125.)

99 Allerdings hat, wie wir sehen werden, diese »objektive« dann wiederum eine »subjektive« Seite.

100 Auch betont Hegel in seiner Interpretation, dass nicht Antigone selbst in einer tragischen Kollision »zwischen Pflicht und Pflicht« gefangen ist oder in einen Widerspruch mit sich selbst geraten ist, der für sie unentscheidbar wäre: Das »sittliche Bewußtsein […] weiß, was es zu tun hat, und ist entschieden.« (Hegel, *Phänomenologie des Geistes*, a. a. O., S. 343.) Der Widerspruch, die Kollision, liegt auf der Seite der sittlichen Verhältnisse.

Das, was *uns* zum Problem werden kann, das Verhältnis, dem wir *widersprechen*, muss auf der Seite der Objekte (auf der Seite der Realität) bereits latent problematisch geworden – oder eben: in sich widersprüchlich verfasst sein.

Mit diesem Verständnis der Objektivität der Krise ist eine Differenz zwischen Oberfläche und Tiefe eröffnet, die für den Charakter der Hegelschen Krisenkonzeption bedeutsam ist.[101] Hier wird die Möglichkeit einer objektiven Krisentheorie vorbereitet, die nicht nur auf bereits ausgebrochene Konflikte zielt, sondern Probleme in Latenz zu fassen vermag. Eine in sich widersprüchliche ist dann nicht alleine (und auch nicht immer) eine offen konflikthafte Lebensform, die vordergründig von sozialem Unfrieden, Konflikten oder widerstreitenden Interessen gezeichnet wäre. Vielmehr verweist das Konzept des inneren Widerspruchs auf eine tiefer liegende »strukturelle« Dimension, die, so die damit einhergehende Vorstellung, manifeste Konflikte innerhalb eines sozialen Praxiszusammenhangs erst auslöst, ermöglicht oder – ich bleibe hier absichtlich vage – motiviert.

Zwischenüberlegung: Widersprüche in der Realität

An dieser Stelle sind einige (wenn auch vorläufige) Überlegungen zu der Frage angebracht, was die Rede von Widersprüchen in der gesellschaftlichen Wirklichkeit eigentlich impliziert, was es also bedeuten kann, dass diese selbst in sich »widersprüchlich verfasst« sein soll.[102] So offensichtlich es ist, dass mit dem Motiv des imma-

101 Wir finden hier gewissermaßen die paradigmatische Beschreibung dessen, woran Marx in den Ansätzen dessen, was man eine »historisch-materialistische« Geschichtsschreibung nennen kann, orientiert war, und was u. a. Jürgen Habermas in seinem Aufsatz »Zur Rekonstruktion des Historischen Materialismus« (in: ders., *Zur Rekonstruktion des Historischen Materialismus*, Frankfurt/M. 1976, S. 144-199) »Systemprobleme« nennt.

102 Zu »Realwidersprüchen« vgl. auch die kurze Darstellung in Holm Tetens, *Philosophisches Argumentieren*, München 2004, S. 243-249. Zum »Widerspruch« in Logik wie sozialer Wirklichkeit: Anthony Giddens, »Contradiction, Power, Historical Materialism«, in: ders., *Central Problems in Social Theory*, Berkeley, Los Angeles 1979, S. 132: »Es wird oft behauptet, dass Hegel die Idee des Widerspruchs aus der Logik entliehen und sie dann ontologisch umgedeutet hat. Aber dies ist ein Missverständnis, denn Hegel wollte zeigen, dass Logik und

nenten Widerspruchs einer der wirkmächtigsten, aber auch problematischsten Beiträge Hegels für das Verständnis und die Kritik sozialer Verhältnisse bezeichnet ist – man denke nur an die Karriere, die dieses Konfliktmuster im Marxschen Theorem vom »Widerspruch zwischen Produktivkräften und Produktionsverhältnissen« gemacht hat –, so schwer ist es, diese voraussetzungsreiche Fassung des Widerspruchsbegriffs genauer zu explizieren. Auf welche Weise geraten soziale Praktiken zueinander in Widerspruch – wenn doch ein solcher *praktischer* Widerspruch mit denjenigen Widersprüchen, in die *Aussagen* zueinander geraten können, nicht einfach gleichgesetzt werden kann?[103] Und wie ist es zu erklären, dass ein soziales Gebilde so verfasst sein kann, dass es einander widersprechende Praktiken enthält und dennoch Bestand hat? Wie also geraten Praktiken innerhalb hinreichend komplexer Praxisgefüge[104] so in einen »Widerspruch« zueinander, dass beide Praktiken einerseits nebeneinander bestehen, sich andererseits aber in dieser Koexistenz gegenseitig unterlaufen oder untergraben?

Für den Aufweis »praktischer Widersprüche« gibt es *prima facie* mehrere Möglichkeiten:[105]

(1) Eine Praxis oder Institution enthält in sich verschiedene praxiskonstitutive Normen, die sich *nicht zusammen verwirklichen* lassen. Ein Widerspruchsverhältnis besteht dann zwischen den je-

Wirklichkeit nicht voneinander getrennt werden können. [...] Er fügte nicht einfach den Widerspruch in die Wirklichkeit ein, er wollte zeigen, wie der Widerspruch sowohl der Logik wie auch der Wirklichkeit zugrunde liegt.«

103 Vgl. zu diesen Problemen in Bezug auf Hegel die aufschlussreiche Untersuchung von Michael Wolff, *Der Begriff des Widerspruchs*, Frankfurt 2010.

104 Ich gehe davon aus, dass die Rede von praktischen Widersprüchen nur innerhalb eines solchen komplexen Zusammenhangs von Praktiken zu plausibilisieren ist bzw. dass sich nur in Bezug auf solche hinreichend sinnvolle Beispiele für »soziale Widersprüche« finden lassen. Sollten in der Praxis des Versteckspiels widersprüchliche Imperative – »Verstecke Dich! Aber bleibe dabei für alle sichtbar!« – zusammen auftreten, die den Mitspielenden geböten, sich möglichst sichtbar zu verstecken, würde das Versteckspiel sehr schnell gegenstandslos. Inwiefern dies für komplexere Praxisgefüge nicht gilt, diese also bestehen können, obwohl sie widersprüchliche Praktiken beinhalten, ist Teil des zu erläuternden Problems.

105 Ich versuche das hier nicht mittels einer ausdrücklichen Hegel-Interpretation, sondern gewissermaßen »freistehend«, um von einer solchen Typologisierung her das Hegelsche Motiv plausibilisieren zu können oder es jedenfalls in seinen Konsequenzen transparenter zu machen.

weiligen Normen beziehungsweise zwischen den durch diese konstituierten Praktiken, sofern diese nicht zusammenpassen und nicht gleichzeitig bestehen können. Der gesellschaftliche Imperativ »Verwirkliche dich selbst!« passt nicht zum Imperativ »Passe dich an!«. Sofern aber moderne Arbeitsverhältnisse häufig beide Imperative beinhalten, kann man diese als »in sich widersprüchlich« bezeichnen. Die einfachste Variante einer solchen Konstellation ist die klassische Situation des *double bind*, in der ein Imperativ besteht, der gleichzeitig praktisch unterlaufen wird, also beispielsweise ein Fall, in dem Arbeitsverhältnisse *faktisch* repressiv wären, während gleichzeitig ein Kreativitäts- oder Selbstverwirklichungsanspruch *postuliert* würde.

(2) Eine »stärkere« Version einer systematischen internen (und eigentlich erst dialektisch zu nennenden) Widersprüchlichkeit zeichnet sich dagegen dadurch aus, dass zwei Sets von Praktiken und Normen in einem sozialen Handlungszusammenhang *sowohl wirksam sind als auch einander widersprechen.*[106] Eine solche Praxis postuliert nicht einfach etwas, das in ihr nicht verwirklicht ist, sondern sie zehrt von der Befolgung beider Imperative gleichermaßen. Genau das könnte man von den angesprochenen Arbeitsverhältnissen im sogenannten »kreativen Sektor« sagen: Sie beruhen darauf, dass die Individuen sich gleichzeitig anpassen *und* kreativ verwirklichen; sie fordern eine Haltung, in der beides miteinander einhergeht, und sie sind auch auf beide Haltungen angewiesen, sofern sie von der Mobilisierung der Ressource Kreativität einerseits leben, sie andererseits aber in verwertbare Bahnen lenken wollen. Auch hinsichtlich der in Kapitel 6 diskutierten »doppelt freien Lohnarbeit«, in der die Normen von Freiheit und Gleichheit gleichzeitig verwirklicht und nicht verwirklicht sind (so dass hier Freiheit und Unfreiheit, Gleichheit und Ungleichheit gleichzeitig existieren), mag sich ein solcher Widerspruch andeuten.

Die Frage ist nun: Inwiefern ist es sinnvoll, diese Umstände tatsächlich als »widersprüchlich« zu bezeichnen? Betreffen die ei-

106 Es gibt hier eine Parallele zu den im Zusammenhang mit der immanenten Kritik diskutierten Fällen (siehe oben, Kapitel 5 und 6). Im einen Fall bezöge sich die Diagnose des »Widerspruchs« nur auf Lippenbekenntnisse, wie etwa im Fall des frauenfeindlichen Personalchefs. Im anderen Fall bezieht sie sich auf Verhältnisse wie den von der Norm der Gleichheit strukturierten und ihr gleichzeitig widersprechenden »freien Arbeitsmarkt«.

nander widersprechenden Norm-Praxis-Gefüge überhaupt eine gemeinsame Grundlage, auf der ein Widerspruch in derselben Hinsicht auszumachen wäre? Kann man nicht sagen: »Nun, in der einen Hinsicht sind die Kreativarbeiter eben unabhängig, in der anderen müssen sie sich anpassen, genauso wie der freie Lohnarbeiter in rechtlicher Hinsicht frei, in sozialer Hinsicht jedoch unfrei ist«? Die Rede vom in den Verhältnissen liegenden inneren Widerspruch – dem »Realwiderspruch« dieser Verhältnisse – lässt sich hier offenbar nur plausibilisieren, wenn sich tatsächlich zeigen lässt, dass die in Frage stehenden Praktiken innerhalb des Praxiszusammenhangs genuin aufeinander angewiesen sind und sich gegenseitig bedingen oder sogar hervorbringen, sich aber gleichzeitig gegenseitig unterlaufen.

(3) Ein dritter Sinn, in dem man vom Auftreten »praktischer Widersprüche« oder einer widersprüchlichen Wirklichkeit sprechen kann, ist derjenige, in dem die praxiskonstitutiven Normen systematisch so verfasst sind, dass sie sich *ins Gegenteil* des Intendierten (des angestrebten Zwecks) *verkehren*, sobald sie verwirklicht werden. So kann man das Umschlagen der Französischen Revolution in jakobinischen Terror als das Sich-in-ihr-Gegenteil-Verkehren der ursprünglichen Intention dieser Bewegung – Freiheit, Gleichheit, Brüderlichkeit – verstehen. Lässt sich hier ein Gegensatz oder Widerspruch auffinden, so besteht dieser zwischen den mit bestimmten Handlungen verbundenen Absichten und den von diesen faktisch erzeugten Wirkungen und Resultaten. Ebenso wie im oben diskutierten Fall reicht es für die Behauptung eines systematischen und immanenten »Widerspruchs« aber auch hier nicht aus, zu konstatieren, dass die Absicht, mit der ein Projekt in die Wege geleitet worden ist, und das Resultat dieses hier angestoßenen Prozesses nicht übereinstimmen. Da »unbeabsichtigte Nebenfolgen« im Sozialen so wahrscheinlich wie häufig sind, ginge ein solches Verständnis mit einer unangemessenen Überdehnung des Widerspruchsbegriffs einher. Für die starke These eines immanenten Widerspruchs ist es vielmehr entscheidend, dass der in Frage stehende Prozess diesen Verlauf nicht zufällig, sondern aus »tief liegenden und nicht zu verhindernden Gründen« (wie Holm Tetens das entsprechende Argumentationsmuster zusammenfasst) nimmt. Um als »realer Widerspruch« gelten zu können, muss es sich also um mehr als den bedauerlichen Umstand handeln, dass

ein »guter Zweck« in ein verheerendes Ergebnis überführt worden ist. Die Merkmale, die dazu führen, dass dieser Zweck nicht nur faktisch nicht verwirklicht wurde, sondern auch nicht verwirklichbar ist, müssen schon in der Formulierung des Zwecks angelegt sein oder jedenfalls mit den überhaupt zur Verfügung stehenden Mitteln seiner Verwirklichung verbunden sein. (So ist, Hegels Analyse nach, der »Schrecken« der Französischen Revolution nicht ein Resultat kontingenter Nebenwirkungen, sondern bereits in einem absolut gefassten Freiheitsmodell angelegt.) Wiederum geht es nicht um eine empirisch, sondern um eine systematisch widersprüchliche Konstellation. Die »Realdialektikerin« müsste in einem solchen Fall zeigen können, dass es erstens solche unhintergehbaren und systematischen Gründe für die Verkehrung der Zwecke gibt oder ein bestimmter Zweck nicht ohne sein Gegenteil zu denken ist;[107] zweitens aber muss man, um an der Widersprüchlichkeit des skizzierten Prozesses festhalten zu können, auch zeigen, dass durch diese tief liegenden Widersprüche der Zweck selbst noch nicht gänzlich desavouiert ist. Stellte sich nämlich die Französische Revolution als die in Terror ausartende Verwirklichung eines selbst schon terroristischen Zwecks dar, handelte es sich wiederum nicht um einen immanenten Widerspruch, denn das Resultat steht dann ja nicht in einem Widerspruch zum Zweck.

(4) Schließlich lässt sich die Widersprüchlichkeit einer Lebensform so beschreiben, dass in ihr Zusammenhänge auseinandergerissen worden sind, die zusammengehören, so dass sich ihre Elemente in *dysfunktionaler Vereinseitigung* gegenübertreten. Hier wird eine Lebensform widersprüchlich, weil die in ihr wirksamen Praktiken aus ihrem Kontext oder, spezifischer, aus der Einheit mit ihrem Widerpart gerissen worden sind. Das Muster für einen solchen Widerspruch im Sozialen wäre wiederum Hegels Deutung der Antigone-Figur: Vereint eine funktionierende, nicht-

107 Das von Holm Tetens gewählte Beispiel der Kierkegaardschen Kritik an der ästhetischen Lebensform ist hier instruktiv: Wenn Lust sich nicht ohne die Überwindung von Unlust denken lässt, dann führt der vom Streben nach Lust angestoßene Prozess einerseits systematisch zum nichtintendierten Resultat der Unlust, andererseits aber macht dieser Umstand nicht das Streben nach Lust an sich falsch, sondern nur deren (vereinseitigte und fehlinterpretierte) Verfolgung im Modus des »Ästhetischen«. Vgl. Tetens, *Philosophisches Argumentieren*, a. a. O., S. 246 f.

widersprüchliche Sittlichkeit staatliche Ordnung und familiäre Solidarität, so sind im Antigone-Konflikt beide Seiten in einen Gegensatz zueinander geraten; die Situation ist widersprüchlich, weil sie entzweit ist.

Auch hier steht die Widerspruchstheoretikerin vor einer nicht leicht zu bewältigenden Aufgabe: Damit eine solche Situation als »Widerspruch« erkennbar wird, muss sie nämlich zeigen können, dass beide Seiten, obwohl getrennt, dennoch zusammengehören. In der Hegelschen Antigone-Interpretation wird dieser »Nachweis« durch die Behauptung geführt, dass beide Seiten negativ aufeinander verweisen. Sie ergänzen sich, allerdings nicht mehr positiv, indem sie miteinander kooperieren, sondern negativ, sofern sie ihre Identität aus der Vernichtung des Gegenteiligen gewinnen, an dieses aber gleichzeitig – qua »Abwehr«, wie man psychoanalytisch entziffern könnte – gebunden bleiben. Die Erzeugung des »inneren Feinds« durch die vordergründig siegreiche Sittlichkeit des Staates liest sich als Moment einer solchen Verquickung:

> Indem das Gemeinwesen sich nur durch die Störung der Familienglückseligkeit und die Auflösung des Selbstbewußtseins in das allgemeine sein Bestehen gibt, erzeugt es sich *an dem, was es unterdrückt und was ihm zugleich wesentlich* ist, an der Weiblichkeit überhaupt seinen inneren Feind.[108]

Dieser Feind ist ein »innerer Feind«, weil er für das »Verdrängte« der siegreichen Position selbst steht, die wiederum ihre (widersprüchliche) Stabilität durch die Verdrängung dieser Seite ihrer selbst gewinnt. Als Resultat einer Spaltung und Entzweiung sind beide Seiten vereinseitigt übriggeblieben; sie können die Angewiesenheit aufeinander nicht (mehr) realisieren und spannungsfrei integrieren. Hier hält sich ein Teil für das Ganze, während sich gleichzeitig zeigen lässt, dass dieser Teil unabhängig vom anderen – von dem, was er aus sich ausschließt, wogegen er sich abgrenzt – nicht (gut) bestehen kann.

108 Hegel, *Phänomenologie des Geistes,* a. a. O., S. 352.

9.4 Das Problem mit dem Widerspruch

Mit der Auffassung von Problemen als Widersprüchen und der These, dass Letztere reale, die Wirklichkeit selbst durchziehende Widersprüche sein können, nimmt eine an Hegel anschließende Konzeption vielfältige Begründungslasten und eine Vielzahl von Implikationen in Kauf. Es ist allerdings auch eine für das Verständnis sozialer Krisen und Transformationsprozesse attraktive Konzeption, sofern mit dieser systematisch das hervortritt, was ich oben unter dem Stichwort »normatives Scheitern« als Verschränkung von funktionalen und normativen Defiziten einer Lebensform diskutiert habe. *Funktionale* Krisen sind sie, so sieht man an der Hegelschen Fassung sehr deutlich, sofern solche Formationen instabil sind (und nicht nur normativ schlecht); *normativ* sind diese Krisen, sofern sie sich, wie oben ausgeführt, ohne die hier wirksamen normativen Ansprüche gar nicht verstehen lassen.[109] Erst diese Verschränkung kann das Phänomen der Erosion, Vereinseitigung oder Entlebendigung von Lebensformen als Vorbedingung für ihr Scheitern oder ihre Krisenhaftigkeit verständlich machen. Und es verweist darauf, dass die Probleme, mit denen Lebensformen konfrontiert sind, nicht zufällig, sondern *systematisch*, aus Gründen also auftreten, die konstitutiv mit ihrer inneren Verfasstheit zusammenhängen. Fallen also Dewey und MacIntyre in mancher Hinsicht hinter das Niveau der auch von ihnen formulierten Ausgangsfrage zurück, wenn hier Probleme zu etwas werden, mit dem Lebensformen konfrontiert sind oder in das sie hineingeraten, so kann Hegel eine starke Version der These verteidigen, dass Lebensformen weniger mit Problemen *konfrontiert* sind, als dass sie sich Probleme *stellen*. Solche (als Widersprüche) auftretenden Probleme sind nicht nur Handlungs*hemmnisse*, sondern (wie wir an der Diskussion der Realwidersprüche gesehen haben) gleichzeitig auch Bedingungen möglichen Handelns; sie sind nicht nur dysfunktional, sondern in ihrer Dysfunktionalität gleichzeitig auch *konstitutiv* für

109 Sowohl Jürgen Habermas' als auch Charles Taylors Beschreibung von Legitimations- und Motivationskrisen spätkapitalistischer Gesellschaften sind ohne eine solche normative Bestimmung nicht denkbar. Vgl. dazu: Jürgen Habermas, *Legitimationsprobleme im Spätkapitalismus*, Frankfurt/M. 1973; Charles Taylor, »Legitimationskrise?«, in: ders., *Negative Freiheit? Zur Kritik des neuzeitlichen Individualismus*, Frankfurt/M. 1988.

die Art und Weise, in der die in sich widersprüchliche Formation sich darbietet oder funktioniert. Das erklärt auch, warum Hegel derjenige Denker ist, mit dem sich die Selbstmissverständnisse einer sozialen Formation als systematische Verzerrungen oder Ideologien aufspüren lassen.

Systematische oder zufällige Probleme und Lernblockaden

Man kann sich die konzeptionellen Unterschiede der hier diskutierten Positionen vor Augen führen, wenn man sich auf eine Diagnose zurückbesinnt, die Dewey und Hegel der Sache nach miteinander teilen: In einer modernen arbeitsteiligen Gesellschaft sind die Individuen faktisch aufeinander angewiesen, haben diese Angewiesenheit und die entsprechende Zunahme der Interdependenzen aber in ihrem Handeln und ihrem Selbstverständnis noch nicht realisiert. Die entstehenden Kompensationsmechanismen lassen sich (auch mit Dewey) als soziale Pathologien diagnostizieren, die dabei auftretenden Defizite als Lernblockaden kritisieren. Anders als Hegel aber geht Dewey offenbar nicht von der Existenz eines internen Zusammenhangs zwischen faktischer Abhängigkeit und – illusorischem – Unabhängigkeitsbestreben aus. Es handelt sich aus Deweys Sicht um einen auflösbaren und aufzulösenden Irrtum der Betroffenen über den Charakter der neuen Situation, um fehlgehende (an falschen Problembeschreibungen orientierte) Praktiken, deren Existenz aber nicht systematisch induziert ist. Das Problem zu lösen bedeutet entsprechend bei Dewey, innerhalb einer Lebensform einen Irrtum und ein Handlungshemmnis mittels einer neuen, angemessenen Interpretation aufzulösen und die der neuen Interpretation entsprechenden Praktiken zu etablieren. Zu initiieren wären im hier beschriebenen Fall Lernprozesse, die auf das »Faktum der Kooperation« hinwiesen und der wechselseitigen Angewiesenheit der Individuen aufeinander Rechnung trügen.

Hegels Perspektive dagegen legt es nahe, solche Verkennungen als systematische Selbstmissverständnisse und als systematisch fehlgehende reflexive Praxiszusammenhänge aufzufassen. Dass solche Selbstmissverständnisse nicht zufällig entstanden sind, sieht man daran, dass sie zur Existenz und Stabilität des in Frage stehenden Praxiszusammenhangs beitragen. So lässt sich behaupten, dass die Institution des modernen kapitalistischen Marktes als »unzusammenhängender Zusammenhang« *systematisch* so verfasst ist, dass sein Funktionieren von der Suggestion der Unabhängigkeit abhängt. Die entsprechende Lebensform täuscht sich dann aber nicht nur über eine Reihe von Sachverhalten, mit denen sie konfrontiert ist, es fehlen ihr auch die grundlegenden konzeptuellen Mittel dazu, die Situation angemessen aufzufassen. Das bedeutet letztendlich, dass sie sich nicht nur über diese Sachverhalte, sondern vor allem auch über sich selbst und ihre Rolle bei der Herstellung dieser Sachverhalte täuscht.

Bei Hegel steht also offenbar mit ihrem Scheitern das Paradigma einer »reflexiven Lebensform« (Pinkard) selbst mit auf dem Spiel.[110] Die auftretenden Krisen oder Probleme und die Lernblockaden, die zur Fehlwahrnehmung dieser Probleme führen, sind nicht voneinander zu trennen. Umgekehrt bedeutet problemlösendes Lernen die (ideologiekritische) Auflösung von Lernblockaden. Bei Dewey handelt es sich, schlagwortartig gesagt, um *zufällig* falsches, bei Hegel um *notwendig* falsches Bewusstsein.

Mit der Hegelschen Auffassung von Problemen als Widersprüchen sind aber andererseits auch Schwierigkeiten verbunden. So interessant die These ist, dass historische Formationen sich ihre Probleme *selber stellen*, so sehr fragt es sich, ob diese Vorstellung dem Umstand gerecht wird, dass historische Konstellationen manchmal schlicht »in etwas hineingeraten«, das unabsehbar ist und dessen Bedingungen eben gerade nicht selbst gestellt sind. Sind es, sieht man sich die vielfältigen Quellen an, die Konfliktursachen innerhalb von Lebensformen ausmachen, nicht häufig äußere Einflüsse, Konfrontation mit fremden Praktiken oder Lebensformen, aber

110 In diesem Sinne beschreibt Ludwig Siep den »Weg der Phänomenologie« als Folge von Paradigmenwechseln: »Die Ansicht der Realität ändert sich [...]. Modern gesprochen thematisiert die Phänomenologie den Paradigmenwechsel oder die Folge von Grundlagenkrisen der Wissenschaft, der Moral usw. Aber dieser Wechsel wird nicht als zufällig, sondern als eine notwendige Folge verstanden: Die neue Gegenstandsauffassung soll die Lösung der im alten Paradigma unüberbrückbaren Differenzen innerhalb des Wissens und zwischen dem Wissen und seinem Maßstab, der vorausgesetzten eigentlichen Realität enthalten.« (Ders., *Der Weg der Phänomenologie des Geistes*, a. a. O., S. 77.) Siep weist allerdings bereits darauf hin, dass Hegel die Folge von Paradigmen im Gegensatz zu der von Thomas Kuhn vertretenen Position als notwendigen Verlauf mit einer immanenten dialektischen Logik interpretiert. Wie wir sehen werden, bewegt sich MacIntyres Position zwischen diesen beiden Polen.

eben auch zufällige Konstellationen und kontingente Ereignisse, die zum Problematischwerden einer Lebensform oder zu Konflikten innerhalb dieser führen? Eine Auffassung, die sich auf die innere und durch innere Widersprüche angeregte Dynamik von Lebensformen beschränkt und dabei keinen Raum für die Entwicklung *neuer* Widersprüche und *kontingent* auftretender Probleme lässt, wäre dann zu intern und zu »eng«, um diesen Befunden gerecht zu werden und damit auch dem Rechnung zu tragen, was sich als der »materiale« Charakter des Problemkonzepts auffassen und als (in moderatem Sinne) »problemstellende Realität« fruchtbar machen ließe.

Die Realisierung des Widerspruchs als Konflikt

Lassen sich nun die mit Hegels Konzeption von Problemen als Widersprüchen verbundenen Stärken retten und gleichzeitig die unplausiblen Momente überwinden? Ich werde zur Überwindung des gerade aufgeworfenen »Kontingenzproblems« und der Frage nach dem Umgang mit dem Neuen im Folgenden zwei miteinander zusammenhängende Vorschläge skizzieren.

(1) Zum einen lässt sich die Alternative zwischen von außen kommenden und immanent auftretenden Problemen unterlaufen, wenn man Lebensformprobleme, wie oben entwickelt, als reflexiv wahrgenommene Probleme *zweiter Ordnung* versteht. Entscheidend ist dann nicht, was das Problem *kausal verursacht* hat und ob diese Ursache im Inneren einer Lebensform liegt oder »von außen«, beispielsweise durch Konfrontation mit anderen Lebensformen, mit der Natur oder anderen kontingent aufgetretenen Ereignissen angestoßen worden ist. Entscheidend ist, auf welcher Ebene das Problem zum Problem wird. Dass Lebensformen sich ihre Probleme *selbst stellen*, bedeutet nicht unbedingt, dass sie sie selbst *machen* oder hervorbringen. Dass Lebensformen mit Problemen nicht lediglich konfrontiert sind, muss nicht bedeuten, dass alle Probleme bereits *intern angelegt* und *erzeugt* sind. Es bedeutet lediglich, dass diese erst durch Aneignung, durch das *Sichzueigenmachen* der Probleme *als* Probleme *zu* Problemen für eine Lebensform werden können.

Auch eine »von außen« kommende Konfliktursache oder ein von außen kommendes Handlungshemmnis kann sich dann – wie ich oben am Beispiel der Dürreperiode diskutiert habe – als genuines Lebensformproblem darstellen, wenn sich zeigt, dass die entsprechende Lebensform nicht über die Ressourcen verfügt, mit ihm umzugehen. Nehmen wir an, dass diese Ressourcen (wie im Falle der Gesellschaft, die auch nach wiederholten Dürrekatastrophen keine Speicher baut) deshalb fehlen, weil die Dürre im Rahmen der entsprechenden Lebensform und deren Weltdeutung als unhintergehbare Strafe Gottes aufgefasst wird. Dann lässt sich sagen, dass das zunächst zufällige und von außen kommende Problem (die Dürre) auf das latente Unvermögen einer Gesellschaft trifft, auf ein sehr wahrscheinliches und auch bereits mehrfach erlebtes Naturphänomen zu reagieren. Das Problem fördert also ein systematisches Defizit ihrer Weltdeutung und praktischen Möglichkeiten zutage. Nehmen wir weiterhin an, dass dieses Defizit der entsprechenden Lebensform bewusst wird und diese in der Wahrnehmung ihrer Ansprüche auf Deutungshoheit nicht nur faktisch beeinträchtigt ist (weil die Lebensform faktisch erfolglos ist), sondern auch in ihrer Selbstwahrnehmung (weil sie sich selbst nicht mehr glaubt), dann wird aus der Dürre schließlich eine Infragestellung des Bezugssystems einer Lebensform.[111]

Dann aber besteht das für die Konzeption genuiner »Lebensformprobleme« entscheidende Moment nicht darin, dass krisenauslösende Probleme »von innen« kommen müssen, sondern dass sie, im Unterschied zu Katastrophen oder bloßen Funktionsstörungen, nur dann existieren, wenn die »Herausforderung«, die von zunächst äußeren Problemen ausgeht, von der entsprechenden Lebensform in irgendeiner Weise angenommen wird. Der »Widerspruch«, die widersprüchliche Verfasstheit wäre in solchen Fällen nicht immer schon »da«; vielmehr bildet er sich durch die Konfrontation mit von außen kommenden Herausforderungen erst aus. Oder anders: Man darf sich die widersprüchlich werdende Konstellation nicht so denken, als ob in ihr immer schon alle Elemente vorhanden seien oder sie alle diese Elemente »aus sich« hervorbrin-

111 Es geht also nicht um die kausale Ursache von Störungen, sondern um die »Stellung« oder Positionierung, die die Lebensform zu diesen einnimmt. Umgekehrt folgt daraus, dass Lebensformen prinzipiell jeder äußerlichen Störung gegenüber auch eine richtige Position einnehmen können. Selbst wenn sie dann im dramatischsten Fall immer noch untergehen, so gehen sie nicht *als Lebensformen* zugrunde.

gen muss,[112] sondern als ein Gebilde, das sich zur Konstellation eines Widerspruchs gewissermaßen erst »zusammenschließt«. Das Auftreten von Neuem, von krisenauslösenden Ereignissen ist dann das Auftreffen eines kontingent auftretenden Problems auf eine widersprüchlich-problematische Konstellation, durch das ebendiese Widersprüche »getriggert« werden. Probleme (auch die in Form eines Widerspruchs) wären dann immer Resultat einer Kollision von »Innen« und »Außen«, deren Verhältnis jeweils unterschiedlich gewichtet sein mag und die sich deshalb in unterschiedlichem Maße als kontingent darstellen.[113]

(2) Meine zweite These schließt sich direkt hier an: Um das hier skizzierte Hegelsche Verständnis von Problemen als Widerspruch produktiv zu machen, muss das Verhältnis von *Widerspruch* und *Konflikt* neu bedacht werden. Auch ein Widerspruch, und damit, wenn man so will, die »objektive Seite« einer Krise, muss in einem Konflikt erst aktualisiert – also: zur Krise *gemacht* – werden. Die oben aufgerufene Metaphorik von Oberfläche und Tiefe mag hier irreführend sein, sofern sie eine Selbstläufigkeit der Entwicklung von Widersprüchen (ihres »Auftauchens« aus der Tiefe) nahelegt. Ein »in der Tiefe« liegender Widerspruch *kann*, muss aber nicht zum Ausbruch gelangen. Wie die Geschichte (und die Geschichte der Krisentheorie) zeigt, halten als »widersprüchlich« gekennzeichnete Formationen des Sozialen manchmal erstaunlich lange durch. Man muss also den Vorgang der *Aktualisierung* eines Widerspruchs

112 So spielt zum Beispiel bereits in Hegels Darstellung der (widersprüchlichen) Dynamik der bürgerlichen Gesellschaft die Maschinisierung und Rationalisierung der Produktion als Voraussetzung intensivierter Arbeitsteilung eine wesentliche Rolle; bei diesen aber handelt es sich nicht um in demselben Sinn »immanente« Momente wie es das Prinzip der Individualität bei den Griechen für sich beanspruchen darf. Auch wenn die Bedingungen für die beschriebenen Entwicklungen wiederum in der Verfasstheit der bürgerlichen Gesellschaft selbst liegen, spielen hier doch zufällige materielle Umstände eine Rolle. Der »Widerspruch zwischen Produktivkräften und Produktionsverhältnissen« lässt sich nach einem ähnlichen Muster rekonstruieren.

113 Wenn z. B. die patriarchal verfasste, autonomiefeindliche Familie durch die Konfrontation mit emanzipativen Elementen einer anderen Lebensform in eine Krise gerät, lässt sich das als die von außen kommende Aktivierung eines intern angelegten Widerspruchs verstehen – und damit weder als feindliche Übernahme noch als etwas, das selbstläufig, »aus sich heraus« auf dieselbe Weise hätte passieren können. Andererseits geriete eine solche Konstellation nicht in die Krise, wenn diese Möglichkeit nicht in ihr angelegt wäre.

ernst nehmen. Der Widerspruch, als die objektive Seite einer Krise, hat so selbst eine subjektive Seite: Gerade weil er als Widerspruch reflexiv verfasst ist und auf Geltungsansprüchen beruht, müssen diese auch *geltend gemacht*, von sozialen Akteuren erhoben, von diesen zu einem Konflikt gemacht werden.[114] Anthony Giddens' Gegenüberstellung von sozialem »Konflikt« und »Widerspruch« ist hier hilfreich. Ist der Widerspruch laut Giddens »ein Gegenüberstellen oder eine Disjunktion von strukturellen Eigenschaften sozialer Systeme, wobei diese Prinzipien durcheinander wirksam werden, sich aber zugleich widersprechen«,[115] so ist andererseits der Konflikt etwas, das in den spezifischen Momenten auftritt, in denen Individuen oder Gruppen ihre Differenzen in Bezug auf ihre Interessen und Handlungen aktiv artikulieren. Beides ist miteinander verbunden, sofern Widersprüche mögliche Konfliktlinien repräsentieren. Der Konflikt bricht als konkreter und spezifischer entlang solcher Konfliktlinien erst auf, sobald sich Akteure seiner annehmen. Umgekehrt mag die Behebung des Konflikts Veränderungen auf der strukturellen Ebene des Widerspruchs nötig machen. Der soziale Konflikt wäre dann durch den internen Widerspruch *geleitet*, aber nicht in einem deterministischen Sinn *verursacht*; umgekehrt zeichnet sich eine *adäquate* Thematisierung und Lösung eines Konflikts dadurch aus, dass sie auf ebenjene strukturelle Dimension reagiert.[116]

114 Sofern in vielen Fällen der Widerspruch als Widerspruch erst kenntlich gemacht und herausgearbeitet werden muss, liegt hierin die Aufgabe der Kritikerin. Kritik wäre damit die Aktivität, die zwischen Krise und Konflikt steht; sie ist manchmal (sicher nicht immer) die Vorbedingung dafür, dass aus einer Krise überhaupt ein Konflikt werden kann.

115 Giddens, »Contradiction, Power, Historical Materialism«, a. a. O., S. 141.

116 Dieses Muster zeigt sich auch am bereits erwähnten »Widerspruch zwischen Produktivkräften und Produktionsverhältnissen«. Auch hier gelten in unterschiedlichen Segmenten eines sozialen Praxiszusammenhangs einander widersprechende Prinzipien. Die feudale Herrschaft und die ihr entsprechende Organisation der Arbeit als unfreie Arbeit widerspricht, diesem Interpretationsmuster zufolge, den in der Produktivkraftentwicklung der mit moderner Maschinerie einhergehenden industriell-arbeitsteiligen Produktion liegenden Erfordernissen und Möglichkeiten der sozialen Organisation dieser gesellschaftlichen Arbeitsteilung. Hier stehen in einer historischen Übergangsepoche zwei gegensätzliche Prinzipien einander gegenüber. Die Pointe des so beschriebenen »Widerspruchs« liegt nun nicht darin, dass die eine gesellschaftliche Gruppe (bürgerliche) Gleichheit oder Freiheit will, während die andere auf der

Dass eine Krise als Konflikt erst aktualisiert werden muss, bedeutet also nicht, dass es sinnlos wäre, die soziale Realität auf ihre immanenten Widersprüche hin zu befragen und zu analysieren. Man versteht die Konflikte gar nicht richtig und agiert im Zweifelsfall unbeholfen in diesen, sobald man die Perspektive der systematischen Widersprüche verliert. Und es ließe sich, weitergehend, sogar eine Typologie fehlgehender oder fehlgeleiteter sozialer Konflikte entwickeln, die auf dem Kriterium der Passung mit den strukturellen Widerspruchslinien einer historisch-sozialen Situation beruht – man denke nur an das Phänomen der Regression von sozialen zu ethnischen Konflikten oder an das Phänomen voluntaristischer Aufstände, denen die »Rückendeckung« auf Seiten der »systemischen Grundlagen« sozialen Wandels fehlt.

Damit nähern wir uns einer Antwort auf das oben aufgeworfene Kontingenzproblem, die ich anlässlich einer Diskussion der Dynamik von Problemlösungsprozessen im folgenden Kapitel wieder aufnehmen werde: Soziale Krisen, sofern sie davon abhängen, dass sie in Konflikten aufbrechen und realisiert werden, entstehen nicht im strengen Sinn notwendigerweise. Sie folgen nicht kausal notwendig aus einer bestimmten Lage oder aus genau zu beschreibenden Umständen. Solche Krisen sind, um an Habermas' frühe Rekonstruktion des Krisenbegriffs[117] anzuknüpfen, lediglich *wahrscheinlich*. Trotzdem: Das Ausbleiben einer konflikthaften Zuspitzung und Thematisierung von Widersprüchen und damit das Ausbleiben von Momenten kollektiver Thematisierung der problematisch gewordenen Lebensform hat im Zweifelsfall *Konsequenzen*, nämlich für die Lernfähigkeit und -entwicklung der betroffenen

hergebrachten (feudalen) Ungleichheit besteht (das wäre der Fall eines politischen Konflikts, in dem sich zwei Positionen gegenüberstehen). Die Pointe liegt vielmehr darin, dass (dieser These zufolge) die Entwicklung der Produktivkräfte bestimmte Rechts- und Kooperationsformen ermöglicht, voraussetzt, benötigt und teilweise auch schon praktiziert, während sich andererseits das gegensätzliche Prinzip erhält. Beides gerät dort miteinander in Widerspruch, wo sich die beiden Prinzipien gegenseitig behindern, wo beispielsweise politische Restriktionen der Freizügigkeit die Bildung eines freien Arbeitsmarkts behindern. Die Situation wird konflikthaft, sobald sich soziale Akteure finden, die diesen strukturell-systemischen Widerspruch ausagieren, weil sie auf einer der beiden Seiten (in dem einen oder dem anderen Set von Praktiken und Normen) ihre Interessen finden.

117 Vgl. Habermas, *Legitimationsprobleme im Spätkapitalismus*, a. a. O.

Lebensform, für ihre Reflexionsfähigkeit, Durchlässigkeit, »Lebendigkeit« und Selbstzugänglichkeit. Die Nichtaktualisierung latenter Krisen, so lässt sich behaupten, führt zu Ideologiebildung und Lernblockaden – zu spezifischen Formen der Irrationalität.

Aus diesen Überlegungen ergibt sich auch eine Konsequenz für eine Frage, die anlässlich meiner Überlegungen zu den »Realwidersprüchen« aufgetaucht ist. Wenn ich hier von der Rolle der »Widerspruchstheoretikerin« gesprochen habe, legt dies ja nahe, dass Widersprüche immer auch Effekte der dialektischen Konstruktion selbst sind. Diese stellt Zusammenhänge her, die erst die Grundlage für die Betrachtung einer Konstellation als »Widerspruch« schaffen. »Dialektische soziale Widersprüche« lägen dann aber genau genommen nicht in der Wirklichkeit »selbst«, sondern – nach dem Muster einer »interpretativen Dialektik«, auf das ich noch zu sprechen kommen werde – in ihrer Interpretation. Ich will allerdings behaupten, dass Widersprüche zugleich von der Wirklichkeit nahegelegt werden. Sie haben also einen (um auf die oben gegebene Beschreibung zurückzukommen) ebenso objektiven wie subjektiven Charakter, sofern sie nicht notwendigerweise als Konflikt aktualisiert werden, es also nicht immer zu einer expliziten Konfrontation zwischen Subjekten und institutionalisierten Praxen kommen *muss*, sie aber dennoch als Probleme wirken.

10. Kapitel
Die Dynamik von Lernprozessen

> Was überhaupt die Welt bewegt, das ist der Widerspruch … *G.W.F. Hegel*

In diesem Kapitel soll die spezifische *Dynamik* untersucht werden, die sich ergibt, wenn wir soziale Transformationsprozesse als Entfaltung von (sozialen) Widersprüchen oder als Bewältigung von Problemen auffassen. Nicht nur hinsichtlich des Problembegriffs, sondern auch im Hinblick auf die Dynamik der Problem*lösung* zeigen sich substanzielle (wie auch lehrreiche) Differenzen zwischen den hier vorgestellten Positionen Deweys, MacIntyres und Hegels, die entscheidende Konsequenzen für die Möglichkeit haben, einen sozialen Veränderungsprozess als Fort- oder Rückschritt, als rational oder irrational zu beschreiben.

Hat man ein Problem (oder gerät man in eine Krise), dann steht man zunächst vor einem Handlungshemmnis. Man weiß nicht, wie es weitergehen soll: Etwas Selbstverständliches wird unselbstverständlich, ein vertrauter Vollzug stockt, man verharrt, eingespielte Deutungsmechanismen helfen nicht mehr weiter, das gewohnte Bezugssystem ist aus den Fugen geraten. Wo sind in einer solchen Situation die Ressourcen für die Überwindung des Problems eigentlich zu suchen, wie kommt man »von hier nach dort«, vom Problem zu seiner Lösung? Und wie kann entsprechend eine in die Krise geratene Lebensform diese überwinden? Der entscheidende Unterschied zwischen den Ansätzen Deweys, MacIntyres und Hegels, zwischen einem im weitesten Sinne pragmatistischen Problemlösungsansatz und einem dialektischen Verständnis sozialer Transformationsprozesse, lässt sich folgendermaßen verstehen: Hegels Ansatz konzipiert die Dynamik der Erosion, des Scheiterns sittlicher Formationen und der dadurch ausgelösten Transformationsprozesse als ein *Kontinuum*, in dem das als Widerspruch gefasste Problem die Ressourcen zu seiner Lösung bereits enthält. Nicht Diskontinuität und innovativ-ereignishafte Konfrontation, sondern eine bestimmte Art von Kontinuität zwischen Altem und Neuem – *eine Kontinuität in der Diskontinuität* – ist es, die eine solche Lösungsdynamik ausmacht.

Demgegenüber gehen sowohl Dewey als auch MacIntyre von Diskontinuitäten zwischen Problemstellung und Problemlösung aus und betonen die innovativen und unverbundenen Momente plötzlich aufscheinender Problemlösungen. Das Hegelsche Modell der *Entfaltung von Widersprüchen* führt nicht nur zu einer kontinuierlicheren, sondern auch zu einer entschieden bestimmteren Dynamik als die der *Bewältigung von Problemen* in Deweys und MacIntyres Sinn. Stellen sich derart noch die diskontinuierlichen Umstürze, Veränderungen oder Neujustierungen einer sozialen Formation als Momente einer übergreifenden Kontinuität dar, so lässt sich genau deshalb die Logik dieser Veränderung als ein Anreicherungsgeschehen – oder, wenn man so will, als Fortschritt – begreifen.

Welcher dieser Zugriffe aber, so wird in diesem Kapitel eingehender zu untersuchen sein, ist in Bezug auf die Entwicklungsdynamik von Lebensformen plausibler, und welchem gelingt eine Beschreibung sozialer und historischer Lernprozesse, aus der sich die von mir gesuchten Kriterien für deren Rationalität *als* Lernprozesse gewinnen lassen? Mit der Rede von einem solchen sich anreichernden Prozess sind mehrere Bedingungen gesetzt: Damit eine Lebensform *gelernt* haben kann, muss sie sich zugleich verändert haben und dieselbe geblieben sein; es muss eine Identität in der Differenz geben. Ein Resultat, das mit der Ausgangssituation in keine Verbindung mehr zu bringen wäre, das als unverbunden Neues *ganz anders* wäre als das Vorherige, wäre in seiner radikalen Diskontinuität nicht leicht als Resultat eines Lernprozesses erkennbar. Ein Transformationsprozess andererseits, der eine immanent sich vollziehende Entwicklung gänzlich aus sich selbst heraus darstellte, ist meinem Modell zufolge gleichfalls nicht als Lernprozess zu verstehen, würde doch auch hier nicht lernend eine »Erfahrung mit sich *und* dem Gegenstand gemacht«, sondern lediglich eine Erfahrung mit sich selbst. Hier gäbe es nichts, was einen Praxisvollzug (und die in diesen involvierten Subjekte) lernend über sich hinaustriebe. Veränderungen, die sich als Lernprozess auffassen lassen sollen, vollziehen sich also weder radikal diskontinuierlich noch rein immanent. Steht in einer Hinsicht genuines Lernen der bloßen Veränderung gegenüber, so ist andererseits auch die Vorstellung einer selbstläufigen Entwicklung von der des Lernens abzugrenzen. In dieser Hinsicht stellt sich die Frage, welche Rolle die Akteure, welche Rolle das handelnde Eingreifen in sozialen Transformationsprozessen spielt, wie sich hier also das »passive« und das »aktive« Moment, die Bedingungen für eine Veränderung und deren tatsächlicher Verwirklichung – oder auch: Widerspruch und Konflikt – zueinander verhalten. Diese Differenz zwischen bloßen Veränderungen, Entwicklungs- und Lernprozessen, an der die Möglichkeit, rationale Lernprozesse auszuzeichnen letztendlich hängt, wird die Fluchtlinie der Diskussion der folgenden Abschnitte bilden. Wie bereits im letzten Kapitel werde ich mich zuerst den Konzeptionen von Dewey, MacIntyre und Hegel widmen (*Abschnitt 10.1* bis *10.3*), um schließlich mit dem Konzept eines dialektisch-pragmatistisch aufgefassten Lernprozesses eine Vermittlungsfigur vorzuschlagen (*Abschnitt 10.4*).

10.1 Problemlösung als experimenteller Lernprozess

Mit der Konzeption Deweys verfügen wir über eine ausgesprochen detaillierte Skizze des Verlaufs von Problemlösungs- beziehungsweise Forschungsprozessen als Ineinandergreifen von kontinuierlichen und diskontinuierlich-innovativen Momenten. Lernen ist, so gedacht, nicht nur (wie in Kapitel 8 bereits skizziert) ein durch praktische Handlungshemmnisse ausgelöster Prozess; dieser lässt sich außerdem nur praktisch-experimentell, das heißt in Auseinandersetzung mit den sich ergebenden Widerständen vollziehen, weil das Gelingen von Problemlösungen nicht in vollem Umfang antizipierbar ist, sondern nur anhand der praktischen Effekte einer versuchten Problemlösung erfahren werden kann. Dewey hat die Dynamik solcher Problemlösungsprozesse mehrfach, am prägnantesten aber in seiner *Logik*,[118] analysiert. Sehen wir uns die Statio-

118 Die *Logik* von 1938, auf die ich mich hier hauptsächlich beziehe, enthält wohl Deweys ausgefeilteste Darstellung des Forschungsprozesses. Frühere Versionen finden sich in den *Studies in Logical Theory* von 1903 (in: John Dewey, *Middle Works*, Carbondale 1976, Bd. 2), aber auch in der kompakten Darstellung der einzelnen »Züge der denkenden Erfahrung«, wie Dewey sie in *Demokratie und Erziehung*, a. a. O., S. 201 f., und in *How We Think* (in: ders., *Middle Works*, a. a. O., Bd. 6) entwickelt hat. Eine komprimierte Darlegung des Deweyschen Untersuchungsprozesses findet sich in Dirk Jörke, *Demokratie als Erfahrung*, Opladen 2003, S. 80-82, und in Larry Hickman (Hg.), *Reading Dewey. Interpretations for a Postmodern Generation*, Bloomington 1998. Zu einer von Deweys

nen des (auf die Ausgangssituation folgenden) Forschungsprozesses genauer an, so lassen sich mehrere Schritte identifizieren.[119]

Identifikation des Problems

Der *erste Schritt* besteht in der Problemstellung oder der *Identifikation des Problems.* Wie oben erwähnt, gehört die Identifikation von etwas *als* Problem schon zum Lösungsprozess. Markiert die unbestimmte Situation den Ausgangspunkt, so ist die »Erkenntnis, dass eine Situation der Forschung bedarf, [...] der erste Schritt der Forschung«.[120] Wenn damit nicht gemeint sein soll, dass man sich Probleme selbst macht oder nur erfindet, muss das bedeuten, dass aus einer diffus problematischen Lage das Problem gewissermaßen herausgefiltert und benannt wird. Die Formulierung eines Problems ist damit der Anfang der (Wieder-)Erlangung von Bestimmtheit: Ganz im Einklang mit dem alltäglichen Sprachgebrauch *bestimmt* man ein Problem, indem man es als dieses und kein anderes herausgreift und ihm damit eine bestimmbare Kontur gibt.[121]

Theorie der Forschung ausgehenden, weiterführenden Konzeption vgl. Hans-Peter Krüger, »Prozesse der öffentlichen Untersuchung. Zum Potential einer zweiten Modernisierung in John Deweys ›Logic. The Theory of Inquiry‹«, in: Hans Joas (Hg.), *Philosophie der Demokratie. Beiträge zum Werk von John Dewey*, Frankfurt/M. 2000, S. 194-234; für die Schritte des Forschungsprozesses vgl. besonders ebd., S. 212-228.

119 An dieser Stelle ist eine Bemerkung zu meiner Darstellung angebracht: Dewey selbst spricht von einem »Fünf-Schritte-Modell« der Forschung. Der erste Schritt ist nach dieser Zählung aber verwirrenderweise das, was er als Ausgangssituation vom eigentlichen Problemlösungsprozess explizit unterscheidet. Da sich außerdem bei genauerem Hinsehen in den weiteren von ihm beschriebenen Schritten teilweise Elemente zusammengefasst finden, die man zum genaueren Verständnis trennen sollte, habe ich mich dazu entschlossen, in meiner Rekonstruktion des Forschungsprozesses von seiner (und der sonst üblichen) Zählung abzuweichen. Ich versuche außerdem, das Beispiel des Theaterbrands durchzuhalten bzw. weiterzuführen, das von Dewey selbst nur kursorisch eingeführt wird.

120 Dewey, *Logik*, a. a. O., S. 134.

121 Wie wichtig diese Phase des Forschungsprozesses für Dewey ist, sieht man unter anderem dort, wo er in der *Logik* auf die methodische Verfasstheit der Sozialforschung seiner Zeit eingeht. Hier bemängelt Dewey das Übergewicht einer (man könnte sagen: sozialtechnokratischen) Verfahrensweise, die von der Annahme ausgehe, »daß auf die Arbeit der analytischen Unterscheidung, die

Die Binsenweisheit, dass »ein gut gestelltes Problem schon halb gelöst« sei, bekommt so systematische Bedeutung. In einem Prozess der Forschung stellen sich Problemstellung und -lösung als Kontinuum, als Stadien in einem kontinuierlichen Verlauf dar: »Gerade weil ein gut formuliertes Problem auf dem Weg zu seiner Lösung ist, ist die Bestimmung eines echten Problems eine *im Fortschreiten begriffene* Forschung«.[122] Daraus ergeben sich Konsequenzen für das Verständnis des Problemlösungsprozesses: Zum einen erlaubt die gleiche Ausgangssituation offenbar *unterschiedliche Problemstellungen*. Aus diesem gewissermaßen »konstruktiven Charakter« der Problemstellung folgt aber nicht, dass die Problemstellung beliebig wäre, sondern (ganz im Gegenteil), dass schon die Identifizierung des Problems mehr oder weniger gelingen kann. Die Art und Weise, in der Probleme gestellt werden, entscheidet über die Möglichkeit ihrer Lösung mit. Dass »ein gut gestelltes Problem schon halb gelöst« ist, bedeutet umgekehrt, dass die schlechte, diffuse oder missverständliche Spezifikation eines Problems den Weg zu seiner Lösung verstellt. Und schließlich folgt aus der Kontinuität von Problemstellung und Problemlösung, dass sich das Problem beziehungsweise seine Beschreibung im Laufe des Forschungsprozesses ändern kann und die Problemstellung umformuliert werden muss. (»Man sieht jetzt erst, was das Problem war.«)

Wie aber identifiziert man ein Problem? Dewey spricht von einem Sondierungsprozess, in dem zunächst die geklärten (bestimmten) Bestandteile aus der insgesamt unbestimmten Situation herausgelöst werden müssen. Das setzt voraus, dass es nie eine Situation vollständiger Unbestimmtheit geben wird, dass also die unbestimmte Situation immer Anteile von Bestimmtheit hat. Aus einer vollständig unbestimmten Situation ließe sich gar kein Problem gewinnen.[123]

nötig ist, um eine problematische Situation in eine Menge von Bedingungen zu verwandeln, die ein bestimmtes Problem bilden, weitgehend verzichtet wird.« (Ebd., S. 567.)

122 Ebd.

123 Dem entspricht die alltägliche Lern- und Lehrerfahrung: Solange man wirklich glaubt, gar nichts verstanden zu haben, kann man kein Problem formulieren, mit dem sich ein Lernprozess eröffnen ließe. Deshalb ist der erste Schritt zum Verstehen tatsächlich der Rückgang auf das noch Verstandene, von dem sich das Unverstandene dann abheben lässt.

An dem bereits erwähnten Beispiel des Ausbruchs eines Feuers im Theater – eine Situation, die von Dewey selbst erwähnt, aber nicht auf alle Schritte der Problemlösung bezogen wird – lassen sich die einzelnen Schritte von der Identifikation bis zur Lösung des Problems gut nachvollziehen.

In einem überfüllten Theater macht sich ein merkwürdig stechender Geruch breit; vom Parkett aus nimmt man wahr, dass in den oberen Rängen leichte Unruhe ausbricht. Die Lage ist konfus: Auf der Bühne wird noch gespielt, im Zuschauerraum werden einige nervös; unklar ist auch, woher der Rauch, den man allmählich wahrnimmt, kommt (vielleicht doch von der Bühne?). Die Situation ist also unbestimmt: Man weiß nicht genau, was los ist, und kann die einzelnen Beobachtungen nicht einander zuordnen.

Der Vorgang der *Bestimmung und Identifizierung des Problems* beginnt damit, dass man die (innere wie äußere) Unruhe, die man wahrnimmt, die verschiedenen Anzeichen und die vereinzelten Beobachtungen zusammenführt und zu dem Schluss gelangt, dass der merkwürdig stechende Geruch und die beginnende Unruhe in den oberen Rängen Anzeichen dafür sind, dass irgendwo im Theater ein Feuer ausgebrochen sein muss. Der einsetzende Feueralarm erhärtet diese Vermutung. Die Problemstellung nimmt nun eine sehr konkrete Form an: Zu bewältigen ist die Aufgabe, aus dem vermutlich bald lichterloh brennenden Theater heil herauszukommen. Schon die Bestimmung des Problems beinhaltet in diesem Fall also noch einmal mehrere Phasen: die Spezifizierung der Situation – Feuer! –, das Ziehen der Konsequenz daraus – die Notwendigkeit zu flüchten – und die endgültige Problemstellung: »Wie kommen wir hier am besten raus?« Damit sind wir aber schon mitten im zweiten Schritt und haben bereits mit der Problemlösung begonnen.

Sondierung der Bedingungen der Problemlösung

Dieser *zweite Schritt* beinhaltet die Sondierung der *Bedingungen des Problems beziehungsweise der Problemlösung* und besteht darin, die »festen Bestandteile« der Situation herauszufiltern, »die Bestandteile einer gegebenen Situation auszumachen, die als Bestandteile geklärt sind«.[124] In einem Meer von Unbestimmtheit gibt es hier also gewissermaßen »Inseln« der Bestimmtheit. Es geht nun darum, diese Inseln zu lokalisieren, um sie dann miteinander verbinden zu können.

Man trennt also in dieser Phase – und als Vorbedingung für die Entwicklung von Lösungsideen – die offenen von den schon beantworteten Fragen und bestimmt dabei gleichzeitig die Bedingungen des Handelns, die den Hintergrund der nun zu eruierenden Handlungsoptionen ausmachen. Im Fall des Feueralarms sind die »festen«, also bestimmten Bestandteile der Situation die Eigenschaften des Brandes und des Raums. Was wir schon wissen (obwohl wir noch nicht wissen, wie wir es schaffen sollen, aus dem Theater herauszukommen), ist, dass Feuer immer irgendwo einen Ausgangspunkt hat und dazu neigt, sich von diesem her auszubreiten. Wir wissen außerdem, dass direkter Kontakt mit Feuer sowie der Rauch für uns schädlich sind und dass ein Theater Ausgänge hat. Wir müssen also, um einen Fluchtweg zu bestimmen, herausfinden, wo das Feuer lokalisiert ist und wohin es sich ausbreitet, wo die Ausgänge sind und ob der Weg zu ihnen frei ist. Wir stellen weitere Beobachtungen an, um den schon bekannten Daten weitere hinzuzufügen. Aus diesen teils schon geklärten, teils durch weitere Beobachtung zu klärenden Bestandteilen ergeben sich die Bedingungen unseres weiteren Handelns.

Man sieht an diesem Schritt noch einmal, wie sehr die Problemstellung mit der Problemlösung verknüpft ist beziehungsweise ein Kontinuum mit dieser bildet. Das Problem lautet nämlich anders, je nachdem, wie die Bedingungen seiner Lösung sind. Es kann sich entweder um das fast unlösbare Problem handeln, zusammen mit 3000 anderen Personen innerhalb kürzester Zeit aus einem Raum mit nur zwei Ausgängen hinauszugelangen, oder um das Problem, 300 Leute geordnet durch zehn Notausgänge hinauszuführen. Mit der Sondierung der Fakten, aus der sich gleichzeitig weitere Beobachtungsaufgaben ergeben, sind wir also schon mitten in der Problemlösung. Diese Sondierung gehört damit gleichermaßen zur Problemstellung wie zur Problemlösung.

124 Ebd., S. 136. Erst hier setzt Deweys eigene Darstellung des Feuerbeispiels ein.

Der *dritte Schritt* ist die *Suche nach einer Lösungsidee.* Von einer problematischen Ausgangslage zu deren Überwindung gelangt man im Modus des prüfend-experimentellen Erkundens, der versuchsweisen Entwicklung von Möglichkeiten der Problemlösung. Ideen sind eine Art von Probehandeln, eine »Vorwegnahme von etwas, was geschehen kann«.[125] Wie entstehen solche Lösungsideen? Nun, sie erwachsen »aus den mehr oder minder vagen Mutmaßungen über mögliche Lösungen«.[126] Um solche Mutmaßungen zu entwickeln, bedarf es Flexibilität und Kreativität. Die Suche nach Problemlösungsideen ist angewiesen auf Einfälle (*suggestions*) mit plötzlichem Charakter. Es haftet ihnen etwas Unverfügbares und Unwillkürliches an: Sie »entstehen einfach, blitzen auf, fallen uns ein«.[127] Es ist eine der Leistungen Deweys, die Rolle solcher Einfälle herauszuarbeiten, ihre Angemessenheit aber gleichzeitig an eine geregelte Überprüfung rückzubinden. Es gibt nämlich eine Wechselwirkung zwischen der Bestimmung und Eingrenzung der Tatsachen und der Entwicklung von Ideen:

> Beobachtung von Tatsachen und suggerierte Bedeutungen oder Ideen entstehen und entwickeln sich in Korrespondenz zueinander. Je mehr die Tatsachen des Falles infolge ihrer Beobachtung ans Licht kommen, desto klarer und angemessener werden die Vorstellungen, wie das Problem, das durch die Tatsachen konstituiert ist, bewältigt werden muß. Je klarer andererseits die Idee ist, desto bestimmter werden selbstverständlich die Operationen der Beobachtung und der Ausführung, die verrichtet werden müssen, um die Situation zu klären.[128]

Lösungsideen entstehen also nicht einfach in einem luftleeren Raum der unbegrenzten Möglichkeiten. Außerdem arbeiten sich die »blitzhaft auftauchenden« Lösungsideen vom Vagen zum Bestimmten durch; aus Einfällen werden mögliche Lösungen, indem Konsequenzen durchgespielt werden: »Die Suggestion wird zu einer Idee, wenn sie mit Blick auf ihre funktionale Eignung hin geprüft wird – auf ihre Eignung als Mittel, die gegebene Situation zu klären.«[129]

125 Ebd.
126 Jörke, *Demokratie als Erfahrung*, a. a. O., S. 81.
127 Dewey, *Logik*, a. a. O., S. 137.
128 Ebd.
129 Ebd. Leider ist der englische Begriff »suggestion« mit »Suggestion« nur unzu-

Die problemlösenden Sondierungen ebnen also gewissermaßen zunächst den Weg für die dann auftauchenden *suggestions* – für den jähen und plötzlich auftretenden Einfall – und stellen die Bedingungen dafür her, dass diese in die Situation eintreten können. Die Lösung wird allerdings anschließend in den Kontinuitätszusammenhang einer praktischen Situation reintegriert und erweist ihre Leistungsfähigkeit anhand des Gelingens dieser Einfügung.

Überprüfung der Idee

Diese schrittweise Überprüfung der Lösungsideen macht dann auch schon den *vierten Schritt* der Untersuchung aus. Am Beispiel des Theaterbrands: Man sieht sich um, sieht diesen oder jenen Weg, hat, sofern Schwierigkeiten auftauchen, die plötzliche Eingebung, dass es auch hinter der Bühne noch Ausgänge geben muss. »Form« gewinnt die Idee schließlich, indem der einzuschlagende Weg in Gedanken »abgeschritten« wird, um dabei auf weitere Schwierigkeiten zu stoßen, die schließlich durch neue Gedanken überwunden werden können.

Wenn Dewey davon spricht, dass Ideen »vorweggenommene Konsequenzen«[130] seien, so kann man sich diesen Überprüfungsprozess als schnelle Abfolge von Idee und Überprüfung, als ein ineinandergreifendes Wechselverhältnis (oder ein Rückkopplungsverhältnis) vorstellen. Die Willkürlichkeit der Einfälle (ihre Unvordenklichkeit und Kreativität) wird also einerseits durch die Anerkennung ihrer Bedingtheit durch Umstände, andererseits dadurch, dass sie im Nachhinein durch den Überprüfungsprozess »weggearbeitet« wird, gemildert. Dennoch bleibt der Deweysche Problemlösungsprozess, so geordnet er auch erscheinen mag, ein mit der Trial-and-error-Methode operierendes »Gutglückverfahren«.[131]

Dewey beschreibt dieses Verfahren in *Demokratie und Erziehung* ausführlicher und sehr prägnant als Methode eines »abändernden

reichend übersetzt; »Suggestion« bedeutet im Deutschen ja weniger »Einfall« als »Einflüsterung«.

130 Ebd.

131 Dewey sagt das deutlich in *Demokratie und Erziehung*, a. a. O., S. 202: Es sei die Genauigkeit des dritten und vierten Schrittes, »durch die sich eine denkende Erfahrung von einer solchen beim Handeln ›auf gut Glück‹ unterscheidet. […] Trotzdem gelangen wir niemals völlig über das Gutglückverfahren hinaus.«

Reagierens«, als Wechselspiel zwischen Versuchshandeln und der Reaktion auf dessen Ergebnisse:

Alle unsere Erfahrungen haben etwas vom Probieren in sich, von dem, was man die Methode des »abgeänderten Reagierens« nennt. Wir tun irgend etwas, und wenn es fehlschlägt, so tun wir etwas anderes, und so fort, bis wir schließlich auf etwas verfallen, was zum Ziele führt.[132]

Entscheidend an dieser Beschreibung ist, dass die so skizzierte Methode mit unerwarteten Nebenfolgen des Handelns rechnet, damit also, dass wir viele Effekte unseres Handelns nicht intendiert haben und nicht überblicken können, also durch diese erst praktisch belehrt werden. Der so beschriebene Rückkopplungsprozess ist die Bedingung problemlösender Erkenntnis: Wir tun etwas und erleben durch die Effekte dieses Tuns, dass in Hinsicht auf die von uns angestrebten Ziele unser Tun mehr oder weniger gelungen ist. »Durch Erfahrung lernen heißt das, was wir den Dingen *tun,* und das, was wir von ihnen *erleiden,* nach rückwärts und vorwärts miteinander in Verbindung zu bringen.«[133]

Mit unseren Handlungen kann nämlich etwas für uns nicht antizipierbares Neues entstehen, es kann Konsequenzen haben, die nicht erwartbar waren, oder es können sich für uns nicht antizipierbare oder kontingent auftretende Hindernisse zeigen.[134] Das betrifft nicht nur die großen Entwicklungslinien der Weltgeschichte, sondern bereits handwerkliche, aber auch geistige Arbeitsprozesse. Handeln lässt sich also (auch im Kleinen) nicht so einfach nach dem Modell einfacher Telosrealisation verstehen.[135] Genau aus die-

132 Ebd., S. 194.

133 Ebd., S. 187.

134 Das Konzept rechnet mit der Existenz von beidem, dem Neuen und dem, was man den Widerstand der Materie, die Unverfügbarkeit der Situation nennen kann. Die Möglichkeit des Neuen wird heute häufiger betont als das Element der Widerständigkeit der Welt – beides aber scheint mir wichtig zu sein.

135 Vgl. klassisch in der Soziologie: Robert K. Merton, »Die unvorhergesehenen Folgen zielgerichteter sozialer Handlung«, in: Hans Peter Dreitzel (Hg.), *Sozialer Wandel. Zivilisation und Fortschritt als Kategorien der soziologischen Theorie,* Neuwied 1967, S. 169-184, sowie Hans Joas, *Die Kreativität des Handelns,* Frankfurt/M. 1996. In einem ganz anderen theoretischen Rahmen haben sich aber auch die Vertreter des »Arbeitskonzepts« im Marxismus mit diesem Problem auseinandergesetzt. Vgl. dazu zum Beispiel Peter Ruben, Camilla Warnke, »Telosrealisation oder Selbsterzeugung der menschlichen Gattung? Bemerkun-

sem Grund ist das »Probieren« und das Experiment so zentral; nur auf diese Weise, nur wenn wir ausprobiert haben, welche Effekte wir mit bestimmten Handlungen erzielen, und nur wenn wir erlebt haben, woran wir dabei scheitern können, wird problemlösendes Lernen möglich.

Modifikation der Hypothesen

Der *fünfte Schritt* der Untersuchung besteht in der Überprüfung und Modifikation der Hypothesen. Hier treten der rationale Diskurs und die (logische) Operationalisierung auf den Plan sowie das, was Dewey die »Überprüfung der Bedeutung als Bedeutung« nennt: »Diese Überprüfung besteht darin, sich ein Bild davon zu machen, was die fragliche Bedeutung in Beziehung zu anderen Bedeutungen in dem System impliziert, zu dem sie gehört.«[136] Selbst wenn die Operationalisierung in Bezug auf das Theater-Beispiel begrenzter sein wird als bei der Überprüfung von Hypothesen in, sagen wir, der experimentellen Physik, so gibt es doch auch hier einen analytisch separierbaren Vorgang, in dem die ursprüngliche Idee so formuliert werden muss, dass sie überprüfbar wird und sich in Beziehung zu den anderen Bedingungen der Situation setzen lässt.

Wiederherstellung der unproblematischen Situation

Der *sechste Schritt* schließlich besteht in der Wiederherstellung der unproblematischen Situation. Hier wird die gefundene Problemlösung in den problematisch gewordenen Zusammenhang eingefügt mit dem Ziel der (Wieder-)Herstellung von Konsistenz beziehungsweise einer »qualitativen Ganzheit«. Daran schließt sich die Bewährung im Experiment (im Falle der Wissenschaft) oder im praktischen Handeln (im Alltag) an. Das Resultat ist eine veränderte Situation: Das Problem ist bewältigt und die unproblematische Situation (wieder-)hergestellt. Im Falle des Brandes besteht die praktische Überprüfung in der Flucht aus dem Theater. Wenn mein Fluchtplan gut war, bin ich jetzt in einer veränderten Situation, nämlich: draußen und in Sicherheit.

gen zu G. Lukács' Konzept der ›Ontotogie des gesellschaftlichen Seins‹«, in: *Deutsche Zeitschrift für Philosophie* 27 (1979), S. 20-30.

136 Dewey, *Logik*, a. a. O., S. 139.

Das bedeutet übrigens nicht, dass mittels Problembewältigung notwendigerweise ein alter Zustand wiederhergestellt wird. Hier mag das Theater-Beispiel irreführend sein. Bedeutet die Überwindung von Krisen generell, dass der Handlungs- und Bedeutungszusammenhang einer Situation wiederhergestellt werden muss, so wird das sehr häufig nur durch Innovation, die Einbeziehung neuer Elemente, die Adjustierung an eine (oder Schaffung einer) veränderten Situation gelingen. Lässt sich beispielsweise die Kopernikanische Wende als Wiederherstellung einer Situation verstehen, so bedeutet das, dass man sich die Welt nach der Umstellung auf das heliozentrische Weltbild jetzt wieder erklären und die gewonnenen Beobachtungsdaten wieder fruchtbar machen konnte. Hier bedarf die Wiederherstellung der Situation aber gerade der *Transformation* und Erneuerung des Hergebrachten. Der Vorgang der Reintegration und der Wiederherstellung von Zusammenhängen erfordert also ein dynamisches, kein statisches Konzept.

Zur Dynamik eines Problemlösungsprozesses gehört schließlich seine Unabschließbarkeit und Fallibilität – das sicherlich unumstrittenste und bedeutendste Charakteristikum einer pragmatistischen Auffassung von Problemlösung.[137] Im experimentellen Geist geht Deweys Konzeption davon aus, dass jede erreichte Lösung fehlbar und damit endlich ist, eine Lösung *for the time being* in dem Sinne, dass man jederzeit damit rechnen muss, dass sie sich als unzureichend herausstellt und durch eine bessere abgelöst wird.

137 Charles S. Peirce hat den Fallibilismus in seinen *Principles of Philosophy* als Konzeption geprägt und zu einer der Grundkonstituenten des Pragmatismus gemacht. Vgl. dazu auch die Zusammenstellung von fünf Merkmalen des Pragmatismus in: Hilary Putnam, *Pragmatismus – Eine offene Frage*, Frankfurt/M. 1995. Ganz unumwunden lautet Nicholas Reschers Definition: »Der Fallibilismus ist die Sichtweise, dass wir keine Sicherheit darüber haben, dass unsere wissenschaftlichen Theorien und Systeme definitiv wahr sind; diese sind einfach die besten, die wir hier und jetzt aufzustellen vermögen.« (Ders., »Fallibilism«, in: Edward Craig (Hg.), *Routledge Encyclopedia of Philosophy*, London, New York 1998, Bd. 3, S. 545.)

Kriterien für die Problemlösung

Was ist nun Deweys Kriterium für die *erfolgreiche Lösung* eines Problems mittels des von ihm beschriebenen Untersuchungsprozesses? Und was, umgekehrt, signalisiert dessen Scheitern? Liefert die im oben skizzierten fünften Schritt erfolgende Prüfung auf die Kohärenz einer Problemlösung mit anderen Überzeugungen einen ersten Hinweis auf die Eignung einer Idee, so ist das letzte Kriterium zur Bewertung eines Problemlösungsvorschlags praktischer Natur: dass die Lösung *funktioniert.*

> [...] der endgültige Test, ob sie [die Idee] diese Eigenschaften [die Eignung zur Lösung des Problems] wirklich besitzt, wird erst dann entschieden, wenn sie wirklich funktioniert – das heißt, wenn sie angewendet wird, um mit Hilfe von Beobachtungen früher nicht beobachtete Tatsachen festzustellen, und sie dann benutzt wird, diese mit anderen Tatsachen zu einem kohärenten Ganzen zusammenzufügen.[138]

Das allgemeine Kriterium für das Gelingen einer Problemlösung ist also die Auflösung der vorher bestehenden Handlungshemmung und Krise beziehungsweise die Auflösung der Inkohärenz. Statt in der unguten Situation im Theater auszuharren, gelingt mir die Flucht; statt mit jeder neuen Beobachtung in noch stärkere Inkonsistenz zum alten Weltbild zu geraten, ist (wie im Fall der Kopernikanischen Wende) jetzt die Integration der vorher entgegenstehenden Erfahrungen und deren praktische Umsetzung wieder denkbar. Dass diese Integration angemessen oder stimmig ist, erweist sich daran, dass sie die praktischen Handlungshemmnisse, die den Forschungsprozess angestoßen haben, auflöst.

Das praktische *Funktionieren* als Kriterium für die Angemessenheit einer Problemlösung betrifft allerdings nicht einzelne Aspekte, sondern stets den Handlungszusammenhang einer ganzen »Situation«, der wieder integriert und »zum Laufen« gebracht werden muss. »Funktionieren« ist also ein komplexes Konzept, das auch die Wiederherstellung eines in sich kohärenten Interpretationsrahmens für die jetzt wieder »funktionierenden« Handlungen und (Selbst-)Deutungen beinhaltet.

138 Dewey, *Logik,* a. a. O., S. 137.

Metakriterien einer gelingenden Problemlösungsdynamik

Ganz im Sinne meiner Ausgangsfrage gibt es nun aber neben dem Kriterium des Funktionierens noch ein weiteres, ein Metakriterium, das eine gelingende Lösung anzeigt:

> Der Maßstab seines Erfolgs, der Standard seiner Gültigkeit ist exakt der Grad, bis zu dem das Denken das Problem tatsächlich überwindet und uns erlaubt, mit produktiveren [*more direct*] Weisen des Erfahrens fortzufahren, die zugleich über einen stärker abgesicherten und tieferen Wert verfügen.[139]

Neben der faktischen Problemüberwindung entwickelt Dewey mit dem Hinweis auf »produktivere Weisen des Erfahrens« ein Kriterium, das sich nicht auf die gelingende Lösung selbst, sondern auf die gelingende Lösungs*dynamik* bei der Behebung eines Problems bezieht. Ein gelungener Lernprozess hat zum Resultat nicht nur die bessere Bewältigung einer vorher problematischen Situation; er gelingt auch *als* Lern- oder Erfahrungsprozess. Daraus lassen sich wichtige Ansatzpunkte für das gewinnen, was wir suchen: Die Möglichkeit einer Etablierung von Rationalitätskriterien, die im Lernprozess selbst liegen.

Wie genau sieht ein auf diese Weise »gelungener« Lernprozess nun aus? Dewey hat die hier sich andeutenden Metakriterien für einen gelingenden Problemlösungsprozess weder ausgearbeitet noch systematisiert. Seiner Theorie der Erziehung und des Lernens lassen sich aber Hinweise entnehmen, die sich auch auf soziale Lernprozesse übertragen lassen. Gelungene Lernprozesse sind solche, die Erfahrungsmöglichkeiten erweitern und vertiefen, sie stellen sich dar als »Rekonstruktion und Reorganisation der Erfahrung, *die die Bedeutung der Erfahrung erhöht* und die Fähigkeit, den Lauf der folgenden Erfahrung zu leiten, vermehrt«.[140] Dewey bezeichnet einen solchen Prozess auch als »Wachstum«. In einem mit »Wachstum« einhergehenden Lernprozess gelingt die generelle Erweiterung von Kompetenzen und die »Vertiefung« unseres Zugangs zur Welt kraft der »vermehrten Wahrnehmung der Beziehungen und Zusammenhänge der Tätigkeiten, in die wir verwickelt sind«. Damit ein Transformationsprozess sich als wirklicher Lernprozess qualifiziert,

139 Ders., »Studies in Logical Theory«, a. a. O., S. 299.

140 Ders., *Demokratie und Erziehung*, a. a. O., S. 108. (Hervorhebung von R. J.)

muss sich in ihm Erfahrung akkumuliert und reorganisiert haben; aber gleichzeitig muss er so beschaffen sein, dass er sich nicht gegen neue Erfahrungen immunisiert. Der Satz »*Don't block the path of further inquiry*« darf somit als übergreifendes Kriterium für einen gelingenden Problemlösungsprozess gelten. Lernprozesse misslingen umgekehrt dort, wo sie Erfahrungen blockieren, zur Verarmung, Beschränkung oder Vereinseitigung von Erfahrungen führen. Dabei ist »Wachstum« im Kontext von Deweys Überlegungen ein offener Prozess und wird (obwohl man den Wachstumsbegriff als solchen auch anders verstehen könnte) dezidiert als Alternative zu einem teleologischen Verständnis von Entwicklung als im Hinblick auf ein gegebenes Ziel abschließbarer Vorgang verstanden. »Wachstum und die Möglichkeit weiteren Wachstums« ist nämlich, wie Dewey nicht müde wird zu betonen, nicht auf ein gegebenes und feststellbares Ziel gerichtet, Wachstum ist das Ziel selbst:[141] »Vom Wachstum wird angenommen, daß es ein Ziel *haben* müsse, während es in Wirklichkeit eines *ist.*«[142] Wachstum ist also nicht wie das Heranwachsen eines Kindes zu einem Erwachsenen oder das einer Pflanze, die eine im Keim bereits angelegte Gestalt erreichen wird, aufzufassen, sondern als ein intrinsisch wertvoller und unabschließbarer Prozess, in den durch die Transformation selbst Neues eingeht.

141 Wenn Deweys *Logik* (vor allem, wenn man sich am Beispiel des Brandes im Theater orientiert, wie ich es getan habe) mitunter den Eindruck erweckt, als ginge es bei Untersuchungsprozessen immer nur um die Wahl der richtigen Mittel bei vorgegebenen Zwecken, so ist das nicht richtig. Es ist ausdrücklich Deweys Position, dass Untersuchungsprozesse sich auf die Zwecke selbst ausdehnen können, dass also im Verlauf einer Untersuchung klar werden kann, dass die angestrebten Zwecke selbst einer kritischen Untersuchung unterzogen werden müssen. Die Kontinuität von Problemstellung und Problemlösung wird genau in diesem Zusammenhang noch einmal bedeutsam: Es ist die fortlaufende Neujustierung der Problemstellung im Zuge der Problemlösung, innerhalb derer es sich herausstellen kann, dass es da, wo es zunächst den Anschein hat, als könne sich der Forschungsprozess auf die richtige Wahl der Mittel beschränken, eigentlich um die Zwecksetzung selbst geht. Damit handelt es sich dann jedenfalls nicht um einen solchen Instrumentalismus, den eine ganze Reihe von Pragmatismuskritikern Dewey unterstellt – angefangen mit Max Horkheimer. Vgl. hierzu: Max Horkheimer, »Zur Kritik der instrumentellen Vernunft«, in: ders., *Gesammelte Schriften*, Frankfurt/M. 1991, Bd. 6, S. 19-186, hier Kap. 2, S. 60-74 sowie S. 105-108.

142 Dewey, *Demokratie und Erziehung*, a. a. O., S. 76.

Im Gegensatz zu dem Gedanken der Entfaltung latenter Kräfte von innen her und dem des Hineinbauens von außen her, führt die Idee des Wachstums zu der Auffassung, daß Erziehung eine ununterbrochene Rekonstruktion, eine beständige Neuorganisation der Erfahrung sei. Sie hat jederzeit ein unmittelbares Ziel, und sofern von einer Tätigkeit gesagt werden kann, daß sie *erziehe*, erreicht sie dieses Ziel: die unmittelbare Umgestaltung der Qualität der Erfahrung.[143]

Das »aufspeichernde Wachstum«, die »Umgestaltung der Qualität der Erfahrung«[144] wird so zum prozessualen Kriterium für das Gelingen und die Rationalität eines Problemlösungsprozesses.[145]

Soziale Lernblockaden

Die *Rationalität einer pragmatistischen sozialen Lerndynamik* lässt sich also relativ sparsam, vor allem aber immanent beschreiben, ohne dass man dazu einen archimedischen Bezugspunkt »außerhalb« der Entwicklung – wie etwa das von Richard Rorty bekämpfte Phantasma der Verwirklichung einer menschlichen Natur oder Geschichte – benötigte. Der Verlauf einer solchen Dynamik ist dann rational, wenn er weder gegenwärtige noch zukünftige Erfahrungen blockiert, sondern sie ermöglicht und ihre Vertiefung oder Erweiterung erlaubt. Übergreifend charakterisiert durch das Unvermögen, sozialen Wandel als sozialen Lernprozess zu gestalten, erweisen sich im Sozialen beispielsweise all diejenigen Mechanismen als Lernblockaden, die eine Gesellschaft daran hindern, die Realitäten sozialen Wandels, also bereits eingetretene Veränderungen mit angemessenen Begriffen zu reflektieren, sie kollektiv zu gestalten und ihnen mit einem adäquaten kollektiven Selbstverständnis zu begegnen – kurz: solche Mechanismen, die dazu beitragen, dass wir der Realität einer sich beständig wandelnden Gesellschaft nicht gewahr und nicht gerecht werden können. Zu

143 Ebd., S. 108.

144 Ebd.

145 Axel Honneth interpretiert die Orientierung an »Wachstum« und »Reifung« als »Elemente einer naturalistischen Teleologie«, die in Spannung zu der bei Dewey ebenfalls vorhandenen prozeduralen Orientierung stehe. Vgl. Axel Honneth, »Zwischen Prozeduralismus und Teleologie. Ein ungelöster Konflikt in der Moraltheorie von John Dewey«, in: Hans Joas (Hg.), *Philosophie der Demokratie*, a. a. O., S. 116-139.

diesen Mechanismen gehört, ganz allgemein gesagt, alles, was uns daran hindert, Zusammenhänge herzustellen, uns also die Realität fragmentiert präsentiert.[146] Als typischen lernblockierenden Mechanismus beschreibt Dewey aber auch die Behinderung von Prozessen kollektiver Selbstverständigung durch das Festhalten an veralteten Interpretationsmustern, wie es im bereits diskutierten paradigmatischen Beispiel des sich selbst missverstehenden Individualismus der Fall ist:

Denn die alten Symbole des idealen Lebens nehmen das Denken noch immer in Anspruch und gebieten noch immer Loyalität. Bedingungen haben sich geändert, aber jede Seite des Lebens, von Religion und Erziehung bis hin zu Eigentum und Handel zeigt, daß in den Ideen und Idealen nichts, das einer Transformation gleichkommt, stattgefunden hat. Symbole kontrollieren das Denken und Handeln und das neue Zeitalter hat keine seinen Tätigkeiten entsprechenden Symbole.[147]

Nicht zufällig erinnert diese Darstellung von Unzeitgemäßheit an Karl Mannheims Definition von Ideologie als »ein Bewußtsein, das in seiner Orientierungsart die neue Wirklichkeit nicht eingeholt hat und sie deshalb mit überholten Kategorien eigentlich verdeckt«[148] – ein, wiederum mit Dewey gesprochen, kollektiver »Rückzug aus der Realität«.[149]

146 Das Motiv der Fragmentierung und der Zurückführung bestimmter sozialer Pathologien wie Entfremdung und Verdinglichung auf Fragmentierungsprozesse findet sich schon bei Georg Lukàcs und, an diesen in mancher Hinsicht anschließend, in Habermas' Theorem von der Fragmentierung des Alltagsbewusstseins. Auch Frederic Jameson schlägt eine an der Fragmentierung des Bewusstseins orientierte Rekonstruktion solcher Motive vor. Deweys Perspektive auf Fragmentierung als Lernblockade hat solchen Diagnosen gegenüber allerdings eine nicht unwichtige Pointe. Statt auf das Zerfallen einer ursprünglichen Einheit (ein Motiv, das regelmäßig mit der Rückfrage konfrontiert ist, welche Gestalt und welchen Umfang das nichtfragmentierte Ganze denn haben soll) zielt sie auf das Unvermögen, lernend Zusammenhänge *herzustellen*. Die Frage, wie weit diese reichen müssen, ließe sich, denkt man dieses Motiv weiter, aus dem herleiten, was notwendig ist, um in einer Situation angemessen zurechtzukommen und sie unverkürzt zu verstehen.

147 Dewey, *Die Öffentlichkeit und ihre Probleme*, a. a. O., S. 124.

148 Karl Mannheim, *Ideologie und Utopie*, Frankfurt/M. 1995, S. 46.

149 »Psychiater haben entdeckt, daß eine der verbreitetsten Ursachen geistiger Störungen eine unterschwellige, dem Subjekt nicht bewußte Angst ist, die aber zu einem Rückzug aus der Realität und dem Widerwillen, Dinge zu durchdenken,

Zwei Aspekte sind an dem sich mit Dewey abzeichnenden Konzept einer rational fortschreitenden Entwicklungsdynamik für meine Fragestellung aufschlussreich. *Erstens* ist das Konzept auf eine bestimmte (wenn auch nicht auf die Hegelsche) Weise *negativistisch*: Es handelt sich um eine Entwicklungsdynamik, deren Auslöser eine Krisenerfahrung und deren »Motor« oder Antrieb die Problemüberwindung ist. Eine solche Dynamik des Lernens muss nicht ein positiv und inhaltlich bestimmbares Ziel vor Augen haben. Sie ist zunächst motiviert von der negativen Erfahrung, dass etwas so nicht weitergeht. *Zweitens* ist das Konzept im von mir gesuchten Sinne *formal*. Die lernende »Neuorganisation der Erfahrung« und das »Wachstum« beschreiben, wie eingangs projektiert, das *Wie* des Prozesses, nicht das *Was* des in ihm zu Verwirklichenden.[150]

So informativ das am Erfahrungsgewinn orientierte Modell sozialen Fortschreitens auch ist: Es fragt sich, ob sich aus der *Abwesenheit von Blockaden* tatsächlich ausreichende und stabile Kriterien für das *Gelingen* sozialer Lernprozesse gewinnen lassen, ob sich aus ihr also bereits positiv auf die Rationalität eines solchen Lernprozesses schließen lässt. Die Vorstellung von »Wachstum« scheint dafür in mancher Hinsicht zu vage, ist damit doch nur die sehr unbestimmte Richtung eines Fortschreitens bezeichnet, die wenig belastbare Kriterien dafür enthält, dass die erreichte Situation angemessene Ressourcen für aktuelle und weitere Problemlösungen be-

führt. Es gibt auch eine soziale Pathologie, die der erfolgreichen Untersuchung sozialer Institutionen und Bedingungen machtvoll entgegenwirkt. Sie äußert sich auf vielerlei Arten: In Jammerei, in einem ohnmächtigen Sichtreibenlassen, in nervösem Greifen nach Zerstreuungen, in der Idealisierung des Alteingesessenen, in einem als Deckmantel dienenden seichten Optimismus, in der lärmenden Glorifizierung der Dinge ›wie sie sind‹, in der Einschüchterung aller Andersdenkenden – das alles unterdrückt und zerstreut das Denken nur umso erfolgreicher, als es mit raffinierter und unbewußter Durchdringlichkeit wirkt.« (Dewey, *Die Öffentlichkeit und ihre Probleme*, a. a. O., S. 145.)

150 Eine vollkommen gegensätzliche Richtung beschreitet die Dewey-Interpretation Richard Rortys. Dieser vertritt die These, dass Dewey nicht an der Idee eines Fortschritts zum Besseren interessiert gewesen sei, sondern Veränderungen lediglich (wie Rorty selbst) als Ablösung eines durch ein anderes (nicht vergleichbares) Vokabular auffasst. Vgl. dazu u. a. Richard Rorty, »Rationalität und kulturelle Verschiedenheit«, in: ders., *Wahrheit und Fortschritt*, a. a. O., S. 298.

reitstellt. Die Vorstellung einer Erweiterung oder »Anreicherung« von Erfahrung bleibt dafür zu vage. Das liegt daran, dass dieser Erfahrungsprozess nicht systematisch als ein reflexiver Prozess beschrieben werden kann. Zwar lernt bei Dewey derjenige, der etwas lernt, nicht nur etwas über die entsprechende Situation oder den entsprechenden Gegenstand, sondern immer auch (sozusagen auf einer Metaebene des Lernvorgangs) etwas über die Bewältigung von Problemen überhaupt (das »Lernen lernend«). Lernen hat entsprechend immer zwei Resultate: das unmittelbare Resultat der *Situationsbewältigung* und das vermittelte Resultat der Zunahme an generellen *Kompetenzen der Situationsbewältigung*. Dennoch wendet sich eine solche Konzeption von Erweiterung nicht systematisch auf die eigenen Geltungsgrundlagen zurück.

Wie jedoch oben schon angedeutet (und wie es sich sogar aus Deweys eigenen Beispielen eigentlich ergäbe), handelt es sich bei den spezifischen Lernblockaden, in denen Lebensformen gefangen sein können, typischerweise um Formen der kollektiven Selbsttäuschung oder Ideologie, bei denen es nicht einfach um eine mehr oder weniger zufällige Blockierung von Wissenserwerb geht, sondern um die Art und Weise, in der das vorhandene Wissen kategorial organisiert ist; es geht also grundsätzlich um die Bedingungen, unter denen wir (soziale) Erfahrungen machen (können). Das Nichtwissen, das Lernblockaden zugrunde liegt, ist dann aber nicht lediglich ein durch diskontinuierliche Einfälle zu behebendes Noch-nicht-Wissen; die Blockaden haben systematische und immanente Gründe. Lernen ist dann in Bezug auf die Dynamik von Lebensformen nicht der einfache Adaptionsvorgang, den Dewey vor Augen zu haben scheint, wenn er Lernblockaden wesentlich nach dem Muster des Nichtschritthaltens überkommener Ideale mit den Neuerungen der technischen Welt auffasst.[151] Wenn es sich aber bei sozialen Lernblockaden nicht um zufällige, sondern um systematische Blockaden des Zugangs zu den Grundlagen des sozial reflektierbaren und in Lernprozesse umsetzbaren Wissens handelt, dann erfordert ein Lernfortschritt, der sich als Anreicherungsprozess verstehen lassen soll, immer auch das Wegarbeiten dieser systematischen Ursachen – und damit eine Rückwendung

151 Vgl. dazu die Ausführungen über die Verhinderung sozialen Lernens in: Dewey, *Die Öffentlichkeit und ihre Probleme*, a. a. O., S. 123: »Geistige und moralische Überzeugungen und Ideale verändern sich langsamer als äußere Bedingungen.«

zum Rahmen oder den Grundlagen des Praxis- und Interpretationsgefüges selbst, das solche Blockaden verursacht.

Die Rationalität von sozialen Lernprozessen lässt sich somit nicht allein am faktischen Umstand einer Krisenbewältigung festmachen. Zu zeigen wäre vielmehr, dass Krisen auf eine nicht-ideologische und nicht-regressive Weise bewältigt worden sind. Dafür ist aber das Kriterium des von Blockaden ungehinderten Lernens zu schwach. Nötig wird vielmehr eine Qualifizierung solcher Blockaden, also eine genauere Bestimmung verschiedener Arten von Erfahrungen und vor allem der Möglichkeiten des Erfahrungs*verlusts*, von denen soziale Lernprozesse (und damit Lebensformen) betroffen sein können.

10.2 Die Dynamik von Traditionen

Ein Vorschlag, die Angemessenheit von Problemlösungsprozessen mittels eines retrospektiv wirksamen Kriteriums so zu fassen, dass sich Anreicherungsprozesse identifizieren lassen, findet sich in MacIntyres Überlegungen zur rationalen Dynamik von Traditionen.

MacIntyre entwirft keine vergleichbar detaillierte Darstellung von Problemlösungsprozessen wie die, die wir bei Dewey verfolgen konnten. Wir finden bei ihm dafür aber eine instruktive Verbindung zwischen der Kontinuität und Diskontinuität ihrer Dynamik, die sich vor allem im Fall der epistemologischen Krise und des damit einhergehenden Paradigmenwechsels zeigt. In einer solchen Situation gibt es zwei Modi der Krisenbewältigung. Eine in die Krise geratene Tradition kann, mit einer anderen Tradition konfrontiert, zur Aufgabe der eigenen und Übernahme der entgegenstehenden Tradition gelangen. Manchmal ergibt sich aber aus der Krise auch eine neue Tradition, die sich als Mischung zwischen den beiden überwundenen Traditionen darstellt. Ein Paradigma kann also durch ein anderes, neues und zunächst unverbundenes Paradigma abgelöst werden. Es kann sich aber auch verändern, indem es seinen Interpretationsrahmen und den Rahmen der in ihm denkbaren Praktiken so erweitert, dass mit Hilfe der neu dazugekommenen Elemente weitere und neue Erfahrungen in den jetzt veränderten Traditionszusammenhang integriert werden können.

Damit sich ein solcher Vorgang der Neuzusammensetzung und Transformation als rationaler Lernvorgang einer krisengeschüttelten Tradition verstehen lässt (und nicht als deren bloße Auf- beziehungsweise Ablösung), muss MacIntyre zwei Leitmotive miteinander verbinden: das der Innovation und des Neuen einerseits und das der Kontinuität und der Interpretation andererseits. Das gelingt ihm durch das Konzept einer narrativen Reintegration des auf dem Weg der Innovation Veränderten. Mit Blick auf Forschungstraditionen expliziert MacIntyre drei Kriterien, die dazu geeignet sind, eine gegebene Problemlösung als Resultat eines rationalen Anreicherungsprozesses auszuweisen, so dass sich die erreichte Situation als überlegen gegenüber der überwundenen darstellen lässt.

Erstens muss eine solche Theorie beziehungsweise Tradition eine faktische *Lösung* für die entstandenen Probleme anbieten. »Die Rechtfertigung der neuen Thesen wird eben in ihrer Fähigkeit liegen, das zu erreichen, was vor dieser Innovation nicht erreichbar war.«[152] *Zweitens* muss sie eine *Erklärung* dafür liefern, warum das Problem entstanden ist. *Drittens* muss sie eine *Kontinuität* zwischen der Situation vor und der nach der Krise herstellen, also eine Verbindung zwischen den traditionellen Überzeugungen und den neuen Begriffen anbieten können.

Der Vorgang der Lösung von Problemen ist dabei ebenso wie bei Dewey auf Innovation und Einbildungskraft angewiesen. Zeichnet sich eine Krise dadurch aus, dass man »nicht mehr weiterweiß«, so kommt die Rettung, die Auflösung der Stockung oder Verwerfung von einem Ort, den man eben gerade noch nicht zu bestimmen in der Lage ist. Sind die hergebrachten Praktiken, der Interpretationsrahmen der Verständigung, obsolet geworden, so ist nur durch eine Umstellung auf unabsehbare und neue Konzepte, Theorien und Begriffssysteme eine Beendigung der damit bezeichneten Krise zu erreichen:

> Die Thesen, die für die neue theoretische und begriffliche Struktur zentral sind, werden in keiner Weise von den früheren Positionen, wie sie in die epistemologische Krise gerieten, ableitbar sein, einfach weil sie wesentlich reichhaltiger als die für die frühere Tradition zentralen Thesen sind und

152 MacIntyre, *Whose Justice? Which Rationality?*, a. a. O., S. 362.

deren Beschränkungen entschlüpfen. Durch Einbildungskraft geleitete begriffliche Innovation wird sich ereignet haben.[153]

Ginge es hier allerdings um unverbundene Innovation, so wäre der Prozess der Problemlösung genaugenommen gar kein Lernprozess – sondern eben ein schwer zu beeinflussendes Geschehen, ein Ereignis.[154] MacIntyre bindet deshalb seine Orientierung an Innovation und Diskontinuität zurück an das Moment einer narrativ herzustellenden Kohärenz. Egal ob sich das Resultat als Ablösung einer alten Tradition oder als Mischungsverhältnis von zwei Traditionen darstellt: Wirklich gelöst ist eine Krise nur, wenn die veränderte Tradition derart in einer Kontinuität mit dem Alten steht, dass man sie (und sie sich selbst) als Nachfolger dieser spezifischen Tradition verstehen kann. Es reicht für ihre Qualifikation als angemessene Lösung nicht, dass die neue Tradition *faktisch* die Probleme des Alten löst, dass sie mithin das erreicht, was vorher nicht erreichbar war. Ihre Überlegenheit zeigt sich vielmehr darin, dass sie ein neues und »angereichertes Schema« anbietet, mit dem sich die Probleme, in die eine Tradition hineingeraten ist, nicht nur lösen, sondern auch verstehen lassen.

Hier kommen die beiden weiteren Kriterien ins Spiel: Stellt nämlich eine (mit Recht) siegreiche Tradition, *zweitens*, die durch die Krise unterbrochene Kontinuität wieder her, so muss sie die Krise verstehbar – manchmal auch überhaupt erst erkennbar – machen.[155] Damit erst macht, *drittens*, die (neue) Lösung das Alte, fragmentiert, wie es war, wieder zugänglich. Die Tauglichkeit des Neuen erweist sich also an der Fähigkeit, Kontinuität zum Alten herstellen zu können, das Fragmentierte zu defragmentieren, das Inkohärente in einen neuen Zusammenhang zu bringen und sich

153 Ebd.

154 Das in der gegenwärtigen Diskussion prominenteste Beispiel für eine Position, die von solchen diskontinuierlichen Sprüngen ausgeht, ist sicherlich die neopragmatistische Auffassung Richard Rortys. Das Entstehen »neuer Vokabulare«, die als phantasievollere und inklusivere Neubeschreibungen einer Situation zu etwas wie »moralischem Fortschritt« anleiten, bezeichnet allerdings gerade keinen Lernfortschritt im Sinne einer irgendwie als kontinuierlich zu beschreibenden Entwicklung. Vgl. dazu u. a. Richard Rorty, *Wahrheit und Fortschritt*, a. a. O.

155 »[E]ine epistemologische Krise kann manchmal erst im Rückblick als das erkannt werden, was sie war.« (MacIntyre, *Whose Justice? Which Rationality?*, a. a. O., S. 363.)

in die Folge der wiederhergestellten Tradition zu integrieren. Die Gründe, die dafür geltend gemacht werden können, dass eine Tradition der anderen überlegen ist, und die Gründe für die krisenhafte Tradition, die eigenen Praktiken und Überzeugungen aufzugeben und sich der anderen anzuschließen, liegen MacIntyre zufolge genau in dieser Fähigkeit zur rückwirkenden Integration.

Wir haben damit ein Kriterium für den Fortschritt innerhalb einer Dynamik einander ablösender Traditionen: Dieser lässt sich ablesen an der Möglichkeit der »Konstruktion immer adäquaterer Narrative«.[156] Als immer adäquater lassen diese sich auffassen, sofern sie immer vollständiger und immer inklusiver werden. Und das wiederum zeigt sich daran, dass wir die jeweils vergangene Tradition (oder Weltdeutung), analog zur Theorieentwicklung, nicht nur faktisch überwinden, sondern auch die Gründe ihres Aufkommens wie ihres Scheiterns verstehen.

> Das Kriterium einer erfolgreichen Theorie ist, dass sie es uns ermöglicht, ihre Vorgängerinnen in einem neuen Licht zu sehen. Sie ermöglicht uns, zu verstehen, warum sie, solange sie nicht im Lichte der neuen Theorien gesehen werden, glaubhaft sein konnten. Sie führt neue Standards für die Bewertung der Vergangenheit ein. Sie gestaltet das Narrativ um, das die kontinuierliche Rekonstruktion der wissenschaftlichen Tradition konstituiert.[157]

Die Rechtfertigung einer bestimmten Entwicklung als einer Veränderung zum Besseren lässt sich dann zwar nicht prospektiv, wohl aber *retrospektiv*, nach der Umgestaltung des Narrativs, herstellen. Der »Rivale« im Streit der Traditionen ist in diesem Fall nicht etwa nur faktisch siegreich und zur Lösung der Probleme in der Lage; er ist auch »besser«, sofern er die Interpretationshoheit über das Geschehene beanspruchen und Kontinuität mit dem Zustand vor der Krise stiften kann. Gegenüber einer Vorstellung von sozialen Trans-

156 Schon in dem oben erwähnten frühen Aufsatz über epistemologische Krisen, der noch ganz im Zeichen der wissenschaftstheoretischen Auseinandersetzung mit Kuhns Theorie des Paradigmenwechsels steht, beschreibt MacIntyre entsprechend den Fortschritt der Theorieentwicklung wie folgt: »Ich habe vorgeschlagen, dass epistemologischer Fortschritt in der Konstruktion adäquaterer Narrative und Formen von Narrativen besteht, und dass epistemologische Krisen die Anlässe für solche Rekonstruktionen sind.« (Ders., »Epistemological Crises, Dramatic Narrative and the Philosophy of Science«, a. a. O., S. 453.)

157 Ebd., S. 460.

formationsprozessen als diskontinuierlicher Paradigmenwechsel oder der jäh auftretenden Ablösung eines Vokabulars durch ein anderes (wie bei Rorty) besteht genau in diesem Vermögen zur Kontinuitätsstiftung das, was MacIntyre als die übergreifende Rationalität von Traditionen ausweisen möchte.

»Vage und leer«?

Mit einer solchen Lösungsdynamik ist ein Anreicherungs- und Fortschrittsprozess – eine Rechtfertigungsgeschichte (*vindicatory history*), wie Bernard Williams es nennt[158] – beschrieben, der, wie wir sehen werden, im Vergleich zu dem, was Hegels Modell häufig unterstellt wird, recht moderat ist. Der fragliche Prozess muss nicht immer schon auf eine bestimmte Lösung zugelaufen sein. Aber die Entwicklung muss sich nachträglich als ein Verlauf, der sich sinnvoll nachvollziehen lässt, auffassen oder zu einem solchen zusammenfügen lassen, um als rational zu gelten. Die oben gegenüber Dewey eingeforderte Rückwendung auf die eigenen Geltungsgrundlagen wird so zwar nicht von der überwundenen Tradition selbst (diese geht ja im Zweifelsfall unter) unternommen, und sie ist auch nicht der Auslöser der Krise (diese tritt kontingent und faktisch ein). Wohl aber reflektiert die Nachfolgerin der untergegangenen (oder in die neue eingegangenen) Tradition die jeweiligen Geltungsgrundlagen der neuen wie der alten Situation und vergewissert sich dadurch ihrer eigenen Geltungsgrundlagen. Tatsächlicher *Fortschritt* in der Lösung von Problemen oder der Überwindung von Krisen besteht so nicht mehr in der einfachen Widerlegung eines falschen oder der Überwindung eines dysfunktionalen Zustands, sondern bemisst sich an dem Umstand, dass dieser retrospektiv narrativ »eingemeindet« werden kann.

158 Bernard Williams, »Philosophy as a Humanistic Discipline«, in: *Philosophy* 75/4 (2000), S. 477-496, arbeitet die Merkmale einer solchen »Rechtfertigungsgeschichte« heraus, um schließlich ihre Annahmen zu hinterfragen. Pessimistisch ist Williams hinsichtlich der Möglichkeit solcher »Rechtfertigungserklärungen«, da diese eine gemeinsame Grundlage voraussetzten, die in Konfliktfällen und radikalen Transformationsprozessen gerade nicht gegeben sei. Aus der hier von mir vertretenen Position heraus ergibt sich allerdings eine solche Grundlage gerade aus dem Faktum der Krise. Vgl. dazu die Diskussion in Hilary Putnam, *Ethics without Ontology*, Cambridge/Mass. 2005.

Zwei Aspekte sind an dieser MacIntyreschen »Lösung« für mein Problem weiterführend: Zum einen kommt auch er ohne einen archimedischen Punkt, ohne einen Rationalitätsmaßstab außerhalb der beschriebenen krisenhaften Transformation aus; zum anderen fasst er (ähnlich wie Dewey) Lösungs- beziehungsweise Lernprozesse so auf, dass hier Kontinuität und Diskontinuität nebeneinander bestehen. Innovative und unvordenkliche Momente sind der Problemlösung wesentlich, wird die Krise doch von MacIntyre als eine Situation beschrieben, in der keine der üblichen Ressourcen und Problemlösungsmechanismen mehr greift. Mehr als Dewey allerdings ist er daran interessiert, diese innovativen Momente wenigstens nachträglich zu integrieren und als rationale Problemlösungen zu legitimieren. Damit ist eine dichtere Rekonstruktion von Lerngeschichten als Fortschritts- (oder eben Rückschritts-) Prozessen angezeigt; andererseits umgeht er damit die Versuchung, ein teleologisch verfasstes Entwicklungsgeschehen nach Art eines Reifungsprozesses zum bevorzugten Interpretationsschema des krisenhaften sozialen Wandels zu machen.

Die *Rationalität einer sozialen Lerndynamik* ließe sich also (in Kombination der Ansätze Deweys und MacIntyres) folgendermaßen fassen: Ihr Verlauf ist dann rational, wenn er (mit Dewey) weder gegenwärtige noch zukünftige Erfahrungen blockiert und sich auf die Höhe gegenwärtiger Problemstellungen zu bringen in der Lage ist, und wenn er (mit MacIntyre) die narrative Integration der Vergangenheit als der *Vorgeschichte* eines Problems im buchstäblichen Sinne erlaubt.

Allerdings: Wie eigentlich lässt sich eine angemessene von einer unangemessenen Herstellung narrativer Kontinuität unterscheiden? Was unterscheidet eine falsche von einer richtigen, eine sinnvolle von einer ideologisch geleiteten oder illusionären Integration der Vergangenheit in eine »*vindicating history*«? Beinhalten Erfolgsgeschichten nicht häufig auch umstrittene und einseitig interessierte Eingemeindungen der Vergangenheit – wenn zum Beispiel im gegenwärtigen China an einer Narration gewebt wird, die es erlaubt, das maoistische Erbe mit dem Konfuzianismus so zu verbinden, dass die aktuell virulenten Elemente kapitalistisch-marktwirtschaftlicher Dynamik in dieses Erbe integrierbar werden? Und gibt es nicht auch ein narratives Einflechten alter Positionen in neue Erfahrungen, das weitere Erfahrungen blockiert? Das Problem des Ausweisens von Rationalitätskriterien für Transformationsprozesse verschiebt sich somit unter einer MacIntyreschen Perspektive zu dem der Beurteilung der Angemessenheit der Narration selbst – doch für diese Beurteilung fehlen ihm die erforderlichen begrifflichen Ressourcen. Seine Kriterien sind daher nicht robust genug, um wirkliche Fortschritte, also die *Rationalität* einer Entwicklung identifizieren zu können; sie bleiben, wie Robert Stern es ausdrückt, »so vage«, dass sie »nahezu leer« sind.[159]

10.3 »Die Quelle des Fortschritts wie des Verderbens«

Wenn Hegel ein stärkeres Kriterium für die Rationalität von sozialen Transformationsprozessen besitzt, als es sich aus den Positionen Deweys und MacIntyres gewinnen lässt, so erklärt sich das aus der für eine dialektische Konzeption spezifischen Vorstellung einer *Kontinuität in der Diskontinuität* des Wandels und aus der »Verzahnung« zwischen Altem und Neuem, wie sie sich aus der Entfaltung von in sich bestimmten Widersprüchen ergibt. Entsprechend dem Umstand, dass Lebensformen bei Hegel nicht in Widersprüche *geraten*, sondern als Widersprüche *verfasst* sind, ist die Dynamik sozialer Transformation dann eine von aufeinanderfolgenden und sich auseinander entwickelnden Widersprüchen selbst – und damit die Entwicklung und Bewältigung nicht nur *auf*einander-, sondern *aus*einanderfolgender Probleme.[160]

Charles Taylor skizziert aus Hegelscher Perspektive die Abfolge von Krisen, Konflikten und deren Überwindung beziehungsweise die dieser zugrunde liegende Auffassung von historisch-sozialem

159 Vgl. Robert Stern, »MacIntyre and Historicism«, in: Horton, Mendus (Hg.), *After MacIntyre*, a. a. O., S. 146-160, hier S. 154.

160 Orientiere ich mich hier an einigen »typischen« Fällen und Beispielen, so kann es sich (wie schon oben bei der Behandlung von Krisen) hier nur um eine grobe Skizze handeln, die dazu dienen soll, idealtypisch die Spezifik eines von Hegel inspirierten Übergangsmusters herauszuarbeiten, wie es für meine Diskussion von Bedeutung ist. Die kleinteiligere Untersuchung der verschiedenen Destruktions- und Übergangsphänomene dagegen ergäbe, nicht nur hinsichtlich der Unterschiede zwischen *Phänomenologie* und *Geschichtsphilosophie*, sondern auch in Bezug auf die je unterschiedlichen Transformationen interessante Differenzen. Diese Transformationen sind nämlich, bei detaillierter Betrachtung des historischen Materials, durchaus nicht alle nach dem gleichen Muster gestrickt.

Wandel als Prozess krisenhafter Entzweiung und der sie aufhebenden Transformation folgendermaßen:

> [A]us dem Zusammenbruch der ersten Form entsteht eine andere, spezifische Form. Nachdem sie den Widerspruch ihrer Vorgängerin gelöst hat, fällt sie ihrem eigenen Widerspruch zum Opfer – ein Prozeß, der sich durch die ganze Geschichte hindurch fortsetzt.[161]

Wenn Geschichte sich entsprechend als Abfolge von Krisen, die sich aus dem Aufbrechen von Widersprüchen ergeben, darstellt, so ist jede neue historische Formation eine gerichtete und bestimmte Antwort auf das Scheitern der alten. Es ist diese Gerichtetheit der Verbindung zwischen Problem und Lösung und zwischen Destruktion und Konstruktion, die ich an dieser Stelle nachvollziehen möchte.

Bestimmte Negation

Die innere Logik einer solchen Veränderungsdynamik beschreibt bei Hegel bekanntermaßen das Entwicklungsmuster *bestimmter Negation*, das methodisch in der *Phänomenologie des Geistes* am deutlichsten entwickelt ist.

(1) »Bestimmt« ist die Negation deshalb, weil in dem so aufgefassten Negationsprozess »dies Nichts bestimmt das Nichts dessen ist, woraus es resultiert«. Ein durch bestimmte Negation gekennzeichneter Prozess ist ein Prozess, »in dem das Resultat des Widerspruchs nicht bloß Nichts ist, sondern einen neuen Gegenstand bildet«.[162] Bestimmte Negation beschreibt also eine *Kontinuität in der Diskontinuität.*

(2) Dieser neue Gegenstand ist damit aber genaugenommen nicht *vollkommen neu*. Wenn Hegel sagt, dass »[...] das jedesmalige Resultat, welches sich an einem nicht wahrhaften Wissen ergibt, nicht in ein leeres Nichts zusammenlaufen dürfe, sondern notwendig als das Nichts *desjenigen, dessen Resultat* es ist, aufgefaßt werden müsse; ein Resultat, welches das enthält, was das vorhergehende Wissen Wahres an ihm hat«,[163] dann enthält der aus einem (bestimmt) negierten Zustand hervorgehende Gegenstand Elemente

161 Taylor, *Hegel*, a. a. O., S. 511.

162 Walter Jaeschke, *Hegel-Handbuch*, Stuttgart 2003, S. 185.

163 Hegel, *Phänomenologie des Geistes*, a. a. O., S. 79 f.

des Alten – allerdings in einer transformierten Form. Beschrieben wird hiermit eine Dynamik, die sich als *Anreicherungsprozess* darstellt.

(3) Wenn man nun von diesem Prozess sagen kann, dass er nicht zufällig vonstatten geht, so folgt er nicht einem von außen vorgezeichneten Verlauf, sondern erklärt sich aus der *immanenten Entwicklungslogik* der so beschriebenen Stadien, indem eine Formation aus der anderen hervorgeht. Diese folgen einer »inneren Notwendigkeit«, nicht weil sie von einem ominösen inneren Motor getrieben wären, sondern insofern man das »Neue« immer nur als Resultat des so beschriebenen Negationsvorgangs erhält. Deshalb kann Hegel in Bezug auf die Inkorporation des Alten in das Neue sagen: »Dieser Umstand ist es, welcher die ganze Folge der Gestalten des Bewußtseins in ihrer *Notwendigkeit* leitet.«[164]

Überträgt man die hier skizzierte Kontinuität von Problemstellung und Problemlösung und die Bestimmtheit (und Positivität) des hier skizzierten Destruktionsprozesses auf soziale Formationen, so lassen sich wichtige Eckpunkte eines historisch-dialektischen Entwicklungsmusters erhellen.

Zunächst: Die alte Konstellation von Praktiken und Normen wird nicht plötzlich und kontingenterweise gegenstandslos. Sofern es sich um eine reflexive Problemstellung zweiter Ordnung handelt, *erodiert* sie in ihrem Geltungsanspruch, weil sie den Problemen nicht mehr entsprechen kann, die mit ihr gesetzt sind. Umgekehrt aber bereiten sich die am Ende eines Transformationsprozesses neu entstehenden Praktiken, Überzeugungen und Ansprüche in der alten Konstellation bereits vor; ihre Existenz hat bereits zu deren Untergang (oder Überlebtheit) beigetragen. Wenn etwa das Prinzip der Freiheit das Prinzip der griechischen Sittlichkeit selbst ist, das diese gleichzeitig transzendiert, so wird das Verschwinden der griechischen Sittlichkeit durch die in der alten Formation liegenden Potentiale, die gleichzeitig deren Untergang sind, sowohl nötig wie möglich. Die »neue« Situation lebt also von den in der alten Formation inhärenten Potentialen, von Fähigkeiten und Ansprüchen, die diese hervorgebracht hat, denen sie aber gleichzeitig nicht entsprechen kann. Damit enthält die überwundene Position – in negativer Form – nicht nur die Notwendigkeit, sondern auch die

164 Ebd., S. 80.

Möglichkeit ihrer Überwindung, die Ressourcen zur Transformation einer unhaltbaren Situation. In der Krise des Alten liegt schon das Potential ihrer produktiven Überwindung; das, was die Krise auslöst, bringt das Mittel ihrer Lösung mit hervor. Entsprechend wird die Krise in einem Moment ausgelöst, in dem ebendiese Mittel schon bereitstehen.[165]

Liegen damit im Hegelschen Modell die Ressourcen für die Lösung eines Problems immer schon in der in die Krise geratenen alten Konstellation selbst, so besteht ein solcher dialektischer Entwicklungs- und Erfahrungsprozess nicht lediglich in der Überwindung und Destruktion einer falschen Position, sondern in deren erhaltender Transformation. In genau diesem Sinne – den man als die Übernahme einer Problemstellung oder eines Problemstellungsniveaus interpretieren kann – enthält sie die alte, überwundene Position »in sich«.[166] (Der Marxsche Historische Materialismus hat dieses Motiv aufgenommen; in der etwas pathetischen und banalisierten Metapher von der neuen Gesellschaft, die sich »im Schoße der alten« vorbereite, bereitet Marx selbst allerdings gleichzeitig das Missverständnis vor, es handle sich hier um einen quasinatürlichen, organischen Reifungsprozess.)

Das destruierende ist dann gleichzeitig ein konstruktives Moment, das Negierte, zu Überwindende hat (damit) immer auch ein *partielles Recht*, und die beschriebene Bewegung ist in einem eminenten Sinne nicht destruktiv, sondern »produktiv«, weil mit ihr

165 Michael Theunissen (Vorlesungsmitschrift, FU Berlin 1990) hat darauf hingewiesen, dass dieses Moment der Hegelschen Philosophie der mythischen Logik des »die Wunde schließt der Speer nur, der sie schlug« entspricht und die Annahme eines solchen Zusammenhangs entsprechend kritisiert. Man denke an Telephos, der von Achill verwundet wird und Heilung nur durch einen erneuten Kontakt mit dem Speer des Achill erfahren kann. An dieses Bild anknüpfend (und diese Logik verteidigend) kann man nun sagen: Der Speer kann die Wunde überhaupt nur schlagen, *weil* er sie auch zu heilen vermag – und das wiederum liegt daran, dass er in gewisser Hinsicht den Konflikt zur Geltung bringt, der die von ihm zerstörte Konstellation bereits kennzeichnet. Die »Heilung« führt dann aber im Fall der griechischen Sittlichkeit nicht zurück zum Alten, sondern zu einer neuen sittlichen Formation – das wäre daher also gerade kein mythischer Kreislauf.

166 Anders gesagt: Das Alte wird in seiner Ablösung durch das Neue zu einem Moment herabgesetzt. Es verliert seine absolute Geltung. Der beschriebene Lernprozess ist also einer von Integration und innerer Differenzierung.

eine Dynamik ausgelöst wird, in der Probleme nicht nur in einem linearen Sinne »immer besser«, sondern auf jeweils höherem Reflexionsniveau gelöst werden. Es handelt sich um einen qualitativ anspruchsvollen *Anreicherungsprozess*: Probleme werden nicht einfach weggearbeitet oder gelöst; sie werden zusammen mit ihren Lösungen komplexer. Und genau aus dieser Steigerung von Komplexität (oder, wie in Abschnitt 7.4 gesagt, der komplexen Verschachtelung von Problemstellungen und Lösungen) ergibt sich der fortschreitende Charakter der Transformation.

Bestimmte Negation als Entwicklungs- und Rechtfertigungsmodus

Was wären nun im Sinne des dialektischen Fortschreitens Standards für die Richtigkeit einer erreichten Lösung – und inwiefern liegen diese auch hier in der Rationalität des Prozesses selbst? Wirkt die Frage nach den Kriterien für eine gelungene Problemlösung, so gestellt, in Hegels Bezugssystem einerseits seltsam fremd – er hat es bekanntlich gerade nicht für die Aufgabe der Philosophie gehalten, sich zum Richter über das Weltgeschehen zu machen oder gar der Weltgeschichte Vorschriften zu machen –, so wäre es andererseits ein Missverständnis zu glauben, dass für Hegel der bloß faktische Geschichtsverlauf oder der »nackte Erfolg« darüber entscheidet, wer Recht hat und ob eine neue geschichtliche Formation die gelungene Überwindung der in die Krise geratenen alten ist. Es ist im Gegenteil eine *normative* Geschichte, die Hegel hier nachvollzieht, eine Geschichte, deren Kriterien im *vernünftigen* Fortschreiten des Lösungsprozesses liegen, einem Fortschreiten also, in dem die reflexiv problematisch gewordenen Formationen rational überwunden werden.

Die hinsichtlich der von mir verfolgten Fragestellung entscheidende Pointe des Hegelschen Modells einer dialektischen Entwicklung lässt sich so folgendermaßen fassen: Bestimmte Negation ist *sowohl ein Entwicklungs- als auch ein Rechtfertigungsmodus,* genauer: Sie ist *als* Entwicklungsmodus ein Rechtfertigungsmodus. Eine Entwicklung (Transformation) ist gerechtfertigt, weil und sofern sie in ihrem Verlauf rational nachvollziehbar ist. Rational nachvollziehbar ist sie, Hegels Modell nach, sofern Problem und Lösung nach dem Muster bestimmter Negation ineinandergreifen und aufeinander verweisen. Deshalb fallen die dialektische Darstellung der Entwicklung und deren dialektisch operierende Rechtfertigung (oder umgekehrt Kritik) zusammen. Ein dialektisch verfahrender Nachvollzug eines solchen Geschehens ist deshalb keine beschreibend-abbildende, sondern eine *normative Geschichte*, weil sich die Entwicklung selbst als normativ geleitete (und normativ induzierte) Transformation vollzieht und als solche verstanden werden kann. Als »das Nichts dessen, woraus sie resultiert«, stellt sie keine bloße Veränderung, sondern einen Fortschritt zum Besseren gegenüber der überwundenen Position dar. Die Rationalität beziehungsweise Legitimität eines historischen Prozesses *besteht* also in der Tatsache, dass er eine solche Anreicherungsbewegung vollzieht. Das alte bringt das neue Paradigma aus sich hervor, definiert seine Bedingungen und enthält die Möglichkeiten seines Hervortretens in sich. Und der dialektische Nachvollzug eines solchen Geschehens zeigt (und konstituiert) diesen als rational.

In diesem Sinne skizziert Terry Pinkard in seiner Auslegung der *Phänomenologie des Geistes* den Charakter einer dialektischen Geschichte beziehungsweise Geschichtsschreibung als sich selbst fundierenden Prozess:

> Eine dialektische Geschichte erzählt eine andere Geschichte als die, die die Historiker erzählen, indem sie sich nicht zuvörderst damit befasst, wie die Dinge zustande gekommen sind – welche sozialen Kräfte am Werk waren, welche Kontingenzen dabei eine Rolle spielten –, sondern damit, zu zeigen, inwiefern aufeinander folgende »soziale Räume« Ressourcen in sich enthalten, die in der Lage sind, sich gegenüber früheren, andersartigen Konzeptionen zu behaupten und zu rechtfertigen sowie sich dessen zu versichern, dass ihr Selbstverständnis zutreffend war.[167]

Eine solche Geschichte braucht kein bereits bekanntes, vorausgesetztes Ziel – sie braucht nur Kriterien dafür, dass die Reihe der aufeinanderfolgenden sozialen Gestalten sinnvoll ist. Eine in diesem Sinne fortschreitende Entwicklung, die sich eben durch und in ihrem Fortschreiten legitimiert, ist, anders formuliert, eine, die etwas als die jeweils beste (also integrativste) Gestalt in Bezug auf die vorhergehende Entwicklung – oder als die beste Lösung für ein sich an einem bestimmten Punkt seiner Auflösungsgeschichte

167 Terry Pinkard, *Hegel's Phenomenology. The Sociality of Reason*, Cambridge 1994, S. 12.

stellendes Problem – ausweisen kann. Sie ist die Lösung, mit der die bestehenden Geltungsansprüche wieder integriert und von Erosion gezeichnete Praktiken und Institutionen überwunden werden können.

Die Rationalität dieses Prozesses ist daher keine Instanz, die außerhalb seiner selbst läge, sondern ist ihm immanent, sofern sich jeder Schritt aus den inneren Widersprüchen des vorangegangenen Schritts ergibt und sich somit als komplexe Anreicherung einer fortschreitend-integrativen Problembewältigung darstellt. Die »Notwendigkeit« des Verlaufs, die sich hier andeutet, ist dabei nicht die kausal zwingende Erfüllung eines Entwicklungsplans, sondern eine praktisch-rationale Notwendigkeit, die einer Logik der Problementwicklung und der rational plausiblen Überwindung dieser Probleme folgt.[168] Gelöst ist damit die bei MacIntyre offen gebliebene Frage nach Kriterien für das Gelingen oder Misslingen der Narration: Wenn die Narration auf diese Weise mit der Entwicklung in eins fällt, dann entwickeln sich Kriterien der Rechtfertigung aus der Entwicklung selbst.

Freiheit als Prinzip, nicht als Ziel

Wie offen aber lässt sich diese Prozessrationalität denken, wenn man an die bereits zitierte Formel von der Geschichte als »Fortschritt im Bewusstsein der Freiheit« denkt? Ist hier nicht doch das Ziel des Prozesses der Garant für dessen Rationalität – und die Annäherung an dieses Ziel der Indikator für normativen Fortschritt?

Meine These ist, dass Freiheit sich hier gerade nicht als ein substanzielles Ziel verstehen lässt. Freiheit ist nicht irgendein »Gut«, das man erstrebt und das als Ziel am Ende der Geschichte steht.

168 Eine vergleichbare Auffassung vertritt Pirmin Stekeler-Weithofer: »Die Notwendigkeiten, mit denen wir die Entwicklung humaner Praxisformen ›erklären‹ liegen nicht in ewigen, durch historische Forschung erkennbaren, Gesetzen. Es handelt sich um Gründe im Kontext der Abwendung von Nöten und Problemen. Erklärbar sind kulturelle Prozesse dadurch, dass wir die Problemlagen und anerkannten Lösungen schildern, und zwar vor dem Hintergrund der (freilich ihrerseits zu rekonstruierenden) Kriterien, Wertungen und Orientierungen der gegebenen Sittlichkeit einer Zeit.« (Ders., »Vorsehung und Entwicklung in Hegels Geschichtsphilosophie«, in: Rüdiger Bubner, Walter Mesch (Hg.), *Die Weltgeschichte – das Weltgericht? Stuttgarter Hegel-Kongress 1999*, Stuttgart 2001, S. 141-168, hier S. 166.)

(Die Geschichte bewegt sich also gerade nicht auf ein Ziel zu, das in einem verdinglichten Sinn als das Ende eines Hindernislaufes, an dem die Freiheit wie ein Pokal entgegengenommen werden könnte, zu verstehen wäre.) Dass Geschichte »Fortschritt im Bewusstsein der Freiheit« sein soll, verweist vielmehr auf die sich über Krisenerfahrungen vermittelnde Einsicht in die Vollzugsbedingungen unserer Praxis.[169] Im Laufe des historischen Prozesses wird also zunehmend klar, was Geschichte – als Verlaufsform menschlicher Praxis – eigentlich ist: Menschliche Lebensformen, Sittlichkeit, als Instanzen des objektiven Geistes, *sind* Instanziierungen von Freiheit, weil sie immer Instanzen von etwas sind, das Menschen so, aber auch anders machen könnten – Manifestationen von menschlicher Praxis, die an einen Reflexions- und Gestaltungsspielraum gebunden ist. Sie sind, anders gesagt, Instanzen des *Nomos* im Gegensatz zu solchen der *Physis.* Dass diese »Einsicht« über Krisenerfahrungen vermittelt ist, bedeutet, dass sie sich nicht qua plötzlicher Zunahme an Wissen oder der unvermittelten Durchsetzung einer freischwebend normativen Idee alleine, sondern vermittelt über eine praktische Transformationsbewegung, in der normativ unplausibel und dysfunktional gewordene Praktiken und Institutionen erodieren und abgelöst werden, durchsetzt.

Freiheit ist also, dieser Deutung nach, das Bewegungsmuster menschlicher Geschichte und gleichzeitig ihr Gehalt, der im Verlauf dieser Geschichte zunehmend verwirklicht und als solcher erkannt wird. Damit ist aber »Freiheit«, wie erwähnt, nicht das *Ziel*, sondern das *Prinzip* der Geschichte als eines geistigen Prozesses, oder in der genauen Formulierung Hegels:

> Die Weltgeschichte stellt [...] die Entwicklung des Bewußtseins des Geistes von seiner Freiheit *und der von solchem Bewußtsein hervorgebrachten Verwirklichung* dar.[170]

Wenn Hegel an anderer Stelle auch von einem »*Stufengang* der Entwicklung des Prinzips, dessen *Gehalt* das Bewußtsein der Freiheit

169 Diese Position vertritt auch Stephen Houlgate in: ders., *Freedom, Truth and History: An Introduction to Hegel's Philosophy*, London, New York 1991, vgl. vor allem Kapitel 1, S. 4-24.

170 Hegel, *Vorlesungen über die Philosophie der Geschichte*, a. a. O., S. 86. (Hervorhebung von R. J.)

ist«[171] spricht, so soll das, meiner Interpretation nach, nicht bedeuten, dass diese »Stufen« (wie bei einer Treppe) bereits existieren und der »Weg nach oben« durch diese vorgezeichnet wäre; vielmehr *ergibt sich die Stufung erst* aus der gerichteten Entwicklung der Probleme auseinander. Das Prinzip der Freiheit muss sich auf dem Weg der Überwindung von immer wieder neu sich stellenden Problemen und Krisen erst entfalten – und das bedeutet: sich durchsetzen oder »aktualisieren«.[172] Lässt sich also die Verwirklichung des Bewusstseins der Freiheit interpretieren als das Gewahrwerden von etwas, das der objektive Geist faktisch (eigentlich, an sich) bereits ist – oder als das Explizitmachen des Impliziten –, so geht es hier um einen Vorgang praktischer Selbsterkenntnis, um ein Sichrückwenden auf diejenigen Eigenschaften, die einen ausmachen, die aber gleichzeitig als das, was einen ausmacht, erst erkannt und realisiert werden müssen. Ich komme weiter unten darauf zurück, wie man sich diese »Aktualisierung« und das »Wirklichwerden« der Idee der Freiheit vorzustellen hat.

Resümee

Erkennbar wird aber bereits jetzt der Ertrag der von Hegel beschriebenen, kriseninduzierten Transformationsdynamik für meine Ausgangsfrage: Mit dieser werden komplexe rationale Lern- und Anreicherungsprozesse konzipierbar, die sich systematisch als Abfolge anspruchsvoller werdender Problembeschreibungen und -lösungen – und damit als Fortschritt zum Besseren – identifizieren lassen. Wenn die »alte« Konstellation die eine bestimmte Lösung *fordernde* wie sie tendenziell auch *ermöglichende* Problembeschreibung bereits enthält, so stellt sich die Lösung im Feld solcher Problemstellungen als gerichtete »Antwort« auf eine bestimmte Problementwicklung dar. Es ist diese Auffassung, der zufolge das jeweils neue Paradigma

171 Ebd., S. 75.

172 Stekeler-Weithofer lehnt die eschatologisch-teleologische Interpretation der Hegelschen Geschichtsphilosophie rundheraus ab: »Hegelsche Geschichtsphilosophie ist Kritik an jeder metaphysischen Eschatologie, auch an jeder Fortschrittsprognose, die mehr sein will als ein Moment handlungsleitender Orientierung.« (Pirmin Stekeler-Weithofer, »Vorsehung und Entwicklung in Hegels Geschichtsphilosophie«, in: Bubner, Mesch [Hg.], *Die Weltgeschichte – das Weltgericht?*, a. a. O., S. 141-168, hier S. 144.)

nicht unverbunden mit seinen Vorläufern zu Tage tritt, sondern als direkter Effekt der Unzulänglichkeiten des alten verstanden werden kann, die es ermöglicht, die von Hegel thematisierten Paradigmenwechsel als *rationale* aufzufassen. Deren Abfolge ist daher *nicht zufällig*, sondern in einem bestimmten Sinne vernünftig motiviert.[173] Während MacIntyres »Mittelposition« der retrospektiven narrativen Integration, wie wir oben gesehen haben, bezüglich des Ausweises der Rationalität der Lernprozesse unklar bleibt, steht die Behauptung der rationalen Nachvollziehbarkeit gesellschaftlicher Paradigmenwechsel hier auf stabilerem Boden. Bei Hegel ist die neue Position nicht nur besser in der Lage, die auftretenden Krisen zu meistern; da die Krisen systematisch sind und deren Lösung deshalb nur mit Hilfe einer Veränderung des Bezugsrahmens (und das heißt hier: als kritisches »Wegarbeiten« dessen, was ihn defizitär gemacht hat) herbeigeführt werden kann, muss die erreichte Position Resultat eines verbesserten Selbstverständnisses sowie (durch dieses vermittelt) eines verbesserten Verständnisses der Welt sein. In diesem Sinne konstatiert Stephen Houlgate in Bezug auf Hegel:

> Hegel argumentiert dafür, dass die wichtigsten Wandlungen in der Geschichte Wandlungen in den Kategorien beinhalteten, durch die menschliche Wesen die Welt verstehen, dass diese aber keine bloßen Veränderungen in den historischen Konventionen waren. Sie waren Veränderungen, die vom *wachsenden Selbstverständnis der Menschheit* erzeugt wurden.[174]

Die durch Krisen ausgelösten Veränderungen des Interpretationsrahmens von historischen Formationen beziehungsweise Lebensformen lassen sich entsprechend nicht lediglich als *Veränderungen*, sondern immer auch als »Vertiefungen« ihres Selbst- und Weltverständnisses und letztlich als eine Fortschrittsbewegung auffassen. War auch in MacIntyres Konzeption die Idee eines erweiterten Selbstverständnisses (von dem die gelingende Narration gleichzeitig zeugt wie sie es erzeugt) angelegt, so traut sich Hegel damit zu, Kriterien des Gelingens – der Erweiterung des Selbstverständnisses zum Besseren – zu etablieren, die direkt mit der Gestalt des Veränderungsprozesses zusammenhängen.

Diese Bestimmung einer rationalen oder »fortschreitenden« Transformationsdynamik erlaubt nun auch eine systematische

173 Vgl. dazu auch Siep, *Der Weg der Phänomenologie des Geistes*, a. a. O.
174 Vgl. Houlgate, *Freedom, Truth and History*, a. a. O., S. 18.

Identifizierung ihrer pathologischen Varianten. Hegel kann nämlich nicht nur die Unzeitgemäßheit und die Unangemessenheit mancher Selbstverständnisse und der mit diesen einhergehenden institutionellen Praktiken erläutern: Mit ihm lässt sich (anders beispielsweise als bei Dewey) auch ein *systematischer Zusammenhang* zwischen dieser Unangemessenheit und ihrer dennoch bestehenden gesellschaftlichen Wirksamkeit herstellen. Lernblockaden sind dann wesentlich Ideologien; pathologisch verlaufende Lernprozesse wesentlich regressive Reaktionsbildungen auf Probleme, die anders gelöst werden müssen (und auch anders gelöst werden könnten). Soziale Lernblockaden stellen sich also nicht als unvermutet auftretendes Hemmnis, sondern als systematisch induzierte *Regressionen* dar.

Mit dieser von Hegel eröffneten Möglichkeit der Problemdiagnose mittels des Konzepts eines »bestimmten« und damit gerichteten Problemlösungsverlaufs ist umgekehrt aber auch eine Gefahr verbunden: Analog zur oben kritisierten Immanenz des Widerspruchsbegriffs besteht hier die Gefahr der konzeptionellen Abschottung von Problemlagen und der Unfähigkeit, in einen so gedachten Prozess unerwartete, *neue* und gegebenenfalls *widerstreitende Erfahrungen* zu integrieren und damit dem unabsehbaren Verlauf mancher Transformationsprozesse Rechnung zu tragen.

Auch wenn eine Problemlage »bestimmt« ist und auf eine bestimmte Antwort zielt (beziehungsweise diese vorbereitet), ergibt sich die Dynamik ihrer Lösung, konfrontiert man sich mit wirklichen sozialen Krisensituationen, nicht nur nicht von selbst. Sie lässt sich aus der Problemstellung heraus auch nicht direkt und unumwunden antizipieren. Ihr Verlauf muss mit kontingenten Ereignissen und Konstellationen rechnen – aber auch mit der Existenz von »Widerständigem«, man könnte sagen: mit der Materialität der Welt, die sich uns entgegenstellt und nicht immer schon die unsere ist. Auch wenn das Potential zur Überwindung eines Problems in irgendeiner Hinsicht in diesem angelegt sein mag, so ist damit weder ein fertiger »Bauplan« der weiteren Entwicklung gesetzt, noch wäre bereits ausgemacht, dass die entsprechende Dynamik überhaupt losgetreten wird. Hegels dialektisches Konzept der kontinuierlichen Diskontinuität scheint also wiederum in mancher Hinsicht zu eng zu sein, und die hier vorausgesetzte »innere Logik« des Geschehens scheint die Möglichkeit, Veränderungen normativ (und als rationale) zu begreifen, mit zu starken Annahmen über deren Notwendigkeit zu erkaufen. Es droht dann aber auch unklar zu werden, was die hier beschriebene »Kontinuität in der Diskontinuität« von einem organischen Reifungsprozess unterscheidet und was das Explizitmachen des impliziten Gehalts menschlicher Lebensformen (der Freiheit) von dem unterscheiden soll, was Dewey, Hegel kritisierend, eine »bloße Auswicklung von Gegebenem« nennt.

Ein sich anreichernder *Lernprozess* im hier angestrebten (und bei Hegel selbst angelegten) Sinn wäre ein solcher Entwicklungsprozess dann nicht mehr – hier würde nicht mehr gelernt, weil nichts Neues dazukäme, keine Erfahrung »mit sich und dem Gegenstand« gemacht würde, wie es die *Phänomenologie des Geistes* bei aller Ambivalenz konzipiert. Kontraintuitiv für mein Anliegen wäre auch, dass eine solche Entwicklung nicht mehr als offene konzipierbar wäre, wohingegen für Dewey wie für MacIntyre Problemlösungsprozesse sehr klar und programmatisch Prozesse mit prinzipiell *offenem Ausgang* sind: Immer wieder können neue Situationen eintreten, immer wieder werden sich neue Probleme stellen, aber vor allem kann sich eine erreichte Problemlösung immer wieder als unzulänglich erweisen oder durch eine noch bessere obsolet werden.[175]

10.4 Ein dialektisch-pragmatistisch verstandener Lernprozess

Wie also kann man sich die Stärken von Hegels Konzeption einer dialektischen Transformationsdynamik zunutze machen und dabei die eben erwähnten Gefahren vermeiden? Für die Frage der Problemoffenheit sind die Weichen mit Rekurs auf den Rechtfertigungscharakter bestimmter Negation bereits gestellt: Ergibt sich seine Rationalität aus dem bestimmten Verlauf des dialektischen Prozesses selbst, so müssen die Standards für eine fortschreitende

175 »Niemand könnte zu irgendeinem Zeitpunkt die Möglichkeit ausschließen, dass sich die gegenwärtigen Überzeugungen und Urteile in der Zukunft in ganz unterschiedlicher Hinsicht als unangemessen herausstellen könnten«, sagt MacIntyre in diesem Sinne explizit gegen Hegel gerichtet. Vgl. MacIntyre, *Whose Justice? Which Rationality?*, a. a. O., S. 360 f.

Entwicklung nur in Anspruch nehmen, etwas als die jeweils beste (und jeweils integrativste) Gestalt in Bezug auf die vorhergehende Entwicklung oder als die beste Lösung für das an einem bestimmten Punkt einer Problemlösungsgeschichte auftretende Problem ausweisen zu können. Wie schon erwähnt, braucht eine solche Geschichte kein bereits bekanntes, vorausgesetztes Ziel, sondern nur Kriterien dafür, dass die Reihe der aufeinanderfolgenden Gestalten sinnvoll ist. Dass sie sinnvoll ist, zeigt sich unter anderem an ihrer Kontinuität mit der vergangenen historischen Formation und an ihrer Fähigkeit, deren Widersprüche auf- und ihre Potentiale einzulösen. Erscheint damit das Hegelsche Kriterium für die Rechtfertigung der Rationalität sittlicher Formationen (oder Lebensformen) etwas stärker als MacIntyres Kriterium der retrospektiv-narrativen Integration von Traditionen, so verträgt sich dieses Verständnis – im Prinzip – dennoch mit dessen Auffassung, dass die damit erreichte Lösung immer nur die *vorläufig* beste Lösung in einem Transformationsprozess, dessen Ende nicht abzusehen sein kann, ist.

Um nun Hegels Version eines dialektischen Transformationsprozesses tatsächlich in diesem Sinne zu »retten«, muss allerdings in einem nächsten Schritt der Charakter der hier implizierten »dialektischen Notwendigkeit« des Fortgangs (und vermittelt darüber der Charakter der hier angenommenen Kontinuität) rekonzeptualisiert und modifiziert werden. Eine solche Modifikation lässt sich, so meine These, durch ein performativ-konstruktivistisches Verständnis des Vorgangs der historischen Verwirklichung und »Aktualisierung« von Freiheit und durch eine Integration des pragmatistischen Prinzips des »abändernden Reagierens« in den fraglichen Verlauf gewinnen.

Die Entstehung des Neuen

Ich wende mich zunächst der Frage zu, wie sich die oben beschriebene »Aktualisierung« oder »Realisierung« des Umstands, dass wir »frei« sind, so vorstellen lässt, dass der damit beschriebene Prozess, obwohl er einen rationalen und (wie oben beschrieben) nachvollziehbaren Verlauf hat, dennoch Momente von Kontingenz enthält. Wie können wir uns Geschichte als einen *produktiven* Prozess vorstellen, wenn in diesem doch gleichzeitig, wie Hegel behauptet, in einem bestimmten Sinn »nichts Neues« entsteht, weil historische

Gestalten sich im Prozess ihrer Entwicklung lediglich zu dem machen, was sie »an sich« bereits sind? Wie Hegel in den *Vorlesungen über die Philosophie der Geschichte* betont, ist die Entwicklung des Neuen ein spezifisches Kennzeichen menschlicher Geschichte, es zeichnet diese als »geistigen« Prozess gegenüber natürlichen Entwicklungsprozessen aus.

> Die Veränderungen in der Natur, so unendlich mannigfach sie sind, zeigen nur einen Kreislauf, der sich immer wiederholt; *in der Natur geschieht nichts Neues unter der Sonne*, und insofern führt das vielfältige Spiel ihrer Gestaltungen eine Langeweile mit sich. *Nur in den Veränderungen, die auf dem geistigen Boden vorgehen, kommt Neues hervor.*[176]

Der Verlauf der Geschichte – die Entwicklungen und Transformationen, die auf »geistigem Boden« geschehen – müssen sich also als tätig hervorgebrachte Veränderungen verstehen lassen, in denen neue Praktiken und Institutionen alte ablösen.[177] Dieses Geschehen wird von Hegel in Gegenüberstellung zu natürlichen Transformationen als »Kampf« beschrieben: »[D]ie Entwicklung, die in der Natur ein ruhiges Hervorgehen ist, ist im Geist ein harter unendlicher Kampf gegen sich selbst.«[178] Wenn die Weltgeschichte der Schauplatz dieses Kampfes ist, so muss auf diesem etwas erreicht werden, das nicht mit dem Gegebenen bereits gesetzt und vorhanden ist, sondern das, folgt man der Metaphorik des Kampfes, auf dem Spiel steht und errungen werden muss.

Dieser Unterschied nun, Innovation und Kontingenz hier, »ruhiges Hervorgehen« dort, trägt sich auch in das Motiv der Geschichte als Realisierung oder Aktualisierung von Potentialen – in der Hegelschen Wendung das »für sich« Werden von etwas, das »an

176 Hegel, *Vorlesungen über die Philosophie der Geschichte*, a. a. O., S. 74. (Hervorhebungen von R. J.)

177 Nur in der menschlichen Geschichte, nicht in der Natur, so betont Hegel deshalb auch, gibt es einen »Fortgang zum Besseren, Vollkommeneren«. Nur hier steht deshalb der Gedanke des Fortschritts überhaupt zur Debatte. Die Idee, dass die Natur selbst auch eine solche Geschichte (und sogar eine Geschichte der Problemüberwindung) darstellen könne, war vor Darwin natürlich, obzwar in Ansätzen verschiedentlich diskutiert, noch nicht durchgesetzt. Vgl. dazu Joseph McCarney, *Routledge Philosophy Guidebook to Hegel on History*, London 2000, S. 131.

178 Hegel, *Vorlesungen über die Philosophie der Geschichte*, a. a. O., S. 76.

sich« bereits besteht – ein. In beiden, in organisch-natürlichen wie in geistigen Prozessen, findet eine Entwicklung statt, in der eine Gestalt sich erst zu dem machen muss, was sie eigentlich bereits ist:

So produziert das organische Individuum sich selbst; es macht sich zu dem, was es an sich ist; ebenso ist der Geist nur das, zu was er sich selbst macht, und er macht sich zu dem, was er an sich ist.[179]

Allerdings lässt die natürliche Entwicklung (etwa der Entwicklung der Pflanze aus dem Keim, der Blüte aus der Knospe) nun tatsächlich an eine »Auswicklung« denken, die selbständig vonstatten geht: »[Z]wischen den Begriff und dessen Realisierung, die an sich bestimmte Natur des Keims und die Angemessenheit der Existenz zu derselben, kann sich nichts eindrängen.«[180] Im »Geistigen« dagegen – und damit in der historischen Entwicklung der Zivilisationen – handelt es sich um ein aktives Geschehen, eines, das von Handlungen abhängt. Deshalb kann sich hier durchaus etwas »eindrängen«, oder noch mehr: Die als »Kampf gegen sich selbst« beschriebene Entwicklung ist auf das »Sicheindrängen« handelnder Akteure gerade angewiesen.[181]

Die Entfaltung des Bewusstseins der Freiheit als produktiver Prozess

Um nun die spezifische Weise zu verstehen, in der sich im Bereich des Geistigen und der menschlichen Geschichte das »an sich« bereits Vorhandene entfaltet und dabei dennoch Neues entsteht, ist es instruktiv, sich die Beschreibung, die Hegel in der *Geschichte der*

179 Ebd., S. 75.

180 Ebd., S. 75 f.

181 Ist aber, und das spräche wiederum für die Kritiker Hegels, dieser Kampf nicht dennoch schon vorentschieden? Emil Angehrn etwa fragt in seiner äußerst instruktiven Bestandsaufnahme der Hegelschen Geschichtsphilosophie: »Wird nicht die Entstehung des Neuen, das Eintreten des Unerwarteten, die Kontingenz des Ereignisses [...] hier wieder reduziert und eingefangen in einen Entwicklungsgang, in welchem, trotz Hegels Beteuerungen, nichts ›Wesentliches‹ geschieht? Handelt es sich nicht doch schließlich um die einfache Entfaltung eines vorgegebenen Ansich?« Emil Angehrn: »Vernunft in der Geschichte? Zum Problem der Hegelschen Geschichtsphilosophie«, in: *Zeitschrift für philosophische Forschung* 35 (1981), S. 353. Ich versuche im Folgenden, eine Alternative zu diesem Verdacht zu skizzieren.

Philosophie für die Entfaltung des Bewusstseins der Freiheit gibt, etwas genauer anzusehen:

> Was an sich ist, muß dem Menschen zum Gegenstand werden, zum Bewußtsein kommen; so wird es für den Menschen. [...] Der Mensch, der an sich vernünftig ist, ist nicht weitergekommen, wenn er für sich vernünftig ist. Das Ansich erhält sich, und doch ist der Unterschied ganz ungeheuer. Es kommt kein neuer Inhalt heraus; doch ist diese Form ein ungeheurer Unterschied. Auf diesen Unterschied kommt der ganze Unterschied in der Weltgeschichte an. Die Menschen sind alle vernünftig; das Formelle dieser Vernünftigkeit ist, daß der Mensch frei ist; dies ist seine Natur. Doch ist bei vielen Völkern Sklaverei gewesen und ist zum Teil noch vorhanden, und die Völker sind damit zufrieden. Der einzige Unterschied zwischen den afrikanischen und asiatischen Völkern und den Griechen, Römern und der modernen Zeit ist nur, daß diese wissen, es für sie ist, dass sie frei sind. Jene sind es auch, aber sie wissen es nicht; sie existieren nicht als frei. Dies macht die ungeheure Änderung des Zustands aus. Alles Erkennen, Lernen, Wissenschaft, selbst Handeln beabsichtigt weiter nichts, als das, was innerlich, an sich ist, aus sich herauszuziehen und sich gegenständlich zu werden.[182]

Die entscheidende Frage ist hier, was es bedeuten soll, wenn Hegel sagt, der »einzige« – aber eben dennoch »ungeheure« – Unterschied zwischen den verschiedenen Völkern und Epochen sei es, dass die einen (das sind: wir Modernen) *wissen*, dass sie frei sind, die anderen nicht. »Jene *sind* es auch, aber sie *wissen* es nicht; sie *existieren* nicht als frei.« Wie soll man die Behauptung verstehen, dass sie frei sind, aber es nicht wissen; dass sie frei *sind*, aber nicht *als frei existieren*? Was könnte es bedeuten, frei zu sein, ohne dies zu wissen, und was verändert sich umgekehrt an dem Zustand, in dem man existiert, sobald man weiß, dass man frei ist?

Ich will kurz verdeutlichen, was mit dieser Statusbeschreibung auf dem Spiel steht. Nehmen wir an, ich habe die Blutgruppe A. Diese Blutgruppe habe ich schon mein ganzes Leben lang; es gab aber nie einen Anlass für mich, das herausfinden zu wollen. Ich *habe* die Blutgruppe also, ohne das zu *wissen*. Wenn sich jetzt anlässlich einer Blutspende zufällig herausstellt, welche Blutgruppe ich habe, wird dieses hinzugewonnene Wissen an meinem Leben (vermutlich) nicht viel ändern. Vor allem aber ändert dieses *Wissen* nichts an dem *Umstand*, dass es sich bei meinem Blut um Blut

182 Hegel, *Vorlesungen über die Geschichte der Philosophie I*, a.a.O. S. 40.

der Gruppe A handelt. Die biochemischen Charakteristika meines Blutes bleiben gleich, ob ich davon weiß oder nicht.

Das ist im Fall der Freiheit offenbar anders. Das Wissen um die Freiheit verändert die Umstände unseres Lebens, weil es unser Selbstverständnis und unsere Auffassungen bezüglich der Welt, in der wir leben, verändert. Sobald wir *wissen*, dass wir frei sind, wissen wir, dass die Bedingungen, unter denen wir leben, in entscheidendem Maße *von uns* abhängen. Zumindest wissen wir, dass sie nicht von anderen, höheren Mächten oder ausschließlich von natürlichen Zwängen abhängen. Ein Volk, das *weiß*, dass es frei ist, wird sich dann aber vermutlich anders verhalten als eines, das dies nicht weiß. Während zum Beispiel, um bei Hegels Ausführungen zu bleiben, ein Volk, das nur an sich, aber nicht für sich frei ist, Sklaverei kennt und »damit zufrieden« ist oder sich Autoritäten fügt, die es für natürlich oder gottgegeben hält, wird ein Volk, das nicht nur frei *ist*, sondern dies auch *weiß*, das möglicherweise nicht tun. In einem solchen Volk werden sich manche sozialen Institutionen nicht halten können, andere werden denkbar werden.[183] Wie auch immer das institutionelle Design und die sozialen Praktiken, die sich in einer solchen Gesellschaft etablieren, dann aussehen mögen und welche Grenzen der Gestaltung es dann auch immer noch geben mag: Ihre Gestalt wird durch das Bewusstsein der Freiheit bestimmt sein. Anders als im Fall der Blutgruppe *ändert* sich durch das Wissen etwas am Gegenstand selbst.[184]

Es ist also die Reflexion auf das Faktum der Freiheit, die den

183 Natürlich ist es denkbar, dass ein Volk *weiß*, dass es frei ist und sich dennoch faktisch den Autoritäten auf die genannte Weise unterwirft. Aber selbst das wird ein Verhältnis sein, das sich von dem des blanken Nichtwissens unterscheidet. Unter anderem müssen in einer solchen Situation in einem anderen Maße so etwas wie »Ideologien« eingesetzt werden, um den Glauben an die Naturwüchsigkeit der Herrschaft zu erhalten. Traditionale Begründungen von Herrschaft beinhalten genau deshalb häufig ein Moment von »mauvaise foi«, von Unaufrichtigkeit im Sartreschen Sinn.

184 Allerdings sollte man sich das Gewahrwerden und die Transformation der Institutionen als Prozess vorstellen. Dass die Völker, die an sich schon frei waren, dies noch erkennen, ist also kein Vorgang, der analog zu der plötzlichen Aufklärung einer Illusion im Märchen vom Kaiser, der keine Kleider hat, zu denken wäre. (Der Kaiser hat die ganze Zeit schon keine Kleider, aber plötzlich spricht es ein Kind öffentlich aus, und schon steht er nackt da.) Es ist die schrittweise Einsicht und die damit einhergehende Transformation der Praktiken, die in Wechselwirkung miteinander die weitere Einsicht wie die neuen Institutionen schaffen.

Unterschied zwischen dem an sich und dem an und für sich frei sein so »ungeheuer« macht, selbst wenn der Sache oder dem Inhalt nach nichts dazukommt. Das Wissen, dass wir frei sind, hat praktischen Charakter, und es zu erwerben bedeutet daher auch keine bloß (quantitative) Erweiterung unseres Wissens, sondern bringt eine Transformation des gesamten Verhältnisses mit sich, das wir zu uns in unseren praktischen Weltbezügen haben. Das Wissen, das hier dazukommt ist also reflexives Wissen, eines, das unserem Wissen über die Welt keine neuen Inhalte hinzufügt, sondern es *anders situiert*. Die uns vertrauten Fakten bezüglich der basalen Institutionen unserer Lebensform – dass es Arbeitsverträge gibt, dass Güter auf Märkten getauscht werden, dass eheliche Verbindungen Steuervorteile erfahren und die Menschheit in zwei Geschlechter zerfällt –, ändern sich, sobald wir wissen, dass diese »sozial konstituiert«, prinzipiell von uns geschaffen sind, tatsächlich nicht »dem Inhalte nach«. Es bleiben die gleichen Fakten, egal ob wir sie als sozial konstituiert identifizieren oder nicht. Sie ändern sich allerdings »der Form nach«, sobald sie als soziale (und nicht natürliche), gestaltbare (und nicht notwendig auftretende) Fakten dechiffriert sind.

Das dann schrittweise und durch den Verlauf der krisenhaften Transformationsgeschichte erlangte Wissen oder Reflexionsmoment nun ist *produktiv*; es ist ein Wissen, durch das unsere Praktiken nicht nur anders verstanden, sondern *verändert* werden. Unser Wissen um den Umstand, dass wir »unsere Geschichte machen«, verändert also (selbst wenn wir dies, wie Marx sagt, »nicht unter selbstgewählten Bedingungen tun«, und selbst wenn wir diese Gestaltungsmacht nicht unmittelbar ergreifen) uns und unsere historische Lebensform selbst.

Wenn Hegel nun sagt, dass auch diejenigen Gesellschaften frei sind, die dies noch nicht wissen, so muss das bedeuten, dass auch diejenigen Institutionen, deren Gestaltung und Aufrechterhaltung (noch) nicht von jenem Wissen um ihr freies Wesen begleitet waren oder sind, *faktisch* Resultat menschlichen Tuns sind, mithin in und durch soziale Praktiken und Interpretationen entstehen. Sklaverei, »heteronormative« Geschlechterverhältnisse oder die Verfassung des Marktes sind auch dann Produkte menschlichen Handelns, wenn die Beteiligten diese für naturgegeben halten. Allerdings sind, bevor das Wissen um unseren Beitrag zur Existenz dieser Institutionen dazukommt, diese schaffenden Tätigkeiten und Einstellungen in einem anderen Sinne als hinterher »unser Tun«, eben weil es kein bewusstes Tun ist. Es ist in mancher Hinsicht noch kein *wirkliches Tun*, und wir sind in diesem noch nicht wirklich frei, eben weil wir darum nicht wissen; ebenso sind die so geschaffenen Institutionen zwar (wie man sagen kann) *faktisch* oder an sich Instanzen der Freiheit, sie sind es aber noch nicht wirklich (an und für sich), sie haben sich (und wir haben sie) als Instanzen der Freiheit noch nicht realisiert, weil wir nicht oder nicht hinreichend um sie wissen.

Genau in diesem Sinne *sind* diese Gesellschaften dann frei, *existieren* aber noch nicht als frei. Die von uns bestimmte Wirklichkeit wird durch dieses Wissen und das von diesem geprägten Tun also als solche erst realisiert. Erst durch unser Wissen um unsere Gestaltungsmacht werden unsere Praktiken und Institutionen zu dem, was sie »eigentlich sind«, zu Instanzen oder Gestalten der Freiheit. »Geschichte« bezeichnet dann den Vorgang oder Prozess, in dem der Umstand der Freiheit in diesem Sinne »wirklich wird«. »Realisierung« bekommt hier die Doppelbedeutung des Gewahr- und des Wirklichwerdens.

Man kann diesen Vorgang (wie Stephen Houlgate es tut) als den des *Explizitmachens* von *Implizitem* erläutern. Man muss sich dabei allerdings klarmachen, dass auf dem Weg vom Impliziten zum Expliziten etwas *geschieht*, oder anders: dass es sich hier um einen produktiven Prozess handelt. Ob man dies nun mit oder gegen Hegel formulieren will: Das, was mit Bezug auf unsere historischen Lebensformen durch den Prozess der geschichtlichen Entwicklung »explizit« gemacht wird, ist nicht etwas, das – irgendwo »innen« – bereits vorhanden war. Wir sollten diesen Prozess also nicht so verstehen, als bringe er *lediglich* etwas »von innen nach außen« (so wie wir Wäsche aus der Waschmaschine ziehen), selbst wenn Hegel etwas irreführend sagt, es gehe darum, »das, was innerlich ist aus sich herauszuziehen«. Wenn hier etwas, das »implizit« bereits vorhanden ist, »explizit« gemacht wird, dann verändert es sich in dem und durch den Prozess dieses Explizitmachens. Wenn das Wissen darum, dass *wir* es sind, die die Geschichte machen – unsere Lebensform hervorbringen –, uns und unsere Lebensform selbst verändert, dann geschieht in dieser Transformation etwas, selbst wenn diese Veränderung dem explizit Gemachten nichts »Neues« in dem Sinne hinzufügt, dass ein fester Bestand an Wissen um neue Fakten oder empirische Informationen ergänzt würde. In einem bestimmten Sinne *entsteht* also das, was hier explizit gemacht wird, erst durch seine Explikation selbst. Die »Realisierung« der Freiheit verweist damit auf eine produktive Dynamik, in der *etwas geschieht*, ohne in seinem Verlauf determiniert zu sein. Was jetzt »draußen« oder »wirklich« ist, hat sich nicht vorher irgendwo versteckt. So erklärt es sich, dass, obwohl das Freisein uns und die von uns geschaffene Welt bereits charakterisiert, dieses Charakteristikum dennoch im Moment seiner Verwirklichung erst erzeugt wird. Das jedenfalls wäre eine mögliche Interpretation des von Hegel beschriebenen Prozesses der »Aktualisierung« der Freiheit, die es erlaubt, Deweys Vorwurf des bloßen »Auswickelns dessen, was zusammengefaltet war« (Abschnitt 8.3), zu entkräften.

Dialektik als retrospektive Teleologie

Ein solches Verständnis von »Aktualisierung« oder »Realisierung« hat nun aber auch Konsequenzen für den Verlauf des dialektischen Transformationsprozesses selbst. Dieser wird dann nicht »zwingend« oder »notwendig« in einem kausal deterministischen Sinn sein. Wie aber lässt sich die innere Logik der beschriebenen Entwicklung so verstehen, dass sich ein veränderter Blick auf die Notwendigkeit der mit ihr beschriebenen Abfolge von Gestalten ergibt? Terry Pinkards Verständnis von Dialektik als einer Art von *retrospektiver Teleologie* stellt hier eine erhellende Antwortstrategie bereit. Pinkard vertritt in Bezug auf die Wandlungsdynamik der *Phänomenologie des Geistes* die Auffassung, dass in einem dialektischen Entwicklungsprozess das Urteil darüber, ob die jeweilige erreichte Position »passend« ist oder nicht, immer erst *nachträglich* gefällt werden kann. Dass eine gegebene Formation besser ist als die alte, lässt sich dann nicht antizipieren, sondern erweist sich erst im Nachhinein.

Eine solche dialektische Geschichte behauptet nicht, dass es das »Schicksal« der späteren »Formen des Bewusstseins« war, die früheren abzulösen, oder dass die früheren auf die späteren Formen »abgezielt« haben; sie behauptet vielmehr, dass nur diese Formen (oder etwas, das ihnen sehr ähnelt) sich im Nachhinein als diejenigen verstehen lassen, die die früheren »erfüllt« oder vervollständigt [*completed*] haben, dass sie also eine Struktur bieten, die sich im Nachhinein so verstehen lässt, dass sie die Unzulänglichkeiten der früheren auf eine Weise herausgearbeitet hat, in der sich zeigt, dass die spätere Lebensform die Ressourcen in sich trägt, auf deren Grundlage sich gerechtfertigt behaupten lässt, dass ihre Art und Weise, die Dinge aufzufassen die Unzulänglichkeiten der früheren reflektiven Lebensformen beheben kann.[185]

Damit ist dann nicht mehr eine prospektiv-notwendige, sondern eine im Nachhinein schlüssige Entwicklung bezeichnet; »schlüssig« und damit gerechtfertigt ist diese, sofern sie die Probleme und Unzulänglichkeiten der überwundenen Formation lösen, und zwar *besser* lösen kann, als diese es vermocht hat. Fragt man sich, an diese Interpretation anschließend, woran sich dieser »Erfolg« nun erweisen kann und wie derjenige, der eine bestehende Praxis als unzureichend erkannt hat und nach einer neuen, das Problem lösenden Praxis sucht, zu verfahren hat, so ist es wahrscheinlich, dass der so konzipierte Problemlösungsprozess sich anhand von *Vorgriffen* auf eine gelingende Praxis vollzieht, deren Schlüssigkeit und Legitimität dann nachträglich einzulösen ist.

Dialektische Problemlösung verführe dann nach Art eines hermeneutischen Vorgriffs auf eine angenommene Lösung, ein erstrebenswertes Ziel. Ein solcher Vorgriff kann sich erst nachträglich, in Wechselwirkung mit den Resultaten der entsprechend veränderten Praxis (ähnlich wie die hermeneutische Auslegung am interpretierenden Material) bewähren. Das bedeutet, dass er (wie jede gelungene Auslegung) korrigierbar sein muss, irritierbar durch die möglichen Widerstände, Effekte und Rückwirkungen der so eingesetzten Praxis – und dann ihre Position wie in einem Trial-and-error-Verfahren zu modifizieren hat. Das jeweils nächste *Ziel* eines dialektischen Prozesses fungiert als informative, die Interpretation leitende Annahme. Ein solcher Vorgriff ordnet das interpretierte Material – das Material eines Problemlösungsgeschehens –, hat sich aber seinerseits an diesem, also an der gelingenden Anordnung, zu bewähren.

Ist der dialektische Prozess auf diese Weise »geöffnet«, so führt das zu einer Modifikation dessen, was sich im dialektischen Prozess als historisch zwingende »Notwendigkeit« darstellt. Pinkard unterscheidet in Bezug auf diese Problematik zwischen zwei Arten der Notwendigkeit:

185 Pinkard, *Hegel's Phenomenology*, a. a. O., S. 12.

Die Notwendigkeit, die sich in einer dialektischen Geschichte des Selbstbewusstseins findet, ist keine kausale Notwendigkeit, sondern eher etwas wie *die Notwendigkeit, die sich im Verlauf eines Arguments finden lässt.* Genau so wie nur manche Dinge den Verlauf einer Argumentation vervollständigen können, können nur manche Dinge eine dialektisch-historische Fortschrittsbewegung vervollständigen.[186]

Ist historische Notwendigkeit also nicht eine kausale, sondern eine *rationale* Notwendigkeit und zwingend lediglich wie ein folgerichtiges Argument,[187] so ist jeweils eine andere Fortsetzung als die durch bestimmte Negation nahegelegte möglich: Es gibt keine kausal wirksame Kraft, die die historischen Ereignisse und ihre Akteure daran hindern könnte, eine andere Transformationsrichtung einzuschlagen, und es gibt keine Notwendigkeit, die die dialektisch verfasste Erzählung dieser Geschichte nur so und nicht anders zuließe. Die dialektische Narration, die diese Entwicklung nachvollzieht, gehört, um eine Unterscheidung Charles Taylors aufzugreifen, zu den »interpretierenden Dialektiken«: Diese überzeugen uns, so Charles Taylor, »durch die umfassende Plausibilität ihrer Interpretationen«.[188]

Das bedeutet allerdings nicht, dass jede beliebige Geschichte erzählt, jeder beliebige Prozess als Lernprozess ausgegeben werden kann. Manche Schritte innerhalb eines solchen Prozesses sind irrational oder inkonsistent, manche vorgeblichen Lösungen entsprechen nicht dem Niveau der Probemstellung, sofern eben nur bestimmte Lösungen auf bestimmte (von der jeweils vorangegangenen Konstellation aufgeworfene) Probleme passen. Dieses Passungsverhältnis gibt uns Kriterien an die Hand, die man von den auftretenden Problemen und Krisen und den sich beim Versuch ihrer Bewältigung ergebenden praktischen Notwendigkeiten her zu verstehen hat.

Die Möglichkeit, Neues und Widerständiges in eine dialektische Prozessauffassung zu integrieren, deutet sich damit an. Ist eine derart aufgefasste Dialektik darauf angewiesen, ihre Deutung des Prozessverlaufs mit dem von ihr interpretativ organisierten Material abzugleichen, so ist die Integration dessen, was ich oben als das »Entge-

186 Ebd., S. 12. (Hervorhebungen von R. J.)

187 Das ist der Unterschied zwischen kausaler und rationaler Determination.

188 Ders., *Hegel*, a. a. O., S. 289 bzw. das ganze Kapitel VIII (»Die Phänomenologie als interpretierende Dialektik«).

genstehende« (und damit als den eigentlichen Inhalt der Erfahrung) ausgezeichnet habe, nicht nur möglich, sondern gerade verlangt. Solche Prozesse sind *durchlässig* für unerwartete Erfahrungen und Einfälle, und sie rechnen in der Haltung des von Dewey skizzierten »abändernden Reagierens« mit gegenläufigen und nichtintendierten Folgen der einmal initiierten Veränderungsanstöße. Der von Dewey entworfene »Rückkopplungsprozess« bietet dabei Ressourcen für eine sich anreichernde Entwicklung, innerhalb derer unser Wissen von der Welt in einem fortdauernden Überlegungsgleichgewicht mit dem, was diese uns entgegenhält, abgeglichen werden kann. Damit ließe sich – mit Dewey *und* Hegel – die pragmatistische mit der dialektischen Lösungsdynamik, die Beschreibung des Problemlösungsprozesses und des Lernens als aktiv-passiven Prozess mit der dialektischen Entfaltung von Widersprüchen verbinden.

Das weltgeschichtliche Individuum

Ich will das anhand der umstrittenen Rolle des »welthistorischen Individuums« in der Hegelschen Geschichtsphilosophie erläutern.[189] An diesem Motiv interessiert mich weniger der Heroismus der »großen Taten« als vielmehr die Rolle handelnder Individuen überhaupt für den Verlauf der Geschichte. Sehen wir uns Hegels Charakterisierung an.

> Dies sind die großen Menschen in der Geschichte, deren eigne partikulare Zwecke das Substantielle enthalten, welches Wille des Weltgeistes ist. [...] Solche Individuen hatten in diesen ihren Zwecken nicht das Bewußtsein der Idee überhaupt, sondern sie waren *praktische und politische Menschen.* Aber zugleich waren sie denkende, die *die Einsicht hatten von dem, was Not und was an der Zeit ist.* Das ist eben die Wahrheit ihrer Zeit und ihrer Welt, sozusagen *die nächste Gattung, die im Innern bereits vorhanden war.* Ihre Sache war es, dies Allgemeine, die notwendige nächste Stufe ihrer Welt zu wissen, diese sich zum Zwecke zu machen und ihre Energie in dieselbe zu legen. Die welthistorischen Menschen, die Heroen einer Zeit, sind darum als die Einsichtigen anzuerkennen; ihre Handlungen, ihre Reden, sind das Beste der Zeit.[190]

189 Zur Rolle des welthistorischen Individuums vgl. auch ausführlich McCarney, *Routledge Philosophy Guidebook to Hegel on History.* a. a. O.

190 Hegel, *Vorlesungen über die Philosophie der Geschichte*, a. a. O., S. 45 f. (Hervorhebungen von R. J.)

Die entscheidende Pointe hier ist die Doppeldeutigkeit der Rolle der welthistorischen Individuen: Als »Geschäftsführer des Weltgeistes«[191] sind sie diejenigen Akteure, die handelnd alte Zustände überwinden und neue Bedingungen setzen, sie sind die das Neue schaffenden Revolutionäre, genuin Handelnde. Gleichzeitig aber scheinen sie in dieser Rolle nur Erfüllungsgehilfen des »Zeitgeistes«, der historischen Situation, eben der »Wahrheit ihrer Zeit und ihrer Welt« zu sein. Das welthistorische Individuum handelt – es handelt aber, weil es »die Einsicht [hat] von dem, was not und was an der Zeit ist«, und es handelt entsprechend dieser Einsicht, indem es dem, was »im Innern bereits vorhanden war« zum Durchbruch verhilft. Es ist also gleichzeitig aktiv wie reagierend; es macht Geschichte, realisiert dabei aber nur die in dieser liegenden Tendenzen und Möglichkeiten.

Wenn aber Geschichte auf handelnde Individuen angewiesen ist und gleichzeitig durch diese hindurch wirkt, dann scheint das historische Geschehen kontingent und nicht-kontingent gleichzeitig zu sein. Was historisch geschieht, hängt vom (kontingenten) Auftreten der Individuen ab, von ihren Handlungen und Entscheidungen und von dem, was, ohne dass sie dies in vollem Umfang beeinflussen und kontrollieren könnten, sich als Effekt ihres Tuns ergibt. Gleichzeitig aber hängt es offenbar nicht von ihnen alleine ab, sind das zufällige Auftreten jedes Einzelnen und dessen zufällige Entscheidungen in einer partikularen Situation für den weiteren Verlauf nicht alleine bestimmend. Aber ist die damit beschriebene Mittellage nicht genau betrachtet recht plausibel? Ist es nicht genauso unplausibel, zu glauben, dass die Weltgeschichte ganz anders verlaufen wäre, wenn der burgundische Herzog Karl der Kühne nicht 1477 im Schlamm versunken oder Marie Antoinette nicht in die Halsbandaffäre verwickelt worden wäre, wie es unplausibel ist, sich das Verhältnis von handelnden Individuen und Weltgeschichte so vorzustellen, als niste sich der Weltgeist wie ein Parasit im Körper völlig austauschbarer Individuen ein? Auch lässt sich die Spannung zwischen aktiven und passiven Momenten, zwischen Freiheit und Determination[192] auflösen, wenn man das Geschehen

191 Ebd., S. 46.

192 Diese Spannung wiederholt sich später im Historischen Materialismus, wo man sie als Spannung zwischen System- und Akteursperspektive auffassen kann. Vgl. dazu Anthony Giddens, *A Contemporary Critique of Historical Ma-*

so interpretiert, dass es hier um die Realisierung von in einer Situation liegenden *Möglichkeiten* geht, Möglichkeiten, die nicht immer realisiert werden, sondern – wenn die Konstellation schlecht ist oder es an welthistorischen Individuen zu ihrer Realisierung fehlt – auch unrealisiert bleiben können. Es handelt sich dann um Möglichkeiten, deren Realisierung in einem gegebenen Verlauf mit seiner Vorgeschichte und seinen Bedingungen zwar rational, aber nicht zwingend ist. Hier kommt der Ertrag des Prinzips der dialektischen Nachträglichkeit und der Integration des Trial-and-error-Mechanismus in den dialektischen Prozess zur Geltung: Das welthistorische Individuum ist dasjenige, das faktisch zum richtigen Zeitpunkt das Richtige getan hat, das die Tendenzen seiner Zeit auf eine anschlussfähige Weise aufgefasst, kanalisiert und handelnd auf diese reagiert hat. Dabei »bedient« sich die Weltgeschichte im Zweifelsfall vermutlich mehrerer Individuen gleichzeitig, die sich als »Große«, nämlich als diejenigen, die »ein Richtiges und Notwendiges gewollt und vollbracht haben«,[193] genau dann erweisen, wenn ihr Eingriff in die Weltgeschichte die richtigen Folgen hatte, also gelungen ist. Aber auch die Handlungsentscheidungen der Individuen selbst folgen faktisch einer Methode des »abändernden Reagierens«: Von den verschiedenen Möglichkeiten, die in einer Sache liegenden Potentiale fruchtbar zu machen, mögen nur bestimmte, vorher nicht antizipierbare Varianten erfolgversprechend sein. Welthistorisches Handeln bedeutet, eine unter mehreren Möglichkeiten zu ergreifen und effektiv werden zu lassen. Konfrontiert sind wir mit den Resultaten dieses Handelns, die dann auf die eine oder andere Weise produktiv sein – oder wirkungslos bleiben können und die wir dann auf die eine oder andere Weise nachbessern oder akzeptieren müssen.[194]

terialism, London 1981. Vgl. auch die Diskussion in: Marco Iorio, *Karl Marx – Geschichte, Gesellschaft, Politik*, Berlin 2003. Eine interessante praxistheoretische Rekonstruktion des Historischen Materialismus findet sich in: Jorge Larrain, *A Reconstruction of Historical Materialism*, London 1986.

193 Hegel, *Vorlesungen über die Philosophie der Geschichte*, a. a. O., S. 47.

194 Es spricht einiges dafür, sozialen Wandel nicht nur als sprunghaften, sondern als Funktion von Kontinuitäten *und* Diskontinuitäten zu verstehen. Nicht nur ist es eine sozialtheoretisch plausible These, dass strukturelle Verschiebungen ereignishafte Veränderungen mindestens vorbereiten oder begleiten. Jede Theorie radikalen sozialen Wandels tut gut daran, die von Hegel vorbereitete und in der Marxschen Revolutionstheorie (bei allen internen Disparitäten) festgehal-

Damit lässt sich schließlich auch die bemerkenswerte Stelle verstehen, an der Hegel über die Erfindung des Schießpulvers sagt: »Die Menschheit bedurfte seiner und alsobald war es da.«[195] Natürlich will Hegel hier nicht nahelegen, dass die Menschheit sich ihre entscheidenden technologischen Erfindungen und die durch diese ermöglichten Entwicklungsschritte willkürlich hätte herbeiwünschen können. Vielmehr ist es so – und das lässt sich an der Geschichte nicht weniger Erfindungen nachvollziehen –, dass Erfindungen häufig nicht vollständig neu in die Welt kommen, sondern zumindest in einigen ihrer Elemente schon bereitliegen, um dann zu einem gegebenen Zeitpunkt, in einer von mehreren Ermöglichungsfaktoren bestimmten Situation von innovativen Menschen zusammengeführt und fruchtbar gemacht zu werden. In diesem Sinne trifft die Entdeckung auf eine Möglichkeit und einen Bedarf und wird auch erst durch diesen möglich, so dass das »weltgeschichtliche Individuum« (sei es als Revolutionärin oder als Erfinderin) die hier liegenden Möglichkeiten zusammenbringt und damit die in einer spezifischen Situation liegende Konstellation fruchtbar macht. In der Folge der nun hervorgebrachten Entdeckung (oder sozialen Transformation) treten dann wiederum Veränderungen auf, die keine Erfinderin als Effekt der von ihr gemachten Entdeckung hätte antizipieren können. (So dass im Umkehrprozess dann auch wieder die Entdeckung – die faktische Veränderung und die sich daraus ergebenden Möglichkeiten – einen Bedarf wecken oder weitere Möglichkeiten aus sich hervorbringen können.)

Die Annahme einer Kontinuität des Alten mit dem Neuen und die in der Idee bestimmter Negation verankerte Vorstellung, dass sich im Alten die Potentiale des Neuen als Potentiale seiner Überwindung vorbereiten – eben weil die neuen Möglichkeiten und die im Zuge ihrer Entwicklung entstandenen Bedürfnisse die al-

tene Einsicht in das Wechselverhältnis zwischen strukturell-kontinuierlichen und ereignishaft-kontingenten Dimensionen radikalen sozialen Wandels festzuhalten. Gegen bloßen Voluntarismus spricht auch, dass im Feld des Sozialen Versuchsanordnungen nicht aus dem Nichts heraus generiert werden können, wenn »Experimente« nicht in Terror oder Sozialtechnologie ausarten sollen. Das ist kein »konservatives« oder konservierendes Konzept, sondern kann, wie die Marxsche Theorie zeigt, durchaus revolutionäre Formen annehmen beziehungsweise sich in die Möglichkeit radikaler Transformation einfügen.

195 Hegel, *Vorlesungen zur Philosophie der Geschichte*, a. a. O., S. 481.

ten Praktiken defizitär werden lassen –, können jetzt dahingehend modifiziert werden, dass es jeweils mehrere Ressourcen und ein Vielfaches an Möglichkeiten geben kann, an die die »bestimmte« Antwort anzuknüpfen vermag. Analog zu der im neunten Kapitel (9.4) vorgebrachten These, dass Widersprüche sich qua Konflikt erst als solche »realisieren«, lässt sich nun behaupten, dass die in einer obsolet gewordenen sozialen Formation oder Lebensform liegenden Ressourcen und Potentiale der Überwindung und Erneuerung zu solchen erst im Moment der durch Krisen ausgelösten Transformation werden.

In diese Konzeption lässt sich nun der vom Modell »abändernden Reagierens« hervorgehobene Umstand eintragen, dass das, was wir tun (beziehungsweise das, was historisch passiert), für uns nicht antizipierbare Konsequenzen zeitigen kann. Selbst wenn es »glückt«, kann Handeln Konsequenzen haben, die nicht erwartbar waren; im Verlauf unseres Tuns können sich aber auch für uns nicht antizipierbare Hindernisse zeigen. Die Lösung eines Problems steht dann weder in direkter Kontinuität (in dem Sinne, dass es direkt aus diesem ableitbar wäre) noch in Diskontinuität zum »alten Zustand«, sofern die Lösung sich, als geglückte, mit der Problemstellung und den in ihr angelegten Potentialen zusammenschließt. Das Neue und »Entgegenstehende« hat in einem solchen Transformationsprozess seinen Platz, sofern der Ausgriff auf Nichtantizipierbares konstitutiver Bestandteil des als *Anreicherung durch Erfahrung* konzipierten Lernprozesses ist.[196] Mit MacIntyres Konzept der narrativen Integration wiederum können wir, sofern sie den angemahnten performativen Zug der dialektischen Problemgeschichte schon beinhaltet, verstehen, inwiefern der verändernde Prozess selbst in sich die Entstehung von Neuem birgt.

196 Ein solches Verständnis von Transformation fügt sich gut in mein Verständnis von Lebensformen als einem Ensemble von Praktiken ein: Als ein solches sind diese ja, wie oben beschrieben, vermindert intentional. In derselben Doppelbewegung, die in der Geschichte ebenso »durch die Indidviduen hindurch« geschieht, wie sie die Geschichte handelnder Individuen ist, formieren sich ja Lebensformen. Konsequenterweise muss man sich aber auch die Lernprozesse von Lebensformen nicht als etwas vorstellen, dass von einer planend-experimentierenden Gruppe Forschender ausgehend, sondern als etwas, das in Problemkonstellationen innerhalb von Praxisvollzügen emergiert und sich gegebenenfalls durchsetzt – nicht als alleiniges Resultat individueller und kollektiver Handlungen und Einstellungen, aber auch nicht ohne diese.

Was wir jetzt erreicht haben, ist eine Synthese pragmatistischer und dialektischer Motive und damit die Möglichkeit, soziale Veränderungen als rationale Transformation zu denken, die sich als zugleich kontinuierlich und diskontinuierlich darstellt: ein sich anreichernder und dennoch offener Lernprozess. Historisch-soziale Wandlungsprozesse lassen sich dann als Lernprozesse verstehen, in Bezug auf die sich eine Position als besser oder schlechter gegenüber der überwundenen Position auszeichnen lässt, also als *Fortschritt* oder *Rückschritt* dieser gegenüber. Unterschiedliche Traditionen oder Lebensformen ließen sich dann anhand der jeweils erreichten »Tiefe« und Angemessenheit ihres Selbstverständnisses und ihrer Möglichkeiten, mit der Welt zurechtzukommen, voneinander unterscheiden oder qualitativ differenzieren – letztlich also anhand ihrer Fähigkeit, rational mit Krisen umzugehen.

Bei Hegel selbst findet sich diesbezüglich eine klar eurozentrische Hierarchisierung, die sich als »imperialistisch« kritisieren lässt, wie Pinkard das tut, wenn er auf Hegels »provinziell beschränktes Verständnis« der zu seiner Zeit existierenden Zivilisationen hinweist. Doch auch Pinkard hält gleichzeitig fest, dass wir andererseits »nicht zu sehr darauf vertrauen sollten, dass sich diese Art des ›unterschiedlich, aber gleichwertig‹-Verständnisses, wie wir es heute von den Weltkulturen haben«,[197] aufrechterhalten lässt, und beharrt daher ebenfalls auf der Vergleichbarkeit und Bewertbarkeit historisch-sozialer Gebilde.

Dass wir eine Fortschrittsbewegung als Fortschrittsbewegung identifizieren können und Kriterien dafür zu bestimmen suchen, was eine solche ausmacht, bedeutet nun selbstverständlich nicht, dass es realhistorisch keine Rückschritte geben wird (diese sind sogar mehr als wahrscheinlich). Entscheidend für uns ist jedoch, dass eine solche Analyse uns Kriterien zur Bewertung dieser Rückschritte *als Rückschritte* an die Hand gibt.

Nichts kann uns davor bewahren, Rückschritte zu erleben; aber ein philosophischer Zugriff auf die Geschichte zeigt uns, dass wir das als

197 Pinkard, »Contingency and Necessity in History: Rethinking Hegel«, in: Bubner, Mesch (Hg.), *Die Weltgeschichte – das Weltgericht?*, a. a. O., S. 141-168, hier S. 117.

eine *Regression* zu verstehen haben, und nicht bloß als einen Wandel.[198]

Fortschritt muss dann aber (im Sinne des hier vorgeschlagenen negativistischen und formalen Ansatzes) nicht positiv oder inhaltlich substanziell bestimmt werden. Wir kommen jedoch nicht umhin, Fortschritt vorauszusetzen, wenn wir sinnvoll von Regressionen oder Rückschritten sprechen wollen. Fortschritt wäre dann versuchsweise als die bestimmte Negation des Rückschritts zu bezeichnen.

Auch wenn die Idee des Fortschritts ihren Glanz weitgehend verloren hat, halten wir offenbar, ob willkürlich oder unwillkürlich, in vielerlei Hinsicht an der Möglichkeit fest, Rückschritte zu identifizieren. Die hier entwickelten Überlegungen zur Rationalität von sozialen Transformationsprozessen sollen unter anderem dazu beitragen, dies nicht nur *faktisch* zu tun, sondern auch auf eine Weise, die es uns (wieder) erlaubt, daraus begriffliche Möglichkeiten der Kritik zu gewinnen.

In einiger Hinsicht stellt es sich jetzt so dar, als ob es ein Metakriterium für die Kritik von Lebensformen gäbe: der Grad der Einsicht in die Gestaltbarkeit der eigenen Lebensverhältnisse und das Vermögen zu ihrer Gestaltung. Anders gesagt: *Emanzipation* als die praktische Entwicklung solcher selbstgestalteten Lebensverhältnisse wird offenbar zum intrinsischen Maß der Rationalität von Lebensformen und der Kritik an ihnen, selbst wenn dieses Maß sich am Vollzug historischer Transformationsprozesse ausrichtet. Ein solches Verständnis nun erinnert nicht nur an Hegels »Bewusstsein der Freiheit«; es steht in mancher Hinsicht auch in der Tradition der frühen kritischen Theorie: »Im Übergang von der gegenwärtigen zu einer künftigen Gesellschaftsform soll die Menschheit sich … erstmals zum bewußten Subjekt konstituieren und aktiv ihre eigenen Lebensformen bestimmen«, schreibt Max Horkheimer 1930 in seiner programmatischen Schrift »Traditionelle und kritische Theorie«.[199] Obwohl der Ausdruck »Lebensform« hier ohne nennenswerte begriffliche Absicht verwendet worden sein mag, drückt diese Aufgabenbeschreibung doch einen Wunsch aus, der Generationen von (nicht nur marxistisch inspirierten) emanzipatorischen

198 Ebd., S. 116.

199 In: Max Horkheimer, *Traditionelle und Kritische Theorie. Fünf Aufsätze*, Frankfurt/M. 1988, S. 162-216, hier S. 207.

Positionen eint. Eine Lebensform, so ließe sich diese Intuition rekonstruieren, darf dann als gelungen gelten, wenn sie Resultat von Vorgängen kollektiver Selbstbestimmung ist.

Im Lichte der hier von mir entwickelten Überlegungen wäre ein solches Ergebnis allerdings sowohl folgerichtig wie seltsam. *Seltsam* mutet es an, weil mit dieser Schlussfolgerung suggeriert wird, dass Lebensformen umstandslos durch aktive und bewusste Subjekte »geschaffen« werden können, so dass im Modus vollständiger Transparenz kollektiv über sie bestimmt werden kann. Demgegenüber haben sich Lebensformen in meiner Untersuchung als komplexe Gebilde von mehr oder weniger zugänglichen Praktiken und mehr oder weniger fixierten Momenten gezeigt, deren Transformationsmodi einem komplizierteren Muster folgen, als es der bei Horkheimer anklingende rationalistische Gestaltungsoptimismus nahelegt. In der Fluchtlinie meiner Überlegungen ist es dennoch *folgerichtig*, weil sich in der Auseinandersetzung mit Lebensformen auch gezeigt hat, dass diese sich ändern können und zugleich der Notwendigkeit, sich an neue Bedingungen zu adjustieren, unterliegen. Diese neuen Bedingungen können als gewachsene normative Erwartungen »von innen« her entstanden sein, sie können aber auch aufgrund der Veränderung äußerer Bedingungen von außen induziert sein. In jedem Fall aber trifft eine Veränderungsdynamik auf eine bereits bestimmte Gestalt und einen historisch gewachsenen Erwartungshorizont, eine Problemlage also, deren Zuschnitt über die Richtung einer rationalen Veränderung (eines Lernprozesses, wie ich es aufgefasst habe) entscheidet. Subjekte machen ihre Geschichte – aber nicht unter selbstgewählten Bedingungen. Um die Voraussetzungen von Emanzipation und kollektiver Selbstbestimmung auszuloten, gilt es also, das komplizierte Verhältnis von Gestaltungsmacht, Intransparenz und der oft schwer entwirrbaren Komplexität miteinander verketteter Praktiken und Einstellungen zu verstehen. Genau in dieses Verhältnis will eine immanente Kritik von Lebensformen eingreifen.

Schluss:
Eine kritische Theorie der Kritik von Lebensformen

> Was man zu dieser Stunde unter Fortschritt sich zu denken hat, weiß man vag, aber genau: deshalb kann man den Begriff gar nicht grob genug verwenden.
>
> *Theodor W. Adorno*

Auf die Frage danach, was eine Lebensform gut oder angemessen macht, gibt es, folgt man meiner Untersuchung, zwar keine positive Antwort. Es gibt aber eine negative und indirekte: Misslingende Lebensformen leiden an einem kollektiven praktischen Reflexionsdefizit, an einer Lernblockade. Sie sind, anders gesagt, nicht in der Lage, die sich ihnen stellenden Probleme zu lösen oder die Krisenerfahrungen, denen sie ausgesetzt sind, als Erfahrungen angemessen wahrzunehmen und sich ihnen entsprechend zu transformieren.

Ist damit eine Verlagerung vom »Gutsein« hin zur Rationalität von Lebensformen angezeigt, so ist dieser Effekt beabsichtigt. Die Engführung der Möglichkeit einer Kritik von Lebensformen mit der Frage nach dem »guten Leben« (oder gar dem Glück) hatte sich ja Schritt für Schritt als irreführend herausgestellt: Das *Gelingen* von Lebensformen ist gebunden an einen komplexen und komplex sich vollziehenden Prozess des Umgangs mit Problemstellungen und der Entwicklung und Einlösung ethisch-funktionaler Normen, die solche Prozesse leiten beziehungsweise ihnen zugrunde liegen. »Gelingen« bedeutet gutes Funktionieren, und das gute Funktionieren von Lebensformen hat aufgrund der internen Verfasstheit von Lebensformen etwas mit deren Rationalität – eben mit deren Fähigkeit zu rationaler Problembewältigung – zu tun. Es geht in Lebensformen also nicht um die im Modus einer losgelöst ethischen Wertedebatte diskutierte »große« Frage: »Wie wollen wir leben?« Es geht um das Verhältnis zwischen dem, was wir wollen (sollten), und dem, was wir *schon tun* und tun *können.*

Führt die Konzeption von Lebensformen als Problemlösungshandeln nun zu einem Monismus von Lebensformen? Kann es für »Probleme«, wie ich sie in der vorliegenden Untersuchung skizziert habe, immer nur *eine* richtige Lösung geben, so dass in der Fluchtlinie der Lebensformkritik das Schreckbild einer die ganze Menschheit umfassenden, einheitlichen Lebensform stünde? Nein. Aus der bereits eingangs zitierten Bemerkung Hilary Putnams ergibt sich nämlich sowohl die Möglichkeit einer Bewertung als auch die grundsätzliche Anerkennung einer Pluralität von Lebensformen oder Lebensweisen. Denn wie Putnam bemerkt, geht es weniger um das Unentschiedensein zwischen einer Vielzahl miteinander unvereinbarer Formen des guten Lebens, sondern um die Defizite jeder einzelnen von ihnen:

> Die Vorstellung, dass die Geschichte eine Reihe von »besten« Lebensweisen hervorbringt – beste, aber miteinander unvereinbare –, ist viel zu simpel. Jede Lebensweise, jedes System von Werten, Traditionen und Ritualen, das Menschen bisher erfunden haben, hat sowohl Defekte wie Tugenden. [...] Einfach jede Lebensweise als perfekt zu erklären bedeutet eine Maxime zu verletzen, die die Suche nach der Wahrheit in *jedem* Lebensbereich bestimmen sollte: Verstelle nicht den Weg der Untersuchung! Unser Problem besteht nicht darin, dass wir zwischen einer gegebenen und einer bereits bestimmbaren Anzahl von »besten Lebensweisen« zu wählen hätten; unser Problem ist, dass *wir nicht einmal eine einzige solcher »besten Lebensweisen« kennen.*[1]

Wenn man die Sache so betrachtet, dann stehen einerseits unterschiedliche Lebensformen in einem Verhältnis der Konkurrenz um das jeweils (vorläufig) beste oder bessere Leben, lassen sich also miteinander vergleichen, bewerten und anhand ihrer Defizite bei der Lösung der mit ihnen gestellten Probleme kritisieren. Eine kritische Theorie der Kritik von Lebensformen ergibt sich aus diesem Ansatz, weil es um die Kritik von Lebensformen unter dem Gesichtspunkt der Möglichkeit und Notwendigkeit ihrer (emanzipativen) Veränderung geht. Auf dieser Grundlage gibt es aber auch ein Motiv dafür, einen unaufhebbaren Pluralismus von Lebensformen anzuerkennen und sogar wertzuschätzen, ein Motiv, das weder aus-

1 Hilary Putnam, *Words and Life*, Cambridge/Mass. 1995, S. 194.

schließlich praktisch-pragmatisch ist, noch zu der oben kritisierten Romantisierung von Vielfalt führt. Denn die Art von Pluralität, die damit in den Blick gerät, ist nicht die Pluralität gegeneinander abgeschlossener Monaden, sondern eine Pluralität voneinander verschiedener und nie gänzlich planbarer experimenteller Lösungswege. Von diesen sollte es dann genau deshalb möglichst viele geben, weil deren Vielfalt die Wahrscheinlichkeit eines guten Ergebnisses erhöht. Wenn wir also faktisch nicht etwa zu viele, sondern bisher nicht eine einzige gute Lösung für die Frage, wie man leben soll, haben, dann ist ein Pluralismus der Lebensformen allein schon deshalb nötig, weil (in pragmatistischer Tradition) eine Vielfalt von Versuchsaufbauten und eine Vielfalt von Versuchen nötig ist, um einer zufriedenstellenden Lösung näherzukommen. Und wenn sich – auch das im »pragmatistischen Geist« – beim Versuch, angemessene Lebensformen zu entwickeln, Folgen von Handlungen nicht rein konzeptuell antizipieren lassen, so werden Steuerung und Gegensteuerung als Resultat von praktischen Konfrontationen mit den Ergebnissen des Handelns nötig sein.

Aus den hier skizzierten Überlegungen ergeben sich mehrere Konsequenzen. Zum einen handelt es sich also bei den Problemen, mit denen Lebensformen konfrontiert sind, um Probleme, für die es *mehr als eine gute Lösung* geben kann. Denn: »Die Idee ethischer Objektivität ist nicht gleichzusetzen mit der Idee einer universell gültigen Lebensform. [...] Nicht nur Individuen, auch Gemeinschaften und Nationen können verschiedene aber zufriedenstellende Lebensformen verfolgen.«[2] Es gibt also eine Variationsbreite denkbarer guter Lösungen. Diese Variationsbreite wird in modernen Gesellschaften durch die öffentliche Debatte um die richtige Lösung und die Versuche, sie umzusetzen, nicht beschränkt, sondern manchmal erst ermöglicht und geschaffen – man denke nur an die Auswirkungen der öffentlichen Thematisierung und Kritik von Geschlechterverhältnissen. Wenn man weiterhin Probleme als interpretierte und historisch situierte Probleme auffasst, kann sich gar nicht so leicht dasselbe Problem für alle existierenden Lebensformen stellen. (Arbeitslosigkeit gibt es, wie wir gesehen haben, als soziales Problem nur unter bestimmten historischen Bedingungen

2 Ruth Putnam, Hilary Putnam, »Dewey's *Logic*: Epistemology as Hypothesis«, in: ebd., S. 198-220, hier S. 215.

und vor dem Hintergrund einer bestimmten, normativ verfassten Interpretation. Ebenso bestimmt, also historisch und normativ situiert, sind die möglichen Lösungen des Problems.)

Aus diesen Überlegungen folgt allerdings keineswegs das (relativistische) Prinzip, dass jede Lebensform »ihr eigenes Recht« habe, einen partikularen Kontext, der sie unvergleichlich und übergreifende Standards somit unmöglich mache. Es mag zwar unterschiedliche und zugleich im vollen Sinne rationale Lebensformen geben – aber es gibt umgekehrt auch (klarerweise) falsche und regressive Lebensformen, deren Falschheit sich als Unfähigkeit, mit Problemen und Krisen umzugehen, ausweisen lässt. Ob aber die spezifische Situation, der spezifische Kontext einer Lebensform derart verfasst ist, dass er, um Lösungen möglich und Erfahrungen zugänglich zu machen, überschritten werden muss, ist nicht zuletzt eine faktische Frage – zum Beispiel eine des Kontakts mit anderen, rivalisierenden Lebensformen, die zu Transformationsprozessen herausfordern. (Es ist dann sinnlos, traditionellen Lebensweisen in zoologischer Manier ein »eigenes Recht« zuzugestehen, wenn diese sich dieser Rivalität faktisch nur um den Preis immensen Realitätsverlusts entziehen könnten.)

Es gibt also eben nicht – wie Hegel zu unterstellen scheint – nur *einen* Fortschritt oder nur *eine* mögliche Entwicklungsgeschichte des Fortschritts. Historisch aufweisen lassen sich verschiedene, teilweise sich überlappende, möglicherweise sogar sich widersprechende Fortschrittsbewegungen. Jede Lebensform steht permanent vor gegebenen Problemkonstellationen. Entscheidend ist, ob sie *diesen gegenüber* Fortschritte macht, sich hier rationale Lernprozesse entziffern lassen.

Zum anderen haben Problemlösungsgeschichten einen offenen Charakter, sie sind unabschließbar. Probleme entstehen immer wieder neu, und auch zunächst gelöste Probleme führen zu (unvorhersehbaren) weiteren Problemen. Wenn man dem pragmatistischen »Materialismus« des hier verfolgten Ansatzes und der Auffassung, dass Lebensformen inhärent dynamische Gebilde sind, Glauben schenkt, so folgt daraus: Die Umgebung der jeweiligen Lebensformen, die *Situation*, ändert sich, so dass es immer neuer Adaptionsversuche (selbst im Falle von gelungenen Lösungen) bedarf, um diesen Veränderungen gerecht zu werden. Zudem gibt es in Bezug auf Umstände des Zusammenlebens Spannungsverhältnisse, die nicht vollständig aufzulösen sind und deshalb immer wieder austariert und gegebenenfalls nachjustiert werden müssen.

Gehen wir zudem mit Putnam (und gegen die einleitend kritisierte »Naturalisierung von Werten«) davon aus, dass wir unsere Natur, unsere Fähigkeiten, Wünsche und Interessen noch gar nicht vollständig kennen, weil sie nicht immer schon feststehen, sondern wir sie in einem Evaluations- und Reflexionsprozess erst ermitteln müssen, so zeigt sich noch einmal, dass nicht nur die Problemlösungen, sondern auch schon die Problemstellungen veränderlichen Charakter haben.[3]

Das alles führt zu folgendem Ergebnis: Man sollte, gerade sofern sie Problemlösungsversuche darstellen, Lebensformen als Experimente auffassen, allerdings nicht im Sinne eines ästhetischen Experimentierens um des Experimentierens willen, sondern in dem (von Dewey betonten) Sinn, in dem Problemlösungshandeln immer experimentierend ist. Meine Konzeption führt also nicht zu einem Monismus, sondern umgekehrt zu einem *experimentellen Pluralismus* von Lebensformen. Dieser unterscheidet sich allerdings von dem Pluralismus, den ich im ersten Teil skizziert hatte, in entscheidender Hinsicht. Es ist nicht der Pluralismus der prinzipiellen Aussetzung solcher Fragen, sondern ein Pluralismus der Auseinandersetzung um die richtige Lösung des Problems der gelingenden Lebensform. Daher lässt sich nun sagen: Die zu Beginn dieses Buches skizzierte liberale Einklammerung, agnostisch gegenüber diesen Fragen, behindert das Experiment.

Dem »Recht« der eingangs von mir kritisierten »liberalen Enthaltsamkeit«, das im berechtigten Widerstand gegen die Einmischung von Sittenrichtern liegt, muss dann aber einerseits entsprochen werden, andererseits relativiert es sich: Die liberale Einklammerung der Kritik von Lebensformen wäre nämlich aus Sicht der hier entwickelten Perspektive das Resultat eines verkürzten Lernprozesses, der droht, weitere Lernprozesse zu behindern.

3 Ruth und Hilary Putnam skizzieren Deweys Position so: »Deweys Ansicht ist, dass wir nicht wissen, was unsere Interessen und Bedürfnisse sind oder wozu wir fähig sind, bevor wir uns mit Politik befassen. Ein Korrelat dieser Ansicht besagt, dass es keine endgültige Antwort auf die Frage ›Wie sollen wir leben?‹ geben kann, und dass wir sie deshalb stets für weitere Diskussionen und Experimente offen halten sollten.« (Ebd., S. 217.)

Sozialphilosophie im Suhrkamp Verlag
Eine Auswahl

Rainer Forst
- Kontexte der Gerechtigkeit. Politische Philosophie von Liberalisums und Kommunitarismus. stw 1252. 480 Seiten
- Toleranz im Konflikt. Geschichte, Gehalt und Gegenwart eines umstrittenen Begriffs. stw 1682. 816 Seiten

Stefan Gosepath. Gleiche Gerechtigkeit. Grundlagen eines liberalen Egalitarismus. stw 1665. 508 Seiten

Axel Honneth
- Das Andere der Gerechtigkeit. Aufsätze zur praktischen Philosophie. stw 1491 340 Seiten
- Das Ich im Wir. Studien zur Anerkennungstheorie. stw 1959. 308 Seiten
- Die Idee des Sozialismus. Versuch einer Aktualisierung. Gebunden. 168 Seiten
- Kampf um Anerkennung. Zur moralischen Grammatik sozialer Konflikte. stw 1129. 301 Seiten
- Kritik der Macht. Reflexionsstufen einer kritischen Gesellschaftstheorie. stw 738. 408 Seiten
- Pathologien der Vernunft. Geschichte und Gegenwart der Kritischen Theorie. stw 1835. 239 Seiten
- Das Recht der Freiheit. Grundriß einer demokratischen Sittlichkeit. stw 2048. 628 Seiten
- Unsichtbarkeit. Stationen einer Theorie der Intersubjektivität. stw 1616. 162 Seiten
- Verdinglichung. Eine anerkennungstheoretische Studie. Mit Kommentaren von Judith Butler, Raymond Geuss und Jonathan Lear und einer Erwiderung von Axel Honneth. stw 2127. 183 Seiten
- Vivisektionen eines Zeitalters – Porträts zur Ideengeschichte des 20. Jahrhunderts. es 2678. 308 Seiten

NF 123/1/6.16

- Von Person zu Person. Zur Moralität persönlicher Beziehungen. Herausgegeben zus. mit Beate Rössler. stw 1756. 361 Seiten
- Der Wert des Marktes. Ein ökonomisch-philosophischer Diskurs vom 18. Jahrhundert bis zur Gegenwart. Herausgegeben zus. mit Lisa Herzog. stw 2065. 670 Seiten
- Die zerrissene Welt des Sozialen. Sozialphilosophische Aufsätze. Erweiterte Ausgabe. stw 849. 279 Seiten

Axel Honneth/Nancy Fraser. Umverteilung oder Anerkennung? Eine politisch-philosophische Kontroverse. stw 1460. 320 Seiten

Rahel Jaeggi
- Entfremdung. stw 2185. 337 Seiten
- Kritik von Lebensformen. stw 1987. 451 Seiten
- Nach Marx. Philosophie, Kritik, Praxis. Herausgegeben zus. mit Daniel Loick. stw 2066. 518 Seiten
- Sozialphilosophie und Kritik. Herausgegeben zus. mit Rainer Forst, Martin Hartmann und Martin Saar. stw 1960. 743 Seiten
- Was ist Kritik? Herausgegeben zus. mit Tilo Wesche. stw 1885. 375 Seiten

Hans Joas
- Die Entstehung der Werte. stw 1416. 321 Seiten
- Die Kreativität des Handelns. stw 1248. 415 Seiten

Angelika Krebs. Arbeit und Liebe. Die philosophischen Grundlagen sozialer Gerechtigkeit. stw 1564. 336 Seiten

George Herbert Mead. Geist, Identität und Gesellschaft. Aus der Sicht des Sozialbehaviorismus. Einleitung von Charles W. Morris. Übersetzt von Ulf Pacher. stw 28. 456 Seiten

NF 123/2/6.16

Bernhard Peters. Der Sinn von Öffentlichkeit. Herausgegeben von Hartmut Weßler. Mit einem Nachwort von Jürgen Habermas. stw 1836. 410 Seiten

Beate Rössler. Der Wert des Privaten. stw 1530. 384 Seiten

NF 123/3/6.16

Georg Wilhelm Friedrich Hegel
im Suhrkamp Verlag

stw-Werkausgabe in zwanzig Bänden. Redaktion: Eva Moldenhauer und Karl Markus Michel. Mit einem Registerband. (Die Ausgabe ist text- und seitenidentisch mit der 1969 ff. erschienenen Theorie-Werkausgabe.) 12618 Seiten

Die Bände sind auch einzeln lieferbar

1: Frühe Schriften. stw 601. 637 Seiten

2: Jenaer Schriften. 1801-1807. stw 602. 593 Seiten

3: Phänomenologie des Geistes. stw 603. 599 Seiten

4: Nürnberger und Heidelberger Schriften 1808-1817. stw 604. 623 Seiten

5: Wissenschaft der Logik I. Erster Teil. Die objektive Logik. Erstes Buch. stw 605. 457 Seiten

6: Wissenschaft der Logik II. Erster Teil. Die objektive Logik. Zweites Buch. Zweiter Teil. Die subjektive Logik. stw 606. 575 Seiten

7: Grundlinien der Philosophie des Rechts oder Naturrecht und Staatswissenschaft im Grundrisse. Mit Hegels eigenhändigen Notizen und den mündlichen Zusätzen. stw 607. 531 Seiten

8: Enzyklopädie der philosophischen Wissenschaften im Grundrisse 1830. Erster Teil. Die Wissenschaft der Logik. Mit den mündlichen Zusätzen. stw 608. 393 Seiten

NF 115/1/6.09

9: Enzyklopädie der philosophischen Wissenschaften im Grundrisse 1830. Zweiter Teil. Die Naturphilosophie. Mit den mündlichen Zusätzen. stw 609. 539 Seiten

10: Enzyklopädie der philosophischen Wissenschaften im Grundrisse 1830. Zweiter Teil. Die Naturphilosophie. Dritter Teil. Die Philosophie des Geistes. Mit den mündlichen Zusätzen. stw 610. 432 Seiten

11: Berliner Schriften 1818-1831. stw 611. 432 Seiten

12: Vorlesungen über die Philosophie der Geschichte. stw 612. 568 Seiten

13: Vorlesungen über die Ästhetik I. stw 613. 546 Seiten

14: Vorlesungen über die Ästhetik II. stw 614. 462 Seiten

15: Vorlesungen über die Ästhetik III. stw 615. 578 Seiten

16: Vorlesungen über die Philosophie der Religion I. stw 616. 442 Seiten

17: Vorlesungen über die Philosophie der Religion II. Vorlesungen über die Beweise vom Dasein Gottes. stw 617. 540 Seiten

18: Vorlesungen über die Geschichte der Philosophie I. stw 618. 560 Seiten

19: Vorlesungen über die Geschichte der Philosophie II. stw 619. 600 Seiten

20: Vorlesungen über die Geschichte der Philosophie III. stw 620. 566 Seiten

NF 115/2/6.09

Einzelausgaben

Die Philosophie der Kunst. Vorlesung von 1826. Herausgegeben von Annemarie Gethmann-Siefert, Jeong-Im Kwon und Karsten Berr. stw 1722. 297 Seiten

Die Philosophie des Rechts. Vorlesung von 1821/22. Herausgegeben von Hansgeorg Hoppe. stw 1721. 237 Seiten

Zu Georg Wilhelm Friedrich Hegel Eine Auswahl

Materialien zu Hegels ›Phänomenologie des Geistes‹. Herausgegeben von Hans Friedrich Fulda und Dieter Henrich. stw 9. 445 Seiten

Materialien zu Hegels Rechtsphilosophie. Herausgegeben von Manfred Riedel. Band 1. stw 88. 437 Seiten

Der Weg zum System. Materialien zum jungen Hegel. Herausgegeben von Christoph Jamme und Helmut Schneider. stw 763. 307 Seiten

Herbert Schnädelbach (Hg.). Hegels Philosophie – Kommentare zu den Hauptwerken. Drei Bände. stw 1475-1477. 1500 Seiten

- Band 1: Ludwig Siep, der Weg der »Phänomenologie des Geistes«. stw 1475 384 Seiten
- Band 2: Herbert Schnädelbach, Hegels praktische Philosophie. stw 1476. 400 Seiten
- Band 3: Hegels »Enzyklopädie der philosophischen Wissenschaften« (1830). Von Hermann Drüe, Annemarie Gethmann-Siefert, Christa Hackenesch, Walter Jaeschke, Wolfgang Neuser und Herbert Schnädelbach. stw 1477. 568 Seiten

NF 115/3/6.09

Jürgen Habermas
im Suhrkamp Verlag
Eine Auswahl

Ein Bewußtsein von dem, was fehlt. Eine Diskussion mit Jürgen Habermas. Herausgegeben von Michael Reder und Josef Schmidt. es 2537. 109 Seiten

Die Einbeziehung des Anderen. Studien zur politischen Theorie. stw 1444. 404 Seiten

Erkenntnis und Interesse. stw 1. 420 Seiten

Erläuterungen zur Diskursethik. stw 975. 229 Seiten

Faktizität und Geltung. Beiträge zur Diskurstheorie des Rechts und des demokratischen Rechtsstaats. 667 Seiten. Gebunden. stw 1361. 704 Seiten

Glauben und Wissen. Rede zum Friedenspreis des Deutschen Buchhandels. es-Sonderdruck. 60 Seiten

Legitimationsprobleme im Spätkapitalismus. es 623. 196 Seiten

Moralbewußtsein und kommunikatives Handeln. stw 422. 208 Seiten

Nachmetaphysisches Denken. Philosophische Aufsätze. Gebunden und stw 1004. 286 Seiten

Nachmetaphysisches Denken II. Aufsätze und Repliken. Gebunden/Broschur. 335 Seiten

NF 119/1/10.15

NF 119/2/10.15

Vorstudien und Ergänzungen zur Theorie des kommunikativen Handelns. Gebunden und stw 1176. 606 Seiten

Wahrheit und Rechtfertigung. Philosophische Aufsätze. 336 Seiten. Gebunden und Broschur. stw 1723. Erweiterte Ausgabe. 364 Seiten

Zeitdiagnosen. Zwölf Essays. 1980-2001. es 2439. 264 Seiten

Die Zukunft der menschlichen Natur. Auf dem Weg zur liberalen Eugenik? 128 Seiten. Broschur. stw 1744. Erweiterte Ausgabe. 164 Seiten

Zur Logik der Sozialwissenschaften. Gebunden/Broschur/stw 517. 607 Seiten

Zur Rekonstruktion des Historischen Materialismus. stw 154. 346 Seiten

Zur Verfassung Europas. Ein Essay. es-Sonderdruck. 140 Seiten

Zwischen Naturalismus und Religion. Philosophische Aufsätze. 376 Seiten. Gebunden und Broschur

Kleine politische Schriften

Kleine politische Schriften I–IV. 535 Seiten. Gebunden

Die Neue Unübersichtlichkeit. Kleine politische Schriften V. es 1321. 268 Seiten

Eine Art Schadensabwicklung. Kleine politische Schriften VI. es 1453. 179 Seiten

NF 119/3/10.15

Die nachholende Revolution. Kleine politische Schriften VII. es 1633. 225 Seiten

Die Normalität einer Berliner Republik. Kleine politische Schriften VIII. es 1967. 188 Seiten

Zeit der Übergänge. Kleine politische Schriften IX. es 2262. 196 Seiten

Der gespaltene Westen. Kleine politische Schriften X. es 2383. 208 Seiten

Ach, Europa. Kleine politische Schriften XI. es 2551. 191 Seiten

Im Sog der Technokratie. Kleine Politische Schriften XII. es 2671. 193 Seiten

Jürgen Habermas als Herausgeber

Stichworte zur »Geistigen Situation der Zeit«. es 1000. 860 Seiten

Zu Jürgen Habermas

Kommunikatives Handeln. Beiträge zu Jürgen Habermas' »Theorie des kommunikativen Handelns«. Herausgegeben von Axel Honneth und Hans Joas. Erweiterte und aktualisierte Ausgabe. stw 625. 521 Seiten

Kritik und Politik. Jürgen Habermas oder das politische Defizit der »Kritischen Theorie«. Von Bernard Willms. 207 Seiten. Broschur

NF 119/4/10.15

Kritik der Verständigungsverhältnisse. Zur Theorie von Jürgen Habermas. Von Thomas McCarthy. Aus dem Amerikanischen von Max Looser. stw 782. 643 Seiten

Zwischenbetrachtungen. Im Prozeß der Aufklärung. Jürgen Habermas zum 60. Geburtstag. Herausgegeben von Axel Honneth, Thomas McCarthy, Claus Offe und Albrecht Wellmer. 528 Seiten. Gebunden

NF 119/5/10.15